国际经济与数字贸易系列教材

经济法理论与实务

（第二版）

周黎明◎编著

Theory and Practice of
Economic Law

ZHEJIANG UNIVERSITY PRESS
浙江大学出版社

图书在版编目(CIP)数据

经济法理论与实务 / 周黎明编著. — 2 版. — 杭州：
浙江大学出版社，2021.11(2024.7 重印)
ISBN 978-7-308-21799-6

Ⅰ. ①经… Ⅱ. ①周… Ⅲ. ①经济法—中国 Ⅳ.
① D922.29

中国版本图书馆 CIP 数据核字(2021)第 210062 号

经济法理论与实务(第二版)

周黎明 编著

策划编辑	朱 玲
责任编辑	朱 玲
责任校对	傅宏梁
封面设计	卓义云天
出版发行	浙江大学出版社
	(杭州市天目山路 148 号 邮政编码 310007)
	(网址:http://www.zjupress.com)
排 版	杭州朝曦图文设计有限公司
印 刷	杭州杭新印务有限公司
开 本	787mm×1092mm 1/16
印 张	28.25
字 数	705 千
版 印 次	2021 年 11 月第 2 版 2024 年 7 月第 5 次印刷
书 号	ISBN 978-7-308-21799-6
定 价	88.00 元

前　言

自在浙江大学开设经济法通识课以来,本课程一直受到学生们的喜爱,近年来选课人数更是高达 5000 人/年。这一方面是因为本课程的讲授内容并非仅限于严格意义上以反垄断法和反不正当竞争法为主体的经济法内容,而是加入了大量的民法、商法等内容,本课程的内容更贴近生活从而也更实用;另一方面是因为本人一直致力于将经济法基础理论与经济司法实践相结合,教学、科研的同时从事律师实务,将理论与实践相互印证,使课程中抽象的知识点与生动有趣的生活中的案例融会贯通。

本教材的编写以习近平新时代中国特色社会主义思想和党的二十大精神为指引,落实立德树人根本任务,全面贯彻"价值塑造、知识传授、能力培养"三位一体的育人理念,坚持理论联系实践,把知识与技能、过程与方法相结合,做到让学生学懂学透。

在本课程的讲授、书本的编排及法律业务的实践中,一方面,将书本和法规上的理论与条文在司法实践中加以运用和检验,另一方面,又将司法实践中遭遇的生动案例提升、总结为理论并与书本知识、法规法条相互印证。

为使本书通俗易学,本人在书中总共分析、讨论了 130 余个案例,按照讲义的体例,在阐述相关经济法律理论的同时,穿插相应的实务案例加以分析和解释。本书共十一章内容,每一章都精心编排了与经济法理论紧密结合的案例。对这些案例的分析和讨论,不仅可以加深学生对相关概念和理论的理解,还可以使相关法理映射鲜活的现实生活,从而激发学生们学习本课程的兴趣,达到在一种轻松的学习氛围中,掌握经济法的基本理论知识的效果。

本书的体例大致安排如下:先结合民法典的相关内容介绍经济法的基础理论知识,后介绍合同法知识,再介绍企业、公司这两个重要的经济法律关系主体以及企业破产法的相关规定;随后,介绍经济竞争法、知识产权法、金融法、税法和劳动法;在民商事活动的整个过程中,往往免不了会有争议,因此,经济争议的解决既是商事交易的最后一个环节,也是本书最后一章所讲的内容。以上内容,层层展开,环环相扣。以案说法,简明扼要地阐述一个经济法律理论与实务体系为本书的终极目的。

感谢徐浩珍、曾雪英、徐旸、杨娴雯、徐伶俐、周序等在本书的成书过程中帮助收集、整理及编写资料。

在成书的过程中，本人深刻感受到自己的才疏学浅，且常扪心自问，在对很多问题都只是一知半解的情况下有何能力敢提笔写这样一本教材。由于水平有限，本书只是对平时授课和思考的一些问题进行汇总，许多问题的表述还存在诸多疏漏和错误，恳请专家、学者和读者朋友们不吝批评指正。

周黎明

修改于 2023 年 6 月

contents 目 录

第一章 经济法基础理论

【本章概要】何为法？何为经济法？学习经济法需先掌握哪些基础理论？本章围绕这一主旨，循序渐进，分别介绍了法的起源与概念、经济法的概念、民事法律关系、物权理论、债权理论、代理制度、时效制度共七个要点。对上述七个要点的理解，关系到对整个经济法框架与内容的理解与掌握，也是学好经济法的基石。

第一节 法与法律关系

一、何为法？

事实上，关于法的定义，几千年来一直备受争议。

东汉的许慎在《说文》中这样解释法："灋，刑也。平之如水，从水；廌，所以触不直者去之，从去，会意。"什么意思呢？请注意，灋是"法"的古字，这里说的法，就是刑法。因为执法需要公平如水，所以是"氵"旁；"廌 zhì"[也叫獬豸（xiè zhì）]是传说中的独角兽（见图1-1），一种与鹿和牛类似的神兽，能辨是非曲直。传说古代法庭上用它来辨别罪犯，每当出现多个嫌疑人的时候，人们通常把它放出来，它如果用它那锋利无比的犄角顶谁，谁就是罪犯。所以"灋"字中含有"廌""去"两个部分，可见，灋是会意字。

图 1-1 中国古代传说中的断案神兽廌①

上述关于"法"的由来属于中国古代的神明裁判，也就是借助于神（獬豸这一种传说中的神兽）的力量和方式来考察当事人，以确定是非曲直，判定其有罪或无罪的原始审判方式。

---

① 图片来源：http://image.baidu.com/i? tn＝baiduimage&ipn＝r&ct＝201326592&cl＝2&lm＝－1&st＝－1&fm＝index&fr＝&sf＝1&fmq＝&pv＝&ic＝0&nc＝1&z＝&se＝1&showtab＝0&fb＝0&width＝&height＝&face＝0&istype＝2&ie＝utf－8&word＝％E7％8D％AC％E8％B1％B8.

1

神明裁判使诉讼裁决及其形式披上神圣的外衣，使人诚心信服，也使法更具有威慑力。

在我国古代，"法"可以从两种角度加以理解。一是从哲理意义角度看，"法"与"理""常"通用，指的是"道理""天理"。二是从典章制度意义角度看，我国长期以来以"律"代"法"。从早期的秦律、隋律（《开皇律》）、唐律（《武德律》《贞观律》《永徽律》），一直到清代的《大清刑律》《大清民律草案》《钦定大清商律》等，"律"在很大程度上成了"法"的代名词。除了"律"以外，"令"也是法，"典""敕""格""式""科""比""例"都是法。事实上，"律"主要是指刑事立法。从上述这些法的繁杂的代名词中，我们依稀可见"人治"的特点。众所周知，在中国古代的司法中，君主事实上享有最高司法权，君主集立法权、司法权、行政权于一身，享有最终的司法裁判权。"朕即法律"使得皇帝可以根据其个人意志立法，甚至无须立法就可以决定司法的最终判决。这种"人治优于法治"的倾向，在司法领域也有着十分明显的体现，从而导致司法与行政的界限不清。尤其是在地方上，"衙门"只有一个，地方长官既负责行政，也总揽司法，而且事实上地方长官的主要任务就是司法。这就使得刑事和民事的界限比较模糊。虽然先秦时代司法中即有"狱"和"讼"的区分，"狱"主要关乎刑事审判，而"讼"主要关乎民事审判，这一区分体现了民事诉讼与刑事诉讼的初步分离，但是，从司法制度的整体来讲，我国古代民事与刑事的分离并不十分明显。一个典型的体现是：审判的具体机构是同一的，审判人员也是同一的，审判方式甚至处罚方式也具有一致性。"重实体、轻程序"与"轻证据、重口供"的司法实用主义，自然会导致刑讯逼供的普遍适用。对于杀人放火等刑事案子，抓到犯罪嫌疑人后先是一顿板子，取得口供之后即可定罪量刑。可是，张三向隔壁王小二借两吊钱不还，一旦涉讼亦有可能挨板子。如此，实践中"刑民不分""以刑代民"的做法，在立法上自然反映为"重刑轻民"，长期以来这对立法的衡平性和系统性造成了不良影响。我国几乎每个朝代都非常重视刑事立法，可中国的民事立法却一直相对薄弱。两百多年前，法国就有了著名的拿破仑法典，可两个世纪之后，我国的民法典才姗姗来迟，2020 年 5 月 28 日，十三届全国人大三次会议表决通过了《中华人民共和国民法典》（以下简称《民法典》），2021 年 1 月 1 日起施行。

在西方语言中，法（law）的含义也一样复杂。从语源来说，西方的"法"一词都来自拉丁文。拉丁文的 jus 和 lex，德文的 recht 和 gesetz，法文的 droit 和 loi，英语的 law、norm、rule、act 等，均具有法、权利、正义、公平或规律、规则等内涵。总的来说，西方法的词义的核心是正义（公平、公正），法是正义的化身，其次是权利，再次是规则。法的这一核心词义，在正义女神（Lady Justice）（见图 1-2）上体现得尤为清楚。正义女神名为朱斯提提亚（Justitia，由法律 jus 一词转变而来），她一手持天平，一手执宝剑。正义女神像的深意需要我们从她的表象特征来看。一方面，对于宝剑和天平的象征意义，德国著名法学家鲁道夫·冯·耶林曾有一段十分精辟的论述："正义女神一手提着天平，用它衡量法；另一手握着剑，用它维护法。剑如果不带着天平，就是赤裸裸的暴力；天平如果不带着剑，就意味着软弱无力。两者是相辅相成的，只有在正义女神持剑的力量和掌秤的技巧并驾齐驱的时候，一种完满的法治状态才能占统治地位。"

正义女神挥舞宝剑的力量与操作天平的技巧得以均衡之处，恰恰是完美的法律状态之所在。

在有些地方,正义女神被蒙上双眼,这是为什么呢?[①] 这是因为罗马人想要赋予正义女神以两层新的含义,一是法律面前人人平等,二是要用心灵去观察、去裁判。法律审判关乎正义,审判者不能被表象蒙蔽,不能被正义之外的任何势力影响。

图 1-2 英国伦敦的英格兰和威尔士刑事法院
(Central Criminal Court of England and Wales)屋顶的正义女神

正义女神

正义女神与独角兽的故事,很好地说明了东西方文明,包括法律传统、法律文化、法律制度有着很大的不同。

综上所述,我们给"法"一个相对统一的定义:所谓法,是指反映统治阶级意志、由国家制定或认可、用于维护有利于统治阶级的社会秩序并由国家强制力保障实施的行为规则的总和。

二、民事法律关系

(一)民事法律关系的定义与分类

所谓法律关系,是指法律在调整人们行为的过程中形成的特殊的权利和义务关系。或者说,法律关系是指被法律规范所调整的权利与义务关系。法律关系是以法律为前提而产生的社会关系,没有法律的规定,就不可能形成相应的法律关系。

法律关系由三要素构成,即法律关系的主体、法律关系的客体和法律关系的内容。

民事法律关系,是指人们之间基于一定的民事法律事实而产生并为民事法律规范所调整的权利义务关系,是平等主体之间的财产关系与人身关系在法律上的体现。

经济法律关系是指国家调节或协调经济运行过程中,根据经济法的规定在经济法主体之间所形成的权利义务关系。

按照不同的标准,我们可以将民事法律关系分为以下几类。

(1)财产法律关系与人身法律关系。这是以民事法律关系是否直接具有财产或经济内容为标准所作出的分类。财产法律关系是指与财产所有和财产流转相联系、具有直接物质利益内容的民事法律关系,财产法律关系又可以分为物权法律关系和债权法律关系。人身

---

① 何家弘. 从正义女神的蒙眼布谈起[J]. 人民检察,2005(1):42-43.

法律关系是指与民事法律关系主体的人身（包括人格与身份）不可分离、不具有直接物质利益内容的民事法律关系。人身法律关系又可以分为人格权法律关系和身份权法律关系。

（2）绝对性民事法律关系与相对性民事法律关系。这是以民事法律关系的主体是否特定为标准所作出的分类。绝对性民事法律关系是指与权利主体相对应的义务主体包括了权利人以外的一切不特定人的民事法律关系。物权关系、人身关系、知识产权关系都是绝对性民事法律关系。相对性民事法律关系是指义务主体是特定的、具体的某个人的民事法律关系，债权法律关系就是相对性民事法律关系。

（3）调整性民事法律关系与保护性民事法律关系。这是以民事法律关系形成与实现的不同为标准所作出的分类。调整性民事法律关系是指因主体的合法行为而形成、主体权利能正常实现的民事法律关系，这种关系是依当事人的意思表示而形成的。保护性民事法律关系是指因不合法的行为而产生的民事法律关系，这种法律关系是直接依法律的规定而非依当事人的意思表示而产生的，其目的是保护受损的权利。

（4）单一民事法律关系与复合民事法律关系。这是以民事法律关系的复杂性为标准所作出的分类。单一民事法律关系是指只有一组对应的权利义务的民事法律关系，内容单一。复合民事法律关系是指有两组以上权利义务的民事法律关系，内容较复杂。

（5）主民事法律关系与从民事法律关系。这是以民事法律关系是否能独立存在为标准所作出的分类。主民事法律关系是指无须依赖其他民事法律关系就可以独立存在的民事法律关系，大部分民事法律关系属于此类。从民事法律关系是指必须依赖或附属于主民事法律关系才可以存在的民事法律关系，如担保合同就涉及从民事法律关系。

（二）民事法律关系的三要素

民事法律关系与其他法律关系一样，是由三大必备要素构成的：主体、内容和客体。要素发生变化，具体民事法律关系也发生变化。

1. 民事法律关系的主体

民事法律关系的主体，简称民事主体，是指参加民事法律关系、享受民事权利并承担民事义务的当事人。我国民事法律关系的主体主要有以下几种。

（1）自然人。这里的自然人既包括具有中华人民共和国国籍、依照宪法和法律的规定享受权利承担义务的中国公民，也包括外国人。自然人是民事法律关系中最基本的主体。

（2）法人。法人是具有民事权利能力和民事行为能力，依法独立享有民事权利和承担民事义务的社会组织。社会组织必须具备下述条件才能取得法人资格：依法成立；有必要的财产和经费；有自己的名称、组织机构和场所；能够独立承担民事责任。法人有企业法人与非企业法人之分。非企业法人是指不直接从事生产和经营的法人，主要包括国家机关法人、事业单位法人、社会团体法人等。

（3）其他组织。不具有法人资格的其他社会组织也可以依法成为民事法律关系的主体，如合伙企业等。

（4）国家。国家在一些特殊的民事法律关系中也可以作为主体，如发行国库券、作为税收征管主体等。

这里我们特别需要了解自然人和法人的民事权利能力和民事行为能力，因为民事主体只有具备民事权利能力和民事行为能力，才有资格参加具体的民事法律关系，享受民事权利、承担民事义务。

所谓自然人的民事权利能力,是指法律赋予自然人的享有民事权利和承担民事义务的资格,它是自然人取得民事权利、承担民事义务的前提或者先决条件。

我国《民法典》第十三条规定,自然人从出生时起到死亡时止,具有民事权利能力,依法享有民事权利,承担民事义务。《民法典》第十四条规定,自然人的民事权利能力一律平等。因此,自然人享有民事权利、承担民事义务的资格是终生具有的。也就是说,自然人的民事权利能力与人的生存有着不可分割的联系,自然人的出生是一个法律事实,是人的民事权利能力的起点。自然人从出生时起,就具有了民事权利能力,人死亡了,民事权利能力自然也就消失了,也即,民事权利能力始于出生,终于死亡。在这一点上,世界各国都没有差异。但是,在"出生"这一标准的界定上,不同国家的民法理论还是有些不同。比如有的国家采用"脱离母体说",有的国家采用"断脐说",有的国家则采用"独立呼吸说"。故认定一个分娩的胎儿是否符合出生的标准,关系重大。如果符合出生的标准,他就有了民事权利能力,否则就没有。从我国目前的法律规定来看,采用的应该属于"独立呼吸说",也即,只有其在能够独立呼吸之后,才能享有民事权利能力,才能属"婴儿",而不再只是"胎儿"。《民法典》第十五条规定,自然人的出生时间和死亡时间,以出生证明、死亡证明记载的时间为准;没有出生证明、死亡证明的,以户籍登记或者其他有效身份登记记载的时间为准。有其他证据足以推翻以上记载时间的,以该证据证明的时间为准。我国司法实践中,一般采用当代医学上公认的标准,即胎儿完全脱离母体,独立存在,并能独立呼吸,可以界定为"出生"。《民法典》第十六条规定,涉及遗产继承、接受赠与等胎儿利益保护的,胎儿视为具有民事权利能力。但是胎儿娩出时为死体的,其民事权利能力自始不存在。同样的,由于自然人的民事权利能力因死亡而终止,所以正确地确定自然人的死亡时间也有重要的意义,特别是相互有继承权的自然人的死亡时间直接关系到其遗产的归属。如假设甲、乙是夫妻,两人于同一天死亡,都没有遗嘱。若推定甲死于乙之前,则乙对甲的财产有继承权,乙继承的甲的财产和乙自己的遗产一起由乙的法定继承人继承;若推定乙先于甲死亡,则甲、乙各自的继承人在继承的财产上可能与甲先于乙死亡的情况有很大的不同。若甲、乙是互有继承权的长辈与晚辈,根据《民法典》第一千一百二十一条第二款,推定长辈先死亡。还需注意的是,在民法上,自然人的死亡分为两种,即自然死亡和宣告死亡。《民法典》第四十六条规定,自然人有以下情形之一的,利害关系人可以向人民法院申请宣告该自然人死亡:①下落不明满四年。②因意外事件,下落不明满两年。因意外事件下落不明,经有关机关证明该自然人不可能生存的,申请宣告死亡不受两年时间的限制。宣告死亡引起的法律后果与自然死亡相同。根据《民法典》的规定,自然人被宣告死亡但是并未死亡的,不影响该自然人在被宣告死亡期间实施的民事法律行为的效力。被宣告死亡的人重新出现,经本人或者利害关系人申请,人民法院应当撤销死亡宣告。被宣告死亡的人的婚姻关系,自死亡宣告之日起消灭。死亡宣告被撤销的,婚姻关系自撤销死亡宣告之日起自行恢复,但是其配偶再婚或者向婚姻登记机关书面声明不愿意恢复的除外。被宣告死亡的人在被宣告死亡期间,其子女被他人依法收养的,在死亡宣告被撤销后,不得以未经本人同意为由主张收养关系无效。被撤销死亡宣告的人有权请求依照继承法取得其财产的民事主体返还财产。无法返还的,应当给予适当补偿。利害关系人隐瞒真实情况,致使他人被宣告死亡取得其财产的,除应当返还财产外,还应当对由此造成的损失承担赔偿责任。

所谓自然人的民事行为能力,是指自然人以自己的行为亲自参与民事法律关系,取得民事权利和承担民事义务的能力。民事行为能力包括以下三个方面互相联系的内容：一是行为人以自己的行为获得民事权利、承担民事义务的能力。二是行为人以自己的行为处分其财产的能力。三是行为人对自己的行为承担独立财产责任的能力。

由于自然人在民事行为能力上需要以自己的行为去取得权利、承担义务，所以判断自然人是否具有民事行为能力需要考虑两个标准：一是年龄，二是精神是否正常。

我国《民法典》第十七条至第二十四条对自然人的民事行为能力作了以下分类。

(1)完全民事行为能力。18周岁以上的自然人是成年人，具有完全民事行为能力，可以独立实施民事法律行为；16周岁以上的未成年人，以自己的劳动收入为主要生活来源的，视为完全民事行为能力人。

(2)限制民事行为能力。8周岁以上的未成年人是限制民事行为能力人，可以进行与他年龄、智力相适应的民事活动；不能完全辨认自己行为的成年人为限制民事行为能力人，实施民事法律行为由其法定代理人代理或者经其法定代理人同意、追认，但是可以独立实施纯获利益的民事法律行为或者与其智力、精神健康状况相适应的民事法律行为。

(3)无民事行为能力。不满8周岁的未成年人和不能辨认自己行为的精神病人是无民事行为能力人，由其法定代理人代理民事活动。

法人是具有民事权利能力和民事行为能力的组织。法人的民事权利能力就是法人所享有的参与民事活动、取得民事权利、承担民事义务的资格。法人的民事权利能力从其成立时产生，在其解散、被撤销、被宣告破产或因其他原因终止时消灭。法人的民事权利能力的内容是由法人成立的宗旨和业务范围决定的，并不是无限的，所以，不同的法人有不同的权利能力范围。

法人的民事行为能力是指法人以自己的行为进行民事活动、取得权利并承担义务的资格，由其法定代表人代行。法人的民事行为能力与自然人的民事行为能力有所不同，法人依法定程序成立后，不仅取得民事权利能力，同时也具备了民事行为能力。在法人终止时，其民事权利能力和民事行为能力也终止。法人民事行为能力的范围与民事权利能力的范围相同。

2.民事法律关系的内容

民事法律关系的内容是指主体之间经国家法律确认的民事权利和民事义务。

民事权利是指民事主体为实现某种利益而在法律允许范围内为一定民事行为的可能性，可以表现为三种情况：①民事权利人直接享有某种利益或自己为一定行为的可能性；②民事权利人请求义务人为一定行为的可能性；③当权利被侵犯时，请求国家机关保护的可能性。

民事权利的保护是指为确保民事权利的实现免受损害或对已经受损的权利加以救济而采取的各种合法的措施。由权利人进行的自我保护，称为自力救济，包括了直接向义务人或侵权人请求、正当防卫和紧急避险等自卫、直接向侵权人实施的自助；也可以由国家提供保护，称为公力救济，如诉讼。

民事义务是指按法律或他人的要求为一定民事行为或不为一定民事行为的必要性，具体表现为：①义务人必须依法或依约为或不为一定的行为，以满足权利人的利益；②违反义务时依法或依约承担责任。

民事权利和民事义务是相互依存、相互联系和相互对应的。

民事权利可以作以下分类。

(1)财产权与人身权

民事权利以有无财产内容分,可以分为财产权与人身权。

财产权是指以财产利益为内容、直接体现某种物质利益的权利,如所有权、债权等。财产权一般可以用金钱来衡量并且可以依法转让和继承。

人身权是指以人身利益为内容、与权利人的人身不可分离的民事权利,如人格权、身份权。人身权有以下主要法律特征:①人身权具有与主体人身的不可分离性。民事主体的人身权是与公民人身、法人组织不可分离的民事权利,这是人身权最本质的特征。也就是说,人身权是与主体人身相伴而生的权利,随主体人身消亡而终止,它是不可转让、继承的权利。②人身权没有直接的财产内容,不直接体现财产利益,无法以金钱来衡量。③人身权具有绝对权的属性。人身权是一种绝对权,其权利主体是特定的人,义务主体是不特定的人,即除权利主体以外的任何人都负有不得实施侵犯权利主体人身权的行为之义务。

人身权具体可以分为两种,即人格权和身份权。人格权是指法律赋予民事主体为维护自己的生存和尊严所必须具备的人身权利,主要包括姓名权、荣誉权、生命权、身体权、健康权、人身自由权、肖像权。身份权是指因民事主体的特定身份而产生的权利,主要包括知识产权中的人身权利,如署名权、监护权、亲属权。

(2)支配权、请求权、抗辩权与形成权

民事权利按其作用不同,可以分为支配权、请求权、抗辩权、形成权。支配权是指对标的物直接加以支配并排斥他人干涉的权利,如物权。请求权是指请求他人为或不为一定行为的权利,如债权。抗辩权是指对抗请求权或否认他人权利的权利,如合同中的履行抗辩权。形成权是指依权利人单方的意思表示即能使权利发生、变更和消灭的权利,如追认权、撤销权等。

(3)绝对权与相对权

依权利人可以对抗的义务人的范围的不同,民事权利可分为绝对权与相对权。绝对权是指义务人为不特定的一般人的权利,因权利人可以对一切人主张权利,所以被称为对世权,如所有权。相对权是指义务人为特定人的权利,权利人只能对该特定的义务人主张权利,所以被称为对人权。

(4)主权利与从权利

民事权利依其相互关系,可以分为主权利与从权利。主权利是指两个有关联的权利中居于主导地位、能独立存在的权利。从权利是指以主权利的存在为前提而存在的权利,如债权与担保权,前者是主权利,后者是从权利。

(5)专属权与非专属权

民事权利依其是否具有可移转性,可分为专属权与非专属权。专属权是指专属于权利人一人、一般不得转让和继承的权利,如人身权。非专属权是指非专属于权利人、可转让和继承的权利。

(6)既得权与期待权

民事权利依其实现条件,可分为既得权与期待权。既得权是指实现的条件已经完备,权利人实际可享有的权利。期待权是指实现条件尚未齐备,要等其余条件均齐备时才可实际享有的权利,如继承权。

与民事权利相对应的是民事义务,民事义务可以作以下分类。

(1)法定义务与约定义务。法定义务是依现行法律规定而产生的义务;约定义务是依当事人的意思表示订立合同而产生的义务。

(2)积极义务与消极义务。积极义务是指要求义务人积极作为的义务;消极义务是要求义务人不作为的义务。

(3)本义务与附随义务。这种分法主要出现在合同义务中。本义务是合同本身加以规定的义务;而附随义务是指当事人约定之外、基于诚实信用的原则随合同义务的发生而产生的义务,如告知义务、保密义务等。

3.民事法律关系的客体

民事法律关系的客体是指当事人之间的权利义务所指向的对象。

民事法律关系的客体主要包括三大类,分别是物、行为、智力成果。

所有权法律关系的客体是物;债权法律关系的客体可以是物,也可以是行为;知识产权法律关系的客体是智力成果。

三、民事法律行为

民事法律行为是指公民或法人以设立、变更、终止民事权利和民事义务为目的所进行的具有法律约束力的合法行为,具有以下几个特征。

(1)民事法律行为以意思表示为构成要素。民事主体的行为是受意志支配的,意思表示就是行为人把内在的意愿表露于外,让他人知晓。意思表示是民事法律行为的基本要素,当事人的意思表示必须与内在的意思相一致;必须是关于设立、变更、终止一定的民事法律关系的意思表示。

(2)民事法律行为是能够产生行为人所预期的法律后果而实施的行为。在现实生活中,并不是一切行为都能产生法律后果。只有能使行为人产生、变更或消灭其权利、义务的行为,才是民事法律行为。

(3)民事法律行为是合法行为。只有合法行为才能产生预期的法律后果。

(一)民事法律行为的分类

1.单方行为、双方行为与多方行为

单方行为是指根据一方当事人的意思表示而成立的民事法律行为。其特点是不需要他人的同意就可发生法律效力。

双方行为,又称契约行为,是由双方当事人的意思表示一致而成立的民事法律行为。其特点是当事人的意思表示必须一致,否则不能成立。

多方行为,又称共同行为,是由两个以上同一目的的意思表示一致而成立的民事法律行为。其特点是包含多个意思表示且必须一致。

2.单务行为与双务行为

单务行为是指只有一方当事人负有义务,而另一方当事人只享受权利的民事法律行为,如赠与、借用等合同行为。

双务行为是指双方当事人均享有权利、均负有义务的民事法律行为。绝大多数民事法律行为是双务行为。

3.诺成性行为与实践性行为

诺成性行为是指双方当事人意思表示达成一致即可成立的民事行为。大部分民事法律行为都是诺成性行为。

实践性行为,又称要物行为,指除了双方当事人意思表示一致外,还须交付标的物才告成立的民事法律行为,如赠与行为即为实践性行为。

4.要式行为与非要式行为

要式行为是指法律规定或当事人约定必须采用某种特定的方式的民事法律行为,如票据行为必须是书面的。不符合该形式,则行为无效。

非要式行为是指法律无规定、当事人也无约定必须采用何种方式的民事法律行为。这种民事行为,最后以什么具体形式出现,完全由当事人自由决定。

5.主行为与从行为

主行为是指可以独立存在的民事法律行为。从行为是指以相关的民事法律行为的存在为基础而存在、不能独立存在的民事法律行为。

(二)民事法律行为的成立与生效要件

1.民事法律行为的成立要件

民事法律行为的成立是指一个行为已经具备了作为民事法律行为的全部构成要件,这是民事法律行为产生效力的前提条件。

(1)民事法律行为成立的一般要件,指任何一个民事法律行为都必须具备的要件,即意思表示。行为人使自己的内在意愿表露于外,使他人知晓,即作成了意思表示。意思表示作成,该行为即告成立。

(2)民事法律行为成立的特殊要件,指具体的民事法律行为成立时所需要具备的特殊要件。例如,实践性行为的成立除了有行为人的意思表示外,还须有标的物的交付。

2.民事法律行为的生效要件

民事法律行为的生效是指已经成立的民事法律行为产生约束行为人的法律效力。一个民事法律行为成立了,不见得一定能生效或马上能生效,只有具备了一定条件后,才能产生相应的法律效力。根据《民法典》第一百四十三条规定,具备下列条件的民事法律行为有效:①行为人具有相应的民事行为能力;②意思表示真实;③不违反法律、行政法规的强制性规定,不违背公序良俗。

因此,民事法律行为生效的一般要件包括以下几个。

(1)行为人必须具有相应的民事行为能力。民事行为以意思表示为基础,并以产生相应的法律效果为目的,所以实施民事行为的人必须具备相应的民事行为能力,才能正确地认识和判断自己行为的性质、后果等法律意义。自然人原则上只能实施与其年龄、精神状况和智力发育程度相适应的民事行为,即完全民事行为能力人可以独立地实施民事行为;限制民事行为能力人只能实施部分与其年龄、精神状况和智力发育程度相适应的民事行为,其余民事行为的实施需要征得其法定代理人的同意或直接由其法定代理人代为;无民事行为能力人原则上不能独立实施民事行为,必须由其法定代理人代为。对法人而言,要求其具备相应的民事行为能力,就是要求其只能在法律核定的范围内实施民事行为。不具备相应民事行为能力的民事主体实施的民事行为,原则上无效。

(2)行为人意思表示真实。所谓意思表示真实,是指行为人的意思表示与其内心的意思相一致。意思表示真实一般要符合下述要求：①行为人的意思表示应与其内心愿望一致，确系行为人内心真实想法的表述和流露；②行为人的意思表示必须是自愿的，不是屈从于外界压力。在欺诈、胁迫等情形下所作出的意思表示并不是自愿的，因此也是不真实、无效的。

（3）行为内容不违反法律、行政法规的强制性规定，不违背公序良俗。不违反法律是指民事法律行为的内容要符合宪法、法律和有关行政法规的规定。不得违背公序良俗，主要是指行为不得违背公共秩序、社会善良风俗、习惯以及不允许损害公共利益等。

（4）形式完备。民事法律行为如属于要式行为，形式完备也是其生效的必备条件之一。

对某些特殊的民事法律行为而言，除了具备上述一般要件，还需要具备特定的条件才能生效，我们称之为民事法律行为的特别生效要件，如附条件或者附期限的民事法律行为。比如，附延缓条件的民事法律行为，其成立后，只有当条件成熟时，才会发生法律效力。这种特定的生效条件可以是法定的，也可以是当事人约定的，而且绝大部分是当事人约定的。

民事法律行为符合生效要件后，即开始生效。其效力的具体表现有以下几个方面：

①该民事法律行为对当事人产生约束力；

②该民事法律行为不得随意变更或撤销；

③当发生纠纷时，该民事法律行为所确定的内容是处理纠纷的依据。

（三）民事法律行为的无效及其法律后果

1. 无效民事法律行为的种类

从民事法律行为无效的不同法律后果看，可以将无效的民事法律行为分为绝对无效的民事法律行为和相对无效的民事法律行为（可变更或可撤销的民事法律行为）。

绝对无效的民事法律行为是指不具备《民法典》规定的一般有效条件，因而不产生法律效力的各种民事法律行为。对于这种民事法律行为，无论当事人的意愿如何，都是无效的，而且从行为开始时起就没有法律约束力。根据《民法典》的规定，无效的民事法律行为包括：①无民事行为能力人实施的；②限制民事行为能力人依法不能独立实施且不被追认的；③行为人与相对人以虚假的意思表示实施的民事法律行为无效；④违反法律、行政法规的强制性规定的民事法律行为无效（但该强制性规定不导致该民事法律行为无效的除外）；⑤违背公序良俗的民事法律行为无效；⑥行为人与相对人恶意串通，损害他人合法权益的民事法律行为无效。

相对无效的民事法律行为是指由于意思表示不真实而可以由一方当事人要求变更或撤销的民事法律行为，或者可以通过相关的权利人事后同意或追认而有效的效力待定民事行为。根据《民法典》的规定，相对无效的民事法律行为包括以下几种：

（1）行为人对行为内容有重大误解的。这是指行为人因对行为的性质、对方当事人和标的物的品种、质量、规格和数量等的错误认识，其行为的后果与自己的意思相悖，并造成较大损失的。

（2）一方利用对方处于危困状态、缺乏判断能力等情形，致使民事法律行为成立时显失公平的。这种情况下，受损害方有权请求人民法院或者仲裁机构予以撤销。

（3）限制民事行为能力人实施的民事法律行为，在经法定代理人同意或者追认前为效力待定状态，追认后才有效。实施的纯获利益的民事法律行为或者与其年龄、智力、精神健康状况相适应的民事法律行为有效。

（4）一方以欺诈手段，使对方在违背真实意思的情况下实施的民事法律行为。受欺诈方有权请求人民法院或者仲裁机构予以撤销。

(5)一方或者第三人以胁迫手段,使对方在违背真实意思的情况下实施的民事法律行为,受胁迫方有权请求人民法院或者仲裁机构予以撤销。

2.民事法律行为无效的法律后果

根据《民法典》的规定,无效的或者被撤销的民事法律行为自始没有法律约束力。民事法律行为部分无效,不影响其他部分效力的,其他部分仍然有效。民事法律行为无效、被撤销或者确定不发生效力后,行为人因该行为取得的财产,应当予以返还;不能返还或者没有必要返还的,应当折价补偿。有过错的一方应当赔偿对方由此所受到的损失;各方都有过错的,应当各自承担相应的责任。法律另有规定的,依照其规定。

第二节　代理

一、代理的概念及法律特征

代理是代理人依据被代理人的委托或者法律规定以及人民法院或有关单位指定,在代理权限内以被代理人的名义,独立与相对人为民事法律行为,产生的法律后果直接由被代理人承受的法律制度。

在古代社会,人们做什么事都亲力亲为,用不着代理,所以也没有代理制度。例如,罗马法中具有现代各项民事法律制度的雏形,唯独没有代理制度。但随着社会的发展,社会经济制度也在发展,人们要处理的事务越来越多也越来越繁杂,许多事务无法亲自完成,代理制度就应运而生。

从传统直接代理的角度看,代理有以下法律特征。

(1)代理人以被代理人的名义进行活动,并产生相应的法律后果

代理人以被代理人的名义进行民事活动,这是直接代理所具有的特点,正是这一特征将代理和行纪、信托等行为区别开来。间接代理,如行纪行为,将在后文加以阐述。代理是一种法律行为,通过代理,被代理人与相对人之间形成或变更、消灭一定的民事法律关系。

(2)代理人必须在代理权限范围内实施代理行为

代理人在代理关系中享有代理权。但代理权是由被代理人授予或者法律规定或人民法院及有关单位指定而产生的,所以,代理人在进行代理活动时,必须以代理权为限,只能在代理权的范围内活动,不得擅自变更或超越代理权。否则,被代理人对代理人的行为不负法律责任,而应由代理人自行负责。当然,被代理人对代理人的行为事后加以追认的除外。在委托代理中,被代理人的授权必须明确,因授权不明,被代理人应当向相对人承担民事责任的,代理人负连带责任。

(3)代理人在代理权限范围内可与相对人独立作出意思表示

为了更好地完成代理事务,代理人在代理权限范围内可以根据代理活动的具体情况,独立地向相对人作出意思表示或者接受相对人的意思表示,以维护被代理人的权益,这样才能真正使代理制度发挥作用。

（4）代理行为的法律后果直接由被代理人承担

代理行为从形式上看好像是在代理人与第三人之间进行的，但是，由于代理人是以被代理人的名义在代理权限范围内实施行为，所以，代理行为的法律后果由被代理人承担。即使是代理人实施代理行为后，给被代理人带来的是不利的法律后果乃至法律责任，也由被代理人承担。

二、代理的种类

一般地，按照代理权产生的根据不同，可以把代理分为三种：委托代理、法定代理和指定代理。表见代理及复代理等相关问题后文再加以论述。

（一）委托代理

委托代理是代理人根据被代理人的委托授权行为而取得代理权的代理，这种代理是根据被代理人委托的意思表示，代理权被授权给代理人。因此，它也称为授权代理或意定代理。在委托代理关系中，被代理人称为委托人，代理人称为受托人。

公民、法人可以通过代理人实施民事法律行为，但依照法律规定或者按照双方当事人约定，应当由本人实施的民事法律行为，不得代理。

公民、法人委托他人代理民事行为，委托行为是一种单方行为，被委托人没有必须接受委托的义务。但被委托人一旦接受，就与委托人形成委托合同关系，委托代理人应当按照被代理人的委托行使代理权，越权无效。

民事法律行为的委托代理授权，可以用书面形式，也可以用口头形式。法律规定用书面形式的，应当用书面形式。书面委托代理的授权委托书应当载明代理人的姓名或者名称、代理事项、代理权限和期限，并由委托人签名或者盖章。委托书授权必须明确，授权不明的，被代理人应向相对人承担民事责任，代理人负连带责任。

代理人接受委托后，应当尽到勤勉的义务，尽可能为被代理人实现最大的合法利益，而且应当亲自完成代理任务。《民法典》第一百六十九条规定，代理人需要转委托第三人代理的，应当取得被代理人的同意或者追认。转委托代理经被代理人同意或者追认的，被代理人可以就代理事务直接指示转委托的第三人，代理人仅就第三人的选任以及对第三人的指示承担责任。转委托代理未经被代理人同意或者追认的，代理人应当对转委托的第三人的行为承担责任，但是在紧急情况下代理人为了维护被代理人的利益需要转委托第三人代理的除外。

（二）法定代理

法定代理是指基于法律的直接规定而取得代理权的代理，是法律根据一定的社会关系的存在设立的代理。一定的社会关系的存在是确定法定代理的前提和依据。法定代理最突出的特点在于，代理权直接根据法律的规定产生，代理的权限也由法律直接规定。法定代理是专为无行为能力人、限制行为能力人所设立的代理方式。

在委托代理中，首先要有委托人的委托，才能产生代理关系，而委托本身是一种民事法律行为，作出委托的人必须具有民事行为能力。无行为能力人、限制行为能力人不能作出委托，当然就无法产生委托代理。但无行为能力人、限制行为能力人更需要有他人为其代理民事行为，所以法律规定了法定代理。

无行为能力人、限制行为能力人的法定代理人由其监护人担任。法定代理人可以进一步将相关民事行为转委托给委托代理人代理。法定代理人亲自代理或转委托给委托代理人代理,都必须考虑无行为能力人、限制行为能力人的合法权益。故意损害无行为能力人、限制行为能力人利益的代理行为,无行为能力人、限制行为能力人不承担后果。

(三)指定代理

指定代理是指根据指定单位或人民法院的指定而产生代理权的代理。指定代理也是为保障无行为能力人、限制行为能力人的利益而设立的代理制度。无行为能力人、限制行为能力人无法定代理人,或者法定代理人不宜行使法定代理权,或者法定代理人对代理权有争议,有关指定机关如人民法院、民政机关、未成年人的父母所在单位或住所地的居民委员会、村民委员会等,可以为其指定监护人,由监护人代理民事活动。

三、代理相应的法律责任

代理关系是基于代理权而发生在代理人与被代理人之间的法律关系。代理人是为被代理人的合法利益而进行代理活动的,所以,法律规定,如出现无代理权或代理权滥用的情况,代理无效。这里的"代理无效"是指代理关系无效,即"代理人"实施的民事行为对"被代理人"无效,而不是指"代理人"所实施的民事行为对任何人无效,因为对"代理人"自己仍然可能有效。

(一)无权代理

无权代理主要是指没有代理权、超越代理权和代理权终止后的"代理"。

没有代理权是指从来没有合法的授权,没有法律的直接规定,也没有相应机关的指定,行为人以他人的名义实施民事行为;超越代理权是指虽然存在合法的代理权,但代理人在代理权限范围以外以被代理人的名义实施民事行为;代理权终止后的"代理"是指虽然原有代理权,但双方的代理关系已经终止,原代理人仍以原被代理人的名义实施民事行为。这些都属于无权代理,对名义被借用的人无效,应由行为人自行负责承担法律后果。

但需注意的是,无权代理并非必然导致代理行为无效的后果。因为法律赋予名义被借用的人追认权,也即经过被代理人的追认,行为人就取得了代理权,从而使无权代理成为有权代理,被代理人就要承担民事责任;另一种情况是本人知道他人以自己名义实施民事行为而不作否认表示的,视为同意,本人(也即被代理人)也要承担责任。

在无权代理的情况下相对人有催告权和撤销权。相对人有权向名义被借用的人进行催告,以询问其是否行使追认权。如其不行使追认权,相对人有权对民事行为进行撤销。相对人也可以直接行使撤销权。当相对人不行使撤销权时,可以直接就此民事行为向行为人主张权利。相对人知道行为人没有代理权、超越代理权或者代理权已终止还与行为人实施民事行为,给他人造成损害的,由相对人和行为人负连带责任。

(二)代理权的滥用

代理权的滥用包括自己代理、双方代理和恶意串通。

自己代理是指代理人利用代理权的存在,以被代理人的名义与代理人自己实施民事行为。代理人在代理的过程中为被代理人设定民事权利义务,应当是与相对人实施民事行为,代理人应当尽可能为被代理人争取合法利益。而如果代理人一方面代表被代理人,另一方面代表自己，就有可能为了自己的利益而损害被代理人的利益。

双方代理是指代理人同时代理双方当事人，实施民事行为。在代理人代理的民事行为中，往往是双方或多方行为，须两个或多个意思表示一致，而在双方代理中，两个意思表示都是由同一个人即代理人作出的，破坏了意思表示的一致性。在双方代理中，似乎代理人考虑了双方的利益，但实际对双方的利益都没有尽最大可能加以维护，实质是损害了双方的利益。

《民法典》第一百六十八条规定，代理人不得以被代理人的名义与自己实施民事法律行为，但是被代理人同意或者追认的除外；代理人不得以被代理人的名义与自己同时代理的其他人实施民事法律行为，但是被代理的双方同意或者追认的除外。

代理人和相对人恶意串通，是指代理人没有尽到代理人之责，与在民事权利义务关系中和被代理人利益相对的相对人串通一气，损害被代理人利益的行为。

以上三种情况都是在存在代理权的前提下对代理权滥用，所以都会导致代理的无效。特别是在代理人和相对人串通的情况下，给被代理人造成损失的，由代理人和相对人负连带的赔偿责任。

（三）违法代理

违法代理是指代理违法事项或利用代理进行违法活动。代理违法事项就是代理法律禁止的事项，利用代理进行违法活动就是代理人利用合法代理关系进行违法活动。根据《民法典》第一百六十七条的规定，代理人知道或者应当知道代理事项违法仍然实施代理行为，或者被代理人知道或者应当知道代理人的代理行为违法未作反对表示的，被代理人和代理人应当承担连带责任。

四、表见代理

表见代理是指被代理人的行为足以使善意相对人相信无权代理人具有代理权，并基于此信赖，与无权代理人进行交易，由此产生的法律效果强制由被代理人承担的代理。

代理制度的产生，实现了行为主体与行为后果的分离，使民事主体的民事能力得以扩张和延伸。这在社会生产日益专业化、规模化，社会分工日益精细化的现代社会，具有极其重要的经济价值。但是与代理制度相伴而生的无权代理现象，却不时给代理制度带来不稳定因素，对各方利益影响甚大。无权代理的表现形式十分复杂，大致分两类：值得相对人信赖的无权代理（即表见代理）和欠缺信赖价值的无权代理。无权代理的发生常伴随着责任纠纷。在真正权利人与善意相对人之间的利益权衡方面，虽然保护真正权利人的利益堪称社会经济秩序的根基，罗马法中"任何人不得将超越自己所有的权利让与他人"的法谚至今犹存，借以保护所有权的安全，但是在以社会本位立法思想为背景的现代市场经济中，罗马法的上述经典原则已经被众多的例外弄得千疮百孔。而通过权利虚像代替权利实像的方法，保护相对人对真正权利人所造成的表见事实的信赖，已经成为各国民法所追求的一项非常重要的价值。对此，我国对有些虽然不是真正的但符合一定条件的代理仍然认定为有效，即：行为人的代理后果由被代理人承担。最典型的就是表见代理。

从广义上看，表见代理属于无权代理的范畴。若无权代理行为均由被代理人追认决定其效力的话，会给善意相对人造成损害。因此，在表见代理的情形之下，规定由被代理人承担表见代理行为的法律后果，更有利于保护善意相对人的利益，维护交易安全，并以此加强代理制度的可信度。但表见代理与一般的无权代理存在以下区别：第一，表见代理中，行为人实质上没有代理权,但在表面上有足够的理由使人相信他有代理权,相对人通常是不知道他没有代理权的;而无权代理的行为人不仅实质上不具备任何代理权,表面上也没有令相对人相信其有代理权的理由。第二,表见代理的法律后果由被代理人承担;而无权代理的法律后果则处于未定状态。

表见代理的法律后果之所以仍由被代理人承担,主要目的是保护善意相对人的利益,维护交易的安全,但被代理人的合法权益也应该予以保护,故要构成表见代理,须具备以下要件。

1.须行为人无代理权

表见代理成立的第一要件是行为人无代理权。无代理权是指行为人实施代理行为时无代理权或者对于所实施的代理行为无代理权。如果代理人拥有代理权,则属于有代理权,不属于表见代理的问题。

2.须有使相对人相信行为人具有代理权的事实或理由

这是表见代理成立的客观要件。这一要件是以行为人与被代理人之间存在某种事实上或者法律上的联系为基础的。这种联系是否存在或者是否足以使相对人相信行为人有代理权,应依一般交易情况而定。通常情况下,行为人持有被代理人发出的证明文件,如被代理人的介绍信、盖有合同专用章或者盖有公章的空白合同书,或者有被代理人向相对人所作的法人授予代理权的通知或者公告,这些证明文件构成认定表见代理的客观依据。对上述客观依据,相对人负有举证责任。在我国司法实践中,盗用他人的介绍信、合同专用章或者盖有公章的空白合同书签订合同的,一般不认定为表见代理,但被代理人应负举证责任,如不能举证则构成表见代理。对于借用他人介绍信、合同专用章或者盖有公章的空白合同书签订的合同,一般不认定为表见代理,由出借人与借用人对无效合同的法律后果负连带责任。

3.须相对人为善意且无过失

这是表见代理成立的主观要件,即相对人不知行为人所为的行为系无权代理行为。如果相对人出于恶意,即明知他人为无权代理,仍与其实施民事行为,就失去了法律保护的必要,故表见代理不能成立。

《民法典》第一百七十一条第三款规定,相对人知道或者应当知道行为人无权代理的,相对人和行为人按照各自的过错承担责任。

4.行为人与相对人之间的民事行为须具备民事行为的有效要件

表见代理发生有权代理的法律效力,因此,表见代理应具备民事行为成立的有效要件,即不得违反法律或者社会公共利益等。如果不具备民事行为的有效要件,则表见代理不成立。

在构成表见代理的情况中,相对人相信行为人具有代理权,往往与行为人具有过失有关,但表见代理的成立不以行为人主观上有过失为必要条件。即使行为人没有过失,只要客观上有使相对人相信行为人有代理权的依据,即可构成表见代理。

表见代理也为我国法律所确认。正如原《合同法》第四十九条规定的,行为人没有代理权、超越代理权或者代理权终止后以被代理人名义订立合同,相对人有理由相信行为人有代理权的,该代理行为有效。《民法典》第一百七十二条也规定,行为人没有代理权、超越代理权或者代理权终止后,仍然实施代理行为,相对人有理由相信行为人有代理权的,代理行为有效。上述规定,其意义在于维护代理制度的诚信基础,保护善意相对人的合法权益,建立正常的民事流转秩序。

表见代理的特征表现为以下几个方面。

（1）行为人实施无权代理行为，即行为人没有代理权、超越代理权或者代理权终止后仍以被代理人名义订立合同。

（2）相对人依据一定事实，相信或认为行为人具有代理权，在此认识基础上与行为人签订合同。相对人依据的事实包括两个方面：其一是被代理人的行为，如被代理人知道行为人以本人名义订立合同而不作否认表示；其二是相对人有正当的客观理由，如行为人持有单位的业务介绍信、合同专用章或者盖有公章的空白合同书等。

（3）相对人主观上善意，无过失。既然表见代理属于一种无权代理，那么由无权代理人自食其果方为允当。然而不容忽视的是，由于被代理人的作为和不作为，制造了代理权存在的表面现象，并且引起了善意相对人的信赖，后者的利益关系到市场交易安全的问题。

相对人可以基于表见代理对被代理人主张代理的结果，因此设立表见代理制度的目的在于保护合同相对人的利益，维护交易安全，依诚实信用原则使怠于履行其注意义务的本人直接承受没有代理权、超越代理权或者代理权终止后仍为代理行为而签订合同的责任。

在现实生活中，表见代理主要有：代理权限制导致的表见代理；授权表示导致的表见代理；代理权的撤回或消灭导致的表见代理等。

表见代理的后果应归被代理人承受，承受的内容是对善意且无过失的相对人履行代理行为所生的义务和享有代理行为所生的权利。当然，如果被代理人因此而蒙受损失，他可根据无权代理人过错的大小请求其补偿或追偿。

五、复代理

复代理又称再代理、转委托，是指代理人为了被代理人的利益而将其所享有的代理权转托他人而产生的代理。

复代理具有以下三个特征：

（1）复代理人是代理人以自己的名义选任的，不是被代理人选任的；

（2）复代理人仍然是被代理人的代理人，复代理人行使代理权时仍应以被代理人的名义进行，法律后果直接归属于被代理人；

（3）复代理权是原代理人转托的，以原代理人的代理权限为限，不能超过原代理人的代理权限。

复代理具有以下三个构成要件：

（1）复代理人是处理代理权限内的事务的人。复代理不是代理权的移转，所以须有原代理权的存在。如果复代理人超越代理人的权限，则同样构成无权代理，而不产生复代理的法律效果。

（2）复代理人是代理人以自己的名义选任的，复代理基于代理人的转委托成立。如果不是由代理人以自己的名义选任的，例如，被代理人选任或者代理人受被代理人的委托以被代理人名义选任时，则构成共同代理，而不是复代理。

（3）复代理人是被代理人的代理人，而不是代理人的代理人。

《民法典》第九百二十三条规定，受托人应当亲自处理委托事务。经委托人同意，受托人可以转委托。转委托经同意或者追认的，委托人可以就委托事务直接指示转委托的第三人，受托人仅就第三人的选任及其对第三人的指示承担责任。转委托未经同意或者追认的,受托人应当对转委托的第三人的行为承担责任;但是,在紧急情况下受托人为了维护委托人的利益需要转委托第三人的除外。

六、代理的终止

代理的终止是指代理人与被代理人之间的代理关系消灭。代理关系是因代理权的产生而成立的,代理关系的消灭也以代理权的消灭为前提。代理的终止具有一定的原因。

根据《民法典》第一百七十三条,委托代理终止的原因,包括以下五种情形:①代理期限届满或者代理事务完成;②被代理人取消委托或者代理人辞去委托;③代理人丧失民事行为能力;④代理人或者被代理人死亡;⑤作为代理人或者被代理人的法人、非法人组织终止。

《民法典》第一百七十四条规定,被代理人死亡后,有下列情形之一的,委托代理人实施的代理行为有效:①代理人不知道且不应当知道被代理人死亡;②被代理人的继承人予以承认;③授权中明确代理权在代理事务完成时终止;④被代理人死亡前已经实施,为了被代理人的继承人的利益继续代理。作为被代理人的法人、非法人组织终止的,参照适用前款规定。

《民法典》第一百七十五条还规定了法定代理终止的四种情形,分别是:①被代理人取得或者恢复完全民事行为能力;②代理人丧失民事行为能力;③代理人或者被代理人死亡;④法律规定的其他情形。

【例1-1】甲厂买通了乙门市部的采购员张某,由张某从甲厂买进了价值10万元的劣质货物,在仓库存放了一年半才被发现。而此时,张某已经另案被捕。乙门市部向甲厂提出退货或承担削价处理的损失,遭到了甲厂的拒绝。甲厂认为:第一,张某是乙门市部的合法代理人,其采购行为有效;第二,乙门市部在一年半后才提起此事,已经过了时效。

【例1-1】分析

问:甲厂的理由是否符合法律规定?

【例1-2】甲全权委托朋友乙,将一批服装由A市运往B市销售。乙雇用丙开汽车负责运输。乙、丙出发后不久,乙突然患急病,被紧急送往医院。由于情况紧急,当时无法联系上甲,乙只好将服装销售转委托给司机丙。丙继续运输。与此同时,乙从医院给甲打了个电话,告知此事,甲当即表示不同意,但此时丙已经上路。快到B市时,突遇罕见暴风雨,服装被淋湿。为了减少进一步的损失,丙将服装作了合理的降价处理,损失7万元。问:本案转委托是否有效?该损失应由谁来承担?请选择:(　　)。
①转委托有效;②转委托无效;③损失由甲承担;④损失由乙承担;⑤损失由丙承担;⑥损失由乙、丙共同承担;⑦损失由甲、乙合理分担;⑧损失由甲、丙合理分担;⑨损失由甲、乙、丙共同承担。

再作一假设:假设在运输途中,丙去一酒店喝酒,喝醉了,忘了关车门,致使汽车和服装都被偷走,此损失应由谁来承担?请选择:(　　)。
①由甲承担;②由乙承担;③由丙承担;④汽车损失由丙承担,服装损失由甲承担;⑤汽车损失由丙承担,服装损失由乙承担;⑥汽车损失由丙承担,服装损失由甲、乙共同承担。

【例1-2】分析

第三节　物权制度概述

【例1-3："风能进、雨能进，国王不能进！"之经典案例】

"风能进、雨能进，国王不能进！"这是一句涉及财产权利的脍炙人口的法谚，它并非出自经典法学著作或教科书，而是源自老威廉·皮特于1763年在国会上的一次演讲——《论英国个人居家安全的权利》，但其流行程度甚至超过了某些出自法学名著的谚语。原文是这样表述的："即使最穷的人，在他的小屋里也能够对抗国王的权威。屋子可能很破旧，屋顶可能摇摇欲坠；风可以吹进这所房子，雨可以淋进这所房子，但是国王不能踏进这所房子，他的千军万马也不敢跨过这间破房子的门槛。"后来这段话被浓缩成"风能进、雨能进，国王不能进"这一经典语句。

100多年后，这一经典语句被另一个经典故事印证。1866年10月13日，号称"军人国王"的普鲁士国王弗里德里希（威廉一世）打赢对奥地利的"七周战争"，把500万人口和64万平方千米土地划入普鲁士版图，后来他在法国巴黎的凡尔赛宫镜厅被德意志各邦君主拥立为德国皇帝，深受广大人民群众爱戴，他的助手就是大名鼎鼎的铁血宰相俾斯麦。现在德国街头还有他骑着青铜战马的塑像。当年他在距离柏林不远的波茨坦修建了一座行宫。行宫修建完成后，威廉一世在大批臣属的前呼后拥之下前往行宫，在登高远眺之时，他的视线却被紧挨着宫殿的一座破旧磨坊挡住了，这让他非常扫兴。他想拆除磨坊，但该磨坊并不属于王室。于是他派人前去与磨坊的主人协商，希望能够买下这座磨坊。不料这个磨坊主死活不同意，称这座磨坊是从祖上传下来的基业，不能卖。威廉一世大怒，强令拆除。磨坊主一纸诉状把威廉一世告上了法庭。法院判决，威廉一世败诉，审理案件的三位法官毅然一致裁定：被告人因擅用王权，侵犯原告由宪法规定的财产权利，触犯了《帝国宪法》第七十九条第六款；责成被告威廉一世在原址立即重建一座同样大小的磨坊，并赔偿原告的损失。贵为一国之君的威廉一世，只好遵照执行。

后来威廉一世和那个磨坊主都去世了，磨坊主的儿子生活拮据，希望把磨坊给卖了，但他不知威廉二世对这个磨坊感不感兴趣，就给威廉二世写了封信。威廉二世给他回了信，大意为："我亲爱的邻居，来信已阅。得知你现在手头紧张，作为邻居我深表同情。你说你要把磨坊卖掉，我以为不可，毕竟这间磨坊已经成为我国司法独立之象征，理当世世代代保留在你家的名下。至于你的经济困难，我派人送来三千马克，请务必收下。你的邻居威廉二世。"

波茨坦磨坊的故事被视为西方司法独立、民主法治的经典案例，但就判决本身而言，其实质可总结为八个字——恢复原状，赔偿损失。用今天的话来说，这是一个物权法上的问题——对国王侵犯磨坊主所有权的一种法律救济。只是，当时《德国民法典》还未诞生，判决依据的是1849年法兰克福宪法对财产保护的规定罢了。

相较而言，英国人至今没有物权法体系，但英国的财产权实质上就包括了德国人所言的物权与债权。英国前首相的"风能进、雨能进，国王不能进！"与"私有财产神圣不可侵犯"一样，都是保护财产权的宣言。实质上，对穷人"寒舍"的保护，就是对物权的一种保护。

一、物权制度

物权思想之来源,还要回溯到罗马,横扫欧洲、无往而不利的罗马人并非纯然的赳赳武夫,他们还以其在法律上的贡献而享有盛誉。中国学者大多对德国法学家耶林的一句话耳熟能详:"罗马曾三次征服世界:第一次以武力;第二次以宗教;第三次则以法律。而这第三次征服也许是其中最为持久的征服。"

17 世纪,德意志法学家们提出了物权的概念。当时在德意志法学家们编纂的《当代实用法规汇纂》中,人们开始探讨物与财产的区别,阐发物上的权利。18 世纪编纂的《马克西米利安——巴伐利亚民法典》和《普鲁士普通邦法》已经具有与罗马法完全不同的体系模式,1811 年的《奥地利普通民法典》更是具有完全不同的模式。而且它们均使用了物权的概念。直到 1896 年颁布的《德国民法典》使用物权概念之后,物权的科学概念才正式在立法中确立下来。

因此,实质上的物权制度是罗马人的创造,而具体的物权法概念,则体现了德国人的智慧。有人认为,物权与债权的区分,构成了大陆法系近、现代民法上财产权利制度的"脊梁"。

物权指的是人对物的权利,即将特定之物归属于某特定主体,由其直接支配。而所谓物权法,是调整因物的归属和利用而产生的民事关系的法律。物权法与债权法被称为财产法的两大支柱,前者属于财产的归属法,后者属于财产的流转法。人与财产的结合表现为物权,财产在不同的主体之间进行交换表现为债权。

从表面上看,物权界定的是作为法律主体的人与特定物之间的关系,但实际上,物权法律关系规范的仍然是人与人之间的关系,即通过确定特定主体对物的支配而确定其对物的自由意志,从而也确立了他人不侵入其权利空间的义务。

我国对物权法律制度较为系统的规定始于 1986 年的《民法通则》,该法第五章第一节规定"财产所有权和与财产所有权有关的财产权"大部分属于物权,初步确立了包括所有权、用益物权与担保物权在内的基本物权法律体系框架。2007 年实施的《中华人民共和国物权法》和 2021 年实施的《民法典》,则更为完整、系统地规定了各项基本物权法律制度。

二、物权的概念与种类

物是物权的客体。《民法典》第一百一十四条第二款规定,物权是权利人依法对特定的物享有直接支配和排他的权利,包括所有权、用益物权和担保物权。第一百一十五条规定,物包括不动产和动产。法律规定权利作为物权客体的,依照其规定。传统民法上,物有所谓有体物与无体物的区分,无体物包括权利等不具备实体的"物"。

根据不同的标准,可以将物分为流通物、限制物与禁止流通物、动产与不动产、可替代物与不可替代物、消费(耗)物与非消费(耗)物、可分物与不可分物、主物与从物、原物与孳息物等。

与债权相比,物权具有以下特点。

(1)支配性。物权属于支配权,是对标的物具有直接支配力的财产权。物权人有权以自己的意志去实现权利,无须第三人的积极行为协助。而债权则属于请求权,其实现必须借助于债务人的履行行为。

(2)排他性。也即一物之上只能成立一项所有权,物权人对标的物能够排除他人意志以同样方式支配。债权具有兼容性,同一标的物上成立双重买卖,两项买卖合同均可以有效。

（3）绝对性。物权是对抗所有权的财产权，排除任何他人的干涉，故为绝对权或称为对世权。债权则仅针对特定的债务人存在，属于相对权或称为对人权。

物权可以作以下区分。

1. 自物权（所有权）与他物权

这是以物权内容是否完整为标准所作的分类。《民法典》第一百一十四条第二款规定，物权包括所有权、用益物权和担保物权。其中所有权即自物权（或称完全物权），是对自己之物所享有的物权，是权利人依法对物享有的占有、使用、收益和处分的权利，它是最完整、最充分的支配权。用益物权和担保物权属于他物权，属于限制物权，依附于所有权，是在他人之物上设定的物权，是一定程度的支配权。

2. 用益物权与担保物权

这是以物权的功能为标准所作的分类。用益物权是指以物的使用收益为目的的物权，包括地上权、地役权等。担保物权是指以担保债权为目的，即以确保债务的履行为目的的物权，包括抵押权、质权、典权等。

3. 动产物权与不动产物权

这是以物权客体的性质为标准所作的分类。二者在取得方法、成立要件和效力方面存在着一些区别。动产物权的取得方法为占有，而不动产物权的取得方法为登记。不动产所有权、地上权、抵押权等是不动产物权，而动产所有权、质权、留置权则是动产物权。

4. 独立物权与从物权

独立物权指不以权利人享有的其他民事权利为前提，能够独立存在的物权。从物权是指必须依附于其他权利而存在的物权，如抵押权等。

三、物权法的基本原则

物权法是关于人对物的支配关系、物权变动以及物权交易安全的法律规范的总和，其具有以下三个基本原则。

（一）物权法定原则

《民法典》第一百一十六条规定，物权的种类和内容，由法律规定。该规定有以下四点含义：第一，物权必须由法律设定；第二，物权的内容由法律规定，而不能由当事人通过协议设定；第三，物权的效力必须由法律规定，不能由当事人协议设定；第四，物权的公示方法必须由法律规定，不得由当事人随意确定。

（二）一物一权原则

一物一权原则又称客体特定原则，是指物权只存在于确定的一物之上，相应地，每一行为亦只能处分一物。

一物一权原则与以下情形并不矛盾：①多人共同对一物享有一项物权，因为多人涉及多数物权人，而一物一权表现的是物权客体与权利本身的关系；②在一物之上成立数个互不冲突的物权，比如，所有权与他物权共存、用益物权与担保物权共存等。

（三）公示和公信原则

（1）所谓公示，是指物权在变动中，必须将物权变动的事实通过一定的公示方法向社会公开，从而使第三人知道物权变动的情况，以避免第三人遭受损害并保护交易安全。

公示原则是物权变动所特有的原则。

（2）所谓公信，是指当事人变更物权时，依据法律的规定进行了公示，则即使依公示方法表现出来的物权不存在或存在瑕疵，但对于信赖该物权的存在并已从事了物权交易的人，法律仍然承认其具有与真实的物权存在相同的法律效果。

公信原则实际上是赋予公示的内容公信力。

【例1-4】A、B之间关于房屋买卖达成了合意，并签订了正式的商品房买卖合同。合同签订后，由于卖方A家中出现了纠纷，未能办理房屋过户登记手续。问：A、B的商品房买卖合同是否生效？买方B是否取得了该商品房的所有权？

【例1-4】分析

【例1-5】A将属于B的房屋以自己的名义进行了产权登记，并将该房屋转让给了C。C为不知情的善意受让人，支付了该房屋的市场价，受让了该房屋并办理了产权登记。B事后证明房子原本是自己的，A将B的房产以自己的名义进行登记属于侵权，并要求C返还该房产。问：C是否可以取得该房产的所有权？

【例1-5】分析

四、物权变动

物权变动，即物权的产生、转移、变更和消灭，物权人因此而取得、变更或丧失对物的支配权。

物权变动的基本形态包括三种，分别是物权的取得、变更和消灭。

物权的取得分为原始取得和继受取得两种。物权的原始取得是指根据法律规定，最初取得财产的所有权或不依赖于原所有人的意志而取得财产的所有权。

原始取得的根据主要包括：①劳动生产；②收益；③添附；④没收；⑤遗失物；⑥所有人不明的埋藏物和隐藏物；⑦先占。

继受取得，又称传来取得，是指通过某种法律行为从原所有人那里取得对某项财产的所有权。继受取得的根据主要包括：①买卖合同；②赠与、互易；③继承遗产；④接受遗赠；⑤其他合法原因。

物权的变更包括主体、客体及内容三方面的变更。其中，物权主体变更实际上是物权转让。

物权的消灭可分为绝对消灭与相对消灭两种。绝对消灭是指物权本身不复存在，比如，物权客体的消灭导致物权绝对消灭；相对消灭表达的是物权转让的含义，即相对于物权出让方而言，物权消灭了。

物权变动的原因可分为两大类：一是基于法律行为的物权变动；二是非基于法律行为的物权变动。如因买卖、租赁等法律行为产生的物权变动就属于前者；基于事实行为（如《民法典》第二百三十一条规定的"因合法建造、拆除房屋等事实行为设立或者消灭物权的，自事实行为成就时发生效力"）、法律规定（如《民法典》第二百三十条规定的"因继承取得物权的，自继承开始时发生效力"）或公法行为（如《民法典》第二百二十九条规定的"因人民法院、仲裁机构的法律文书或者征收决定等，导致物权设立、变更、转让或者消灭的，自法律文书或者人民政府的征收决定等生效时发生效力"）产生的物权变动即属于后者。

五、物权变动的公示方式

财产法上的法律行为有债权行为与物权行为的区别。债权行为的效力在当事人之间确立债权债务关系时发生，债务人为此负有法律上的义务。举一个例子，甲乙双方就某套房子订立买卖合同，买卖合同自双方签字后生效。合同生效后，出卖人甲负有向买受人乙转让房屋所有权的义务（根据《民法典》第五百九十八条），买受人乙则负有向甲支付合同价金的义务（根据《民法典》第六百二十六条）。买卖合同只是债权行为，并不足以导致房屋所有权转让。房屋所有权的转让依赖于出卖人为了履行买卖合同而向买受人转让所有权的行为。依物权公示原则，基于法律行为的物权变动需要公示，公示方式依动产或不动产物权变动而有所不同。

1. 动产物权变动的公示方式：交付

《民法典》第二百二十四条规定，动产物权的设立和转让，自交付时发生效力，但法律另有规定的除外。

2. 不动产物权变动的公示方式：登记

《民法典》第二百零九条第一款规定，不动产物权的设立、变更、转让和消灭，经依法登记，发生效力；未经登记，不发生效力，但法律另有规定的除外。

六、所有权

【例 1-6】分析

【例 1-6：空调热风侵权案件】

1994 年南京市玄武区人民法院审理的空调热风侵权案件案情如下：甲新装了一台空调，空调的室外机正对邻居乙的卧室。在酷热的夏天，每次甲启动空调，空调室外机的热风就直接对着乙的卧室吹。在协商无果的情况下，乙愤而起诉。南京市玄武区人民法院判决甲的行为构成侵权。

（一）所有权的概念

所有权是指财产所有人对其财物依法所享有的占有、使用、收益、处分的权利，简单地说，所有权是所有权人对其财物的独占性的支配权。所有权作为物权的一种最典型的法律形态，具有物权的一般法律特征，与其他物权相比还有自身的一些特征：首先，所有权是一种自物权，所有权人对自有物有直接的、无条件支配的权利，可以依自己的意愿行使占有、使用、收益和处分的权利；但其次，所有权是一种完全物权，所有权人在法律许可的范围内，对其自有物有充分的权利；再次，所有权的存在是无期限限制的，所有权以永久存在为特征，所有权人虽长期对所有物不行使使用和收益的权利，但其所有权并不因时效而消灭；最后，所有权是对物的统一的支配权，而不是对物的占有、使用、收益和处分等权能的简单相加。

（二）所有权的权能

所有权的权能是指所有权的内容与职能。权能是指所有权人为实现其所有权，对所有物实施的行为，具体包括所有权的积极权能和所有权的消极权能。

所有权的积极权能是所有权人为实现其所有权对所有物可以实施的积极行为，包括占有权、使用权、收益权和处分权。

（1）占有权是指对财物的实际控制的权利。占有权是所有权人行使的一种合法的、独立的权利，是行使物的使用权能的前提。在实际中也发生过占有权与所有权相分离的情况，也即非所有权人的占有，有合法占有和不法占有之分。

（2）使用权是指按照财物的性能和用途对其加以利用，以满足所有权人一定的需要的权利。

（3）收益权是指所有权人从其财物上获取一定经济利益的权利。收益权一般由所有权人享有，但根据法律规定或合同约定，也可以由非所有权人享有。

（4）处分权是指所有权人在法律允许的范围内决定其财产命运的权利。处分可以分为事实上的处分和法律上的处分。事实上的处分是指在生产或生活中消耗物；法律上的处分是指依据所有权人的意志通过某种法律行为对物进行处置，如出售、赠与等。

所有权的消极权能是指所有权人在法律规定的范围内，排除他人对其所有物横加干涉、妨碍的权能。所有权是具有独立性、绝对性的支配权，不容他人干涉，所以法律赋予所有权人排除干涉的权利。这种权能既包括损害赔偿请求权，也包括对所有权的物上请求权。

（三）所有权的取得与消灭

1. 所有权的取得

所有权的取得是指公民、法人或其他社会组织依据一定的法律事实对某物享有完全的支配权。

所有权的取得分为原始取得与继受取得。

原始取得主要包括以下几种方式。

（1）生产。通过劳动而取得的自然物或者通过生产资料与劳动力的结合而取得的产品，归劳动者或生产资料的提供者所有。

（2）孳息。原物产生的孳息，包括天然孳息和法定孳息，法律或者合同没有特别规定的，归原物所有权人所有。

（3）没收。没收是在原所有权人违法的情况下，依据法律的规定强制将违法人的财产收归国家所有的一种法律制裁方式，这是国家财产所有权的产生方式之一，是不以原所有权人的同意为前提的，因而属于原始取得的一种。

（4）收取遗失物和所有权人不明的埋藏物、隐藏物。

（5）添附。添附是指不同的所有权人将财产或者劳动成果附合在一起，形成一种新的不可分离的财产，对该新的财产的所有权，应当确定为由提供财产或劳动的人所有。

继受取得主要包括以下几种方式。

（1）财产转让。即通过买卖、赠与等民事法律行为，一方从另一方取得物，随着物的转移，旧的所有权消灭，新的所有权产生。

（2）继承或受遗赠。原所有权人死亡后，所有物归原所有权人的继承人或受遗赠人所有。

2. 所有权的消灭

所有权的消灭分为绝对消灭与相对消灭。绝对消灭是指所有物本身的消灭；相对消灭是指特定的所有权主体的所有权的消灭。引起所有权消灭的法律事实有：①所有权主体的消灭，如公民死亡、法人终止等；②所有物的灭失，如所有物在生产、生活中被消费或遭遇火灾被烧毁等；③所有物被转让；④所有物被抛弃；⑤行政命令或法院判决等其他原因所引起的所有权的消灭,如依法被没收等。

（四）所有权的保护

当所有权遭受侵害时,所有权人可以采取下列保护方式请求保护。

（1）请求确认所有权。请求确认所有权是其他保护方法的前提和基础。当经济主体对所有权的归属发生争议时,当事人可以向人民法院提起诉讼,请求法院确认其所有权。

（2）请求恢复原状。当所有权人的财产因侵害人的非法侵害而遭到破坏时,当事人可以向人民法院提起诉讼,请求法院责令侵害人进行财产恢复。

（3）请求返还原物。当所有权人的财产遭受他人的不法侵占、哄抢、私分、截留或者被非法查封、扣押、冻结、没收时,所有权人有权请求对方返还原物。

（4）请求排除妨害、消除危险。当所有权人充分行使自己的财产所有权的权利遭受他人不法行为的侵害时,所有权人有权请求不法加害人排除妨碍或者消除危险。

（5）请求赔偿损失。当所有权人的财产遭受损失,又不能恢复原状时,所有权人有权请求侵害人赔偿财产损失。

（五）所有权的共有

共有是指两个或两个以上的主体对同一物享有所有权。按照所有权排他性的特点,一个物上虽然只能设立一项所有权,但一项所有权可以由数个主体共同享有,共有就是这一特点的表现形式。共有的主体即共有人,客体即共有物。

1. 共有的种类

共有分为按份共有和共同共有。

（1）按份共有

按份共有是指两个以上的民事主体对同一物按一定的份额享有所有权。按份共有具有以下法律特征。

①按份共有人对于共有物按照份额享有所有权,各个共有人的份额可以相等也可以不等。如果各个共有人之间的份额不明确,则推定为均等。

②各个共有人虽然对共有物只有相应的份额,但共有人的权利和义务并不是仅仅及于共有物的某一部分,而是及于共有物的全部,也就是说,各共有人按各自的份额比例对整个共有财产享有权利、承担义务。

③共有人有权处分自己的份额,在法律或者共有人相互之间的协议没有特别的限制时,按份共有人可以要求将自己的份额分出或转让。按份共有人死亡时,其继承人有权继承其份额。

按份共有的各个共有人依据其所占份额对共有物进行占有、使用、收益,并且这些权利都及于共有物的全部。为了维护全体共有人的利益,共有人在行使对共有物的占有、使用、收益的权利时,应当进行协商,并按协商一致的方式处理,如果达不成一致意见,应当按拥有份额超过一半的共有人的意见办理,但不得损害其他共有人的合法利益。

按份共有人对份额享有处分权,处分权的行使方式包括分出或者转让。分出是指按份共有人退出共有关系,将自己在共有财产中的份额分割出去。转让是指共有人依法将自己在共有财产中的份额转让给他人（含其他共有人）。

按份共有人有权处理自己所拥有的共有物的份额。由于共有人的份额是抽象的而不是具体的,所以共有人对自己份额的处分只是法律上的处分,也就是只能要求将自己的份额分出或者转让。共有人转让自己的份额,可以不经过其他共有人的同意,但转让份额的共有人的转让行为也不得损害其他共有人的利益。为防止某一个共有人在转让自己的份额时损害到其他共有人的利益,《民法典》第三百零五条规定,按份共有人可以转让其享有的共有的不动产或者动产份额。其他共有人在同等条件下享有优先购买的权利。如果有几个共有人都想行使优先购买权,则应当由出售份额的共有人决定转让给谁。

共有人在不违反法律规定、不损害社会利益和他人利益的情况下,可以抛弃其所拥有的份额,这也是共有人行使共有所有权的一种具体表现。但是这种抛弃仍是法律上的处分,并没有涉及共有物本身的事实处分。在共有人抛弃了其拥有的份额后,这些份额是否当然地归其他共有人呢?

按份共有人对整个共有财产承担义务,还包括共有人应按其份额承担共有财产的管理费用、税款及保险费等。按份共有人对共有物的管理,除了共有人之间有特别约定的外,应由全体共有人共同进行管理,但是保存行为可以由某个共有人单独实施。共有物的管理费用以及共有物的其他费用如保险费等,应由全体共有人按份额比例承担。当共有物受到第三人的侵犯时,各个共有人都可以单独享有全部共有物的物上请求权。

另外,从按份共有的外部关系来看,每一个共有人对因共有物产生的债权,都可以为全体共有人的利益行使请求权,因为每一个共有人按份所享有的对共有物的所有权都是及于整个共有物的。同理,每一个共有人对共有物所产生的债务,都应当对第三人承担,因为共有人对共有物的按份所承担的义务也是及于整个共有物的。

【例1-7】甲、乙、丙对某套房屋享有共有权,甲占60%的份额,乙占30%的份额,丙占10%的份额。三方约定,该房屋轮流由甲、乙、丙使用6个月、3个月和1个月。请回答下列问题:

1. 假设甲现欲转让自己的份额,乙、丙均主张优先购买权,应如何处理?

2. 假设甲抛弃自己的份额,该份额归属如何?为什么?

3. 假设甲在居住期间,其花盆掉落,砸伤行人,责任应如何归属?为什么?

【例1-7】分析

4. 假设乙在居住期间,房屋廊檐因年久失修掉落,砸伤行人,责任应如何归属?为什么?

(2)共同共有

共同共有是指两个或两个以上的共有人根据某种共同关系而对某项财产不分份额地共同享有权利并承担义务。共同共有具有以下法律特征。

①各个共有人对共有物享有平等的、共同的所有权,相互之间没有份额的区分,只有在共同共有关系终止时,才能确定各个共有人的份额。

②各个共有人之间的权利义务完全是平等的,没有大小、先后之分。

③共同共有关系往往发生在共同生活或共同生产、共同经营的共有人之间,可以依据法律的规定而产生,也可以依据合同的约定而产生。夫妻共同财产关系、家庭财产关系是最常见的共同共有关系。

需要注意的是,对于共有物,部分共有人主张是共同共有关系,部分共有人主张是按份共有关系,应当由主张按份共有关系的共有人举证证明,不能证明的,应当认定为共同共有关系。

共同共有人对共有物享有平等的支配权,既可以平等地占有,也可以平等地使用。对共有物的收益也是平等地分配。对共有物进行处分,必须征得全体共有人的同意,根据法律的规定或共有人之间的协议,可以由某一个或几个共有人代表全体共有人处分共有物。无权代表全体共有人的一个或几个共有人擅自处分共有物的,一般认定为无效。对其他共有人造成损失的,擅自处分人应当赔偿。但是如果其他共有人明知擅自处分人的行为不能代表全体共有人,不提出异议,视为同意。对擅自处分人的行为第三人也有催告权和撤销权。

共同共有人对共有物应当共同进行管理,产生的费用也由各个共同共有人平等地承担。

共同共有人也有权要求退出共同共有关系,实际上就是与其他共有人结束共同共有关系,从而分出其享有的那部分所有权。

共同共有的各个共有人是平等地对共有物享有权利、承担义务的,所以在与第三人的关系上,更能明显地看到共有人是以一个整体出现的。所以,当第三人对共有物造成侵害时,任何一个共有人都可以为全体共有人的利益独立地行使物上请求权和债上请求权。但是因共有物产生的债务,任何一个共有人都有义务对第三人承担。

2. 共有物的分割方式

在共有关系存续期间,共有人不得分割共有物,即使是可以分出相应的份额,也只是法律上的分割。只有在共有关系终止时,共有人才能对共有物进行分割。无论是共有关系的绝对解体,还是其中一个或几个共有人要求分出他们应得的份额,实际都是共有关系的终止。共有物的分割有以下三种方式。

第一,实物分割。它以不影响共有财产的使用价值和特定用途为前提,一般针对可分物。

第二,变价分割。即共有财产不能分割或者分割有损其价值,而且各共有人都不愿意接受共有物时,可以将共有物出卖,由各共有人分别取得变卖所得价金。

第三,作价补偿。即由共有人中的一人或者数人取得共有物,对超出其份额的部分作价补偿其他共有人。

《民法典》第三百零一条规定,处分共有的不动产或者动产以及对共有的不动产或者动产作重大修缮、变更性质或者用途的,应当经占份额三分之二以上的按份共有人或者全体共同共有人同意,但是共有人之间另有约定的除外。共有人对共有物的所有权是及于整个共有物的,所以在对共有物进行分割的时候,对分割的范围、方式等,共有人应当进行平等协商,尽可能达成一致的协议。按份共有的共有人在分割共有物时不能达成协议的,应当按拥有三分之二以上份额的共有人的意见办理,但是不得损害其他共有人的合法利益。在共同共有中,共有人对分割共有物达不成协议的,应当根据等分原则处理,但也要考虑到各个共有人对共有物的贡献大小、各个共有人对共有物的真正需要。

【例1-8】史强是一机关单位干部,徐莉原为工厂工人,二人结婚已有10年。后徐莉辞职经商,依法登记为个体户。史强起初反对妻子下海经商,但后来见收入不少,就不再反对,但一直没有参与徐莉的经营。徐莉的经营收入用于家庭消费和储蓄。一次事故导致徐莉经营中损失价值13万元的货物,从而与他人产生债务纠纷,债主找史强要账。史强有存款14万元,这14万元是史强多年的工资收入以及继承其父亲财产所得。对于徐莉所负债务,有这样几种观点:①徐莉的债务是个人债务,依《中华人民共和国婚姻法》的规定,夫妻之间的个人债务,由债务人自己承担,不能由共同财产承担,故史强没有还债义务;②史强的14万元存款虽然是其个人财产,但夫妻间有相互扶养的义务,故史强有义务偿还徐莉所欠债务;③应按照徐莉的经营收入所用于家庭消费而为徐莉所分享的比例,确定史强所应承担的该宗债务中的适当份额;④14万元存款是夫妻共同财产,徐莉所欠债务是共同债务,故史强有义务偿还债务。

分析:本例涉及个体工商户的责任承担问题。对于个体工商户的责任承担,以个人财产经营的,由个人财产承担,以家庭财产经营的,由家庭财产承担;以个人财产经营,但其主要收入用于家庭消费的,由家庭财产承担。本例中,史强的14万元存款由其个人工资及继承遗产构成,由于当事人之间没有约定夫妻分别财产制,应认定为夫妻共同财产,故第四种观点是正确的。

但需注意的是,关于夫妻共同债务的认定,2018年1月17日,最高人民法院发布了《关于审理涉及夫妻债务纠纷案件适用法律有关问题的解释》(以下简称《新解释》),开始正式强调夫妻共同债务形成时的"共债共签"原则。

该解释对"《婚姻法》司法解释二第二十四条"["《婚姻法》司法解释二第二十四条"即最高人民法院针对《婚姻法》第四十一条"离婚时,原为夫妻共同生活所负的债务,应当共同偿还。共同财产不足以清偿的,或财产归各自所有的,由双方协议清偿;协议不成时,由人民法院判决"之规定出台的《关于适用〈中华人民共和国婚姻法〉若干问题的解释(二)》第二十四条:"债权人就婚姻关系存续期间夫妻一方以个人名义所负债务主张权利的,应当按夫妻共同债务处理。但夫妻一方能够证明债权人与债务人明确约定为个人债务,或者能够证明属于婚姻法第十九条第三款规定情形的除外。"][1]作出进一步解释,强调夫妻共同债务形成时的"共债共签"原则(即"共同签字或一方事后追认"),引导债权人在形成债务尤其是大额债务时,加强风险防范。针对夫妻一方以个人名义对外所负数额较大且超出家庭日常生活所需的债务,明确由债权人证明债务用于夫妻共同生活或者共同生产经营,或者债务的负担是基于夫妻双方共同的意思表示。若债权人不能证明,则不能认定为夫妻共同债务。

2018年5月23日,浙江省高级人民法院出台了《关于妥善审理涉夫妻债务纠纷案件的通知》,针对最高人民法院的《新解释》作了进一步的解释。其中,关于正确界定"家庭日常生活需要"标准,根据最高人民法院的《新解释》第二、三条的规定,负债是否超出"家庭日常生活需要"是判断是否构成夫妻共同债务的重要标准。按照通常的理解,"家庭日常生活需要"

---

① 《婚姻法》司法解释二第二十四条所引发的因一方举证不能致使荒诞且不公的案例报道曾层出不穷,比如湖南邵阳的《前夫借款百万她成被告,官司现两份"阴阳判决书"》、武汉的《女子离婚3个月,莫名背上1200万巨债》、武汉的《前夫欠下巨债失联,女子离婚6年突被负债340万》及《女子豪赌欠债800万,前夫月薪5000元被判还债》等,无不令人叹息。一些柔弱女子因此哭泣,一些六尺男儿也因此失去未来。有些判决的荒唐之处简直是令人发指,比如发生在江苏淮安的《丈夫提出离婚后向父母"借"300万,妻子被判一起还》一案,以及女子离婚多年后突然出现债务,原来是前夫曾打借条向母亲借钱,法官竟敢认定是"夫妻共同债务",判定女方共同偿还巨额债务等案例,无不挑战着人类的道德底线。这也是促成2018年最高法院关于夫妻债务"共债共签"司法解释出台的重要因素。《民法典》第一千零六十四条则进一步对此问题加以明确,该条规定:夫妻双方共同签名或者夫妻一方事后追认等共同意思表示所负的债务,以及夫妻一方在婚姻关系存续期间以个人名义为家庭日常生活需要所负的债务,属于夫妻共同债务。夫妻一方在婚姻关系存续期间以个人名义超出家庭日常生活需要所负的债务,不属于夫妻共同债务;但是,债权人能够证明该债务用于夫妻共同生活、共同生产经营或者基于夫妻双方共同意思表示的除外。

是指夫妻双方及其共同生活的未成年子女在日常生活中的必要开支事项,如正常的衣食住行消费、日用品购买、医疗保健、子女教育、老人赡养、文化消费等。审理中,判断负债是否超出"家庭日常生活需要",可以结合负债金额大小、家庭富裕程度、夫妻关系是否和睦、当地经济水平及交易习惯、借贷双方的熟识程度、借款名义、资金流向等因素予以认定。

【例 1-9】养牛专业户王某的一头奶牛得了重病,王某担心此牛得的是传染病,传染了别的牛会造成更大的损失,于是将此牛拉到野外抛弃。刘某经过时发现了,将牛拉回家中,经过刘某的精心喂养,此牛病愈并成为一头高产奶牛。半年后,王某听说此事,向刘某索要此牛。对于王某是否可以要回此牛,有以下几种意见:①有权请求刘某返还此牛,因为刘某拾得牛并据为己有,构成不当得利;②有权请求刘某返还此牛,但应补偿刘某喂养此牛所支出的费用;③无权请求刘某返还此牛,因为他的抛弃行为已使其所有权消灭,刘某基于先占而取得牛的所有权;④无权请求刘某返还此牛,但可以请求刘某给予适当补偿。

【例 1-9】分析

七、居住权

居住权是《民法典》物权编新增的用益物权的种类。居住权是指权利人为了满足生活居住的需要,按照合同约定、遗嘱或法院判决,在他人享有所有权的住宅之上设立的占有、使用该住宅的权利。

居住权作为用益物权具有特殊性,即居住权人对于权利客体即住宅只享有占有和使用的权利,不享有收益的权利,不能以此进行出租等营利活动。

《民法典》是民事版的权利宣言,被称作"万法之母""社会生活的百科全书",是中华人民共和国第一部以法典命名的法律。《民法典》覆盖了大到国家土地制度、小到婚姻家庭的每一个个体。可以这样说,《民法典》涵盖了一个公民生老病死的全部生活。《民法典》实施后,《中华人民共和国民法通则》《中华人民共和国民法总则》《中华人民共和国物权法》《中华人民共和国合同法》《中华人民共和国担保法》《中华人民共和国婚姻法》《中华人民共和国收养法》《中华人民共和国继承法》《中华人民共和国侵权责任法》等九部法律均予以废止。《民法典》中创设了许多有亮点的权利,居住权就是其中之一。

从居住权制度的设置初衷来看,居住权无疑是有利于保护弱势群体的。设立居住权,可以让一部分"弱势群体""居有定所、老有所养"。与债权性的住宅使用方式(如租赁、借用)相比,设置居住权后所带来的"居住的权利",具有更强的稳定性和更强大的对抗效力。因为,租赁权的对抗效力再强大,充其量也只不过是一个债权。但是,居住权是物权,它不是简单基于合同产生,而是基于物权登记产生的。比如,根据上海市居住权登记的相关规定,居住权必须要到上海市规划和自然资源局办理登记手续才能设立。《民法典》第九百四十五条还规定,登记了居住权之后需要通知物业服务人,因为房子增加了新的物权人。所以,居住权不仅创设居住的权利,而且今后还是一个我们不能忽视的、既会给我们带来便利或收益,同时在我们处置变现房产的时候也有可能给我们造成不小麻烦的用益物权。

《民法典》关于居住权的规定主要有六个法条,具体包括:

《民法典》第三百六十六条规定,居住权人有权按照合同约定,对他人的住宅享有占有、使用的用益物权,以满足生活居住的需要。从该条我们可以发现,居住权涉及的是住宅的占有和使用这两个权能,也即不能将居住权予以出租或转让。《民法典》第三百六十七条规定,设立居住权,当事人应当采用书面形式订立居住权合同。居住权合同一般包括下列条款:①当事人的姓名或者名称和住所;②住宅的位置;③居住的条件和要求;④居住权期限;⑤解决争议的方法。《民法典》第三百六十八条规定,居住权无偿设立,但是当事人另有约定的除外。设立居住权的,应当向登记机构申请居住权登记。居住权自登记时设立。

《民法典》第三百六十九条规定,居住权不得转让、继承。设立居住权的住宅不得出租,但是当事人另有约定的除外。《民法典》第三百七十条规定,居住权期限届满或者居住权人死亡的,居住权消灭。居住权消灭的,应当及时办理注销登记。《民法典》第三百七十一条规定,以遗嘱方式设立居住权的,参照适用本章的有关规定。

此外,《民法典》第九百四十五条还规定,业主装饰装修房屋的,应当事先告知物业服务人,遵守物业服务人提示的合理注意事项,并配合其进行必要的现场检查。业主转让、出租物业专有部分、设立居住权或者依法改变共有部分用途的,应当及时将相关情况告知物业服务人。

随着居住权制度及相关政策在我国各地相继落地之后,我们要注意以下几种常见的设置居住权的情形:

第一,双方离婚后,完全可以为无房一方设立居住权,而由另一方享有所有权;这样即便所有权人另行处分房屋,也不会影响居住权人的利益。

第二,对于拥有多套住宅的所有权人来说,其完全可以为其子女之外的亲友设立居住权,这样,即便所有权人离世,居住权人也仍然可以凭借作为物权的居住权,对抗亲情更为单薄、人情更为淡漠的新所有权人;而在居住权人去世、居住权消灭的情况下,被分离出去的权利能自然回复,房屋所有权重新归于完整状态。

第三,老年人晚年找的老伴甚至保姆等对其照顾得特别好,老人感恩对其生命最后时光的悉心照料,可以在离世前为他(她)设置居住权,乃至设置终生居住权。

第四,收入菲薄的老年人为自己设立居住权而将房屋所有权转移给特定机构,从而获得相应的收入以安度晚年。某种意义上,这是真正的借助居住权制度的以房养老。

第五,对于企事业单位来说,提供住房是引进人才的重要砝码,在不考虑为引进人才提供有产权的住房时,也可以考虑为引进人才设立居住权并约定以离职作为解除条件。这显然能避免房屋所有权转移后因引进人才离职而带来的损失,同时也免除了被引进一方借用或者低价租赁单位房产,而单位另行处分房产后带来的无家可归的担心。

第四节　债权制度概述

一、债的概念与特征

所谓债,是指按照合同约定或者依照法律规定,在当事人之间产生的特定的权利义务关系。我国《民法通则》第八十四条规定,债是按照合同的约定或者依照法律的规定,在当事人之间产生的特定的权利和义务关系。享有权利的人是债权人,负有义务的人是债务人。债作为一种法律关系,自然应包括主体、内容与客体三要素。债的内容包括债权和债务。债权为债权人享有的请求债务人为特定行为的权利。债权人有权请求债务人按照合同的约定或法律的规定履行其义务;债务人有义务按照合同的约定或者法律的规定为特定行为以满足债权人的请求。与其他财产法律关系相比较,债具有以下特征。

1.债反映财产流转关系

财产关系依其形态分为财产的归属利用关系和财产流转关系。前者为静态的财产关系,后者为动态的财产关系。物权关系、知识产权关系反映财产的归属利用关系,其目的是保护财产的静态的安全;而债的关系反映的是财产利益从一个主体转移给另一主体的财产流转关系,其目的是保护财产的动态的安全。

2.债的主体双方只能是特定的

债是特定当事人之间的民事法律关系,债的权利主体和义务主体都是特定的,也就是说,债权人只能向特定的债务人主张权利。而物权关系、知识产权关系以及继承权关系中只有权利主体是特定的,义务主体则为不特定的人,也就是说权利主体得以向一切人主张权利。

3.债以债务人的特定行为为客体

债的客体是给付,亦即债务人应为的特定行为,而给付又是与物、智力成果以及劳务等相联系的。也就是说,物、智力成果、劳务等是给付的标的或客体。债的客体的这一特征使债权关系与物权关系、知识产权关系相区分。因为物权的客体原则上为物,知识产权的客体则为智力成果。

4.债权是一种相对权,必须通过债务人的特定行为才能实现其目的

债是当事人实现其特定利益的法律手段,债的目的是一方从另一方取得某种财产利益。只有通过债务人的给付才能达到这一目的,债务人没有为其应为的特定行为也就不能实现债权人的权利。而物权关系、知识产权关系的权利人可以通过自己的行为实现其权利,以达其目的,而无须借助于义务人的行为。债权债务仅存在于特定人之间。因而债权人只能向特定的债务人主张权利,即请求特定债务人为给付。正是在此意义上说,债权为相对权,而物权是一种绝对权。

债可因合法行为而发生,也可因不法行为而发生。对于合法行为设定的债权,法律并不特别规定其种类,当事人可依法自行任意设定债。而物权关系、知识产权关系都只能依合法行为取得,并且其类型具有法定性,当事人不能任意自行设定法律上没有规定的物权、知识产权。

物权具有优先性和不相容性。在同一物上不能成立内容不相容的数个物权关系,同一物上有数个物权关系时,其效力有先后之分。而债的关系却具有相容性和平等性。在同一标的物上不仅可成立内容相同的数个债,并且债的关系相互间是平等的,不存在优先性和排他性。

二、债的种类及其内容

依据不同的标准,可以对债作不同的分类。

(一)依据债的发生原因不同,可将债分为合同之债、侵权行为之债、不当得利之债与无因管理之债

1.合同之债

合同是平等主体的自然人、法人、其他组织之间设立、变更、终止民事权利义务关系的协议。合同依法成立后,即在当事人之间产生债权债务关系,因此合同是债的发生根据,而且是最常见的、最主要的债的发生原因。基于合同所产生的债称为合同之债。

2.侵权行为之债

侵权行为是指不法地侵害他人的合法权益应负民事责任的行为。在民事活动中民事主体的合法权益受法律的保护,任何人都负有不得非法侵害的义务。行为人不法侵害他人的财产权利或人身权利的,应依法承担民事责任。受侵害的当事人一方有权请求侵害人赔偿损失,侵害人则负有赔偿损失的义务。因此,因侵权行为的实施,受害人与侵害人间形成债权债务关系,侵权行为也是债的发生原因,因侵权行为而发生的债称为侵权行为之债。

3.不当得利之债

不当得利是指没有法律根据或合同根据而获利益并使他人利益受到损害的事实。依法律规定,取得不当利益的一方当事人应将其所取得的利益返还给受损失的一方,受损失一方当事人有权请求取得利益的一方返还其不当得到的利益。因此,不当得利为债的发生原因,基于不当得利而产生的债称为不当得利之债。

4.无因管理之债

无因管理是指没有法定的或约定的义务,为避免他人利益受损失而对他人的事务进行管理或者服务的行为。无因管理一经成立,管理人与本人间也就发生债权债务关系,管理人有权请求本人偿还管理所支出的必要费用,本人有义务偿还。无因管理为法律规定的债的发生原因,因无因管理所产生的债称为无因管理之债。

(二)依据债的主体的特征,可将债分为单一之债与多数人之债

单一之债是指债权主体一方和债务主体一方都仅为一人的债。多数人之债是指债权主体和债务主体至少有一方为两人以上的债。

区分单一之债与多数人之债的原因在于这两类债的复杂程度不同。在单一之债中,因为债权主体和债务主体都仅为一人,所以当事人之间的关系简单明了。而在多数人之债中,因为至少有一方主体为两人以上,所以不仅当事人之间有债权主体与债务主体之间的债权债务关系,而且多数一方的当事人之间也有权利义务关系,当事人之间的关系比较复杂。只有正确地确定多数人一方当事人之间关系的性质,才能正确地确定当事人之间的权利义务和责任。

对于多数人之债,根据多数人一方当事人相互之间的权利义务关系,可将其分为按份之债和连带之债。

按份之债是指债的一方当事人为多数,且多数人一方的当事人各自按照确定的份额分享权利或者分担义务的债。按份之债包括按份债权和按份债务。债权人为两人以上的,按照确定的份额分享权利。债务人为两人以上的,按照确定的份额分担义务。两人以上的债权人按照确定份额分享权利的,即按份债权;债务人为两人以上,各自按照确定份额分担义务的,则为按份债务。

连带之债是指债的当事人一方为多数,且多数人一方的各当事人都有权请求对方履行全部债务或者都负有向对方履行全部债务的义务,全部债权债务关系因债的一次性全部履行而消灭的债。因此,连带之债的多数人一方相互间有连带关系。若债权人一方为多数且有连带关系,则为连带债权;若债务人一方为多数且有连带关系,则为连带债务。我国原《民法通则》第八十七条规定,债权人或者债务人一方人数为两人以上的,依照法律的规定或者当事人的约定,享有连带权利的每个债权人,都有权要求债务人履行义务;负有连带义务的每个债务人,都负有清偿全部债务的义务,履行了义务的人,有权要求其他负有连带义务的人偿付他应当承担的份额。这里规定的就是连带之债。

区分按份之债与连带之债的原因主要在于二者的效力不同。按份之债的各债权人的债权或各债务人的债务各自独立，对某一债权人或某一债务人发生效力的事项，原则上对其他债权人或债务人不产生影响。连带之债的效力分为外部效力与内部效力两个方面：外部效力是指有连带关系的一方与对方当事人之间的关系，内部效力是指有连带关系的一方当事人之间的关系。从连带之债的外部效力上看，在连带债权中，各债权人均有权请求和接受债务人的全部给付，债务人也得向任一债权人履行债务。任一债权人接受债务人的全部债务履行后，其他债权人的债权也就同时消灭。在连带债务中，各债务人均负有清偿全部债务的义务。债权人得同时或者先后请求债务人全体、部分或一人履行全部或部分债务。只要债务没有全部清偿完毕，每个债务人不论其是否应债权人的请求履行过债务，对没有清偿的部分，都有清偿的义务；债务只要全部清偿，不论由债务人中一人或数人清偿，还是由债务人全体清偿，各债务人的债务均消灭，均不再对债权人负清偿义务。从连带之债的内部效力上看，连带债权的各个债权人都有权请求和接受债务人的债务履行，但在各个债权人之间，因各个债权人只能享受自己能享受的权利份额，所以，接受债务人的履行超过自己享受的权利份额的债权人，应当按债权人之间的权利比例返还给其他债权人。连带债务的各债务人都有清偿全部债务的义务，但在各债务人之间，各债务人是按照一定份额分担债务的，所以，清偿债务超过自己应分担的份额的，债务人有权向其他债务人追偿。履行了义务的债务人享有的请求其他债务人偿还其应承担份额的权利，即债务人的求偿权。

（三）根据债的履行是否可以选择，可将债分为简单之债与选择之债

简单之债是指债的履行标的只有一种，当事人只能按照该种标的履行的债。当事人不仅不能选择其他的标的履行，而且在履行时间、方式、地点等方面都无选择的余地。因为简单之债的当事人在债的履行上并无选择性，所以简单之债又被称为不可选择之债。选择之债是指债的履行标的有数种，当事人须从中选择一种来履行的债。

区分简单之债与选择之债的原因在于，选择之债的当事人须于数种给付中选定一种履行，而简单之债不发生选择。如当事人无选择的余地，只能按可以履行的标的履行时，选择之债也就成为简单之债。

（四）根据债的标的物的性质，可将债分为特定之债与种类之债

特定之债是指债务人应给付特定的物的债，即以特定物为标的物的债。特定之债的根本特征在于，债的标的物于债成立之时即已特定，具有不可替代性。特定的标的物既可以是独一无二之物，如宋朝的一幅字画、清朝的一个瓷瓶，也可以是以当事人的主观意志选定的特定物，如某一台特定的电器。

种类之债是指以种类物为标的物的债。种类之债的根本特征在于其标的物为种类物，于债成立之时当事人仅以一定的数量和质量确定标的物。

区分特定之债和种类之债的法律意义在于：第一，特定之债的标的物是特定的，具有不可替代性，而种类之债具有可替代性。第二，转移标的物所有权的特定之债，当事人可以约定标的物所有权的转移时间和风险转移时间；转移标的物所有权的种类之债，在法律没有另外规定或当事人无另外约定标的物所有权的转移时间时，标的物的所有权自交付时起转移，标的物的风险也自交付时转移给债权人负担。

（五）根据债务人履行债务的内容不同，可将债分为财物之债与劳务之债

财物之债是指债务人应以给付一定财物履行债务的债。财物之债的特点在于，债务人履行债务是向债权人交付一定的财物，移转一定的财产权利给债权人。

劳务之债是指债务人须以提供一定劳务履行债务的债。劳务之债的债务人须向债权人提供一定的劳务。这种劳务可以是有物化结果的行为，也可以是没有一定物化结果的行为。

区分财物之债与劳务之债的原因在于，财物之债一般可由第三人代替履行，在债务人不履行债务时，可以以强制的方法直接强制债务人履行。而劳务之债在债务人不履行债务时，债权人一般也不能强制债务人履行，而只能请求债务人赔偿损害。

【例1-10】某市个体工商户甲与某啤酒厂签订了一份啤酒买卖合同。合同签订后啤酒厂依约将啤酒运到甲的批发点。甲在搬运过程中，一瓶啤酒发生爆炸，啤酒瓶碎片击伤了甲的左眼，经该市人民医院检查确定甲为左眼角膜穿孔。啤酒厂只答应退货，但不愿意赔偿甲的医疗费、停业损失费等。双方为此发生争议，甲向法院提起诉讼，要求啤酒厂赔偿全部损失，包括医疗费、伤残费、误工费、停业损失费等，共计8万元。

问：啤酒厂是否应该承担赔偿责任？啤酒厂应该承担的是违约责任还是侵权责任？

分析：本案啤酒厂交付不合格产品导致酒瓶爆炸伤害甲某，既是违约行为又是侵权行为，因此，受害人甲请求权之基础有两个：一是违约损害赔偿，一是侵权损害赔偿。但只能择一行使，道理在于民事责任以填补损害为原则，以惩罚为例外，若同时行使两个请求权，会获得双倍赔偿。所以在出现责任竞合的时候当事人只能选择一种责任形式追究违约人的责任。本案中甲与某啤酒厂订立啤酒买卖合同，双方应该按照合同规定履行各自义务，但是啤酒厂却提供质量不符合国家规定的啤酒。啤酒厂的行为造成了甲左眼眼角膜穿孔的人身伤害，甲治疗该眼花费了大量的金钱。甲可选择要求啤酒厂承担违约责任并赔偿损失，或选择要求啤酒厂承担侵权损害的赔偿责任。当事人遇到违约责任与侵权责任竞合时究竟主张哪一种请求权才能最大限度地保障其合法权益，这就要视具体案件来进行具体选择。因为侵权责任与违约责任是两种不同的民事责任形式，在程序上和内容上都有区别，主要表现在：①构成要件不同。在违约责任中，合同的当事人只要不履行或者不适当履行合同的义务，且无免责事由，就应当承担违约责任。在侵权责任中损害事实是承担责任的前提，没有损害事实就不需要承担侵权责任。②归责原则不同。违约责任以无过错责任原则为归责原则，过错只是个别合同的违约责任构成要件。而侵权责任一般以过错责任原则为归责原则，特殊侵权的民事责任有时适用无过错责任原则或推定过错责任原则。③责任形式不同。违约责任主要是财产责任，而侵权责任除财产责任外，还包括非财产责任，即精神损害赔偿责任。④举证责任不同。违约案件的诉讼中，受害人应就对方有违约行为提供证据。如果有损害，应就损害的大小以及违约人的违约行为的因果关系承担举证责任。除此不需要其他证明。违约人要减轻或者免除自己的责任，就应该提供自己没有违约的证明，或者证明自己的违约是由不可抗力导致。否则，违约人要承担违约责任。侵权案件中，受害人要证明自己的权益受到侵害，该侵害系侵害人行为所致。对于过错责任，侵害人可以通过证明自己没有主观过错来使自己免责。对于无过错责任，行为人可以通过证明自己的行为与对方无关或者对方是由于自己的主观过错而受害来使自己免责。否则，行为人要承担侵权责任。正是因为违约责任和侵权责任在诉讼程序和举证责任方面有重大差别，当事人以何种理由提起诉讼影

响很大,甚至决定其是否能胜诉。法律赋予当事人选择的权利,有利于当事人充分地考虑案件的具体情况,选择对自己最有利的途径追究对方的责任,最大限度地保护自己的权利。

本案事实上属于产品责任侵权损害赔偿问题,作为啤酒的厂家,对本案的损害应该承担严格责任(无过错责任),故受害人甲以产品责任侵权作为赔偿依据更为有利。①

【例 1-11：一个关于驴子的买卖纠纷】

某甲欲买某乙的驴子。双方签订一份买卖合同。合同约定：某乙将属于自己所有的一头 4 岁、雄性、带花斑点的驴子出卖给某甲,某甲支付给某乙价款 1000 元。某甲在订约时即交付现金 500 元,次日再支付剩余的 500 元价款,在交清价款后即牵走该标的物驴子。

【例 1-11】分析

合同签订后,某甲随即支付了 500 元现金。

孰料,当天晚上雷雨大作,该 4 岁、雄性、带花斑点的驴子被雷电击中,不幸死亡。

问：这头被雷电电死的不幸驴子归谁所有?

(可参见本书例 2-33)

第五节　诉讼时效

一、诉讼时效的概念

诉讼时效,又称消灭时效,是指权利人在一定时间内不行使自己权利,依法律规定,其胜诉权便归于消灭的时效制度。当权利人得知自己的权利被侵犯后,必须在法律规定的诉讼时效期间内向人民法院提出请求,保护其合法权益。超过法定期限以后再提出请求的,除法律有特别规定的以外,人民法院不再予以保护,即权利人的胜诉权归于消灭,义务人可以不再履行义务。

超过诉讼时效只是丧失了胜诉权,即请求法院予以法律的强制保护的权利,或者通俗地说丧失的是打赢官司的权利。这就意味着权利人的实体权利和起诉权利都不因诉讼时效的超过而丧失。

(1)权利人的实体权利不因诉讼时效的超过而丧失,故义务人自觉继续履行义务的,不受诉讼时效的限制。义务人履行了义务后,又以超过诉讼时效为由反悔的,不予支持。

(2)权利人的起诉权利不因诉讼时效的超过而丧失,故法院不能以当事人的起诉已超过诉讼时效为由对案件不予受理。

---

① 而且,在本案中,侵权之诉优于合同之诉的另一个好处是可以要求精神损害赔偿。笔者在数年之前曾作为受害人代理律师参与"土耳其热气球起火致中国游客烧伤案"(中央电视台新闻联播曾报道过这一起 16 名中国人赴土耳其旅游乘坐热气球引发的事故)的审理。在代理本案的过程中,笔者就曾经面临典型的"以侵权之诉起诉,还是以合同之诉仲裁"的问题,因为两者各有利弊：当时上海的法院并不支持律师费的赔偿主张,侵权之诉可以获得精神抚慰金,但不能获得律师费赔偿,以旅游合同约定的仲裁条款向上海仲裁委员会申请仲裁则可以获得律师费赔偿,但不能获得精神抚慰金。鉴于受害人的伤残等级都没达到十级(根据当时上海市精神抚慰金的赔偿限额,受害人能获得的精神抚慰金均不超过 5000 元),笔者最终与当事人商定向上海仲裁委员会申请仲裁。

二、诉讼时效期间

诉讼时效期间是指权利人向人民法院请求保护其民事权利的法定期间。诉讼时效期间是法定的,当事人不得通过协议加以缩短或延长,但遇到法定事由,可以中止、中断或延长。

我国《民法典》第一百八十八条规定,向人民法院请求保护民事权利的诉讼时效期间为三年。法律另有规定的,依照其规定。诉讼时效期间自权利人知道或者应当知道权利受到损害之日起计算。法律另有规定的,依照其规定。但是自权利受到损害之日起超过二十年的,人民法院不予保护;有特殊情况的,人民法院可以根据权利人的申请决定延长。

可见,我国《民法典》规定了普通的诉讼时效期间为三年,最长诉讼时效期间为二十年。诉讼时效期间的起算,即诉讼时效期间从何时开始计算。一般或特殊的诉讼时效期间从权利人知道或者应当知道权利被侵害时起计算。二十年的最长诉讼时效是从权利被侵害之日起计算的。《民法典》第一百八十九条规定,当事人约定同一债务分期履行的,诉讼时效期间自最后一期履行期限届满之日起计算。

《民法典》又规定,无民事行为能力人或者限制民事行为能力人对其法定代理人的请求权的诉讼时效期间,自该法定代理终止之日起计算。未成年人遭受性侵害的损害赔偿请求权的诉讼时效期间,自受害人年满十八周岁之日起计算。诉讼时效期间届满的,义务人可以提出不履行义务的抗辩。诉讼时效期间届满后,义务人同意履行的,不得以诉讼时效期间届满为由抗辩;义务人已自愿履行的,不得请求返还。人民法院不得主动适用诉讼时效的规定。诉讼时效的期间、计算方法以及中止、中断的事由由法律规定,当事人约定无效。当事人对诉讼时效利益的预先放弃无效。

另外,根据《民法典》第一百九十六条的规定,下列请求权不适用诉讼时效的规定:

(1)请求停止侵害、排除妨碍、消除危险;

(2)不动产物权和登记的动产物权的权利人请求返还财产;

(3)请求支付抚养费、赡养费或者扶养费;

(4)依法不适用诉讼时效的其他请求权。

三、诉讼时效的中止、中断与延长

(一)诉讼时效的中止

诉讼时效的中止是指在诉讼时效期间的最后六个月内,因不可抗力或其他障碍不能行使请求权的,诉讼时效停止计算;从中止时效的原因消除之日起满六个月,诉讼时效期间届满。诉讼时效期间中止的目的就是把非权利人因主观原因不能行使权利的时间从诉讼时效期间中扣除,保证权利人能有足够的时间向人民法院请求权利保护。

根据《民法典》第一百九十四条的规定,在诉讼时效期间的最后六个月内,因下列障碍,不能行使请求权的,诉讼时效中止:

(1)不可抗力;

(2)无民事行为能力人或者限制民事行为能力人没有法定代理人,或者法定代理人死亡、丧失民事行为能力、丧失代理权;

(3)继承开始后未确定继承人或者遗产管理人;

(4)权利人被义务人或者其他人控制;

（5）其他导致权利人不能行使请求权的障碍。

自中止时效的原因消除之日起满六个月，诉讼时效期间届满。

（二）诉讼时效的中断

诉讼时效的中断是指在诉讼时效的进行中，由于发生法定事由，以前经过的时效期限统归无效，时效期限从中断之时起重新计算。

《民法典》第一百九十五条规定，有下列情形之一的，诉讼时效中断，从中断、有关程序终结时起，诉讼时效期间重新计算：

（1）权利人向义务人提出履行请求；

（2）义务人同意履行义务；

（3）权利人提起诉讼或者申请仲裁；

（4）与提起诉讼或者申请仲裁具有同等效力的其他情形。

（三）诉讼时效的延长

诉讼时效的延长是指因有特殊情况，权利人不可能按诉讼时效期限行使请求权的，人民法院可以根据权利人的申请决定延长诉讼时效期间。

【例 1-12：“该不该还钱？”与“要不要还钱？”的问题】

2007 年 8 月 12 日，张某从邻居刘某处借了 10 万元钱。当时在借条上写好三年后连本带利一次还清。2010 年 8 月 1 日，眼看快要到约定的还款日期，刘某上门要钱，张某准备卖掉部分房子还钱，结果张某妻子不同意，还一气之下打开煤气罐要自杀，幸亏扑救及时，未酿大祸。刘某碍于邻居面子又害怕惹出人命，从那以后再也没提还款一事。直到 2013 年 9 月，刘某儿子准备买房，这才向张某提出还款，张某表示无力还款。刘某为此诉至法院。诉讼中，张某的律师提出诉讼时效届满，请求法院驳回诉讼。问：

1.诉讼时效届满后，当事人是否有诉权？

2.被告若不以时效届满提出抗辩，法院能否主动以时效届满驳回起诉？

3.若张某在偿还了借款后，才得知本案诉讼时效已过，懊悔不已，遂起诉要求刘某予以返还，法院应否支持？

【例 1-12】分析

第六节　民事责任

一、民事责任的概念

民事责任是指民事主体对于自己因违反合同，不履行其他民事义务，或者侵害国家的、集体的财产，侵害他人的人身财产、人身权利所造成的法律后果，依法应当承担的民事法律责任。民事责任是法律责任的一种，除具有法律的强制性和约束力等一般法律责任的共同特征。《民法典》第一百七十六条规定，民事主体依照法律规定或者按照当事人约定，履行民事义务，承担民事责任。

二、民事责任的分类

1. 债务不履行的民事责任与侵权的民事责任

根据民事责任发生的原因,民事责任可分为债务不履行的民事责任与侵权的民事责任。

债务不履行的民事责任,是指因债务人不履行已存在的债务而发生的民事责任。侵权的民事责任,是指因实施侵权行为而发生的民事责任。

2. 履行责任、返还责任和赔偿责任

根据民事责任的内容,民事责任可分为履行责任、返还责任和赔偿责任。

履行责任,是指责任人须履行自己原负担的债务的责任。返还责任,是指以返还利益为内容的责任。赔偿责任,是指以赔偿对方损害为内容的责任。

3. 按份责任与连带责任

根据承担民事责任一方当事人之间的关系,民事责任可分为按份责任与连带责任。

按份责任,是指责任人为多人时,各责任人按照一定的份额向债权人承担民事责任,各债务人之间无连带关系。连带责任,是指债务人为多人时,每个人都负有清偿全部债务的责任,各责任人相互间有连带关系。

《民法典》第一百七十七条规定,二人以上依法承担按份责任,能够确定责任大小的,各自承担相应的责任;难以确定责任大小的,平均承担责任。第一百七十八条规定,二人以上依法承担连带责任的,权利人有权请求部分或者全部连带责任人承担责任。

连带责任,由法律规定或者当事人约定。连带责任人的责任份额根据各自责任大小确定;难以确定责任大小的,平均承担责任。实际承担责任超过自己责任份额的连带责任人,有权向其他连带责任人追偿。

4. 财产责任与非财产责任

根据民事责任的内容有无财产性,民事责任可分为财产责任与非财产责任。财产责任,是指直接以一定的财产为内容的责任,如返还财产,赔偿损失。非财产责任,是指不直接具有财产内容的民事责任,如消除影响,恢复名誉。

三、承担民事责任的方式

根据《民法典》第一百七十九条的规定,承担民事责任的方式主要有十一种情形,分别为:①停止侵害;②排除妨碍;③消除危险;④返还财产;⑤恢复原状;⑥修理、重作、更换;⑦继续履行;⑧赔偿损失;⑨支付违约金;⑩消除影响、恢复名誉;⑪赔礼道歉。

法律规定惩罚性赔偿的,依照其规定。该条规定的承担民事责任的方式,可以单独适用,也可以合并适用。

四、不可抗力、正当防卫和紧急避险引发的民事责任

不可抗力是指不能预见、不能避免且不能克服的客观情况。根据《民法典》第一百八十条规定,因不可抗力不能履行民事义务的,不承担民事责任。法律另有规定的,依照其规定。

正当防卫是指对正在进行不法侵害行为的人采取的制止不法侵害的行为,对不法侵害人造成损害的,不负刑事责任。《民法典》第一百八十一条规定,因正当防卫造成损害的,不承担民事责任。正当防卫超过必要的限度,造成不应有的损害的,正当防卫人应当承担适当

的民事责任。

紧急避险，又称"紧急避难"，是指为了使公共利益、本人或者他人的人身和其他权利免受正在发生的危险，不得已而采取的损害较小的另一方的合法利益，以保护较大的合法权益的行为。《民法典》第一百八十二条规定，因紧急避险造成损害的，由引起险情发生的人承担民事责任。危险由自然原因引起的，紧急避险人不承担民事责任，可以给予适当补偿。紧急避险采取措施不当或者超过必要的限度，造成不应有的损害的，紧急避险人应当承担适当的民事责任。

五、其他规定

因保护他人民事权益使自己受到损害的，由侵权人承担民事责任，受益人可以给予适当补偿。没有侵权人、侵权人逃逸或者无力承担民事责任，受害人请求补偿的，受益人应当给予适当补偿。

因自愿实施紧急救助行为造成受助人损害的，救助人不承担民事责任。

侵害英雄烈士等的姓名、肖像、名誉、荣誉，损害社会公共利益的，应当承担民事责任。

因当事人一方的违约行为，损害对方人身权益、财产权益的，受损害方有权选择请求其承担违约责任或者侵权责任。

民事主体因同一行为应当承担民事责任、行政责任和刑事责任的，承担行政责任或者刑事责任不影响承担民事责任；民事主体的财产不足以支付的，优先用于承担民事责任。

【思考题】

1.民事法律关系有什么基本的特点？

2.公民的民事权利能力与行为能力跟法人的民事权利能力与行为能力有何不同？

3.民事行为要获得法律效力必须具备什么样的条件？

4.什么是代理？代理有何法律特征？

5.代理的种类有哪些？什么是表见代理？

6.物权的种类有哪些？

7.《民法典》规定的诉讼时效期间有哪些变化？

8.什么是不可抗力？

9.简述承担民事责任的形式。

第二章 合同法

【本章概要】合同与我们的日常生活联系极为紧密，故本章也是本书着墨最多的章之一。《民法典》合同编分为通则、典型合同、准合同三个分编，共计526个条文，几乎占据民法典条文的半壁江山。本章主要根据我国《民法典》合同编的规定，介绍合同的概念、特征、种类，合同订立的步骤、合同的效力、合同的履行、违约责任等《合同法》总则中的内容，并介绍了《合同法》分则中的买卖合同、赠与合同等几种较为常见的有名合同。

第一节 合同法概述

契约精神是现代法治的基石，也是依法治国的基石。党的二十大报告强调，要"围绕保障和促进社会公平正义"推进法治中国建设，并把"严格公正司法"作为全面依法治国的一个基本方面。贯彻党的二十大精神，遵从契约精神，也是新时期依法治国的基本要求之一。

合同，又可称为契约。200多年前，法国人卢梭在《社会契约论》中就把合同放在一个神圣的地位上，他认为"社会秩序作为其他一切权利的神圣基础，只能建立在契约之上"。

更早一些时候，1492年4月17日，哥伦布与伊莎贝拉女王在圣塔菲城签订了历史上有名的《圣塔菲协定》。依据这个契约，哥伦布在发现"新大陆"之后，得到了他想要的一切。一个国王和一个平民的一纸契约，在巨大的权力和财富面前并没有被推翻，契约精神在此得到了极好的阐释。

更打动人的是200多年前在德国发生的一个故事——前述"风能进、雨能进、国王不能进"的故事。凭着一纸祖传房屋契约，一座旧磨坊挡住行宫100多年，这座代表了一个民族对法律、契约与私有权神圣信念的磨坊，仍像纪念碑一样屹立在德国的土地上。

中华人民共和国的第一部正式的合同法可追溯至1981年的《中华人民共和国经济合同法》，但这部合同法的适用范围是国内的经济合同；1985年又推出了《中华人民共和国涉外经济合同法》，调整涉外的经济合同；1987年又有了一部《中华人民共和国技术合同法》，调整技术合同。要求制定统一合同法的呼声自此不绝于耳，并最终在1999年3月15日有了结果——《中华人民共和国合同法》（以下简称《合同法》）颁布，自同年10月1日起实施，前述三部合同法同日废止。这部合同法不仅将前述三部合同法合而为一，而且参照了《联合国国际货物买卖合同公约》等相关国际公约的规定，较好地解决了与国际接轨的问题。

2020年5月28日，十三届全国人大三次会议表决通过了《中华人民共和国民法典》，合同法的相关内容，由《民法典》中的第三编"合同"加以规定。2021年1月1日，《民法典》实施后，《合同法》废止。

《民法典》合同编分为通则、典型合同、准合同三个分编,共计 526 个条文,几乎占据民法典 1260 个条文的半壁江山。

从合同编整体来说,其具有以下特点:一是关注民生,回应社会热点,诸如限制"霸座"、禁止高利放贷等内容。二是尊重意思自治,合同编中诸多条款遵循了合同主体"约定优先",突出了意思自治;三是承继与创新并重,在《合同法》的基础上进行了大的修订,吸纳了司法解释中的精华。

那么,什么是合同呢?

一、合同的概念

《民法典》第四百六十四条规定,合同是民事主体之间设立、变更、终止民事法律关系的协议。婚姻、收养、监护等有关身份关系的协议,适用有关该身份关系的法律规定;没有规定的,可以根据其性质参照适用本编规定。

事实上,合同有广义、狭义之分。广义合同不仅包括民法上的债权合同、物权合同和身份合同,而且包括国家法上的国家合同、行政法上的行政合同和劳动法上的劳动合同等。从上述概念来看,《民法典》合同编所称的合同,把婚姻、收养、监护等有关身份关系的协议排除在外。

二、合同的分类

合同的分类是指按照特定的标准将各种合同加以区别和划分。常见的合同分类如下。

(一)有名合同与无名合同

基于契约自由原则,法律不采取合同类型的强制原则,而仅对生活中常见的合同类型设有规定并赋予一定的名称,这类合同称有名合同,亦叫典型合同。如《民法典》对买卖,供用电、水、气、热力,赠与,借款,租赁,融资租赁,承揽,建设工程,运输,技术,保管,仓储,委托,行纪,居间,保证,保理,物业服务,合伙等 19 类合同作了规定,这些合同都是有名合同。而法律未赋予特定名称,任由当事人自由创立的合同,就是无名合同,也称非典型合同。有名合同经过立法的归纳,其名称、性质、条款都已成型,为当事人提供了合同的范式。双方可以特约排除有名合同的有关法律规定条款,当事人如未特约排除时,合同编中有关有名合同的条款可直接适用于缔约者之间。当事人为交易活动需要,可以自由创设法律没有规定的合同,只要该合同不违反社会公德、社会公共利益和法律、行政法规的禁止性规定,法律就承认其效力。

(二)诺成性合同与实践性合同

根据合同成立是否以交付标的物为要件,合同可分为诺成性合同与实践性合同。诺成性合同是指当事人意思表示一致即可成立的合同,又称不要物合同。凡除当事人意思表示一致外,还须实际交付标的物才能成立的合同,为实践性合同,又称要物合同。判断合同是诺成性合同还是实践性合同,一是依契约自由原则,任当事人决定,二是由法律明文规定。例如,《民法典》第八百九十条规定,保管合同自保管物交付时成立,但当事人另有约定的除外。

区分诺成性合同与实践性合同的主要原因在于:①两者成立和生效时间不同。诺成性合同自当事人各方就合同主要条款达成一致协议时成立、生效,而对于实践性合同,当事人只就合同主要条款达成协议时,合同尚不能成立。实践性合同当事人的承诺,只能算作预约;没有一方当事人交付标的物的行为,合同就不能成立、生效。②交付行为的意义不同。对于诺成性合同,当事人一方交付标的物的行为是履行合同的行为。而对于实践性合同,当事人一方交付标的物只是合同的成立条件。

(三)双务合同与单务合同

根据合同当事人双方权利、义务的分担方式,合同可分为双务合同与单务合同。在双务合同中,至少产生方向相反的两项债务,且双方当事人互为对价关系,合同每一方当事人既是债权人又是债务人,既享有债权也负有债务,且享有债权以同时负担债务为对价。如买卖、互易、租赁等合同均为双务合同。单务合同只产生一项债务,仅一方当事人为权利人,而对方为义务人,如赠与合同、借用合同、无偿保管合同等。区分双务合同与单务合同的原因在于,双务合同存在同时履行抗辩权,对待给付请求权、合同的解除权等有特殊规则,单务合同无上述问题。

(四)有偿合同与无偿合同

这是根据双方当事人是否因给付而获得利益来划分的。凡双方当事人都因向对方给付而获得相应利益的合同,称为有偿合同。凡向对方给付而不能取得利益的合同,称为无偿合同。前者如买卖、租赁、有偿保管、运输、加工承揽等,后者如赠与等。有的合同的性质决定它必定是有偿的,如买卖、租赁。有的合同的性质决定它必定是无偿的,如赠与、借用。有的合同可以是有偿的,也可以是无偿的,如保管、委托等。这些合同究竟是有偿还是无偿取决于当事人双方的约定。区分合同有偿与无偿的原因在于,当事人的责任不同、对主体资格的要求不同以及得利者转让财产时第三人的返还责任不同。

(五)主合同与从合同

这是根据合同的订立是否以其他合同的存在为前提条件来划分的。凡是以其他合同的存在为前提条件才能成立的合同,称为从合同。作为从合同成立前提条件而存在的合同,称为主合同。前者如担保借款合同的保证合同,后者如该被担保的借款合同。区分主合同与从合同的法律意义在于:从合同的命运决定于主合同,主合同无效,从合同亦无效。

三、我国合同法的基本原则

我国合同法的基本原则,主要包括以下内容。

(一)合同当事人法律地位平等的原则

合同当事人法律地位平等,是民事法律的一项重要的基本原则,也是合同法的基本原则之一。合同是当事人之间设立、变更、终止民事权利义务关系的协议,只有双方当事人的地位平等,才能形成有效的、合法的权利义务关系。合同当事人法律地位平等,意味着在合同关系中双方当事人都是独立的主体,没有职务、身份的高低之分,也意味着合同必须协商一致,任何一方都不得将自己的意志强加给对方。

(二)合同自愿原则

合同自愿原则是指合同当事人依法享有自愿订立合同的权利。平等是自愿的前提,自愿包含着自由。早在罗马法时期就有了契约自由的思想,近代民法在法律上明确规定了契约自由的原则。合同既然是协议,本质上就要求当事人通过自由协商达成意思表示的一致。合同自由是近代、现代合同法的核心原则,是私法自治、意思自治在合同法中的体现。

从根本上讲,意思自治是一种法哲学的理论,即人的意志可以依其自身的法则去创设自己的权利义务。当事人的意志不仅是权利义务的渊源,而且是其发生根据。在民法体系中,合同是民事法律关系的核心部分,而个人意志则是合同的核心,亦即在合同的范围内,一切债权债务关系只有依当事人的意志而成立时,才具有合理性;否则,便是法律上的专横暴虐。

在西方国家,在合同制度中,意思自治原则获得了最为充分的表现:作为资本主义民主法中最重要的原则之一的"契约自由"原则,就是意思自治派生出来的、建立在意思自治基础之上的一个原则。除合同制度以外,意思自治原则在西方整个私法体系中都占有支配地位,所谓"私法自治",不过是意思自治原则的另一种表达而已。

社会经济的变革必然要导致政治法律思想的变革。在西方现代法学家眼里,意思自治原则上的神圣光环已不复存在。自由不可能毫无限制。任何人在获得某种利益的同时,都有可能被强制接受某种义务。因此,现代学者认定,个人以其意志所为的行为,其内容在未经考察之前,不具有效力,这应当成为意思自治原则最基本的要求之一。因为,人们没有权利为所欲为,只有获得合法利益的愿望,才能得到满足。而立法者和法官则应当审查合同是否与公共利益相符合,是否能够使私人间的个别利益得到平衡。法律的目的不仅在于保障个人的自由,而且更重要的是保障个人利益与社会利益的和谐、个人利益与个人利益的协调。

意思自治原则是否是我国民法和合同法的基本原则? 应当看到:第一,意思自治原则反映了商品经济的客观要求,是对民事关系尤其是对合同关系一般法律准则的高度概括,应当成为我国民事立法的一项基本指导原则。这一原则的实质是对民事主体的独立意志在民事活动中的支配地位的一种法律确认。从根本上说,这一原则所表现的,不过是商品经济社会人们从事商品交换活动时依照"平等"的规则所发生的相互关系而已。只要承认我国所实行的社会主义商品经济具有商品经济的一般属性,就必须承认意思自治原则对于我国民事立法所应具有的指导作用。第二,意思自治原则只是我国《民法典》合同编所涉及诸原则中的一项基本原则,必须反对将意思自治原则绝对化、神圣化。

(三)公平原则

公平原则是指合同中的当事人的合同权利义务基本相当、均衡。在市场经济前提下,当事人订立合同,都是为了获得一定的经济利益。所以在合同的订立、履行过程中都必须遵守公平原则,做到互惠互利、等价有偿,保障双方当事人都能通过合同达到其合法的经济目的。

(四)诚实信用原则

诚实信用原则起源于罗马法,被称为债法的最高原则。这一原则是指在订立、履行合同以及处理合同纠纷的全过程中,当事人都要诚实守信,心怀善意,互相协作,不滥用权利。在合同的订立过程中,不实施欺诈行为;在合同的履行过程中,恪守合同约定;在处理合同纠纷时,公平、公正地确定双方的过错与责任。

(五)遵守法律、法规,尊重社会公德的原则

订立、履行合同是法律行为,当然应当遵守法律和行政法规的规定,合同还应当符合公序良俗,尊重社会公德。

第二节　合同的订立

一、合同订立的程序

合同的成立必须基于当事人的合意,即意思表示一致。合同订立的过程就是当事人双方协商使其意思表示一致的过程。这一过程分为要约和承诺两个阶段。

(一)要约

1. 要约的概念

根据《民法典》第四百七十二条的规定,要约是希望与他人订立合同的意思表示,该意思表示应当符合下列条件:①内容具体确定;②表明经受要约人承诺,要约人即受该意思表示约束。

可见,一项有效的要约,必须具备一定的条件。

(1)要约一般是向特定的人发出

要约人发出要约时,一般是针对特定的受要约人。如果是向不特定的多数人发出,则往往成了广告,而广告一般不被视为要约,而是作为要约邀请(invitation for offer)的一种。当然,这也不是绝对的,将向不特定人发出的广告视为要约的情形也存在,符合要求的广告也可以成为要约,比如,悬赏广告往往被视为一种有效的要约。

(2)要约的内容具体确定

要约中应具备欲订立合同的主要条款,这些条款一旦为对方所接受,合同即可成立。因此,要约的内容要具体确定。

(3)要表明经受要约人承诺,要约人即受该意思表示约束

也就是说,要约一旦被受要约人接受,要约人就要受到其意思表示的约束。这是要约成立的重要条件。如果要约被受要约人接受后,要约人还想"推倒重来",声称"此前要约不算"或者"合同成立须以我方最后确认为准"等,则原先的"要约"就不是真正的要约,而只能看作"要约邀请"。

要约邀请,又可以称为要约引诱、询盘等,是指邀请别人向其发出要约(递盘)的意思表示。要约邀请往往本身不包含合同的主要条款,对其积极答复不会导致合同关系的产生。《民法典》第四百七十三条规定,要约邀请是希望他人向自己发出要约的表示。拍卖公告、招标公告、招股说明书、债券募集办法、基金招募说明书、商业广告和宣传、寄送的价目表等为要约邀请。商业广告和宣传的内容符合要约条件的,构成要约。

关于要约邀请的例子,如:外国买方向我国某进出口公司发来询盘"PLEASE OFFER CHINESE BLACK TEA A GRADE MAY SHIPMENT 50 MT CIF NEW YORK(请报中国红茶一级五月份装船 50 吨 CIF 纽约)"即属于此类。当然,询盘也可以由卖方发出,如 CAN SUPPLY NORTHEAST SOYA BEAN PLEASE BID(可供东北大豆,请递盘)等。

【例 2-1:悬赏广告是要约吗?】

张某遗失了公文包一只,内有公司票据三张,票面金额达 70 多万元,还有手机、多张信用卡和个人珍贵资料若干。张某焦急万分,经友人提醒,在报纸上刊登悬赏广告,声称有谁

捡到该包并将上述东西归还,愿支付赏金 10 万元。

王某捡到了该公文包,看到广告后,将包和相关钱物归还,并要求张某支付 10 万元赏金。张某在拿到包后翻悔,提出为感谢王某,愿支付 5000 元。

王某不允,坚持要求张某兑现他的允诺,最终诉至法院。

问:悬赏广告是要约吗?张某是否应该向王某支付 10 万元赏金?为什么?

2.要约的生效时间

要约的生效时间,总体而言,以"到达主义"原则为主,因要约形式的不同而不同,对话形式的要约自受要约人了解时发生效力;书面形式的要约于到达受要约人时生效。根据《民法典》第一百三十七条的规定,以对话方式作出的意思表示,相对人知道其内容时生效。以非对话方式作出的意思表示,到达相对人时生效。以非对话方式作出的采用数据电文形式的意思表示,相对人指定特定系统接收数据电文的,该数据电文进入该特定系统时生效;未指定特定系统的,相对人知道或者应当知道该数据电文进入其系统时生效。当事人对采用数据电文形式的意思表示的生效时间另有约定的,按照其约定。

【例 2-2】中国 A 公司在 2 月 1 日用航空挂号信向美国 B 公司发出一份要约,两地邮程为 7 天。美国 B 公司在 2 月 2 号就知道了要约的内容,2 月 3 日即回电,称接受。事后双方对合同是否成立发生争议。

【例 2-2】分析　问:合同是否成立?

3.要约的撤回与撤销

要约生效前可以撤回,撤回要约的通知应当在要约到达受要约人之前或者与要约同时到达受要约人。

要约也可以撤销,撤销要约是指在要约生效之后,将要约取消。

要约撤回和要约撤销这两个概念比较容易混淆,所以要特别注意:两者其实属于不同的时间段。要约撤回是在要约发出后至要约到达时这一个时间段;而要约撤销是要约到达之后、受要约人接受之前这个时间段。

撤销要约可能会给受要约人带来损失,对此,要约人须负相应的法律责任。且在程序上,撤销要约的通知应当在受要约人发出承诺通知之前到达受要约人,以尽可能减少受要约人的损失。因此,《民法典》第四百七十六条规定,要约可以撤销,但是有下列情形之一的除外:

(1)要约人以确定承诺期限或者其他形式明示要约不可撤销;

(2)受要约人有理由认为要约是不可撤销的,并已经为履行合同做了合理准备工作。

【例 2-3】A 在 2 月 17 日上午用航空挂号信的方式寄出一份实盘(要约)给 B,A 在发盘通知(要约)中注明"不可撤销"字样,规定受盘人(受要约人)B 在 2 月 25 日前答复有效;但 A 又于 2 月 17 日下午用电报发出撤回通知,该撤回通知于 2 月 18 日上午送达 B 处。

B 于 2 月 19 日才收到 A 航空邮寄来的实盘(要约),收到后 B 随即于次日(2 月 20 日)发出接受通知,该通知于 2 月 24 日到达 A 处。

事后,A、B 双方对合同是否成立发生了纠纷。

【例 2-3】分析　问:本案合同是否成立?为什么?

【例2-4】我外贸公司于星期一上午10时以自动电传向英国伦敦商人发盘(发要约),公司原定价为每单位2000英镑CIF伦敦,经办人员在报价时发生了失误,将价格误报为每单位200美元CIF伦敦。问:

1.若当天下午2时发现问题,我方该如何解决(该自动电传所发的要约于次日上午6时到达)?

2.若第二天上午9时我方发现客户并未接受,如何处理?

3.若第二天上午我方发现客户已经接受,如何处理?

【例2-4】分析

4.要约的终止或失效

根据《民法典》第四百七十八条的规定,有下列情形之一的,要约失效:

(1)要约被拒绝;

(2)要约被依法撤销;

(3)承诺期限届满,受要约人未作出承诺;

(4)受要约人对要约的内容作出实质性变更。

这里需要注意的是,对要约的拒绝,事实上至少有两种方式:

(1)直截了当地表示拒绝。

(2)对要约人在要约中提出的交易条件进行讨价还价,比如说:要求减价,要求增加或减少数量,要求变更交货期或交货的方式,等等。上述这些行为,在构成对要约拒绝的同时,还构成"还盘",又可称之为反要约(counter-offer)。

【例2-5】甲公司于7月5日向乙公司发价,注明承诺的截止日期(有效期)为8月1日。乙在7月12日收到该发价,7月14日发电报拒绝。甲于7月15日收到拒绝电报。若乙公司改变主意,于7月20日表示接受,最终该接受通知于7月31日到达甲公司处。

问:合同是否成立?

若乙公司于7月14日用挂号信表示拒绝,马上改变主意,于7月15日以电报的方式通知甲表示接受,该电报于当日到达。合同是否成立?

【例2-5】分析

【例2-6】我某出口企业于6月1日向英商发盘供应某商品,限"6月7日复到有效"。

6月2日收到英商的表示接受的电传,但英商提出必须降价5%。

我公司正在研究如何答复时,由于该商品的国际市场发生了有利于英商的变化,该英商又在6月5日来电,表示无条件接受我方6月1日的发盘。

问:我方可以采取哪些处理方式?为什么?

【例2-6】分析

(二)承诺

1.承诺的概念

承诺是指受要约人同意要约的意思表示。

一项有效的承诺必须具备以下几个条件:

(1)作出承诺的人必须是受要约人;

(2)承诺人必须是在知道要约内容的情况下进行的;

(3)承诺的内容必须与要约的内容一致。

如果承诺人对要约的内容进行限制、变更或扩张,则视为对要约的拒绝或一项新的要约。

【例2-7】我某出口公司于2月1日向美国一公司报出某农产品,在发盘(要约)中除了列明各项必要条件以外,还表示"packing in sound bags"。

在发盘有效期内,美商复电"Refer to your telex first accepted packing in new bags"。

我方接到上述复电后,即着手开始以新的包装袋备物。

数日后,该农产品国际市场价格猛跌,美商来电称:我方对你方的要约作了变更,你方未确认,所以合同未成立。

而我方则坚持认为合同已经成立。

问:本案合同到底有没有成立?

【例2-7】分析

根据《民法典》第四百八十八条的规定,承诺的内容应当与要约的内容一致。受要约人对要约的内容作出实质性变更的,为新要约。有关合同标的、数量、质量、价款或者报酬、履行期限、履行地点和方式、违约责任和解决争议方法等的变更,是对要约内容的实质性变更。《民法典》第四百八十九条规定,承诺对要约的内容作出非实质性变更的,除要约人及时表示反对或者要约表明承诺不得对要约的内容作出任何变更的以外,该承诺有效,合同的内容以承诺的内容为准。

(4)承诺人必须在要约的有效期内进行承诺。

如果承诺是在要约的有效期之后作出的,为迟到的承诺。对于迟到的承诺,我国《民法典》第四百八十六条规定,受要约人超过承诺期限发出承诺,或者在承诺期限内发出承诺,按照通常情形不能及时到达要约人的,为新要约;但是,要约人及时通知受要约人该承诺有效的除外。同时,第四百八十七条还规定,受要约人在承诺期限内发出承诺,按照通常情形能够及时到达要约人,但因其他原因承诺到达要约人时超过承诺期限的,除要约人及时通知受要约人因承诺超过期限不接受该承诺的以外,该承诺有效。

关于承诺的期限,《民法典》第四百八十一条规定,承诺应当在要约确定的期限内到达要约人。要约没有确定承诺期限的,承诺应当依照下列规定到达:

(1)要约以对话方式作出的,应当即时作出承诺;

(2)要约以非对话方式作出的,承诺应当在合理期限内到达。

《民法典》第四百八十二条又规定,要约以信件或者电报作出的,承诺期限自信件载明的日期或者电报交发之日开始计算。信件未载明日期的,自投寄该信件的邮戳日期开始计算。要约以电话、传真、电子邮件等快速通讯方式作出的,承诺期限自要约到达受要约人时开始计算。

2.承诺的方式及生效时间

承诺应当以通知的方式作出,但根据交易习惯或者要约表明可以通过行为作出承诺的除外。

对于承诺发生效力的时间,各国规定不一。大陆法系国家通常采取"到达主义"或"受信原则",即把要约人实际收到受要约人承诺的时间作为承诺的生效时间。根据这一原则,承诺人在承诺发出后可以撤回承诺,只要撤回承诺的通知先于或不迟于承诺的到达时间即可。英美法系国家一般采取"投递主义"或"发信原则",即以承诺人将承诺通知交付于邮局之日起生效,而不问要约人是否实际收到了承诺。我国《民法典》规定,承诺生效时合同成立,但是法律另有规定或者当事人另有约定的除外。以通知方式作出的承诺,承诺通知到达要约人时生效。承诺不需要通知的,根据交易习惯或者要约的要求作出承诺的行为时生效。采用数据电文形式订立合同的,承诺到达的时间,如果收件人指定特定系统接收数据电文的,该数据电文进入该特定系统的时间,视为到达时间;未指定特定系统的,该数据电文进入收件人的任何系统的首次时间,视为到达时间。

【例2-8】2007年4月30日,甲以手机短信形式向乙发出购买一台笔记本电脑的要约,乙于当日回短信同意要约。但由于"五一"期间短信系统繁忙,甲于5月3日才收到乙的短信,并因个人原因于5月8日才阅读乙的短信,后于5月9日回复乙"短信收到"。

问:甲乙之间买卖合同的成立时间是上述哪一个时间?

(本题为2007年注册会计师考试科目经济法试题)

【例2-8】分析

【例2-9】我某出口公司于2005年2月19日向香港一公司报价。

收到发价后,香港公司2月22日回电:"你能否同意每千克价格稍稍有所降低?"

一日后又提出:"这就是最便宜的价格了?"我方没有回复。

再一日后,香港公司再次来电:"这个价包括运输成本吗?"

又一日后,香港公司来电,表示接受。

【例2-9】分析

但我方公司不再予以理睬。3月7日,我出口公司将货物售于韩国某公司。

香港公司认为其已作了承诺,合同已经成立,我方公司违约;我方公司认为合同并没有成立。

试分析:本案中的合同有没有成立?

【例2-10】2008年8月11日,中国甲公司接到法国乙公司出售某种设备的发盘,有效期至9月1日。

甲公司于8月12日电复:"如能将每件设备价格降低50美元,即可接受。"

对此,乙公司没有答复。

8月29日,甲公司再次致电乙公司表示接受其8月11日发盘中包括价格在内的全部条件。

问:本案中的合同是否成立?

(本题为2008年司法考试题)

【例2-10】分析

3.承诺的法律效力

(1)承诺一旦生效,要约人的要约不得再撤销。

(2)承诺一旦生效,合同即告成立。当然,要式合同除当事人之间意思表示一致外,还需要完备特定的手续,所以,要式合同成立的时间就应为完成特定手续的时间。当事人采用合同书形式订立合同的,自双方当事人签字或者盖章时合同成立。当事人采用信件、数据电文等形式订立合同的,可以在合同成立之前要求签订确认书,签订确认书时合同成立。

(3)承诺生效的地点为合同成立的地点。合同成立的地点,在合同实务上称合同的签订地。确定签订地对于合同纠纷的诉讼管辖、适用交易习惯等有重大的证明价值和实践意义。对于承诺的生效地点,《民法典》第四百九十二条规定,承诺生效的地点为合同成立的地点。采用数据电文形式订立合同的,收件人的主营业地为合同成立的地点;没有主营业地的,其住所地为合同成立的地点。当事人另有约定的,按照其约定。《民法典》第四百九十三条规定,当事人采用合同书形式订立合同的,最后签名、盖章或者按指印的地点为合同成立的地点,但是当事人另有约定的除外。

4.预约合同

预约合同,可以将其理解为"约定将来订立一定契约之契约"。所以,其本质依然是一种契约。预约合同最早存在于买卖、使用借贷、消费借贷等个别契约之中,后被有些国家扩及于所有契约。不同国家对预约合同的立法模式不同。预约合同的成立与效力原则上适用一般合同的规定;违反预约合同侵害了一方当事人的信赖利益,应承担违约责任。

预约合同的规定原来仅在《最高人民法院关于审理买卖合同纠纷案件适用法律问题的解释》(以下简称《买卖合同解释》)和《最高人民法院关于审理商品房买卖合同纠纷案件适用法律若干问题的解释》中出现,现《民法典》将预约合同规则作为独立的合同规则规定在合同编通则中,实际上扩大了预约合同的适用场景。

《民法典》第四百九十五条规定,当事人约定在将来一定期限内订立合同的认购书、订购书、预订书等,构成预约合同。当事人一方不履行预约合同约定的订立合同义务的,对方可以请求其承担预约合同的违约责任。

该条款列举了几种预约合同的类型,删除了原本列举的"意向书、备忘录"的表述,但此处修订实际上并未缩小预约合同的范围,因为《民法典》中本来就是列举式表达了构成预约合同的类型,其更强调预约合同的实质要件,即若合同有在将来一定期限内订立合同的意思表示,便能够构成预约合同。

《民法典》与《买卖合同解释》中对预约合同性质的意见保持一致,将预约合同作为一个独立的合同,所以违反预约合同所承担的是违约责任,而非缔约过失责任。《民法典》将《买卖合同解释》司法解释中的损害赔偿不再单列,归入违约责任。另外,值得注意的是,就预约合同项下赔偿损失问题,鉴于本约与预约合同存在本质差异,本约合同的履行利益损失不能作为预约合同违约责任确定的酌情因素。

举一个例子,甲欲购买乙的房子,双方签订了一份商品房预订合同,预订合同中约定三个月后签订正式的商品房买卖合同。最终甲没有按照预订合同与乙签订正式的商品房买卖合同,乙可以按照预订合同的约定追究甲方的违约责任,但不可以要求甲方承担正式的商品房买卖合同中的违约责任。

二、合同的内容

合同的内容是指用以确定合同当事人彼此间权利义务的条款,故也称合同条款。

(一)合同中的一般条款

按照当事人意思自治的原则,合同内容由当事人自主协商确定,法律一般不予干预。据此,根据《民法典》第四百七十条规定,合同的内容由当事人约定,一般包括以下条款:

(1)当事人的名称或者姓名和住所;

(2)标的;

(3)数量;

(4)质量;

(5)价款或者报酬;

(6)履行期限、地点和方式;

(7)违约责任;

(8)解决争议的办法。

【例2-11：合同样本】

××订购协议

甲方：××公司　　　法定代表人：×××

乙方：×××（身份证号码）

甲乙双方本着友好、诚信的原则，就××货物的订购事宜达成如下一致意向，双方共同遵守。

1. 甲方向乙方订购××1000千克，价格：××元/千克。

2. 产品质量要求：与乙方提交的样品相符。

3. 交货时间：2020年9月25日。

4. 交货方式：买方自提。提货地点：卖方仓库。

5. 违约责任：若甲方未能及时提货或者未能付款，每日按总货款的1‰支付乙方违约金；若乙方未能及时交货，每日按总货款的0.5‰支付甲方违约金。

6. 争议解决方式：因本合同所生争议，提交杭州仲裁委员会仲裁解决。

7. 本合同一式两份，自甲乙双方签名、盖章或者按指印之日起生效。①

以下无正文。

甲方（法定代表人签名、盖章）：　　　　　　　　　　乙方（签名、按指印）：

　　　年　月　日　　　　　　　　　　　　　　　　　　　年　月　日

(二)合同中的独立效力条款

当事人可以在合同中规定一些具有独立效力的条款。这些独立效力条款中的每一个实际上都是一个单独的合同。这个单独的合同往往与另一个合同有关联，而且因其内容简单，可以以一个条款的形式出现，所以可以放在与其关联的另一个合同中，作为一个独立效力条款。这个独立效力条款不因另一合同的无效而无效。这种独立效力条款主要有合同结算条款和争议解决条款。

(1)合同结算条款。如《民法典》第五百六十七条规定，合同的权利义务终止，不影响合同中结算和清理条款的效力。

(2)争议解决条款。当事人约定仲裁或约定诉讼的管辖法院的条款都是独立效力的条款。

(三)合同内容的补充

合同内容的补充是指合同当事人对协议所遗漏或虽未遗漏但不明确的部分予以补充。补充的目的在于进一步明确合同当事人权利义务关系的细节，使已成立的合同便于履行，因而补充的前提必须是合同已经成立。解决合同条款的缺陷主要有两种方式：一是合同补充；二是合同的补缺性法律规定。

---

① 《民法典》第四百九十条规定，当事人采用合同书形式订立合同的，自当事人均签名、盖章或者按指印时合同成立。在签名、盖章或者按指印之前，当事人一方已经履行主要义务，对方接受时，该合同成立。

《民法典》此条将签字改为签名，并将"签字或者盖章"修改为"签名、盖章或者按指印"，从已有纠纷的司法判例观察，签名、盖章中的"、"系"或"还是"并"的关系，不无争议，最高法院有判例认为"、"系"并"的关系。

1.合同补充

根据《民法典》第五百一十条的规定,合同生效后,当事人就质量、价款或者报酬、履行地点等内容没有约定或者约定不明确的,可以协议补充;不能达成补充协议的,按照合同相关条款或者交易习惯确定。合同补充的顺序和方法是:首先,由当事人协议补充。如当事人经补充协议能达成一致的,则补充协议的内容视为合同的一部分。其次,如当事人不能达成协议,则按照合同有关条款或者交易习惯确定。依合同有关条款或者交易习惯确定的方法实际上是合同解释的方法,依合同有关条款确定的体现为合同解释的整体方法,依交易习惯确定的即合同解释的交易习惯方法。

2.合同的补缺性法律规定

补缺性法律规定,又称法律推定条款,是指对那些虽欠缺主要条款或条款约定不明但并不影响效力的合同,基于公平原则,根据法律直接作出用以弥补当事人所欠缺或不明确的意思表示,使合同内容合理、确定并便于履行的规定。根据《民法典》第五百一十一条的规定,当事人就有关合同内容约定不明确,依据前条规定仍不能确定的,适用下列规定:

(1)质量要求不明确的,按照强制性国家标准履行;没有强制性国家标准的,按照推荐性国家标准履行;没有推荐性国家标准的,按照行业标准履行;没有国家标准、行业标准的,按照通常标准或者符合合同目的的特定标准履行。

(2)价款或者报酬不明确的,按照订立合同时履行地的市场价格履行;依法应当执行政府定价或者政府指导价的,依照规定履行。

(3)履行地点不明确,给付货币的,在接受货币一方所在地履行;交付不动产的,在不动产所在地履行;其他标的,在履行义务一方所在地履行。

(4)履行期限不明确的,债务人可以随时履行,债权人也可以随时请求履行,但是应当给对方必要的准备时间。

(5)履行方式不明确的,按照有利于实现合同目的的方式履行。

(6)履行费用的负担不明确的,由履行义务一方负担;因债权人原因增加的履行费用,由债权人负担。

三、合同的形式

合同的形式是指当事人意思表示一致的表现形式,是合同内容的外部表现。

我国《民法典》第四百六十九条规定,当事人订立合同,可以采用书面形式、口头形式或者其他形式。

(一)书面形式

所谓书面形式,是指以文字的方式表现当事人之间所订立合同的内容的形式。《民法典》第四百六十九条第二款规定,书面形式是合同书、信件、电报、电传、传真等可以有形地表现所载内容的形式。第三款规定,以电子数据交换、电子邮件等方式能够有形地表现所载内容,并可以随时调取查用的数据电文,视为书面形式。采用书面形式订立合同的优点是便于保存,有据可查,发生纠纷时方便举证。

(二)口头形式

所谓口头形式,是指当事人用谈话的方式订立合同,如当面交谈、电话联系等。以口头形式订立合同,其优点是简单方便、直接迅速,故在日常生活中常被采用。其缺点是合同内容不能如书面合同那样有形式,可以进行复制,所以发生争议时,当事人不易举证。

(三)其他形式

所谓其他形式,是指采用除书面、口头形式以外的方式来表现合同内容的形式,一般包括推定形式和默示形式。

四、合同的格式条款

(一)格式条款的概念

格式条款也叫定式条款、标准条款,或者称为共同条件(general condition)、附合合同(contract of adhesion)或标准合同(standard contract)。这类合同文件(或条款)一般由一方当事人事先制订好,未与对方进行过协商,如果对方同意签字,合同(或条款)即告成立。

《民法典》第四百九十六条第一款规定,格式条款是当事人为了重复使用而预先拟定,并在订立合同时未与对方协商的条款。这类条款具有以下三个特征。

第一,格式条款是由一方当事人事先拟定的,而不是在双方当事人反复协商的基础上制订出来的。

第二,格式条款是为了重复使用而向不特定的相对人提出的。

第三,在订立合同时,对格式条款,相对人不能讨价还价,只能表示接受或不接受。

用格式条款订立合同的方式是随着社会经济的发展而形成的,最早出现在西方国家公共事业领域。20世纪以来,由于科学技术的高度发展,垄断组织的形成,一些企业的服务交易行为,如银行、保险、大宗的买卖,也出现重复进行的情形。这些交易行为具有固定的要求,利用格式条款订立合同,简化了订约的程序,节省了时间,降低了成本,适应了现代化社会商品经济高度发展的要求。

格式条款的优缺点都非常明显。其优点是:简化程序,节约时间,降低交易成本。缺点是:由于格式条款为单方预先拟定,被提供方缺乏选择订立合同当事人的完全自由,双方的地位不完全平等。相对方只有选择接受或不接受的自由,而没有选择合同条款的自由,所以格式条款比较容易出现对被提供方不利的内容,或者提供方有意在其中设置陷阱,损害被提供方的利益。

【例2-12:生活中的一些格式条款】

以下是生活中常见的一些格式条款。

商家:"本次活动的最终解释权归本商场。"

"本柜台东西一经售出,概不负责!"

"特价商品,概不退换。"

"促销商品,售出不退。"

"打折商品,不退不换。"

"持本超市收银条在超市自有停车场停车免费,车辆盗损责任自负。"

"超市购物付款后,出门须验票盖章,否则不予放行。"

宾馆:"本寄物柜仅作物品保管,如有遗失概不负责。"

"如有贵重物品,请交寄存处寄存。若不交寄存处寄存,宾客物品的遗失或者损坏,本宾馆概不负责！"

野生动物园："本动物园猛兽区严禁下车。若在猛兽区随意下车,遭到猛兽攻击,本动物园概不负责！"

旅行社："旅游行程仅供参考,变更恕不通知。"

某小区洗衣店门口也贴出了一张告示："若非本洗衣店原因,衣物损坏,本洗衣店概不负责！"

"请客人在本单开出之日起一个月内来本店提取衣物,逾期本店有权自行处理。"

上述格式条款,有时候又被称为"霸王条款"。因为这些条款,有的免除了经营者对提供的商品或者服务依法应当承担的保证责任,有的免除了经营者因故意或重大过失造成消费者财产损失的责任,有的单方面加重了消费者责任,有的排除了消费者依法变更或者解除合同的权利,有的免除了经营者依法应当承担的违约责任或排除了消费者的合法权利,可依法认定为无效或部分无效。

(二)《民法典》对提供格式条款的一方当事人的限制

为了协调效率与公平之间的矛盾,更好地保护双方当事人的合法权益,法律对提供格式条款的一方当事人作出了一些限制。《民法典》第四百九十六条第二款规定,采用格式条款订立合同的,提供格式条款的一方应当遵循公平原则确定当事人之间的权利和义务,并采取合理的方式提示对方注意免除或者减轻其责任等与对方有重大利害关系的条款,按照对方的要求,对该条款予以说明。提供格式条款的一方未履行提示或者说明义务,致使对方没有注意或者理解与其有重大利害关系的条款的,对方可以主张该条款不成为合同的内容。具体来说:

(1)采用格式条款订立合同的,提供格式条款的一方应当遵循公平原则确定当事人之间的权利和义务,不能利用自己的有利条件,在格式条款中规定对自己有利而对对方不利的内容,更不能在格式条款中故意增加对方的义务和责任而免除自己的义务和责任。

(2)提供格式条款的一方有提示对方注意的义务。因格式条款是一方提供的,而且格式条款往往涉及许多专业术语,内容庞杂,所以对方对格式条款中的许多内容可能没有注意或者不十分明确,对有些文字可能没有完全理解。而对方一旦在格式条款合同上签字,便产生对其约束的效力,给其带来不利的法律后果。为了保护对方的合法权益,法律要求提供格式条款的一方,对格式条款中涉及限制对方当事人权利、加重对方当事人义务的条款、免除提供格式条款一方当事人义务和责任的条款,以合理的方式提示对方注意。所谓合理的方式,可以是直接指出相关条款的内容,也可以是对相关的文字用特殊的颜色标明,等等。这种提示必须在合同签订之前完成。

(3)提供格式条款的一方有说明的义务。在对方当事人对格式条款中的相关内容提出疑问时,提供格式条款的一方有义务加以说明。《民法典》特别强调,如果提供格式条款的一方未履行提示或者说明义务,致使对方没有注意或者理解与其有重大利害关系的条款的,对方可以主张该条款不成为合同的内容。

(三)格式条款无效的几种情况

根据《民法典》第四百九十七条及相关条文,格式条款具有下列情形之一的,该格式条款无效:

（1）具有《民法典》第一编第六章第三节规定的民事法律行为无效的情形，以及《民法典》第五百零六条规定的无效情形（造成对方人身损害的，以及因故意或者重大过失造成对方财产损失的免责条款无效）；

（2）提供格式条款一方不合理地免除或者减轻其责任、加重对方责任、限制对方主要权利；

（3）提供格式条款一方排除对方主要权利。

（四）格式条款的解释

在格式条款订立后，双方当事人对格式条款的理解发生争议的，应如何处理？对此，《民法典》第四百九十八条规定，对格式条款的理解发生争议的，应当按照通常理解予以解释。对格式条款有两种以上解释的，应当作出不利于提供格式条款一方的解释。格式条款和非格式条款不一致的，应当采用非格式条款。

五、缔约过失责任

缔约过失责任是指在合同订立过程中，一方因违背依诚实信用原则产生的义务而致另一方的信赖利益的损失，应承担的损害赔偿责任。

缔约过失责任是一种新型的责任制度，具有以下独特而鲜明的特点：

（1）只能产生于缔约过程之中；

（2）是对依诚实信用原则所负的先合同义务的违反；

（3）是对造成他人信赖利益损失所负的损害赔偿责任；

（4）是一种弥补性的民事责任。

早在罗马法时期，人们就已经发现了缔约上的过失行为，并对其进行规制，以保护无辜的受害人。但是，罗马法只是对缔约上过失行为作了零星规定，并没有"缔约上过失"的概念，更没有关于缔约上过失责任的系统规定。随着社会的发展，缔约上过失行为逐渐增多，学者对缔约上过失问题的研究也逐渐增多。

1861年，德国法学家耶林在其主编的《耶林法学年报》第4卷发表了《缔约上的过失，契约无效与不成立时之损害赔偿》一文，正式提出缔约过失责任理论。

我国关于缔约过失责任的立法起步较晚，虽然它引起了广大法学理论研究者的普遍关注，而且对此也有诸多的论述。但由于我国《合同法》颁布前，立法上对此没有明确规定，在实践中适用缔约过失责任的法律依据不足，较少有实践经验可总结，因此，对缔约过失责任的探讨多是理论上的。1999年，《合同法》的颁布，标志着我国缔约过失责任制度的确立。

缔约过失责任一般是指当事人在订立合同的过程中，因过错违反依诚实信用原则负有的先合同义务导致合同不成立，或者合同虽然成立，但不符合法定的生效条件而被确认无效、被变更或被撤销，给对方造成损失时所应承担的民事责任。

所谓先合同义务，又称先契约义务或缔约过程中的附随义务，是指自缔约当事人因签订合同而相互接触磋商，至合同有效成立之前，双方当事人依诚实信用原则负有协助、通知、告知、保护、照管、保密、忠实等义务。

缔约过失责任在发展过程中曾被归入违约责任中，也曾被纳入侵权责任体系内，自1999年《合同法》颁布后方成为独立的制度。

缔约过失责任以先合同义务为成立前提,违约责任以合同债务为成立前提;需要注意的是,先合同义务是法定义务,合同债务主要为约定义务,核心是给付义务;缔约过失责任以过错为要件,违约责任往往不以过错为成立的要件;缔约过失责任赔偿的范围是信赖利益的损失,违约责任赔偿的是履行利益的损失。故缔约过失责任与违约责任不同。

缔约过失责任也不同于侵权责任。从侵权法的角度看,只要人们未以其积极的行为去侵害他人的财产、人身,原则上就不负责任。但缔约过失责任不同。在缔约阶段,当事人已由原来的一般关系人进入特殊的信赖关系,基于信赖关系,双方当事人都为成立乃至履行合同做了程度不同的准备工作。此时,若当事人因自己过失致使合同不成立,或虽然成立但不符合法定的生效条件而被确认无效、被变更或被撤销,有过失的当事人应承担赔偿责任。

根据《民法典》第五百条的规定,当事人在订立合同过程中有下列情形之一,给对方造成损失的,应当承担损害赔偿责任:

（1）假借订立合同,恶意进行磋商;

（2）故意隐瞒与订立合同有关的重要事实或者提供虚假情况;

（3）有其他违背诚实信用原则的行为。

缔约过失责任说明了这样一个道理:法律所保护的,并非仅是一个业已存在的合同关系,正在发生中的合同关系亦应包括在内。否则,合同交易将暴露于外,不受保护,缔约一方当事人就会成为他方疏忽或者不注意的牺牲品！因此,若当事人因自己过失致使合同不成立,对信赖其合同有效成立的相对人,应赔偿其基于此项信赖而生的损害。

【例2-13】被告崔某为一个体户,长期在外经商。2001年5月,被告返回家乡时,发现原告（某街道幼儿园）房屋年久失修,拥挤不堪,便主动提出愿意捐助100万元,为原告盖一幢小楼,但原告也必须同时为此投入一笔资金。原告当即表示同意。同年5月25日,原告又与被告协商资金到位的时间和开工时间,被告提出其捐款将在9月份到位,在此期间,原告务必做好开工的准备,包括准备必要的配套资金。同年7月,原告将原有的5间平房拆除,并于8月份向一家信用社贷款50万元,期限为1年。同年9月,原告找到被告,要求其资金尽快到位,但被告表示仅能捐出3万元。双方引发纠纷,诉至法院。

第一种意见认为:双方没有达成书面协议,所以赠与合同根本未成立,原告过于轻信被告的允诺而拆房、借款,损失自行承担。

第二种意见认为:尽管捐款合同没有成立,但被告明知自己无力捐出100万元,故意欺骗原告,其行为构成欺诈,被告应对其欺诈行为承担赔偿责任。

第三种意见认为:尽管双方没有签订书面的合同,但原被告双方已经多次协商,被告的行为已经足以使原告信赖其捐款的真实性,并且原告基于此项信赖,按照被告要求作了一系列准备工作,被告须为此承担缔约过失责任。

【例2-13】分析

试讨论之。

第三节　合同的效力

一、合同的生效及其要件

合同成立和合同生效是两个不同的概念。合同成立不一定生效,因为原则上,当事人意思表示达成一致时,合同即成立。而已经成立的合同要发生完全的法律效力须具备一定的条件,这些条件也即合同的生效要件。《民法典》第五百零二条规定,依法成立的合同,自成立时生效,但是法律另有规定或者当事人另有约定的除外。法律、行政法规规定应当办理批准、登记等手续生效的,依照其规定。但很多时候,合同当事人还会对合同的生效条件和生效期限作一些约定,比如附生效条件的合同,条件成就时合同方能生效,附生效期限的合同,期限届至时合同生效;附解除条件或终止期限的合同,条件成就或期限届至时,合同则失效。某些合同还应同时具备法律规定的一些特殊要件才能生效。因此,这里所论述的合同生效要件乃是合同生效的一般要件,具体包括以下几个方面。

(一)合同当事人在缔约时具有缔约行为能力

合同当事人可以是自然人和法人,也可以是非法人团体。对于自然人而言,完全民事行为能力人具有独立的订立合同的行为能力。限制民事行为能力人只能订立一些与其年龄、智力及精神健康状况相适应的合同,其他合同的订立应由其法定代理人代理或征得法定代理人的同意。无民事行为能力人除可订立纯受利益的合同外,无订立合同的行为能力。对于法人而言,企业法人的行为能力一般由章程确定的经营范围决定。一些特殊的经营范围如外贸、金融、保险等则依法应经国家特别许可。

(二)合同当事人意思表示真实

合同是一种双方民事行为,当事人双方意思表示一致即可成立,意思表示真实是合同的生效要件而非成立要件。合同成立时,意思表示是否真实往往难以从外部判断,且根据意思自治原则,法律一般对此不主动干预。但合同如欲生效并诉诸法律,则必须具备当事人意思表示真实这一要件。所谓意思表示真实,是指表意人即意思表示的行为人的表示行为应当真实反映其内心的效果意思。意思表示中含有效果意思和表示行为这两个要素,合同即可告成立,但须真实方能生效。

(三)合同不违反法律和社会公共利益

合同不违反法律和社会公共利益,是针对合同的目的和内容而言。合同内容违法,固然使合同无效;合同内容虽不违法但其目的违法,如租赁房屋以开设赌场,也同样使房屋租赁合同无效。

合同不违反法律,这里的法律是指法律中的强制性规范。强制性规范不允许人们以任何方式加以变更或违反。合同不得违法,并非指合同不得违反所有的法律,而仅指不得违反其中的强制性法律规范。

除了法律的强制性规范外,合同还不得违反社会公共利益。

(四)合同的形式必须符合要求

这主要是指法律规定的要式合同或当事人约定必须以某种形式订立的合同,符合法定的或约定的形式。这也是合同得以生效的条件之一。

二、附条件与附期限合同

当事人对合同的效力可以约定附条件或附期限。根据《民法典》第一百五十八条的规定,民事法律行为可以附条件,但是根据其性质不得附条件的除外。附生效条件的民事法律行为,自条件成就时生效。附解除条件的民事法律行为,自条件成就时失效。第一百六十条又规定,民事法律行为可以附期限,但是根据其性质不得附期限的除外。附生效期限的民事法律行为,自期限届至时生效。附终止期限的民事法律行为,自期限届满时失效。

那么,如何来判断"附条件"还是"附期限"呢?

我们来看两个小例子:

"明年6月1日某国开始大选时本合同生效。"

"杭州下次下雨时,本合同终止。"

两者何为条件?何为期限?

一个事实要成为条件,须具备四个要件:

(1)须属于将来事实;

(2)须属于成就与否不能确定的事实;

(3)须属于合法事实;

(4)当事人意思表示无瑕疵。

当事人还可以对合同的效力约定附期限。这里需要注意,"附条件"与"附期限"两者的根本区别是:条件是将来不一定会发生的事,期限是将来肯定会发生的事。

具体来说,一个事实到底是条件还是期限,无非这样四种情况:

(1)时期确定,事情的发生也确定;

(2)时期确定,事情的发生不确定;

(3)时期不确定,事情的发生确定;

(4)时期不确定,事情的发生不确定。

上述(1)(3)是期限,(2)(4)是条件。

更为简便的一个判断是:条件是"偶成事实",期限是"必成事实"。

由此,我们再回头去分析那两个小例子就比较清楚了。明年6月1日,大选必然会发生吗?事实上,反对党的破坏、意外事件的发生乃至恶劣气候的影响等,导致大选推迟的案例比比皆是(比如,原定于2015年2月9日举行的尼日利亚大选,由于了为防止"博科圣地"发动恐怖袭击导致意外,大选被迫推迟到3月底)。可见,"明年6月1日某国开始大选"并非一个必成事实,因此这是一个"条件",而非一个"期限"。"杭州下次下雨时,本合同终止"则是另一种情况。"下次下雨",虽然具体的时间不一定能准确无误地确定,但杭州下次下雨是必然会发生的,这是一个必成事实,因此这是一个"期限",而非"条件"。但如果改为"明年3月15日杭州下雨时……"由于这一天杭州下雨属于偶成事实,这一约定就成了附"条件"了。

【例2-14】某地农民甲决定自己出资购买一套机器设备,办一个家庭塑料加工厂。因购买原料的资金不够,甲向他的朋友乙暂借2万元。甲对乙说:"我付了钱就可以提货,预计两个月内安装调试完毕,两个月内开工没问题,到时候资金周转过来了,我保证把钱还给你。"乙说:"如果时间不长的话,我并不着急用钱,反正是好朋友嘛,利息我也不要了,不过你得先打一张借条。"甲就写了一张借条给乙,借条如下。

借条

暂借某乙人民币贰万元整,待塑料厂开工后的第二个月即奉还。

×××　　　年　月　日

设备运到后,甲发现眼下搞塑料制品生产还不如倒卖塑料加工原料来钱快,所以甲就将自己购买的塑料加工机械租给了同村的塑料加工专业户丙,利用乙的这笔不要利息的借款,自己去倒卖塑料加工原料去了。

半年多了,乙看见甲有钱做买卖,却没钱还他,就上门索款。甲觉得赖账更加有利,反正用多长时间也不用付利息,就说:"原来在借条上写得很清楚嘛,塑料厂开工后的第二个月才还钱。现在我设备是有了,但是原料我还没有搞足,所以还开不了工,等几个月后,我把原料全部搞到了,开了工后,保证把钱还给你。"乙看甲无诚意,就向人民法院提起了诉讼,要求法院强制某甲立即偿还2万元借款,并加收赖账期间应付的利息。

【例2-14】分析

问:法院将如何处理?

根据《民法典》第一百五十九条的规定,附条件的民事法律行为,当事人为自己的利益不正当地阻止条件成就的,视为条件已经成就;不正当地促成条件成就的,视为条件不成就。

【例2-15:个人与企业借款的法律风险防范】

上述案例中涉及的借条风险,属于在日常生活中的常见风险之一。我们来看个人与企业借款中需注意预防的法律风险。先来看一张借条。

借条

因开办塑料厂,今向某乙(身份证号:×××)借人民币贰拾万元整(打入账号:……),待塑料厂开工后的第二个月即奉还。

×××(身份证号)　年　月　日

上述借条存在一些问题,特作以下分析。

首先,我们强调借条不同于欠条、收条,注意一定要写清楚。借条一般是借贷关系引发的,但欠条不一定源于借贷关系,而收条只是收到款物的凭证。

其次,如果涉及企业之间的借贷,建议签借款合同,但如果只是个人之间的借贷,一般无须签借款合同,打借条即可。

第三,对于民间借贷,为了便于证据的保存,建议尽量不给现金,如果给现金,则一定要有收条或在借条中注明已收到该现金,且注意不要成为孤证,因为即使有收条或借条,并不一定就能保证发生诉讼时一定能胜诉,有借条但败诉的案件比比皆是。

第四,如果有利息,一定要写明,否则很容易成为无息借贷(比如上文借条中就没有约定利息),这里要注意利息的上限[根据最高法院2020年8月18日通过并于同月20实施的《关于修改〈关于审理民间借贷案件适用法律若干问题的规定〉的决定》,法院保护的民间借贷的合法利息,以中国人民银行授权全国银行间同业拆借中心每月20日发布的一年期贷款市场报价利率(LPR)的4倍为标准确定民间借贷利率的司法保护上限]。

借贷双方没有约定利息，出借人主张支付借期内利息的，人民法院不予支持。自然人之间借贷对利息约定不明，出借人主张支付利息的，人民法院不予支持。除自然人之间借贷的外，借贷双方对借贷利息约定不明，出借人主张支付利息的，人民法院应当结合民间借贷合同的内容，并根据当地或者当事人的交易方式、交易习惯、市场利率等因素确定利息。

第五，特别要注意"砍头息"问题。所谓"砍头息"，是指在借款时先行扣除利息的行为。这种行为很多时候具有"乘人之危"的嫌疑。对于"砍头息"，《民法典》第六百七十条明确规定，借款的利息不得预先在本金中扣除。利息预先在本金中扣除的，应当按照实际借款数额返还借款并计算利息。浙江省高级人民法院《关于审理民间借贷纠纷案件若干问题的指导意见》第二十一条也明确规定，借据载明的借款金额，一般认定为本金。利息已经预先在本金中扣除的，本金应当按照实际出借的金额认定。有证据证明债权人出示的借据系双方对前期借款本金和利息进行滚动结算后重新出具、计算复利的，折算后的实际利率没有超出四倍利率的，借据确认的欠款金额可以认定为本金；折算后的实际利率超出四倍利率，超出部分的利息应当从本金中扣减。

因此，如果存在"砍头息"，借款人应妥善保存出借人预扣利息的证据，因为这部分利息借款人依法不必予以偿还。此外，滚动结算计算复利致使实际利率超过法定允许的最高利率，超出部分的利息应当从本金中扣减的做法，在司法实践中法院予以支持！

第六，关于借条上按指印的做法，实践中较为常见。事实上，按不按指印，对借条或合同的效力并没有影响，一张借条或一份合同，并不会因为按了指印就更加有效，也不会因为没有按指印而无效（除非借条或合同明确约定必须按指印才有效）。但无论如何，让借款人在借条上按指印是一种保护出借人的良好方式。在司法实践中，按了指印的借款人很少有否认借条真实性的做法，可见按了指印对借款人心理上的威慑力还是很明显的。

第七，如果能有担保人或见证人，并让他们在借条上签字，则对于出借人而言将会更有保障。但是要注意的是，根据最高人民法院《关于审理民间借贷案件适用法律若干问题的规定》第二十一条的规定，他人在借据、收据、欠条等债权凭证或者借款合同上签字或者盖章，但未表明其保证人身份或者承担保证责任，或者通过其他事实不能推定其为保证人，出借人请求其承担保证责任的，人民法院不予支持。

根据以上分析，个人建议一张相对完整且便于今后追讨的借条，应尽量包含以下内容。

借条（1）

为购买某住房（2），现收到（3）罗小佑（4）[身份证号码：×××（5）]以现金/转账（转账尽量注明账号）（6）出借的人民币贰拾万元整（￥200000.00元）（7），借期××（8），月利率1%（9）。若逾期不还，未还部分按照月利率2%计付逾期利息（10）。

出借人因借款人未还款采取维权措施所产生的费用，包括但不限于律师费、调查费、诉讼费、保全费、鉴定费、交通差旅费等，均由借款人承担（11）。

身份证载明的双方通信地址（或另约定地址为：_____）可作为送达催款函、对账单、法院送达诉讼文书的地址。因载明地址有误或未及时告知变更后的地址导致相关文书未能实际被接收、邮寄送达的，相关文书退回之日即视为送达之日（12）。

借款人：谢小峰（身份证号码，按指印，联系方式。如果已结婚，考虑到共债共签，最好让夫妻双方都签名）（13）

借款日期：×年×月×日(14)

保证人：王小非(身份证号码，按指印，联系方式)(15)

(保证人承诺愿意为此借款人承担连带责任保证)

见证人：(建议两人以上，身份证号码，按指印，联系方式)(16)

身份证复印件与借条同保存(17)

此外，根据《关于修改〈关于审理民间借贷案件适用法律若干问题的规定〉的决定》第二十二条规定，借贷双方通过网络贷款平台形成借贷关系，网络贷款平台的提供者仅提供媒介服务，当事人请求其承担担保责任的，人民法院不予支持。网络贷款平台的提供者通过网页、广告或者其他媒介明示或者有其他证据证明其为借贷提供担保，出借人请求网络贷款平台的提供者承担担保责任的，人民法院应予支持。可见，最高人民法院对于 P2P(个人对个人)等网贷平台的法律责任也作了明确界定。

另外，单位向个人借贷以及个人向个人借贷，还要注意防止构成两个罪名：非法吸收公众存款罪和集资诈骗罪。

非法吸收公众存款罪和集资诈骗罪的区别主要表现在犯罪的主观故意不同。非法吸收公众存款罪的行为人只是临时占用投资人的资金，行为人承诺而且也意图还本付息；而集资诈骗罪是行为人采用虚构事实、隐瞒借款真实用途的方法意图永久非法占有社会不特定公众的资金，具有非法占有的主观故意。

另外，在界定非法吸收公众存款罪时，几个要点也要特别注意：第一，是否是针对不特定的多数人。所谓公众存款，是指存款人是不特定的群体，如果存款人只是少数个人或者是特定的，不能认为是公众存款。第二，注意对象数量和金额上的法律边界。根据最高人民法院《关于审理非法集资刑事案件具体应用法律若干问题的解释》(法释〔2010〕18 号)第三条的规定，非法吸收或者变相吸收公众存款，具有下列情形之一的，应当依法追究刑事责任：

(1)个人非法吸收或者变相吸收公众存款，数额在二十万元以上的，单位非法吸收或者变相吸收公众存款，数额在一百万元以上的；

(2)个人非法吸收或者变相吸收公众存款对象三十人以上的，单位非法吸收或者变相吸收公众存款对象一百五十人以上的；

(3)个人非法吸收或者变相吸收公众存款，给存款人造成直接经济损失数额在十万元以上的，单位非法吸收或者变相吸收公众存款，给存款人造成直接经济损失数额在五十万元以上的；

(4)造成恶劣社会影响或者其他严重后果的。

具有下列情形之一的，属于《中华人民共和国刑法》(以下简称《刑法》)第一百七十六条规定的"数额巨大或者有其他严重情节"：

(1)个人非法吸收或者变相吸收公众存款，数额在一百万元以上的，单位非法吸收或者变相吸收公众存款，数额在五百万元以上的；

(2)个人非法吸收或者变相吸收公众存款对象一百人以上的，单位非法吸收或者变相吸收公众存款对象五百人以上的；

（3）个人非法吸收或者变相吸收公众存款，给存款人造成直接经济损失数额在五十万元以上的，单位非法吸收或者变相吸收公众存款，给存款人造成直接经济损失数额在二百五十万元以上的；

（4）造成特别恶劣社会影响或者其他特别严重后果的。

非法吸收或者变相吸收公众存款的数额，以行为人所吸收的资金全额计算。案发前后已归还的数额，可以作为量刑情节酌情考虑。

非法吸收或者变相吸收公众存款，主要用于正常的生产经营活动，能够及时清退所吸收资金，可以免予刑事处罚；情节显著轻微的，不作为犯罪处理。

相对最高刑期在十年以下的非法吸收公众存款罪来说，集资诈骗罪的量刑更重。该罪名在《中华人民共和国刑法修正案（九）》之前最高刑一直是死刑，2015年《中华人民共和国刑法修正案（九）》颁布后取消了该罪名的死刑罚，最高刑改为无期徒刑。在这一过程中，"吴英集资诈骗案"一波三折的情节是这一罪名最高刑演变的最好诠释之一。需要强调的是，对于企业、企业家或者个人，只要不去故意隐瞒借款的真实用途，不隐瞒真相，不故意虚构用途，是不会构成集资诈骗罪的。

那么，企业之间的借款，还要注意什么问题呢？

首先，企业之间的借款，须注意手续的完备，特别要注意防止构成挪用资金罪或挪用公款罪。

其次，企业之间、母子公司及关联企业可不可以拆借资金？当然可以。但是，除了要注意手续的完备，还要注意涉税问题。同时，还要特别注意"套取银行信贷资金，高利转贷罪"的法律风险。

上文提到的2020年《关于修改〈关于审理民间借贷案件适用法律若干问题的规定〉的决定》中，对企业之间的资金拆借规定如下：法人之间、其他组织之间以及它们相互之间为生产、经营需要订立的民间借贷合同，除存在《合同法》第五十二条、本规定第十四条①规定的情形外，当事人主张民间借贷合同有效的，人民法院应予支持（第十一条）。

法人或者其他组织在本单位内部通过借款形式向职工筹集资金，用于本单位生产、经营，且不存在《合同法》第五十二条、本规定第十四条规定的情形，当事人主张民间借贷合同有效的，人民法院应予支持（第十二条）。

需注意的是，上述规定强调的这些资金拆借是以生产、经营作为前提的，事实上，为规避风险，以自有资金进行拆借就显得相当重要。但是，强调以自有资金进行拆借并不代表就不能同时向银行贷款，只是在借贷过程中，正确的财务操作就显得极为重要。如果在贷款和自有资金出借方面存在明显的套取银行信贷资金、用于高利转贷的行为，且获利十万元以上的，就会面临"高利转贷罪"的法律风险。

还需特别注意的是，财政部、国家税务总局发布的《营业税改征增值税试点过渡政策的

---

① 该规定第十四条规定，具有以下情形之一，人民法院应当认定民间借贷合同无效：①套取金融机构贷款转贷的；②以向其他营利法人借贷、向本单位职工集资，或者以向公众非法吸收存款等方式取得的资金转贷的；③未依法取得放贷资格的出借人，以营利为目的向社会不特定对象提供借款的；④出借人事先知道或者应当知道借款人借款用于违法犯罪活动仍然提供借款的；⑤违反法律、行政法规强制性规定的；⑥违背公序良俗的。

规定》(财税〔2016〕36 号)对企业之间资金拆借的税收问题作了明确的规定,具体如下。

(1)企业集团从银行借入资金,然后调拨给下属关联企业使用,后由集团公司统一归还,即统借统还。

"统借统还"业务指:①企业集团或者企业集团中的核心企业向金融机构借款或对外发行债券取得资金后,将所借资金分拨给下属单位(包括独立核算单位和非独立核算单位,下同),并向下属单位收取用于归还金融机构或债券购买方本息的业务。②企业集团向金融机构借款或对外发行债券取得资金后,由集团所属财务公司与企业集团或者集团内下属单位签订统借统还贷款合同并分拨资金,并向企业集团或者集团内下属单位收取本息,再转付企业集团,由企业集团统一归还金融机构或债券购买方的业务。

《营业税改征增值税试点过渡政策的规定》第一条第(十九)项规定,统借统还业务中,企业集团或企业集团中的核心企业以及集团所属财务公司按不高于支付给金融机构的借款利率水平或者支付的债券票面利率水平,向企业集团或者集团内下属单位收取的利息收入免征增值税。

统借方向资金使用单位收取的利息,高于支付给金融机构借款利率水平或者支付的债券票面利率水平的,应全额缴纳增值税。

(2)集团企业将自有资金拆借给下属关联企业使用。

从实践中看,这又可分为有偿和无偿两类。

有偿使用时,根据财税〔2016〕36 号文件的规定,企业将自有资金拆借给关联企业使用并收取利息,应视同企业贷款业务,所收取的利息应按 6% 缴纳增值税。

对于企业将自有资金无偿提供给关联企业使用,财税〔2016〕36 号文件附件 1 第十四条规定,单位或者个体工商户向其他单位或者个人无偿提供服务视同销售服务、无形资产或者不动产,但用于公益事业或者以社会公众为对象的除外。因此,关联企业间资金拆借行为应按照上述规定缴纳增值税(6%)。

(3)企业向个人股东拆借资金。

企业向个人股东拆借资金,也可分为有偿和无偿。

对于有偿使用,同上述规定,视同企业贷款业务,所收取的利息应按 6% 缴纳增值税。

关于无偿使用,在财税〔2016〕36 号文件附件 1 第十四条视同销售的规定中,出借方没有包括"个人"。因此,企业向个人股东无偿拆借资金,不需要缴纳增值税。

三、无效合同

一个合同如果不符合上述合同生效的一般要件,则合同的效力将受到影响,从而属于无效、可撤销的或效力待定的合同。

(一)合同无效的概念

无效合同是相对于有效合同而言的,是指合同虽然成立,但因其违反法律、行政法规、社会公共利益,被确认为无效。

可见,无效合同是已经成立的合同,是欠缺生效要件,不具有法律约束力的合同,不受国家法律保护。

合同无效,是自始、绝对、当然的无效,任何人均可主张。合同无效,可以是全部无效,也可以是部分无效。无效的原因存在于合同内容的全部时,合同全部无效;无效的原因存在于合同内容的一部分,而该部分无效又不影响其余部分时,其余部分仍然有效。

因此,无效合同具有以下三个特点。

第一,具有违法性。

所谓违法性,是指违反了法律和行政法规的强制性规定和社会公共利益。

第二,具有不履行性。

不履行性是指当事人在订立无效合同后,不得依据合同实际履行,也不承担不履行合同的违约责任。

第三,无效合同自始无效。

无效合同违反了法律的规定,国家不予承认和保护。一旦确认无效,将具有溯及力,使合同从订立之日起就不具有法律约束力,以后也不能转化为有效合同。

（二）合同无效的原因

与原先的《合同法》相比较,《民法典》减少了合同无效的法定事由。《民法典》第一百四十四条、第一百四十六条、第一百五十三条和第一百五十四条明确了合同无效的五种法定事由[①]:

(1)无民事行为能力人实施的民事法律行为无效;

(2)行为人与相对人以虚假的意思表示实施的民事法律行为无效;

(3)违反法律和行政法规的强制性规定的民事法律行为无效;

(4)违背公序良俗的民事法律行为无效;

(5)行为人与相对人恶意串通,损害他人合法权益的民事法律行为无效。

《民法典》生效后,《合同法》第五十二条第1—4款中"一方以欺诈、胁迫的手段订立合同,损害国家利益;恶意串通,损害国家、集体或者第三人利益;以合法形式掩盖非法目的;损害社会公共利益"不再为合同无效的法定事由。该种立法上的变化,体现出了《民法典》鼓励交易的立法宗旨。

（三）合同无效的法律后果

无效合同不发生法律效力,是指不发生该合同当事人所追求的法律效果。合同无效不论是在何时认定的,其无效都是从合同成立时就开始的,即使无效的合同实际上已经开始履行甚至已经履行完毕,也不影响其无效的后果从合同成立开始就确定。

合同无效或者被撤销后,因该合同取得的财产,应当予以返还;不能返还或者没有必要返还的,应当折价补偿。有过错的一方应当赔偿对方因此所受到的损失,双方都有过错的,应当各自承担相应的责任。当事人恶意串通,损害国家、集体或者第三人利益的,因此取得的财产收归国家所有或者返还集体、第三人。

---

① 《民法典》第一百四十三条规定,具备下列条件的民事法律行为有效:①行为人具有相应的民事行为能力;②意思表示真实;③不违反法律、行政法规的强制性规定,不违背公序良俗。第一百四十四条规定,无民事行为能力人实施的民事法律行为无效。第一百四十六条规定,行为人与相对人以虚假的意思表示实施的民事法律行为无效。以虚假的意思表示隐藏的民事法律行为的效力,依照有关法律规定处理。第一百五十三条规定,违反法律、行政法规的强制性规定的民事法律行为无效。但是,该强制性规定不导致该民事法律行为无效的除外。违背公序良俗的民事法律行为无效。第一百五十四条规定,行为人与相对人恶意串通,损害他人合法权益的民事法律行为无效。

　　无效合同作为一种当事人实施的民事行为,也会发生一定的法律后果。对于无效合同的处理,原则上以恢复原状为主。具体的做法有:

　　(1)合同当事人未履行合同的,应停止履行;

　　(2)已全部或部分履行的,应相互返还财产。

　　返还财产是指合同当事人在合同被确认为无效或者被撤销以后,对已经交付给对方的财产,享有返还财产的请求权。对方当事人对于已经接受的财产负有返还财产的义务。返还财产有以下两种形式。

　　第一,单方返还。单方返还是指有一方当事人依据无效合同从对方当事人处接受了财产,该方当事人向对方当事人返还财产;或者虽然双方当事人均从对方处接受了财产,但是一方没有违法行为,另一方有故意违法行为,无违法行为的一方当事人有权请求返还财产,而有故意违法行为的一方当事人无权请求返还财产,其被对方当事人占有的财产,应当依法上缴国库。单方返还就是将一方当事人占有的对方当事人的财产,返还给对方,返还的应是原物。原来交付的是货币,返还的就应当是货币;原来交付的是财物,就应当返还财物。

　　第二,双方返还。双方返还是指双方当事人都从对方接受了给付的财产,则将对方当事人的财产都返还给对方。接受的是财物,就返还财物;接受的是货币,就返还货币。如果双方当事人故意违法,则应当将双方当事人从对方得到的财产全部收归国库。

　　(3)折价补偿。折价补偿是指在因无效合同所取得的对方当事人的财产不能返还或者没有必要返还时,按照所取得的财产的价值进行折算,以金钱的方式对对方当事人进行补偿的责任形式。

　　(4)赔偿损失。当合同被确认为无效后,如果一方或者双方的过错给对方造成损失,则还要承担损害赔偿责任。此种损害赔偿责任应具备以下构成要件:①有损害事实存在;②赔偿义务人具有过错,这是损害赔偿的重要要件;③过错行为与遭受损失之间有因果关系。

　　如果合同双方当事人都有过错,双方应各自承担相应的责任。就过错的程度而言,如一方的过错为主要原因,另一方的过错为次要原因,则前者责任大于后者;就过错的性质而言,如一方系故意,另一方系过失,故意一方的责任应大于过失一方的责任。

　　因合同无效或者被撤销,一方当事人因此受到损失,另一方当事人对此有过错时,应赔偿受害人的损失,这种赔偿责任是基于缔约过失责任而发生的。这里的"损失"应以实际已经发生的损失为限,不应当赔偿期待利益,因为无效合同的处理以恢复原状为原则。

　　(5)非民事性后果合同被确认无效或被撤销后,除发生返还财产、赔偿损失等民事性法律后果外,在特殊情况下还发生非民事性后果。比如,将当事人恶意串通,损害国家、集体或者第三人利益所取得的财产追缴回来,收归国家或返还给受损失的集体、第三人。收归国有不是一种民法救济手段,而是公法上的救济手段,一般称为非民法上的法律后果。应追缴财产包括双方当事人已经取得的财产和约定取得的财产,体现了法律对行为人故意违反法律的禁止性规范的惩戒。

四、可撤销合同

(一)可撤销合同的概念

　　可撤销合同是民法中可变更和可撤销的民事行为在合同中的体现。可撤销合同主要是意思表示不真实的合同,是指合同因欠缺一定的生效要件,其有效与否,取决于有撤销权的一方当事人是否行使撤销权的合同。可撤销合同是一种相对有效的合同,在有撤销权的一方行使撤销权之前,合同对双方当事人都是有效的。因此,可撤销合同的效力取决于有撤销权的当事人的意志。

可撤销合同具有以下特征:①从撤销的对象看,可撤销合同是意思表示不真实的合同。②合同的撤销,要由撤销权人通过行使撤销权来实现。但撤销权人是否行使撤销权由他自己决定。这是它与无效合同的不同点。撤销权不行使,合同继续有效;撤销权行使,合同自始归于无效。

(二)可撤销合同的撤销原因

与原先的《合同法》相比较,《民法典》对可撤销规则进行了变更。《民法典》对《合同法》中第五十四条规定的可撤销事由进行了拆分、细化并作了相应修改,取消了当事人请求变更合同的权利,删除了"乘人之危"的可撤销情形、增加了第三方胁迫、欺诈的可撤销情形。

具体来说,《民法典》第一百四十七条至第一百五十一条明确了合同可撤销的五种法定事由[1]:

(1)基于重大误解实施的民事法律行为;

(2)一方以欺诈手段,使对方在违背真实意思的情况下实施的民事法律行为;

(3)第三人实施欺诈行为,使一方在违背真实意思的情况下实施的民事法律行为,对方知道或者应当知道该欺诈行为的;

(4)一方或者第三人以胁迫手段,使对方在违背真实意思的情况下实施的民事法律行为;

(5)一方利用对方处于危困状态、缺乏判断能力等情形,致使民事法律行为成立时显失公平的。

(三)当事人撤销权的行使

同时,《民法典》第一百五十二条对《合同法》第五十五条的撤销权除斥期间也进行了相应修改。相比较《合同法》中的规定,《民法典》对不同的撤销事由规定了不同的撤销权除斥期间,其中还明确了撤销权的最长除斥期间起算标准为客观标准,即自民事法律行为发生起5年。具体来说,《民法典》第一百五十二条规定,有下列情形之一的,撤销权消灭:

(1)当事人自知道或者应当知道撤销事由之日起一年内、重大误解的当事人自知道或者应当知道撤销事由之日起九十日内没有行使撤销权;

(2)当事人受胁迫,自胁迫行为终止之日起一年内没有行使撤销权;

(3)当事人知道撤销事由后明确表示或者以自己的行为表明放弃撤销权。

---

① 《民法典》第一百四十七条规定,基于重大误解实施的民事法律行为,行为人有权请求人民法院或者仲裁机构予以撤销。第一百四十八条规定,一方以欺诈手段,使对方在违背真实意思的情况下实施的民事法律行为,受欺诈方有权请求人民法院或者仲裁机构予以撤销。第一百四十九条规定,第三人实施欺诈行为,使一方在违背真实意思的情况下实施的民事法律行为,对方知道或者应当知道该欺诈行为的,受欺诈方有权请求人民法院或者仲裁机构予以撤销。第一百五十条规定,一方或者第三人以胁迫手段,使对方在违背真实意思的情况下实施的民事法律行为,受胁迫方有权请求人民法院或者仲裁机构予以撤销。第一百五十一条规定,一方利用对方处于危困状态、缺乏判断能力等情形,致使民事法律行为成立时显失公平的,受损害方有权请求人民法院或者仲裁机构予以撤销。

当事人自民事法律行为发生之日起五年内没有行使撤销权的,撤销权消灭。

【**例 2-16**】甲公司在城市公园旁开发预售期房,乙、丙等近百人一次性支付了购房款,总额近 8000 万元。但甲公司迟迟未开工,按期交房无望。乙、丙等购房人多次集体去甲公司交涉无果,险些引发群体性事件。面对疯涨的房价,乙、丙等购房人为另行购房,无奈与甲公司签订退款协议书,承诺放弃数额巨大的利息、违约金的支付要求,领回原购房款。经咨询,乙、丙等购房人起诉甲公司。下列哪一说法准确体现了公平正义的有关要求?(　　)

A. 退款协议书虽是当事人真实意思表示,但为兼顾情理,法院应当依据购房人的要求变更该协议,由甲公司支付利息和违约金

B. 退款协议书是甲公司胁迫乙、丙等人订立的,为确保合法合理,法院应依据购房人的要求宣告该协议无效,由甲公司支付利息和违约金

C. 退款协议书的订立显失公平,为保护购房人的利益,法院应当依据购房人的要求撤销该协议,由甲公司支付利息和违约金

D. 退款协议书损害社会公共利益,为确保利益均衡,法院应当依据购房人的要求撤销该协议,由甲公司支付利息和违约金

【例 2-16】分析

(本题为 2011 年司法考试卷三单选第 1 题)

五、效力待定合同

(一)效力待定合同的概念

所谓效力待定合同,是指合同虽然已经成立,但因其不完全符合有关生效要件的规定,因此其效力能否发生,尚未确定,一般须经有权人表示承认才能生效。

合同效力待定是指合同成立以后,因存在不足以认定合同无效的瑕疵,致使合同不能产生法律效力。在一段合理的时间内合同效力暂不确定,由有追认权的当事人进行补正或有撤销权的当事人进行撤销,再视具体情况确定合同是否有效。处于此阶段中的合同,为效力待定的合同。合同效力待定,意味着合同效力既不是有效,也不是无效,而是处于不确定状态。设立这一不确定状态,目的是使当事人有机会补正能够补正的瑕疵,使原本不能生效的合同尽快生效,以实践《民法典》尽量成就交易、鼓励交易的基本原则。当然,从加速社会财富流转、促使不确定的权利义务关系尽快确定和稳定的原则出发,合同效力待定的时间不可能很长,效力待定也不可能是合同效力的最后状态。无论如何,效力待定的合同最后要么归于有效,要么归于无效,没有第三种状态。

效力待定合同由于欠缺合同生效要件,自身具有瑕疵,有追认权的人不通过追认消除瑕疵,合同就确定地归于无效,所以它与无瑕疵的有效合同不同。它虽欠缺有效要件,但对社会公共利益的侵害相对轻微,与合同制度的目的未根本性地抵触,于是法律允许有追认权的人可以通过追认消除该瑕疵,既保护当事人的合法权益,又促成交易,同时又维护了市场秩序。合同欠缺生效要件,法律对它的否定性评价又是相对的,在这点上,效力待定合同与可撤销合同具有共性。二者的差别在于,前者在追认前处于有效抑或无效的未确定状态;后者在撤销前已经确定地发生了法律效力。

(二)效力待定合同的种类

1. 限制民事行为能力人依法不能独立订立的合同

《民法典》第一百四十五条规定,限制民事行为能力人实施的纯获利益的民事法律行为

65

或者与其年龄、智力、精神健康状况相适应的民事法律行为有效；实施的其他民事法律行为经法定代理人同意或者追认后有效。

相对人可以催告法定代理人自收到通知之日起三十日内予以追认。法定代理人未作表示的，视为拒绝追认。民事法律行为被追认前，善意相对人有撤销的权利。撤销应当以通知的方式作出。

可见，除纯获利益的合同或与其年龄、智力、精神健康状况相适应而允许订立的合同外，其他合同均不许限制民事行为能力人独立订立，而应由其法定代理人代为订立。一旦独立订立，须经法定代理人追认，否则，不生效力。相对人可以催告法定代理人在一个月内予以追认。法定代理人未作表示的，视为拒绝追认。合同被追认前，善意相对人有撤销的权利，撤销应当以通知的方式作出。

2. 无权代理人订立的合同

《民法典》第一百七十一条规定，行为人没有代理权、超越代理权或者代理权终止后，仍然实施代理行为，未经被代理人追认的，对被代理人不发生效力。

相对人可以催告被代理人自收到通知之日起三十日内予以追认。被代理人未作表示的，视为拒绝追认。行为人实施的行为被追认前，善意相对人有撤销的权利。撤销应当以通知的方式作出。

行为人实施的行为未被追认的，善意相对人有权请求行为人履行债务或者就其受到的损害请求行为人赔偿。但是，赔偿的范围不得超过被代理人追认时相对人所能获得的利益。相对人知道或者应当知道行为人无权代理的，相对人和行为人按照各自的过错承担责任。《民法典》第一百七十二条规定，行为人没有代理权、超越代理权或者代理权终止后，仍然实施代理行为，相对人有理由相信行为人有代理权的，代理行为有效。

因此，行为人没有代理权、超越代理权或者代理权终止后以被代理人名义订立的合同，未经被代理人追认，对被代理人不发生效力，除非构成表见代理。对于此类合同，相对人可以催告被代理人在一个月内予以追认。被代理人未作表示的，视为拒绝追认。合同被追认之前，善意相对人有撤销的权利。撤销应当以通知的方式作出。

3. 无权处分人订立的合同

值得注意的是，《民法典》将无处分权人订立的合同移出了效力待定的范畴，肯定了无处分权合同的有效性！《民法典》对无处分权人订立的合同，若简单理解，可认为，无权处分的合同有效，但无权处分人应承担违约责任！具体来说，《民法典》第五百九十七条规定，因出卖人未取得处分权致使标的物所有权不能转移的，买受人可以解除合同并请求出卖人承担违约责任。法律、行政法规禁止或者限制转让的标的物，依照其规定。这一规定实际肯定了无权处分合同的有效性，并与《民法典》第三百一十一条的善意取得制度相衔接，更有利于鼓励交易、维护善意买受人的利益。因此，理解本条内容之时，需结合善意取得制度。

善意取得，又称即时取得或即时时效，指动产占有人向第三人移转动产所有权或为第三人设定其他物权，即使动产占有人无处分动产的权利，善意受让人仍可取得动产所有权或其他物权的制度。

善意取得制度是适应商品交换的需要而产生的一项法律制度。在广泛的商品交换中，从事交换的当事人往往并不知道对方是否有权处分财产，也很难对市场出售的商品逐一调查。如果受让人善意取得财产后，由于转让人的无权处分行为而使交易无效，并让受让人返还财产,则不仅要推翻已经形成的财产关系,而且使当事人在从事交易活动时,随时担心买到的商品有可能要退还,这样就会造成当事人在交易时的不安全感,也不利于商品交换秩序的稳定。

《民法典》第三百一十一条对善意取得规定如下。

无处分权人将不动产或者动产转让给受让人的,所有权人有权追回;除法律另有规定外,符合以下情形的,受让人取得该不动产或者动产的所有权:①受让人受让该不动产或者动产时是善意的;②以合理的价格转让;③转让的不动产或者动产依照法律规定应当登记的已经登记,不需要登记的已经交付给受让人。受让人依照前款规定取得不动产或者动产的所有权的,原所有权人有权向无处分权人请求赔偿损失。当事人善意取得其他物权的,参照前两款规定。

可见,善意取得要成立,应当符合以下四个条件。

第一,出让人无权处分。

第二,受让人受让该不动产或者动产时是善意的。

这里的善意,是指取得标的物的第三人不知道或者不应当知道占有人为非法出让。这里不仅不要求第三人有出让人有权处分的确信,而且是推定任何参加交易的第三人都具有这种善意。《民法典》对这种善意的保护,是公信原则的体现。与之相对应的就是恶意第三人。恶意就是指第三人依当时的情况知道或应当知道出让人无让与的权利,即根据当时的环境,依交易的一般情况,可以得出出让人无权让与的结论,则第三人应视为恶意。例如第三人以不正常的低价购买物品,如无相反的证据,应认为是恶意。

第三,以合理的价格转让。

第四,转让的不动产或者动产依照法律规定应当登记的已经登记,不需要登记的已经交付给受让人。

【例 2-17】 甲(男)乙(女)系夫妻,有夫妻共同财产房屋两套,其中一套登记在甲一人名下,另一套登记在甲和乙二人名下。由于甲出轨,有了婚外情人丙(但乙并不认识丙,也不知道甲的婚外情人就是丙,乙只知道甲出轨了),于是乙要求离婚。

甲、丙串通起来,在乙提起离婚诉讼前将登记在甲一人名下的房屋卖给了丙。乙在提起离婚诉讼时才发现甲已经将登记在自己名下的那套房屋卖了,于是乙又提起了另一个诉讼,要求法院撤销甲、丙之间的交易。但丙主张自己是善意受让人,适用善意取得制度,应当取得房屋所有权。由于乙无证据证明丙知道或者应当知道甲属无处分权人处分了他人财产,也就是说,乙并无证据证明丙并非善意受让人,则只能推定丙是善意的,故一审法院驳回了乙的诉讼请求。

接下来乙回到离婚诉讼中,认为既然不能分割被甲卖掉的那套属于夫妻共同财产的房屋,但可以分割甲卖房屋所取得的价款,因为该价款仍属夫妻共同财产。通过银行查询发现,丙在将房屋价款转账给甲之后,很快甲又将该价款转账给了丙。有了这份关键证据,再配合其他证据,就能够证明甲、丙串通的事实。此时,乙也已经知道了丙就是甲的婚外情人。最终,二审法院认定丙不是善意受让人,丙不能依善意取得制度取得房屋所有权,该房屋仍属于甲、乙之夫妻共同财产。而在离婚诉讼中,由于甲存在过错,乙得以和甲顺利离婚,甲也得到了应有的惩罚。

【例 2-17】分析

【例 2-18】2000 年 8 月,张三(原告,11 岁)去邻居家玩,发现床上放着一个精致的随身听,即在离开邻居家时随手拿走。张三因迷恋游戏机需要用钱,便将随身听以 50 元的价格卖给了李四,卖时称随身听是捡的。次日,邻居找到张三的父亲索要随身听,张父方知张三将随身听卖给了李四。邻居当即表明,此随身听乃其好友从日本带回来送给他的礼物,价值 2700 元。张父找到李四要求退款还物,李四承认 50 元买了张三的随身听,但他随即将此物以 100 元的价格卖给了一个不相识的人,已经无法退还。原告诉至法院,要求李四偿还该随身听的价款 2700 元。问:

1. 张三与李四订立的合同是否有效? 为什么?

2. 假如本案张三不是 11 岁而是 19 周岁,那么他与李四订立的合同应如何认定?

【例 2-18】分析　　3. 你认为本案应如何处理?

第四节　合同的履行

一、合同履行的概念

合同履行是指合同的当事人按照合同完成约定的义务,如交付货物、提供服务、支付报酬或价款、完成工作、保守秘密等。

合同履行既是合同本身法律效力的主要内容,又是合同关系消灭的主要原因。合同法的作用正是在于,以法律所具有的特殊的强制力,保障合同当事人正确履行合同,使合同关系归于消灭,通过合同关系的不断产生、不断履行和不断消灭,实现社会经济流转。

合同既可以由合同的当事人亲自履行或接受履行,也可以委托第三人履行或接受履行。当事人约定由债务人向第三人履行债务的,债务人未向第三人履行债务或者履行债务不符合约定,应当向债权人承担违约责任。当事人约定由第三人向债权人履行债务的,第三人不履行债务或者履行债务不符合约定,债务人应当向债权人承担违约责任。

债权人可以拒绝债务人提前履行债务,但提前履行不损害债权人利益的除外。债务人提前履行债务给债权人增加的费用,由债务人负担。债权人可以拒绝债务人部分履行债务,但部分履行不损害债权人利益的除外。债务人部分履行债务给债权人增加的费用,由债务人负担。

债权人分立、合并或者变更住所没有通知债务人,致使履行债务发生困难的,债务人可以中止履行或者将标的物提存。

二、合同履行的基本原则

合同履行的原则,作为当事人在履行合同债务时所应遵循的基本准则,有些是整个合同法的基本原则,如诚实信用原则;有些则是专属于合同履行的基本原则,如全面履行原则。合同履行的基本原则不是仅适用于某一类合同履行的准则,而应是对各类合同履行普遍适用的准则,是各类合同履行都具有的共性要求或反映。合同履行的基本原则如下。

(一)全面履行原则

全面履行原则,又称适当履行原则或正确履行原则。它是要求当事人按合同约定的标的及其质量、数量,合同约定的履行期限、履行地点、适当的履行方式,全面完成合同义务的履行原则。依法成立的合同,在订立合同的当事人之间具有相当于法律的效力。因此,合同当事人受合同的约束,履行合同约定的义务应是自明之理。法律谚语中有"契约必须遵守"的说法。

(二)诚实信用原则

诚实信用原则被称为私法活动的"帝王"原则,相应条款被称为"帝王"条款。从字面上看,诚实信用原则就是要求人们在市场活动中讲究信用、恪守诺言、诚实不欺,在不损害他人利益和社会利益的前提下追求自己的利益,以"诚实商人"的形象参加经济活动。从内容上看,诚实信用原则并没有确定的内涵,因而有无限的适用范围。即它实际上是一个抽象的法律概念,内容极富弹性和不确定性,有待于就特定案件具体化,并随着社会的变迁而不断修正。

(三)协作履行原则

协作履行原则是指当事人不仅适当履行自己的合同债务,而且应基于诚实信用原则的要求协助对方当事人履行其债务的履行原则。合同的履行,只有债务人的给付行为,没有债权人的受领给付,合同的内容仍难实现。不仅如此,在建筑工程合同、技术开发合同、技术转让合同、提供服务合同等合同中,债务人实施给付行为也需要债权人的积极配合,否则,合同的内容也难以实现。因此,履行合同,不仅是债务人的事,也是债权人的事。

(四)情势变更原则

情势变更是指在合同有效成立后、履行前,不可归责于双方当事人的原因使合同成立的基础发生变化,如继续履行合同将会造成显失公平的后果。在这种情况下,法律允许当事人变更合同的内容或者解除合同,以消除不公平的后果。情势变更的实质,乃是诚实信用原则之具体运用。

《民法典》合同编一个很大的亮点是确立了情势变更的适用。《民法典》第五百三十三条规定,合同成立后,合同的基础条件发生了当事人在订立合同时无法预见的、不属于商业风险的重大变化,继续履行合同对于当事人一方明显不公平的,受不利影响的当事人可以与对方重新协商;在合理期限内协商不成的,当事人可以请求人民法院或者仲裁机构变更或者解除合同。人民法院或者仲裁机构应当结合案件的实际情况,根据公平原则变更或者解除合同。

三、双务合同履行中的抗辩权

法律上所谓抗辩权,是指对抗请求权或否认对方的权利主张的权利,又称异议权。抗辩权以对方当事人请求权的存在和有效为前提,其重要功能在于通过行使这种权利而使对方的请求权消灭或使其效力延期发生。因此,法律上的抗辩权存在永久的抗辩权(请求权消灭)和延缓的抗辩权(请求权的效力延期发生)的划分。这里所论述的双务合同履行中的抗辩权属于延缓的抗辩权。

（一）同时履行抗辩权

同时履行抗辩权是指双务合同的当事人一方在对方当事人未为对待给付之前，有权拒绝自己之给付。

《民法典》第五百二十五条规定，当事人互负债务，没有先后履行顺序的，应当同时履行。一方在对方履行之前有权拒绝其履行要求。一方在对方履行债务不符合约定时，有权拒绝其相应的履行要求。

同时履行抗辩权的理论依据在于双务合同的牵连性，即双务合同当事人的权利义务的相互依赖性。所谓双务合同的牵连性，是指在双务合同中，一方的权利与另一方的义务之间具有相互依存、互为因果的关系。正是这种牵连性和相互依赖性决定了双务合同所具有的一个重要特点：双方当事人所承担的债务具有对价性和交换性。合同双方为了实现各自的债权而不得不履行各自的义务，而在当事人一方不履行义务的情况下，这种牵连性或相互依赖性导致的结果是同时履行抗辩权的发生。

同时履行抗辩权的行使应当符合以下构成要件：①双方必须是由同一双务合同互负债务；②必须是双方互负的债务均已届清偿期；③对方未履行债务或其履行不符合约定；④对方的对待给付是可能履行的。

同时履行抗辩权的行使，并不能使合同的履行效力消灭，而只是阻碍合同履行效力的发生。当事人行使同时履行抗辩权，除了保护自己的利益外，还给对方施加了压力，促使对方与己方同时履行合同义务，使双方获得履行利益。履行抗辩权与合同解除产生的效力不同，行使履行抗辩权不能奏效时，会最终导致合同的解除。

（二）先履行抗辩权

先履行抗辩权，又称顺序履行抗辩权，是指当事人双方互负债务，有先后履行顺序。在传统民法上，有同时履行抗辩权和不安抗辩权的理论，却无先履行抗辩权的概念。《民法典》第五百二十六条规定，当事人互负债务，有先后履行顺序，应当先履行一方未履行的，后履行一方有权拒绝其履行要求。先履行一方履行债务不符合约定的，后履行一方有权拒绝其相应的履行要求。

先履行抗辩权发生于有先后履行顺序的双务合同中，基本上适用于先履行一方违约的场合，这是它不同于同时履行抗辩权之处。在这种情况下，先履行一方不按时履行或不按约定履行构成违约，应承担违约责任。而后履行一方的先履行抗辩权正是因对方的违约行为而产生的一种相应的对抗权。

根据《民法典》的规定，构成先履行抗辩权须符合以下要件：①须是双方当事人互负债务；②两个债务须有先后履行顺序；③先履行一方未履行或其履行不符合约定。

先履行抗辩权的成立并行使，产生后履行一方可一时中止履行自己债务的效力，对抗先履行一方的履行请求，以此保护自己的期限利益、顺序利益。在先履行一方采取了补救措施、变违约为适当履行的情况下，先履行抗辩权消灭，后履行一方须履行其债务。可见，先履行抗辩权属于延缓的抗辩权。

（三）不安抗辩权

不安抗辩权是指在双务合同中，具有先给付义务的一方当事人，在后履行一方当事人出现财产状况严重恶化或者丧失或可能丧失履行债务之能力等情形时，先履行一方当事人在对方未履行对待给付或提供担保之前,可以拒绝履行自己的债务的权利。

《民法典》第五百二十七条规定,应当先履行债务的当事人,有确切证据证明对方有下列情形之一的,可以中止履行:

(1)经营状况严重恶化;

(2)转移财产、抽逃资金,以逃避债务;

(3)丧失商业信誉;

(4)有丧失或者可能丧失履行债务能力的其他情形。

当事人没有确切证据中止履行的,应当承担违约责任。

《民法典》第五百二十八条规定,当事人依据前条规定中止履行的,应当及时通知对方。对方提供适当担保时,应当恢复履行。中止履行后,对方在合理期限内未恢复履行能力并且未提供适当担保的,视为以自己的行为表明不履行主要债务,中止履行的一方可以解除合同并可以请求对方承担违约责任。

根据上述规定,发生不安抗辩权的要件为:①须在双务合同成立后对方即后履行方发生财产状况恶化的情形下发生;②该情形导致后履行方丧失或可能丧失履行能力。

依《民法典》的规定,不安抗辩权的效力有二:

其一,中止履行合同,即在先履行债务的当事人有确切证据证明对方存在丧失或可能丧失履行债务能力的情形的,可以中止履行合同。

其二,在先履行方中止履行后,如果对方在合理期限内未恢复履行能力,也未提供适当担保的,视为以自己的行为表明不履行主要债务,中止履行的一方可以解除合同并可以请求对方承担违约责任。

当然,法律为寻找双务合同双方当事人利益的均衡和公平,保障先履行一方免遭损害而设立不安抗辩权的同时,也为后履行一方利益考虑而使不安抗辩权的主张必须承担两项附随义务:其一,通知义务。法律要求主张不安抗辩权的先履行一方当事人在中止履行合同时,应及时通知对方。其二,举证义务。为防止不安抗辩权的滥用,法律规定不安抗辩权的主张者应举出对方丧失或可能丧失履约能力的确切证据,如果该主张者没有确切证据而中止履行的,应负违约责任。

【例 2-19:对方出了问题,我该不该履行合同?】

浙江省杭州市××龙井山茶实业有限公司与日本 H 株式会社签订了一份茶叶的购销合同,合同约定 5 月份从上海发货。合同签订后,4 月底,杭州公司得知了该日本公司被申请破产的消息,遂决定停止发货。问:

【例 2-19】分析

1. 杭州公司的做法有无法律依据?

2. 若杭州公司在消息不确切的情况下擅自停止发货,要承担什么责任?

3. 若日本公司以其在杭州的分公司的一批机器设备作为抵押担保,且担保是充分的,杭州公司应该怎么做?

4. 若日本公司确实被宣告破产,且也未能提供任何担保,杭州公司可以怎么做?

四、涉他合同的履行

以合同是否严格贯彻了合同相对性原则为标准,合同可以分为束己合同和涉他合同。前者是指严格遵循合同的相对性的原则,合同当事人为自己约定并承受权利义务,第三人不能向合同当事人主张权利和违约责任的合同。后者是指当事人为合同中的第三人设定了权利或约定了义务的合同，它主要包括第三人利益合同及由第三人履行的合同。我国《民法典》合同编分别规定了这两类合同，这表明我国《民法典》合同编已在一定程度上突破了合同相对性原则，但并不意味着合同的相对性原则现在已不存在，相反，它仍是合同的常态。涉他合同只是合同相对性原则适用的例外而已。

（一）向第三人履行

《民法典》第五百二十二条规定，当事人约定由债务人向第三人履行债务，债务人未向第三人履行债务或者履行债务不符合约定的，应当向债权人承担违约责任。法律规定或者当事人约定第三人可以直接请求债务人向其履行债务，第三人未在合理期限内明确拒绝，债务人未向第三人履行债务或者履行债务不符合约定的，第三人可以请求债务人承担违约责任；债务人对债权人的抗辩，可以向第三人主张。

（二）由第三人清偿

《民法典》第五百二十三条规定，当事人约定由第三人向债权人履行债务，第三人不履行债务或者履行债务不符合约定的，债务人应当向债权人承担违约责任。第五百二十四条又规定，债务人不履行债务，第三人对履行该债务具有合法利益的，第三人有权向债权人代为履行；但是，根据债务性质、按照当事人约定或者依照法律规定只能由债务人履行的除外。债权人接受第三人履行后，其对债务人的债权转让给第三人，但是债务人和第三人另有约定的除外。

五、合同的保全

（一）代位权

代位权制度是由法国《民法典》在立法中最先确立的。我国《民法典》合同编规定的代位权，是指因债务人怠于行使其到期债权，对债权人造成损害，债权人可以向人民法院请求以自己的名义代位行使债务人的债权。

根据《民法典》第五百三十五条规定，因债务人怠于行使其债权或者与该债权有关的从权利，影响债权人的到期债权实现的，债权人可以向人民法院请求以自己的名义代位行使债务人对相对人的权利，但是该权利专属于债务人自身的除外。代位权的行使范围以债权人的到期债权为限。债权人行使代位权的必要费用，由债务人负担。相对人对债务人的抗辩，可以向债权人主张。

代位权的行使需满足以下条件：

(1)债权人对债务人的债权合法、确定，且必须已届清偿期。

(2)债务人怠于行使其到期债权。

(3)债务人怠于行使权利的行为已经对债权人造成损害。

(4)债务人的债权不是专属于债务人自身的债权。债务人对于第三人的权利，为债权人代位权的标的。债权人的代位权属于涉及第三人之权的权利，若债务人享有的权利与第三人无涉，则不得成为债权人代位权的行使对象。

这里所谓的"专属于债务人自身的债权"，主要是指基于抚养关系、扶养关系、赡养关系、继承关系产生的给付请求权，以及请求给付劳动报酬、退休金、养老金、抚恤金、安置费、人寿保险、人身伤害赔偿等权利。

债权人的债权到期前,债务人的债权或者与该债权有关的从权利存在诉讼时效期间即将届满或者未及时申报破产债权等情形,影响债权人的债权实现的,债权人可以代位向债务人的相对人请求其向债务人履行、向破产管理人申报或者作出其他必要的行为。

人民法院认定代位权成立的,由债务人的相对人向债权人履行义务,债权人接受履行后,债权人与债务人、债务人与相对人之间相应的权利义务终止。债务人对相对人的债权或者与该债权有关的从权利被采取保全、执行措施,或者债务人破产的,依照相关法律的规定处理。

(二)撤销权

撤销权,又称废罢诉权,是指债权人在债务人与他人实施处分其财产或权利的行为危害债权的实现时,可以请求法院予以撤销的权利。

我国《民法典》合同编规定的撤销权是指因债务人放弃其到期债权或无偿转让其财产,对债权人造成损害的,或者债务人以明显不合理的低价转让财产,对债权人造成损害,并且受让人知道该情形的,债权人可以请求人民法院撤销该债务人的行为。

《民法典》第五百三十八条规定,债务人以放弃其债权、放弃债权担保、无偿转让财产等方式无偿处分财产权益,或者恶意延长其到期债权的履行期限,影响债权人的债权实现的,债权人可以请求人民法院撤销债务人的行为。第五百三十九条又规定,债务人以明显不合理的低价转让财产、以明显不合理的高价受让他人财产或者为他人的债务提供担保,影响债权人的债权实现,债务人的相对人知道或者应当知道该情形的,债权人可以请求人民法院撤销债务人的行为。

需注意的是,撤销权的行使范围以债权人的债权为限。债权人行使撤销权的必要费用,由债务人负担。

对于撤销权行使的期限,《民法典》第五百四十一条规定,撤销权自债权人知道或者应当知道撤销事由之日起一年内行使。自债务人的行为发生之日起五年内没有行使撤销权的,该撤销权消灭。

债务人影响债权人的债权实现的行为被撤销的,自始没有法律约束力。

【例2-20:一个因离婚协议引发的撤销权案例】

楚刚(男)2008年成立A公司。2012年楚刚和宋芳芳(女)结婚,育有一子。楚刚与隋先生是业务上的朋友。因业务上经常往来,楚刚欠隋先生业务款120万元,承诺于2014年11月20日之前归还完毕。在隋先生的要求下,楚刚将与宋芳芳共有的一套房产作为抵押物。

2014年11月20日,楚刚未按期还款。多次交涉未果后,隋先生向法院起诉。诉讼中楚刚没有应诉,法院依法缺席判决楚刚偿还隋先生的欠款120万元。隋先生申请执行时才得知,楚刚和宋芳芳已于2014年6月21日办理离婚登记,且对财产的分割约定为:孩子归宋芳芳抚养,夫妻共同财产全归宋芳芳所有,包括已进行抵押的房屋。离婚后,该房产已过户到宋芳芳名下。

隋先生觉得楚刚和宋芳芳离婚是假,逃债是真,遂向法院提起诉讼,要求法院认定这对夫妻关于离婚财产分割的约定无效,并要求法院查封楚刚抵押的房屋,进行拍卖,以偿还120万元欠款。

法院判决：支持原告隋先生的诉讼请求，认为楚刚和宋芳芳的离婚财产分割约定侵犯了隋先生的债权，撤销两被告楚刚和宋芳芳在离婚协议书中有关离婚财产分割协议的所有约定。

一审结束后，宋芳芳不服，以楚刚的对外债务系楚刚的个人债务为由提起上诉，要求撤销原判。

二审人民法院经审理后认为，离婚前楚刚的对外债务没有用于家庭生活，所以该债务是楚刚的个人债务，应当由楚刚个人承担清偿责任；楚刚和宋芳芳在离婚协议中关于房屋处理的约定，属于《合同法》第七十四条债权人行使撤销权的情形，债权人有权请求人民法院予以撤销；楚刚和宋芳芳的其他有关离婚财产分割的协议保持不变；撤销一审法院"撤销两被告楚刚和宋芳芳在离婚协议书中有关离婚财产分割协议的所有约定"的判决。

分析：原《合同法》第七十四条第一款规定，因债务人放弃其到期债权或者无偿转让财产，对债权人造成损害的，债权人可以请求人民法院撤销债务人的行为。债务人以明显不合理的低价转让财产，对债权人造成损害，并且受让人知道该情形的，债权人也可以请求人民法院撤销债务人的行为。

可见，原《合同法》规定了债权人可以行使撤销权的三种情况：一是债务人放弃到期债权；二是债务人无偿转让财产；三是债务人以明显不合理的低价转让财产，对债权人造成损害，并且受让人知道该情形的。

本案中，楚刚的个人债务，应当以其个人财产来清偿。

那么，是否整套房子都应该用来还债呢？

正确的处理方法应该是以楚刚所占的个人份额来清偿债务。本案离婚协议约定夫妻共同财产全归宋芳芳所有，包括已进行抵押登记的房屋，这种协议实际是楚刚对自己与宋芳芳的共有财产中房产所占份额的所有权的放弃，属于原《合同法》第七十四条第一款规定的无偿转让财产的行为。因此，隋先生对这一无偿转让行为享有撤销权。

第五节　合同的变更与转让

一、合同的变更

(一)合同变更的概念与特征

合同的变更是指依法成立的合同尚未履行或者未完全履行时，当事人按照法定条件和程序就合同的内容达成的补充或修改的协议。

合同的变更是一种民事法律行为，具有以下特征：

(1)合同的变更是对原合同内容的修改；

(2)合同的变更仅导致所变更条款的效力消灭，没有变更的内容仍然有效；

(3)一般情况下，合同的变更是一种双方法律行为。

(二)合同变更的条件

当事人变更合同必须满足一定的条件，否则，变更合同内容的行为不产生法律效力，合同的变更无效。合同变更的条件如下。

（1）当事人之间存在着有效的合同关系。合同的变更是对原合同部分内容的补充和修改，因此，必须以当事人之间存在合同关系为基础，否则不存在变更问题。

（2）合同变更须依当事人约定或法律规定。当事人协商一致，可以变更合同，这是最常见的变更合同的方式。另外，依法律规定也可产生合同的变更，如因重大误解或者显失公平而订立的合同，当事人一方可以请求人民法院或仲裁机构予以变更或撤销。

（3）必须有原合同内容的变化。合同变更一定是新合同对原合同的内容作了局部的修改和补充，产生了新的权利和义务。

（4）合同的变更应采取适当的形式。一般而言，原合同采用什么形式签订，合同的变更也应采用什么形式。法律、行政法规规定变更合同当办理批准、登记手续的，依照其规定。当事人对合同变更的内容约定不明确的，推定为未变更。

当事人对合同变更的内容约定不明确的，推定为未变更。

（三）合同变更的效力

合同变更的实质是以变更后的合同代替原合同，因此，当事人须按变更后的合同履行。合同变更原则上只对将来发生效力，未变更的合同内容继续有效，已履行的部分并不因合同变更而失去法律依据，但当事人另有约定的除外。

二、合同的转让

（一）合同转让的概念

合同转让是指合同主体的变更，是当事人一方依法将其合同权利或义务全部或部分地转让给第三人的法律行为。合同转让包括合同权利的转让、合同义务的转移及合同权利义务的一并转让三种形态。

合同转让是合同主体的变化，是第三人代替原合同当事人一方成为合同当事人，或者第三人加入合同关系中成为合同当事人。主体的变化将导致原合同关系的消灭，产生新合同关系。

（二）合同权利转让

合同权利转让又称债权转让，是指不改变合同的内容，债权人将其享有的合同权利全部或者部分转移于第三人享有的法律行为。

1.合同权利转让的特征

合同权利转让具备以下几个特征。

（1）权利转让的主体是债权人和第三人。债务人不是权利转让的主体。

（2）合同权利转让不改变合同权利的内容。

（3）合同权利转让的客体是债权，因而属于债权转让而非物权转让。

（4）合同权利的转让可以是全部转让，也可以是部分转让。全部转让时，受让人取代债权人成为合同当事人，原合同关系消灭，产生新的合同关系；部分转让时，受让人介入原合同关系，与债权人共同享有债权，合同之债成为多数人之债。

2.合同权利转让的条件

合同权利转让须具备以下几个条件。

（1）转让的合同权利必须是有效存在的。将不存在的债权或者无效的债权让与他人，或者将已经消灭的债权让与他人，为标的履行不能，该转让行为不成立。

（2）转让的合同权利必须具有可让与性。我国《民法典》第五百四十五条规定，债权人可以将债权的全部或者部分转让给第三人，但是有下列情形之一的除外：

①根据合同性质不得转让的债权。这类合同只能在特定的当事人之间生效，如果转让，将违背当事人订立合同的目的。如雇佣合同、演出合同中的债权等。

②按照当事人约定不得转让的债权。

③依照法律规定不得转让的债权。

当事人约定非金钱债权不得转让的，不得对抗善意第三人。当事人约定金钱债权不得转让的，不得对抗第三人。

（3）转让合同权利的依据须有效。

（4）合同权利的转让应当通知债务人。我国《民法典》第五百四十六条规定，债权人转让债权，未通知债务人的，该转让对债务人不发生效力。债权人转让权利的通知不得撤销，但经受让人同意的除外。

3.合同权利转让的效力

合同权利转让的效力包括内部效力和外部效力。合同权利转让在让与人和受让人之间的效力，是其内部效力；在他们与债务人之间的效力，是其外部效力。

（1）合同权利转让的内部效力

①合同权利由让与人转让给受让人，如是全部转让，则受让人取代让与人成为新的债权人；如是部分转让，则受让人加入合同关系，成为共同债权人。

②依附于债权的从权利随着主债权的转让而转让。

③让与人应保证其转让的权利有效并且不存在权利瑕疵。

（2）合同权利转让的外部效力

①债务人接到债权转让通知后，债务人对让与人的抗辩，可以向受让人主张。

②债务人负有向受让人作出履行的义务，同时免除其向原债权人所负之债务。

③债务人接到债权转让通知时，债务人对让与人享有债权的，并且债务人的债权先于转让的债权到期或者同时到期的，债务人可以向受让人主张抵销。

（三）合同义务转移

合同义务转移是指不改变合同的内容，债务人将其负担的债务全部或者部分转移于第三人负担的法律行为，从受让人的角度讲，合同义务转移又称为债务承担。

合同义务转移可以是全部转移，也可以是部分转移。合同义务转移不同于第三人代替债务人履行债务。在第三人替代履行的情况下，合同义务并没有真正地发生法律上的转移，债权人不能直接要求第三人履行，第三人只是债务履行的辅助人而不是合同的当事人。

1.合同义务转移的要件

合同义务转移须具备以下要件。

（1）须有以债务转移为内容的合同。

（2）须有有效债务的存在。根本不存在的或者已经消灭的债务以及不法债务都不能成为合同义务转移的标的。

（3）所转移的债务须具有可转移性。根据合同性质不得转移的债务，不得作为合同义务转移的标的。

（4）须经债权人同意。债权人同意是债务承担合同的生效要件，也是债务承担与债权让与最大的不同。

2.合同义务转移的效力

合同义务转移产生以下法律效力。

（1）承担人代替原债务人负担债务，原债务人免除债务。一方面，债权人只能要求承担人履行债务并不得拒绝承担人的履行，即使自己在债务承担前对原债务人既有债权又有债务，也不能在债务转移后主张抵销。另一方面，承担人以自己的名义向债权人履行并承担由此发生的违约责任，原债务人对承担人的履行不负任何担保责任。

（2）承担人可主张原债务人对债权人的抗辩。《民法典》第五百五十三条规定，债务人转移债务的，新债务人可以主张原债务人对债权人的抗辩；原债务人对债权人享有债权的，新债务人不得向债权人主张抵销。

（3）承担人同时负担从债务。《民法典》第五百五十四条规定，债务人转移债务的，新债务人应当承担与主债务有关的从债务，但是该从债务专属于原债务人自身的除外。

（四）合同权利义务一并转让

合同权利义务一并转让是指原合同当事人一方将自己在合同中的权利和义务一并转移给第三人，由第三人概括地继受这些债权和债务，又称为债权债务的概括转移。《民法典》第五百五十五条规定，当事人一方经对方同意，可以将自己在合同中的权利和义务一并转让给第三人。

合同权利义务的一并转让，以合同的有效存在为前提，并以对方当事人的同意为条件。合同权利义务的一并移转不同于单纯的合同权利转让和合同义务移转，而是全部权利义务的移转，因而，既必须符合合同权利转让的法律规定，也必须符合合同义务移转的条件。

合同权利义务一并转让通常有约定转让和法定转让两种情形。法定转让中以企业的合并和分立为典型。

当事人订立合同后合并的，由合并后的法人或者其他组织行使合同权利，履行合同义务。当事人订立合同后分立的，除债权人和债务人另有约定的以外，由分立的法人或者其他组织对合同的权利和义务享有连带债权，承担连带债务。

法律、行政法规规定转让权利或者转移义务应当办理批准、登记等手续的，依照其规定。

第六节　合同权利义务的终止

一、合同权利义务的终止概述

合同权利义务的终止是指合同关系在客观上不再存在，合同的债权债务均归于消灭。

合同权利义务的终止与合同效力的停止不同。合同效力的停止是指债务人通过行使抗辩权，拒绝债权人的履行请求，停止债权的行使。此时的合同关系并未终止，只不过效力暂时停止而已。抗辩权消灭后，合同关系又恢复到原来的状态。合同权利义务的终止是合同的效力永远不再存在，无恢复的可能。

合同权利义务终止的原因大致有三类：

一是基于当事人意思，如免除、约定终止等；

二是基于合同目的的实现，如履行、提存、混同、抵销等；

三是基于法律的直接规定。

二、合同权利义务终止的法定情形

我国《民法典》第五百五十七条规定了合同权利义务终止的七种情形，分别为清偿、解除、抵销、提存、免除、混同及其他。

(一)债务已经按照约定履行

债务已经按约定履行，称为清偿。清偿是按照合同约定实现债权的行为。

《民法典》第五百六十条规定，债务人对同一债权人负担的数项债务种类相同，债务人的给付不足以清偿全部债务的，除当事人另有约定外，由债务人在清偿时指定其履行的债务。

关于清偿的顺序，债务人未作指定的，应当优先履行已经到期的债务；数项债务均到期的，优先履行对债权人缺乏担保或者担保最少的债务；均无担保或者担保相等的，优先履行债务人负担较重的债务；负担相同的，按照债务到期的先后顺序履行；期时间相同的，按照债务比例履行。

债务人在履行主债务外还应当支付利息和实现债权的有关费用，其给付不足以清偿全部债务的，除当事人另有约定外，应当按照下列顺序履行：

(1)实现债权的有关费用；

(2)利息；

(3)主债务。

(二)合同解除

合同解除，就是在合同成立以后，当事人一方的意思表示或者双方的协议使得因合同所生的债权债务关系归于消灭的行为。

(三)债务相互抵销

抵销，又称"充抵"，是指两人互负债务时，各以其债权充当债务之清偿，而使其债务与对方的债务在对等额内相互消灭。

《民法典》第五百六十八条规定，当事人互负到期债务，该债务的标的物种类、品质相同的，任何一方可以将自己的债务与对方的到期债务抵销，但是，根据债务性质、按照当事人约定或者依照法律规定不得抵销的除外。当事人主张抵销的，应当通知对方。通知自到达对方时生效。抵销不得附条件或者附期限。

《民法典》第五百六十九条又规定，当事人互负债务，标的物种类、品质不相同的，经双方协商一致，也可以抵销。

(四)债务人依法将标的物提存

债务人依法将标的物提存，就是债务人将无法清偿的标的物交有关部门保存以消灭合同关系的行为。

《民法典》第五百七十条规定，有下列情形之一，难以履行债务的，债务人可以将标的物提存：①债权人无正当理由拒绝受领；②债权人下落不明；③债权人死亡未确定继承人、遗产管理人，或者丧失民事行为能力未确定监护人；④法律规定的其他情形。

标的物不适于提存或者提存费用过高的，债务人依法可以拍卖或者变卖标的物，提存所得的价款。

债务人将标的物或者将标的物依法拍卖、变卖所得价款交付提存部门时，提存成立。提存成立的，视为债务人在其提存范围内已经交付标的物。

标的物提存后，债务人应当及时通知债权人或者债权人的继承人、遗产管理人、监护人、财产代管人。

标的物提存后，毁损、灭失的风险由债权人承担。提存期间，标的物的孳息归债权人所有。提存费用由债权人负担。债权人可以随时领取提存物，但债权人对债务人负有到期债务的，在债权人未履行债务或者提供担保之前，提存部门根据债务人的要求应当拒绝其领取提存物。债权人领取提存物的权利，自提存之日起五年内不行使而消灭，提存物扣除提存费用后归国家所有。但是，债权人未履行对债务人的到期债务，或者债权人向提存部门书面表示放弃领取提存物权利的，债务人负担提存费用后有权取回提存物。

（五）债权人免除债务

债权人免除债务就是债权人以消灭为目的而抛弃债权的意思表示。债权人免除债务人部分或者全部债务的，合同的权利义务部分或者全部终止。

（六）债权债务的混同

债权债务的混同就是债权债务同归于一人。债的关系须由债权人和债务人同时存在方能成立，当债权人和债务人合为一人时，债权债务就当然消灭。需注意的是，混同是指不能并立的两种法律关系同归于一人而使其权利义务归于消灭的现象，包括所有权与他物权同归于一人、债权与债务同归于一人、主债务与保证债务同归于一人。

（七）法律规定或者当事人约定终止的其他情形

合同的权利义务终止，使合同债权与合同债务归于消灭，同时使合同的担保及其他义务关系归于消灭。

合同的权利义务终止后，债权人应当将负债字据还于债务人，合同的权利义务终止后，当事人应当遵循诚实信用的原则，根据交易习惯履行协助、保密等义务。该义务称为后契约义务，当事人违反上述义务的，也应承担损害赔偿责任。

合同的权利义务终止，不影响合同中结算和清理条款的效力。

三、合同的解除

合同解除是指合同有效成立后，因法律规定或当事人约定的事由发生，以一方或双方当事人的意思表示为根据使合同消灭的法律制度。

合同解除有约定解除和法定解除两种类型。约定解除是当事人以协议方式约定为一方或双方保留解除权的解除方式。法定解除是当事人一方行使法律规定的合同解除权而使合同终止的行为。

约定解除的内容和方式可由当事人自行决定，因而，无论协议解除还是事先约定解除条件，均需双方当事人达成协议，且该协议必须符合合同有效成立的要件。

《民法典》第五百六十三条列举了法定解除合同的条件：

（1）因不可抗力致使不能实现合同目的；

（2）在履行期限届满之前，当事人一方明确表示或者以自己的行为表明不履行主要债务；

（3）当事人一方迟延履行主要债务，经催告后在合理期限内仍未履行；

（4）当事人一方迟延履行债务或者有其他违约行为致使不能实现合同目的；

（5）法律规定的其他情形。

法律规定或者当事人约定解除权行使期限，期限届满当事人不行使的，该权利消灭。法律没有规定或者当事人没有约定解除权行使期限，经对方催告后在合理期限内不行使的，该权利消灭。

法律没有规定或者当事人没有约定解除权行使期限，自解除权人知道或者应当知道解除事由之日起一年内不行使，或者经对方催告后在合理期限内不行使的，该权利消灭。当事人一方依法主张解除合同的，应当通知对方。合同自通知到达对方时解除；通知载明债务人在一定期限内不履行债务则合同自动解除，债务人在该期限内未履行债务的，合同自通知载明的期限届满时解除。对方对解除合同有异议的，任何一方当事人均可以请求人民法院或者仲裁机构确认解除行为的效力。

当事人一方未通知对方，直接以提起诉讼或者申请仲裁的方式依法主张解除合同，人民法院或者仲裁机构确认该主张的，合同自起诉状副本或者仲裁申请书副本送达对方时解除。

合同解除后，尚未履行的，终止履行；已经履行的，根据履行情况和合同性质，当事人可以请求恢复原状或者采取其他补救措施，并有权请求赔偿损失。

合同因违约解除的，解除权人可以请求违约方承担违约责任，但是当事人另有约定的除外。

主合同解除后，担保人对债务人应当承担的民事责任仍应当承担担保责任，但是担保合同另有约定的除外。

合同的权利义务关系终止，不影响合同中结算和清理条款的效力。

第七节　合同的担保

一、合同担保概述

担保是一件很严肃的事情，也是会产生极大法律风险的法律行为。我们先来了解担保的概念。

担保是指当事人依据法律规定或双方约定，由债务人或第三人向债权人提供的以确保债权实现和债务履行为目的的措施。

合同的担保是促使合同债务人履行义务，保障合同债权人的合同权利得以实现的法律措施。

债权人与债务人对主合同进行变更的，应当取得保证人书面同意，未经保证人书面同意的，保证人不再承担保证责任。

合同担保的方式有五种，分别是保证、抵押、质押、留置和定金。

二、保证

《民法典》合同编规定的19种有名合同中,包含了保证合同。《民法典》第六百八十一条规定,保证合同是为保障债权的实现,保证人和债权人约定,当债务人不履行到期债务或者发生当事人约定的情形时,保证人履行债务或者承担责任的合同。

保证合同是主债权债务合同的从合同。主债权债务合同无效的,保证合同无效,但是法律另有规定的除外。保证合同被确认无效后,债务人、保证人、债权人有过错的,应当根据其过错各自承担相应的民事责任。根据我国《民法典》第六百八十三条的规定,机关法人不得为保证人,但是经国务院批准为使用外国政府或者国际经济组织贷款进行转贷的除外。

以公益为目的的非营利法人、非法人组织不得为保证人。

保证合同的内容一般包括被保证的主债权的种类、数额,债务人履行债务的期限,保证的方式、范围和期间等条款。

保证合同可以是单独订立的书面合同,也可以是主债权债务合同中的保证条款。

第三人单方以书面形式向债权人作出保证,债权人接收且未提出异议的,保证合同成立。保证的方式包括一般保证和连带责任保证。当事人在保证合同中对保证方式没有约定或者约定不明确的,按照一般保证承担保证责任。

当事人在保证合同中约定,债务人不能履行债务时,由保证人承担保证责任的,为一般保证。

一般保证的保证人在主合同纠纷未经审判或者仲裁,并就债务人财产依法强制执行仍不能履行债务前,有权拒绝向债权人承担保证责任,但是有下列情形之一的除外:

(1)债务人下落不明,且无财产可供执行;

(2)人民法院已经受理债务人破产案件;

(3)债权人有证据证明债务人的财产不足以履行全部债务或者丧失履行债务能力;

(4)保证人书面表示放弃本款规定的权利。

当事人在保证合同中约定保证人和债务人对债务承担连带责任的,为连带责任保证。连带责任保证的债务人不履行到期债务或者发生当事人约定的情形时,债权人可以请求债务人履行债务,也可以请求保证人在其保证范围内承担保证责任。

保证人可以要求债务人提供反担保。

保证人与债权人可以协商订立最高额保证的合同,约定在最高债权额限度内就一定期间连续发生的债权提供保证。

关于保证合同的保证期间,《民法典》第六百九十二条规定,保证期间是确定保证人承担保证责任的期间,不发生中止、中断和延长。

债权人与保证人可以约定保证期间,但是约定的保证期间早于主债务履行期限或者与主债务履行期限同时届满的,视为没有约定;没有约定或者约定不明确的,保证期间为主债务履行期限届满之日起六个月。

债权人与债务人对主债务履行期限没有约定或者约定不明确的,保证期间自债权人请求债务人履行债务的宽限期届满之日起计算。

一般保证的债权人未在保证期间对债务人提起诉讼或者申请仲裁的,保证人不再承担保证责任。

连带责任保证的债权人未在保证期间请求保证人承担保证责任的，保证人不再承担保证责任。

一般保证的债权人在保证期间届满前对债务人提起诉讼或者申请仲裁的，从保证人拒绝承担保证责任的权利消灭之日起，开始计算保证债务的诉讼时效。

连带责任保证的债权人在保证期间届满前请求保证人承担保证责任的，从债权人请求保证人承担保证责任之日起，开始计算保证债务的诉讼时效。

债权人和债务人未经保证人书面同意，协商变更主债权债务合同内容，减轻债务的，保证人仍对变更后的债务承担保证责任；加重债务的，保证人对加重的部分不承担保证责任。

债权人和债务人变更主债权债务合同的履行期限，未经保证人书面同意的，保证期间不受影响。

债权人转让全部或者部分债权，未通知保证人的，该转让对保证人不发生效力。保证人与债权人约定禁止债权转让，债权人未经保证人书面同意转让债权的，保证人对受让人不再承担保证责任。

债权人未经保证人书面同意，允许债务人转移全部或者部分债务，保证人对未经其同意转移的债务不再承担保证责任，但是债权人和保证人另有约定的除外。

第三人加入债务的，保证人的保证责任不受影响。

一般保证的保证人在主债务履行期限届满后，向债权人提供债务人可供执行财产的真实情况，债权人放弃或者怠于行使权利致使该财产不能被执行的，保证人在其提供可供执行财产的价值范围内不再承担保证责任。

同一债务有两个以上保证人的，保证人应当按照保证合同约定的保证份额，承担保证责任；没有约定保证份额的，债权人可以请求任何一个保证人在其保证范围内承担保证责任。

保证人承担保证责任后，除当事人另有约定外，有权在其承担保证责任的范围内向债务人追偿，享有债权人对债务人的权利，但是不得损害债权人的利益。

保证人可以主张债务人对债权人的抗辩。债务人放弃抗辩的，保证人仍有权向债权人主张抗辩。

债务人对债权人享有抵销权或者撤销权的，保证人可以在相应范围内拒绝承担保证责任。

【例 2-21】涂佳向胡泉借款 10 万元，借款期限为 2020 年 10 月 5 日至 2021 年 1 月 4 日，并约定，如不按期还本付息，对逾期借款部分按借款利率每天加收 20％的违约金，原利息照常计算。涂佳的姐夫王成钢在担保人处签名按手印，并手写"此担保自借款期限过期则作废"。

借款到期后，涂佳无力归还，胡泉于次月 25 日起诉，要求保证人王成钢承担还款责任。王成钢予以拒绝，并表明理由：借条上已经明确注明他的担保期限就是借款期限，现在期限已过，他不应该承担保证责任。问：

1. 本案王成钢是否应该承担保证责任？

2. 若担保到期后，涂佳打算延期一年还款，胡泉也予以同意，并打电话要求王成钢继续为借款提供担保，王成钢当即表示同意。事后涂佳无法偿还借款，王成钢拒绝承担担保责任。请问王成钢是否应该承担担保责任？

【例 2-21】分析

【例2-22：主合同变更是否必然免除保证人的保证责任？】

原告A与被告B、C均系朋友关系。2015年1月10日，被告B向原告A借款，并为原告A出具借条一张，载明"今向A借款553600元（大写伍拾伍万叁仟陆百元整）。借款人：B；担保人：C"。但在实际交付时，原告仅向被告提供了380000元借款。后被告一直未偿还借款，原告向法院起诉，要求B、C偿还借款553600元及利息。

分歧：本案在审理过程中，双方对借款事实无异议。但保证人C提出实际借款数额与借条数额不一致，应视为主合同发生变更，根据原《担保法》第二十四条的规定，其不应再承担保证责任。对此，一审法院形成了两种不同意见。

第一种意见认为，实际借款数额与借条数额不一致，根据原《担保法》第二十四条的规定，债权人与债务人协议变更主合同的，应当取得保证人书面同意，未经保证人书面同意的，保证人不再承担保证责任。

第二种意见认为，民间借贷系实践性合同，借款行为以实际交付行为为准。本案中虽然书写了553600元的借条，但实际仅出借380000元，应以实际交付数额为准，保证人应为实际数额承担保证责任。

最后处理结果：此案发生在《民法典》实施之前，《担保法》还在有效实施期内，虽然原《担保法》第二十四条规定债权人与债务人协议变更主合同的，应当取得保证人书面同意，未经保证人书面同意的，保证人不再承担保证责任。但根据最高人民法院《关于适用〈中华人民共和国担保法〉若干问题的解释》第三十条的规定，保证期间，债权人与债务人对主合同数量、价款、币种、利率等内容作了变动，未经保证人同意的，如果减轻债务人的债务，保证人仍应当对变更后的合同承担保证责任；如果加重债务人的债务，保证人对加重的部分不承担保证责任。债权人与债务人对主合同履行期限作了变动，未经保证人书面同意的，保证期间为原合同约定的或者法律规定的期间；债权人与债务人协议变动主合同内容，但并未实际履行的，保证人仍应当承担保证责任。本案中，C在借条上以担保人的名义签字，系其真实意思表示，主合同借款数额由553600元降为380000元，减轻了债务人的债务，保证人C仍应承担保证责任。

三、抵押

1. 概述

《民法典》物权编第四分编担保物权第十七章对抵押权作了规定。根据《民法典》第三百九十四条规定，为担保债务的履行，债务人或者第三人不转移财产的占有，将该财产抵押给债权人的，债务人不履行到期债务或者发生当事人约定的实现抵押权的情形，债权人有权就该财产优先受偿。提供抵押财产的债务人或第三人称为抵押人；所提供的抵押财产称为抵押物；债权人则为抵押权人，因此享有的权利称为抵押权。相比较质押权而言，抵押和质押一个最大的区别是不转移物的占有。

抵押设定之后，在债务人到期不履行债务时，抵押权人有权依照法律的规定以抵押物折价或以抵押物的变卖价款较其他债权人优先受偿。抵押物可以是动产或不动产，但法律禁止流通或禁止强制执行的财产不得作为抵押物。抵押一经设立生效，即在抵押权人和抵押人双方产生权利义务：抵押权人除了享有优先受偿权外，有权占有或监督抵押物。

设立抵押权，当事人应当采用书面形式订立抵押合同。

根据《民法典》第三百九十五条的规定,债务人或者第三人有权处分的下列财产可以抵押:

(1)建筑物和其他土地附着物;

(2)建设用地使用权;

(3)海域使用权;

(4)生产设备、原材料、半成品、产品;

(5)正在建造的建筑物、船舶、航空器;

(6)交通运输工具;

(7)法律、行政法规未禁止抵押的其他财产。

抵押人可以将前款所列财产一并抵押。

企业、个体工商户、农业生产经营者可以将现有的以及将有的生产设备、原材料、半成品、产品抵押,债务人不履行到期债务或者发生当事人约定的实现抵押权的情形,债权人有权就抵押财产确定时的动产优先受偿。

以建筑物抵押的,该建筑物占用范围内的建设用地使用权一并抵押。以建设用地使用权抵押的,该土地上的建筑物一并抵押。

抵押人未依据前款规定一并抵押的,未抵押的财产视为一并抵押。

乡镇、村企业的建设用地使用权不得单独抵押。以乡镇、村企业的厂房等建筑物抵押的,其占用范围内的建设用地使用权一并抵押。

根据《民法典》第三百九十九条的规定,下列财产不得抵押:

(1)土地所有权;

(2)宅基地、自留地、自留山等集体所有土地的使用权,但是法律规定可以抵押的除外;

(3)学校、幼儿园、医疗机构等为公益目的成立的非营利法人的教育设施、医疗卫生设施和其他公益设施;

(4)所有权、使用权不明或者有争议的财产;

(5)依法被查封、扣押、监管的财产;

(6)法律、行政法规规定不得抵押的其他财产。

抵押人所担保的债权不得超出其抵押物的价值。就同一抵押物剩余的担保价值,抵押人有再设定抵押的权利。抵押由于主债履行,抵押物灭失、抵押权实现而消灭。

以建筑物和其他土地附着物、建设用地使用权、海域使用权以及正在建造的建筑物正在建造的建筑物抵押的,应当办理抵押登记。抵押权自登记时设立。

抵押担保的范围包括主债权及利息、违约金、损害赔偿金和实现抵押权的费用。抵押合同另有约定的,按照约定。

债务履行期届满抵押权人未受清偿的,可以与抵押人协议以抵押物折价或者以拍卖、变卖该抵押物所得的价款受偿;协议不成的,抵押权人可以向人民法院提起诉讼。抵押物折价或者拍卖、变卖后,其价款超过债权数额的部分归抵押人所有,不足部分由债务人清偿。

借款合同可以附最高额抵押合同。债权人与债务人就某项商品在一定期间内连续发生交易而签订的合同,可以附最高额抵押合同。

抵押权设立前,抵押财产已经出租并转移占有的,原租赁关系不受该抵押权的影响。

抵押期间,抵押人可以转让抵押财产。当事人另有约定的,按照其约定。抵押财产转让的,抵押权不受影响。

　　抵押人转让抵押财产的,应当及时通知抵押权人。抵押权人能够证明抵押财产转让可能损害抵押权的,可以请求抵押人将转让所得的价款向抵押权人提前清偿债务或者提存。转让的价款超过债权数额的部分归抵押人所有,不足部分由债务人清偿。

　　抵押权不得与债权分离而单独转让或者作为其他债权的担保。债权转让的,担保该债权的抵押权一并转让,但是法律另有规定或者当事人另有约定的除外。

　　抵押人的行为足以使抵押财产价值减少的,抵押权人有权请求抵押人停止其行为;抵押财产价值减少的,抵押权人有权请求恢复抵押财产的价值,或者提供与减少的价值相应的担保。抵押人不恢复抵押财产的价值,也不提供担保的,抵押权人有权请求债务人提前清偿债务。

　　抵押权人可以放弃抵押权或者抵押权的顺位。抵押权人与抵押人可以协议变更抵押权顺位以及被担保的债权数额等内容。但是,抵押权的变更未经其他抵押权人书面同意的,不得对其他抵押权人产生不利影响。

　　债务人以自己的财产设定抵押,抵押权人放弃该抵押权、抵押权顺位或者变更抵押权的,其他担保人在抵押权人丧失优先受偿权益的范围内免除担保责任,但是其他担保人承诺仍然提供担保的除外。

　　债务人不履行到期债务或者发生当事人约定的实现抵押权的情形,抵押权人可以与抵押人协议以抵押财产折价或者以拍卖、变卖该抵押财产所得的价款优先受偿。协议损害其他债权人利益的,其他债权人可以请求人民法院撤销该协议。

　　抵押权人与抵押人未就抵押权实现方式达成协议的,抵押权人可以请求人民法院拍卖、变卖抵押财产。

　　抵押财产折价或者变卖的,应当参照市场价格。

　　依据法律规定设定抵押的,抵押财产自下列情形之一发生时确定:

　　(1)债务履行期限届满,债权未实现;

　　(2)抵押人被宣告破产或者解散;

　　(3)当事人约定的实现抵押权的情形;

　　(4)严重影响债权实现的其他情形。

　　债务人不履行到期债务或者发生当事人约定的实现抵押权的情形,致使抵押财产被人民法院依法扣押的,自扣押之日起,抵押权人有权收取该抵押财产的天然孳息或者法定孳息,但是抵押权人未通知应当清偿法定孳息义务人的除外。上述孳息应当先充抵收取孳息的费用。

　　抵押财产折价或者拍卖、变卖后,其价款超过债权数额的部分归抵押人所有,不足部分由债务人清偿。

　　同一财产向两个以上债权人抵押的,拍卖、变卖抵押财产所得的价款依照下列规定清偿:

　　(1)抵押权已经登记的,按照登记的时间先后确定清偿顺序;

　　(2)抵押权已经登记的先于未登记的受偿;

　　(3)抵押权未登记的,按照债权比例清偿。

　　其他可以登记的担保物权,清偿顺序参照适用前款规定。

需要注意的是，《民法典》对同时设立抵押权和质权的清偿顺序，作了与原先《担保法》不一样的规定，根据《民法典》第四百一十五条的规定，同一财产既设立抵押权又设立质权的，拍卖、变卖该财产所得的价款按照登记、交付的时间先后确定清偿顺序。

建设用地使用权抵押后，该土地上新增的建筑物不属于抵押财产。该建设用地使用权实现抵押权时，应当将该土地上新增的建筑物与建设用地使用权一并处分。但是，新增建筑物所得的价款，抵押权人无权优先受偿。

以集体所有土地的使用权依法抵押的，实现抵押权后，未经法定程序，不得改变土地所有权的性质和土地用途。

抵押权人应当在主债权诉讼时效期间行使抵押权；未行使的，人民法院不予保护。

2. 动产抵押及购买价款抵押超级优先权——"超级硬核"的抵押权

这里特别要注意动产抵押。《民法典》特别强调了动产抵押问题，且对原先《物权法》所规定的浮动抵押作了进一步延伸。《民法典》第四百零三条规定，以动产抵押的，抵押权自抵押合同生效时设立；未经登记，不得对抗善意第三人。

需注意的是，以动产抵押的，不得对抗正常经营活动中已经支付合理价款并取得抵押财产的买受人。动产抵押的一个首要风险是监管的难度很大，这一点在办理动产抵押业务时需要特别重视。

《民法典》第四百一十六条号称《民法典》最难懂的一条，该条是《民法典》对于金融行业和企业融资均提出了变革性的规定，首次引入了英美法系"超级优先权"的概念，即在《民法典》中第四百一十六条规定，动产抵押担保的主债权是抵押物的价款，标的物交付后十日内办理抵押登记的，该抵押权人优先于抵押物买受人的其他担保物权人受偿，但是留置权人除外。

该制度来源于英美法系。该制度在英美法系中名为 purchase-money security interest（简称 PMSI），学理上翻译为价款债权担保权或购买价金担保权或价款抵押权。如果同一担保物上发生各种担保物权的竞合，购买价金担保权具有优先受偿的效力，因此，购买价金担保权是一种超级"硬核"的抵押权。根据《民法典》第四百一十六条的规定，购买价金担保权在受偿顺位上仅仅劣后于法定的物权留置权。2007 年颁布的《物权法》没有类似的规定，《民法典》第四百一十六条是《民法典》制定过程中增加的全新规定：动产抵押担保的主债权是抵押物的价款，标的物交付后十日内办理抵押登记的，该抵押权人优先于抵押物买受人的其他担保物权人受偿，但是留置权人除外。

3. 最高额抵押

《民法典》第四百二十条规定，为担保债务的履行，债务人或者第三人对一定期间内将要连续发生的债权提供担保财产的，债务人不履行到期债务或者发生当事人约定的实现抵押权的情形，抵押权人有权在最高债权额限度内就该担保财产优先受偿。

最高额抵押权设立前已经存在的债权，经当事人同意，可以转入最高额抵押担保的债权范围。

最高额抵押担保的债权确定前，部分债权转让的，最高额抵押权不得转让，但是当事人另有约定的除外。

最高额抵押担保的债权确定前，抵押权人与抵押人可以通过协议变更债权确定的期间、债权范围以及最高债权额。但是，变更的内容不得对其他抵押权人产生不利影响。

有下列情形之一的,抵押权人的债权确定:

(1)约定的债权确定期间届满;

(2)没有约定债权确定期间或者约定不明确,抵押权人或者抵押人自最高额抵押权设立之日起满二年后请求确定债权;

(3)新的债权不可能发生;

(4)抵押权人知道或者应当知道抵押财产被查封、扣押;

(5)债务人、抵押人被宣告破产或者解散;

(6)法律规定债权确定的其他情形。

四、质押

质押是指债务人或第三人将其动产或者权利移交债权人占有,将该动产作为债权的担保,当债务人不履行债务时,债权人有权依法就该动产卖得价金优先受偿。

质押财产称为质物,提供财产的人称为出质人,享有质权的人称为质权人。质押担保应当签订书面合同。质押合同是实践合同,自质物移交于质权人占有时生效。

设立质权,当事人应当采用书面形式订立质押合同。质押合同一般包括下列条款:①被担保债权的种类和数额;②债务人履行债务的期限;③质押财产的名称、数量等情况;④担保的范围;⑤质押财产交付的时间、方式。

质权人在债务履行期限届满前,与出质人约定债务人不履行到期债务时质押财产归债权人所有的,只能依法就质押财产优先受偿。质权自出质人交付质押财产时设立。质权人有权收取质押财产的孳息,但是合同另有约定的除外。收取的孳息应当先充抵收取孳息的费用。

质权人在质权存续期间,未经出质人同意,擅自使用、处分质押财产,造成出质人损害的,应当承担赔偿责任。质权人负有妥善保管质押财产的义务;因保管不善致使质押财产毁损、灭失的,应当承担赔偿责任。质权人的行为可能使质押财产毁损、灭失的,出质人可以请求质权人将质押财产提存,或者请求提前清偿债务并返还质押财产。质押分为动产质押和权利质押两种。动产质押是指可移动并因此不损害其效用的物的质押;权利质押是指以可转让的权利为标的物的质押。

根据《民法典》第四百四十条的规定,债务人或者第三人有权处分的下列权利可以出质:①汇票、本票、支票;②债券、存款单;③仓单、提单;④可以转让的基金份额、股权;⑤可以转让的注册商标专用权、专利权、著作权等知识产权中的财产权;⑥现有的以及将有的应收账款;⑦法律、行政法规规定可以出质的其他财产权利。

以汇票、本票、支票、债券、存款单、仓单、提单出质的,质权自权利凭证交付质权人时设立;没有权利凭证的,质权自办理出质登记时设立。法律另有规定的,依照其规定。汇票、本票、支票、债券、存款单、仓单、提单的兑现日期或者提货日期先于主债权到期的,质权人可以兑现或者提货,并与出质人协议将兑现的价款或者提取的货物提前清偿债务或者提存。

以基金份额、股权出质的,质权自办理出质登记时设立。基金份额、股权出质后,不得转让,但是出质人与质权人协商同意的除外。出质人转让基金份额、股权所得的价款,应当向质权人提前清偿债务或者提存。

以注册商标专用权、专利权、著作权等知识产权中的财产权出质的,质权自办理出质登记时设立。知识产权中的财产权出质后，出质人不得转让或者许可他人使用，但是出质人与质权人协商同意的除外。出质人转让或者许可他人使用出质的知识产权中的财产权所得的价款，应当向质权人提前清偿债务或者提存。

以应收账款出质的，质权自办理出质登记时设立。应收账款出质后，不得转让，但是出质人与质权人协商同意的除外。出质人转让应收账款所得的价款，应当向质权人提前清偿债务或者提存。

五、留置

留置是指因保管合同、运输合同、加工承揽合同发生的债权，债务人不履行债务，债权人按照合同约定占有债务人的动产，债务人不按照合同约定的期限履行债务的，债权人有权依法留置该财产，以该财产折价或者以拍卖、变卖该财产的价款优先受偿的一种担保行为。

《民法典》第四百四十七条规定，债务人不履行到期债务，债权人可以留置已经合法占有的债务人的动产，并有权就该动产优先受偿。

债权人留置的动产，应当与债权属于同一法律关系，但是企业之间留置的除外。法律规定或者当事人约定不得留置的动产，不得留置。

留置的财产为可分物的，留置物的价值应当相当于债务的金额。

留置权人负有妥善保管留置物的义务。因保管不善致使留置物灭失或者毁损的，留置权人应当承担民事责任。

留置权人有权收取留置财产的孳息，该孳息应当先充抵收取孳息的费用。

留置权人与债务人应当约定留置财产后的债务履行期限；没有约定或者约定不明确的，留置权人应当给债务人六十日以上履行债务的期限，但是鲜活易腐等不易保管的动产除外。债务人逾期未履行的，留置权人可以与债务人协议以留置财产折价，也可以就拍卖、变卖留置财产所得的价款优先受偿。

留置物折价或者拍卖、变卖后，其价款超过债权数额的部分归债务人所有，不足部分由债务人清偿。

同一动产上已经设立抵押权或者质权，该动产又被留置的，留置权人优先受偿。留置权人对留置财产丧失占有或者留置权人接受债务人另行提供担保的，留置权消灭。

六、定金

定金是在合同订立或在履行之前支付的一定数额的金钱作为担保的担保方式。《民法典》第五百八十六条规定，当事人可以约定一方向对方给付定金作为债权的担保。定金合同自实际交付定金时成立。定金的数额由当事人约定；但是，不得超过主合同标的额的百分之二十，超过部分不产生定金的效力。实际交付的定金数额多于或者少于约定数额的，视为变更约定的定金数额。

当事人可以约定一方向对方给付定金作为债权的担保。债务人履行债务后，定金应当抵作价款或者收回。

定金存在一条著名的罚则，即《民法典》第五百八十七条规定：债务人履行债务的，定金应当抵作价款或者收回。给付定金的一方不履行债务或者履行债务不符合约定，致使不能实现合同目的的，无权请求返还定金；收受定金的一方不履行债务或者履行债务不符合约定,致使不能实现合同目的的,应当双倍返还定金。《民法典》第五百八十八条规定,当事人既约定违约金,又约定定金的,一方违约时,对方可以选择适用违约金或者定金条款。定金不足以弥补一方违约造成的损失的,对方可以请求赔偿超过定金数额的损失。

上述定金罚则是定金与订金的最主要区别。订金主要的作用在于预先支付,事实上是一种预订的作用,属于预定金的范畴,在合同得到履行之时,订金往往抵作价款,起到了一个类似预付款的作用;在合同不能履行之时,订金也无法像定金那样适用定金罚则。因此,订金不具有合同担保的作用。

定金应当以书面形式约定。定金合同从实际交付定金之日起生效。

【专栏:"定金"与"订金"】

定金与订金,在日常生活中都比较常用,两者发音相同,但法律含义却相去甚远。两者差别很大,不能混淆。

定金是一种担保方式,具有著名的"定金罚则"。根据《民法典》的规定,给付定金的一方不履行约定的债务致使不能实现合同目的的,无权要求返还定金;收受定金的一方不履行约定的债务致使不能实现合同目的的,应当双倍返还定金。定金应当以书面形式约定。当事人在定金合同中应当约定交付定金的期限。定金合同从实际交付定金之日起生效。定金的数额由当事人约定,但不得超过主合同标的额的百分之二十。若当事人既约定违约金,又约定定金,一方违约时,对方可以选择适用违约金或者定金条款。定金作为合同担保的一种形式,首要作用是担保合同的履行;定金还有证明合同成立的作用。

订金则实际上是一种预付款,起到的是一种预订金的作用。预付款是一种支付手段,其目的往往是解决合同一方周转资金短缺的困难。预付款不具有担保债的履行的作用,也不能证明合同的成立。收受预付款一方违约,只需返还所收款项,而无须双倍返还。

关于订金,根据我国现行法律的有关规定,其不具有定金的性质,交付订金的一方主张定金权利的,人民法院不予支持。一般情况下,交付订金的视作交付预付款。

定金与订金均广泛应用于各类合同之中,在商品房预订过程中的运用尤为普遍。关于商品房预订过程中收受订金的行为,建设部曾于2001年4月4日发布《商品房销售管理办法》,其中第二十二条规定,符合商品房销售条件,房地产开发企业在订立商品房买卖合同之前,向买受人收取预订款性质费用的,订立商品房买卖合同时,所收费用应当抵作房价款;当事人未能订立商品房买卖合同的,房地产开发企业应当向买受人返还所收费用;当事人之间另有约定的,从其约定。而在此之前,2001年2月,上海市房屋土地资源管理局发布了《关于规范房地产开发企业商品房预订行为的通知》,其中第三条和第四条规定,房地产开发企业收取订金的,订金数额应当在总房价的千分之五以内,双方在签订商品房预售合同或出售合同后,订金应即时返还或抵充房价。购房者在支付订金后,不购买预订房屋的,订金按预订协议约定的办法处理,但属以下情况的,房地产开发企业应当全额返还购房者支付的订金:①房地产开发企业未签订书面协议收取订金的;②签订的书面协议对订金的处理未作约定或约定不明确的;③双方对预售合同或出售合同条款存在分歧、不能协商一致的;④广告、售楼书、样品房与实际状况不相符的。

【例2-23】 赵男与钱女、孙男、李女为某大学同事,其中钱女和孙男为夫妻。某年3月,钱女和孙男找到李女,期望李女出面帮助他们向赵男借钱。四人相约见面,经协商后,赵男借给钱女和孙男5万元，还款日期为同年9月份，并由李女在借据上签名作担保。一个星期后，钱女和孙男又找到赵男，向他再借了3万元，并以一辆九成新的奥拓轿车作抵押。双方约定，次年3月全部借款还清。但拖至次年年底，赵男多次催要，钱女和孙男一直未予归还。于是赵男诉至法院，要求两人归还借款，并按银行同期贷款利率偿付逾期利息。据查，钱女和孙男确实无力还款。问：

1. 简述本案当事人之间所涉及的法律关系。

2. 李女对借款承担的保证是一般保证还是连带责任保证？其是否对两次借款都承担责任？

3. 赵男可以通过什么方式实现抵押权？哪种方式更为简便？

【例2-23】分析

4. 赵男的债权如何实现？

【例2-24：关于担保物权的清偿顺序案例1】

关于担保物权的清偿顺序，根据《民法典》第四百一十四条的规定，同一财产向两个以上债权人抵押的，拍卖、变卖抵押财产所得的价款依照下列规定清偿：①抵押权已经登记的，按照登记的时间先后确定清偿顺序；②抵押权已经登记的先于未登记的受偿；③抵押权未登记的，按照债权比例清偿。其他可以登记的担保物权，清偿顺序参照适用前款规定。《民法典》第四百一十五条规定，同一财产既设立抵押权又设立质权的，拍卖、变卖该财产所得的价款按照登记、交付的时间先后确定清偿顺序。另外，《民法典》第四百一十六条还规定，动产抵押担保的主债权是抵押物的价款，标的物交付后十日内办理抵押登记的，该抵押权人优先于抵押物买受人的其他担保物权人受偿，但是留置权人除外。

来看一个例子。

A厂向B厂借款150万元，将其一批机器设备质押给B。后A又向C银行借款200万元，经B同意后以同一批机器设备作抵押，并办理抵押登记。一个月后A又向D借款100万元，用该批机器设备向D提供抵押担保，但未办理登记。设备在B处因保管不善发生损坏，送去E处修理，修理完成后，B拒绝支付修理费用，E将该批设备留置。如此时三笔借款均已到期，且A无力偿还欠款，那么该批机器设备应按何顺序清偿呢？

【例2-24】分析

【例2-25：关于担保物权的清偿顺序案例2】

同升公司以一套价值100万元的设备作为抵押，向甲借款10万元，未办理抵押登记手续。同升公司又向乙借款80万元，以该套设备作为抵押，并办理了抵押登记手续。同升公司欠丙货款20万元，将该套设备出质给丙。丙不小心损坏了该套设备送丁修理，因欠丁5万元修理费，该套设备被丁留置。关于甲、乙、丙、丁对该设备享有的担保物权的清偿顺序，下列哪一排列是正确的？（　　　　）

【例2-25】分析

A. 甲、乙、丙、丁　　　　　　　　　　B. 乙、丙、丁、甲

C. 丙、丁、甲、乙　　　　　　　　　　D. 丁、乙、丙、甲

（本题为2011年司法考试卷三单选第7题）

第八节 违约责任

一、违约责任概述

违约责任就是违反合同的民事责任,是指合同当事人一方不履行合同义务或履行合同义务不符合合同约定所应承担的民事责任。合同的违约责任制度是保证当事人全面准确履行合同义务的重要措施,也是凭借法律的强制力保障合同效力的一种手段。

违约责任具有以下法律特征。

(1)违约责任的主体是合同当事人。合同具有相对性,违反合同的行为只能是合同当事人的行为。如果第三人的行为导致当事人一方违反合同,对于合同对方来说只能是违反合同的当事人实施了违约行为,第三人的行为不构成违约。

(2)违约责任是一种客观的违反合同的行为产生的责任。违约行为的认定以当事人的行为是否在客观上与约定的行为或者合同义务相符合为标准,而不管行为人的主观状态如何。

(3)违约行为侵害的客体是合同对方的债权。违约行为的发生,使债权人的债权无法实现,从而侵害了债权。

(4)违约责任具有补偿性和惩罚性(制裁性)的双重属性。违约责任的补偿性一般通过支付违约金、赔偿金和其他方式来实现,使受害人的实际损失得到全部补偿或部分补偿。同时在合同当事人有过错时,违约责任还体现了对责任人的惩罚性,如支付高于实际损失的违约金、定金罚则等。

二、归责原则

归责原则是指合同当事人违约时,确定其承担民事责任的根据和标准。

我国确定了严格责任原则与过错责任原则的双轨制归责原则,以严格责任原则为主,辅之以过错责任原则。

(一)严格责任原则

严格责任原则又称无过错责任原则,是指不论违约方主观上有无过错,只要其不履行或不完全履行合同的义务,就应当承担违约责任。

严格责任原则不以合同违约方的过错作为违约责任的构成要件,不适用过错推定责任。合同违约方发生违约行为,即使能举证自己没有过错,也不得免除责任。

严格责任原则以违约行为与违约后果之间的因果关系作为承担违约责任的要件,合同违约方自己能提出免除责任的抗辩,才能免除违约责任;不能提出免除责任的抗辩,就应当承担违约责任。我国对合同违约方的违约责任主要适用严格责任原则。

(二)过错责任原则

过错责任原则是指合同当事人一方违反合同的规定,不履行或者不完全履行合同义务时,以其主观上是否有过错作为确定是否承担责任的要件和确定责任大小的依据。根据过错责任原则确定合同违约方的责任,不仅要看当事人是否有违反合同的行为发生,而且还要审查当事人主观上是否有过错。如果合同当事人主观上没有过错,尽管发生违反合同行为,其仍可以不承担违约责任。根据过错责任原则,要求以合同违约方主观上有过错作为确定责任范围和损失赔偿范围的依据。我国对于缔约过失、无效合同、可撤销合同以及部分具体合同,适用过错责任原则。

三、承担违约责任的形式

(一)继续履行

继续履行是指合同当事人一方不履行合同义务或者履行合同义务不符合约定时,经另一方当事人的请求,法律强制其按照合同的约定继续履行合同的义务。继续履行作为违约责任的一种具体方式,须符合以下构成要件。

(1)合同的标的为非金钱债务。合同的非金钱债务标的一般都具有特定性和不可替代性,债务人不履行合同的义务,债权人就不能达到签订合同的目的,只有通过继续履行才能保证债权人的权利。继续履行是实际履行原则的要求和体现。

(2)当事人一方违约。继续履行作为承担违约责任的一种方式,必须以违约事实为前提。

(3)守约方在合理期限内请求。我国《民法典》规定,如果债权人在合理期限内仍未请求,那么当事人一方承担违约责任的方式将不适用继续履行。

(4)债务人的继续履行须为可能。债务的继续履行须为可能是指债务的履行有法律上的可能和事实上的可能。法律上或事实上不能履行的,或履行费用过高的,都不适用继续履行。

那么,在事实上无法继续履行或者履行费用过高,在守约方未主动要求解除合同的情况下,违约方有没有权利要求解除合同呢？2006年最高法院公报中有一个典型案例值得我们讨论,即新宇公司诉冯玉梅商铺买卖合同纠纷案(该案由南京玄武区法院审理),案情如下:1998年10月19日,新宇公司与冯玉梅签订商铺买卖合同,冯购买了新宇公司的一间商铺,但一直未办理房屋产权过户登记手续。后来因种种原因,整个商业圈两次停业,使购买商铺的小业主经营困难,部分小业主要求退房退款。新宇公司股东更换后,决定改变经营方式和方向,对时代广场重新布局,为此陆续与大部分小业主协商解除了商铺买卖合同,只剩下冯玉梅与另一小业主不同意回收。2003年3月,新宇公司拆除了冯所购商铺的玻璃幕墙及部分管线设施,6月再次致函,冯仍不同意解除合同,新宇公司不能继续施工,63万平方米建筑面临闲置风险。最终,新宇公司起诉冯玉梅,认为上述情形构成情势变更,请求判令解除被告与原告签订的商铺买卖合同,被告将所购商铺返还给原告,以便原告能够完成对时代广场的重新调整。原告除向被告退还购房款外,愿意给予合理的经济补偿。

被告答辩称,原告请求解除商铺买卖合同,没有法律依据,应当驳回诉讼请求。

南京市玄武区法院确认本案的争议焦点是:商铺买卖合同应当继续履行还是应当解除？如果解除,应当在什么条件下解除？

法院认为,合同有效,冯玉梅履行了付款义务。但在以分割商铺为标的物的买卖合同中,买方对商铺享有的权利,不能等同于独立商铺。为有利于物业整体功能的发挥,买方行使权利必须符合其他商铺业主的整体意见。冯玉梅要求继续履行合同,违背了广大业主的意愿,影响物业整体功能的发挥,并认为商铺经营条件变化,难以盈利,冯要求继续履行实非其本意。考虑到时代广场位于闹市区,其闲置,不仅使双方利益受损,还会造成社会财产的极大浪费,不利于社会经济发展。从平衡双方当事人目前利益受损状况及今后长远利益出发,依照公平和诚实守信原则,尽管当事人双方存在的商铺买卖合同关系合法有效,尽管冯玉梅在履行合同过程中没有任何违约行为,本案的商铺买卖合同也应当解除。新宇公司同意在合同解除后,除返还购房款、赔偿增值款外,再给予补偿款48万元,足以使守约方冯玉梅的现实既得利益不因合同解除而减少,应予确认。

2004年4月30日玄武区法院判决:①商铺买卖合同予以解除;②双方各自返还商铺和价款;③赔偿被告商铺增值款163516元;④赔偿给被告违约金及其他损失48万元等。受理费、评估费由新宇公司负担。

冯玉梅不服原判提起上诉,其称,一审已认定合同有效,在当事人未协商解除、不存在法定解除下,仅凭一方提出的履行合同会对其重新规划布局造成影响为由,判决解除合同,于法无据。一审为维护新宇公司的商业利益、公司利益,通过司法程序强制解除是错误的。另外,一审法院在没有当事人请求下判决退款、赔偿违法。因此,一审判决适用法律不当,请求撤销原判,改判继续履行,办理过户手续。

新宇公司答辩称,一审判决正确,本案诉争的房屋已被拆除,事实上无法继续履行合同。二审应当维持原判。

二审法院认为,双方争议的焦点是:①一审判决解除合同是否正确?②在权利人没有提出请求的情况下,一审在解除合同的判决中一并判决义务人给权利人赔偿是否符合程序?

二审认为,所签订商铺买卖合同合法有效。新宇公司在约定的期限内未办理产权过户手续已构成违约,又在合同未依法解除的情况下,将冯玉梅商铺的玻璃幕墙及部分管线、设施拆除,实属不当。《合同法》第一百零七条规定,当违约发生时,继续履行是令违约方承担责任的首选方式,但是当其也不能实现合同目的时,就不应将其作为承担责任的方式。《合同法》第一百一十条第二项规定,"履行费用过高"等,不适用继续履行。履行费用过高,可以根据履行成本是否超过各方所获利益来进行判断。当违约方继续履行所需的财力、物力超过合同双方基于合同履行所能获得的利益时,应该允许违约方解除合同,用赔偿损失来代替继续履行。

本案中,如果让新宇公司继续履行合同,则新宇公司必须以其63万平方米的建筑面积来为冯玉梅的22.5平方米的建筑面积提供服务,支付的履行费用过高;而在63万平方米已失去经商环境和氛围的建筑中经营22.5平方米的商铺,事实上也达不到冯玉梅要求继续履行合同的目的。

一审平衡双方利益,判决解除商铺买卖合同,符合法律规定,是正确的。冯玉梅关于继续履行合同的上诉理由不能成立。考虑到冯玉梅没有任何违约行为,一审在判决解除合同后,一并判决返还价款等,虽不是应冯玉梅要求,但有利于公平合理解决纠纷,也使当事人避免了诉累,并无不当。在二审中,新宇公司愿给冯玉梅增加20万元赔偿,应当允许。

2004年9月6日,二审法院判决维持一审判决的第一、二、三项,变更第四项,赔偿68万元等。二审诉讼费由新宇公司承担。

笔者认为,此案似乎符合情理,但在行使合同解除权的规定上具有负面影响。

本案新宇公司作为违约方,以情势变更为由,起诉守约方冯玉梅,向法院请求解除合同。

一审法院反而审查被诉方的反驳意见和理由,认为债权人行使权利——要求继续履行,受其他商铺业主整体意志的限制,不符合法理;而且,法院以判决形式强制解除合同。其判决既不合法,也不符合法律逻辑,而且使法院的司法权在实际运作中能动性过大,不仅可任意决定解除合同的条件,而且可以任意决定解除合同。

二审法院判决基本思路如一审法院,以《合同法》第一百一十条为依据,认为要求继续履行费用过高,可用其他责任方式替代履行。但该条的性质,不是合同解除的规范,更不是合同解除权行使之规范,而是违约责任或替代履行的规范。《民法典》第五百八十条的内容与之大体相同。而本案查明的事实,并不能涵盖于该条款下。理由是,合同解除并非违约责任形式。须知,本案是债务人诉债权人解除合同,不想继续履行债务,而且无事实和法律依据,本案是变更之诉,不是给付之诉! 二审法院判决的解释是,此举有利于公平合理地解决纠纷,也使当事人避免了诉累。这里如果单从法院解纷止争的司法功能上看,也许说得通,但从具体案件的裁判规则上说,事实上是超范围、超职权的裁判。

（二）实施补救措施

质量不符合约定的,应当按照当事人的约定承担违约责任。对违约责任没有约定或者约定不明确,依照《民法典》第五百一十条的规定仍不能确定的,受损害方根据标的的性质以及损失的大小,可以合理选择要求对方承担修理、更换、重作、退货、减少价款或者报酬等违约责任。《民法典》第五百八十三条规定,当事人一方不履行合同义务或者履行合同义务不符合约定的,在履行义务或者采取补救措施后,对方还有其他损失的,应当赔偿损失。

（三）赔偿损失

赔偿损失是指合同当事人一方不履行合同或者不适当履行合同给对方造成损失的,应依法或依照合同约定承担赔偿责任。它以金钱赔偿为原则,以实物赔偿为例外,是各国法律普通确认的一种承担违约责任的形式。按照法律规定承担赔偿责任,称为法定赔偿,依照合同约定承担赔偿责任,称为约定赔偿。

赔偿损失具有补偿性,赔偿损失主要为了弥补受害人因违约所遭受的损失,以实际发生的损害为赔偿标准。但在特殊情况下,赔偿损失也具有惩罚性,如《中华人民共和国消费者权益保护法》第四十九条规定的损害赔偿责任就具有惩罚性。《民法典》第五百八十四条规定,当事人一方不履行合同义务或者履行合同义务不符合约定,造成对方损失的,损失赔偿额应当相当于因违约所造成的损失,包括合同履行后可以获得的利益;但是,不得超过违约一方订立合同时预见到或者应当预见到的因违约可能造成的损失。

赔偿损失作为承担违约责任的形式,其适用必须符合一定的条件和要求,具体来讲,除违约行为外,还应包括损害事实和因果关系。

（1）损害事实。受害人遭受损失,是赔偿损失构成的必要条件。违约损害赔偿的损失,应限于财产损失,不包括非财产损害。

（2）因果关系。所谓因果关系,是指违约行为与损害后果之间的相互联系,这是赔偿损失归责的重要前提。

双方当事人可以约定损失赔偿额的计算方法。当事人未约定损失赔偿额的计算方法的,应依据上述《民法典》第五百八十四条确立的赔偿原则,即完全赔偿原则和应当预见规则。

完全赔偿原则是指应当赔偿的损失额应相当于所造成的损失,包括直接损失和间接损失。直接损失是指既得利益的减少,间接损失是指可得利益的损失。

应当预见规则,又称合理预见规则,是指违约方承担赔偿责任,不得超过其订立合同时预见到或者应当预见的因违反合同可能造成的损失。

此外,《民法典》合同编再次明确了减损规则的适用。下文将加以阐述。

【例 2-26】 某电器商场与某电视机厂签订了一份某新款电视机的购销合同。在签订合同之后,商场又与某展厅达成了一份展销会合同,计划在购进电视机的次月在展厅举办一个电器展销会。但电视机厂在交货时出了意外,致使电视机全部报废。由于没有足够的存货,电视机厂无法按约交货,致使商场无法履行展销会合同。

商场提出电视机厂承担以下赔偿责任:①返还货款及其利息;②赔偿销售此批彩电可预见的正常利润;③赔偿支付给展厅的违约金 3 万元;④赔偿原定展销会可获得的利润 10 万元。

试讨论上述几项索赔中的哪些可以获得法律支持。

(四)支付违约金

支付违约金是指一方当事人违反合同,依照约定或者法律规定向对方支付一定数额的金钱的责任形式。

违约金具有以下法律特征。

(1)预定性。无论是法定违约金还是约定违约金,都是预先确定的。这使得违约金对于合同的履行具有了担保职能,因为它事先向债务人指明了违约后所需承担的责任,有利于督促合同当事人履行合同。

(2)补偿性和特定情况下的惩罚性。我国违约金的性质主要是补偿性的,这是我国采用无过错责任原则所决定的。只有在违约金单纯为迟延履行而设定时,违约金与实际履行才可以并存,此时的违约金才具有惩罚性,如《民法典》第五百八十五条第三款规定,当事人就迟延履行约定违约金的,违约方支付违约金后,还应当履行债务。

当事人约定违约金的,约定的违约金低于造成的损失的,当事人可以请求人民法院或者仲裁机构予以增加;约定的违约金过分高于造成的损失的,当事人可以请求人民法院或者仲裁机构予以适当减少。

【例 2-27:违约金过高了怎么办?】

2003 年 3 月,李某与开发商签订一份商品房买卖合同,双方在合同中约定:"房屋总面积为 105 平方米,购房总款为 90 万元,交房时间为 2005 年 6 月 30 日,逾期交付,出卖人按日向买受人支付已交付房价款万分之五的违约金。"

同时还约定,开发商应在 2005 年 7 月 31 日前将符合使用条件的燃气管道设施交付购房人,如未在约定日期达到使用条件,双方同意按照上述逾期交房的约定承担违约责任。

由于种种原因,吴某于 2007 年 11 月才使用上管道燃气。于是,吴某于 2007 年 12 月提起诉讼,请求法院判令开发商按照逾期交房承担逾期供气的违约责任,赔付违约金 698685.53 元(约占购房总款 77.6%)。

事后查明,因开发商迟延交付燃气管道设施,致使李某额外支付了购买液化气钢瓶、燃气具的费用 410 元。

问:法院应如何处理?

最终判决：法院认为，燃气管道设施是商品房的附属设施，燃气供给的迟延付虽然会给吴某的生活带来一定影响，但是，这种影响与逾期交房、影响吴某对所购房屋的正常使用，以致造成根本性的违约是不同的，不能要求开发商完全按照迟延交房承担违约责任，该合同双方约定的违约金过分高于造成的实际损失。据此，法院判决开发商按照吴某实际的损失并上浮 30% 赔偿吴某逾期使用燃气的违约金，共计 1437.80 元。

（五）定金罚则

定金是一种债的担保形式，定金罚则是一种债不履行时的责任形式。前述合同的担保内容中，对定金的概念和定金罚则已经作了较为详细的介绍。

定金罚则作为一种违约责任形式，其适用不以实际发生的损害为前提，即无论一方的违约是否造成对方损失，都可能导致定金罚则的适用。因此，定金具有强烈的惩罚性。

定金和违约金不能并用。当事人既约定定金，又约定违约金的，一方违约时对方可以选择适用违约金或者定金。

【例 2-28】1997 年 1 月 21 日，某市百货公司与该市的家用食品机械厂签订了一份购销合同。合同规定，由家用食品机械厂售给百货公司微型绞肉机 1000 台，每台价格为 100 元，总价款为 10 万元，交货期为 6 月底以前。百货公司支付给家用食品机械厂定金 1 万元，并约定违约金为不能履约部分的 5%。合同签订后，至合同规定的交货期 6 月底，家用食品机械厂只交付了 500 台微型绞肉机。在百货公司的一再催促之下，一直拖到 7 月底，家用食品机械厂才将其余的 500 台交足。8 月份，百货公司在支付货款时，扣除了定金 2 万元，扣除违约金 5000 元，支付了 7.5 万元。问：

【例 2-28】分析

1. 百货公司的做法能否获得法律的支持？为什么？
2. 若家用食品机械厂一直没有交付剩余的 500 台，怎么处理？

四、违约责任的免除

免责事由是指免除合同的债务人承担违约责任的原因和理由，具体包括法定的免责事由和约定的免责事由。

法定的免责事由是法律规定的免除责任的事由，主要是指不可抗力和其他法定免责事由。约定的免责事由是指当事人通过合同约定的免除责任的事由，包括免责条款和当事人约定的不可抗力条款。

（一）不可抗力

《民法典》第一百八十条第二款对不可抗力的概念作出了规定：不可抗力是不能预见、不能避免且不能克服的客观情况。

不可抗力作为违约方的免责事由，应当发生在合同成立后至合同履行期限届满之前。不可抗力发生在合同当事人一方迟延履行合同期间，不能作为违约方的免责事由。因此，《民法典》第一百八十条第一款规定，因不可抗力不能履行民事义务的，不承担民事责任。法律另有规定的，依照其规定。当事人迟延履行后发生不可抗力的，不能免除责任。因为当事人一方迟延履行，已构成违约，应当承担违约责任。如果不可抗力的发生仅仅影响合同当事人不能全部履行合同或不能按时履行合同，则根据不可抗力的实际影响，部分地相应免除合同违约方的违约责任。

《民法典》第五百九十条规定,当事人一方因不可抗力不能履行合同的,根据不可抗力的影响,部分或者全部免除责任,但是法律另有规定的除外。因不可抗力不能履行合同的,应当及时通知对方,以减轻可能给对方造成的损失,并应当在合理期限内提供证明。

当事人迟延履行后发生不可抗力的,不免除其违约责任。

【例 2-29】

原告:香港某贸易公司(买方)

被告:上海某集团公司(卖方)

原、被告于 1999 年 9 月 4 日签订了一份购买对虾的合同,总金额为 15 万美元,价格条件为 FOB(离岸价)上海,不可撤销信用证支付。

2001 年 1 月 17 日,原告起诉称:"合同履行中,我公司按合同如期开出了不可撤销信用证,但被告在合同规定的期限内未能交货。与此同时,被告提出提高价格的要求,我公司未予同意。此后,我公司要求被告依合同约定支付违约金,被告不加理睬。被告在无货供应的情况下,一再拖延,未能及时把无货情况及其原因通知我方,给我方造成了经济损失。被告的行为已经构成违约。请求法院判令被告赔偿损失 7.5 万美元。"

被告答辩称:"我公司确与香港公司订立上述合同。但在合同履行中,因我公司的货源是辽宁省辽粤公司的,1999 年秋季,产地受洪水、气候影响,对虾大幅度减产,地方政府下达了严格控制对虾出口的通知。因此,辽粤公司无法向我公司供货,致使未能如期交货,确系遇到了'无法预见和防止的客观情况',为不可抗力的影响,并非我公司的故意和过失。"

【例 2-29】分析

问:被告提出的抗辩理由是否成立?为什么?

【例 2-30】 2000 年 10 月 12 日,广西甲公司与香港乙公司签订了一购销合同,由甲公司向乙公司提供火鸡一批,交货地点在深圳某码头,交货时间为 11 月 29 日。合同签订后,甲公司于 11 月 30 日委托广西某运输公司将货物运往深圳。在运输途中,因某公路段出现泥石流,被迫耽误了两天。货物至 12 月 3 日才运到深圳,但已延误了预定去美国的班轮。由于双方均知晓该火鸡是用于圣诞节前销售的,若等下一个航班则不可能将货物在圣诞节前运到。为此,乙公司要求解除合同,并要求甲公司赔偿损失。问:

【例 2-30】分析

1. 甲公司是否构成违约?为什么?

2. 甲公司可否因泥石流而免责?为什么?

3. 乙公司解除合同的要求能否成立?为什么?

五、减损规则

所谓减损规则,就是《民法典》第五百九十一条规定的防止损失扩大规则。《民法典》第五百九十一条规定,当事人一方违约后,对方应当采取适当措施防止损失的扩大;没有采取适当措施致使损失扩大的,不得就扩大的损失要求赔偿。当事人因防止损失扩大而支出的合理费用,由违约方承担。

这个规则不但要求受损方采取措施防止损失扩大,而且要求受损方为防止损失扩大而采取的措施合理,减损措施应当是受损方根据当时的情况可以做到的,且成本不能过高。否则,应当根据减损规则,从受损方主张的可得利益损失中减去不应当扩大的损失。

适用减损规则,须具备以下条件。

第一,一方违反合同。一方违反合同,是指违反合同是因一方当事人的原因发生的,另一方受损方的行为并非是促成违反合同发生的原因。若受损方的行为也为造成违反合同的原因,则应适用过失相抵规则,而不适用减损规则。

第二,受损方应及时采取措施。受损方应及时采取措施,是指受损方有及时采取措施的义务,如无采取措施的义务则不必采取措施。受损方有无采取措施的义务应视法律规定、交易观念和社会公德的要求而定。例如,一方交付不合格的货物,另一方以货物不合格为由拒收的,应对拒收的货物妥善保管。

第三,受损方能够及时采取措施。受损方能够及时采取措施而没有采取,即受损方在未及时采取措施上是有过错的。若受损方虽应当及时采取措施但在客观上不能及时采取措施,则受损方在未及时采取措施上是无过错的。在这种情况下,不能适用减损规则。

第四,扩大的损失与受损方未及时采取措施之间有因果关系。若"扩大的损失"不是因受损方未及时采取措施造成的,则不能视为扩大的损失,不能适用减损规则。

《民法典》第五百八十四条中"损失赔偿额应当相当于因违约所造成的损失"确立了对违约损害的完全赔偿原则,"因违约所造成的损失"既包括积极损失又包括可得利益损失。

积极损失是指违约造成的现有财产的减损灭失和费用支出,一般包括:因为违约而得不到补偿的订约费用支出;一方对另一方作出履行后未获得的对价;因标的物交付瑕疵而要承担的全部损失;因履行迟延造成的利息损失和其他财产损失;等等。积极损失的赔偿的目的是让受损方的财产达到合同订立以前的状态。

可得利益损失是指受损方在合同适当履行以后可以实现和取得的财产利益因违约方的违约行为而没能实现和取得的损失。与积极损失相比,可得利益损失是一种未来的、期待的利益损失。

最高人民法院印发的《〈关于当前形势下审理民商事合同纠纷案件若干问题的指导意见〉的通知》(法发〔2009〕40号)规定,根据交易的性质、合同的目的等因素,可得利益损失主要分为生产利润损失、经营利润损失和转售利润损失等类型。

生产利润损失主要与生产设备和原材料等买卖合同相关。例如,棉花供应商没有把棉花及时提供给生产加工企业,造成生产的延误,其纯利润损失就是生产利润损失,如果受损方加工企业的财务制度比较规范,那么其根据违约方棉花供应商的违约时间和利润的比率计算出来的纯利润损失数额就是可得利益损失。

经营利润损失主要产生于承包经营、租赁经营合同以及提供服务或劳务的合同中。例如甲有一库房出租给了乙,乙用来经营,甲、乙签了三年合同,但在合同履行了两年后,甲违约收回了库房,那么乙根据前两年经营的年平均纯利润完全可计算出第三年的经营利润损失额,据此可向甲主张可得利益损失。

转售利润损失主要发生于先后系列买卖合同中,也就是我们通常所说的倒买倒卖合同中。例如一家商贸公司从上家批发购货零卖给下家,这中间肯定有一个价差,这个价差减去一些成本支出就是可得利益损失中的转售利润损失。

《〈关于当前形势下审理民商事合同纠纷案件若干问题的指导意见〉的通知》规定,人民法院在计算和认定可得利益损失时,应当综合运用可预见规则、减损规则、损益相抵规则以及过失相抵规则等,从非违约方主张的可得利益赔偿总额中扣除违约方不可预见的损失、非违约方不当扩大的损失、非违约方因违约获得的利益、非违约方亦有过失所造成的损失以及必要的交易成本。

因此,《民法典》和最高人民法院的通知确立了可得利益损失认定的以下规则:可预见规则、减损规则、损益相抵规则以及过失相抵规则等。

【例2-31】 一个棉花加工厂与一个棉花供应商之间签订了棉花买卖合同,在合同文本上,双方都盖了章,棉花加工厂也依约支付了价款。

但是,随后,棉花价格出现了大涨行情。棉花供应商因棉花涨价而违约,没有履行合同。

问:本案中棉花加工厂的生产利润损失是否符合《民法典》第五百八十四条中的可得利益损失?

【例2-31】分析

【例2-32】 原告为杭州市萧山区某大型养鱼场,被告为杭州市江干区一副食品批发公司,双方于2015年3月19日签订了一份购买活鱼的合同。合同规定,原告提供鲫鱼2000千克,每千克10元,罗非鱼1000千克,每千克13元,被告于4月11日前去养鱼场提货。

养鱼场为保证按期供货,且便于食品批发公司提货,将鱼集中放置于临近河流的一个水池中。4月11日,到了合同规定的提货期,养鱼场催促被告提货,并提出也可以由养鱼场送货,但费用要被告承担。被告提出因其库存的鲜鱼尚未售完,暂时不能取货。

至5月10日,被告一直没有来提货。5月中旬,连续下了几场暴雨,养鱼场池中的水涨满并溢出,鱼纷纷蹦进附近的河流。养鱼场觉得被告食品批发公司违约,导致为其存放的鱼蹦进河流中,损失2000千克鱼,价值3万余元,这些损失应由被告承担。

被告也理直气壮:提货时间虽延迟几天,但双方事先并没有约定迟延履行的责任,所以不承担责任。而且,若原告不把鱼放进靠近河流的池中,且若在下暴雨时加网盖或者适当排水,鱼也不会蹦进河中。原告完全有能力这样做,但事实上,原告采取了一种放任的、听之任之的态度。

原告提出异议:合同中明确约定由被告提货,原告早已经做好了交货准备,且提出愿意送货,何况下暴雨是在合同规定的交货期过了之后发生的。若被告按约提货或者同意原告送货,就不会发生这样的损失。

【例2-32】分析

问:本案中鱼的损失应由哪一方承担?

(本案例由杭州市江干区人民法院提供)

六、违约责任与侵权责任的竞合

违约责任与侵权责任的竞合是指当事人的一个行为,既是违约行为,又是侵权行为,同一个行为有两种性质。根据其违约行为的性质应当承担违约责任,根据其侵权行为的性质应当承担侵权责任。违约责任与侵权责任竞合的处理,依据《民法典》第一百八十六条的规定,因当事人一方的违约行为,损害对方人身权益、财产权益的,受损害方有权选择请求其承担违约责任或者侵权责任。

第九节 《民法典》合同编中几种常见的合同

《民法典》合同编分则中总共介绍了19种有名合同,本节将简要介绍其中的9种,分别是买卖合同、赠与合同、借款合同、租赁合同、融资租赁合同、承揽合同、建设工程合同、运输合同和技术合同。

一、买卖合同

(一)买卖合同概述

买卖是商品交换最普遍的形式,买卖合同是出卖人转移标的物的所有权于买受人,买受人支付价款的合同。买卖合同是双务、有偿的有名合同,除法律另有规定的以外,一般为诺成合同、非要式合同。

买卖合同是最基本、最典型的有偿合同,法律对其规定得最为详细。故根据《民法典》第六百四十六条、第六百四十七条的规定,法律对其他有偿合同有规定的,依照其规定;没有规定的,参照适用买卖合同的有关规定。此外,当事人约定易货交易,转移标的物的所有权的,参照适用买卖合同的有关规定。

买卖合同具有以下特点。

(1)买卖合同是有偿合同。买卖合同的实质是以等价有偿方式转让标的物的所有权,即出卖人移转标的物的所有权于买方,买方向出卖人支付价款。这是买卖合同的基本特征,使其与赠与合同相区别,签订买卖合同是有偿民事法律行为。

(2)买卖合同是双务合同。在买卖合同中,买方和卖方都享有一定的权利,承担一定的义务。而且,其权利和义务存在对应关系,即买方的权利就是卖方的义务,买方的义务就是卖方的权利,签订买卖合同是双务民事法律行为。

(3)买卖合同是诺成合同。买卖合同自双方当事人意思表示一致时起成立,不以一方交付标的物为合同的成立要件,当事人交付标的物属于履行合同。

(4)买卖合同一般是非要式合同。通常情况下,买卖合同的成立、有效并不需要具备一定的形式,但法律另有规定的除外。

(5)签订买卖合同是双方民事法律行为。

(二)标的物与双方当事人的权利义务

在买卖合同中,当事人的权利义务主要是围绕标的物发生的,故《民法典》合同编针对标的物就当事人的权利义务作了详尽规定。

买卖合同的标的物是指卖方所出卖的货物。买卖合同广义上的标的物不仅指物,而且包括其他财产权利,如债权、知识产权、永佃权等。我国《合同法》所规定的标的物采取狭义标准,指实物,不包括权利。买卖合同的标的物是指能满足人们实际生活需要,能为人力独立支配的财产。除法律予以禁止或限制的外,任何标的物,无论是动产或不动产,种类物还是特定物,消费物还是非消费物,均可作为买卖合同的标的物。

1.标的物所有权的转移

出卖人应当履行向买受人交付标的物或者交付提取标的物的单证并转移标的物的所有

权的义务,同时出卖人还应当按照约定或者交易习惯向买受人交付提取标的物单证以外的有关单证和资料。所以,买卖合同中出卖的标的物,在合同履行时应当是属于出卖人所有或者出卖人有权处分的物。实践中,在订立合同时,标的物可能尚不属于出卖人所有或者出卖人尚无权处分,甚至可能是尚不存在的物,但在交付标的物时,标的物必须是属于出卖人所有或者出卖人有权处分的物。法律、行政法规禁止或者限制转让的标的物,不得随便转让,应依照有关规定执行。

标的物的所有权自标的物交付时起转移,但法律另有规定或者当事人另有约定的除外。当事人可以在买卖合同中约定买受人未履行支付价款或者其他义务的,标的物的所有权属于出卖人,即订立所有权保留条款。这样在买受人不履行支付价款或者其他义务时,出卖人可以依据其所有权直接追索标的物,避免承担因标的物的所有权已经转移而钱货两空的风险。

出卖具有知识产权的计算机软件等标的物的,除法律另有规定或者当事人另有约定的以外,该标的物的知识产权不属于买受人。

2.标的物的交付

出卖人应当按照约定的期限交付标的物。当事人约定交付期限的,出卖人可以在该交付期间内的任何时间交付。当事人没有约定标的物的交付期限或者约定不明确的,依照法律规定执行。标的物在订立合同之前已为买受人占有的,合同生效的时间为交付时间。

出卖人应当按照约定的地点交付标的物,当事人没有约定交付地点或者约定不明确,依照《民法典》合同编有关规定仍不能确定的,适用下列规定:

(1)标的物需要运输的,出卖人应当将标的物交付给第一承运人以运交给买受人。

(2)标的物不需要运输,出卖人和买受人订立合同时知道标的物在某一地点的,出卖人应当在该地点交付标的物;不知道标的物在某一地点的,应当在出卖人订立合同时的营业地交付标的物。

标的物在交付之前产生的孳息,归出卖人所有,交付之后产生的孳息,归买受人所有。

3.标的物的风险承担

标的物的风险承担是一个非常重要的问题。根据《民法典》第六百零四条的规定,标的物毁损、灭失的风险,在标的物交付之前由出卖人承担,交付之后由买受人承担。应特别注意的是,标的物的所有权是否已经转移,不是确定风险转移的标准。但对上述原则,法律另有规定或者当事人另有约定的除外。

因买受人的原因致使标的物不能按照约定的期限交付的,买受人应当自违反约定之日起承担标的物毁损、灭失的风险。

出卖人出卖交由承运人运输的在途标的物,除当事人另有约定的以外,毁损、灭失的风险自合同成立时起由买受人承担。

当事人没有约定交付地点或者约定不明确,标的物需要运输的,出卖人将标的物交付给第一承运人后,标的物毁损、灭失的风险由买受人承担。

出卖人按照约定或者依照《民法典》有关规定将标的物置于交付地点,买受人违反约定没有收取的,标的物毁损、灭失的风险自违反约定之日起由买受人承担。

出卖人未按照约定交付有关标的物的单证和资料的,不影响标的物毁损、灭失风险的转移。

因标的物质量不符合质量要求,致使不能实现合同目的,买受人可以拒绝接受标的物或者解除合同的,标的物毁损、灭失的风险由出卖人承担。

标的物毁损、灭失的风险由买受人承担的,不影响因出卖人履行债务不符合约定,买受人要求其承担违约责任的权利。

另外,《民法典》第六百三十条规定,标的物在交付之前产生的孳息,归出卖人所有,交付之后产生的孳息,归买受人所有。

4. 出卖人的权利保证义务

出卖人就交付的标的物负有权利保证义务,如保证标的物非他人所有或与他人共有,未设有抵押权、租赁权,未侵犯他人的知识产权等。为此,《民法典》规定,出卖人就交付的标的物,负有保证第三人对该标的物不享有任何权利的义务,但是法律另有规定的除外。买受人订立合同时知道或者应当知道第三人对买卖的标的物享有权利的,出卖人不承担前条规定的义务。买受人有确切证据证明第三人对标的物享有权利的,可以中止支付相应的价款,但是出卖人提供适当担保的除外。

5. 标的物的质量与检验

标的物出卖人应当按照约定的质量要求交付标的物。出卖人提供有关标的物质量说明的,交付的标的物应当符合该说明的质量要求。

出卖人对标的物的质量负有瑕疵担保义务。当事人对标的物的质量要求没有约定或者约定不明确,又不能通过协议补充,不能按合同有关条款或者交易习惯确定的,按照国家标准、行业标准履行;没有国家标准、行业标准的,按照通常标准或者符合合同目的的标准履行。

出卖人交付的标的物不符合质量要求的,买受人可以依法要求其承担违约责任。

出卖人应当按照约定的包装方式交付标的物。对包装交付没有约定或者约定不明确,依照《民法典》有关规定仍不能确定的,应当按照通用的方式包装。没有通用方式的,应当采取足以保护标的物的包装方式。

关于标的物的检验期,《民法典》规定买受人收到标的物时应当在约定的检验期限内检验。没有约定检验期限的,应当及时检验。当事人约定检验期限的,买受人应当在检验期限内将标的物的数量或者质量不符合约定的情形通知出卖人。买受人怠于通知的,视为标的物的数量或者质量符合约定。

当事人没有约定检验期限的,买受人应当在发现或者应当发现标的物的数量或者质量不符合约定的合理期限内通知出卖人。买受人在合理期限内未通知或者自收到标的物之日起二年内未通知出卖人的,视为标的物的数量或者质量符合约定;但是,对标的物有质量保证期的,适用质量保证期,不适用该二年的规定。

出卖人知道或者应当知道提供的标的物不符合约定的,买受人不受前两款规定的通知时间的限制。

当事人约定的检验期限过短,根据标的物的性质和交易习惯,买受人在检验期限内难以完成全面检验的,该期限仅视为买受人对标的物的外观瑕疵提出异议的期限。约定的检验期限或者质量保证期短于法律、行政法规规定期限的,应当以法律、行政法规规定的期限为准。

当事人对检验期限未作约定,买受人签收的送货单、确认单等载明标的物数量、型号、规格的,推定买受人已经对数量和外观瑕疵进行检验,但是有相关证据足以推翻的除外。

出卖人依照买受人的指示向第三人交付标的物,出卖人和买受人约定的检验标准与买受人和第三人约定的检验标准不一致的,以出卖人和买受人约定的检验标准为准。

6.价款支付

买受人应当按照约定的数额支付价款。对价款没有约定或者约定不明确的,适用《民法典》的有关规定确定。

买受人应当按约定的地点支付价款。对支付地点没有约定或者约定不明确,依照《民法典》有关规定仍不能确定的,买受人应当在出卖人的营业地支付,但约定支付价款以交付标的物或者交付提取标的物单证为条件的,在交付标的物或者交付提取标的物单证的所在地支付。

买受人应当按照约定的时间支付价款。对支付时间没有约定或者约定不明确,依照《民法典》有关规定仍不能确定的,买受人应当在收到标的物或者提取标的物单证的同时支付。

出卖人多交标的物的,买受人可以接收或拒绝接收多交的部分。买受人接收多交部分的,按照合同的价格交付价款;买受人拒绝接收多交部分的,应当及时通知出卖人。

7.合同解除的效力

因标的物的主物不符合约定而解除合同的,解除合同的效力及于从物。标的物的从物因不符合约定被解除的,解除的效力不及于主物,即从物有瑕疵的,买受人仅可解除与从物有关的合同部分。

标的物为数物,其中一物不符合约定的,买受人可以就该物解除合同,但该物与他物分离使标的物的价值显受损害的,当事人可以就数物解除合同。

出卖人不交付其中一批标的物或者交付不符合约定,致使今后其他各批标的物的交付不能实现合同目的的,买受人可以就该批及今后其他各批的物解除合同。

买受人如果就其中一批标的物解除合同,该批标的物与其他各批标的物相互依存的,可以就已经交付和未交付的各批标的物解除合同。

(三)特殊买卖合同

《民法典》合同编对特殊买卖合同作了一些专门规定。

分期付款的买受人未支付到期价款的金额达到全部价款的五分之一的,出卖人可以要求买受人支付全部价款或者解除合同。出卖人解除合同的,可以向买受人要求支付该标的物的使用费(第六百三十四条)。

凭样品买卖的当事人应当封存样品,并可以对样品质量予以说明。出卖人交付的标的物应当与样品及其说明的质量相同(第六百三十五条)。凭样品买卖的买受人不知道样品有隐蔽瑕疵的,即使交付的标的物与样品相同,出卖人交付的标的物的质量仍然应当符合同种物的通常标准(第六百三十六条)。这是因为样品有隐蔽瑕疵,是买受人设定样品所不知道的。样品作为质量标准的设定违背了当事人的真实意思表示,故对标的物的质量要求不再具有效力。

试用买卖的当事人可以约定标的物的试用期限。对试用期限没有约定或者约定不明确,依照《民法典》第五百一十条的规定仍不能确定的,由出卖人确定(第六百三十七条)。试用买卖的买受人在试用期内可以购买标的物,也可以拒绝购买。试用期限届满,买受人对是否购买标的物未作表示的,视为购买(第六百三十八条)。此外,试用买卖的买受人在试用期内已经支付部分价款或者对标的物实施出卖、出租、设立担保物权等行为的,视为同意购买。

招标投标买卖的当事人的权利和义务以及招标投标程序等,依照有关法律、行政法规的规定。

【例2-33：一个关于买卖合同的经典案例】

甲与乙订立了一份卖牛合同,合同约定甲向乙交付5头牛,分别为牛1、牛2、牛3、牛4、牛5,总价款为1万元;乙向甲交付定金3000元,余下款项由乙在半年内付清。双方还约定,在乙向甲付清价款之前,甲保留该5头牛的所有权。合同签订之后,甲向乙交付了该5头牛。试回答:

1.假设在价款付清之前,牛1被雷电击死,该损失由谁承担？为什么？

2.假设在价款付清之前,牛2生下一头小牛,该小牛由谁享有所有权？为什么？

3.假设在价款付清之前,牛3踢伤丙,丙花去医药费和误工费共计1000元,该费用应由谁承担？为什么？

4.假设在价款付清之前,乙与丁达成一项转让牛4的合同,在乙向丁交付牛4之前,该合同的效力如何？为什么？

5.假设在价款付清之前,丁不知甲保留此牛的所有权,乙与丁达成一项转让牛4的合同,作价2000元且将牛4交付丁。丁能否据此取得该牛的所有权？为什么？

【例2-33】分析

6.假设在价款付清之前,乙将牛5租与戊,租期为3个月,租金为200元。该租赁协议是否有效？租金应如何处理？

二、赠与合同

《民法典》第六百五十七条规定了赠与合同的定义,所谓赠与合同,是赠与人将自己的财产无偿给予受赠人,受赠人表示接受赠与的合同。

赠与的财产不限于所有权的转移,如抵押权、地役权的设定,均可作为赠与的标的。

赠与合同具有以下特征。

1.赠与是双方行为

赠与合同须当事人双方意思表示一致才能成立,如果赠与人有赠与的表示,但受赠人并没有接受的意思,则合同仍不能成立,故赠与与馈赠这种单方行为不同。

2.有的赠与合同既是诺成合同又是实践合同

《民法典》第六百五十八条规定,赠与人在赠与财产的权利转移之前可以撤销赠与。经过公证的赠与合同或者依法不得撤销的具有救灾、扶贫、助残等公益、道德义务性质的赠与合同,不适用前款规定。因此,一般赠与合同是实践合同,而具有救灾、扶贫等社会公益、道德义务性质或采用书面形式订立的赠与合同,是诺成合同。

3.赠与是单务的无偿行为

除合同中双方约定附条件的义务外,原则上受赠人并不因赠与合同而承担义务,受赠人取得赠与标的物不需付出任何代价。因此,赠与合同既是无偿合同,也是单务合同。

【例2-34：赠与能不能撤销？】

张晓春承诺资助一对经济拮据的母子,并随之与该母子签订了无偿资助协议。一年后,张晓春经营个人资产不善,陷入严重亏损中。

【例2-34】分析

问：张晓春可以不再履行该赠与合同吗？

（见《民法典》第六百六十六条的规定）

【例 2-35：赠与物出现瑕疵怎么办？】

许艳用王谦赠送的照相机拍摄，因相机质量问题，冲洗的相片模糊不清，致使一些珍贵的、精彩的瞬间无法被保存下来。

许艳要求王谦赔偿损失，该请求是否合法？

（参见《民法典》第六百六十二条的规定）

【例 2-35】分析

《民法典》第六百五十八条规定，赠与人在赠与财产的权利转移之前可以撤销赠与。经过公证的赠与合同或者依法不得撤销的具有救灾、扶贫、助残等公益、道德义务性质的赠与合同，不适用前款规定。

赠与的财产依法需要办理登记等手续的，应当办理有关手续。

具有救灾、扶贫等社会公益、道德义务性质的赠与合同或者经过公证的赠与合同，赠与人不交付赠与的财产的，受赠人可以要求交付。

因赠与人故意或者重大过失致使赠与的财产毁损、灭失的，赠与人应当承担损害赔偿责任。

赠与可以附义务。赠与附义务的，受赠人应当按照约定履行义务。

《民法典》第六百六十二条规定，赠与的财产有瑕疵的，赠与人不承担责任。附义务的赠与，赠与的财产有瑕疵的，赠与人在附义务的限度内承担与出卖人相同的责任。

赠与人故意不告知瑕疵或者保证无瑕疵，造成受赠人损失的，应当承担损害赔偿责任。

《民法典》第六百六十三条规定，受赠人有下列情形之一的，赠与人可以撤销赠与：

（1）严重侵害赠与人或者赠与人的近亲属；

（2）对赠与人有扶养义务而不履行；

（3）不履行赠与合同约定的义务。

赠与人的撤销权，自知道或者应当知道撤销原因之日起一年内行使。

因受赠人的违法行为致使赠与人死亡或者丧失民事行为能力的，赠与人的继承人或者法定代理人可以撤销赠与。

赠与人的继承人或者法定代理人的撤销权，自知道或者应当知道撤销原因之日起六个月内行使。

撤销权人撤销赠与的，可以向受赠人要求返还赠与的财产。

《民法典》第六百六十六条规定，赠与人的经济状况显著恶化，严重影响其生产经营或者家庭生活的，可以不再履行赠与义务。

【例 2-36】

原告：朱某

被告：某市红十字会

原告朱某为某公司法定代表人，某年 10 月其因公事出差，期间公司业务由公司副总裁黄某全权代理，并经公司正式发文公告。

10 月 15 日，被告某市红十字会邀请该公司派员参加一个慈善晚会。晚会上黄某在现场气氛的感染下，拍板表示，该公司捐款 10 万元实物用于社会公益事业。10 月 25 日，被告从原告仓库中提取棉被 1000 条，价值共计 9.8 万元。11 月下旬，朱某出差回来，得知此事后大为不满,遂派秘书书面通知被告,要求撤销赠与,并返还捐赠的棉被,原因是黄某并非公司法定代表人,其行为不能代表公司。被告红十字会则认为,黄某在代行公司法定代表人权利期间以公司名义进行的活动是公司行为,不能撤销赠与。问:

1. 原告能否要求撤销赠与?

2. 若原告捐赠的棉被质量不合格,是否应承担瑕疵担保责任?

【例 2-36】分析

【例 2-37】老张因房屋拆迁分到两套两居室的住宅,老张夫妇住一套,由于女儿小丽的工作单位可以给职工报销房屋取暖费,老张遂将另一套房子过户到小丽的名下,以便报销取暖费。由于小丽自己有居住房,故双方约定,该房过户后用于出租,租金归属于老张。

2015 年 1 月老伴去世,老张没有任何生活来源,他想要回那套房子。但小丽不同意将房子归还给其父亲老张,而且也不按约定将房屋租金给老张,甚至不支付给老张任何赡养费。

【例 2-37】分析

问:老张可以要回那套房屋吗?

三、借款合同

(一)借款合同概述

借款合同是借款人向贷款人借款,到期返还借款并支付利息的合同。借款合同是双务合同,法律对借款人没有限制,但对贷款人有一定的限制。除法律规定的情形外,企业之间不得随意互相拆借资金①,因为放贷是一种金融活动,只能由法律规定的金融机构从事,故企业之间的借款合同须符合规定。

借款合同采用书面形式,但自然人之间借款另有约定的除外。

借款合同的内容包括借款种类、币种、用途、数额、利率、期限和还款方式等条款。

订立借款合同,贷款人可以要求借款人提供担保。

订立借款合同,借款人应当按照贷款人的要求提供与借款有关的业务活动和财务状况的真实情况。

特别要注意,根据《民法典》第六百七十条的规定,借款的利息不得预先在本金中扣除。利息预先在本金中扣除的,应当按照实际借款数额返还借款并计算利息。办理贷款业务的金融机构贷款的利率,应当按照中国人民银行规定的贷款利率的上下限确定。根据《民法典》第六百七十九条的规定,自然人之间的借款合同,自贷款人提供借款时成立。第六百八十条规定,禁止高利放贷,借款的利率不得违反国家有关规定。借款合同对支付利息没有约定的,视为没有利息。借款合同对支付利息约定不明确,当事人不能达成补充协议的,按照当地或者当事人的交易方式、交易习惯、市场利率等因素确定利息;自然人之间借款的,视为没有利息。

(二)当事人的权利义务

贷款人未按照约定的日期、数额提供借款,造成借款人损失的,应当赔偿损失。借款人

---

① 根据最高人民法院《关于审理民间借贷案件适用法律若干问题的规定》第十一条的规定,法人之间、其他组织之间以及它们相互之间为生产、经营需要订立的民间借贷合同,除法律规定的情形外,当事人主张民间借贷合同有效的,人民法院应予支持。

未按照约定的日期、数额收取借款的,应当按照约定的日期、数额支付利息。

贷款人按照约定可以检查、监督借款的使用情况。借款人应当按照约定向贷款人定期提供有关财务会计报表等资料。

借款人未按照约定的借款用途使用借款的,贷款人可以停止发放借款、提前收回借款或者解除合同。

此外,《民法典》第六百七十四条规定,借款人应当按照约定的期限支付利息。对支付利息的期限没有约定或者约定不明确,依照《民法典》第五百一十条的规定仍不能确定,借款期间不满一年的,应当在返还借款时一并支付;借款期间一年以上的,应当在每届满一年时支付,剩余期间不满一年的,应当在返还借款时一并支付。

《民法典》第六百七十五条规定,借款人应当按照约定的期限返还借款。对借款期限没有约定或者约定不明确,依据《民法典》第五百一十条的规定仍不能确定的,借款人可以随时返还;贷款人可以催告借款人在合理期限内返还。

【例 2-38】 张某与李某签订了一份借款合同,合同约定由张某向李某提供 5 万元借款。双方对还款日期没有作出约定。另外,双方约定的利息为同期银行存款利息的 3 倍,但若同期银行利息有变化致使年利息低于 6%,则按 6% 计算。在签订合同后,李某在交付借款时,先行扣除了一年的利息,交付张某 4.7 万元。问:

【例 2-38】分析

1. 借款合同中未明确约定还款期限的,如何确定还款期限?

2. 对李某交付借款时在本金中预先扣除利息的行为如何认定?

3. 若双方未约定利息条款,如何处理?

四、租赁合同

(一)租赁合同概述

租赁合同是出租人将租赁物交付承租人使用、收益,承租人支付租金的合同。租赁合同为诺成合同,自双方意思表示一致时成立。租赁合同转让的是租赁物的使用权,故租赁物应为特定的非消耗物。

租赁合同的内容包括租赁物的名称、数量、用途、租赁期限、租金及其支付期限和方式、租赁物维修等条款。

租赁属临时性使用合同,故对合同的最长期限应有所限制。《民法典》第七百零五条规定,租赁期限不得超过二十年。超过二十年的,超过部分无效。租赁期间届满,当事人可以续订租赁合同,但约定的租赁期限自续订之日起不得超过二十年。第七百零七条规定,租赁期限在六个月以上的,应当采用书面的形式。当事人未采用书面形式,无法确定租赁期限的,视为不定期租赁。

(二)当事人的权利义务

出租人应当按照约定将租赁物交付承租人,并在租赁期间保持租赁物符合约定的用途。承租人应当按照约定的方法使用租赁物。对租赁物的使用方法没有约定或者约定不明确,依照《民法典》有关规定仍不能确定的,应当按照租赁物的性质使用。

承租人按照约定的方法或者租赁物的性质使用租赁物,致使租赁物受到损耗的,不承担损害赔偿责任;承租人未按照约定的方法或者租赁物的性质使用租赁物,致使租赁物受到损失的,出租人可以解除合同并要求赔偿损失。

出租人应当履行租赁物的维修义务,但当事人另有约定的除外。承租人在租赁物需要维修时可以要求出租人在合理期限内维修。出租人未履行维修义务的,承租人才可以自行维修,维修费用由出租人负担。因维修租赁物影响承租人使用的,应当相应减少租金或者延长租期。

承租人应当妥善保管租赁物,因保管不善造成租赁物毁损、灭失的,应当承担损害赔偿责任。

《民法典》第七百一十五条规定,承租人经出租人同意,可以对租赁物进行改善或者增设他物。承租人未经出租人同意,对租赁物进行改善或者增设他物的,出租人可以要求承租人恢复原状或者赔偿损失。

关于转租问题,《民法典》第七百一十六条规定,承租人经出租人同意,可以将租赁物转租给第三人。承担人转租的,承租人与出租人之间的租赁合同继续有效;第三人造成租赁物损失的,承租人应当赔偿损失。承租人未经出租人同意转租的,出租人可以解除合同。第七百一十七条规定,承租人经出租人同意将租赁物转租给第三人,转租期限超过承租人剩余租赁期限的,超过部分的约定对出租人不具有法律约束力,但是出租人与承租人另有约定的除外。第七百一十八条规定,出租人知道或者应当知道承租人转租,但是在六个月内未提出异议的,视为出租人同意转租。第七百一十九条规定,承租人拖欠租金的,次承租人可以代承租人支付其欠付的租金和违约金,但是转租合同对出租人不具有法律约束力的除外。次承租人代为支付的租金和违约金,可以充抵次承租人应当向承租人支付的租金;超出其应付的租金数额的,可以向承租人追偿。

《民法典》第七百二十条规定,在租赁期限内因占有、使用租赁物获得的收益,归承租人所有,但是当事人另有约定的除外。

承租人应当按照约定的期限支付租金。对支付期限没有约定或者约定不明确,依照《民法典》第五百一十条规定仍不能确定的,租赁期间不满一年的,应当在租赁期间届满时支付;租赁期限一年以上的,应当在每届满一年时支付,剩余期限不满一年的,应当在租赁期间届满时支付。

承租人无正当理由未支付或者迟延支付租金的,出租人可以要求承租人在合理期限内支付。承租人逾期不支付的,出租人可以解除合同。

因第三人主张权利,致使承租人不能对租赁物使用、收益的,承租人可以要求减少租金或者不支付租金。第三人主张权利的,承租人应当及时通知出租人。

《民法典》第七百二十四条还规定,有下列情形之一,非因承租人原因致使租赁物无法使用的,承租人可以解除合同:①租赁物被司法机关或者行政机关依法查封、扣押;②租赁物权属有争议;③租赁物具有违反法律、行政法规关于使用条件的强制性规定情形。

特别要注意的是,《民法典》第七百二十五条规定,租赁物在承担人按照租赁合同占有期限内发生所有权变动的,不影响租赁合同的效力,即实行"买卖不破租赁"的原则。第七百二十六条规定,出租人出卖租赁房屋的,应当在出卖之前的合理期限内通知承租人,承租人享有以同等条件优先购买的权利。但是,《民法典》进一步规定:房屋按份共有人行使优先购买权或者出租人将房屋出卖给近亲属的除外。出租人履行通知义务后,承租人在十五日内未明确表示购买的,视为承租人放弃优先购买权。出租人委托拍卖人拍卖租赁房屋的,应当在拍卖五日前通知承租人。承租人未参加拍卖的,视为放弃优先购买权。出租人未通知承租人或者有其他妨害承租人行使优先购买权情形的,承租人可以请求出租人承担赔偿责任。但是,出租人与第三人订立的房屋买卖合同的效力不受影响。

(三)租赁合同的解除与延期

因不可归责于承租人的事由,致使租赁物部分或者全部毁损、灭失的,承租人可以要求减少租金或者不支付租金;因租赁物部分或者全部毁损、灭失,致使不能实现合同目的的,承租人可以解除合同。

当事人对租赁期限没有约定或者约定不明确,依照《民法典》第五百一十条规定仍不能确定的,视为不定期租赁。当事人可以随时解除合同,但应当在合理期限之前通知对方。

租赁物危及承租人的安全或者健康的,即使承租人订立合同时明知该租赁物质量不合格,承租人仍然可以随时解除合同。

租赁期间届满,承租人应当返还租赁物。返还的租赁物应当符合约定或者租赁物的性质使用后的状态。

租赁期间届满,承租人继续使用租赁物,出租人没有提出异议的,原租赁合同继续有效,但租赁期限为不定期。

承租人在房屋租赁期间死亡的,与其生前共同居住的人或者共同经营人可以按照原租赁合同租赁该房屋。

【例2-39】2013年6月,周某与某房地产公司签订了一份车库租赁合同,合同约定租赁期限为50年,租金共计16万元。并约定,租赁期间,周某只有车库的使用权而没有所有权。承租人周某在租赁期间,在没有征得出租人同意的情况下将车库加以装修,装修后,随即又将车库转租给张某,期限为1年。

2014年7月,房地产公司打算出卖车库。周某提出愿意以20万元购买,但房地产公司将车库以20万元卖给了李某,并宣布原租赁合同自动解除。周某不服,双方发生争议。

【例2-39】分析

问:本案哪些内容不符合《合同法》关于租赁合同的规定?

五、融资租赁合同

(一)融资租赁合同概述

融资租赁合同是出租人根据承租人对出卖人、租赁物的选择,向出卖人购买租赁物,提供给承租人使用,承租人支付租金的合同。典型的融资租赁关系涉及三方当事人,即出租人、承租人、出卖人,包括融资租赁合同和买卖合同两个合同。出租人根据承租人对出卖人、租赁物的选择与出卖人订立买卖合同,出卖人按照约定向承租人交付标的物,承租人享有与受领标的物有关的买受人的权利。承租人检验标的物合格后出具验收合格通知书,并与出租人订立融资租赁合同,出租人据此向出卖人付款。

虽然融资租赁合同具有租赁的性质,但其目的是融资。租赁物是出租人为承租人的使用而特别购入的,出租人是通过为承租人提供融资的方式取得租金的,租金是融资的对价。所以,在融资租赁合同中,承租人解除合同的权利应受到一定限制,在合同有效期内,无正当、充分的理由不得解除合同。

融资租赁合同应当采用书面形式。融资租赁合同的内容包括租赁物名称、数量、规格、技术性能、检验方法、租赁期限、租金构成及其支付期限和方式、币种、租赁期间届满租赁物的归属等条款。

出租人、出卖人、承租人可以约定，出卖人不履行买卖合同义务的，由承租人行使索赔的权利。承租人行使索赔权利的，出租人应当予以协助。

出租人根据承租人对出卖人、租赁物的选择订立的买卖合同，未经承租人同意，出租人不得变更买卖合同中与承租人有关的内容。

出租人享有租赁物的所有权。承租人破产的，租赁物不属于破产财产。

融资租赁合同的租金，除当事人另有约定的以外，应当根据购买租赁物的大部分或者全部成本以及出租人的合理利润确定。

（二）当事人的权利义务

出租人应当保证承租人对租赁物的占有和使用。承租人占有租赁物期间，租赁物造成第三人的人身伤害或者财产损害的，出租人不承担责任，而由承租人承担责任。

由于对出卖人、租赁物的选择是承租人决定的，所以，租赁物不符合租赁合同约定或者不符合使用目的的，出租人不承担责任，但承租人依赖出租人的技能确定租赁物或者出租人干预选择租赁物的除外。

承租人应当妥善保管、使用租赁物。承租人应当履行占有租赁物期间的维修义务。

承租人应当按照约定支付租金。承租人经催告后在合理期限内仍不支付租金的，出租人可以要求支付全部租金；也可以解除合同，收回租赁物。

当事人约定租赁期间届满租赁物归承租人所有，承租人已经支付大部分租金，但无力支付剩余租金，出租人因此解除合同收回租赁物的，收回的租赁物的价值超过承租人欠付的租金以及其他费用的，承租人可以要求相应返还。

当事人约定租赁期限届满租赁物归出租人所有，因租赁物毁损、灭失或者附合、混合于他物致使承租人不能返还的，出租人有权请求承租人给予合理补偿。

当事人约定租赁期限届满，承租人仅需向出租人支付象征性价款的，视为约定的租金义务履行完毕后租赁物的所有权归承租人。

融资租赁合同无效，当事人就该情形下租赁物的归属有约定的，按照其约定；没有约定或者约定不明确的，租赁物应当返还出租人。但是，因承租人原因致使合同无效，出租人不请求返还或者返还后会显著降低租赁物效用的，租赁物的所有权归承租人，由承租人给予出租人合理补偿。

六、承揽合同

（一）承揽合同概述

承揽合同是承揽人按照定作人的要求完成工作，交付工作成果，定作人给付报酬的合同。承揽合同是以完成定作人要求的一定工作为目的的，其标的具有特定性，工作成果可以是有形的，也可以是无形的。经定作人同意，承揽人可以将其承揽的工作部分交由第三人完成。承揽人对无论是否自己完成的工作均要承担全部责任。承揽人可为多人，除当事人另有约定，共同承揽人对定作人承担连带责任。承揽包括加工、定作、修理、复制、测试、检验等工作。

承揽合同的内容包括承揽的标的、数量、质量、报酬、承揽方式、材料的提供、履行期限、验收标准和方法等条款。

(二)当事人的权利义务

承揽人应当以自己的设备、技术和劳力,完成主要工作,但当事人另有约定的除外。承揽人将其承揽的主要工作交由第三人完成的,应当就该第三人完成的工作成果向定作人负责;未经定作人同意的,定作人也可以解除合同。承揽人可以将其承揽的辅助工作交由第三人完成,并就该第三人完成的工作成果向定作人负责。

合同约定由承揽人提供材料的,承揽人应当按照约定选用材料,并接受定作人检验。合同约定由定作人提供材料的,定作人应当按照约定提供材料。承揽人对定作人提供的材料,应当及时检验,发现不符合约定的,应当及时通知定作人更换、补齐或者采取其他补救措施。承揽人不得擅自更换定作人提供的材料,不得更换不需要修理的零部件。

承揽人发现定作人提供的图纸或者技术要求不合理的,应当及时通知定作人。因定作人怠于答复等原因造成承揽人损失的,应当赔偿损失。定作人中途变更承揽工作的要求,造成承揽人损失的,应当赔偿损失。

承揽工作需要定作人协助的,定作人有协助的义务。定作人不履行协助义务致使承揽工作不能完成的,承揽人可以催告定作人在合理期限内履行协助义务,并可以顺延履行期限;定作人逾期不履行的,承揽人可以解除合同。

承揽人在工作期间,应当接受定作人必要的监督检验。定作人不得因监督检验妨碍承揽人的正常工作。

承揽人完成工作的,应当向定作人交付工作成果,并提交必要的技术资料和有关质量证明。定作人应当验收该工作成果。承揽人交付的工作成果不符合质量要求的,定作人可以要求承揽人承担修理、重作、减少报酬、赔偿损失等违约责任。

定作人应当按照约定的期限支付报酬。对支付报酬的期限没有约定或者约定不明确,依照《民法典》有关规定仍不能确定的,定作人应当在承揽人交付工作成果时支付;工作成果部分交付的,定作人应当相应支付。

定作人未向承揽人支付报酬或者材料费等价款的,承揽人对完成的工作成果享有留置权,但当事人另有约定的除外。

承揽人应当妥善保管定作人提供的材料及完成的工作成果,因保管不善造成毁损、灭失的,应当承担损害赔偿责任。承揽人应当按照定作人的要求保守秘密,未经定作人许可,不得留存复制品或者技术资料。

定作人可以随时解除承揽合同,这是承揽合同的一个特点。承揽合同是为满足定作人的特殊需要而订立的,如订立合同后其需要改变,应允许定作人解除合同,以免给其造成更大的经济损失。但定作人因此造成承揽人损失的,应当赔偿损失。

七、建设工程合同

(一)建设工程合同概述

建设工程合同是承包人进行工程建设,发包人支付价款的合同。建设工程合同包括工程勘察、设计、施工合同。建设工程合同应当采用书面形式。

建设工程的招标投标活动,应当依照有关法律的规定公开、公平、公正进行。

发包人可以与总承包人订立建设工程合同,也可以分别与勘察人、设计人、施工人订立勘察、设计、施工承包合同。发包人不得将应当由一个承包人完成的建设工程肢解成若干部分发包给几个承包人。总承包人或者勘察、设计、施工承包人经发包人同意,可以将自己承包的部分工作交由第三人完成。第三人就其完成的工作成果与总承包人或者勘察、设计、施工承包人向发包人承担连带责任。承包人不得将其承包的全部建设工程转包给第三人或者将其承包的全部建设工程肢解以后以分包的名义分别转包给第三人。禁止承包人将工程分包给不具备相应资质条件的单位。禁止分包单位将其承包的工程再分包。建设工程主体结构的施工必须由承包人自行完成。

国家重大建设工程合同,应当按照国家规定的程序和国家批准的投资计划、可行性研究报告等文件订立。

勘察、设计合同的内容包括提交有关基础资料和文件(包括概预算)的期限、质量要求、费用以及其他协作条件等条款。

施工合同的内容包括工程范围、建设工期、中间交工工程的开工和竣工时间、工程质量、工程造价、技术资料交付时间、材料和设备供应责任、拨款和结算、竣工验收、质量保修范围和质量保证期、双方相互协作等条款。

建设工程实行监理的,发包人应当与监理人采用书面形式订立委托监理合同。发包人与监理人的权利和义务以及法律责任,应当依委托合同以及其他有关法律、行政法规的规定执行。

建设工程合同类似于加工承揽合同,所以,凡是法律对建设工程合同的其他内容没有规定的,适用承揽合同的有关规定。

(二)当事人的权利义务

发包人在不妨碍承包人正常作业的情况下,可以随时对作业进度、质量进行检查。

隐蔽工程在隐蔽以前,承包人应当通知发包人检查。发包人没有及时检查的,承包人可以顺延工程日期,并有权要求赔偿停工、窝工等损失。

(三)工程验收

建设工程竣工后,发包人应当根据施工图纸及说明书、国家颁发的施工验收规范和质量检验标准及时进行验收。验收合格的,发包人应当按照约定支付价款,并接收该建设工程。建设工程竣工经验收合格后,方可交付使用;未经验收或者验收不合格的,不得交付使用。

(四)违约责任

勘察、设计的质量不符合要求或者未按照期限提交勘察、设计文件拖延工期,给发包人造成损失的,勘察人、设计人应当继续完善勘察、设计,减收或者免收勘察、设计费并赔偿损失。

因施工人的原因致使建设工程质量不符合约定的,发包人有权要求施工人在合理期限内无偿修理或者返工、改建。经过修理或者返工、改建后,造成逾期交付的,施工人应当承担违约责任。

因承包人的原因致使建设工程在合理使用期限内造成人身和财产损害的,承包人应当承担损害赔偿责任。

发包人未按照约定的时间和要求提供原材料、设备、场地、资金、技术资料的,承包人可以顺延工程日期,并有权要求赔偿停工、窝工等损失。

因发包人的原因致使工程中途停建、缓建的,发包人应当采取措施弥补或者减少损失,赔偿承包人因此造成的停工、窝工、倒运、机械设备调迁、材料和构件积压等损失和实际费用。

因发包人变更计划,提供的资料不准确,或者未按照期限提供必需的勘察、设计工作条件而造成勘察、设计的返工、停工或者修改设计,发包人应当按照勘察人、设计人实际消耗的工作量增付费用。

发包人未按照约定支付价款的,承包人可以催告发包人在合理期限内支付价款。发包人逾期不支付的,除按照建设工程的性质不宜折价、拍卖的以外,承包人可以与发包人协议将该工程折价,也可以申请人民法院将该工程依法拍卖。建设工程的价款就该工程折价或者拍卖的价款优先受偿。

八、运输合同

(一)运输合同概述

运输合同是承运人将旅客或者货物从起运地点运输到约定地点,旅客、托运人或者收货人支付票款或者运输费用的合同。

(二)当事人的基本义务

从事公共运输的承运人不得拒绝旅客、托运人通常、合理的运输要求。承运人应当在约定期间或者合理期间内将旅客、货物安全运输到约定地点。

承运人应当按照约定的或者通常的运输路线将旅客、货物运输到约定地点。

旅客、托运人或者收货人应当支付票款或者运输费用。承运人未按照约定路线或者通常路线运输增加票款或者运输费用的,旅客、托运人或者收货人可以拒绝支付增加部分的票款或者运输费用。

(三)客运合同

客运合同自承运人向旅客交付客票时成立,但当事人另有约定或者另有交易习惯的除外。

旅客应当持有效客票记载的时间、班次和座位号乘运。旅客无票乘运、超程乘运、越级乘运或者持失效客票乘运的,应当补交票款,承运人可以按照规定加收票款。旅客不交付票款的,承运人可以拒绝运输。实名制客运合同的旅客丢失客票的,可以请求承运人挂失补办,承运人不得再次收取票款和其他不合理费用。

旅客因自己的原因不能按照客票记载的时间乘坐的,应当在约定的时间内办理退票或者变更手续。逾期办理的,承运人可以不退票款,并不再承担运输义务。

旅客在运输中应当按照约定的限量携带行李。超过限量携带行李的,应当办理托运手续。

旅客不得随身携带或者在行李中夹带易燃、易爆、有毒、有腐蚀性、有放射性以及有可能危及运输工具上人身和财产安全的危险物品或者其他违禁物品。旅客违反前款规定的,承运人可以将违禁物品卸下、销毁或者送交有关部门。旅客坚持携带或者夹带违禁物品的,承运人应当拒绝运输。

承运人应当严格履行安全运输义务，及时告知旅客安全运输应当注意的事项。旅客对承运人为安全运输所作的合理安排应当积极协助和配合。承运人应当按照有效客票记载的时间、班次和座位号运输旅客。承运人迟延运输或者有其他不能正常运输情形的，应当及时告知和提醒旅客，采取必要的安置措施，并根据旅客的要求安排改乘其他班次或者退票；由此造成旅客损失的，承运人应当承担赔偿责任，但是不可归责于承运人的除外。

承运人擅自变更运输工具而降低服务标准的，应当根据旅客的要求退票或者减收票款；提高服务标准的，不应当加收票款。

承运人在运输过程中，应当尽力救助患有急病、分娩、遇险的旅客。

承运人应当对运输过程中旅客的伤亡承担损害赔偿责任，但伤亡是旅客自身健康原因造成的或者承运人证明伤亡是旅客故意、重大过失造成的除外。前款规定适用于按照规定免票、持优待票或者经承运人许可搭乘的无票旅客。

在运输过程中旅客自带物品毁损、灭失，承运人有过错的，应当承担损害赔偿责任。旅客托运的行李毁损、灭失的，适用货物运输的有关规定。

（四）货运合同

托运人办理货物运输，应当向承运人准确表明收货人的名称或者姓名或者凭指示的收货人，货物的名称、性质、重量、数量，收货地点等有关货物运输的必要情况。因托运人申报不实或者遗漏重要情况，造成承运人损失的，托运人应当承担损害赔偿责任。

货物运输需要办理审批、检验等手续的，托运人应当将办理完有关手续的文件提交承运人。

托运人应当按照约定的方式包装货物。对包装方式没有约定或者约定不明确的，适用《民法典》第六百一十九条的规定。托运人违反前款规定的，承运人可以拒绝运输。

托运人托运易燃、易爆、有毒、有腐蚀性、有放射性等危险物品的，应当按照国家有关危险物品运输的规定对危险物品妥善包装，作出危险物标志和标签，并将有关危险物品的名称、性质和防范措施的书面材料提交承运人。托运人违反前款规定的，承运人可以拒绝运输，也可以采取相应措施以避免损失的发生，因此产生的费用由托运人承担。

在承运人将货物交付收货人之前，托运人可以要求承运人中止运输、返还货物、变更到达地或者将货物交给其他收货人，但应当赔偿承运人因此受到的损失。

货物运输到达后，承运人知道收货人的，应当及时通知收货人，收货人应当及时提货。收货人逾期提货的，应当向承运人支付保管费等费用。

收货人提货时应当按照约定的期限检验货物。对检验货物的期限没有约定或者约定不明确，依照《民法典》第五百一十条的规定仍不能确定的，应当在合理期限内检验货物。收货人在约定的期限或者合理期限内对货物的数量、毁损等未提出异议的，视为承运人已经按照运输单证的记载交付的初步证据。

承运人对运输过程中货物的毁损、灭失承担损害赔偿责任，但承运人证明货物的毁损、灭失是因不可抗力、货物本身的自然性质或者合理损耗以及托运人、收货人的过错造成的，不承担损害赔偿责任。

货物的毁损、灭失的赔偿额，当事人有约定的，按照其约定；没有约定或者约定不明确，依照《民法典》第五百一十条的规定仍不能确定的，按照交付或者应当交付时货物到达地的市场价格计算。法律、行政法规对赔偿额的计算方法和赔偿限额另有规定的,依照其规定。

两个以上承运人以同一运输方式联运的,与托运人订立合同的承运人应当对全程运输承担责任。损失发生在某一运输区段的,与托运人订立合同的承运人和该区段的承运人承担连带责任。

货物在运输过程中因不可抗力灭失,未收取运费的,承运人不得要求支付运费;已收取运费的,托运人可以要求返还。

托运人或者收货人不支付运费、保管费以及其他运输费用的,承运人对相应的运输货物享有留置权,但当事人另有约定的除外。

收货人不明或者收货人无正当理由拒绝受领货物的,依照《合同法》第一百零一条的规定,承运人可以提存货物。

(五)多式联运合同

多式联运经营人负责履行或者组织履行多式联运合同,对全程运输享有承运人的权利,承担承运人的义务。

多式联运经营人可以与参加多式联运的各区段承运人就多式联运合同的各区段运输约定相互之间的责任,但该约定不影响多式联运经营人对全程运输承担的义务。

多式联运经营人收到托运人交付的货物时,应当签发多式联运单据。按照托运人的要求,多式联运单据可以是可转让单据,也可以是不可转让单据。

因托运人托运货物时的过错造成多式联运经营人损失的,即使托运人已经转让多式联运单据,托运人仍然应当承担损害赔偿责任。

货物的毁损、灭失发生于多式联运的某一运输区段的,多式联运经营人的赔偿责任和责任限额,适用调整该区段运输方式的有关法律的规定。货物毁损、灭失发生的运输区段不能确定的,依照规定承担损害赔偿责任。

九、技术合同

(一)技术合同概述

1.技术合同的概念

技术合同是当事人就技术开发、转让、咨询或者服务订立的确立相互之间权利和义务的合同。技术合同包括技术开发合同、技术转让合同、技术咨询合同和技术服务合同四种。订立技术合同,应当有利于科学技术的进步,加速科学技术成果的转化、应用和推广。非法垄断技术、妨碍技术进步或者侵害他人技术成果的技术合同无效。

技术合同除受《民法典》的调整之外,还受其他相关知识产权法律规定的调整,如《中华人民共和国专利法》等。

2.技术合同的内容

技术合同的内容由当事人约定,一般包括以下条款:

(1)项目名称;

(2)标的的内容、范围和要求;

(3)履行的计划、进度、期限、地点、地域和方式;

(4)技术情报和资料的保密;

（5）风险责任的承担；

（6）技术成果的归属和收益的分成办法；

（7）验收标准和方法；

（8）价款、报酬或者使用费及其支付方式；

（9）违约金或者损失赔偿的计算方法；

（10）解决争议的方法；

（11）名词和术语的解释。

与履行合同有关的技术背景资料、可行性论证和技术评价报告、项目任务书和计划书、技术标准、技术规范、原始设计和工艺文件，以及其他技术文档，按照当事人的约定可以作为合同的组成部分。

技术合同涉及专利的，应当注明发明创造的名称、专利申请人和专利权人、申请日期、申请号、专利号以及专利权的有效期限。

技术合同价款、报酬或者使用费的支付方式由当事人约定，可以采取一次总算、一次总付或者一次总算、分期支付，也可以采用提成支付或者提成支付附加预付入门费的方式。约定提成支付的，可以按照产品价格、实施专利和使用技术秘密后新增的产值、利润或者产品销售额的一定比例提成，也可以按照约定的其他方式计算。提成支付的比例可以采取固定比例、逐年递增比例或者逐年递减比例。约定提成支付的，当事人应当在合同中约定查阅有关会计账目的办法。

3. 职务技术成果与非职务技术成果

职务技术成果是执行法人或者其他组织的工作任务，或者主要是利用法人或者其他组织的物质技术条件所完成的技术成果。职务技术成果的使用权、转让权属于法人或者其他组织的，法人或者其他组织可以就该项职务技术成果订立技术合同。法人或者其他组织应当从使用和转让该项职务技术成果所取得的收益中提取一定比例，对完成该项职务技术成果的个人给予奖励或者报酬。法人或者其他组织订立技术合同转让职务技术成果时，职务技术成果的完成人享有以同等条件优先受让的权利。

非职务技术成果的使用权、转让权属于完成技术成果的个人，完成技术成果的个人可以就该项非职务技术成果订立技术合同。

完成技术成果的个人有在有关技术成果文件上写明自己是技术成果完成者的权利和取得荣誉证书、奖励的权利。

（二）技术开发合同

技术开发合同是指当事人之间就新技术、新产品、新工艺或者新材料及其系统研究开发所订立的合同。技术开发合同包括委托开发合同和合作开发合同。技术开发合同应当采用书面形式。当事人之间就具有产业应用价值的科技成果实施转化订立的合同，参照技术开发合同的规定。

1. 委托开发合同当事人的主要权利义务

委托开发合同的委托人应当按照约定支付研究开发经费和报酬；提供技术资料、原始数据；完成协作事项；接受研究开发成果。

委托开发合同的研究开发人应当按照约定制订和实施研究开发计划；合理使用研究开发经费；按期完成研究开发工作，交付研究开发成果，提供有关的技术资料和必要的技术指导,帮助委托人掌握研究开发成果。

委托人违反约定造成研究开发工作停滞、延误或者失败的,应当承担违约责任。研究开发人违反约定造成研究开发工作停滞、延误或者失败的,应当承担违约责任。

2.合作开发合同当事人的主要权利义务

合作开发合同的当事人应当按照约定进行投资,包括以技术进行投资;分工参与研究开发工作;协作配合研究开发工作。

合作开发合同的当事人违反约定造成研究开发工作停滞、延误或者失败的,应当承担违约责任。

3.技术开发合同的解除与风险承担

因作为技术开发合同标的的技术已经由他人公开,致使技术开发合同的履行没有意义的,当事人可以解除合同。

在技术开发合同履行过程中,因出现无法克服的技术困难,致使研究开发失败或者部分失败的,该风险责任由当事人约定。没有约定或者约定不明确,依照《民法典》的规定仍不能确定的,风险责任由当事人合理分担。当事人一方发现可能致使研究开发失败或者部分失败的情形时,应当及时通知另一方并采取适当措施减少损失。没有及时通知并采取适当措施,致使损失扩大的,应当就扩大的损失承担责任。

4.技术成果的权利归属

委托开发完成的发明创造,除当事人另有约定的以外,申请专利的权利属于研究开发人。研究开发人取得专利权的,委托人可以免费实施该专利。

研究开发人转让专利申请权的,委托人享有以同等条件优先受让的权利。

合作开发完成的发明创造,除当事人另有约定的以外,申请专利的权利属于合作开发的当事人共有。当事人一方转让其共有的专利申请权的,其他各方享有以同等条件优先受让的权利。合作开发的当事人一方声明放弃其共有的专利申请权的,可以由另一方单独申请或者由其他各方共同申请。申请人取得专利权的,放弃专利申请权的一方可以免费实施该专利。合作开发的当事人一方不同意申请专利的,另一方或者其他各方不得申请专利。

委托开发或者合作开发完成的技术秘密成果的使用权、转让权以及利益的分配办法,由当事人约定。没有约定或者约定不明确,依照《民法典》第五百一十条的规定仍不能确定的,当事人均有使用和转让的权利。但是,委托开发的研究开发人不得在向委托人交付研究开发成果之前,将研究开发成果转让给第三人。

(三)技术转让合同

1.技术转让合同概述

技术转让合同包括专利权转让合同、专利申请权转让合同、技术秘密转让合同、专利实施许可合同。技术转让合同应当采用书面形式。法律、行政法规对技术进出口合同或者专利、专利申请合同另有规定的,依照其规定。

技术转让合同可以约定让与人和受让人实施专利或者使用技术秘密的范围,但不得限制技术竞争和技术发展。

当事人可以按照互利的原则,在技术转让合同中约定实施专利、使用技术秘密后续改进的技术成果的分享办法。没有约定或者约定不明确,依照《合同法》有关规定仍不能确定的,一方后续改进的技术成果,其他各方无权分享。

2.当事人的权利义务

专利实施许可合同只在该专利权的存续期间内有效。专利权有效期限届满或者专利被宣布无效的,专利权人不得就该专利与他人订立专利实施许可合同。

专利实施许可合同的让与人应当按照约定许可受让人实施专利,交付实施专利有关的技术资料,提供必要的技术指导。专利实施许可合同的受让人应当按照约定实施专利,不得许可约定以外的第三人实施该专利,并按照约定支付使用费。

技术秘密转让合同的让与人应当按照约定提供技术资料,进行技术指导,保证技术的实用性、可靠性,承担保密义务。技术秘密转让合同的受让人应当按照约定使用技术,支付使用费,承担保密义务。

技术转让合同的让与人应当保证自己是所提供技术的合法拥有者,并保证所提供的技术完整、无误、有效,能够达到约定的目标。

技术转让合同的受让人应当按照约定的范围和期限,对让与人提供的技术中尚未公开的秘密部分,承担保密义务。

3.违约责任

让与人未按照约定转让技术的,应当返还部分或者全部使用费,并应当承担违约责任;实施专利或者使用技术秘密超越约定的范围的,违反约定擅自许可第三人实施该项专利或者使用该项技术秘密的,应当停止违约行为,承担违约责任;违反约定的保密义务的,应当承担违约责任。

受让人未按照约定支付使用费的,应当补交使用费并按照约定支付违约金;不补交使用费或者支付违约金的,应当停止实施专利或者使用技术秘密,交还技术资料,承担违约责任;实施专利或者使用技术秘密超越约定的范围的,未经让与人同意擅自许可第三人实施该专利或者使用该技术秘密的,应当停止违约行为,承担违约责任;违反约定的保密义务的,应当承担违约责任。

受让人按照约定实施专利、使用技术秘密侵害他人合法权益的,由让与人承担责任,但当事人另有约定的除外。

(四)技术咨询合同与技术服务合同

1.技术咨询合同与技术服务合同概述

技术咨询合同是指科技人员作为受托人就特定技术项目向委托人提供可行性论证、技术预测、专题技术调查、分析评价报告等工作成果的合同。

技术服务合同是指当事人一方以技术知识为另一方解决特定技术问题所订立的合同,不包括建设工程合同和承揽合同。

在技术咨询合同技术服务合同履行过程中,受托人利用委托人提供的技术资料和工作条件完成的新的技术成果,属于受托人。委托人利用受托人的工作成果完成的新的技术成果,属于委托人。当事人另有约定的,按照其约定。

2.技术咨询合同当事人的权利义务

技术咨询合同的委托人应当按照约定阐明咨询的问题,提供技术背景材料及有关技术资料、数据;接受受托人的工作成果,支付报酬。

技术咨询合同的受托人应当按照约定的期限完成咨询报告或者解答问题;提出的咨询报告应当达到约定的要求。

技术咨询合同的委托人未按照约定提供必要的资料和数据,影响工作进度和质量,不接受或者逾期接受工作成果的,支付的报酬不得追回,未支付的报酬应当支付。

技术咨询合同的受托人未按期提出咨询报告或提出的咨询报告不符合约定的,应当承担减收或者免收报酬等违约责任。

技术咨询合同的委托人按照受托人符合约定要求的咨询报告和意见作出决策所造成的损失,由委托人承担,但当事人另有约定的除外。

3.技术服务合同当事人的权利义务

技术服务合同的委托人应当按照约定提供工作条件,完成配合事项;接受工作成果并支付报酬。

技术服务合同的受托人应当按照约定完成服务项目,解决技术问题,保证工作质量,并传授解决技术问题的知识。

技术服务合同的委托人不履行合同义务或者履行合同义务不符合约定,影响工作进度和质量,不接受或者逾期接受工作成果的,支付的报酬不得追回,未支付的报酬应当支付。

技术服务合同的受托人未按照合同约定完成服务工作的,应当承担免收报酬等违约责任。

【思考题】

1.什么是合同?

2.什么是要约? 什么是要约邀请?

3.要约撤回和要约撤销有什么区别?

4.什么是格式条款? 提供格式条款的当事人有哪些义务?

5.什么是缔约过失责任? 什么情况下会产生缔约过失责任?

6.如何区别附条件合同和附期限合同?

7.合同无效的法定情形有哪些? 会产生什么法律后果?

8.可撤销合同的法定情形有哪些? 可撤销合同是否自撤销之时起无效?

9.效力待定合同有哪些种类?

10.不安抗辩权的行使需要符合什么条件?

11.合同的担保形式有哪些? 一般保证和连带责任保证有什么区别?

12.承担违约责任的形式有哪些?

13.定金与订金有什么区别?

14.实际损失低于违约金或者违约金过高怎么办?

15.违约金与定金能否并用?《民法典》是怎么规定的?

16.什么是不可抗力?

17.如何理解减损规则?

第三章 企业法

【本章概要】企业是经济法律关系重要的主体之一。本章主要介绍企业及企业法的概念，企业的分类，个人独资企业的概念及法律特征，合伙企业的概念、分类及特征。作为最重要的一种企业形式的公司，将在下一章"公司法"中专门加以介绍，此章不作赘述。

第一节　企业法概述

一、企业与企业法

企业是依法成立，具有一定的组织形式，独立从事商品生产经营、服务活动的经济组织。

企业法是以确认企业法律地位为主旨的法律体系，是指调整企业在设立、组织形式、管理和运行过程中发生的经济关系的法律规范的总称。

广义的企业法应当是规范各种类型企业的法律规范的总称，包括按照投资形式划分的独资企业、合伙企业和公司，按照所有制形式划分的全民所有制企业、集体所有制企业、私营企业、中外合资企业和外商企业，等等。目前中国现行企业法对上述不同类型的企业都有所调整。

从广义上讲，所谓现代企业制度，是在现代市场经济条件下运行的企业制度，也就是说，所有作为现代市场经济载体的企业都是现代企业，包括公司、合伙和独资企业等，而以公司为基本形态。公司是大中型企业的法律形态，合伙企业和独资企业是小型企业的法律形态。

企业是经济法律关系中最重要的主体之一，一般来说，企业具有以下特征。

（1）依法成立。所谓依法成立，是指作为经济法主体的企业应是依照法律规定的条件和程序设立的。通常对于不同种类的企业，皆有相应的法律规定其设立条件和程序。企业的设立应依照这些具体规定。

（2）以营利为目的。所谓以营利为目的，是指企业是一个追逐利润最大化的组织，其从事经济活动的主要目的是取得盈利。

（3）团体性或组织性。企业本质上是一种相对于自然人的团体或组织，其是在有序的组织结构的基础上从事生产并进行管理的一种组织，一定的组织结构或说组织性构成企业与市场的界限。

（4）自主经营性。所谓自主经营性，是指企业应是拥有独立法律地位的经营性经济组织，自主经营，自负盈亏，具有独立的权利能力和行为能力。

二、企业的分类

中国在 20 世纪 50 年代对私改造完成后至 70 年代末,这将近 30 年的时间里,所谓的企业只有国营企业(后来又相继改称为全民所有制企业、国有企业)和集体所有制企业。不过,当时的企业根本不能称为真正的"企业",因为既没有企业立法,又没有企业法观念,更没有企业应当具备的独立性,充其量只不过是各级政府机关的附属物而已。

中国对企业的分类可以说是全世界最复杂的。改革开放以来,中国先后涌现出一系列新的企业类型,国家统计局在 90 年代初期将其归纳为九类,分别是:国有企业、集体企业、私营企业、个体企业、联营企业、股份制企业、外商投资企业、港澳台商投资企业和其他类型的企业。1998 年 8 月 28 日,国家统计局、国家工商局发布《关于划分企业登记注册类型的规定》,从登记注册的角度,对中国企业进行了重新分类,形成三大类型:内资企业、港澳台商投资企业、外商投资企业。其中,内资企业具体又分为八种:国有企业、集体企业、股份合作企业、联营企业(联营企业又分为四种,分别为国有联营、集体联营、国际集体联营和其他联营)、有限责任公司、股份有限公司、私营企业(私营企业又分为四种,分别是私营独资企业、私营合伙企业、私营有限企业、私营股份企业)、其他企业等。后两者又具体分为合资经营企业、合作经营企业、独资经营企业、股份有限公司四种类型。

另外,按照不同的标准,企业还可作不同的划分。如:按照经营内容的不同,企业可分为工业企业、商业企业、农业企业、金融企业等;按照规模的不同,企业可分为大型企业、中型企业、小型企业等。在我国,最为常见的分类方式是按照所有制形式划分和按照投资形式划分。

(一)按照所有制形式划分

这是我国对企业的传统分类,即按照所有制形式的不同,将企业分为全民所有制企业、集体所有制企业、私营企业、中外合资经营企业、中外合作经营企业和外资企业,并对不同所有制的企业规定不同的权利和义务。这种对不同所有制企业的权利、义务作不同规定的做法,人为地造成了不同企业的不平等地位,阻碍了各类企业的公平竞争,不利于合格市场经济主体的培育和发展,也不利于市场经济的健康发展。因此,这种与传统计划经济相对应的企业分类形式应逐步摒弃。当前,随着市场经济的逐步完善和市场主体立法的逐步完备,新的企业分类格局已大体形成,但在未来的一定时期内,按照所有制形式划分的格局在现实生活中还将保有一席之地。

(二)按照投资形式划分

按照投资形式的不同,企业可分为独资企业、合伙企业和公司三种典型的法律形态,这是发达资本主义国家传统的企业分类格局,也是我国社会主义市场经济条件下,着力培养和正在形成的新型企业分类格局。

独资企业是一个投资者投资经营的企业,投资者须对企业债务承担无限责任;合伙企业是两人或两人以上按照协议共同出资、共同经营的企业组织形式,合伙人一般须对企业债务承担无限连带责任;公司则是指两个或两个以上的股东投资设立的依法承担有限责任的企业。

第二节　个人独资企业法

个人独资企业是一种最古老、最简单的企业组织形式，它是由个人出资经营，归个人所有和控制，由个人承担经营风险和享有全部经营收益的企业，主要盛行于零售业、手工业、农业、林业、渔业、服务业和家庭作坊等。

1999 年 8 月 30 日，我国通过了《中华人民共和国个人独资企业法》（以下简称《个人独资企业法》），自 2000 年 1 月 1 日起施行。

一、个人独资企业的概念

个人独资企业是指按照《个人独资企业法》第二条，在中国境内设立，由一个自然人投资，财产为投资人个人所有，投资人以其个人财产对企业债务承担无限责任的经营实体。

二、个人独资企业的法律特征

(1)个人独资企业的投资主体是一个自然人，而且只能是一个自然人，不包括单一的法人或其他社会团体组织。外商独资企业也不能作为个人独资企业。

(2)个人独资企业由投资者（企业主）个人拥有和控制。

(3)个人独资企业是营利性的经济实体，内部机构设置简单，经营管理方便灵活。

(4)个人独资企业是非法人企业，投资人以全部个人财产对企业的债务承担无限责任。

三、个人独资企业的设立条件

(1)投资人是一个自然人，且只能是中国公民。

(2)有合法的企业名称。不得使用"有限""有限责任"或"公司"字样。

(3)有投资人申报的出资。出资方式有货币、实物、土地使用权、知识产权或其他财产权利等。

(4)有固定的生产经营场所和必要的生产经营条件。

(5)有必要的从业人员。

四、个人独资企业的人员及事务管理

(一)个人独资企业投资人的条件、权利及责任

法律、行政法规禁止从事营利性活动的人，不得作为投资人申请设立个人独资企业。

个人独资企业投资人对本企业的财产依法享有所有权，有关权利可以依法进行转让和继承。

个人独资企业投资人在申请企业设立登记时明确以其家庭共有财产作为个人出资的，应当依法以家庭共有财产对企业债务承担无限责任。

(二)受委托或被聘用管理个人独资企业事务的人员的义务

根据《个人独资企业法》第十九条的规定，个人独资企业投资人可以自行管理企业事务，

也可以委托或者聘用其他具有民事行为能力的人负责企业的事务管理。投资人委托或者聘用他人管理个人独资企业事务,应当与受托人或者被聘用的人签订书面合同,明确委托的具体内容和授予的权利范围。受托人或者被聘用的人员应当履行诚信、勤勉义务,按照与投资人签订的合同负责个人独资企业的事务管理。投资人对受托人或者被聘用的人员职权的限制,不得对抗善意第三人。

投资人委托或者聘用的管理个人独资企业事务的人员不得有以下行为:①利用职务上的便利,索取或者收受贿赂;②利用职务或者工作上的便利侵占企业财产;③挪用企业的资金归个人使用或者借贷给他人;④擅自将企业资金以个人名义或者以他人名义开立账户储存;⑤擅自以企业财产提供担保;⑥未经投资人同意,从事与本企业相竞争的业务;⑦未经投资人同意,同本企业订立合同或者进行交易;⑧未经投资人同意,擅自将企业商标或者其他知识产权转让给他人使用;⑨泄露本企业的商业秘密;⑩法律、行政法规禁止的其他行为。

(三)个人独资企业的事务管理

(1)会计事务管理:个人独资企业应当依法设置会计账簿,进行会计核算。

(2)用工管理事务管理:个人独资企业招用职工的,应当依法与职工签订劳动合同,保障职工的劳动安全,按时、足额发放职工工资。

(3)社会保险事务管理:个人独资企业应当按照国家规定参加社会保险,为职工缴纳社会保险费。

五、个人独资企业的权利

个人独资企业可以依法申请贷款、取得土地使用权,并享有法律、行政法规规定的其他权利。

任何单位和个人不得违反法律、行政法规的规定,以任何方式强制个人独资企业提供财力、物力、人力;对于违法强制提供财力、物力、人力的行为,个人独资企业有权拒绝。

【例3-1】

原告:××星光公司(以下简称星光公司)

被告:××塑料厂(以下简称塑料厂)

被告:赵举人(塑料厂的投资人)

被告塑料厂系个人独资企业,因经济往来欠原告货款10万元,被告投资人赵举人以塑料厂名义和原告于2015年1月达成还款协议,约定余款于2015年3月前还清。

2014年11月8日,赵举人将塑料厂转让给李自成,协议约定转让之后所发生的债权债务由李自成承担。

协议签订的当日,塑料厂即在工商部门办理了企业投资人变更登记。

后原告依还款协议要求被告塑料厂偿还到期债务,但被告以投资人变更为由拒绝偿还。原告起诉两被告。

被告塑料厂辩称,塑料厂为个人独资企业,原厂负责人是赵举人,依据协议的约定,转让前的债务应由赵举人承担。

被告赵举人辩称塑料厂负责人的变更不能影响债务的承担方式,故应由企业承担清偿责任。

本案的争议焦点为应由谁履行还款义务。

法院经审理认为：因有自己的名称，且必须以企业的名义活动的特性，个人独资企业在法律人格上具有相对独立性，因此对企业债务的承担亦应具有相对独立性。即应先以其独立的自身财产承担责任，而不是既可由企业承担，亦可由投资人承担。本案中个人独资企业××塑料厂所负债务应首先以企业财产偿还，在其财产不足偿还的情况下原告有权请求现在的投资人(李自成)以个人所有的其他财产偿还，若由此而致现投资人利益受损，现投资人可依其与赵举人签订的企业转让协议向赵举人追偿。原告不能依投资人应对个人独资企业的债务承担无限责任的特性向××塑料厂的原投资人赵举人追偿。

综上，法院作出判决：①被告××塑料厂在本判决生效后十日内向原告支付货款及利息10.2万元。②驳回原告对赵举人的诉讼请求。

第三节　合伙企业法

一、合伙企业的概念、特征及立法

(一)合伙企业的概念

通常，我们将合伙企业定义为：在中国境内设立的由各合伙人订立合伙协议，共同出资，合伙经营，共享收益，共担风险，并对合伙企业债务承担无限连带责任的营利性组织。

2006年《中华人民共和国合伙企业法》修订后，合伙人对合伙企业债务承担纯粹无限责任的状况有所改变。该法第二条规定，本法所称合伙企业，是指自然人、法人和其他组织依照本法在中国境内设立的普通合伙企业和有限合伙企业。根据该条规定，普通合伙企业由普通合伙人组成，合伙人对合伙企业债务承担无限连带责任。有限合伙企业由普通合伙人和有限合伙人组成，普通合伙人对合伙企业债务承担无限连带责任，有限合伙人以其认缴的出资额为限对合伙企业债务承担责任。

(二)合伙企业的特征

1.合伙企业建立于合伙协议的基础上

合伙企业中，各合伙人订立合伙协议，并以该协议规定合伙企业的对内对外关系，合伙企业主要的经营活动和组织结构皆由合伙协议加以规范。

2.合伙企业强调的是"人的组合"

合伙企业是以人合为特征的经济组织。合伙企业的设立、经营管理和对外关系都是以人合为基础的：合伙企业由各合伙人共同出资建立，由各合伙人共同经营管理，并以各合伙人的所有财产对合伙企业的信誉提供担保。合伙企业的设立与经营都建立于相互信赖的基础之上。

3.普通合伙人对合伙企业债务承担无限连带责任，有限合伙人承担有限责任

合伙企业对其债务，应先以其全部财产进行清偿。合伙企业财产不足以清偿到期债务的，普通合伙人应承担无限连带清偿责任，亦即应以其在合伙企业出资以外的财产承担清偿责任；有限合伙人以其认缴的出资额为限对合伙企业债务承担责任。

4.合伙人有权平等地享有参与管理合伙事务的权利

合伙企业不像公司通常存在着所有者和经营者的委托和代理关系,各合伙人通常直接参与企业的经营管理;当然,合伙企业也可以由部分合伙人经营,其他合伙人仅出资并共负盈亏。

5.合伙企业一般不具有法人资格

合伙企业一般无法人资格,不缴纳企业所得税,而缴纳个人所得税。

(三)合伙企业法

在现代大陆法系国家,关于合伙法的主要规定在民法典或商法典的有关章节之中。在英美法系国家,合伙法大都采取单行法的形式。我国的相关立法,始于1997年2月23日,第八届全国人民代表大会常务委员会第二十四次会议通过了《中华人民共和国合伙企业法》(以下简称《合伙企业法》)。2006年8月27日,第十届全国人民代表大会常务委员会第二十三次会议对该法予以修订,自2007年6月1日起施行。

二、合伙企业的类型

合伙企业可分为普通合伙企业和有限合伙企业。其中,普通合伙企业又包含特殊的普通合伙企业。

(一)普通合伙企业

普通合伙企业由普通合伙人组成,合伙人对合伙企业债务承担无限连带责任。

普通合伙企业中,一个合伙人或者数个合伙人在执行活动中因故意或者重大过失造成合伙企业债务的,应当承担无限责任或者无限连带责任,其他合伙人以其在合伙企业中的财产份额为限承担责任。

合伙人因非故意或重大过失造成的合伙企业债务以及合伙企业的其他债务,由全体合伙人承担无限责任。

国有独资公司、国有企业、上市公司以及公益性的事业单位、社会团体不得成为普通合伙人。

以专业知识和专门技能为客户提供有偿服务的专业服务机构,可以设立为特殊的普通合伙企业。

在特殊的普通合伙企业中,一个合伙人或者数个合伙人在执业活动中因故意或者重大过失造成合伙企业债务的,应当承担无限责任或者无限连带责任,其他合伙人以其在合伙企业中的财产份额为限承担责任。合伙人在执业活动中非因故意或者重大过失造成的合伙企业债务以及合伙企业的其他债务,由全体合伙人承担无限连带责任。

(二)有限合伙企业

有限合伙企业由普通合伙人和有限合伙人组成,普通合伙人对合伙企业债务承担无限连带责任,有限合伙人以其认缴的出资额为限对合伙企业债务承担责任。

《合伙企业法》对有限合伙人做了特殊的规定:

(1)不得以劳务出资;

(2)不执行合伙事务,不得对外代表有限合伙企业;

(3)除合伙协议另有约定外,有限合伙人可以同本有限合伙企业进行交易,可以自营或者同他人合作经营与本企业相竞争的业务，还可将其在有限合伙企业中的财产份额出质，等等。

三、普通合伙企业

（一）普通合伙企业的设立

根据《合伙企业法》第十四条的规定，设立合伙企业，应当具备下列条件：

（1）有两个以上合伙人。合伙人为自然人的，应当具有完全民事行为能力。

（2）有书面合伙协议。

（3）有合伙人认缴或者实际缴付的出资。

（4）有合伙企业的名称和生产经营场所。

（5）法律、行政法规规定的其他条件。

合伙企业名称中应当标明"普通合伙"字样。

关于合伙企业的出资方式，《合伙企业法》第十六条规定，合伙人可以用货币、实物、知识产权、土地使用权或者其他财产权利出资，也可以用劳务出资。合伙人以实物、知识产权、土地使用权或者其他财产权利出资，需要评估作价的，可以由全体合伙人协商确定，也可以由全体合伙人委托法定评估机构评估。合伙人以劳务出资的，其评估办法由全体合伙人协商确定，并在合伙协议中载明。

合伙人应当按照合伙协议约定的出资方式、数额和缴付期限，履行出资义务。

以非货币财产出资的，依照法律、行政法规的规定，需要办理财产权转移手续的，应当依法办理。

合伙协议应当载明下列事项：

（1）合伙企业的名称和主要经营场所的地点；

（2）合伙目的和合伙经营范围；

（3）合伙人的姓名或者名称、住所；

（4）合伙人的出资方式、数额和缴付期限；

（5）利润分配、亏损分担方式；

（6）合伙事务的执行；

（7）入伙与退伙；

（8）争议解决办法；

（9）合伙企业的解散与清算；

（10）违约责任。

合伙协议经全体合伙人签名、盖章后生效。合伙人按照合伙协议享有权利，履行义务。修改或者补充合伙协议，应当经全体合伙人一致同意；但是，合伙协议另有约定的除外。合伙协议未约定或者约定不明确的事项，由合伙人协商决定；协商不成的，依照《合伙企业法》和其他有关法律、行政法规的规定处理。

（二）合伙企业的财产

合伙人的出资、以合伙企业名义取得的收益和依法取得的其他财产，均为合伙企业的财产。合伙人在合伙企业清算前，除非法律另有规定，不得请求分割合伙企业的财产；合伙人在合伙企业清算前私自转移或者处分合伙企业财产的,合伙企业不得以此对抗善意第三人。

除合伙协议另有约定外,合伙人向合伙人以外的人转让其在合伙企业中的全部或者部分财产份额时,须经其他合伙人一致同意。合伙人之间转让在合伙企业中的全部或者部分财产份额时,应当通知其他合伙人。合伙人向合伙人以外的人转让其在合伙企业中的财产份额的,在同等条件下,其他合伙人有优先购买权;但是,合伙协议另有约定的除外。

合伙人以外的人依法受让合伙人在合伙企业中的财产份额的,经修改合伙协议即成为合伙企业的合伙人,依照《合伙企业法》和修改后的合伙协议享有权利,履行义务。

合伙人以其在合伙企业中的财产份额出质的,须经其他合伙人一致同意;未经其他合伙人一致同意,其行为无效,由此给善意第三人造成损失的,由行为人依法承担赔偿责任。

(三)合伙事务的执行

《合伙企业法》第二十六条规定,合伙人对执行合伙事务享有同等的权利。按照合伙协议的约定或者经全体合伙人决定,可以委托一个或者数个合伙人对外代表合伙企业,执行合伙事务;作为合伙人的法人、其他组织执行合伙事务的,由其委派的代表执行。

依照上述规定委托一个或者数个合伙人执行合伙事务的,其他合伙人不再执行合伙事务;不执行合伙事务的合伙人有权监督执行事务合伙人执行合伙事务的情况。

由一个或者数个合伙人执行合伙事务的,执行事务合伙人应当定期向其他合伙人报告事务执行情况以及合伙企业的经营和财务状况,其执行合伙事务所产生的收益归合伙企业,所产生的费用和亏损由合伙企业承担。

合伙人为了解合伙企业的经营状况和财务状况,有权查阅合伙企业会计账簿等财务资料。

合伙人分别执行合伙事务的,执行事务合伙人可以对其他合伙人执行的事务提出异议。提出异议时,应当暂停该项事务的执行。受委托执行合伙事务的合伙人不按照合伙协议或者全体合伙人的决定执行事务的,其他合伙人可以决定撤销该委托。

关于合伙企业的决议问题,《合伙企业法》第三十条规定,合伙人对合伙企业有关事项作出决议,按照合伙协议约定的表决办法办理。合伙协议未约定或者约定不明确的,实行合伙人一人一票并经全体合伙人过半数通过的表决办法。该法第三十一条规定,除合伙协议另有约定外,合伙企业的下列事项应当经全体合伙人一致同意:

(1)改变合伙企业的名称;

(2)改变合伙企业的经营范围、主要经营场所的地点;

(3)处分合伙企业的不动产;

(4)转让或者处分合伙企业的知识产权和其他财产权利;

(5)以合伙企业名义为他人提供担保;

(6)聘任合伙人以外的人担任合伙企业的经营管理人员。

关于竞业禁止问题,《合伙企业法》第三十二条规定,合伙人不得自营或者同他人合作经营与本合伙企业相竞争的业务。除合伙协议另有约定或者经全体合伙人一致同意外,合伙人不得同本合伙企业进行交易。合伙人不得从事损害本合伙企业利益的活动。

关于合伙企业的利润分配等问题,《合伙企业法》第三十三条规定,合伙企业的利润分配、亏损分担,按照合伙协议的约定办理;合伙协议未约定或者约定不明确的,由合伙人协商决定;协商不成的,由合伙人按照实缴出资比例分配、分担;无法确定出资比例的,由合伙人平均分配、分担。合伙协议不得约定将全部利润分配给部分合伙人或者由部分合伙人承担全部亏损。

合伙人按照合伙协议的约定或者经全体合伙人决定，可以增加或者减少对合伙企业的出资。

被聘任的合伙企业的经营管理人员应当在合伙企业授权范围内履行职务。被聘任的合伙企业的经营管理人员，超越合伙企业授权范围履行职务，或者在履行职务过程中因故意或者重大过失给合伙企业造成损失的，依法承担赔偿责任。

（四）合伙企业与第三人的关系

《合伙企业法》第三十七条规定，合伙企业对合伙人执行合伙事务以及对外代表合伙企业权利的限制，不得对抗善意第三人。

合伙企业对其债务，应先以其全部财产进行清偿。《合伙企业法》第三十九条明确规定，合伙企业不能清偿到期债务的，合伙人承担无限连带责任。第四十条又规定，合伙人由于承担无限连带责任，清偿数额超过其约定或规定的亏损分担比例的，有权向其他合伙人追偿。

合伙人发生与合伙企业无关的债务，相关债权人不得以其债权抵销其对合伙企业的债务；也不得代位行使合伙人在合伙企业中的权利。合伙人的自有财产不足清偿其与合伙企业无关的债务的，该合伙人可以以其从合伙企业中分取的收益用于清偿；债权人也可以依法请求人民法院强制将该合伙人在合伙企业中的财产份额用于清偿。人民法院强制执行合伙人的财产份额时，应当通知全体合伙人，其他合伙人有优先购买权；其他合伙人未购买，又不同意将该财产份额转让给他人的，依照《合伙企业法》第五十一条的规定为该合伙人办理退伙结算，或者办理削减该合伙人相应财产份额的结算。

（五）入伙与退伙

《合伙企业法》第四十三条规定，新合伙人入伙，除合伙协议另有约定外，应当经全体合伙人一致同意，并依法订立书面入伙协议。订立入伙协议时，原合伙人应当向新合伙人如实告知原合伙企业的经营状况和财务状况。

《合伙企业法》第四十四条规定，入伙的新合伙人与原合伙人享有同等权利，承担同等责任。入伙协议另有约定的，从其约定。新合伙人对入伙前合伙企业的债务承担无限连带责任。

关于退伙，《合伙企业法》第四十五条规定，合伙协议约定合伙期限的，在合伙企业存续期间，有下列情形之一的，合伙人可以退伙：

（1）合伙协议约定的退伙事由出现；

（2）经全体合伙人一致同意；

（3）发生合伙人难以继续参加合伙的事由；

（4）其他合伙人严重违反合伙协议约定的义务。

《合伙企业法》第四十六条规定，合伙协议未约定合伙期限的，合伙人在不给合伙企业事务执行造成不利影响的情况下，可以退伙，但应当提前三十日通知其他合伙人。合伙人违反上述规定退伙的，应当赔偿由此给合伙企业造成的损失。

另外，《合伙企业法》第四十八条规定，合伙人有下列情形之一的，当然退伙：

（1）作为合伙人的自然人死亡或者被依法宣告死亡；

（2）个人丧失偿债能力；

（3）作为合伙人的法人或者其他组织依法被吊销营业执照、责令关闭、撤销，或者被宣告破产；

（4）法律规定或者合伙协议约定合伙人必须具有相关资格而丧失该资格；

（5）合伙人在合伙企业中的全部财产份额被人民法院强制执行。

合伙人被依法认定为无民事行为能力人或者限制民事行为能力人的，经其他合伙人一致同意，可以依法转为有限合伙人，普通合伙企业依法转为有限合伙企业。其他合伙人未能一致同意的，该无民事行为能力或者限制民事行为能力的合伙人退伙。

退伙事由实际发生之日为退伙生效日。

关于除名问题，《合伙企业法》第四十九条规定，合伙人有下列情形之一的，经其他合伙人一致同意，可以决议将其除名：

（1）未履行出资义务；

（2）因故意或者重大过失给合伙企业造成损失；

（3）执行合伙事务时有不正当行为；

（4）发生合伙协议约定的事由。

对合伙人的除名决议应当书面通知被除名人。被除名人接到除名通知之日，除名生效，被除名人退伙。

被除名人对除名决议有异议的，可以自接到除名通知之日起三十日内，向人民法院起诉。

《合伙企业法》第五十条规定，合伙人死亡或者被依法宣告死亡的，对该合伙人在合伙企业中的财产份额享有合法继承权的继承人，按照合伙协议的约定或者经全体合伙人一致同意，从继承开始之日起，取得该合伙企业的合伙人资格。

有下列情形之一的，合伙企业应当向合伙人的继承人退还被继承合伙人的财产份额：

（1）继承人不愿意成为合伙人；

（2）法律规定或者合伙协议约定合伙人必须具有相关资格，而该继承人未取得该资格；

（3）合伙协议约定不能成为合伙人的其他情形。

合伙人的继承人为无民事行为能力人或者限制民事行为能力人的，经全体合伙人一致同意，可以依法成为有限合伙人，普通合伙企业依法转为有限合伙企业。全体合伙人未能一致同意的，合伙企业应当将被继承合伙人的财产份额退还该继承人。

合伙人退伙，其他合伙人应当与该退伙人按照退伙时的合伙企业财产状况进行结算，退还退伙人的财产份额。退伙人对给合伙企业造成的损失负有赔偿责任的，相应扣减其应当赔偿的数额。退伙时有未了结的合伙企业事务的，待该事务了结后进行结算。

退伙人在合伙企业中财产份额的退还办法，由合伙协议约定或者由全体合伙人决定，可以退还货币，也可以退还实物。

需注意的是，《合伙企业法》第五十三条规定，退伙人对基于其退伙前的原因发生的合伙企业债务，承担无限连带责任。

合伙人退伙时，合伙企业财产少于合伙企业债务的，退伙人应当依法分担亏损。

【例3-2】某A、某B和某C为新锐之光普通合伙企业的合伙人。三人各出资10万元，并约定按出资比例承担盈亏。由于经营不善，合伙企业严重亏损，欠债权人45万元贷款无

法偿还，债权人向某 A、某 C 主张债权时，他们以企业已破产解散为由拒绝偿还；债权人向某 B 主张全部债权时，某 B 以合伙协议约定按出资比例承担盈亏为由，只偿还了自己应承担的份额，即 15 万元。问：

1. 上述合伙人的理由是否合法？为什么？

2. 合伙企业的债务应如何承担？

【例 3-2】分析

【例 3-3】2012 年 9 月，高某、林某、赵某、钱某四人成立了普通合伙企业兴隆乳品厂。企业经营业绩良好，2013 年 1 月，张某、王某（系赵某的表弟）要求入伙。四人一致同意张某入伙，但林某反对王某入伙，赵某以多数同意为由邀王某入伙。同年 5 月，高某因飞机失事死亡，其儿子小高（已成年）要求成为合伙人。同年 8 月，钱某在一起车祸中被撞成植物人，失去民事行为能力。其他合伙人一致同意将其开除合伙。

2014 年 3 月，合伙人由于合伙事务发生纠纷，诉至法院。经查：2012 年 10 月，兴隆乳品厂为研发新技术，向新兴药业有限公司借款 50 万元，至今未还；小高成为合伙人未经林某同意。问：

1. 张某、王某的入伙行为性质如何认定？

2. 张某认为合伙企业欠新兴药业有限公司的 50 万元发生在其入伙前，拒绝承担债务，是否成立？为什么？

3. 小高能否因继承当然成为本合伙企业的合伙人？本案中，他应如何维护自己的权益？

【例 3-3】分析

4. 钱某于 2013 年 8 月发生意外事故后，其他合伙人将其开除合伙是否适当？为什么？

四、特殊的普通合伙企业

《合伙企业法》第五十五条规定，以专业知识和专门技能为客户提供有偿服务的专业服务机构，可以设立为特殊的普通合伙企业。

特殊的普通合伙企业名称中应当标明"特殊普通合伙"字样。

关于特殊的普通合伙，《合伙企业法》第五十七条规定，一个合伙人或者数个合伙人在执业活动中因故意或者重大过失造成合伙企业债务的，应当承担无限责任或者无限连带责任，其他合伙人以其在合伙企业中的财产份额为限承担责任。

合伙人在执业活动中非因故意或者重大过失造成的合伙企业债务以及合伙企业的其他债务，由全体合伙人承担无限连带责任。

合伙人执业活动中因故意或者重大过失造成的合伙企业债务，以合伙企业财产对外承担责任后，该合伙人应当按照合伙协议的约定对给合伙企业造成的损失承担赔偿责任。

《合伙企业法》第五十九条规定，特殊的普通合伙企业应当建立执业风险基金、办理职业保险。执业风险基金用于偿付合伙人执业活动造成的债务。执业风险基金应当单独立户管理。具体管理办法由国务院规定。

【例 3-4】A、B、C 三名注册会计师各出资 50 万元，设立了特殊普通合伙企业××会计师事务所，明确合伙损益由三人平分。2009 年该事务所净资产达 300 万元，12 月份，A 在一项受托审计业务中发生重大过失，致使合伙企业承担 500 万元的债务。试分析：

1. 此债务应如何承担?

2. 若合伙企业 500 万元的债务并非 A 故意或重大过失造成,此债务又如何承担?

【例 3-4】分析

五、有限合伙企业

(一)有限合伙企业的概念

有限合伙企业是指由普通合伙人和有限合伙人组成的合伙企业,该类合伙企业的普通合伙人对合伙企业债务承担无限连带责任,有限合伙人以其认缴的出资额为限对合伙企业债务承担责任。2007 年 6 月 1 日,修订的《合伙企业法》正式施行后,青岛葳尔、南海创投等股权投资类有限合伙企业陆续成立,为中国私募基金和股权投资基金发展掀开了新的篇章。这些企业均为典型的有限合伙企业。

(二)有限合伙企业的设立

有限合伙企业由两个以上五十个以下合伙人设立;但是,法律另有规定的除外。有限合伙企业至少应当有一个普通合伙人,且企业名称中应当标明"有限合伙"字样。

关于有限合伙人的出资,《合伙企业法》第六十四条规定,有限合伙人可以用货币、实物、知识产权、土地使用权或者其他财产权利作价出资。但需注意的是,有限合伙人不得以劳务出资。

(三)合伙事务的执行

有限合伙企业由普通合伙人执行合伙事务。执行事务合伙人可以要求在合伙协议中确定执行事务的报酬及报酬提取方式。

《合伙企业法》第六十八条明确规定,有限合伙人不执行合伙事务,不得对外代表有限合伙企业。

但是,有限合伙人的下列行为,不视为执行合伙事务:

(1)参与决定普通合伙人入伙、退伙;

(2)对企业的经营管理提出建议;

(3)参与选择承办有限合伙企业审计业务的会计师事务所;

(4)获取经审计的有限合伙企业财务会计报告;

(5)对涉及自身利益的情况,查阅有限合伙企业财务会计账簿等财务资料;

(6)在有限合伙企业中的利益受到侵害时,向有责任的合伙人主张权利或者提起诉讼;

(7)执行事务合伙人怠于行使权利时,督促其行使权利或者为了该企业的利益以自己的名义提起诉讼;

(8)依法为该企业提供担保。

有限合伙企业不得将全部利润分配给部分合伙人;但是,合伙协议另有约定的除外。

需注意的是,在竞业禁止方面,有限合伙人与普通合伙人有很大的不同。根据《合伙企业法》第七十条的规定,有限合伙人可以同本有限合伙企业进行交易;但是,合伙协议另有约定的除外。《合伙企业法》第七十一条又规定,有限合伙人可以自营或者同他人合作经营与本有限合伙企业相竞争的业务;但是,合伙协议另有约定的除外。

除了享有自我交易自由、竞业自由之外,有限合伙人还享有出质自由。《合伙企业法》第七十二条、七十三条、第七十四条规定,有限合伙人可以将其在有限合伙企业中的财产份额出质;但是,合伙协议另有约定的除外。有限合伙人可以按照合伙协议的约定向合伙人以外的人转让其在有限合伙企业中的财产份额,但应当提前三十日通知其他合伙人。

有限合伙人的自有财产不足清偿其与合伙企业无关的债务的,该合伙人可以以其从有限合伙企业中分取的收益用于清偿;债权人也可以依法请求人民法院强制执行该合伙人在有限合伙企业中的财产份额用于清偿。人民法院强制执行有限合伙人的财产份额时,应当通知全体合伙人。在同等条件下,其他合伙人有优先购买权。

此外,《合伙企业法》第七十五条规定,有限合伙企业仅剩有限合伙人的,应当解散;有限合伙企业仅剩普通合伙人的,转为普通合伙企业。第七十六条规定,第三人有理由相信有限合伙人为普通合伙人并与其交易的,该有限合伙人对该笔交易承担与普通合伙人同样的责任。

有限合伙人未经授权以有限合伙企业名义与他人进行交易,给有限合伙企业或者其他合伙人造成损失的,该有限合伙人应当承担赔偿责任。

(四)入伙与退伙

新入伙的有限合伙人对入伙前有限合伙企业的债务,以其认缴的出资额为限承担责任。

作为有限合伙人的自然人在有限合伙企业存续期间丧失民事行为能力的,其他合伙人不得因此要求其退伙。作为有限合伙人的自然人死亡、被依法宣告死亡或者作为有限合伙人的法人及其他组织终止时,其继承人或者权利承受人可以依法取得该有限合伙人在有限合伙企业中的资格。

有限合伙人退伙后,对基于其退伙前的原因发生的有限合伙企业债务,以其退伙时从有限合伙企业中取回的财产承担责任。

除合伙协议另有约定外,普通合伙人转变为有限合伙人,或者有限合伙人转变为普通合伙人,应当经全体合伙人一致同意。

有限合伙人转变为普通合伙人的,对其作为有限合伙人期间有限合伙企业发生的债务承担无限连带责任。普通合伙人转变为有限合伙人的,对其作为普通合伙人期间合伙企业发生的债务承担无限连带责任。

【例 3-5】甲、乙、丙、丁共同投资设立了 A 有限合伙企业(以下简称 A 企业)。合伙协议约定:甲、乙为普通合伙人,分别出资 10 万元;丙、丁为有限合伙人,分别出资 15 万元;四方共同约定由甲执行合伙企业事务,对外代表 A 企业。

2013 年 12 月,甲以 A 企业的名义与 B 公司签订了一份 35 万元的买卖合同。乙获知后,认为该买卖合同损害了 A 企业的利益,且甲的行为违反了 A 企业内部规定的甲无权单独与第三人签订超过 30 万元合同的限制,遂要求各合伙人作出决议,撤销甲代表 A 企业签订合同的资格。问:

1. 四方约定由甲单独执行合伙企业事务是否符合法律规定?

2. 甲以 A 企业的名义与 B 公司签订的买卖合同是否有效?

3. 合伙人对撤销甲代表 A 企业签订合同的资格事项作出决议,在合伙协议未约定表决办法的情况下,应当如何表决?

【例 3-5】分析

【例3-6】甲、乙、丙、丁按照我国《合伙企业法》的规定,共同设立一从事商品流通的有限合伙企业。合伙协议约定了以下事项:

1.甲以现金5万元出资,乙以房屋作价8万元出资,丙以劳务作价4万元出资,另外以商标权作价5万元出资,丁以现金10万元出资;

2.丁为普通合伙人,甲、乙、丙均为有限合伙人;

3.各合伙人按相同比例分配盈利、分担亏损;

4.合伙企业的事务由丙和丁执行,甲和乙不执行合伙企业事务,也不对外代表合伙企业;

5.普通合伙人向合伙人以外的人转让财产份额的,不需要经过其他合伙人同意;

6.合伙企业名称为"威达物流合伙企业"。

问:

1.合伙人丙以劳务作价出资的做法是否符合规定?

2.合伙企业事务执行方式是否符合规定?

3.关于合伙人转让出资的约定是否符合法律规定?

4.合伙企业名称是否符合规定?

5.各合伙人按照相同比例分配盈利、分担亏损的约定是否符合规定?

【例3-6】分析

六、普通合伙与有限合伙的主要区别

普通合伙与有限合伙的主要区别,可以简单概括如下。

(一)合伙人数不同

普通合伙有两个以上合伙人。有限合伙由两个以上五十个以下合伙人设立;但是,法律另有规定的除外。

(二)合伙人承担的责任的性质不同

普通合伙的全体合伙人对合伙企业债务承担无限连带责任。有限合伙中的普通合伙人对合伙企业债务承担无限连带责任,有限合伙人以其认缴的出资额为限对合伙企业债务承担责任。

(三)出资方式不同

普通合伙中的合伙人可以用货币、实物、知识产权、土地使用权或者其他财产权利出资,也可以用劳务出资。有限合伙中的有限合伙人不得以劳务出资。

(四)合伙人的权利义务不同

普通合伙的合伙人对执行合伙事务享有同等的权利。有限合伙企业由普通合伙人执行合伙事务,有限合伙人不执行合伙事务,不得对外代表有限合伙企业。

(五)竞业禁止不同

普通合伙的合伙人不得自营或者同他人合作经营与本合伙企业相竞争的业务。在有限合伙中,有限合伙人可以自营或者同他人合作经营与本有限合伙企业相竞争的业务;但是,合伙协议另有约定的除外。

（六）是否允许合伙人同合伙企业交易不同

普通合伙中,除合伙协议另有约定或者经全体合伙人一致同意外,合伙人不得同本合伙企业进行交易。有限合伙中的有限合伙人可以同本有限合伙企业进行交易;但是,合伙协议另有约定的除外。

（七）对合伙人将自己在合伙中的份额出质的要求不同

普通合伙中的合伙人以其在合伙企业中的财产份额出质的,须经其他合伙人一致同意;未经其他合伙人一致同意,其行为无效,由此给善意第三人造成损失的,由行为人依法承担赔偿责任。有限合伙中的有限合伙人可以将其在有限合伙企业中的财产份额出质,但是,合伙协议另有约定的除外。

七、合伙企业的解散与清算

合伙企业有下列情形之一的,应当解散:

(1)合伙期限届满,合伙人决定不再经营;

(2)合伙协议约定的解散事由出现;

(3)全体合伙人决定解散;

(4)合伙人已不具备法定人数满三十天;

(5)合伙协议约定的合伙目的已经实现或者无法实现;

(6)依法被吊销营业执照、责令关闭或者被撤销;

(7)法律、行政法规规定的其他原因。

合伙企业解散,应当由清算人进行清算。

清算人由全体合伙人担任;经全体合伙人过半数同意,可以自合伙企业解散事由出现后十五日内指定一个或者数个合伙人,或者委托第三人,担任清算人。自合伙企业解散事由出现之日起十五日内未确定清算人的,合伙人或者其他利害关系人可以申请人民法院指定清算人。

清算人在清算期间执行下列事务:

(1)清理合伙企业财产,分别编制资产负债表和财产清单;

(2)处理与清算有关的合伙企业未了结事务;

(3)清缴所欠税款;

(4)清理债权、债务;

(5)处理合伙企业清偿债务后的剩余财产;

(6)代表合伙企业参加诉讼或者仲裁活动。

清算人自被确定之日起十日内将合伙企业解散事项通知债权人,并于六十日内在报纸上公告。债权人应当自接到通知书之日起三十日内,未接到通知书的自公告之日起四十五日内,向清算人申报债权。债权人申报债权,应当说明债权的有关事项,并提供证明材料。清算人应当对债权进行登记。

清算期间,合伙企业存续,但不得开展与清算无关的经营活动。

清算结束,清算人应当编制清算报告,经全体合伙人签名、盖章后,在十五日内向企业登记机关报送清算报告,申请办理合伙企业注销登记。

合伙企业注销后,原普通合伙人对合伙企业存续期间的债务仍应承担无限连带责任。

合伙企业不能清偿到期债务的,债权人可以依法向人民法院提出破产清算申请,也可以要求普通合伙人清偿。

合伙企业依法被宣告破产的,普通合伙人对合伙企业债务仍应承担无限连带责任。

【思考题】

1.什么是个人独资企业? 其有什么法律特征?

2.什么是合伙企业? 其有什么特征?

3.我国的合伙企业种类有哪些? 普通合伙企业、特殊的普通合伙企业、有限合伙企业各有什么特点?

4.如何理解合伙人对合伙企业承担的责任?

第四章 公司法

【本章概要】本章主要介绍公司的概念、特征、种类,有限责任公司设立的条件与程序、组织机构的职能,对赌协议,隐名股东,股份有限公司设立的条件与程序、组织机构的职能及股份发行与转让等问题。

第一节 公司法概述

一、公司与公司法

(一)公司

可以从汉语的角度分析"公司"这两个字,所谓"公",可以理解成"两人以上方为公",故2005年《中华人民共和国公司法》(以下简称《公司法》)修订之前,公司的设立条件中一直有"两个以上股东";"司"则作动词解,可以理解为"做什么""干什么",我们可以将其引申为"经营管理"。公司的重要主体——股东,我们可以这样理解:"股",可以理解为"股权、股份";"东"可以理解为"东家、主人"。如此,"公司"的概念,基本上可以简单地理解为"两个以上股份的主人,一起从事经营管理"。公司的这个特点,在《公司法》允许设立一人公司之前,体现得更为明显。

根据《公司法》的规定,公司是指股东依法以投资方式设立,以营利为目的,以其认缴的出资额或认购的股份为限对公司承担责任,公司以其全部独立法人财产对公司债务承担责任的企业法人。

因此,公司是指依照法律规定的条件由各股东投资设立,以营利为目的,以有限责任为特征,具备独立法人资格的经济组织,具体包括以下特征。

1. 依法设立

所谓依法设立,是指公司的设立行为必须符合相关法律的规定,满足法律规定的条件,依循法律规定的程序。公司的依法设立保证了公司本身的合法性,同时也便利了国家的相关管理行为。

2. 以营利为目的

所谓以营利为目的,是指公司以获取最大利润为目的。公司的宗旨是获得利润的最大化,这决定了我国的公司具有明显的商事特征,是商法人,有别于不以营利为目的的公益法人,如教育、卫生以及慈善机构等,也有别于以行政管理为目的的国家机关和政府部门。

3.经由股东投资设立,股东对公司债务承担有限责任

公司是经由股东出资或认购股份而形成的经营组织,投资者出资或认购股份后成为公司股东,享有股权,一般而言,股权包括共益权和自益权。而公司则享有由股东出资形成的整体财产的法人财产权,有独立于股东的权利,可对公司财产进行占有、使用、收益和处分,形成被我国学者称为双重所有权,即法人财产权和股权的产权结构。在我国,无论是有限责任公司还是股份有限公司,股东对公司债务均承担有限责任。

4.具有独立的法人资格

所谓具有独立的法人资格,是指在任何时候,公司的存在都不依赖于股东或其他投资者,股东的死亡、终止或转让其股份都不影响公司作为一个独立的主体存在。从法律的角度看,公司是一个独立的法人,尽管公司的财产均来自股东的投资,但是股东一旦出资或认购,这部分财产即归公司所有,股东不得抽回。股东的投资成为公司的独立财产,并以此为基础对其债务承担独立于其他投资者的责任。

(二)公司法

1993年12月29日,我国颁布了新中国成立以来的第一部《公司法》,自1994年7月1日起实施。该法分别于1999年12月25日、2004年8月28日、2005年10月27日、2013年12月28日、2018年10月26日进行了修订。

其中特别值得一提的是作了较大修订的2014年修订后的《公司法》(2018年修订主要针对股份回购),全文共有二百一十八条,分成有限责任公司的股权转让,公司合并、分立、增资、减资和公司债券等十三章内容。

2014年《公司法》修改的内容主要涉及以下三个方面。

一是将注册资本实缴登记制改为认缴登记制。2014年《公司法》施行后,公司股东可以自主约定认缴出资额、出资方式、出资期限等,并记载于公司的章程。实缴制是指企业营业执照上的注册资本是多少,该公司的银行验资账户上就必须有相应数额的资金。认缴制则是工商部门只登记公司认缴的注册资本总额,无须登记实收资本,不再收取验资证明文件。

二是取消公司注册资本最低限额,放宽了注册资本登记条件。除了法律行政法规以及国务院决定对公司注册资本最低限额另有规定的情况,2014年《公司法》取消了有限责任公司最低注册资本三万元,一人有限责任公司最低注册资本十万元,股份有限公司最低注册资本五百万元的限制,不再限制公司设立时股东的首次出资比例,也不再限制股东的货币出资比例。

三是简化了公司注册的登记事项和登记文件。2014年《公司法》的修改进一步降低了公司设立门槛,减轻了投资者负担,便利了公司准入,有助于激发社会投资热情,鼓励创新创业,增强经济发展的内生动力;有助于鼓励个人创业,刺激个体经济的发展,也为工商部门推进注册资本登记制度改革提供了法制基础和保障,也将更进一步建立健全我国信用体系。

二、公司的种类

(一)以公司资本的结构和股东对公司债务承担责任的方式为标准的分类

以公司资本的结构和股东对公司债务承担责任的方式为标准,大陆法系国家将公司分为无限责任公司、两合公司、有限责任公司、股份有限公司和股份两合公司等五种,我国《公司法》仅规定了有限责任公司和股份有限公司。

无限责任公司简称无限公司,是指全体股东对公司债务承担无限连带责任的公司形式。有的国家将无限责任公司视为独立法人,而有的国家则不将无限责任公司视为法人,适用于合伙企业的相关法律规定。我国《公司法》没有规定此种形式。

两合公司是指一部分股东对公司债务承担有限责任,而另一部分股东对公司债务承担无限责任的公司形式。这种公司形式在现实经济生活中已经很少存在了,我国《公司法》没有规定此种形式。

有限责任公司是指全体股东对公司债务仅承担有限责任的公司形式。这种公司形式是大量中小企业采用的,是我国《公司法》规定的重要形式,也是国有独资公司采用的法定形式。

股份有限公司是指全部资本划分为等额股份,股东仅以其所持股份对公司债务承担有限责任的公司形式。它是现代企业的一种最典型的形式。从表面上看,其与有限责任公司的区别主要是资本是否划分为等额股份,其实质的区别以及其他内容下文详述。股份有限公司也是我国《公司法》规定的公司的重要形式。

股份两合公司是指一部分股东对公司债务承担无限责任,另一部分股东认购公司股份并以所持股份为限对公司债务承担有限责任的公司形式。现代各国已少有此种公司形式,许多国家的立法也不再规定这种形式,我国《公司法》也未规定此种形式。

(二)以公司的信用为标准的分类

依公司的信用标准不同,可将公司分为人合公司、资合公司以及人合兼资合公司。此种分类不是立法上的分类,而主要是学者在进行研究时所作的学理分类。所以,现实经济生活中没有其纯粹的表现形式。

人合公司是指以股东个人信用为信用基础的公司形式,其对外信用不取决于公司资本的拥有量,而在于股东的个人信用。无限责任公司是比较典型的人合公司的形式。

资合公司是指以公司的资本额为信用基础的公司形式,其对外信用不取决于股东的个人信用,而取决于公司的注册资本总额和实有资本的总额。股份有限公司是比较典型的资合公司的形式。

人合兼资合公司是指既以股东个人信用为基础又以公司的资本额为信用基础的公司形式,其对外信用不仅取决于公司的总资本额而且还取决于股东的个人信用。一般认为,有限责任公司是人合兼资合公司的形式。

(三)以公司的国籍为标准的分类

以公司的国籍为标准,可将公司分为本国公司、外国公司和多国公司。

这种分类形式首先涉及国籍的认定标准。根据我国《公司法》的规定,我国是把公司的住所地和注册登记地结合起来确定公司国籍的。

根据我国的公司国籍确定标准,本国(中国)公司是指在中国境内设立并依照中国法律在中国登记注册的公司。而外国公司则是指依照外国法律在中国境外登记成立的公司。多国公司又称跨国公司,是指在多个国家设立子公司的公司形式,一般由母公司和一些子公司组成。

(四)以公司之间的控制和依附关系为标准的分类

以公司之间的控制和依附关系为标准,可将公司分为母公司和子公司。

母公司是指在关联公司中处于控制地位的公司,凡拥有另一公司半数以上的股份并直接掌握其经营管理权的公司就是母公司。更广义的解释是,只要因所持股份或依合同等就可以控制另一公司的皆可称为母公司。我国一般采用前种解释。

子公司是指其半数以上的股份受其他公司控制的公司。子公司包括全资子公司和非全资子公司。依据我国《公司法》第十四条第二款的规定,子公司具有企业法人资格,依法独立承担责任,而母公司仅以出资额或所持股份为限承担有限责任,全资子公司亦然。

(五)以公司内部管辖系统或组织系统为标准的分类

以公司内部管辖系统或组织系统为标准,可将公司分为总公司和分公司。

总公司又称本公司,是指管辖其全部组织机构的总机构。分公司是指为总公司所管辖的公司分支机构。依据我国《公司法》第十三条第一款的规定,分公司不具有企业法人资格,其民事责任由总公司承担。

三、公司的名称与住所

(一)公司的名称

公司名称是公司人格特定化的标记。公司名称具有唯一性,一个公司只能有一个名称;公司名称还具有排他性,在一定范围内,只有一个公司能使用特定的、经过注册的名称。但根据1991年颁布的《企业名称登记管理规定》,我国公司名称的排他范围是相当有限的,即仅在同一登记机关辖区内,同行业的企业不能有相同或类似的名称。

根据《公司法》《企业名称登记管理规定》及相关的行政规范,我国公司的名称应当标明以下内容:

(1)公司种类。凡是依《公司法》设立的公司,必须在公司名称中标明"有限责任公司"或"股份有限公司"的字样。

(2)公司注册机关的行政级别和行政管辖范围。

(3)公司的行业或经营特点,即公司的主营业务和行业性质。

(4)商号。商号是公司人格特定化的标记,也是公司名称中唯一可以由当事人自主选择的内容。商号应由两个以上汉字或少数民族文字组成。

根据《企业名称登记管理规定》,公司名称中不得含有下列内容和文字:

(1)有损于国家、社会公共利益的;

(2)可能对公众造成欺骗或误解的;

(3)外国国家(地区)名称、国际组织名称;

(4)政党名称、党政机关名称、群众组织名称、社会团体名称及部队番号;

(5)汉语拼音字母(外文名称中使用的除外)、数字;

(6)其他法律、行政法规规定禁止的。

根据《企业名称登记管理规定》和相关法律法规,下列内容和文字,只有符合一定条件者方可在公司名称中使用:

(1)全国性公司、大型进出口公司、大型企业集团才可以在名称中使用"中国""中华""全国""国际"等字样;

(2)具有三个以上分支机构的公司才可以在名称中使用"总"字;

(3)只有私人企业、外商投资企业才可以在名称中使用投资者的姓名;

（4）具有三个以上子公司或分公司的，才可以在商号中使用"开发""实业""发展"等文字。

公司名称的登记一般与公司开业登记同时进行。但是，如有特殊原因，也可以在开业登记之前，预先单独申请公司名称登记。公司名称登记之后，由登记机关颁发企业名称登记证书。根据《中华人民共和国公司登记管理条例》（以下简称《公司登记管理条例》），法律、行政法规规定设立公司必须报经审批（如股份有限公司）或者公司经营范围中有法律法规规定必须报经审批的项目的（如保险公司、证券公司等），应在报送审批前办理公司名称预先核准，并以公司登记机关核准的名称报送审批。

公司名称可以转让，但应伴随该名称所代表的公司本身的全部或部分转让。因此，通常只有在公司收购、合并、分立的情况下发生公司名称的转让。

（二）公司的住所

住所是公司章程的必备条款，也是公司注册登记的事项之一。公司成立之前就应有拟定住所，公司住所应依法登记，住所变更亦应作变更登记。公司住所应作登记而未登记或住所变更而不作变更登记的，不得以其事项对抗第三人。根据我国《公司法》第十条的规定，公司以其主要办事机构所在地为住所。

在我国公司住所具有以下法律效果：

（1）在民事诉讼中，住所地是确认地域管辖和诉讼文书送达地的一项基本标准；

（2）在合同关系中，倘若履行地不明确，住所地是确认合同履行地的唯一标准；

（3）在工商行政管理关系中，住所地通常与行政管辖范围一致；

（4）在涉外民事关系中，住所地是认定适用何种法律的依据之一。

【例 4-1：公司为他人提供担保问题】

（1）a 为 A 公司的董事长兼总经理、法定代表人。

B 公司为 A 公司的长期合作伙伴。2008 年 7 月，B 公司因为一项贷款业务，需要 A 公司提供担保。a 考虑到两者的友好关系，二话不说，立即作为 A 公司的法定代表人在担保书上签字，同意为 B 公司提供担保。

讨论 A 公司担保的效力。

【例 4-1】分析

（2）现在 A 公司的老总 a 自己要贷款，需要担保人，a 特地召开股东会，全体股东均隆重出席，a 也为公司股东，所占股份达到 67%。股东会以 2/3 以上的多数表决权表决通过了公司为 a 提供担保的决议。

在 A 公司的担保下，a 取得了贷款。

请再讨论该担保的效力。

【例 4-2：股东滥用公司法人独立地位及股东有限责任】

a 于 2008 年 2 月成立了公司 A，a 为公司法定代表人。3 月，a 成立了公司 B，B 公司的人员基本上为 A 公司的原班人马，实为一套人马，两块牌子。在 B 公司运营过程中，所有的费用均由 A 公司支付，最终掏空了 A 公司。2008 年 7 月，A 公司拖欠 C 公司债务达 3000 万元，被诉至法院。诉讼中，a 声称 A 公司资不抵债，无力还款。因 A 公司为独立法人，a 声称本人与 B 公司并无连带责任。C 公司陷入困境。

【例 4-2】分析

试讨论此案。

第二节　有限责任公司

一、有限责任公司的概念与特征

(一)有限责任公司的概念

我国《公司法》上的有限责任公司是指由五十个以下股东依法出资设立,每个股东以其出资额为限对公司承担责任,公司以其全部资产对公司的债务承担责任的企业法人。

有限责任公司这种公司形式由德国于1892年首创。在公司的立法史上,有限责任公司的出现比股份有限公司要晚很多。作为新的公司形式,其设计者针对股份有限公司集资功能强但投机性过强、公司缺乏凝聚力的特点,试图结合人合公司的凝聚功能和资合公司的集资功能,创造股东负有限责任但公司具有相当封闭性的新的公司形式。这种新的公司形式一方面承继了股份有限公司股东责任有限且风险恒定的集资激励,另一方面,限定股东人数和保持相对的封闭性,从而克服了股份有限公司股东人数过多没有凝聚力的弊端,具有相当的发展优势。因此,德国于1892年4月20日通过《有限责任公司法》后,有限责任公司很快为瑞士、法国等大陆法系国家所仿效,并相继对其立法。

英美法系没有有限责任公司的概念,与之近似的是所谓封闭公司(closely held corporation)或私公司(private company)。这种公司形式,股东人数受到限制,一般较少,股份转让相对受限,不能公开募集股份或债券;股东承担有限责任,对外具备独立的法人地位,对内具有人合公司的特质,颇受投资者尤其是创办中小企业的投资者的欢迎。

(二)有限责任公司的特征

在整个企业序列中,"有限责任"和"封闭性"构成有限责任公司同其他企业形式相区别的重要的特征,也构成界定有限责任公司的主要标准。其中,"有限责任"是指有限责任公司的股东仅以其出资额为限对公司债务承担责任而公司也仅以其全部资产对其债务承担责任的制度,这是有限责任公司区别于合伙、独资企业的特殊制度。而"封闭性"则使有限责任公司和股份有限公司有了显著的差异,有限责任公司的封闭性主要表现在以下几个方面:

(1)不能公开募集股份,不能发行股票,股东的出资证明为不能流通的股单;

(2)股东的人数受到限制,并且股东通常直接参与公司的经营管理;

(3)出资的转让受到限制,股东的组成相对稳定;

(4)公司的财务会计等信息资料无须向社会公开。

二、有限责任公司的设立

(一)有限责任公司设立的条件

根据我国《公司法》第二十三条的规定,设立有限责任公司,应当具备下列条件。

(1)股东符合法定人数。我国《公司法》对有限责任公司的股东人数规定了五十人的上限,充分反映了有限责任公司人合兼资合的相对封闭特征。

(2)有符合公司章程规定的全体股东认缴的出资额。有限责任公司的注册资本为在公司登记机关登记的全体股东认缴的出资额。法律、行政法规以及国务院决定对有限责任公司注册资本实缴、注册资本最低限额另有规定的，从其规定。

（3）股东共同制定公司章程。有限责任公司章程是记载公司组织规范及行为准则的书面文件，应由全体股东共同订立并签名盖章，体现着全体股东的共同意志，对全体股东以及公司的组织机构和经营管理人员均有约束力。

根据我国《公司法》的规定，有限责任公司章程应载明以下事项：①公司名称和住所；②公司经营范围；③公司注册资本；④股东的姓名或者名称；⑤股东的出资方式、出资额和出资时间；⑥公司的机构及其产生办法、职权、议事规则；⑦公司的法定代表人；⑧股东会会议认为需要规定的其他事项。

（4）有公司名称，建立符合要求的组织机构。有限责任公司的名称通常应包含四部分内容，即地名、字号（商号）、行业性质和公司种类。其中字号是公司的特有标志，不得和同一注册机关的其他公司相混同，也不得侵害他人的在先权利。至于公司种类，按照《公司法》的规定，有限责任公司必须在名称中标明"有限责任公司"的字样。有限责任公司的组织机构是依法行使公司决策、执行和监督权能的机构，是进行内部管理和对外交往的机关，设立有限责任公司必须建立与其规模相适应的组织机构，以有效地进行经营管理并谋求股东共同利益的最大化。按照《公司法》的要求，有限责任公司应当设立股东会、董事会和监事会，股东人数较少和公司规模较小的公司可以不设董事会和监事会，但必须任命董事和监事。

（5）有公司住所。

（二）有限责任公司的出资

《公司法》规定，股东可以用货币出资，也可以用实物、知识产权、土地使用权等可以用货币估价并可以依法转让的非货币财产作价出资；但是，法律、行政法规规定不得作为出资的财产除外。对作为出资的非货币财产应当评估作价，核实财产，不得高估或者低估作价。法律、行政法规对评估作价有规定的，从其规定。可见，有限责任公司的出资方式有货币及实物、知识产权、土地使用权等可以用货币估价并可以依法转让的非货币财产。

股东应当按期足额缴纳公司章程中规定的各自所认缴的出资额。股东以货币出资的，应当将货币出资足额存入有限责任公司在银行开设的账户；以非货币财产出资的，应当依法办理其财产权的转移手续。股东不按照前款规定缴纳出资的，除应当向公司足额缴纳外，还应当向已按期足额缴纳出资的股东承担违约责任。

股东认足公司章程规定的出资后，由全体股东指定的代表或者共同委托的代理人向公司登记机关报送公司登记申请书、公司章程等文件，申请设立登记。

有限责任公司成立后，发现作为设立公司出资的非货币财产的实际价额显著低于公司章程所定价额的，应当由交付该出资的股东补足其差额；公司设立时的其他股东承担连带责任。

有限责任公司成立后，应当向股东签发由公司盖章的出资证明书。出资证明书应当载明以下事项：①公司名称；②公司成立日期；③公司注册资本；④股东的姓名或者名称、缴纳的出资额和出资日期；⑤出资证明书的编号和核发日期。

【例 4-3：公司认缴设立制度隐藏的风险】

目前的《公司法》规定有限责任公司的注册资本实行认缴制，且无最低注册资本的限制

（法律另有规定的除外）。这一规定大大降低了创业的门槛，鼓励创业投资。

但是，这个制度是否只有好处，没有风险呢？在法律实务操作中，笔者曾多次遇到创业者注册公司时，有意地扩大注册资金的情况，这样在公司承接业务和投标中能获得优势。并且，创业者认为反正有限责任公司的注册资本实行认缴制，如果公司经营不下去，大不了注销公司或申请破产，不会涉及创业者和股东的过多责任。真的是这样吗？创业者自己真的想认缴多少就可以随意认缴多少而不需要承担责任吗？

事实并非如此！

我们先来看一个例子。

A、B、C 三个人作为股东，成立了甲公司，A 作为甲公司的大股东，占了 90% 的股份，且是公司的董事长兼总经理，是公司的法定代表人，公司的注册资本为 5000 万元。事实上，A 还采用认缴制成立同样注册资本在 5000 万元以上的另外两家公司，且 A 在每一家的持股比例均不低于 80%。

有一天，A 的好朋友 D 来找 A，要 A 帮个忙，为他的公司乙的一笔 5000 万元的借款作担保，并让 A 尽管放心，保证不会出问题。A 考虑到与 D 的友好关系，又比较相信 D，同意做担保。但很不幸，乙公司此后陷入债务纠纷最终无法偿债，甲公司作为担保人也因此被债权人告上法庭。考虑到公司经营状况不佳，A 打算将公司注销掉，但发现事情并没有他想得这么简单。事实上，因为经营不善，公司并没有赢利，A 要按照认缴的注册资本的额度承担相应的法律责任。本案中 A 占有甲公司 90% 的股份，根据《公司法》，股东以其出资额对公司债务承担有限责任。由于 A 没有认缴出资，他要承担 4500 万元认缴出资额限度内的责任。

考虑到 A 还有认缴成立的另外两家 5000 万元注册资金的公司，且 A 在每家的持股比例均不低于 80%，故实际上 A 头上天天悬着三颗雷，随便爆哪一颗，都有极大的风险。

需注意的是，认缴额过大还存在以下税务及法律风险。

1. 税务风险——多缴企业所得税

根据国家税务总局《关于企业投资者投资未到位而发生的利息支出企业所得税前扣除问题的批复》（国税函〔2009〕312 号）的规定，凡企业投资者在规定期限内未缴足其应缴资本额的，该企业对外借款所发生的利息，相当于投资者实缴资本额与在规定期限内应缴资本额的差额应计付的利息，其不属于企业合理的支出，应由企业投资者负担，不得在计算企业应纳税所得额时扣除。因此，企业若在生产经营过程中，逾期未缴足出资额的，那企业对外借款所产生的利息，就不得在计算企业所得税应纳税额时扣除，从而带来企业所得税缴纳金额的增加。

2. 法律风险——缴足出资或补充清偿债务

根据最高人民法院《关于适用〈中华人民共和国公司法〉若干问题的规定（二）》（以下简称《公司法》司法解释二）第二十二条以及《关于适用〈中华人民共和国公司法〉若干问题的规定（三）》（以下简称《公司法》司法解释三）第十三条的规定，在出资期限内未缴足出资额的股东存在以下两方面的风险。

（1）缴足出资

根据《公司法》司法解释三第十三条第一款的规定，股东未缴足出资的，公司和其他股东均可以以原告的身份要求其全面履行出资义务。

（2）在未缴足的出资额内承担补充赔偿责任

根据《公司法》司法解释二第二十二条第二款以及《公司法》司法解释三第十三条第二款的规定，在公司解散或其他情形下，如果公司的财产不足以清偿债权人的债权，那么债权人有权要求未缴足出资的股东在未缴足出资额的本息范围内承担补充赔偿责任（另外，债权人可以同时要求公司设立时的股东承担连带责任）。

综上，注册资本的认缴并不是越多越好。投资者及其合作者都需要做好相应的尽职调查工作，合理确定注册资本，避免风险。

（三）有限责任公司的股东

有限责任公司应当置备股东名册，记载以下事项：①股东的姓名或者名称及住所；②股东的出资额；③出资证明书编号。记载于股东名册的股东，可以依股东名册主张行使股东权利。公司应当将股东的姓名或者名称向公司登记机关登记；登记事项发生变更的，应当办理变更登记。未经登记或者变更登记的，不得对抗第三人。

股东有权查阅、复制公司章程、股东会会议记录、董事会会议决议、监事会会议决议和财务会计报告。

股东可以要求查阅公司会计账簿。股东要求查阅公司会计账簿的，应当向公司提出书面请求，说明目的。公司有合理根据认为股东查阅会计账簿有不正当目的，可能损害公司合法利益的，可以拒绝提供查阅，并应当自股东提出书面请求之日起十五日内书面答复股东并说明理由。公司拒绝提供查阅的，股东可以请求人民法院要求公司提供查阅。

股东按照实缴的出资比例分取红利；公司新增资本时，股东有权优先按照实缴的出资比例认缴出资。但是，全体股东约定不按照出资比例分取红利或者不按照出资比例优先认缴出资的除外。

公司成立后，股东不得抽逃出资。

三、有限责任公司的组织机构

有限责任公司的组织机构是依法行使公司决策、执行和监督权能的机构的总称，包括股东会、董事会、经理和监事会，它们分别是权力机构、执行机构和监督机构。

（一）股东会

股东会是由公司全体股东组成，是公司的最高权力机构，对外不代表公司，对内也不执行业务，属于非常设性机构。依照我国《公司法》第三十七条的规定，股东会行使以下职权：①决定公司的经营方针和投资计划；②选举和更换非由职工代表担任的董事、监事，决定有关董事、监事的报酬事项；③审议批准董事会的报告；④审议批准监事会或者监事的报告；⑤审议批准公司的年度财务预算方案、决算方案；⑥审议批准公司的利润分配方案和弥补亏损方案；⑦对公司增加或者减少注册资本作出决议；⑧对发行公司债券作出决议；⑨对公司合并、分立、解散、清算或者变更公司形式作出决议；⑩修改公司章程；⑪公司章程规定的其他职权。对前款所列事项股东以书面形式一致表示同意的，可以不召开股东会会议，直接作出决定，并由全体股东在决定文件上签名、盖章。

股东会的首次会议由出资最多的股东召集和主持，是公司成立后的第一次股东会议，依照法律的有关规定行使职权。股东会会议分为定期会议和临时会议。定期会议是按照章程的规定按时召开的,由全体股东参加的例会,也称年会或例会,通常一年举行一两次。而临时会议是公司根据需要临时召开的,代表十分之一以上表决权的股东,三分之一以上的董事,监事会或者不设监事会的公司的监事提议召开临时会议的,应当召开临时会议。

有限责任公司设立董事会的,股东会会议由董事会召集,董事长主持;董事长不能履行职务或者不履行职务的,由副董事长主持;副董事长不能履行职务或者不履行职务的,由半数以上董事共同推举一名董事主持。有限责任公司不设董事会的,股东会会议由执行董事召集和主持。董事会或者执行董事不能履行或者不履行召集股东会会议职责的,由监事会或者不设监事会的公司的监事召集和主持;监事会或者监事不召集和主持的,代表十分之一以上表决权的股东可以自行召集和主持。召开股东会会议,应当于会议召开十五日前通知全体股东;但是,公司章程另有规定或者全体股东另有约定的除外。股东会应当对所议事项的决定作成会议记录,出席会议的股东应当在会议记录上签名。

股东会会议由股东按照出资比例行使表决权;但是,公司章程另有规定的除外。股东会的议事方式和表决程序,除《公司法》有规定的外,由公司章程规定。

股东会会议作出修改公司章程、增加或者减少注册资本的决议,以及公司合并、分立、解散或者变更公司形式的决议,必须经代表三分之二以上表决权的股东通过。

(二)董事会

有限责任公司设董事会,其成员为三人至十三人;《公司法》另有规定的除外。两个以上的国有企业或者两个以上的其他国有投资主体投资设立的有限责任公司,其董事会成员中应当有公司职工代表;其他有限责任公司董事会成员中可以有公司职工代表。董事会中的职工代表由公司职工通过职工代表大会、职工大会或者其他形式民主选举产生。

有限责任公司的董事会对外代表公司,对内执行业务,是公司的常设性执行机构。董事会设董事长一人,可以设副董事长。股东人数较少或者公司规模较小的,可以设一名执行董事,不设董事会,执行董事可以兼任经理,执行董事的职权由公司章程规定。董事长、副董事长的产生办法由公司章程规定。董事任期由公司章程规定,但每届任期不得超过三年。董事任期届满,连选可以连任。董事任期届满未及时改选,或者董事在任期内辞职导致董事会成员低于法定人数的,在改选出的董事就任前,原董事仍应当依照法律、行政法规和公司章程的规定,履行董事职务。

董事会对股东会负责,根据《公司法》第四十六条的规定,董事会行使以下职权:①召集股东会会议,并向股东会报告工作;②执行股东会的决议;③决定公司的经营计划和投资方案;④制订公司的年度财务预算方案、决算方案;⑤制订公司的利润分配方案和弥补亏损方案;⑥制订公司增加或者减少注册资本以及发行公司债券的方案;⑦制订公司合并、分立、解散或者变更公司形式的方案;⑧决定公司内部管理机构的设置;⑨决定聘任或者解聘公司经理及其报酬事项,并根据经理的提名决定聘任或者解聘公司副经理、财务负责人及其报酬事项;⑩制定公司的基本管理制度;⑪公司章程规定的其他职权。

董事会会议由董事长召集和主持;董事长不能履行职务或者不履行职务的,由副董事长召集和主持;副董事长不能履行职务或者不履行职务的,由半数以上董事共同推举一名董事召集和主持。

董事会的议事方式和表决程序,除《公司法》有规定的外,由公司章程规定。董事会应当对所议事项的决定作成会议记录,出席会议的董事应当在会议记录上签名。董事会决议的表决,实行一人一票。

(三)经理

有限责任公司可以设经理,由董事会决定聘任或者解聘。经理对董事会负责,根据《公司法》第四十九条的规定,经理行使以下职权:①主持公司的生产经营管理工作,组织实施董事会决议;②组织实施公司年度经营计划和投资方案;③拟订公司内部管理机构设置方案;④拟订公司的基本管理制度;⑤制定公司的具体规章;⑥提请聘任或者解聘公司副经理、财务负责人;⑦决定聘任或者解聘除应由董事会决定聘任或者解聘以外的负责管理人员;⑧董事会授予的其他职权。公司章程对经理职权另有规定的,从其规定。经理列席董事会会议。

(四)监事会

有限责任公司设监事会,其成员不得少于三人。股东人数较少或者规模较小的有限责任公司,可以设一至两名监事,不设监事会。

监事会应当包括股东代表和适当比例的公司职工代表,其中职工代表的比例不得低于三分之一,具体比例由公司章程规定。监事会中的职工代表由公司职工通过职工代表大会、职工大会或者其他形式民主选举产生。监事会设主席一人,由全体监事过半数选举产生。监事会主席召集和主持监事会会议;监事会主席不能履行职务或者不履行职务的,由半数以上监事共同推举一名监事召集和主持监事会会议。

董事、高级管理人员不得兼任监事。监事的任期每届为三年。监事任期届满,连选可以连任。监事任期届满未及时改选,或者监事在任期内辞职导致监事会成员低于法定人数的,在改选出的监事就任前,原监事仍应当依照法律、行政法规和公司章程的规定,履行监事职务。

监事会、不设监事会的公司的监事行使以下职权:①检查公司财务;②对董事、高级管理人员执行公司职务的行为进行监督,对违反法律、行政法规、公司章程或者股东会决议的董事、高级管理人员提出罢免的建议;③当董事、高级管理人员的行为损害公司的利益时,要求董事、高级管理人员予以纠正;④提议召开临时股东会会议,在董事会不履行《公司法》规定的召集和主持股东会会议职责时召集和主持股东会会议;⑤向股东会会议提出提案;⑥依照《公司法》第一百五十一条的规定,对董事、高级管理人员提起诉讼;⑦公司章程规定的其他职权。

监事可以列席董事会会议,并对董事会决议事项提出质询或者建议。监事会、不设监事会的公司的监事发现公司经营情况异常,可以进行调查;必要时,可以聘请会计师事务所等协助其工作,费用由公司承担。监事会每年度至少召开一次会议,监事可以提议召开临时监事会会议。监事会的议事方式和表决程序,除《公司法》有规定的外,由公司章程规定。监事会决议应当经半数以上监事通过。监事会应当对所议事项的决定作成会议记录,出席会议的监事应当在会议记录上签名。监事会、不设监事会的公司的监事行使职权所必需的费用,由公司承担。

四、一人有限责任公司的特别规定

《公司法》用专门一节对一人有限责任公司的设立和组织机构作了特殊规定,以加强对其的监管。特殊规定以外的问题,则适用对有限责任公司的一般规定。

所谓一人有限责任公司,是指只有一个自然人股东或者一个法人股东的有限责任公司。根据《公司法》的规定,一个自然人只能投资设立一个一人有限责任公司。该一人有限责任公司不能投资设立新的一人有限责任公司。

一人有限责任公司应当在公司登记中注明自然人独资或者法人独资,并在公司营业执照中载明。

一人有限责任公司不设股东会。一人有限责任公司应当在每一会计年度终了时编制财务会计报告,并经会计师事务所审计。

一人有限责任公司的股东不能证明公司财产独立于股东自己的财产的,应当对公司债务承担连带责任。

由于《公司法》将注册资本实缴登记制改为认缴登记制,故对一人有限责任公司也不再设定最低注册资本的限制。

五、国有独资公司的特别规定

《公司法》所称的国有独资公司,是指国家单独出资、由国务院或者地方人民政府授权本级人民政府国有资产监督管理机构履行出资人职责的有限责任公司。《公司法》用专门一节对国有独资公司的设立和组织机构作了特殊规定。特殊规定以外的问题,则适用对有限责任公司的一般规定。

(一)章程制定的特别规定

国有独资公司章程由国有资产监督管理机构制定,或者由董事会制定报国有资产监督管理机构批准。

(二)组织机构的特别规定

国有独资公司不设股东会,由国有资产监督管理机构行使股东会职权。国有资产监督管理机构可以授权公司董事会行使股东会的部分职权,决定公司的重大事项,但公司的合并、分立、解散、增加或者减少注册资本和发行公司债券,必须由国有资产监督管理机构决定;其中,重要的国有独资公司合并、分立、解散、申请破产的,应当由国有资产监督管理机构审核后,报本级人民政府批准。

国有独资公司设董事会,依照《公司法》第四十六条、第六十六条的规定行使职权。董事每届任期不得超过三年。董事会成员中应当有公司职工代表。

董事会成员由国有资产监督管理机构委派;但是,董事会成员中的职工代表由公司职工代表大会选举产生。

董事会设董事长一人,可以设副董事长。董事长、副董事长由国有资产监督管理机构从董事会成员中指定。

国有独资公司设经理,由董事会聘任或者解聘。经理依照《公司法》第四十九条规定行使职权。

经国有资产监督管理机构同意,董事会成员可以兼任经理。

国有独资公司的董事长、副董事长、董事、高级管理人员,未经国有资产监督管理机构同意,不得在其他有限责任公司、股份有限公司或者其他经济组织兼职。

国有独资公司监事会成员不得少于五人,其中职工代表的比例不得低于三分之一,具体比例由公司章程规定。

国有独资公司监事会成员由国有资产监督管理机构委派；但是，监事会成员中的职工代表由公司职工代表大会选举产生。监事会主席由国有资产监督管理机构从监事会成员中指定。

六、有限责任公司的股权转让

（一）股权转让的概念

股权转让是指有限责任公司的股东依照一定程序将自己持有的股权让与受让人，受让人取得该股权而成为公司股东或增加持有公司的出资额。

（二）股权转让的限制

《公司法》第七十一条对有限责任公司的股东对外转让股权施加了一定的限制条件，不过同时又规定，公司章程对股权转让另有规定的，从其规定，充分尊重股东的意思自治。股权转让的限制条件如下。

（1）有限责任公司的股东之间可以相互转让其全部或者部分股权。股东之间协商一致，即可转让。

（2）股东向股东之外的人转让股权的限制。

股东向股东以外的人转让股权，应当经其他股东过半数同意。股东应就其股权转让事项书面通知其他股东征求同意，其他股东自接到书面通知之日起满三十日未答复的，视为同意转让。其他股东半数以上不同意转让的，不同意的股东应当购买该转让的股权；不购买的，视为同意转让。

经股东同意转让的股权，在同等条件下，其他股东有优先购买权。两个以上股东主张行使优先购买权的，协商确定各自的购买比例；协商不成的，按照转让时各自的出资比例行使优先购买权。公司章程对股权转让另有规定的，从其规定。

（3）人民法院强制执行的股权转让。

人民法院依照法律规定的强制执行程序转让股东的股权时，应当通知公司及全体股东，其他股东在同等条件下有优先购买权。其他股东自人民法院通知之日起满二十日不行使优先购买权的，视为放弃优先购买权。

依照上述规定转让股权后，公司应当注销原股东的出资证明书，向新股东签发出资证明书，并相应修改公司章程和股东名册中有关股东及其出资额的记载。对公司章程的该项修改不需再由股东会表决。

（4）在公司章程没有另外规定的情况下，自然人股东死亡后，其合法继承人可以直接继承股东资格。

（三）不同意股东会决议的股东的股权收购

《公司法》规定，有下列情形之一的，对股东会该项决议投反对票的股东可以请求公司按照合理的价格收购其股权：

（1）公司连续五年不向股东分配利润，而公司该五年连续盈利，并且符合《公司法》规定的分配利润条件的；

（2）公司合并、分立、转让主要财产的；

（3）公司章程规定的营业期限届满或者章程规定的其他解散事由出现,股东会会议通过决议修改章程使公司存续的。

自股东会会议决议通过之日起六十日内,股东与公司不能达成股权收购协议的,股东可以自股东会会议决议通过之日起九十日内向人民法院提起诉讼。

【例 4-4:股东优先购买权与非股东善意受让权的冲突】

上海中福公司、王某及黄某均系上海 A 公司的股东,三方于 2013 年 4 月签署的股东会决议载明:同意王某将其 83% 的股权转让给 B 公司和 C(自然人),中福公司和黄某均放弃优先购买权。同年 5 月,王某等人签订股权转让协议,约定 B 公司和 C 各以 1 元的价格受让 49.8% 和 33.2% 的股权,并按持股比例继承 A 公司的债权债务,后 A 公司为此进行了变更登记。同年 7 月,中福公司以王某等人伪造股东会决议,侵犯其优先购买权为由诉请法院判令股权转让协议无效,并要求支付 2 元的价格优先受让上述股权。

一审法院认为:中福公司未能提供足够证据支持其主张,而其签署的股东会决议又明确表明其已放弃优先购买权,故对其诉请予以驳回。中福公司不服,提起上诉,并提交了有关文件鉴定材料。

二审法院认为:①经鉴定股东会决议上的中福公司印鉴确认并非其于 2013 年使用的真实印鉴,而王某等人也未能举证证实该印鉴的真实性,故原审依据该决议认定中福公司同意放弃优先购买权有误,应予纠正;②王某等人签订的股权转让协议侵犯了中福公司的优先购买权,依法不能成立,应予撤销;③中福公司另诉请判令其以 2 元的价格优先受让争议股权,但其未在同等条件下行使该权利,故对该项诉请不予支持。

第三节　对赌协议

好的对赌协议会让企业腾飞;坏的对赌协议会成为企业的一把枷锁,让企业管理人疲于奔命。

对赌一词听起来很刺激,其实和赌博无甚必然的关系。valuation adjustment mechanism(VAM)最初被翻译为"对赌协议",一直沿用至今。但其直译意思是"估值调整机制",更能体现其本质含义。

对赌条款是企业融资中风险投资人经常使用的一种交易条件,全称叫"基于业绩的调整条款"或"估值调整机制",是一种基于标的公司业绩而在投资人和创始股东之间进行股权调整的约定。

所以我们日常听到的对赌协议,所涉及的问题其实和赌博无关。对赌协议实际上就是期权的一种形式。通过条款的设计,对赌协议可以有效保护投资人利益。

对赌协议是投资方与融资方在达成协议时,双方对于未来不确定情况的一种约定。如果约定的条件出现,融资方可以行使一种权利;如果约定的条件不出现,则投资方行使一种权利,或融资方转让一部分权利(比如溢价回收投资人股权)。所以,对赌协议实际上就是期权的一种形式。

若被投资企业完成了约定的业绩指标,则被投资企业及其股东有权行使某些权利(如以相对低价购买被投资企业股权);反之,投资人有权行使某些权利(如要求现金补偿、回购股权等）。由于被投资企业未来业绩不确定,这种行为在我国被形象地称为对赌。

对赌协议是投资人解决信息不对称的一种方式,也是风险投资人保障自己投资利益的重要手段。在如今的资本时代,不了解对赌协议,不了解对赌协议的制度安排与风险,那就真的落伍了。

对赌协议通过条款的设计,可以有效保护投资人利益,近些年对赌协议在我国资本市场越来越多地被采用。

对赌协议是很专业的投资条款,通常包括:①财务绩效指标对赌;②上市时间对赌;③创始股东对投资人的赎回补偿条款等。

一旦对赌失败（公司达不到业绩承诺或未能按时上市）,对投资人的补偿,在实务中主要有三种形式:①现金补偿;②股权补偿;③创始股东按约定价格回收投资人的股权。

对投资人而言,对赌协议就好像一份保险;但对企业和创始股东来说,对赌的风险与压力都很大。往往面临要么全赢、要么全输的考验:要么对赌成功——痛享资本盛宴,要么对赌失败——江山尽失!

在创业型企业、成熟型企业投资中,都有对赌协议成功应用的案例,最终企业也取得了不错的业绩,比如:摩根士丹利与蒙牛对赌;灿星与浙江卫视对赌,最终《中国好声音》一飞冲天获得双赢;吴京与北京文化等公司关于《战狼2》的对赌;等等。失败的案例也有很多,比如:张兰对赌鼎辉失掉俏江南;陈晓对赌摩根士丹利和鼎辉失去永乐电器;李途纯对赌高盛、英联、摩根士丹利,失去太子奶;等等。

【例4-5:摩根士丹利与蒙牛的对赌】

摩根士丹利等机构投资蒙牛,是对赌协议在创业型企业中应用的典型案例。1999年1月,牛根生创立了蒙牛乳业有限公司,公司注册资本为100万元,后更名为内蒙古蒙牛乳业股份有限公司（以下简称蒙牛乳业）。2001年年底,摩根士丹利等机构与其接触的时候,蒙牛乳业公司成立尚不足三年,是一个比较典型的创业型企业。

2002年6月,摩根士丹利等机构投资者在开曼群岛注册了开曼公司。2002年9月,蒙牛乳业的发起人在英属维尔京群岛注册成立了金牛公司。同月,蒙牛乳业的投资人、业务联系人和雇员注册成立了银牛公司。金牛和银牛各以1美元的价格收购了开曼公司50%的股权,其后设立了开曼公司的全资子公司——毛里求斯公司。同年10月,摩根士丹利等三家国际投资机构以认股方式向开曼公司注入约2597万美元（折合人民币约2.1亿元）,取得该公司90.6%的股权和49%的投票权,所投资金经毛里求斯公司最终换取了蒙牛乳业66.7%的股权,蒙牛乳业也变更为合资企业。

2003年,摩根士丹利等投资机构与蒙牛乳业签署了类似于国内证券市场可转债的"可换股文据",未来换股价格仅为0.74港元/股,通过"可换股文据"向蒙牛乳业注资3523万美元,折合人民币约2.9亿元。"可换股文据"实际上是股票的看涨期权。不过,这种期权价值的高低最终取决于蒙牛乳业未来的业绩。如果蒙牛乳业未来业绩好,"可换股文据"的高期权价值就可以兑现;反之,则成为废纸一张。

为了使预期增值的目标能够兑现,摩根士丹利等投资者与蒙牛乳业管理层签署了基于业绩增长的对赌协议。双方约定,2003—2006年,蒙牛乳业的复合年增长率不得低于50%。若达不到,蒙牛乳业管理层将输给摩根士丹利约6000万~7000万股上市公司股份;如果业绩增长达到目标,摩根士丹利等机构就要拿出自己的相应股份奖励给蒙牛乳业管理层。

2004年6月,蒙牛业绩增长达到预期目标。摩根士丹利等机构"可换股文据"的期权价值得以兑现,换股时蒙牛乳业股票价格达到6港元/股以上,给予蒙牛乳业管理层的股份奖励也都得以兑现。摩根士丹利等机构投资者投资于蒙牛乳业的业绩对赌,让各方都成了赢家。

摩根士丹利对于蒙牛乳业基于业绩的对赌之所以能够画上圆满句号,主要是因为该对赌协议中有以下七个特点:一是投资方在投资以后持有企业的原始股权,如摩根士丹利等三家国际投资机构持有开曼公司90.6%的股权和49%的投票权;二是投资方持有高杠杆性(换股价格仅为0.74港元/股)的"可换股文据";三是高风险性(投资方可能输给蒙牛乳业管理层几千万股股份);四是投资方不是经营乳业的,不擅长参与经营管理,仅是财务型投资;五是股份在香港证券市场流动自由;六是蒙牛乳业虽然是创业型企业,但企业管理层原来在同一类型企业工作,富有行业经验;七是蒙牛乳业属于日常消费品行业,周期性波动小,一旦企业形成相对优势,竞争对手难以替代,所处的行业风险小。

【例4-6:张兰与鼎辉对赌——俏江南的教训】

俏江南曾是国内数一数二的中高端餐饮连锁企业,装修豪华,用餐环境优雅别致,吸引了不少高端客户。创始人张兰早年留学加拿大,回国后进入餐饮业,2009年登上胡润餐饮富豪榜,排名第三,财富估值达25亿元。

除了事业成功,作为优秀的女企业家,张兰的家庭也比较幸福,独子汪小菲已能独当一面。但张兰还想走得更远。

2008年,俏江南引入鼎辉资本投资2亿元(占股10.5%),对赌协议中关键的一项内容为:俏江南2012年需上市,如果2012年年底俏江南没能上市,张兰必须高价回购股权。之后,俏江南开始筹划上市。

但上市之路并非如预想的那样顺利。2011年3月,俏江南向中国证监会递交了A股上市申请,一直没得到批准的消息。2012年1月,中国证监会公布IPO(首次公开募股)终止审查名单,俏江南赫然在列,这也意味着俏江南A股上市的大门已经关闭(原因据说是企业管理不规范,盈利状况无法保证。事实上,餐饮企业上市都比较困难,目前上市的全聚德和湘鄂情等也都面临瓶颈,湘鄂情更是面临绝境。另外,国家掀起反腐风暴,不提倡奢侈消费也是原因之一)。

折戟A股后,俏江南继而转战H股。2006年9月,商务部等六部委公布《关于外国投资者并购境内企业的规定》。根据该规定,外国投资者并购境内企业的每一步都要经过中国证监会、商务部、国家外汇管理局等部门的审批。这就意味着,俏江南不管走哪一条路,都绕不开中国证监会的审批。而中国证监会的终止审查,已经宣告俏江南A股和H股上市均行不通。

眼看对赌协议的时限就要到了,张兰不得不转而谋求境外间接上市。为了绕过法律规制,张兰需要变更国籍,可身为政协委员,如果加入外国国籍,无疑会被推上舆论的风口浪尖。但张兰此时已无其他选择,一咬牙,还是变更了国籍。消息爆出,果然舆论哗然。

遗憾的是,最终俏江南也没上市成功。鼎辉资本要求张兰按照对赌协议回购股份。俏江南再次被逼到绝路。

关键时刻,一个救星出现了——CVC(capital partners)。

2014年,CVC以3亿美元收购了俏江南82.7%的股权,包括鼎辉资本此前10.5%的股权，鼎辉资本如愿全身而退。

张兰的俏江南股份仅剩下13.8%，退出了董事会。2012年12月，中共中央政治局出台了关于改进工作作风、密切联系群众的八项规定，对公款宴请严格限制。2014年，俏江南业绩大幅下降，引发了CVC与俏江南的一场官司。

2015年，保华有限公司接管俏江南。

张兰母子苦心经营多年打造出来的家族企业俏江南，最终拱手相让。一场对赌之后，俏江南再也与他们无关了。

对于张兰而言，或许这是一次最痛心疾首的对赌。我们为国内企业家们不屈不挠的商海拼搏精神点赞，也为他们的商业失误惋惜！如果企业家们能够对其中的法律要点有更多领悟，或许，企业的命运可以改写。

关于对赌协议，需注意以下五个问题。

第一，对赌协议有效性的争议。

关于对赌协议有效性的争议，最为著名的显然是最高人民法院再审的海富投资诉甘肃世恒案（案例详情见本书例4-7）。

最高人民法院对此案的判决具有标杆意义，为日益增多的私募股权投资（PE）行为提供了一个法律样本，同时，该判决也表现出最高人民法院的一个明显的导向，即"鼓励投资、禁止投机"。

最高人民法院对该案的判决结果一度被业界概括为：对赌协议，与股东（实际控制人）对赌有效，与公司对赌无效。

但2014年中国国际经济贸易仲裁委员会（CIETAC）的仲裁裁决案改变了这一状况。在该案中，投资方与企业大股东之间的对赌协议、投资方与企业之间的业绩补偿条款均被认定为有效。该案中的对赌协议之所以被判决为有效，很重要的原因是该案中公司承诺给投资人的利益不影响其他债权人的利益。

我的建议是：对赌协议请与股东（实际控制人）签，或者与股东和管理层（实际控制人）签，尽量避免只与公司签。

根据最高人民法院在海富投资诉甘肃世恒案再审判决中的意见及所表达的立场，PE投资人在约定对赌条款时，应注意不能违反法律、行政法规强制性规定。比如，如果约定公司在不符合一定指标的情况下，直接向股东支付补偿金，则违反了我国《公司法》有关公司应依法分配利润的规定，该项约定将被法院认定为无效。因此，建议投资者在设计对赌条款时不应绑定目标公司，而应以其他方式达到估值调整的目的。比如，尽量通过与目标公司管理层对赌（如摩根士丹利投资蒙牛）或与目标公司原股东（往往是创始人）对赌的方式，绕开将目标公司卷入对赌，从而避免相应协议被认定为无效。

需要特别注意的是：对赌协议赌的是作为企业实际控制人的股东和管理层的经营业绩，如果作为对赌一方的投资人同意企业实际控制人（股东）转让所有的股权和经营管理权，由投资人自己或由他人来受让股权及经营权，原先的实际控制人（股东）不再持有公司的股权，也不再具有公司的经营权，则原实际控制人（股东）的对赌责任亦理应相应地予以免除，要不然，该对赌协议实际上就成了赌博协议、射幸协议（aleatory contract）了。也就是说，作为投资方的相对方的对赌参与者，在对赌期间需要持续拥有一个和目标公司关联的身份，能够持续对业绩目标（比如公司上市）产生主动影响，如果没有一个和目标公司关联的身份，那这场所谓的"对赌",与买彩票或者赌场中的"押宝"行为就没有区别,事实上就变成了赌博!

第二,为了避免对赌协议被认定为无效,对赌方要注意在协议中明确估值调整的整体安排,注重体现对赌协议的公平合理性。

根据最高人民法院在海富投资诉甘肃世恒案再审判决中所体现的审判原则和精神,估值调整机制整体安排的公平合理性也是法院认定协议效力时的重要考量因素。因此,建议PE投资协议中明确约定投资定价的依据,如列明PE投资时所依据的目标公司的经营状况、财务数据、行业前景等因素和目标公司及其股东对业绩的承诺,并明确列明投资价款确定的方式或计算公式,这有利于法院综合考量并认可估值调整条款的公平合理性,避免对赌协议被认定为无效的法律风险。

第三,切莫贪心,盲目追求高估值。

投资人进入企业时,会与融资方就企业估值进行协商,以确定投资人的股权交易价值。高估值固然好,但高估值必然带来较高的业绩指标。因为存在对赌协议,投资人的钱不是白拿的,如果日后业绩不达标,当初拿到的钱还是要"吐"出来的,甚至还要加倍"吐"出来,甚至失去企业的控制权,乃至损失整个企业。

第四,谨慎承诺业绩指标或上市时间。

除了考虑企业自身的能力,还要考虑大环境可能的变数,俏江南、太子奶的失败都与大环境不利有极大关系。

所以在承诺业绩指标或上市时间时要留有足够的余地,给自己留一条退路。

第五,注意后期的补救,这是非常重要的一点。

目前参与对赌协议的各方,尤其是我国诸多企业家,一旦对赌失败,往往就认栽认命,惨烈出局,成了"砧板上的鱼肉",任人宰割。但事实上,大量的对赌协议,均有巨大的补救空间。无论是根据原《合同法》还是目前的《民法典》,均将订约时显失公平作为合同可撤销的一种法定情形。而事实上,严格来说许多对赌协议都符合这一点,从而导致该对赌协议可撤销。这不是引导企业家或创业者不遵守契约精神,而是希望更多的企业家或创业者在遇到显失公平的情形时能拿起法律武器保护自己,确保凝聚着自己心血的企业和股权不会在显失公平的情形下被别人轻易拿走。

【例4-7:海富投资诉甘肃世恒案——最高人民法院首次对投资协议中对赌条款的效力作出认定】①

1. 案情简介

2012年11月,最高人民法院对国内首例PE对赌协议案件,即苏州工业园区海富投资有限公司(以下简称海富投资)诉甘肃世恒有色资源再利用有限公司(以下简称甘肃世恒)不履行对赌协议补偿投资案,作出终审判决。此案被媒体称为我国"对赌协议第一案",最高人民法院的判决被法律界认为具有标杆意义。

---

① 甘肃世恒有色资源再利用有限公司、香港迪亚有限公司与苏州工业园区海富投资有限公司、陆波增资纠纷民事判决书[EB/OL]. (2013-11-20)[2018-10-10]. http://wenshu. court. gov. cn/content/content? DocID= f021cf9c-b647-11e3-84e9-5cf3c0c2c18&KeyWord=％E8％8B％8F％E5％B7％9E％E5％B7％A5％E4％B8％9A％E5％9B％AD％E5％8C％BA％E6％B5％B7％E5％AF％8C％E6％8A％95％E8％B5％84％E6％9C％89％E9％99％90％E5％85％AC％E5％8F％B8.

2007年，海富投资作为投资方与甘肃众星锌业有限公司（后更名为甘肃世恒有色资源再利用有限公司，即甘肃世恒）、甘肃世恒当时唯一的股东香港迪亚有限公司（以下简称迪亚公司）、迪亚公司的实际控制人陆波共同签订了增资协议书（即对赌协议），约定"海富投资现金出资2000万元投资甘肃世恒，占甘肃世恒增资后注册资本的3.85％"。增资协议书第七条第（二）项约定，甘肃世恒2008年净利润不低于3000万元。如果甘肃世恒2008年实际净利润达不到3000万元，海富投资有权要求甘肃世恒予以补偿，如果甘肃世恒未能履行补偿义务，海富投资有权要求迪亚公司（甘肃世恒法定代表人兼总经理陆波同时也是香港迪亚的总经理）履行补偿义务。补偿额的计算公式为"（1－2008年实际净利润/3000万元）×本次投资金额"。

基于上述投资安排，海富投资和迪亚公司签订了合资协议，并制定了新的公司章程。合资协议约定，甘肃世恒将注册资本由348万美元增加至399.38万美元，海富投资出资15.38万美元，持股3.85％；迪亚公司出资384万美元，持股96.15％。海富投资应缴付款项超过其认缴的注册资本的部分，计入合资公司资本公积金；合资公司依法缴纳所得税和提取各项基金后的利润，按合资各方持股比例进行分配。

合资协议签订后，海富投资按协议约定向甘肃世恒支付了2000万元，其中新增注册资本114.7717万元，资本公积金1885.2283万元。

2009年12月30日，甘肃世恒2008年度实际净利润仅为26858.13元，未达到增资协议书中约定的该年度承诺净利润额。根据对赌协议的约定，经计算甘肃世恒需补偿海富投资1998.2095万元。双方协商无果，海富投资诉至法院，请求判令甘肃世恒、迪亚公司、陆波向其支付补偿款1998.2095万元。

2. 裁判

兰州市中级人民法院和甘肃省高级人民法院分别在2010年12月和2011年9月对此案作出了一审判决和二审判决。两次判决均认定对赌协议条款无效。甘肃省高级人民法院认定海富投资所投的2000万元中，除已计入甘肃世恒注册资本的114.7717万元外，其余1885.2283万元资金的性质应属名为投资，实为借贷，并要求甘肃世恒返还这部分资金和利息。二审判决下达后，甘肃世恒对甘肃省高级人民法院的判决不服，向最高人民法院提出再审申请。

2011年12月19日，最高人民法院作出了（2011）民申字第1522号裁定，受理了甘肃世恒的申请，提审了此案。最高人民法院认为，海富投资作为企业法人，向甘肃世恒投资后与迪亚公司合资经营，故甘肃世恒为合资企业。甘肃世恒、海富投资、陆波在增资协议书中约定，如果甘肃世恒2008年实际净利润低于3000万元，则海富投资有权从甘肃世恒处获得补偿，并约定了补偿额的计算公式。而这一约定使得海富投资的投资可以获取相对固定的收益，该收益脱离了甘肃世恒的经营业绩，损害了甘肃世恒和公司债权人的利益，一审法院、二审法院根据《公司法》第二十条和《中华人民共和国中外合资经营企业法》（以下简称《中外合资经营企业法》）第八条的规定，认定增资协议书中的这部分条款无效是正确的。但是二审法院认定海富投资1885.2283元的投资名为投资，实为借贷，并判决甘肃世恒和迪亚公司向海富投资返还该笔投资，对此最高人民法院认为，此处没有法律依据，予以纠正。最高人民法院认为，增资协议书中并无由陆波对海富投资进行补偿的约定，海富投资请求陆波进行补偿，没有合同依据。但是，在增资协议书中，迪亚公司对于海富投资的补偿承诺并不损害甘肃世恒及公司债权人的利益，不违反法律法规的禁止性规定，是当事人的真实意思表示，是有效的。

综合上述理由,最高人民法院撤销甘肃省高级人民法院对此案的二审判决;并判决迪亚公司向海富投资支付协议补偿款 1998.2095 万元。

3.分析

(1)最高人民法院否定了依据对赌协议约定认定 PE 投资为"名为投资,实为借贷"的裁判思路。

最高人民法院《关于审理联营合同纠纷案件若干问题的解答》出台于 1990 年。《公司法》《合同法》实施后,二审法院仍参照上述司法解释处理 PE 投资纠纷,把存在对赌协议的 PE 投资的性质认定为"名为投资,实为借贷"。最高人民法院认为其适用法律不当。

(2)最高人民法院认可了 PE 投资者与股东之间对赌协议的效力。

对不损害公司及债权人利益的对赌条款的肯定,尊重了合同当事人的意思自治。而且,对赌协议通常是在 PE 投资者以溢价方式增资的情况下作出的约定。在溢价方式增资的情况下,原股东因新股东的溢价增资而按其持股比例已经分享了溢价部分的股东权益,如果不能实现预期的盈利目标,就意味着目标公司增资时的实际股权价值远低于约定价值。

(3)最高人民法院否定了 PE 投资者与目标公司之间对赌条款的效力。

此类约定损害了公司及其债权人的利益,违反了《中外合资经营企业法》第八条关于合营企业利润分配的规定,构成《公司法》第二十条规定的股东滥用股东权利,该约定因为违反法律、行政法规的强制性规定而无效。本案中,增资协议书第七条第(二)项约定在甘肃世恒 2008 年实际净利润达不到

【例 4-7】分析

3000 万元的情况下,海富投资有权要求甘肃世恒直接给予其补偿,这使股东不需要经过法定利润分配程序,可直接从公司获得财产,从而使股东可以不承担经营风险,当然可获得约定收益。该约定的实质不但损害了公司、公司其他股东、公司债权人的权益,也直接违反了《中外合资经营企业法》第八条关于合营企业利润分配的规定,最高人民法院正是基于此认定该约定无效。

第四节   隐名股东

隐名股东是指为了规避法律风险或出于其他原因,借用他人名义设立公司或者以他人名义出资,但在公司的章程、股东名册和工商登记中却记载为他人的出资人。隐名股东也叫实际投资人,一般依据书面或口头协议委托他人代其持有股权。与此相对应,名义股东(或称挂名股东、显名股东、代持股人等)是指记载于工商登记资料上而没有实际出资的股东。

隐名股东的出现有多种原因,有些是因为真实投资人不便于公开自己的身份,比如国家机关的工作人员或者与公司有关联交易特殊关系的人员,有些是因为实际出资人不符合国家法律或者公司章程对公司股东的限制性条件,也有些是为了简便起见或个人原因愿意将自己的股份挂在某个显名股东的名下或由某个亲朋好友股东代持。

按照我国法律,只要这类股权代持没有违反法律、行政法规的效力性强制规定,以及没有以合法形式掩盖非法目的,且没有恶意串通损害他人利益的,那么这种委托代持股权的行为是有效的。

但隐名股东委托显名股东代持股权存在一定的法律风险,具体来说有以下几种风险需

要预防。

首先，隐名股东的股东地位存在不被认可的风险。由于公司股东以工商登记为准，因此如果不记载实际股东的姓名，那么在法律上实际股东的地位是不被认可的，也就为股东权利的行使设置了障碍。

其次，存在代持股人恶意损害实际股东权利的风险。比如代持股人擅自出让股权或者滥用表决权，导致隐名股东的利益受损。

第三，存在由于代持股人自身原因导致诉讼而被法院冻结、保全或者执行其名下的代持股份的风险，从而损害隐名股东的权利。

第四，如果发生代持股人意外死亡等事件，则代持股人名下的股权非常有可能被作为遗产，从而涉及继承的法律纠纷。

【例4-8：隐名股东纠纷】

2006年3月，王斌与某专利人张冬成立公司，注册资金为100万元，并约定今后若公司需增资扩股，如张冬累计分红达不到认缴所需资金，不足部分由王斌垫付。

王斌将自己的哥哥王凭安排进公司，并将自己85％的股权中的一部分登记在其哥哥王凭名下（王斌与其妻感情不和，觉得还是兄弟靠得牢），由其哥哥代持。股权结构为：王斌40％、王凭45％、张冬15％。

2008年8月，公司效益好扩股，注册资本增至2000万元，为防止白白给张冬垫资，王斌不占股份，由其哥哥王凭私下代持，出资情况变更为：王凭85％、张冬15％（这样王斌就无须为张冬垫资了）。

2015年10月，公司股东会决议（王凭85％股权），注册资本减少到100万元；半年后再次通过股东会决议，增资到5000万元，王凭认缴绝大部分资本，张冬虽然是创始股东，但股权已经被稀释到0.3％。

随着公司越做越大，王斌、王凭兄弟俩的矛盾开始激化，王斌决定要回自己99.7％的股权，但其哥哥不同意，引发诉讼。

法院认为：①王斌无法证明其与王凭之间存在股权代持协议。虽然有家庭会议、父母、姐姐等人作证，但他们之间均存在利害关系，且无任何书面证据。②王斌的银行转账记录并无"出资""股权代持"等任何类似内容，无法证明转账用于股权代持。③根据王斌的陈述，其选择隐名股东的原因是避免为另一个创始股东张冬垫资，同时为了规避与其妻离婚财产分割问题。该代持股权的目的是逃避相关债务，损害第三人利益，根据《合同法》，应属无效。

【例4-8】分析

王斌最终败诉。多年呕心沥血，最后为他人作了嫁衣裳！

那么，我们或许还关心另外一个相关的问题：公务员签订的股权代持协议是否有效？

《中华人民共和国公务员法》（以下简称《公务员法》）第五十三条规定："公务员必须遵守纪律，不得有下列行为……（十四）从事或者参与营利性活动，在企业或者其他营利性组织中兼任职务……"可见，《公务员法》是不允许公务员从事或者参与营利性活动，在企业或者其他营利性组织中兼任职务的。

但要注意，从立法本意来看，本条规定并不是禁止公务员的一切经济行为，其目的在于禁止公务员参与到营利性的经营活动中去，成为各种营利性经营活动的主体或者直接参与者，从而导致公权力被滥用。因此，只要公务员不参与经营，不担任营利性组织的职务，其合法的经济行为是受法律保护的。

举个简单的例子,比如公务员可以以个人身份在证券市场上进行申购、购买股票等有价证券的活动,但是不得参与上市企业的日常经营管理活动以及在上市企业兼职,也不得利用其职位或职务范围内的权力谋取相关的内幕信息以获取不正当利益。

特别要注意的是,从目前法院的司法判决实例来看,《公务员法》第五十三条第(十四)项规定的公务员"不得从事或者参与营利性活动,在企业或者其他营利性组织中兼任职务",往往被认定为属于管理性强制性规范,并不属于效力性强制性规范。公务员作为隐名股东与显名股东签订的股权代持协议并不因违反上述规定而无效,公务员可享有在代持协议项下相应股权所对应的财产权益,但不能被登记为显名股东。另外,公务员能获得相应的持股权益,并不代表其不承担其他法律责任。根据国务院颁布的《行政机关公务员处分条例》,行政机关公务员从事或者参与营利性活动,在企业或者其他营利性组织中兼任职务的,将受处分,情节严重的将被开除。

可见,投资有风险,公务员持股需谨慎。虽然公务员因投资入股所签订的股权代持协议并不因违反《公务员法》的规定而无效,但毕竟公务员投资入股属于一种违反管理性强制性规定的违法行为,法院不会因协议有效就支持其要求在工商局显名的主张。同时,公务员还有可能遭受警告、记过、撤销行政职务、党纪政纪处分,情节严重触犯刑律的,还会被追究刑事责任。

通过以上论述,我们发现隐名股东及股权代持协议具有以下几个特点:第一,隐名股东与代持其股权的显名股东之间的股权代持协议,如果没有违反法律法规的规定,且签订协议时是自愿、真实的意思表示,则法律承认其效力;第二,隐名股东即使没有经过工商登记,如果被记载于公司的股东名册,那他依然会享有股东权利;第三,隐名股东如果只被登记在公司的股东名册中,未经工商登记,则其股东权不能对抗公司以外的善意第三人;第四,如果隐名股东没有进行工商登记,也没有被记载于公司的股东名册,那么其与代持其股份的显名股东之间的关系一般属债权债务关系,或者享有以不当得利向代持其股权的显名股东要求返还的权利。

事实上,在实践中,有些隐名股东并不愿意长期处于隐名的状态中。在某些情形下,隐名股东希望"转化"为显名股东,即"隐名股东显名化"。那么,其请求权基础又是什么呢?《公司法》司法解释三第二十五条第三款规定,实际出资人未经公司其他股东半数以上同意,请求公司变更股东、签发出资证明书、记载于股东名册、记载于公司章程并办理公司登记机关登记的,人民法院不予支持。该款应如何解释?隐名股东在何种情形下方能向工商行政管理部门办理股东变更登记?

很明显,从立法逻辑上看,该款参照股权对外转让的思路来规制实际出资人"转化"为公司股东的路径,换句话说,隐名股东的"转正"途径是股权对外转让,这就引发一个疑问:能否对该款采取反向解释,认为一经其他股东过半数同意,隐名股东即可经由变更登记等手续成为公司显名股东呢?事实上,此反向解释并不严谨。在《公司法》第七十一条第二款之股东对外转让股权的规定中,"其他股东过半数同意"这一要件,本质上是对股东转让其股权的处分权的一种限制。在该要件未达成时,因处分权受到限制,其股权转让行为不发生效力;反之,一旦获得其他股东过半数之同意,该处分权限制即归消灭,不再成为股权转让行为的效力障碍。但是,股权转让行为是否最终生效,仍须取决于该处分行为的构成要件以及其他效力要件是否充足。一旦允许对该款采取反向解释，即当"其他股东过半数同意"时，便可使实际出资人成为公司股东，那也就意味着根本不需要股东股权转让行为之构成，在结果上看，这违背了《公司法》第七十一条第二款股东对外转让股权的逻辑，股东无实质权利转让行为却能使权利发生转让。

实际上，即使是在实际出资人与名义股东间的合同中，约定名义股东负有将股权移转给实际出资人之义务，该约定条款的法律效果，也只是产生名义股东的转让义务，不能直接等同于或者解释成名义股东已有处分其股权的意思表示，进而直接套用《公司法》第七十一条第二款股东对外转让股权的要件。那么，实际出资人又该如何"转化"为显名股东呢？

正确的思路应是直接适用《公司法》第七十一条第二款之股东对外转让股权规则。首先须名义股东与实际出资人间达成股权转让合意，进而才能谈得上其他股东的同意问题，其他股东的同意才有意义。唯有如此，方能贯彻名义股东是公司真正且合法股东的立场。仅仅其他股东过半数同意，不能代替显名股东做出处分意思、处分行为，隐名股东不得自行主导公司变更股权登记，毕竟显名股东虽然名为"显名"，但"显名"这个定语并不会对其股东权利本身有任何限制，他拥有完整的股东权利，隐名投资关系仅作用于隐名股东与显名股东之间，隐名股东不得为无权处分。倘若名义股东不同意转让，在有股权转移义务之约定时也不愿意转让其股权，此时实际出资人只能基于其与名义股东间的隐名投资合同关系，主张名义股东承担违约责任，请求其履行合同约定之处分股权之给付之债，通过法院判决的强制力代替名义股东处分股权，从而做出股权处分行为，满足股权转让行为要件，促使发生股权移转的法律效果。

总而言之，隐名出资人若要成功显名，需要证明以下三个事实。

第一，隐名出资人与名义股东之间存在委托持股的法律关系，即隐名出资人具有成为公司股东的真实意思表示。

第二，隐名出资人能够证明实际出资。

第三，隐名出资人取得公司其他过半数以上股东同意的证据，或是单方的书面声明，或是各方的股东协议，或是公司股东的股东会决议。

【例4-9：隐名股东显名化经典判例——吴成彬与浙江中纺腾龙投资有限公司、中纺网络信息技术有限责任公司一般股东权纠纷案〔（2013）民申字第2450号〕】

案情简介：2003年7月2日，浙江中纺腾龙投资有限公司（以下简称中纺腾龙公司）成立，注册资本为5000万元，其中中纺网络信息技术有限公司（以下简称中纺网络公司）出资3000万元，占股60%，吴文宏出资2000万元，占股40%。

2003年7月6日，吴成彬与中纺网络公司、吴文宏签订协议确定，中纺网络公司在中纺腾龙公司的出资为500万元，占股10%；吴文宏在中纺腾龙公司的出资为2250万元，占股45%；吴成彬在中纺腾龙公司的出资为2250万元，占股45%。

2003年8月，吴成彬共向中纺网络公司汇款2250万元，中纺网络公司出具证明，收到吴成彬汇入的注册资金2250万元。

之后，中纺腾龙公司进行了增资扩股，吸收杭州市金融投资集团有限公司（以下简称杭州投资公司）和杭州祥瑞投资有限公司（以下简称祥瑞公司）加入。最终的股权结构变更为中纺网络公司出资3000万元，占股13.3333%，杭州投资公司出资3750万元，占股16.6667%，祥瑞公司出资3750万元，占股16.6667%，吴文宏出资12000万元，占股 53.3333%。

吴成彬以股东资格确认纠纷为由起诉,请求人民法院判决确认以中纺网络公司名义持有的中纺腾龙公司股权中的 75% 属其所有。但是,除中纺网络公司以外的中纺腾龙公司其他股东均明确表示不同意吴成彬成为中纺腾龙公司的股东。

本案经杭州市中级人民法院一审、浙江省高级人民法院二审、最高人民院再审,最终判定吴成彬不具有股东资格,驳回其诉讼请求。

最高人民法院的观点如下:本院认为,依据最高人民法院《关于适用〈中华人民共和国公司法〉若干问题的规定(三)》第二十五条第三款的规定,实际出资人未经公司其他股东半数以上同意,请求公司变更股东签发出资证明书、记载于股东名册、记载于公司章程并办理公司登记机关登记的,人民法院不予支持。即实际出资人若要实现隐名股东显名化,须经公司其他股东半数以上同意。即使吴成彬系实际出资人,但在独立法人祥瑞公司、杭州投资公司和吴文宏在一审、二审中均不同意吴成彬成为中纺腾龙公司显名股东,二审中中纺网络公司亦答辩要求驳回上诉的情形下,吴成彬提出确认以中纺网络公司名义持有的中纺腾龙公司股权中的 75% 属自己所有、将隐名出资实名化的上诉请求和理由不符合法律规定,本院不予支持。

分析:

本案的裁判要点如下。

第一,隐名出资人向公司主张股权的,必须首先证明其有出资行为,出资行为是其取得股东资格并享有股权的内心真意的外在表示。虽然隐名出资人是借用他人名义向公司出资,但其出资行为仍然能够表明其向公司投资并享有股东权益的内心真意。出资、股东资格和股东权益三者之间是具有因果关系的,即先有出资行为,然后取得股东资格和享有股东权益,出资行为是原因和基础,取得股东资格和享有股东权益是结果和目的。因此,对于隐名出资人确认股东资格等该公司内部的股权确认争议,需要考虑当事人的真实意思表示。

第二,实际出资人若要实现隐名股东显名化,须经公司其他股东半数以上同意。有限责任公司具有团体性,该团体性不仅是指公司重大事项需要由股东共同决定,也是指股东的变化需要征求其他股东的意见。另外,有限责任公司具有较强的人合性特点。隐名出资人可以依其个人意志决定是否向公司出资,但是股东资格的取得则不再是以个人意志为基础的个人行为,而是以股东成员合意为基础的股东团体成员身份认同行为,是公司的团体性行为。是否承认隐名出资人的股东身份,意味着其他股东是否接受公司既有成员格局的变化,因此仅仅考察隐名出资人是否真正出资是不够的,还要考虑公司其他股东的意见。因此,《公司法》司法解释三第二十五条第三款规定,实际出资人若要实现隐名股东显名化,须经公司其他股东半数以上同意。

第三,公司其他股东半数以上同意存在两种表现形式。一方面是,其他股东明确作出承认或者同意隐名出资人股东身份的意思表示。明确的意思表示可以表现为,其他股东作出书面声明,或者在隐名出资人的请求书上签字,或者与隐名出资人及名义出资人共同签订合同,或者是通过股东会决议确认隐名出资人的股东身份。另一方面是,从行为上推定其他股东是否有承认或者同意隐名出资人股东身份的意思表示。例如,其他股东对于隐名出资人实际享有股东权利的知情和认可行为,即其他股东明知隐名出资人行使或者享有了股东权利,但是并未表示反对,可视为一种默许。

本案中，吴成彬虽然能够证明其为实际出资人，但在公司其他股东祥瑞公司、杭州投资公司和吴文宏均不同意其成为显名股东的情形下，吴成彬提出确认以中纺网络公司名义持有的中纺腾龙公司股权并将隐名出资显名化的诉请，不符合法律规定。

有兴趣进一步研究这个问题的读者，可在互联网上搜索相关的一些案例，比如：江苏省高级人民法院审理的穆如传与连云港赛龙建材有限公司、谭兵等股东资格确认纠纷案〔(2016)苏民申2618号〕，江苏省高级人民法院审理的王思兵与海门市设备安装工程有限公司股东资格确认纠纷案〔(2015)苏审二商申字第00337号〕，最高人民法院审理的王成与安徽阜阳华纺和泰房地产开发有限公司股东资格确认纠纷案〔(2014)民二终字第185号〕，最高人民法院审理的吴增福与邵正益、安徽法姬娜置业开发有限公司股东资格确认纠纷案〔(2015)民申字第2709号〕，最高人民法院审理的甘肃三丰农业生产资料有限公司、朱永忠、兰州市三丰农业生产资料有限公司、甘肃融丰工贸有限责任公司股东资格确认纠纷案〔(2016)最高法民申2998号〕，等等。

鉴于代持股权、隐名投资具有上述诸多风险，实际出资人可以通过以下方式来规避和防范法律风险。

1. 股权质押担保

《物权法》颁布后，国家工商总局下发了办理股权质押担保的文件，这就使得股权质押担保有了可能。因此，实际投资人要充分利用这个有利条件来防范风险。具体而言，在办理股权代持的同时，可以办理股权质押担保，就代持的股份向实际出资人办理质押担保。这样就确保了代持股人无法擅自就股权向第三方提供担保或者出卖转让。再者，即使由于其他原因，比如法院执行或者继承分割需要变卖股权，实际出资人也可以质押权人的身份，获得优先权。

2. 签订代持股协议，约定高额违约责任并公证

由于代持股人是名义上的股东，如果他出现侵犯实际出资人利益的情况，实际出资人是很难事后阻止的。因此，最好在设立代持股时，双方签订明确的代持股协议，对代持股人损害实际出资人利益的情况明确约定违约责任。如果约定了严格的违约责任，那么就会对代持股人的行为予以震慑，加大他违反协议的成本，使其违约行为得不偿失。

3. 明确股东权利的行使方式

代持股人是名义的股东，那么股东权利也只能以他的名义来行使。因此，实际出资人要控制公司，必须约定好股东权利行使方式，比如表决权、分红权、增资优先权等，必须通过实际出资人同意，代持股人必须按照实际出资人的意愿行使股东权利，等等。这样的约定可以有效保障实际出资人对公司的控制权。

4. 排除代持股人的财产权

这样做的目的是防止代持股人行使其名下股权的财产所有权，如果出现意外死亡、离婚分割等情况时，其代持的股权不是他的个人财产，也就不能作为遗产或者共同财产进行分割。这样就确保了实际出资人的财产所有权。

5. 要将代持股协议告知其他股东

为了防止代持股人在实际出资人不知情的情况下擅自行使股东权利，如果条件许可，应将此代持股协议告知公司的其他股东或者由其他股东在协议上书面认可。这样其他股东也可以制止代持股人的违约行为。而且，如果代持股人私下将股权出让给了其他股东，实际出

资人也可以其他股东知情而恶意受让为由宣告转让无效,从而取回股权。

6.公司设立协议及公司章程中适当限制代持股人的权利

公司设立协议和公司章程是公司的重要文件,如果有代持股,应当在设立协议中予以明确,同时在公司章程中对于代持股的权利行使给予特殊约定。

7.实际出资人要增强证据意识,注意搜集、保存代持股的证据

为了以防万一,实际出资人一方面要签订全面、细致的代持股协议并及时办理公证,另一方面要注意搜集、保存好证明代持股关系的证据,比如代持股协议、出资证明、分红记录、股东会决议(实际出资人签名、公司盖章)、公司登记资料等,并要求显名股东对实际出资人的出资金额、到账时间进行书面确认。如果代持股人严重违约或者法院冻结、保全执行代持股份,实际出资人可以及时提出诉讼或者执行异议来维护自己的合法权益。

第五节　股份有限公司

一、股份有限公司的概念与特征

(一)股份有限公司的概念

股份有限公司是指全部公司资本分为等额股份,股东以其所持股份为限对公司承担责任,公司以其全部资产对公司债务负责的企业法人。其中,股票可以在证券交易所上市交易的股份公司,称为上市公司。

股份有限公司的全部资本划分为等额股份。股份是金额相等的公司资本的最小构成单位,股东权的计算、行使、转让均以股份为依据,每一股份表示的股东权相等。股东以其所持股份为限对公司的债务承担责任,即有限责任。而公司则以其全部资产对外承担责任,即无限责任或称直接责任,股份有限公司的股份采用股票的形式。

(二)股份有限公司的特征

股份有限公司最显著的特点是其经营和筹资具有开放性。法律上对其设立条件和监管的规定较严,因而其经营和制度比较规范。股份有限公司的开放性表现在以下几个方面。

(1)股份有限公司可以向社会公开募集资本,其中的上市公司更是通过证券交易所向所有的投资人开放。一个向社会开放的股票发行市场,极大地拓展了公司的集资能力,提升了公司集资的灵活性和计划性,不仅在银行贷款和自身积累之外开辟了一条有效的集资渠道,而且推动了资源的合理流动,从而促进了资源的有效配置。股份有限公司集资的开放性一方面拓展了公司的集资能力,降低了公司发起人的投资风险和控制成本,但另一方面也导致较复杂的设立程序和相对高昂的设立费用,还可能因为股权的过度分散而导致所有权和控制权的分离,从而产生治理困境。

(2)公司的股份采用股票的形式,股东持有的股票可以通过证券交易所自由转让,一般不得对股票的转让予以限制。股份的可转让性使股东可以随时转移投资风险,上市公司的股票更是一种可以随时变现的财产,流动性和变现性的增强使得投资者持有的股份的价值大大增加。同时,股东通过"用脚投票"的方式可以实现对公司的选择,并通过股价的变动对

公司做出市场评估。由于股份只可转让不可退回,所以股份的高度流动性并不影响公司存续的稳定性。

(3)股份有限公司,特别是以募集设立的股份有限公司的财务会计报告具有相当程度的公开性。由于股份有限公司具有相当的公众性,对社会的影响较大,特别是上市公司,其持股者众,潜在投资者更多,社会影响面非常广泛,公司的财务状况是公司经营状况的有效反映,也是广大投资者进行决策的重要依据,因此,各国立法均要求股份有限公司必须适度公开其财务会计报告,其财务会计报告的公开程度与公司资本来源的广泛程度相适应。

(4)股份有限公司的所有权和控制权有相当程度的分离,大多数小股东一般不参与公司的经营和管理,通常股东委托的董事和经理负责公司的经营和管理并实际上控制着公司。随着股票发行量的增加和股票转让的频度增加,公司股权由集中走向分散。如果股东无法单独或共同拥有任免董事会成员所需的表决权数,那就意味着公司董事、经理人员实际上处于难以撼动的控制地位。实际上,对于持股比例较小的股东(在股权相当分散的现代大型股份有限公司,大多数的股份分散在众多持股比例很小的股东手中,而且股权的转让非常频繁),其控制和经营管理公司的成本很高,而收益却相对很小,而且其也缺乏有效监督公司经营管理人员的激励。因而,在现代股份有限公司,特别是上市公司中,普遍存在所有权和控制权分离的现象。

二、股份有限公司的设立

(一)设立条件

《公司法》第七十六条规定,设立股份有限公司,应当具备下列条件:

(1)发起人符合法定人数;

(2)有符合公司章程规定的全体发起人认购的股本总额或者募集的实收股本总额;

(3)股份发行、筹办事项符合法律规定;

(4)发起人制订公司章程,采用募集方式设立的经创立大会通过;

(5)有公司名称,建立符合股份有限公司要求的组织机构;

(6)有公司住所。

设立股份有限公司,应当有两人以上二百人以下为发起人,其中须有半数以上的发起人在中国境内有住所。

股份有限公司发起人承担公司筹办事务。发起人应当签订发起人协议,明确各自在公司设立过程中的权利和义务。

发起人的出资方式,适用前述关于有限责任公司发起人出资方式的规定。

(二)设立方式

股份有限公司的设立,可以采取发起设立或者募集设立的方式。

发起设立是指由发起人认购公司应发行的全部股份而设立公司。

募集设立是指由发起人认购公司应发行股份的一部分,其余股份向社会公开募集或者向特定对象募集而设立公司。

股份有限公司采取发起设立方式设立的,注册资本为在公司登记机关登记的全体发起人认购的股本总额。在发起人认购的股份缴足前,不得向他人募集股份。

股份有限公司采取募集方式设立的,注册资本为在公司登记机关登记的实收股本总额。

由于《公司法》将注册资本实缴登记制改为认缴登记制,故对股份有限公司不再设定最低注册资本的限制。法律、行政法规以及国务院决定对股份有限公司注册资本实缴、注册资本最低限额另有规定的,从其规定。

(三)股份有限公司的章程

《公司法》第八十一条规定,股份有限公司章程应当载明以下事项:①公司名称和住所;②公司经营范围;③公司设立方式;④公司股份总数、每股金额和注册资本;⑤发起人的姓名或者名称、认购的股份数、出资方式和出资时间;⑥董事会的组成、职权和议事规则;⑦公司法定代表人;⑧监事会的组成、职权和议事规则;⑨公司利润分配办法;⑩公司的解散事由与清算办法;⑪公司的通知和公告办法;⑫股东大会会议认为需要规定的其他事项。

(四)设立程序

以发起设立方式设立股份有限公司的,发起人应当书面认足公司章程规定其认购的股份,并按照公司章程规定缴纳出资。以非货币财产出资的,应当依法办理其财产权的转移手续。发起人不依照前款规定缴纳出资的,应当按照发起人协议承担违约责任。发起人认足公司章程规定的出资后,应当选举董事会和监事会,由董事会向公司登记机关报送公司章程以及法律、行政法规规定的其他文件,申请设立登记。

以募集设立方式设立股份有限公司的,发起人认购的股份不得少于公司股份总数的百分之三十五;但是,法律、行政法规另有规定的,从其规定。

发起人向社会公开募集股份,必须公告招股说明书,并制作认股书。认股书应当载明《公司法》第八十六条所列事项,由认股人填写认购股数、金额、住所,并签名、盖章。认股人按照所认购股数缴纳股款。

招股说明书应当附有发起人制订的公司章程,并载明以下事项:①发起人认购的股份数;②每股的票面金额和发行价格;③无记名股票的发行总数;④募集资金的用途;⑤认股人的权利、义务;⑥本次募股的起止期限及逾期未募足时认股人可以撤回所认股份的说明。

发起人向社会公开募集股份,应当由依法设立的证券公司承销,签订承销协议。发起人向社会公开募集股份,应当同银行签订代收股款协议。代收股款的银行应当按照协议代收和保存股款,向缴纳股款的认股人出具收款单据,并负有向有关部门出具收款证明的义务。

发行股份的股款缴足后,必须经依法设立的验资机构验资并出具证明。发起人应当自股款缴足之日起三十日内主持召开公司创立大会。创立大会由发起人、认股人组成。

发行的股份超过招股说明书规定的截止期限尚未募足的,或者发行股份的股款缴足后,发起人在三十日内未召开创立大会的,认股人可以按照所缴股款并加算银行同期存款利息,要求发起人返还。

发起人应当在创立大会召开十五日前将会议日期通知各认股人或者予以公告。创立大会应有代表股份总数过半数的发起人、认股人出席,方可举行。

创立大会行使以下职权:①审议发起人关于公司筹办情况的报告;②通过公司章程;③选举董事会成员;④选举监事会成员;⑤对公司的设立费用进行审核;⑥对发起人用于抵作股款的财产的作价进行审核;⑦发生不可抗力或者经营条件发生重大变化直接影响公司设立的,可以作出不设立公司的决议。

创立大会对前款所列事项作出决议,必须经出席会议的认股人所持表决权过半数通过。

发起人、认股人缴纳股款或者交付抵作股款的出资后,除未按期募足股份、发起人未按期召开创立大会或者创立大会决议不设立公司的情形外,不得抽回其股本。

董事会应于创立大会结束后三十日内,向公司登记机关申请设立登记。以募集方式设立股份有限公司公开发行股票的,还应当向公司登记机关报送国务院证券监督管理机构的核准文件。

(五)发起人责任

股份有限公司成立后,发起人未按照公司章程的规定缴足出资的,应当补缴;其他发起人承担连带责任。

股份有限公司成立后,发现作为设立公司出资的非货币财产的实际价额显著低于公司章程所定价额的,应当由交付该出资的发起人补足其差额;其他发起人承担连带责任。

另外,股份有限公司的发起人还应当承担以下责任:①公司不能成立时,对设立行为所产生的债务和费用负连带责任;②公司不能成立时,对认股人已缴纳的股款,负返还股款并加算银行同期存款利息的连带责任;③在公司设立过程中,由于发起人的过失致使公司利益受到损害的,应当对公司承担赔偿责任。

三、股份有限公司的组织机构

(一)股东大会

1.股东大会的性质及会议形式

股份有限公司股东大会由全体股东组成。股东大会是公司的权力机构。前述关于有限责任公司股东会职权的规定,同样适用于股份有限公司股东大会。

股份有限公司的股东大会应当每年召开一次年会。有以下情形之一的,应当在两个月内召开临时股东大会:①董事人数不足《公司法》规定人数或者公司章程所定人数的三分之二时;②公司未弥补的亏损达实收股本总额三分之一时;③单独或者合计持有公司百分之十以上股份的股东请求时;④董事会认为必要时;⑤监事会提议召开时;⑥公司章程规定的其他情形。

2.股东大会会议的召集

股东大会会议由董事会召集,董事长主持;董事长不能履行职务或者不履行职务的,由副董事长主持;副董事长不能履行职务或者不履行职务的,由半数以上董事共同推举一名董事主持。董事会不能履行或者不履行召集股东大会会议职责的,监事会应当及时召集和主持;监事会不召集和主持的,连续九十以上单独或者合计持有公司百分之十以上股份的股东可以自行召集和主持。

召开股东大会会议,应当将会议召开的时间、地点和审议的事项于会议召开二十日前通知各股东;临时股东大会应当于会议召开十五日前通知各股东;发行无记名股票的,应当于会议召开三十日前公告会议召开的时间、地点和审议事项。

3.股东大会会议的表决及决议

单独或者合计持有公司百分之三以上股份的股东,可以在股东大会召开十日前提出临时提案并书面提交董事会;董事会应当在收到提案后两日内通知其他股东,并将该临时提案提交股东大会审议。临时提案的内容应当属于股东大会职权范围,并有明确议题和具体决议事项。无记名股票持有人出席股东大会会议的,应当于会议召开五日前至股东大会闭会时将股票交存于公司。

股东出席股东大会会议,所持每一股份有一表决权。但是,公司持有的本公司股份没有表决权。股东大会作出决议,必须经出席会议的股东所持表决权过半数通过。但是,股东大会作出修改公司章程、增加或者减少注册资本的决议,以及公司合并、分立、解散或者变更公司形式的决议,必须经出席会议的股东所持表决权的三分之二以上通过。

《公司法》和公司章程规定公司转让、受让重大资产或者对外提供担保等事项必须经股东大会作出决议的,董事会应当及时召集股东大会会议,由股东大会就上述事项进行表决。

4. 累积投票制

股东大会选举董事、监事,可以依照公司章程的规定或者股东大会的决议,实行累积投票制。

所谓累积投票制,是指股东大会选举董事或者监事时,每一股份拥有与应选董事或者监事人数相同的表决权,股东拥有的表决权可以集中使用。

累积投票制起源于1870年美国伊利诺伊州的州宪法。美国证券市场发展早期到处充斥着大股东损害中小股东利益、管理层损害公司股东利益的现象。在总结大量案例的基础上,该州州宪法第三章第十一条规定,任何股东在法人公司选举董事或经理人的任何场合,均得亲自或通过代理人行使累积投票权,而且此类董事或经理不得以任何其他方式选举。随后,该州《公司法》第二十八条也规定了累积投票制。

至1955年,美国有20个州在其宪法或制定法中规定了累积投票制,累积投票制在维护中小股东利益、防止控股股东全面操纵董事会、降低集中决策风险和实现"公司民主"等方面有重要价值。

之后,该制度在世界各地得到推广运用,日本等亚洲国家和地区的公司法也相继采纳了累积投票制。

我国最早引入累积投票制是在2002年1月7日中国证监会发布的《上市公司治理准则》(证监发〔2002〕1号)之中,其第三十一条规定,在董事选举的过程中,应充分反映中小股东的意见,股东大会在董事选举中应积极推行累积投票制度,控股股东持股比例在百分之三十以上的上市公司,应当采用累积投票制。

累积投票制是一种与普通的直接投票制相对应的公司董(监)事选举制度。在累积投票制下,每一有表决权的股份享有与拟选出的董(监)事人数相同的表决权,股东可以自由地在各候选人间分配其表决权,既可分散投于多人,也可集中投于一人,然后根据各候选人得票多少的顺序决定董(监)事人选。

累积投票制在一定程度上为中小股东的代言人进入董(监)事会提供了保障。

累积投票制的独特作用在于:一方面,它通过投票数的累积计算,扩大了股东的表决权的数量;另一方面,它通过限制表决权的重复使用,限制了大股东对董事、监事选举过程的绝对控制力。换句话说,在累积投票时,股东的表决权只能使用一次,而不能多次重复使用,这就给中小股东"集中优势兵力",选出自己的董事、监事创造了可能。

【例4-10:累积投票制的运作机制】

某上市公司股东大会准备选举9名董事,某股东持有该公司股票1股,则该股东在参加股东大会时的表决权票数是9票而不再是1票。股东可以将他持有的投票权票数集中投给1名候选人，也可以分散投给多人。如果该股东给9名董事候选人每人投上1票，则9名董事候选人每人得1票；如果该股东将9票全部投给1名董事候选人，则该董事候选人得9票。

假如有1个大股东持有公司股票8股，需选举9名董事，则累计投票权票数就是72票，如果将72票分散投给9名董事候选人，则每名候选人得8票。而刚才所说的小股东虽然只持有1股，但由于票数累积，他得到了9个投票权票数，如果他将9票累计投票权全部投给1名董事候选人的话，则该名董事候选人就得到了9票，9票多于8票，小股东投票的候选人就可能当选。

（二）董事会

1.董事会的组成

股份有限公司设董事会，其成员为五人至十九人。董事会成员中可以有公司职工代表。董事会中的职工代表由公司职工通过职工代表大会、职工大会或者其他形式民主选举产生。《公司法》关于有限责任公司董事任期的规定以及董事会职权的规定，均适用于股份有限公司董事。

董事会设董事长一人，可以设副董事长。董事长和副董事长由董事会以全体董事的过半数选举产生。董事长召集和主持董事会会议，检查董事会决议的实施情况。副董事长协助董事长工作，董事长不能履行职务或者不履行职务的，由副董事长履行职务；副董事长不能履行职务或者不履行职务的，由半数以上董事共同推举一名董事履行职务。

2.董事会会议的召开

董事会每年度至少召开两次会议，每次会议应当于会议召开十日前通知全体董事和监事。代表十分之一以上表决权的股东、三分之一以上董事或者监事会，可以提议召开董事会临时会议。董事长应当自接到提议后十日内，召集和主持董事会会议。董事会召开临时会议，可以另定召集董事会的通知方式和通知时限。

董事会会议应有过半数的董事出席方可举行。董事会作出决议，必须经全体董事的过半数通过。董事会决议的表决，实行一人一票。

董事会会议，应由董事本人出席；董事因故不能出席，可以书面委托其他董事代为出席，委托书中应载明授权范围。董事会应当对会议所议事项的决定作成会议记录，出席会议的董事应当在会议记录上签名。

董事应当对董事会的决议承担责任。董事会的决议违反法律、行政法规或者公司章程、股东大会决议，致使公司遭受严重损失的，参与决议的董事对公司负赔偿责任。但经证明在表决时曾表明异议并记载于会议记录的，该董事可以免除责任。

（三）经理

股份有限公司设经理，由董事会决定聘任或者解聘。

前述关于有限责任公司经理职权的规定，适用于股份有限公司经理。公司董事会可以决定由董事会成员兼任经理。

公司不得直接或者通过子公司向董事、监事、高级管理人员提供借款。

公司应当定期向股东披露董事、监事、高级管理人员从公司获得报酬的情况。

（四）监事会

股份有限公司设监事会,其成员不得少于三人。

1.监事会的组成

监事会应当包括股东代表和适当比例的公司职工代表,其中职工代表的比例不得低于三分之一,具体比例由公司章程规定。监事会中的职工代表由公司职工通过职工代表大会、职工大会或者其他形式民主选举产生。监事会设主席一人,可以设副主席。监事会主席和副主席由全体监事过半数选举产生。监事会主席召集和主持监事会会议;监事会主席不能履行职务或者不履行职务的,由监事会副主席召集和主持监事会会议;监事会副主席不能履行职务或者不履行职务的,由半数以上监事共同推举一名监事召集和主持监事会会议。

董事、高级管理人员不得兼任监事。

2.监事的任期与职权

股份有限公司的监事任期与有限责任公司的监事任期相同,均为三年。前述关于有限责任公司监事职权的规定,同样适用于股份有限公司监事。

监事会行使职权所必需的费用,由公司承担。

3.监事会会议的召开与表决

监事会每六个月至少召开一次会议。监事可以提议召开临时监事会会议。

监事会的议事方式和表决程序,除《公司法》有规定的外,由公司章程规定。监事会决议应当经半数以上监事通过。

监事会应当对所议事项的决定作成会议记录,出席会议的监事应当在会议记录上签名。

（五）上市公司组织机构的特别规定

所谓上市公司,是指其股票在证券交易所上市交易的股份有限公司。《公司法》第一百二十一条规定,上市公司在一年内购买、出售重大资产或者担保金额超过公司资产总额百分之三十的,应当由股东大会作出决议,并经出席会议的股东所持表决权的三分之二以上通过。

上市公司设独立董事,具体办法由国务院规定。

上市公司设董事会秘书,负责公司股东大会和董事会会议的筹备、文件保管以及公司股东资料的管理,办理信息披露事务等事宜。

上市公司董事与董事会会议决议事项所涉及的企业有关联关系的,不得对该项决议行使表决权,也不得代理其他董事行使表决权。该董事会会议由过半数的无关联关系董事出席即可举行,董事会会议所作决议须经无关联关系董事过半数通过。出席董事会的无关联关系董事人数不足三人的,应将该事项提交上市公司股东大会审议。

四、上市公司的独立董事制度

《公司法》要求上市公司设立独立董事,中国证监会具体要求上市公司董事会成员中应当至少三分之一为独立董事。

（一）独立董事的概念

独立董事,又称外部董事,是指不在公司担任除董事之外的其他职务,并与其所受聘的上市公司及其主要股东不存在可能妨碍其进行独立客观判断的关系的董事。

独立董事对上市公司及全体股东负有诚信与勤勉的义务，应当认真履行职责，维护公司整体利益，尤其要关注中小股东的合法权益不受损害。独立董事应当独立履行职责，不受上市公司主要股东、实际控制人或者其他与上市公司存在利害关系的单位或个人的影响。

（二）独立董事的任职条件

根据中国证监会于2001年8月16日发布的《关于在上市公司建立独立董事制度的指导意见》，担任独立董事应当符合以下基本条件：①根据法律、行政法规及其他有关规定，具备担任上市公司董事的资格；②具有本指导意见所要求的独立性；③具备上市公司运作的基本知识，熟悉相关法律、行政法规、规章及规则；④具有五年以上法律、经济或者其他履行独立董事职责所必需的工作经验；⑤公司章程规定的其他条件。

该指导意见规定，独立董事必须具有独立性，因此，以下人员不得担任独立董事：①在上市公司或者其附属企业任职的人员及其直系亲属、主要社会关系（直系亲属是指配偶、父母、子女等，主要社会关系是指兄弟姐妹、岳父母、儿媳女婿、兄弟姐妹的配偶、配偶的兄弟姐妹等）；②直接或间接持有上市公司已发行股份百分之一以上或者是上市公司前十名股东中的自然人股东及其直系亲属；③在直接或间接持有上市公司已发行股份百分之五以上的股东单位或者在上市公司前五名股东单位任职的人员及其直系亲属；④最近一年内曾经具有前三项所列举情形的人员；⑤为上市公司或者其附属企业提供财务、法律、咨询等服务的人员；⑥公司章程规定的其他人员；⑦中国证监会认定的其他人员。

（三）独立董事的提名及任期

根据《关于在上市公司建立独立董事制度的指导意见》，上市公司董事会、监事会、单独或者合并持有上市公司已发行股份百分之一以上的股东可以提出独立董事候选人，并经股东大会选举决定。

独立董事的提名人在提名前应当征得被提名人的同意。提名人应当充分了解被提名人的职业、学历、职称、详细的工作经历、兼职等情况，并对其担任独立董事的资格和独立性发表意见，被提名人应当就其本人与上市公司之间不存在任何影响其独立客观判断的关系发表公开声明。在选举独立董事的股东大会召开前，上市公司董事会应当按照规定公布上述内容。

在选举独立董事的股东大会召开前，上市公司应将所有被提名人的有关材料同时报送中国证监会、公司所在地中国证监会派出机构和公司股票挂牌交易的证券交易所。上市公司董事会对被提名人的有关情况有异议的，应同时报送董事会的书面意见。中国证监会在十五个工作日内对独立董事的任职资格和独立性进行审核。对中国证监会持有异议的被提名人，可作为公司董事候选人，但不作为独立董事候选人。在召开股东大会选举独立董事时，上市公司董事会应对独立董事候选人是否被中国证监会提出异议的情况进行说明。

独立董事每届任期与该上市公司其他董事任期相同，任期届满，连选可以连任，但是连任时间不得超过六年。

独立董事连续三次未亲自出席董事会会议的，由董事会提请股东大会予以撤换。除出现上述情况及《公司法》中规定的不得担任董事的情形外，独立董事任期届满前不得无故被免职。提前免职的，上市公司应将其作为特别披露事项予以披露，被免职的独立董事认为公司的免职理由不当的，可以作出公开声明。

独立董事在任期届满前可以提出辞职。独立董事辞职应向董事会提交书面辞职报告，对任何与其辞职有关或其认为有必要引起公司股东和债权人注意的情况进行说明。如因独立董事辞职导致公司董事会中独立董事所占的比例低于《关于在上市公司建立独立董事制度的指导意见》规定的最低要求时,该独立董事的辞职报告应当在下任独立董事填补其缺额后生效。

(四)独立董事的特别职权

为了充分发挥独立董事的作用,独立董事除应当具有《公司法》和其他相关法律、法规赋予董事的职权外,上市公司还应当赋予独立董事以下特别职权:①重大关联交易(指上市公司拟与关联人达成的总额高于三百万元或高于上市公司最近经审计净资产值的百分之五的关联交易)应由独立董事认可后,提交董事会讨论;独立董事作出判断前,可以聘请中介机构出具独立财务顾问报告,作为其判断的依据。②向董事会提议聘用或解聘会计师事务所。③向董事会提请召开临时股东大会。④提议召开董事会。⑤独立聘请外部审计机构和咨询机构。⑥可以在股东大会召开前公开向股东征集投票权。

独立董事行使上述职权应当取得全体独立董事的二分之一以上同意。如上述提议未被采纳或上述职权不能正常行使,上市公司应将有关情况予以披露。如果上市公司董事会下设薪酬、审计、提名等委员会的,独立董事应当在委员会成员中占有二分之一以上的比例。

除行使上述特别职权外,独立董事应当对上市公司以下重大事项向董事会或股东大会发表独立意见:①提名、任免董事;②聘任或解聘高级管理人员;③公司董事、高级管理人员的薪酬;④上市公司的股东、实际控制人及其关联企业对上市公司现有或新发生的总额高于三百万元或高于上市公司最近经审计净资产值的百分之五的借款或其他资金往来,以及公司是否采取有效措施回收欠款;⑤独立董事认为可能损害中小股东权益的事项;⑥公司章程规定的其他事项。

独立董事应当就上述事项发表以下几类意见之一:同意;保留意见及其理由;反对意见及其理由;无法发表意见及其障碍。如有关事项属于需要披露的事项,上市公司应当将独立董事的意见予以公告。独立董事出现意见分歧无法达成一致时,董事会应将各独立董事的意见分别披露。

(五)上市公司为独立董事提供的必要条件

为了保证独立董事有效行使职权,上市公司应当为独立董事提供必要的条件,具体包括:①上市公司应当保证独立董事享有与其他董事同等的知情权。凡须经董事会决策的事项,上市公司必须按法定的时间提前通知独立董事并同时提供足够的资料,独立董事认为资料不充分的,可以要求补充。当两名或两名以上独立董事认为资料不充分或论证不明确时,可联名书面向董事会提出延期召开董事会会议或延期审议该事项,董事会应予以采纳。上市公司向独立董事提供的资料,上市公司及独立董事本人应当至少保存五年。②上市公司应提供独立董事履行职责所必需的工作条件。上市公司董事会秘书应积极为独立董事履行职责提供协助,如介绍情况、提供材料等。独立董事发表的独立意见、提案及书面说明应当公告的,董事会秘书应及时到证券交易所办理公告事宜。③独立董事行使职权时,上市公司有关人员应当积极配合,不得拒绝、阻碍或隐瞒,不得干预其独立行使职权。④独立董事聘请中介机构的费用及其他行使职权时所需的费用由上市公司承担。⑤上市公司应当给予独立董事适当的津贴。津贴的标准应当由董事会制订预案,股东大会审议通过,并在公司年报中进行披露。除上述津贴外,独立董事不应从该上市公司及其主要股东或有利害关系的机构和人员取得额外的、未予披露的其他利益。⑥上市公司可以建立必要的独立董事责任保险制度，以降低独立董事正常履行职责可能引致的风险。

五、股份有限公司的股份发行与转让

(一)股份的种类

股份有限公司最大的特征就是公司的资本被划分成股份，每一股的金额相等。同时，公司的股份采取股票的形式。股票是公司签发的证明股东所持股份的凭证。

依据不同的分类方法，股份可分为不同的种类。

(1)依据股东的权利义务不同，股份可分为普通股和优先股。

普通股就是代表一般股东的股份，每一股有一个投票权，按持股的比例分享收益。因此，普通股所代表的股东权利是平等和无差别待遇的一般股权，包括共益权和自益权，其中共益权包括对公司事务的表决权。

优先股则是相对普通股而言享有优先权的股份，其所代表的股权与一般股权有所不同，其差别主要表现在参与公司决策的程度以及公司盈余、剩余财产的分配顺序等方面。通常，持有优先股的股东在盈余分配和剩余财产分配方面享有特权，或者是分配的顺序优先，或者是获得相对较高或固定的股息，但其表决权受到限制或者根本没有表决权。

(2)依据投资主体的性质不同，股份可分为国有股份和非国有股份。

(3)依据投资者是以人民币认购和买卖还是以外币认购和买卖股票划分，股份可分为内资股和外资股。内资股一般是由境内人士或机构以人民币认购和买卖的股票；外资股一般是以外币认购和买卖的股票。外资股有境内上市外资股(B股)和境外上市外资股。境外上市外资股一般以境外上市地的英文名称中的第一个字母命名，如在香港上市的H股、在纽约上市的N股、在新加坡上市的S股等。

(4)依据股票票面上是否记载股东的姓名或名称，股份可分为记名股和无记名股。

记名股是指股东姓名记载于股票和公司名册的股份，而无记名股则指股票上不记载股东姓名，占有股票即享有股东权利的股份形式。记名股的转让采用股票背书交付的方式，无记名股的转让则只需直接交付。

公司发行的股票，可以为记名股票，也可以为无记名股票。公司向发起人、法人发行的股票，应当为记名股票，并应当记载该发起人、法人的名称或者姓名，不得另立户名或者以代表人姓名记名。

(5)依据股票票面是否记载一定的金额，股份可分为面额股和无面额股。根据《公司法》的规定，股票发行价格可以等于票面金额，也可以超过票面金额，但不得低于票面金额。以超过票面金额为股票发行价格的，须经国务院证券管理部门批准。

(二)股票

股票是公司签发的证明股东所持股份的凭证。根据《公司法》第一百二十八条的规定，股票应当载明以下主要事项：①公司名称；②公司成立日期；③股票种类、票面金额及代表的股份数；④股票的编号。

股票由法定代表人签名，公司盖章。发起人的股票，应当标明发起人股票字样。

股票的发行，实行公开、公平、公正的原则，必须同股同权、同股同利。同次发行的股票，每股的发行条件和价格应当相同。任何单位或者个人所认购的股份,每股应当支付相同价额。股份有限公司登记成立后,即向股东正式交付股票。公司登记成立前不得向股东交付股票。

股票采用纸面形式或者国务院证券管理部门规定的其他形式。公司发行记名股票的,应当置备股东名册,记载股东的姓名或者名称及住所、各股东所持股份数、各股东所持股票的编号以及各股东取得其股份的日期。发行无记名股票的,公司应当记载其股票数量、编号及发行日期。

(三)新股发行

根据《公司法》第一百三十三条的规定,公司发行新股,股东大会应当对以下事项作出决议:新股种类及数额;新股发行价格;新股发行的起止日期;向原有股东发行新股的种类及数额。

公司经国务院证券监督管理机构核准公开发行新股时,必须公告新股招股说明书和财务会计报告,并制作认股书。公司发行新股,可以根据公司经营情况和财务状况,确定其作价方案。公司发行新股募足股款后,必须向公司登记机关办理变更登记,并公告。

(四)股份转让

股份有限公司的股份,以自由转让为原则,以法律限制为例外。具体限制如下。

1. 转让场所的限制

根据《公司法》的规定,股东转让其股份,应当在依法设立的证券交易场所进行或者按照国务院规定的其他方式进行。

2. 发起人及高管转让股票的限制

发起人持有的本公司股份,自公司成立之日起一年内不得转让。公司公开发行股份前已发行的股份,自公司股票在证券交易所上市交易之日起一年内不得转让。

公司董事、监事、高级管理人员应当向公司申报所持有的本公司的股份及其变动情况,在任职期间每年转让的股份不得超过其所持有本公司股份总数的百分之二十五;所持本公司股份自公司股票上市交易之日起一年内不得转让。上述人员离职后半年内,不得转让其所持有的本公司股份。公司章程可以对公司董事、监事、高级管理人员转让其所持有的本公司股份作出其他限制性规定。

3. 记名股票与无记名股票的转让

记名股票,由股东以背书方式或者法律、行政法规规定的其他方式转让;转让后由公司将受让人的姓名或者名称及住所记载于股东名册。

股东大会召开前二十日内或者公司决定分配股利的基准日前五日内,不得进行前款规定的股东名册的变更登记。但是,法律对上市公司股东名册变更登记另有规定的,从其规定。

无记名股票的转让,由股东将该股票交付给受让人后即发生转让的效力。

4. 公司收购自身股票的限制

公司不得收购本公司股份。但是,有以下情形之一的除外:①减少公司注册资本;②与持有本公司股份的其他公司合并;③将股份用于员工持股计划或者股权激励;④股东因对股东大会作出的公司合并、分立决议持异议,要求公司收购其股份;⑤将股份用于转换上市公司发行的可转换为股票的公司债券;⑥上市公司为维护公司价值及股东权益所必需。

公司因上述第①项、第②项规定的情形收购本公司股份的,应当经股东大会决议;公司因上述第③项、第⑤项、第⑥项规定的情形收购本公司股份的,可以依照公司章程的规定或者股东大会的授权,经三分之二以上董事出席的董事会会议决议。公司依照《公司法》第一百四十二条第一款规定收购本公司股份后,属于上述第①项情形的,应当自收购之日起十日内注销;属于上述第②项、第④项情形的,应当在六个月内转让或者注销;属于上述第③项、第⑤项、第⑥项情形的,公司合计持有的本公司股份数不得超过本公司已发行股份总额的百分之十,并应当在三年内转让或者注销。上市公司收购本公司股份的,应当依照《中华人民共和国证券法》的规定履行信息披露义务。上市公司因上述第③项、第⑤项、第⑥项规定的情形收购本公司股份的,应当通过公开的集中交易方式进行。

5.股票质押的限制

《公司法》规定公司不得接受本公司的股票作为质押权的标的。

此外,记名股票被盗、遗失或者灭失,股东可以依照《中华人民共和国民事诉讼法》规定的公示催告程序,请求人民法院宣告该股票失效。人民法院宣告该股票失效后,股东可以向公司申请补发股票。

上市公司必须依照法律、行政法规的规定,公开其财务状况、经营情况及重大诉讼,在每会计年度内半年公布一次财务会计报告。

六、公司董事、监事、高级管理人员的资格与义务

(一)资格

公司董事、监事、高级管理人员是代表公司组织机构行使职权的人员,在公司中处于重要地位,并依法具有法定的职权。因此,为了保证这类人员具有正确履行职责的能力与条件,《公司法》规定了他们应当具有的相应的资格。

根据《公司法》第一百四十六条的规定,有下列情形之一的,不得担任公司的董事、监事、高级管理人员:

(1)无民事行为能力或者限制民事行为能力;

(2)因贪污、贿赂、侵占财产、挪用财产或者破坏社会主义市场经济秩序,被判处刑罚,执行期满未逾五年,或者因犯罪被剥夺政治权利,执行期满未逾五年;

(3)担任破产清算的公司、企业的董事或者厂长、经理,对该公司、企业的破产负有个人责任的,自该公司、企业破产清算完结之日起未逾三年;

(4)担任因违法被吊销营业执照、责令关闭的公司、企业的法定代表人,并负有个人责任的,自该公司、企业被吊销营业执照之日起未逾三年;

(5)个人所负数额较大的债务到期未清偿。

公司违反前款规定选举、委派董事、监事或者聘任高级管理人员的,该选举、委派或者聘任无效。

董事、监事、高级管理人员在任职期间出现上述情形的,公司应当解除其职务。

(二)义务

《公司法》第一百四十七条规定,董事、监事、高级管理人员应当遵守法律、行政法规和公司章程,对公司负有忠实义务和勤勉义务。

1.忠实义务

所谓忠实义务,是指公司的管理层应当以公司或者整体股东的利益最大化为目标,不得

损害公司或整体股东的利益,更不得在自身利益与公司利益或者股东整体利益相冲突时偏向自身利益。

董事、监事、高级管理人员不得利用职权收受贿赂或者其他非法收入,不得侵占公司的财产。

《公司法》第一百四十八条规定,董事、高级管理人员不得有以下行为:①挪用公司资金;②将公司资金以其个人名义或者以其他个人名义开立账户存储;③违反公司章程的规定,未经股东会、股东大会或者董事会同意,将公司资金借贷给他人或者以公司财产为他人提供担保;④违反公司章程的规定或者未经股东会、股东大会同意,与本公司订立合同或者进行交易;⑤未经股东会或者股东大会同意,利用职务便利为自己或者他人谋取属于公司的商业机会,自营或者为他人经营与所任职公司同类的业务;⑥接受他人与公司交易的佣金归为己有;⑦擅自披露公司秘密;⑧违反对公司忠实义务的其他行为。

董事、高级管理人员违反前款规定所得的收入应当归公司所有。

上述第⑤项规定,明确了公司董事、监事、高级管理人员的竞业禁止义务。

2.勤勉义务

所谓勤勉义务,是指公司管理层应当在执行公司职务时勤勉尽责,这主要适用于不存在利益冲突的场合。《公司法》规定,董事、监事、高级管理人员执行公司职务时违反法律、行政法规或者公司章程的规定,给公司造成损失的,应当承担赔偿责任。

股东会或者股东大会要求董事、监事、高级管理人员列席会议的,董事、监事、高级管理人员应当列席并接受股东的质询。

董事、高级管理人员应当如实向监事会或者不设监事会的有限责任公司的监事提供有关情况和资料,不得妨碍监事会或者监事行使职权。

董事、高级管理人员违反法律、行政法规或者公司章程的规定,损害股东利益的,股东可以向人民法院提起诉讼。

【例4-11:公司管理层的任职资格与竞业禁止】

1.某私营企业××有限责任公司在讨论决定本公司的监事人选名单,在名单中有下列这样一些人,请按照《公司法》的规定,判断下列哪些人可以担任公司的监事。(　　　)

A.该公司董事长王某　　　　　　　　B.该公司总经理李某

C.公司聘用的临时工沈某　　　　　　D.该公司所在地市新区管委会主任赵某

分析:董事长和总经理不得担任公司监事是毫无疑问的,但政府公务员是否可以担任公司监事,现行《公司法》对此并没有明确作出禁止。但是要注意的是,虽然《公司法》对公务员能否担任公司高管不再作出禁止性规定,但根据《公务员法》第五十三条第(十四)项的规定,公务员不得从事或者参与营利性活动,在企业或者其他营利性组织中兼任职务。

2.某纺织品有限责任公司在审核本公司董事人选时,公司的法律顾问指出,人选中有些人不能担任公司的董事,他们是(　　　)。

A.王某,曾是某大学经济学教授,年近80岁,现退休

B.吴某,企业管理专家,本地区某针织厂经理

C.张某,曾任某国有工厂的厂长,2年前因经营不善企业破产而被免职,现为某工厂工人

D.宋某,某高校工商管理学博士,最近因家庭问题负债20万元

提示:本题涉及公司董事的任职资格限制及竞业禁止规定。

第六节　公司债券

一、公司债券的概念与特征

(一)公司债券的概念

公司债券是指公司依照法定程序发行的,约定在一定期限还本付息的有价证券。公司债券实质上是一种借款凭证,以法律和信用为基础,表明发行债券的公司与债券持有人的一种债权债务关系,这种依法设立的关系具有法律效力,受法律的保护。根据是否记载持有人姓名,公司债券可分为记名公司债券和不记名公司债券;根据有无担保,公司债券可分为有担保公司债券和无担保公司债券;根据能否转换为股权,公司债券可分为可转换公司债券和非转换公司债券。

(二)公司债券的特征

公司债券是整体发行、内容一律、多个分别成立的契约,其主要有以下几个特征。

(1)公司债券的发行主体是依《公司法》成立的公司,其他主体,如自然人、合伙企业或其他公益团体均不得发行公司债券;

(2)公司债券的发行对象是不特定的社会公众,公司债券是大量发行向社会公众公开募集的证券形式;

(3)公司债券是整体发行、内容一律的债券,每期公司债券是整批、大量地向不特定的社会公众募集,每期公司债券的债券面额、利率、偿还方法、期限、担保条件等内容皆相同;

(4)公司债券是标准契约(格式合同),公司债券是公司向不特定公众发行的条件相同的要约,受要约人(公众)只有承诺或拒绝的权利,而没有讨价还价的权利和可能;

(5)公司债券是单一之债,公司债券虽然是向不特定的社会公众发行的,有众多的债权人,但公司债券是公司与每一债券持有人之间分别成立债权债务关系,是多个单一之债。

二、公司债券的发行

公司发行公司债券应当符合《中华人民共和国证券法》(以下简称《证券法》)规定的发行条件。发行公司债券的申请经国务院授权的部门核准后,应当公告公司债券募集办法。

(一)发行条件

具备发行资格的公司发行公司债券,还必须符合下列条件:

(1)股份有限公司的净资产不低于人民币三千万元,有限责任公司的净资产不低于人民币六千万元;

(2)累计债券余额不超过公司净资产的百分之四十;

(3)最近三年平均可分配利润足以支付公司债券一年的利息;

(4)筹集的资金投向符合国家产业政策;

(5)债券的利率不超过国务院限定的利率水平;

(6)国务院规定的其他条件。

公开发行公司债券筹集的资金,必须用于核准的用途,不得用于弥补亏损和非生产性支出。

上市公司发行可转换为股票的公司债券,除应当符合上述条件外,还应当符合《公司法》关于公开发行股票的条件,并报国务院证券监督管理机构核准。

公司债券募集办法中应当载明以下主要事项:①公司名称;②债券募集资金的用途;③债券总额和债券的票面金额;④债券利率的确定方式;⑤还本付息的期限和方式;⑥债券担保情况;⑦债券的发行价格、发行的起止日期;⑧公司净资产额;⑨已发行的尚未到期的公司债券总额;⑩公司债券的承销机构。

公司以实物券方式发行公司债券的,必须在债券上载明公司名称、债券票面金额、利率、偿还期限等事项,并由法定代表人签名,公司盖章。

公司债券,可以为记名债券,也可以为无记名债券。公司发行公司债券应当置备公司债券存根簿。发行记名公司债券的,应当在公司债券存根簿上载明以下事项:债券持有人的姓名或者名称及住所;债券持有人取得债券的日期及债券的编号;债券总额,债券的票面金额、利率、还本付息的期限和方式;债券的发行日期。发行无记名公司债券的,应当在公司债券存根簿上载明债券总额、利率、偿还期限和方式、发行日期及债券的编号。记名公司债券的登记结算机构应当建立债券登记、存管、付息、兑付等相关制度。

申请公开发行公司债券,应当向国务院授权的部门或者国务院证券监督管理机构报送以下文件:①公司营业执照;②公司章程;③公司债券募集办法;④资产评估报告和验资报告;⑤国务院授权的部门或者国务院证券监督管理机构规定的其他文件。依照《证券法》规定聘请保荐人的,还应当报送保荐人出具的发行保荐书。

(二)发行禁止

根据《证券法》的规定,有下列情形之一的,不得再次公开发行公司债券:

(1)前一次公开发行的公司债券尚未募足;

(2)对已公开发行的公司债券或者其他债务有违约或者延迟支付本息的事实,仍处于继续状态;

(3)违反《证券法》规定,改变公开发行公司债券所募资金的用途。

三、公司债券的转让

公司债券可以转让,转让价格由转让人与受让人约定。公司债券在证券交易所上市交易的,按照证券交易所的交易规则转让。

记名公司债券,由债券持有人以背书方式或者法律、行政法规规定的其他方式转让;转让后由公司将受让人的姓名或者名称及住所记载于公司债券存根簿。

无记名公司债券的转让,由债券持有人将该债券交付给受让人后即发生转让的效力。

上市公司经股东大会决议可以发行可转换为股票的公司债券,并在公司债券募集办法中规定具体的转换办法。上市公司发行可转换为股票的公司债券,应当报国务院证券监督管理机构核准。

发行可转换为股票的公司债券,应当在债券上标明可转换公司债券字样,并在公司债券存根簿上载明可转换公司债券的数额。

发行可转换为股票的公司债券的,公司应当按照其转换办法向债券持有人换发股票,但债券持有人对转换股票或者不转换股票有选择权。

四、公司债券的上市交易及其暂停与终止

（一）公司债券上市交易的条件

根据《证券法》的规定，公司申请公司债券上市交易，应当符合下列条件：

（1）公司债券的期限为一年以上；

（2）公司债券实际发行额不少于人民币五千万元；

（3）公司申请债券上市时仍符合法定的公司债券发行条件。

（二）公司债券上市交易应报送的文件

根据《证券法》的规定，申请公司债券上市交易，应当向证券交易所报送下列文件：

（1）上市报告书；

（2）申请公司债券上市的董事会决议；

（3）公司章程；

（4）公司营业执照；

（5）公司债券募集办法；

（6）公司债券的实际发行数额；

（7）证券交易所上市规则规定的其他文件。

申请可转换为股票的公司债券上市交易，还应当报送保荐人出具的上市保荐书。公司债券上市交易申请经证券交易所审核同意后，签订上市协议的公司应当在规定的期限内公告公司债券上市文件及有关文件，并将其申请文件置备于指定场所供公众查阅。

（三）公司债券上市交易的暂停与终止

公司债券上市交易后，公司有下列情形之一的，由证券交易所决定暂停其公司债券上市交易：

（1）公司有重大违法行为；

（2）公司情况发生重大变化不符合公司债券上市条件；

（3）发行公司债券所募集的资金不按照核准的用途使用；

（4）未按照公司债券募集办法履行义务；

（5）公司最近两年连续亏损。

公司有第（1）项、第（4）项所列情形之一经查实后果严重的，或者有第（2）项、第（3）项、第（5）项所列情形之一，在限期内未能消除的，由证券交易所决定终止其公司债券上市交易。

公司解散或者被宣告破产的，由证券交易所终止其公司债券上市交易。

第七节　公司财务会计制度

一、财务会计报告

《公司法》规定公司应当依照法律、行政法规和国务院财政部门的规定建立本公司的财

务、会计制度。

公司应当在每一会计年度终了时编制财务会计报告，并依法经会计师事务所审计。财务会计报告应当依照法律、行政法规和国务院财政部门的规定制作。

有限责任公司应当依照公司章程规定的期限将财务会计报告送交各股东。

股份有限公司的财务会计报告应当在召开股东大会年会的二十日前置备于本公司，供股东查阅；公开发行股票的股份有限公司必须公告其财务会计报告。

二、公积金

公积金是公司在资本之外所保留的资金金额。公积金制度是各国公司法通常采用的一项强制性制度。

公司的公积金可分为法定公积金和资本公积金。

公司分配当年税后利润时，应当提取利润的百分之十列入公司法定公积金。公司法定公积金累计额为公司注册资本的百分之五十以上的，可以不再提取。

公司的法定公积金不足以弥补以前年度亏损的，在依照前款规定提取法定公积金之前，应当先用当年利润弥补亏损。公司从税后利润中提取法定公积金后，经股东会或者股东大会决议，还可以从税后利润中提取任意公积金。

公司弥补亏损和提取公积金后所余税后利润，有限责任公司依照《公司法》第三十四条的规定分配；股份有限公司按照股东持有的股份比例分配，但股份有限公司章程规定不按持股比例分配的除外。

股东会、股东大会或者董事会违反前款规定，在公司弥补亏损和提取法定公积金之前向股东分配利润的，股东必须将违反规定分配的利润退还公司。公司持有的本公司股份不得分配利润。

股份有限公司以超过股票票面金额的发行价格发行股份所得的溢价款以及国务院财政部门规定列入资本公积金的其他收入，应当列为公司资本公积金。

公司的公积金用于弥补公司的亏损、扩大公司生产经营或者转为增加公司资本。但是，资本公积金不得用于弥补公司的亏损。

法定公积金转为资本时，所留存的该项公积金不得少于转增前公司注册资本的百分之二十五。

公司聘用、解聘承办公司审计业务的会计师事务所，依照公司章程的规定，由股东会、股东大会或者董事会决定。公司股东会、股东大会或者董事会就解聘会计师事务所进行表决时，应当允许会计师事务所陈述意见。

公司应当向聘用的会计师事务所提供真实、完整的会计凭证、会计账簿、财务会计报告及其他会计资料，不得拒绝、隐匿、谎报。公司除法定的会计账簿外，不得另立会计账簿。对公司资产，不得以任何个人名义开立账户存储。

第八节 公司解散与清算

一、公司解散

公司解散是指公司发生章程规定或法定的除破产以外的解散事由而停止业务活动,并进入清算程序的过程。根据《公司法》第一百八十条的规定,公司因以下原因解散:①公司章程规定的营业期限届满或者公司章程规定的其他解散事由出现;②股东会或者股东大会决议解散;③因公司合并或者分立需要解散;④依法被吊销营业执照、责令关闭或者被撤销;⑤人民法院依法予以解散。

公司有上述第①项情形的,可以通过修改公司章程而存续。公司依照规定修改公司章程,有限责任公司须经三分之二以上持有表决权的股东通过,股份有限公司须经出席股东大会会议的股东所持表决权的三分之二以上通过。

公司经营管理发生严重困难,继续存续会使股东利益受到重大损失,通过其他途径不能解决的,持有公司全部股东表决权百分之十以上的股东,可以请求人民法院解散公司。

二、公司清算

公司清算是指公司解散或被依法宣告破产后,依照一定的程序结束公司事务,收回债权,偿还债务,清理资产,并分配剩余财产,终止消灭公司的过程。

公司因《公司法》第一百八十条第(一)项、第(二)项、第(四)项、第(五)项规定解散的,应当在解散事由出现之日起十五日内成立清算组,开始清算。有限责任公司的清算组由股东组成,股份有限公司的清算组由董事或者股东大会确定的人员组成。逾期不成立清算组进行清算的,债权人可以申请人民法院指定有关人员组成清算组进行清算。人民法院应当受理该申请,并及时组织清算组进行清算。

公司被依法宣告破产的,依照有关企业破产的法律实施破产清算。鉴于本书后文以较为详尽的篇幅介绍企业破产法的相关内容,此处不作赘述。

附:《公司法》中部分用语的含义。

(1)高级管理人员,是指公司的经理、副经理、财务负责人,上市公司董事会秘书和公司章程规定的其他人员。

(2)控股股东,是指其出资额占有限责任公司资本总额百分之五十以上或者其持有的股份占股份有限公司股本总额百分之五十以上的股东;出资额或者持有股份的比例虽然不足百分之五十,但依其出资额或者持有的股份所享有的表决权已足以对股东会、股东大会的决议产生重大影响的股东。

(3)实际控制人,是指虽不是公司的股东,但通过投资关系、协议或者其他安排,能够实际支配公司行为的人。

(4)关联关系,是指公司控股股东、实际控制人、董事、监事、高级管理人员与其直接或者间接控制的企业之间的关系,以及可能导致公司利益转移的其他关系。但是,国家控股的企业之间不因为同受国家控股而具有关联关系。

【思考题】

1.什么是公司？公司有何法律特征？

2.有限责任公司与股份有限公司有何不同？

3.有限责任公司的设立要符合什么条件？

4.试阐述公司的组织机构。

5.什么是对赌协议？签订对赌协议要注意哪些问题？

6.隐名股东的股东权利是否受法律保护？签订股权代持协议要注意哪些问题？

7.股份有限公司有何特征？

8.股票的发行需要符合什么条件？

9.什么是公司债券？公司债券的发行应符合什么条件？

第五章　企业破产法

【**本章概要**】本章主要介绍破产的概念、破产申请与受理、破产管理人、破产债务人、破产费用、破产债权、债权人会议、重整制度、和解制度以及破产清算制度。通过本章的学习，可以对我国企业破产法律制度有一个概要性了解，并初步掌握企业破产清算的相关知识。

第一节　破产法概述

一、破产与破产法的概念

破产是指丧失清偿能力的债务人，经法院审理，强制清算其全部财产，公平清偿全体债权人的法律制度。

破产法是规定在债务人丧失清偿能力时，法院强制对其全部财产进行清算分配，公平清偿债权人，或通过债务人与债权人会议达成的和解协议清偿债务，或进行企业重整，避免债务人破产的法律规范的总称。

二、我国的破产法

1986 年 12 月 2 日，第六届全国人民代表大会常务委员会第十八次会议通过了《中华人民共和国企业破产法（试行）》（以下简称旧《企业破产法》），仅适用于全民所有制企业。而非全民所有制企业法人的破产，则适用 1991 年通过的《中华人民共和国民事诉讼法》（以下简称《民事诉讼法》）第十九章规定的"企业法人破产还债程序"。

2006 年 8 月 27 日，第十届全国人民代表大会常务委员会第二十三次通过了《中华人民共和国企业破产法》（以下简称《企业破产法》），自 2007 年 6 月 1 日起施行，旧《企业破产法》同时废止。2007 年 10 月 28 日，第十届全国人民代表大会常务委员会第三十次会议通过的《关于修改〈中华人民共和国民事诉讼法〉的决定》删除原法第十九章"企业法人破产还债程序"，破产问题统一由《企业破产法》调整。也即，根据《企业破产法》第二条的规定，其主体适用范围是所有的企业法人。

关于《企业破产法》的适用范围，该法第一百三十五条规定，其他法律规定企业法人以外的组织的清算，属于破产清算的，参照适用本法规定的程序，适当扩大了《企业破产法》的适用范围。此外，根据 2010 年 12 月 16 日最高人民法院发布的《关于对因资不抵债无法继续办学被终止的民办学校如何组织清算问题的批复》，资不抵债的民办学校的清算，参照适用企业破产法规定的程序进行。根据最高人民法院发布的《关于个人独资企业清算是否可以参照适用企业破产法规定的破产清算程序的批复》，在个人独资企业不能清偿到期债务，并且资产不足以清偿全部债务或者明显缺乏清偿能力的情况下，可以参照适用《企业破产法》规定的破产清算程序进行清算。

第二节　破产原因、破产申请与受理

一、破产原因

破产原因，也称破产界限，指认定债务人丧失清偿能力，当事人得以提出破产申请，法院据以启动破产程序、作出宣告破产的法律事实。破产原因也是和解程序与重整程序开始的原因。破产原因是破产程序开始的前提、设计破产程序的启动标准，是破产程序设计中的中心环节。破产原因作为启动破产程序的依据，有利于确定哪些债务人可以归入破产法的保护和规制的范围。

各国立法对破产原因的规定方式主要有列举主义与概括主义。前者规定列举表明债务人丧失清偿能力的各种具体行为，实施行为之一者即视为发生破产原因。后者则从法学理论上对破产原因作抽象规定，通常概括规定的方式有：①不能清偿；②债务超过，即资不抵债；③停止支付。我国立法采取概括主义。

所谓不能清偿，是指债务人对债权人请求偿还的到期债务，因丧失清偿能力而持续无法偿还的客观财产状况。这里的到期债务是指已经到偿还期限、债权人提出清偿要求、无合理争议或经生效法律文书确定的债务。不能清偿在法律上的着眼点是债务关系能否正常维持。资不抵债是指债务人的资产不足以清偿全部债务，其着眼点是资债比例关系及因此产生的清偿风险。

根据《企业破产法》第二条的规定，企业法人的破产原因是不能清偿到期债务，并且资产不足以清偿全部债务或者明显缺乏清偿能力。2011 年最高人民法院《关于适用〈中华人民共和国企业破产法〉若干问题的规定（一）》[以下简称《企业破产法》司法解释（一）]第一条规定，债务人不能清偿到期债务并且具有以下情形之一的，人民法院应当认定其具备破产原因：①资产不足以清偿全部债务；②明显缺乏清偿能力。相关当事人以对债务人的债务负有连带责任的人未丧失清偿能力为由，主张债务人不具备破产原因的，人民法院应不予支持。据此规定，破产原因可以分为两种情况：第一，债务人不能清偿到期债务，并且资产不足以清偿全部债务，主要适用于债务人提出破产申请且其资不抵债情况通过对相关证据的形式审查即可判断的案件；第二，债务人不能清偿到期债务，并且明显缺乏清偿能力，主要适用于债权人提出破产申请和债务人提出破产申请但其资不抵债通过形式审查不易判断的案件。此外，对债务人丧失清偿能力、发生破产原因的认定，不以其他对其债务负有清偿义务者也丧失清偿能力、不能代为清偿为条件。同样的，只要债务人本人不能清偿到期债务即为发生破产原因，其他人对其负债的连带责任、担保责任，不能视为债务人的清偿能力或其延伸。

【例 5-1】A 企业由于不能清偿到期债务，资不抵债，其债权人 B 企业向法院提出申请 A 破产。在本案中，A 企业提出抗辩，认为自己虽然不能清偿到期债务，但在该项债务中存在一个连带责任保证人 C 企业，且 C 企业具有清偿能力，债权人应当先向保证人 C 企业要求清偿,只有在保证人也不能清偿债务的情况下,法院才可以受理破产申请。

问:A企业的抗辩是否具有法律依据?

分析:这一抗辩理由显然是不能成立的。对每一个独立的民事主体的清偿能力与破产原因必须独立考察,不同民事主体之间不存在清偿能力或破产原因认定上的连带关系。其他人对债务负有的连带责任、担保责任,是对债权人的责任,绝不能视为债务人本人清偿能力的延伸或再生。

《企业破产法》司法解释(一)第二条规定,以下情形同时存在的,人民法院应当认定债务人不能清偿到期债务:①债权债务关系依法成立;②债务履行期限已经届满;③债务人未完全清偿债务。第三条规定了资不抵债的认定,指出债务人的资产负债表或者审计报告、资产评估报告等显示其全部资产不足以偿付全部负债的,人民法院应当认定债务人资产不足以清偿全部债务,但有相反证据足以证明债务人资产能够偿付全部负债的除外。

《企业破产法》第七条规定,只要债务人不能清偿到期债务,无须考虑资不抵债问题,债权人就可以向人民法院提出破产申请。《企业破产法》第二条规定的"明显缺乏清偿能力",就是要起到推定债务人不能清偿到期债务、认定其发生破产原因的作用,并排除对资不抵债概念在认定破产原因时的不当适用。

《企业破产法》司法解释(一)第四条规定,债务人账面资产虽大于负债,但存在以下情形之一的,人民法院应当认定其明显缺乏清偿能力:第一,因资金严重不足或财产不能变现等原因,无法清偿债务;第二,法定代表人下落不明且无其他人员负责管理财产,无法清偿债务;第三,经人民法院强制执行,无法清偿债务;第四,长期亏损且经营扭亏困难,无法清偿债务;第五,导致债务人丧失清偿能力的其他情形。

二、破产申请

根据《企业破产法》第七条的规定,债务人发生破产原因,可以向法院提出重整、和解或者破产清算申请。

债务人不能清偿到期债务,债权人可以向人民法院提出对债务人进行重整或者破产清算的申请。企业法人已解散但未清算或者未清算完毕,资产不足以清偿债务的,依法负有清算责任的人应当向人民法院申请破产清算。

向人民法院提出破产申请,应当提交破产申请书和有关证据。破产申请书应当载明下列事项:

(1)申请人、被申请人的基本情况;

(2)申请目的;

(3)申请的事实和理由;

(4)人民法院认为应当载明的其他事项。

债务人提出申请的,还应当向人民法院提交财产状况说明、债务清册、债权清册、有关财务会计报告、职工安置预案以及职工工资的支付和社会保险费用的缴纳情况。

人民法院受理破产申请前,申请人可以请求撤回申请。

三、破产受理

债权人提出破产申请的,人民法院应当自收到申请之日起五日内通知债务人。债务人对申请有异议的,应当自收到人民法院的通知之日起七日内向人民法院提出。人民法院应当自异议期满之日起十日内裁定是否受理。除前款规定的情形外,人民法院应当自收到破产申请之日起十五日内裁定是否受理。有特殊情况需要延长前两款规定的裁定受理期限的,经上一级人民法院批准,可以延长十五日。

人民法院受理破产申请的,应当自裁定作出之日起五日内送达申请人。

债权人提出申请的,人民法院应当自裁定作出之日起五日内送达债务人。债务人应当自裁定送达之日起十五日内,向人民法院提交财产状况说明、债务清册、债权清册、有关财务会计报告以及职工工资的支付和社会保险费用的缴纳情况。

人民法院裁定不受理破产申请的,应当自裁定作出之日起五日内送达申请人并说明理由。申请人对裁定不服的,可以自裁定送达之日起十日内向上一级人民法院提起上诉。

人民法院受理破产申请后至破产宣告前,经审查发现债务人不符合《企业破产法》第二条规定情形的,可以裁定驳回申请。申请人对裁定不服的,可自裁定送达之日起十日内向上一级人民法院提起上诉。

人民法院裁定受理破产申请的,应当同时指定管理人。人民法院应当自裁定受理破产申请之日起二十五日内通知已知债权人,并予以公告。通知和公告应当载明:申请人、被申请人的名称或者姓名;人民法院受理破产申请的时间;申报债权的期限、地点和注意事项;管理人的名称或者姓名及其处理事务的地址;债务人的债务人或者财产持有人应当向管理人清偿债务或者交付财产的要求;第一次债权人会议召开的时间和地点;人民法院认为应当通知和公告的其他事项。

自人民法院受理破产申请的裁定送达债务人之日起至破产程序终结之日,债务人的有关人员承担以下义务:妥善保管其占有和管理的财产、印章和账簿、文书等资料;根据人民法院、管理人的要求进行工作,并如实回答询问;列席债权人会议并如实回答债权人的询问;未经人民法院许可,不得离开住所地;不得新任其他企业的董事、监事、高级管理人员。前述有关人员,是指企业的法定代表人;经人民法院决定,可以包括企业的财务管理人员和其他经营管理人员。

人民法院受理破产申请后,债务人对个别债权人的债务清偿无效。人民法院受理破产申请后,债务人的债务人或者财产持有人应当向管理人清偿债务或者交付财产。债务人的债务人或者财产持有人故意违反前款规定向债务人清偿债务或者交付财产,使债权人受到损失的,不免除其清偿债务或者交付财产的义务。

人民法院受理破产申请后,管理人对破产申请受理前成立而债务人和对方当事人均未履行完毕的合同有权决定解除或者继续履行,并通知对方当事人。管理人自破产申请受理之日起两个月内未通知对方当事人,或者自收到对方当事人催告之日起三十日内未答复的,视为解除合同。管理人决定继续履行合同的,对方当事人应当履行;但是,对方当事人有权要求管理人提供担保。管理人不提供担保的,视为解除合同。

人民法院受理破产申请后,有关债务人财产的保全措施应当解除,执行程序应当中止。人民法院受理破产申请后,已经开始而尚未终结的有关债务人的民事诉讼或者仲裁应当中止;在管理人接管债务人的财产后,该诉讼或者仲裁继续进行。

人民法院受理破产申请后,有关债务人的民事诉讼,只能向受理破产申请的人民法院提起。

第三节　破产管理人

《企业破产法》用管理人制度取代了旧法中以政府官员为主导的清算组制度,这是我国破产法走向规范化、市场化、国际化的重要一步。

一、管理人的概念

管理人是指破产案件受理后成立的,全面接管破产企业并负责破产财产的保管、清理、估价、处理和分配等破产清算事务的专门机构。

管理人由人民法院指定。债权人会议认为管理人不能依法、公正执行职务或者有其他不能胜任职务情形的,可以申请人民法院予以更换。管理人依照《企业破产法》规定执行职务,向人民法院报告工作,并接受债权人会议和债权人委员会的监督。管理人应当列席债权人会议,向债权人会议报告职务执行情况,并回答询问。

二、管理人的任职资格

管理人可以由有关部门、机构的人员组成的清算组或者依法设立的律师事务所、会计师事务所、破产清算事务所等社会中介机构担任。人民法院根据债务人的实际情况,可以在征询有关社会中介机构的意见后,指定该机构具备相关专业知识并取得执业资格的人员担任管理人。有下列情形之一的,不得担任管理人:

(1)因故意犯罪受过刑事处罚;

(2)曾被吊销相关专业执业证书;

(3)与本案有利害关系;

(4)人民法院认为不宜担任管理人的其他情形。

个人担任管理人的,应当参加执业责任保险。

三、管理人的职责

《企业破产法》第二十五条规定,管理人履行以下职责:接管债务人的财产、印章和账簿、文书等资料;调查债务人财产状况,制作财产状况报告;决定债务人的内部管理事务;决定债务人的日常开支和其他必要开支;在第一次债权人会议召开之前,决定继续或者停止债务人的营业;管理和处分债务人的财产;代表债务人参加诉讼、仲裁或者其他法律程序;提议召开债权人会议;人民法院认为管理人应当履行的其他职责。

管理人应当勤勉尽责,忠实执行职务。管理人经人民法院许可,可以聘用必要的工作人员。管理人的报酬由人民法院确定。债权人会议对管理人的报酬有异议的,有权向人民法院提出。管理人没有正当理由不得辞去职务。管理人辞去职务应当经人民法院许可。

第四节　破产债务人

一、债务人财产

破产申请受理时属于债务人的全部财产,以及破产申请受理后至破产程序终结前债务人取得的财产,为债务人财产。

《企业破产法》第三十一条规定,人民法院受理破产申请前一年内,涉及债务人财产的下列行为,管理人有权请求人民法院予以撤销:

(1)无偿转让财产的;

(2)以明显不合理的价格进行交易的;

(3)对没有财产担保的债务提供财产担保的;

(4)对未到期的债务提前清偿的;

(5)放弃债权的。

二、破产撤销权与无效行为

人民法院受理破产申请前六个月内,债务人违反规定,仍对个别债权人进行清偿的,管理人有权请求人民法院予以撤销。但是,个别清偿使债务人财产受益的除外。

涉及债务人财产的以下行为无效:为逃避债务而隐匿、转移财产的;虚构债务或者承认不真实的债务的。

因上述行为而取得的债务人的财产,管理人有权追回。

人民法院受理破产申请后,债务人的出资人尚未完全履行出资义务的,管理人应当要求该出资人缴纳所认缴的出资,而不受出资期限的限制。

债务人的董事、监事和高级管理人员利用职权从企业获取的非正常收入和侵占的企业财产,管理人应当追回。

人民法院受理破产申请后,管理人可以通过清偿债务或者提供为债权人接受的担保,取回质物、留置物。涉及本规定的债务清偿或者替代担保,在质物或者留置物的价值低于被担保的债权额时,以该质物或者留置物当时的市场价值为限。

三、取回权

《企业破产法》第三十八条规定,人民法院受理破产申请后,债务人占有的不属于债务人的财产,该财产的权利人可以通过管理人取回。但本法另有规定的除外。

取回权的基础权利主要是物权,尤其是所有权,但也不排除依债权产生取回权的情况。司法实践中,取回权主要表现为加工承揽人破产时,定作人取回定作物;承运人破产时,托运人取回托运货物;承租人破产时,出租人取回出租物;保管人破产时,寄存人或存货人取回寄存物或仓储物;受托人破产时,信托人取回信托财产;等等。

人民法院受理破产申请时,出卖人已将买卖标的物向作为买受人的债务人发运,债务人尚未收到且未付清全部价款的,出卖人可以取回在运途中的标的物。但是,管理人可以支付全部价款,请求出卖人交付标的物。

四、抵销权

破产法上的抵销权是指债权人在破产申请受理前对债务人即破产人负有债务的,无论是否已到清偿期限、标的是否相同,均可在破产财产最终分配确定前向管理人主张相互抵销的权利。《企业破产法》第四十条规定,债权人在破产申请受理前对债务人负有债务的,可以向管理人主张抵销。但是,有下列情形之一的,不得抵销:

(1)债务人的债务人在破产申请受理后取得他人对债务人的债权的。

(2)债权人已知债务人有不能清偿到期债务或者破产申请的事实,对债务人负担债务的;但是,债权人因为法律规定或者有破产申请一年前所发生的原因而负担债务的除外。

(3)债务人的债务人已知债务人有不能清偿到期债务或者破产申请的事实,对债务人取得债权的;但是,债务人的债务人因为法律规定或者有破产申请一年前所发生的原因而取得债权的除外。

第五节 破产费用

一、破产费用的概念

在破产案件中,为保障破产程序进行,维护全体债权人的共同利益,会产生各种各样的费用支出;为在必要时继续破产企业的营业、继续履行合同、进行破产财产的管理等,也可能会使破产财产负担一定的债务。旧《企业破产法》将这些费用与债务统一称为破产费用,从破产财产中优先拨付。《企业破产法》则区分其性质,分别规定为破产费用与共益债务,并规定了债务人财产不足以清偿所有破产费用和共益债务时两者的清偿顺序,这样更为科学合理。

破产费用是在破产程序中为全体债权人的共同利益,因程序进行而支付的各项费用的总称。

二、破产费用的内容

《企业破产法》第四十一条规定,人民法院受理破产申请后发生的以下费用为破产费用:①破产案件的诉讼费用;②管理、变价和分配债务人财产的费用;③管理人执行职务的费用、报酬和聘用工作人员的费用。

共益债务是在破产程序中发生的应由债务人财产负担的债务的总称。《企业破产法》第四十二条规定,人民法院受理破产申请后发生的以下债务为共益债务:①因管理人或者债务人请求对方当事人履行双方均未履行完毕的合同所产生的债务;②债务人财产受无因管理所产生的债务;③因债务人不当得利所产生的债务;④为债务人继续营业而应支付的劳动报酬和社会保险费用以及由此产生的其他债务;⑤管理人或者相关人员执行职务致人损害所产生的债务;⑥债务人财产致人损害所产生的债务。

《企业破产法》第四十三条规定,破产费用和共益债务由债务人财产随时清偿。

债务人财产不足以清偿所有破产费用和共益债务的,先行清偿破产费用。债务人财产不足以清偿所有破产费用或者共益债务的,按照比例清偿。债务人财产不足以清偿破产费用的,管理人应当提请人民法院终结破产程序。人民法院应当自收到请求之日起十五日内裁定终结破产程序,并予以公告。

第六节　破产债权

一、破产债权的概念

破产债权是依破产程序启动前原因成立的,经依法申报确认,并可由破产财产中获得清偿的可强制执行的财产请求权,但法律另有明文规定的除外。《企业破产法》第一百零七条第二款规定,人民法院受理破产申请时对债务人享有的债权称为破产债权。据此,破产宣告作为确定破产债权的时点与破产程序启动的时点相统一,均为人民法院受理破产申请时,解决了旧法以破产宣告作为确定破产债权的时点造成破产申请受理后至破产宣告期间新产生债权法律地位混乱的问题;对破产人的特定财产享有担保权的债权也属于破产债权,未再对其作排除性规定。

二、破产债权的申报

《企业破产法》第四十五条规定,人民法院受理破产申请后,应当确定债权人申报债权的期限。债权申报期限自人民法院发布受理破产申请公告之日起计算,最短不得少于三十日,最长不得超过三个月。

未到期的债权,在破产申请受理时视为到期。附利息的债权自破产申请受理时起停止计息。附条件、附期限的债权和诉讼、仲裁未决的债权,债权人也可以申报。债权人应当在人民法院确定的债权申报期限内向管理人申报债权。债务人所欠职工的工资和医疗、伤残补助、抚恤费用,所欠应划入职工个人账户的基本养老保险、基本医疗保险费用,以及法律、行政法规规定应当支付给职工的补偿金,不必申报,由管理人调查后列出清单并予以公示。职工对清单记载有异议的,可以要求管理人更正;管理人不予更正的,职工可以向人民法院提起诉讼。

债权人申报债权时,应当书面说明债权的数额和有无财产担保,并提交有关证据。申报的债权是连带债权的,应当说明。连带债权人可以由其中一人代表全体连带债权人申报债权,也可以共同申报债权。债务人的保证人或者其他连带债务人已经代替债务人清偿债务的,以其对债务人的求偿权申报债权。债务人的保证人或者其他连带债务人尚未代替债务人清偿债务的,以其对债务人的将来求偿权申报债权。但是,债权人已经向管理人申报全部债权的除外。连带债务人数人被裁定适用《企业破产法》规定的程序的,其债权人有权就全部债权分别在各破产案件中申报债权。

管理人或者债务人依照《企业破产法》规定解除合同的,对方当事人以因合同解除所产生的损害赔偿请求权申报债权。债务人是委托合同的委托人,被裁定适用《企业破产法》规定的程序,受托人不知该事实,继续处理委托事务的,受托人以由此产生的请求权申报债权。

债务人是票据的出票人，被裁定适用《企业破产法》规定的程序，该票据的付款人继续付款或者承兑的，付款人以由此产生的请求权申报债权。

在人民法院确定的债权申报期限内，债权人未申报债权的，可以在破产财产最后分配前补充申报；但是，此前已进行的分配，不再对其补充分配。为审查和确认补充申报债权的费用，由补充申报人承担。债权人未按规定申报债权的，不得依照《企业破产法》规定的程序行使权利。

管理人收到债权申报材料后，应当登记造册，对申报的债权进行审查，并编制债权表。债权表和债权申报材料由管理人保存，供利害关系人查阅。管理人编制的债权表，应当提交第一次债权人会议核查。债务人、债权人对债权表记载的债权无异议的，由人民法院裁定确认。债务人、债权人对债权表记载的债权有异议的，可以向受理破产申请的人民法院提起诉讼。

第七节　债权人会议与债权人委员会

一、一般规定

依法申报债权的债权人为债权人会议的成员，有权参加债权人会议，享有表决权。

债权尚未确定的债权人，除人民法院能够为其行使表决权而临时确定债权额的外，不得行使表决权。

对债务人的特定财产享有担保权的债权人，未放弃优先受偿权利的，对于《企业破产法》第六十一条第一款第（七）项、第（十）项规定的事项不享有表决权。

债权人可以委托代理人出席债权人会议，行使表决权。代理人出席债权人会议，应当向人民法院或者债权人会议主席提交债权人的授权委托书。

二、债权人会议

我国破产程序中的债权人会议是由所有依法申报债权的债权人组成，以保障债权人共同利益为目的，为实现债权人的破产程序参与权，讨论决定有关破产事宜，表达债权人意志，协调债权人行为的破产议事机构。

债权人会议应当有债务人的职工和工会的代表参加，对有关事项发表意见。

债权人会议设主席一人，由人民法院从有表决权的债权人中指定。

债权人会议主席主持债权人会议。

《企业破产法》第六十一条规定债权人会议行使下列职权：

（1）核查债权；

（2）申请人民法院更换管理人，审查管理人的费用和报酬；

（3）监督管理人；

（4）选任和更换债权人委员会成员；

（5）决定继续或者停止债务人的营业；

（6）通过重整计划；

(7)通过和解协议；

(8)通过债务人财产的管理方案；

(9)通过破产财产的变价方案；

(10)通过破产财产的分配方案；

(11)人民法院认为应当由债权人会议行使的其他职权。

上述第(8)项、第(9)项所列事项，经债权人会议表决未通过的，由人民法院裁定。第(10)项所列事项，经债权人会议二次表决仍未通过的，由人民法院裁定。对上述规定的裁定，人民法院可以在债权人会议上宣布或者另行通知债权人。

债权人会议应当对所议事项的决议作成会议记录。

第一次债权人会议由人民法院召集，自债权申报期限届满之日起十五日内召开。以后的债权人会议，在人民法院认为必要时，或者管理人、债权人委员会、占债权总额四分之一以上的债权人向债权人会议主席提议时召开。

召开债权人会议，管理人应当提前十五日通知已知的债权人。债权人会议的决议，由出席会议的有表决权的债权人过半数通过，并且其所代表的债权额占无财产担保债权总额的二分之一以上。但是，法律另有规定的除外。

债权人认为债权人会议的决议违反法律规定，损害其利益的，可以自债权人会议作出决议之日起十五日内，请求人民法院裁定撤销该决议，责令债权人会议依法重新作出决议。

债权人会议的决议，对于全体债权人均有约束力。

三、债权人委员会

债权人会议可以决定设立债权人委员会。债权人委员会由债权人会议选任的债权人代表和一名债务人的职工代表或者工会代表组成。债权人委员会成员不得超过九人。

债权人委员会成员应当经人民法院书面决定认可。债权人委员会行使下列职权：

(1)监督债务人财产的管理和处分；

(2)监督破产财产分配；

(3)提议召开债权人会议；

(4)债权人会议委托的其他职权。

债权人委员会执行职务时，有权要求管理人、债务人的有关人员对其职权范围内的事务作出说明或者提供有关文件。

管理人、债务人的有关人员违反《企业破产法》规定拒绝接受监督的，债权人委员会有权就监督事项请求人民法院作出决定；人民法院应当在五日内作出决定。

管理人实施以下行为，应当及时报告债权人委员会：涉及土地、房屋等不动产权益的转让；探矿权、采矿权、知识产权等财产权的转让；全部库存或者营业的转让；借款；设定财产担保；债权和有价证券的转让；履行债务人和对方当事人均未履行完毕的合同；放弃权利；担保物的取回；对债权人利益有重大影响的其他财产处分行为。

未设立债权人委员会的，管理人实施前款规定的行为应当及时报告人民法院。

第八节　重整制度

一、重整的概念

《企业破产法》借鉴国外立法经验创建了重整制度。所谓重整，是指对已经或可能发生破产原因但又有挽救希望与价值的企业，通过对各方利害关系人的利益协调，借助法律强制进行股权、营业、资产重组与债务清理，以避免破产、获得新生的法律制度。

我国重整制度的适应范围为企业法人。由于重整程序复杂、费用高昂、耗时很长，故实践中主要适用于大型企业。中小型企业则往往采取更为简单的和解程序。

二、重整申请与重整期间

《企业破产法》第七十条规定，债务人或者债权人可以依法直接向人民法院申请对债务人进行重整。债权人申请对债务人进行破产清算的，在人民法院受理破产申请后、宣告债务人破产前，债务人或者出资额占债务人注册资本十分之一以上的出资人，可以向人民法院申请重整。

人民法院经审查认为重整申请符合《企业破产法》规定的，应当裁定债务人重整，并予以公告。自人民法院裁定债务人重整之日起至重整程序终止，为重整期间。在重整期间，经债务人申请，人民法院批准，债务人可以在管理人的监督下自行管理财产和营业事务，已接管债务人财产和营业事务的管理人应当向债务人移交财产和营业事务，其管理人职权由债务人行使。管理人负责管理财产和营业事务的，可以聘任债务人的经营管理人员负责营业事务。

在重整期间，对债务人的特定财产享有的担保权暂停行使。但是，担保物有损坏或者价值明显减少的可能，足以危害担保权人权利的，担保权人可以向人民法院请求恢复行使担保权。在重整期间，债务人或者管理人为继续营业而借款的，可以为该借款设定担保。

债务人合法占有的他人财产，该财产的权利人在重整期间要求取回的，应当符合事先约定的条件。

在重整期间，债务人的出资人不得请求投资收益分配。重整期间，债务人的董事、监事、高级管理人员不得向第三人转让其持有的债务人的股权。但是，经人民法院同意的除外。重整期间，有下列情形之一的，经管理人或者利害关系人请求，人民法院应当裁定终止重整程序，并宣告债务人破产：

（1）债务人的经营状况和财产状况继续恶化，缺乏挽救的可能性；

（2）债务人有欺诈、恶意减少债务人财产或其他显著不利于债权人的行为；

（3）由于债务人的行为致使管理人无法执行职务。

三、重整计划的制作与批准

债务人或者管理人应当自人民法院裁定债务人重整之日起六个月内，同时向人民法院和债权人会议提交重整计划草案。期限届满，经债务人或者管理人请求，有正当理由的，人民法院可以裁定延期三个月。债务人或者管理人未按期提出重整计划草案的，人民法院应当裁定终止重整程序,并宣告债务人破产。

债务人自行管理财产和营业事务的,由债务人制作重整计划草案。管理人负责管理财产和营业事务的,由管理人制作重整计划草案。

重整计划草案应当包括下列内容:

(1)债务人的经营方案;

(2)债权分类;

(3)债权调整方案;

(4)债权受偿方案;

(5)重整计划的执行期限;

(6)重整计划执行的监督期限;

(7)有利于债务人重整的其他方案。

《企业破产法》第八十二条规定,下列各类债权的债权人参加讨论重整计划草案的债权人会议,依照下列债权分类,分组对重整计划草案进行表决:

(1)对债务人的特定财产享有担保权的债权;

(2)债务人所欠职工的工资和医疗、伤残补助、抚恤费用,所欠的应当划入职工个人账户的基本养老保险、基本医疗保险费用,以及法律、行政法规规定应当支付给职工的补偿金;

(3)债务人所欠税款;

(4)普通债权。

人民法院在必要时可以决定在普通债权组中设小额债权组对重整计划草案进行表决。

重整计划不得规定减免债务人欠缴的《企业破产法》第八十二条第一款第(二)项规定以外的社会保险费用;该项费用的债权人不参加重整计划草案的表决。

人民法院应当自收到重整计划草案之日起三十日内召开债权人会议,对重整计划草案进行表决。出席会议的同一表决组的债权人过半数同意重整计划草案,并且其所代表的债权额占该组债权总额的三分之二以上的,即为该组通过重整计划草案。债务人或者管理人应当向债权人会议就重整计划草案作出说明,并回答询问。

债务人的出资人代表可以列席讨论重整计划草案的债权人会议。重整计划草案涉及出资人权益调整事项的,应当设出资人组,对该事项进行表决。

各表决组均通过重整计划草案时,重整计划即为通过。自重整计划通过之日起十日内,债务人或者管理人应当向人民法院提出批准重整计划的申请。人民法院经审查认为符合《企业破产法》规定的,应当自收到申请之日起三十日内裁定批准,终止重整程序,并予以公告。

《企业破产法》第八十七条规定,部分表决组未通过重整计划草案的,债务人或者管理人可以同未通过重整计划草案的表决组协商。该表决组可以在协商后再表决一次。双方协商的结果不得损害其他表决组的利益。

未通过重整计划草案的表决组拒绝再次表决或者再次表决仍未通过重整计划草案,但重整计划草案符合下列条件的,债务人或者管理人可以申请人民法院批准重整计划草案:

(1)按照重整计划草案,《企业破产法》第八十二条第一款第(一)项所列债权就该特定财产将获得全额清偿,其因延期清偿所受的损失将得到公平补偿,并且其担保权未受到实质性损害,或者该表决组已经通过重整计划草案;

（2）按照重整计划草案，《企业破产法》第八十二条第一款第（二）项、第（三）项所列债权将获得全额清偿，或者相应表决组已经通过重整计划草案；

（3）按照重整计划草案，普通债权所获得的清偿比例，不低于其在重整计划草案被提请批准时依照破产清算程序所能获得的清偿比例，或者该表决组已经通过重整计划草案；

（4）重整计划草案对出资人权益的调整公平、公正，或者出资人组已经通过重整计划草案；

（5）重整计划草案公平对待同一表决组的成员，并且所规定的债权清偿顺序不违反《企业破产法》第一百一十三条的规定；

（6）债务人的经营方案具有可行性。

人民法院经审查认为重整计划草案符合前款规定的，应自收到申请之日起三十日内裁定批准，终止重整程序，并予以公告。

重整计划草案未获得通过且未依照《企业破产法》第八十七条的规定获得批准，或者已通过的重整计划未获得批准的，人民法院应当裁定终止重整程序，并宣告债务人破产。

四、重整计划的执行

重整计划由债务人负责执行。人民法院裁定批准重整计划后，已接管财产和营业事务的管理人应当向债务人移交财产和营业事务。自人民法院裁定批准重整计划之日起，在重整计划规定的监督期内，由管理人监督重整计划的执行。

在监督期内，债务人应当向管理人报告重整计划执行情况和债务人财务状况。

监督期届满时，管理人应当向人民法院提交监督报告。自监督报告提交之日起，管理人的监督职责终止。管理人向人民法院提交的监督报告，重整计划的利害关系人有权查阅。经管理人申请，人民法院可以裁定延长重整计划执行的监督期限。

经人民法院裁定批准的重整计划，对债务人和全体债权人均有约束力。债权人未依照《企业破产法》规定申报债权的，在重整计划执行期间不得行使权利；在重整计划执行完毕后，可以按照重整计划规定的同类债权的清偿条件行使权利。债权人对债务人的保证人和其他连带债务人所享有的权利，不受重整计划的影响。

债务人不能执行或者不执行重整计划的，人民法院经管理人或者利害关系人请求，应当裁定终止重整计划的执行，并宣告债务人破产。为重整计划的执行提供的担保继续有效。

人民法院裁定终止重整计划执行的，债权人在重整计划中作出的债权调整的承诺失去效力。债权人因执行重整计划所受的清偿仍然有效，债权未受清偿的部分作为破产债权。上述规定的债权人，只有在其他同顺位债权人同自己所受的清偿达到同一比例时，才能继续接受分配。

按照重整计划减免的债务，自重整计划执行完毕时起，债务人不再承担清偿责任。

第九节　和解制度

和解是预防债务人破产的法律制度之一。在发生破产原因时，债务人可以提出和解申请及和解协议草案，由债权人会议表决，如能获得通过，再经人民法院裁定认可后生效执行，可以避免被宣告破产。

因和解程序只能在债务人发生破产原因后才能提出申请，挽救企业的时间较晚，且不能约束对债务人的特定财产享有担保权的债权人，所以其挽救债务人的强制性效果不如重整程序，主要适用于没有重要财产设置物权担保的企业以及中小型企业，但其具有简单易行、成本低廉、快捷等优势。

和解只能由债务人一方提出，这是与破产清算申请和重整申请还可以由债权人等其他主体提出有所不同的。根据《企业破产法》第九十五条的规定，债务人可以依法直接向人民法院申请和解；也可以在人民法院受理破产申请后、宣告债务人破产前，向人民法院申请和解。债务人申请和解，应当提出和解协议草案。

人民法院经审查认为和解申请符合《企业破产法》规定的，应当裁定和解，予以公告，并召集债权人会议讨论和解协议草案。对债务人的特定财产享有担保权的权利人，自人民法院裁定和解之日起可以行使权利。

债权人会议通过和解协议的决议，由出席会议的有表决权的债权人过半数同意，并且其所代表的债权额占无财产担保债权总额的三分之二以上。债权人会议通过和解协议的，由人民法院裁定认可，终止和解程序，并予以公告。管理人应当向债务人移交财产和营业事务，并向人民法院提交执行职务的报告。

和解协议草案经债权人会议表决未获得通过，或者已经债权人会议通过的和解协议未获得人民法院认可的，人民法院应当裁定终止和解程序，并宣告债务人破产。

经人民法院裁定认可的和解协议，对债务人和全体和解债权人均有约束力。和解债权人是指人民法院受理破产申请时对债务人享有无财产担保债权的人。和解债权人未依照《企业破产法》规定申报债权的，在和解协议执行期间不得行使权利；在和解协议执行完毕后，可以按照和解协议规定的清偿条件行使权利。和解债权人对债务人的保证人和其他连带债务人所享有的权利，不受和解协议的影响。

债务人应当按照和解协议规定的条件清偿债务。因债务人的欺诈或者其他违法行为而成立的和解协议，人民法院应当裁定无效，并宣告债务人破产。和解债权人因执行和解协议所受的清偿，在其他债权人所受清偿同等比例的范围内，不予返还。

债务人不能执行或者不执行和解协议的，人民法院经和解债权人请求，应当裁定终止和解协议的执行，并宣告债务人破产。人民法院裁定终止和解协议执行的，和解债权人在和解协议中作出的债权调整的承诺失去效力。和解债权人因执行和解协议所受的清偿仍然有效，和解债权未受清偿的部分作为破产债权。上述和解债权人，只有在其他债权人同自己所受的清偿达到同一比例时，才能继续接受分配。

人民法院受理破产申请后，债务人与全体债权人就债权债务的处理自行达成协议的，可以请求人民法院裁定认可，并终结破产程序。按照和解协议减免的债务，自和解协议执行完毕时起，债务人不再承担清偿责任。

第十节 破产清算制度

一、破产宣告

破产宣告是指法院依据当事人的申请或法定职权裁定宣布债务人破产以清偿债务的活动。人民法院依照《企业破产法》的规定宣告债务人破产的,应当自裁定作出之日起五日内送达债务人和管理人,自裁定作出之日起十日内通知已知债权人,并予以公告。

债务人被宣告破产后,在破产程序中的有关称谓也发生相应变化,债务人称为破产人,债务人财产称为破产财产,人民法院受理破产申请时对债务人享有的债权称为破产债权。

根据《企业破产法》第一百零八条的规定,破产宣告前,有下列情形之一的,人民法院应当裁定终结破产程序,并予以公告:

(1)第三人为债务人提供足额担保或者为债务人清偿全部到期债务的;

(2)债务人已清偿全部到期债务的。

二、别除权

《企业破产法》第一百零九条规定,对破产人的特定财产享有担保权的权利人,对该特定财产享有优先受偿的权利。此项权利即破产法理论上的别除权。

别除权是指债权人因其债权设有物权担保或享有法定特别优先权,而在破产程序中就债务人(破产人)特定财产享有的优先受偿的权利。别除权的优先受偿权不受破产清算与和解程序的限制,但在重整程序中受到一定的限制。

债权人行使优先受偿权利未能完全受偿的,其未受偿的债权作为普通债权;放弃优先受偿权利的,其债权作为普通债权。

三、破产财产的变价与分配

在破产宣告后,管理人应当及时拟订破产财产变价方案,提交债权人会议讨论。管理人应当按照债权人会议通过的或者人民法院依法裁定的破产财产变价方案,适时变价出售破产财产。

变价出售破产财产应当通过拍卖进行。但是,债权人会议另有决议的除外。

破产企业可以全部或者部分变价出售。企业变价出售时,可以将其中的无形资产和其他财产单独变价出售。按照国家规定不能拍卖或者限制转让的财产,应当按照国家规定的方式处理。

《企业破产法》第一百一十三条规定,破产财产在优先清偿破产费用和共益债务后,依照下列顺序清偿:

(1)破产人所欠职工的工资和医疗、伤残补助、抚恤费用,所欠应划入职工个人账户的基本养老保险、基本医疗保险费用,以及法律、行政法规规定应当支付给职工的补偿金;

(2)破产人欠缴的除前项规定以外的社会保险费用和破产人所欠税款;

(3)普通破产债权。

破产财产不足以清偿同一顺序的清偿要求的,按照比例分配。

破产企业的董事、监事和高级管理人员的工资按照该企业职工的平均工资计算。

破产财产的分配应当以货币分配方式进行。但是,债权人会议另有决议的除外。

破产财产分配方案应当载明以下事项:参加破产财产分配的债权人名称或者姓名、住所;参加破产财产分配的债权额;可供分配的破产财产数额;破产财产分配的顺序、比例及数额;实施破产财产分配的方法。

债权人会议通过破产财产分配方案后,由管理人将该方案提请人民法院裁定认可。

破产财产分配方案经人民法院裁定认可后,由管理人执行。

管理人按照破产财产分配方案实施多次分配的,应当公告本次分配的财产额和债权额。管理人实施最后分配的,应当在公告中指明,并载明上述规定的事项。

对于附生效条件或者解除条件的债权,管理人应当将其分配额提存。

管理人依照前款规定提存的分配额,在最后分配公告日,生效条件未成就或者解除条件成就的,应当分配给其他债权人;在最后分配公告日,生效条件成就或者解除条件未成就的,应当交付给债权人。

债权人未受领的破产财产分配额,管理人应当提存。债权人自最后分配公告之日起满两个月仍不领取的,视为放弃受领分配的权利,管理人或者人民法院应当将提存的分配额分配给其他债权人。

破产财产分配时,对于诉讼或者仲裁未决的债权,管理人应当将其分配额提存。自破产程序终结之日起满两年仍不能受领分配的,人民法院应当将提存的分配额分配给其他债权人。

四、破产程序的终结

破产程序终结的方式主要有四种:其一,因和解、重整程序顺利完成而终结;其二,因债务人以其他方式解决债务清偿问题(包括第三人代为清偿债务、自行和解)而终结;其三,因债务人的破产财产不足以支付破产费用而终结;其四,因破产财产分配完毕而终结。在破产清算程序中仅涉及后两种情况。

破产人无财产可供分配的,管理人应当请求人民法院裁定终结破产程序。

管理人在最后分配完结后,应当及时向人民法院提交破产财产分配报告,并提请人民法院裁定终结破产程序。人民法院应当自收到管理人终结破产程序的请求之日起十五日内作出是否终结破产程序的裁定。裁定终结的,应当予以公告。管理人应当自破产程序终结之日起十日内,持人民法院终结破产程序的裁定,向破产人的原登记机关办理注销登记。管理人于办理注销登记完毕的次日终止执行职务。但是,存在诉讼或者仲裁未决情况的除外。

在破产程序因债务人财产不足以支付破产费用而终结,或者因破产人无财产可供分配或者破产财产分配完毕而终结时,自破产程序依照《破产企业法》第四十三条第四款或者第一百二十条的规定终结之日起两年内,有下列情形之一的,债权人可以请求人民法院按照破产财产分配方案进行追加分配:

(1)发现在破产案件中有可撤销行为、无效行为或者债务人的董事、监事和高级管理人员利用职权从企业获取非正常收入和侵占企业财产的情况,应当追回财产的;

(2)发现破产人有应当供分配的其他财产的。

有前款规定情形,但财产数量不足以支付分配费用的,不再进行追加分配,由人民法院将其上交国库。

破产人的保证人和其他连带债务人,在破产程序终结后,对债权人依照破产清算程序未受清偿的债权,依法继续承担清偿责任。

【例 5-2】甲企业因经营管理不善,不能清偿到期债务,依法被宣告破产。经查,甲企业财产状况如下:现有现金、实物共 100 万元。房地产 500 万元,其中,有一处价值 200 万元的房地产抵押给 A 银行贷款 150 万元;另一处房地产 100 万元抵押给 B 银行贷款 130 万元。有两企业分别欠该企业 70 万元、30 万元。

负债情况如下:除上述两笔贷款外,尚分别欠乙企业 100 万元、丙企业 200 万元、丁企业 300 万元;欠国家税收 250 万元;欠职工工资、社会保险费 50 万元。破产费用共计 20 万元。

另外,在财产的清理过程中,还发现甲企业借用戊企业工程车辆一台,价值 120 万元。

【例 5-2】分析

问:该如何进行破产清偿?(计算破产债权、破产财产,并说明清偿顺序)

【思考题】

1.什么是破产?什么是破产原因?

2.哪些人可以对企业提出破产申请?这些人对企业提出破产申请有什么区别?

3.什么是管理人?哪些人(机构)可以担任管理人?

4.阐述别除权、撤销权、抵销权、取回权的含义。

5.什么是重整?什么是和解?比较两者的特点。

6.什么是破产费用?破产费用包括哪些内容?

7.企业破产后的偿债顺序如何?

第六章　经济竞争法

【本章概要】 本章主要介绍反不正当竞争法、反垄断法、产品质量法和消费者权益保护法的内容。重点是介绍不正当竞争行为的类别及相关的法律规定、垄断行为及反垄断的法律规定、法律对生产者与销售者的产品质量要求、消费者的权利及消费者权益受到侵犯的法律保护措施。

　　竞争是市场经济最基本的运行机制。竞争的结果是优胜劣汰,因而能够达到社会资源的合理流动和有效配置。多变的现实世界到处充满着激烈的竞争,如商业竞争、科技竞争、体育竞赛等。法律意义上的竞争通常是指经济竞争或称市场竞争,即商品生产经营者在日常经营活动中,为了取得有利的产销条件而进行的相互争胜活动。

　　在市场经济条件下,竞争应当具有自由、公正的特点,市场通过独立经营个体之间的自由竞争,自发地完成对经营者的优胜劣汰,从而实现资源的最优配置。自由、公平的竞争是激发经营主体活力和积极性的动力和压力机制,也是市场机制不可或缺的核心组成部分。

　　常见的反竞争行为主要包括以下三类。

　　一是垄断。垄断是指市场主体或者行政主体对市场的经济运行过程进行排他性控制或对市场竞争进行实质性限制,妨碍公平竞争秩序的行为或状态,包括市场独占、行政垄断等。

　　二是限制竞争行为。限制竞争行为是指经营者滥用优势地位或者通过订立协议等方式共谋排斥或限制市场竞争的行为,如经营者之间通过订立协议的形式共同划分市场、联合定价、抵制交易、串通投标等限制自由贸易和竞争的行为,以及具有优势地位的经营者实施的附条件交易和搭售行为等。

　　三是不正当竞争行为。不正当竞争行为是指经营者违反反不正当竞争法的规定,损害其他经营者的合法权益,扰乱社会经济秩序的行为。

　　简单地看,作为一种社会活动,市场竞争至少包括三个构成要素,即竞争主体、活动内容和竞争规则,竞争规则即所谓的竞争法。换句话说,竞争法是调整竞争关系、规范竞争活动的法律规范的总称。其主要目的是预防和制止不正当竞争行为,打击限制竞争的行为,从而规范经营主体的竞争行为,确保竞争的自由和公正,并在一定程度上协调私人主体的竞争利益和社会公共利益的冲突及矛盾。

　　广义的竞争法是一个领域相对广泛的法律体系,众多旨在规制市场行为、实现市场管理、维护竞争秩序和消费者权益的立法皆可列在其中,如反不正当竞争法、反垄断法、消费者权益保护法、专利法、商标法、公平交易法等。而狭义的竞争法,也是我们通常所指的竞争法,则主要包括两个核心的内容,即反不正当竞争法和反垄断法。

　　第一部现代意义上的竞争法,可追溯至 1889 年,该年加拿大颁布了《禁止限制性的合并法》。一年后，即 1890 年，美国颁布了《谢尔曼反托拉斯法》；1896 年，德国颁布了《反不正当竞争法》；1930 年，法国颁布了《竞争法》；1934 年和 1947 年，日本先后颁布了《不正当竞争防止法》和《关于禁止私人垄断与确保公正交易法》。

1993 年 9 月 2 日，第八届全国人民代表大会常务委员会第三次会议通过了《中华人民共和国反不正当竞争法》（以下简称《反不正当竞争法》），1993 年 9 月 2 日中华人民共和国主席令第十号公布，自 1993 年 12 月 1 日起施行。2017 年 11 月 4 日，第十二届全国人民代表大会常务委员会第三十次会议予以修订，自 2018 年 1 月 1 日起施行。2019 年 4 月 23 日又进行了一次小修正，主要对涉及商业秘密的四个条款进行了一次集中修改。2007 年 8 月 30 日，第十届全国人民代表大会常务委员会第二十九次会议通过了《中华人民共和国反垄断法》（以下简称《反垄断法》），自 2008 年 8 月 1 日起施行。

第一节　反不正当竞争法

一、反不正当竞争法概述

（一）立法体例

反不正当竞争法不仅与反垄断法有着密切的联系，而且与民法、侵权行为法、消费者权益保护法以及知识产权法也有着密切的联系。因而对于反不正当竞争法的立法就有多种体例。综观世界各国，对于反不正当竞争法的立法大致有三种体例。

1. 民法、侵权行为法作为反不正当竞争法

在这样的立法体例下，不正当竞争行为被视为民法的侵权行为。法国是这种立法的典型代表，法国至今尚无专门的反不正当竞争法，法院关于不正当竞争行为的大量判决，都是根据《民法典》第 1382 条和第 1383 条作出的。

2. 反不正当竞争法单行立法

在这样的立法体例下，反不正当竞争法已不单单是保护竞争者、反对侵权行为的法律制度，而在很大程度上具有了保护消费者和维护社会公共利益的功能。德国是这种立法体例的典型代表，其在 1896 年颁布的《反不正当竞争法》是世界上最早的关于不正当竞争行为的专门法，该法被认为是第一部专门针对不正当竞争行为的单行法。采取德国模式的还有其他许多国家，如瑞士、日本、韩国等。

3. 反不正当竞争法与反垄断法合并立法

在这种立法体例下，旨在保护自由竞争的反垄断法和旨在保护公平竞争的反不正当竞争法在同一部法律中统一作出规定，如匈牙利于 1990 年颁布的《禁止不正当竞争法》。

我国的竞争法立法基本采用了第二种模式。我国于 1993 年颁行了反不正当竞争行为的单行法《反不正当竞争法》，但由于当时《反垄断法》还没有出台，《反不正当竞争法》中包含一些反垄断法的内容。

（二）我国反不正当竞争法的立法概况

1993 年 9 月颁布、12 月 1 日生效的《反不正当竞争法》是我国第一部关于规范市场竞争

秩序的法律。此外,2006年12月30日,最高人民法院审判委员会第1412次会议通过了《关于审理不正当竞争民事案件应用法律若干问题的解释》,自2007年2月1日起施行。

2017年11月4日,第十二届全国人民代表大会常务委员会第三十次会议对《反不正当竞争法》进行了修订,修订后的《反不正当竞争法》自2018年1月1日起施行。2019年4月23日又进行了一次小修正,主要对涉及商业秘密的四个条款进行了一次集中修改。

2017年修订的原因主要有两个。

第一,旧法已实施二十多年,随着经济高速发展,新问题、新矛盾不断出现,有些是新的竞争行为,如"刷单炒信"、删除差评等,有些则是旧的竞争行为有了新的表现,如过去的仿冒产品主要从商标、包装装潢上进行仿冒,但是现在却出现权利冲突的情形,比如将别人的商标注册为自己企业的字号,或是将别人的包装装潢申请外观专利,迫切需要新的条款予以规范、界定和明确。

第二,随着市场经济的发展,我国法律体系不断完善,继旧的《反不正当竞争法》之后颁布的《反垄断法》就是其中之一。旧的《反不正当竞争法》中一些涉及反垄断的条款跟《反垄断法》有交叉重叠,需要把旧的《反不正当竞争法》中涉及反垄断的条款删除。

2019年4月23日,第十三届全国人大常委会第十次会议对《反不正当竞争法》进行了一次小修正,从修正涉及的内容上看,本次修正仅涉及商业秘密方面的规则调整。

(三)我国反不正当竞争法的立法目的与调整对象

《反不正当竞争法》第一条规定,为了促进社会主义市场经济健康发展,鼓励和保护公平竞争,制止不正当竞争行为,保护经营者和消费者的合法权益,制定本法。这说明我国《反不正当竞争法》不仅仅是为了制止不正当竞争行为,而且还有保护消费者、维护市场公平竞争秩序、促进社会主义市场经济健康发展、鼓励和保护公平竞争的功能。

《反不正当竞争法》的调整对象是不正当竞争行为,《反不正当竞争法》第二条规定,不正当竞争行为是经营者在生产经营活动中,违反本法规定,扰乱市场竞争秩序,损害其他经营者或者消费者的合法权益的行为。据此,反不正当竞争行为应具有以下特征:

(1)竞争主体是经营者;

(2)是一种市场竞争行为,即以竞争为目的的市场行为;

(3)违反法律,扰乱市场竞争秩序;

(4)损害其他经营者或消费者的合法权益,具有社会危害性。

《反不正当竞争法》第二条在反不正当竞争诉讼中发挥着"一般条款"的作用。在实践中,当所涉及的不正当竞争行为并非《反不正当竞争法》具体条款能够评判但是又确实严重危害市场竞争秩序时,往往可以通过对第二条的解释来进行规制。修订后仍然保留这一条款,说明其确实具有不可替代的价值。值得注意的是,为了防止在实践中《反不正当竞争法》第二条被滥用,最高人民法院在相关判决中指出,虽然该条款可用于维护市场公平竞争,但同时应当注意严格把握适用条件:一是法律对某种竞争行为未作出特别规定;二是其他经营者的合法权益确因该竞争行为而受到了实际损害;三是该种竞争行为因确属违反诚实信用原则和公认的商业道德而具有不正当性或者可责性。

二、不正当竞争行为的类型

我国《反不正当竞争法》不仅对"不正当竞争"的概念作出了明确的界定,还对"经营者"

的概念作了界定。所谓不正当竞争,是指经营者在生产经营活动中,违反《反不正当竞争法》的规定,扰乱市场竞争秩序,损害其他经营者或者消费者的合法权益的行为。

《反不正当竞争法》所称的经营者,是指从事商品生产、经营或者提供服务(以下所称商品包括服务)的自然人、法人和非法人组织。

我国目前存在的不正当竞争行为可归纳为以下几种类型。

(一)混淆行为

修订后的《反不正当竞争法》对"山寨"行为的规制更加明确,有利于企业更好地保护其知识产权以外的标识类权益。

《反不正当竞争法》第六条规定,经营者不得实施下列混淆行为,引人误认为是他人商品或者与他人存在特定联系:

(1)擅自使用与他人有一定影响的商品名称、包装、装潢等相同或者近似的标识;

(2)擅自使用他人有一定影响的企业名称(包括简称、字号等)、社会组织名称(包括简称等)、姓名(包括笔名、艺名、译名等);

(3)擅自使用他人有一定影响的域名主体部分、网站名称、网页等;

(4)其他足以引人误认为是他人商品或者与他人存在特定联系的混淆行为。

"山寨"行为的核心判断标准为"引人误认"。"引人误认"除了包括引人误认为是他人商品,还包括误认为与他人存在特定联系。

具体而言就是,旧的《反不正当竞争法》规制的是商品仿冒,即消费者错把与 A 商品极端相似的 B 商品当成是 A 商品而购买;而修订后的《反不正当竞争法》的"混淆"概念更加广义,它还包括没有把 B 商品当成 A 商品,但可能认为 B 商品是 A 商品这个厂家的二线商品,或者让消费者认为 B 商品和 A 商品这种大牌有合作,进而认定它的品质。修订后的《反不正当竞争法》对这些仿冒行为予以打击并严惩。

一个好的产品经常遇到的问题就是层出不穷的各种"山寨"行为。"山寨"企业除了直接抄袭市场上的知名商品的商标或外观专利以外,更多的是将市场上有一定知名度的商品名称、企业名称、包装、装潢等用于自己的产品或服务,或者是将别人有一定知名度的商标注册为企业名称,等等。

修订后的《反不正当竞争法》的规定相对而言更为简单、明确,只要相关权利受到"一定影响",就应受到保护;只要相关行为"引人误认为是他人商品"或者"与他人存在特定联系",就应受到规制。

而且修订后的《反不正当竞争法》还增加了保护范围,将"域名主体部分、网站名称、网页"等纳入保护范围,同时增加了一般性条款,将其他足以引人误认为是他人商品或者与他人存在特定联系的混淆行为纳入规制范围,以适应不断变化的市场竞争环境。

这些修订将有利于企业更好地保护其知识产权以外的相关权益,更好地制止"山寨"企业的抄袭、模仿等混淆性或者误导性行为。

另外,实践中,演艺界已经发生了围绕艺人艺名的法律纠纷。但是,在以往实践中,一般仍通过姓名权来进行维权。事实上,艺名虽然是姓名权的一种,但通过传统的姓名权来维权,并不能使得艺名后面蕴含的巨大商业利益获得充分保护。与姓名权不同,艺名具有明显的商标属性。名人的艺名承载着巨大的形象价值和精神感召力,这一代号一旦用于商业活动,该姓名所承载的符号含义马上就会转化为最直接的广告效应和购买号召力(即眼球经济或注意力经济）。

（二）商业贿赂行为

修订后的《反不正当竞争法》对于"商业贿赂"行为的界定更加明确，有利于企业更加清楚商业贿赂和正常的商业促销行为之间的界限，减少日常运营中的法律风险。

旧的《反不正当竞争法》第八条将交易对方单位纳入商业贿赂受贿对象予以规制，导致很多企业因向经销商、超市、医院等交易对方支付促销费用，提供折扣、免费商品或者器材等行为而被地方工商行政管理部门按照商业贿赂进行查处。

修订后的《反不正当竞争法》则明确将商业贿赂的受贿对象规定为三类，从而将商业贿赂的受贿对象限定于对交易对象负有职责和义务的个人或中间人（相当于交易对象的"代理人"）。比如，超市向供应商收取的"入门费"、医院向医药企业收取的各类赞助（包括常见的赠送医疗器械以促销医疗耗材的营销模式）、轮胎行业给付销售奖励的营销模式等，过去这些行为在很多地方是被工商行政管理部门按照商业贿赂查处的，今后不宜再按商业贿赂查处。

根据此规定，交易对象本身被排除在商业贿赂对象之外，从而回到了商业贿赂应以对交易对象负有义务的代理人为对象的基本逻辑，有助于厘清商业贿赂与正常的市场竞争行为之间的界限。新《反不正当竞争法》实施后，工商部门不能再以企业向交易对象提供折扣、支付费用等为由进行查处，而此前不少企业均因此纷纷"中招"。

（三）虚假宣传行为

修订后的《反不正当竞争法》对于商业宣传行为进行了更加清晰严格的界定，实际上扩大了《反不正当竞争法》针对广告宣传行为的审查和违规惩处力度，有助于行业知名企业打击行业内的"傍名牌""搭便车"等不正当竞争行为。

修订后的《反不正当竞争法》将原来作为前提条件的"引人误解"改为与"虚假宣传"相并列的情形（旧的《反不正当竞争法》实际上缩小了不正当竞争中宣传行为的范围），同时对可能的"虚假"或者"引人误解"的情形作了更为详细的列举，并将网络购物平台普遍存在的组织虚假评价和虚假交易等行为纳入管辖范围。

综上，修订后的《反不正当竞争法》第八条所规定的虚假宣传行为可以分为三类：欺骗型虚假宣传、误导型虚假宣传和帮助他人进行虚假宣传。

1. 欺骗型虚假宣传

欺骗型虚假宣传是指在商业宣传中无中生有、虚构根本不存在的事实或观点，欺骗消费者。欺骗型虚假宣传的内容本身就是虚假的。鉴于商业宣传和商业广告的类似性，借鉴《中华人民共和国广告法》（以下简称《广告法》）第二十八条的规定，欺骗型虚假宣传可以分为以下四种形式。

一是商品或者服务不存在，比如宣称"已拥有某星球所有权，现对外销售"等。诱饵式广告也是此类宣传形式的典型，即以宣传的商品或服务为诱饵吸引消费者前来购买，当消费者想购买时则以所宣传商品已经售完为由表示不能出售，同时向消费者推荐其他商品。诱饵式广告宣传在房产中介市场中大量存在。如果宣传中明确表明商品或服务暂时不存在但未来客观上可能存在的，不属于虚假宣传，比如电影新片上映预告、新车上市预告等。

【例 6-1：许昌移动虚假宣传造成客户损失数亿元被处罚】

2015 年 12 月 4 日，许昌市工商行政管理局针对移动 4G（第四代移动通信技术）虚假宣传广告下达了行政处罚决定书,责令许昌移动公司停止虚假宣传行为,消除影响,并处罚款 2 万元。该处罚为许昌市工商行政管理局对许昌移动公司处罚最重的一次。据查,2014 年许昌移动公司在《许昌日报》《许昌晨报》及数十个公交站牌发布移动 4G 网络广告,称移动 4G 为"触手可及,无处不在的卓越网络""信号更好,已开通基站 4 万多个,网络覆盖一路领先"等夸大不实宣传,使 4G 用户迅速激增到 40 万人之多。以每部手机千元计,用户支出已达 4 亿元。

然而,真实情况真让人哭笑不得,移动 4G 在农村室外有微弱信号,在室内就基本没有了,打电话经常因信号不良断音,严重影响通信质量。许昌移动公司的解释为:因为 4G 信号弱覆盖,而手机在 4G 和 3G(第三代移动通信技术)信号切换时不完美,导致无法正常使用。正在努力改进,请用户耐心等待。于是,许昌移动公司一面大做广告,一面向用户道歉,在老用户的等待中,与日俱增的新用户也加入了等待的行列。

当 4G 用户想了解许昌移动究竟有多少 4G 基站、许昌 4G 覆盖率究竟为多少时,许昌移动公司客服以不知道、在了解、在核实为理由,让用户继续无奈地陷入了等待中。

2014 年 12 月,许昌农民宋先生怒而将许昌移动公司诉至许昌市工商行政管理局。

许昌市工商行政管理局在经过一年的精心调查取证后,给出了让许昌移动用户震惊的现实:截至 2014 年年底,许昌移动共有 4G 基站 1700 个,2015 年 6 月,共有 4G 基站 2000 个,市、县、乡镇以及 55％的行政村有效覆盖,也就是说,移动广告宣传的基站数量虚夸 20 多倍!

最终,许昌市工商行政管理局作出了责令许昌移动公司停止虚假宣传行为、消除影响并处罚款 2 万元的处罚决定。

二是对商品的有关信息作虚假宣传。即对其商品的性能、功能、质量、销售状况、用户评价、曾获荣誉等作虚假的商业宣传。尤其是针对网络"刷单"行为,修订后的《反不正当竞争法》对虚假宣传的具体内容予以细化,明确经营者不得对其商品的销售状况、用户评价等作虚假或者引人误解的商业宣传。

【例 6-2:利用网络虚构交易案】

2015 年 3 月,江苏省连云港市工商行政管理局执法人员查处了当事人李某涉嫌利用网络虚构交易一案。经查,2015 年 1 月,李某通过找"网络买家"进行"刷单"虚构交易。"网络买家"按照李某制订的"刷单"计划购买指定的商品,大约一个星期之后,"网络买家"确认收货并给予好评,李某通过支付宝将货款和"刷单"费转账给对方,"刷单"费为虚假交易金额的 1％。在交易过程中,李某通过快递公司发空包裹完成交易流程。截至被查时,李某共虚构交易 29 笔,涉案金额为 21636.65 元。连云港市工商行政管理局认为,李某的上述行为违反了《网络交易管理办法》第十九条第一款第(四)项和《反不正当竞争法》第九条第一款的规定,构成通过虚构交易为自己提升商业信誉的虚假宣传行为。根据《网络交易管理办法》第五十三条和《反不正当竞争法》第二十四条第一款之规定,连云港市工商行政管理局对其作出罚款 5 万元的决定。

【例 6-2】分析

三是宣传中使用虚构、伪造或者无法验证的科研成果、统计资料、调查结果、文摘、引用语等信息作证明材料的。比如,很多宣传中常用"权威研究表明……"字样,这种研究如果是虚构、伪造或者无法验证的,则属于虚假宣传。常见的还有虚构品牌故事进行宣传。

【例 6-3:最高人民法院指导案例第 58 号——商标侵权即不正当竞争纠纷案】

对于成都同德福合川桃片有限公司诉重庆市合川区同德福桃片有限公司、余晓华侵害商标权及不正当竞争纠纷案,法院认为,与"老字号"无历史渊源的个人或企业将"老字号"或与其近似的字号注册为商标后,以"老字号"的历史进行虚构品牌故事的宣传的,应认定为虚假宣传,构成不正当竞争。

四是虚构使用商品或者接受服务的效果。

【例6-4:佳洁士牙膏虚假广告案】

"使用佳洁士双效炫白牙膏,只需一天,牙齿真的白了",看到台湾艺人小S(徐熙娣)作为代言人在镜头前唇红齿白、巧笑嫣然,你动心了吗?

然而,根据上海市工商行政管理局的调查,画面中突出显示的美白效果是后期通过电脑修图软件过度处理生成的,并非牙膏的实际使用效果。

"牙膏的作用一般是清洁,偶尔有防酸或脱敏等功能,美白实际上是很难做到的。"一位业内人士表示。根据国家已经实施的《功效型牙膏标准》,必须出具功效作用验证报告才能宣传功效。

这一广告虚构使用商品或者接受服务的效果,已被上海市工商行政管理局依法处罚款603万元。

2.误导型虚假宣传

误导型虚假宣传是指对商品或服务作使购买者容易产生错误理解的宣传,诱使购买者对商品或服务产生不切实际的错误理解,从而影响购买者选择的行为。

根据最高人民法院《关于审理不正当竞争民事案件应用法律若干问题的解释》第八条,误导型虚假宣传主要有以下三种形式。

一是对商品作片面的宣传或者对比。

第一种情况是隐瞒关于产品和服务的重要讯息,例如声称某取暖设备能短时间使周围温度达到25摄氏度,却不说明前提条件是在10平方米以内的房间里。

第二种情况是在宣传中故意强调突出关于产品和服务的不具重要性的事实,如:"本公司生产的狗食物罐头可以提供牛奶或牛奶蛋白质!"而事实上研究人员指出,狗并不特别需要牛奶或牛奶蛋白质以补充营养;再如:按规定,对我国未批准进口用作加工原料、未批准在国内进行商业化种植、市场上并不存在该转基因作物及其加工品的,禁止使用非转基因广告词,但一些厂家仍然把"非转基因"作为卖点加以炒作,误导消费者。

第三种情况是作片面的对比。

【例6-5:引人误解的虚假宣传】

最高人民法院在(2016)最高法民申2189号裁定书中判定:泉佳美公司在其网站上使用"硅藻泥产品没有优劣之分,只有真假之别""真硅藻泥,在泉佳美"的宣传方式,并结合其所称已对其他企业提起诉讼的相关表述,具有明确的指向性,并通过混淆"硅藻泥"与"硅藻泥的无胶上墙技术"两个不同的概念,使相关公众可能产生其他企业与硅藻泥有关的产品均为假冒的错误认识。据此,泉佳美公司在生产经营活动中使用的片面的宣传和对比方式、具有歧义性的语言,构成《反不正当竞争法》所称的引人误解的虚假宣传。

二是将科学上未定论的观点、现象等当作定论的事实用于商品宣传。

比如,一些厂家宣传的喝碱性水更健康的观点,其实并没有科学的定论。

三是以歧义性语言或者其他引人误解的方式进行商品宣传。

比如很多卖家作这样的广告宣传——"全场两折起","全场两折"的字体很大很醒目,

"起"字却很小很不起眼，不注意的话就看不到"起"字，根据整体观察和比较主要部分原则，这类宣传就涉嫌欺骗、误导消费者。

【例 6-6：王老吉/加多宝"中国第一罐"之争】

王老吉/加多宝"中国第一罐"之争[最高人民法院(2015)民申字第2802号裁定书]就属于典型的以歧义性语言或者其他引人误解的方式进行商品宣传的误导型虚假宣传案例。

首先，加多宝进行广告宣传时，只是表明数据来源为国家权威机构，而未表明实际来源为中国行业企业信息发布中心，而中国行业企业信息发布中心系中国信息报社所属经济实体。

其次，加多宝自停止使用"王老吉"商标后，自2012年5月开始在其生产、销售的凉茶上使用"加多宝"商标，但其宣称"连续七年在中国市场的销售数量或者销售金额排名第一"，这显然与加多宝才生产、销售三年的事实不符。

综上，加多宝使用涉案广告语的行为构成虚假宣传行为。

【例 6-7："虚假"但不"引人误解"的宣传行为认定】

2016年4月，聊城市的消费者王振宝在某家电城购买了一台惠普电脑。4月19日，王振宝向聊城市工商行政管理局投诉举报家电城宣传其购买的电脑为15.6寸，但实际为15.6英寸，其认为家电城的宣传违反了《反不正当竞争法》第九条的规定，属于引人误解的虚假宣传，要求其办理该投诉举报。

聊城市工商行政管理局接举报后转被告东昌府区市场监管局处理。东昌府区市场监管局经调查取证后，作出行政处理告知记录，告知原告王振宝其举报的情况不构成引人误解的虚假宣传，不予立案。

王振宝不服，向被告东昌府区人民政府申请行政复议，东昌府区人民政府作出行政复议决定，维持了原决定。王振宝向法院提起行政诉讼，要求撤销行政复议决定书，责令两被告重新作出行政行为。法院认为，用户在购买电脑、手机等商品时有实物样品作参照，实际上原告在购买时对电脑的大小是清楚的；另外，依据日常生活经验和消费知识，屏幕的"寸"与"英寸"，引起的相关公众的一般注意力不足以造成误解，误导受众的交易决定，原告所反映的情况不构成《反不正当竞争法》所指的引人误解的虚假宣传，决定不予立案。

虚假宣传的立法目的在于禁止对商品或服务作虚假或引人误解的宣传，因此，内容真实但不全面的宣传在客观上造成或足以造成相关公众产生错误理解的，我们将其看作"真实"但"引人误解"的行为，也构成虚假宣传行为。这通常发生在字面上的真实陈述有虚假的第二层含义的时候。如某家具宣传手册注明"意大利聚酯漆家具"，字面看来该家具应是全套意大利进口家具，实际上第二层虚假的含义是仅家具漆是从意大利进口的。

修订后的《反不正当竞争法》将虚假宣传的法律责任由"可以根据情节处以一万元以上二十万元以下的罚款"调整为"处二十万元以上一百万元以下的罚款；情节严重的，处一百万元以上二百万元以下的罚款，可以吊销营业执照"。

这一明显加大的处罚力度，与《广告法》虚假广告的罚则基本保持了一致（发布违法虚假广告，根据旧《广告法》可处广告费用一至五倍的罚款，现在最高可以处罚二百万元），也可避免因为罚则不同导致执法人员在《广告法》和《反不正当竞争法》之间选择性执法。另外，修订后的《反不正当竞争法》第二十条第二款明确规定，经营者违反本法第八条规定，属于发布虚假广告的，依照《广告法》的规定处罚，明确了《广告法》优先适用的法律原则。

较高的起罚点,可以增强法律的威慑力,不过也可能带来操作性不强的问题,《中华人民共和国食品安全法》《广告法》等所谓史上最严的一批法规都面临着类似的执行难问题。

3.帮助他人进行虚假宣传

修订后的《反不正当竞争法》还新增了对虚假宣传的帮助行为的规制。修订后的《反不正当竞争法》第八条第二款规定,经营者不得通过组织虚假交易等方式,帮助其他经营者进行虚假或者引入误解的商业宣传。该规定界定了虚假宣传的帮助行为,即以组织虚假交易等方式,帮助其他经营者进行虚假或者引入误解的商业宣传。该规定有利于制止当前多发的线上"刷单"、线下雇"托"等虚假宣传行为。今后除了经营者对自己的产品进行虚假宣传应受到查处外,帮助他人"刷单炒信"、删除差评、虚构交易等行为,也将受到查处,网络"水军"、职业差评师等不法经营者将受到处罚。加大了对虚假宣传行为的处罚力度,其中"刷单炒信"最高可罚二百万元。

(四)侵犯商业秘密的行为

商业秘密既包括技术信息,也包括经营信息等商业信息。2019年修正后的《反不正当竞争法》第九条规定,经营者不得实施下列侵犯商业秘密的行为:

(1)以盗窃、贿赂、欺诈、胁迫、电子侵入或者其他不正当手段获取权利人的商业秘密;

(2)披露、使用或者允许他人使用以前项手段获取的权利人的商业秘密;

(3)违反保密义务或者违反权利人有关保守商业秘密的要求,披露、使用或者允许他人使用其所掌握的商业秘密;

(4)教唆、引诱、帮助他人违反保密义务或者违反权利人有关保守商业秘密的要求,获取、披露、使用或者允许他人使用权利人的商业秘密。

经营者以外的其他自然人、法人和非法人组织实施前款所列违法行为的,视为侵犯商业秘密。

第三人明知或者应知商业秘密权利人的员工、前员工或者其他单位、个人实施本条第一款所列违法行为,仍获取、披露、使用或者允许他人使用该商业秘密的,视为侵犯商业秘密。

本法所称的商业秘密,是指不为公众所知悉、具有商业价值并经权利人采取相应保密措施的技术信息、经营信息等商业信息。

对于以不正当手段获取商业秘密的行为,2019年修正后的《反不正当竞争法》明确列出"电子侵入"方式,说明当前以"电子侵入"方式获取他人商业秘密的多发性及危害性,可以预测,在后续实务中,基于"电子侵入"行为产生的"电子及数据证据"可能成为证明侵权行为存在的重要证据。另外,这次修改增加了侵权行为类型,即增加"教唆、引诱、帮助他人违反保密义务或者违反权利人有关保守商业秘密的要求,获取、披露、使用或者允许他人使用权利人的商业秘密"的行为,也属于商业秘密侵权行为的一种。这次修改将"经营者以外的其他自然人、法人和非法人组织"明确列为侵犯商业秘密的主体。在商业秘密的定义方面,从范畴上增加了"等商业信息",扩展了商业秘密的外延,通过"等商业信息"进行兜底,可以更好地保护无形资产权利人的利益。此外,增加对"恶意实施侵犯商业秘密行为,情节严重的",实施惩罚性赔偿,并将法定赔偿额增加到了500万元,增加了罚款数量。尤其是,增加的第三十二条对举证责任进行了具体规定,减轻了权利人的举证责任,实现有限定的"举证责任倒置"。

另外,此前2017年的修订,将商业秘密的定义中的"具有实用性"删除,将商业秘密的构成要件从原来的秘密性、保密性、价值性和实用性缩减为秘密性、保密性和价值性。这是因为,商业秘密原有的"实用性"导致一些有"消极价值"但没有"积极价值"的商业秘密难以得到法律保护。商业秘密的价值性要求使用该商业秘密可以为权利人带来经济利益，提升竞争优势。这种利益包括现实的经济利益，也包括潜在的经济价值，具体表现为能够改进技术、提高劳动生产率或产品质量，能够有助于改善企业经营管理绩效、降低成本和费用。一般而言，具有价值性的商业信息同时也具有实用性，但是，在某些情形中，一些表面上不能直接实施应用的方案和技术却同样耗费了研发人员大量的时间和财力，具有潜在的、"消极的"价值，例如，失败的研究数据、失败的经营方式和经营模式等，虽然不能带来积极的经济利益，但是能降低研发成本，使研发少走弯路，同样具有值得保护的经济价值，应当受到《反不正当竞争法》的保护。

（五）不正当的有奖销售行为

经营者进行有奖销售不得存在下列情形：

(1)所设奖的种类、兑奖条件、奖金金额或者奖品等有奖销售信息不明确，影响兑奖；

(2)采用谎称有奖或者故意让内定人员中奖的欺骗方式进行有奖销售；

(3)抽奖式的有奖销售，最高奖的金额超过五万元。

修订后的《反不正当竞争法》将最高奖的限定金额从五千元提高到了五万元。

（六）商业诽谤行为

商业诽谤行为，又称诋毁商誉行为，指以捏造、散布虚假事实的方式，损害竞争对手的商业信誉或商品声誉的行为。修订后的《反不正当竞争法》新增了编造、传播误导性信息的情节。修订后的《反不正当竞争法》第二十三条规定，商业诽谤行为处十万元以上五十万元以下的罚款；情节严重的，处五十万元以上三百万元以下的罚款。这改变了旧法商业诋毁行为没有罚则的尴尬局面。

（七）违法提供网络产品和服务的行为

修订后的《反不正当竞争法》第十二条规定，经营者利用网络从事生产经营活动，应当遵守本法的各项规定。经营者不得利用技术手段，通过影响用户选择或者其他方式，实施下列妨碍、破坏其他经营者合法提供的网络产品或者服务正常运行的行为：

(1)未经其他经营者同意，在其合法提供的网络产品或者服务中，插入链接、强制进行目标跳转；

(2)误导、欺骗、强迫用户修改、关闭、卸载其他经营者合法提供的网络产品或者服务；

(3)恶意对其他经营者合法提供的网络产品或者服务实施不兼容；

(4)其他妨碍、破坏其他经营者合法提供的网络产品或者服务正常运行的行为。

显然，随着技术发展和网络成熟，竞争技术化、市场网络化已经成为《反不正当竞争法》必须面对的现实图景，而修订后的《反不正当竞争法》第十二条，正是立法者对这一现状的积极回应。

从条文内容看，第十二条列举的四种情形主要涵盖了此类干扰网络市场秩序行为的特征：第一，恶意排除其他经营者的公平竞争机会；第二，恶意利用其他经营者商誉；第三，干扰、剥夺网络用户的"自由选择权"。

个人认为，《反不正当竞争法》第十二条的出现，能够有效地解决网络市场竞争执法中存在的诸多争议和难题。值得注意的是，本条中的第(四)项为概括性的一般条款，即本条采取的是"具体列举＋兜底概括"的半封闭立法模式，这显然是考虑到未来网络技术的发展不能为立法者现在所预见，所以参照世界通行的立法模式进行处理，这也为将来可能发生的相关新型案件留下了解释的空间。

修订后的《反不正当竞争法》的一个重要目的就是实现与《反垄断法》有机衔接。为此，删除了公用企业限制竞争行为、搭售行为、低于成本价销售行为、行政性垄断行为的规定。这四种限制竞争和垄断的行为将通过《反垄断法》进行规制。另外，还删除了串通招投标行为的规定，此种不正当竞争行为将通过《中华人民共和国招标投标法》规制。

三、不正当竞争行为的法律责任

经营者违反《反不正当竞争法》规定，给他人造成损害的，应当依法承担民事责任。经营者的合法权益受到不正当竞争行为损害的，可以向人民法院提起诉讼。

因不正当竞争行为受到损害的经营者的赔偿数额，按照其因被侵权所受到的实际损失确定；实际损失难以计算的，按照侵权人因侵权所获得的利益确定。赔偿数额还应当包括经营者为制止侵权行为所支付的合理开支。

经营者违反《反不正当竞争法》第六条（混淆行为）、第九条（侵犯商业秘密）的规定，权利人因被侵权所受到的实际损失、侵权人因侵权所获得的利益难以确定的，由人民法院根据侵权行为的情节判决给予权利人三百万元以下的赔偿。

经营者违反规定实施混淆行为的，由监督检查部门责令停止违法行为，没收违法商品。违法经营额五万元以上的，可以并处违法经营额五倍以下的罚款；没有违法经营额或者违法经营额不足五万元的，可以并处二十五万元以下的罚款。情节严重的，吊销营业执照。经营者登记的企业名称违反《反不正当竞争法》第六条规定的，应当及时办理名称变更登记；名称变更前，由原企业登记机关以统一社会信用代码代替其名称。

经营者违反规定贿赂他人的，由监督检查部门没收违法所得，处十万元以上三百万元以下的罚款。情节严重的，吊销营业执照。

经营者违反规定对其商品作虚假或者引人误解的商业宣传，或者通过组织虚假交易等方式帮助其他经营者进行虚假或者引人误解的商业宣传，由监督检查部门责令停止违法行为，处二十万元以上一百万元以下的罚款；情节严重的，处一百万元以上二百万元以下的罚款，可以吊销营业执照。经营者违反《反不正当竞争法》第八条规定，属于发布虚假广告的，依照《广告法》的规定处罚。

经营者违反规定侵犯商业秘密的，由监督检查部门责令停止违法行为，处十万元以上五十万元以下的罚款；情节严重的，处五十万元以上三百万元以下的罚款。

经营者违反《反不正当竞争法》第十条规定进行有奖销售的，由监督检查部门责令停止违法行为，处五万元以上五十万元以下的罚款。

经营者违反规定妨碍、破坏其他经营者合法提供的网络产品或者服务正常运行的，由监督检查部门责令停止违法行为，处十万元以上五十万元以下的罚款；情节严重的，处五十万元以上三百万元以下的罚款。

【例 6-8：财务印鉴、企业印鉴、公司电话号码及个人印鉴是否属于商业秘密及个人隐私？】[①]

原告：吴文其

---

① 财务印鉴、企业印鉴、公司电话号码及个人印鉴是否涉及商业秘密及个人隐私？［EB/OL］.（2015-04-30）［2018-10-10］. http://www.shui5.cn/article/c0/77893.html.

被告：国家税务总局上海市虹口区税务局（以下简称虹口区国税局）

上海市虹口区人民法院经审理查明：2010年11月25日，吴文其向虹口区国税局申请公开"（一）申太房屋拆迁公司2002年8月至2004年12月31日税务变更申请表的复印件；（二）该公司2002年8月至2004年12月31日税务登记证件的内容"两项信息。虹口区国税局当日向吴文其出具收件回执。经审查，虹口区国税局认为吴文其申请公开的第（一）项信息中，财务印鉴、企业印鉴和公司电话号码为商业秘密，个人印鉴为个人隐私，遂于2010年12月10日向上海申太房屋动拆迁有限公司（以下简称申太公司）发出意见征询单，因申太公司于2010年12月14日答复不同意提供该信息，遂根据《政府信息公开条例》第二十三条之规定，不予公开该项信息；虹口区国税局认为吴文其申请公开的第（二）项信息属于依申请公开的政府信息，根据《政府信息公开条例》第二十一条第（一）项之规定可予公开。据此，虹口区国税局于2010年12月15日作出沪国税虹告字〔2010〕第6号政府信息公开申请答复。吴文其于2010年12月18日收到虹口区国税局答复及其提供的上海申太房屋动拆迁有限公司税务登记证件内容（2002年8月—2004年12月）后，向国家税总务局上海市税务局申请复议，复议机关维持了虹口区国税局作出的答复。吴文其不服，认为虹口区国税局公开的申太公司税务登记证件中的法定代表人与其自行取得的材料不一致，公开内容虚假，其申请公开的信息不属于商业秘密，虹口区国税局应当公开，遂起诉至上海市虹口区人民法院，请求撤销沪国税虹告字〔2010〕第6号政府信息公开申请答复。

审判：

上海市虹口区人民法院认为，被告作为行政机关，具有受理向其提出的政府信息公开申请并作出答复的法定职权。原告向被告申请公开的两项信息均关涉税务管理方面，根据《政府信息公开条例》第十七条的规定，属于作为税务管理部门的被告的职权范围。被告收到原告政府信息公开申请后，认为原告申请公开的第（二）项信息属于依申请公开的信息，并于法定期限内如实提供给原告。该项行政行为认定事实清楚、适用法律正确、程序合法，依法可予以维持。

对于原告申请公开的第（一）项信息，被告认为财务印鉴、企业印鉴和公司电话号码系商业秘密，个人印鉴系个人隐私，因权利人不同意公开，故不予公开。对此，上海市虹口区人民法院认为，根据《反不正当竞争法》第十条第三款之规定，商业秘密是指不为公众所知悉、能为权利人带来经济利益、具有实用性并经权利人采取保密措施的技术信息和经营信息。而公司电话号码作为联系方式是公司开展经营活动的条件之一，财务印鉴、企业印鉴是公司在经营活动中进行意思表示的一种确认形式，三者通过对外公开或出示，发挥其基础作用，不符合商业秘密不为公众所知悉的特征，不属于商业秘密。至于个人隐私，一般是指公民个人生活中不向公众公开的、不愿公众知悉的、与公共利益无关的个人信息。而个人印鉴为个人进行意思表示的一种确认形式，同签名一样，通过出示发挥其基础作用，具有对外性，不符合个人隐私不向公众公开、不愿公众所知悉的特征，不属于个人隐私。综上，被告认定原告申请公开的第（一）项信息中含有商业秘密和个人隐私，缺乏事实证据和法律依据，应予撤销。据此，依据《中华人民共和国行政诉讼法》（以下简称《行政诉讼法》）第五十四条第（一）项、第（二）项第一目、第二目之规定，判决：①撤销沪国税虹告字〔2010〕第6号政府信息公开申请答复中第（一）项答复的行政行为，针对原告吴文其的第（一）项政府信息公开申请，被告上海市虹口区国税局应当自本判决生效之日起十五个工作日内依法重新作出答复；②维持沪国税虹告字〔2010〕第6号政府信息公开申请答复中第（二）项答复的行政行为。

第二节　反垄断法律制度

一、垄断的概念与形式

(一)垄断的概念

反垄断法是调整国家规制垄断过程中所发生的社会关系的法律规范的总称。在经济学上,垄断最初的含义是指一个经营者独占某一个市场的结构状态,也称"独占",因此经济学上的垄断是指一定的经济体为了特定的目的,凭借市场进入壁垒,对相关市场的排他性控制,包括垄断结构和垄断行为。在法学上,垄断作为反垄断法的规制对象,其概念随着各国和地区建立在一定社会经济基础之上的竞争政策的发展而不断变化。

当今世界,反垄断法主要从禁止达成和实施垄断协议、禁止滥用市场支配地位以及控制经营者集中等方面对垄断予以规制,显然,它所关注的垄断与市场结构意义上的"独占"相去甚远,而是"限制竞争"或"反竞争"的同义语。

(二)垄断的形式

垄断是市场经济发展的产物。随着经济的不断发展、进步,垄断的表现形式越来越复杂多样,各国根据自己的特点,在反垄断法中对垄断行为作出了不同的规定。虽然各国对垄断形式的具体规定很不一致,但尚可将其概括为以下三类。

1.协议垄断

协议垄断是指企业之间通过合谋性协议,安排或协同行动,相互约束各自的经济活动,违反公共利益,在一定的交易领域内限制或妨碍竞争。这里的"协议"是广义上而言的,并不要求具有形式上的合同,只要企业之间有合谋或达成默契,即可视为存在协议。协议垄断包括横向限制和纵向限制两类。其中,横向限制是指处于同一生产或流通环节的、经济水平相当的企业之间通过协议,控制企业经济活动的某一特定方面,其表现为固定价格或其他交易条件,限制生产、销售、技术发展或投资,瓜分市场,联合抵制交易,歧视第三方竞争者,等等;而纵向限制是指处于不同流通环节的企业之间的垄断,其表现为维持转售价格、附不正当约束条件交易、附不当排他条件交易。

2.滥用经济优势地位

滥用经济优势地位是指企业通过其市场力量的优势地位,限制竞争者进入市场或以其他方式不适当地限制竞争。其主要表现为强迫接受不公平的收购价格、销售价格或其他交易条件,对生产、销售或技术发展施加对消费者不利的限制,歧视交易条件,附加与交易标的无关的额外义务于交易对方。

3.企业合并

合并是指两个或两个以上的企业合并经营,包括横向合并和纵向合并。一般而言,合并本身无可非议,但由于合并可能导致合并企业在市场中的垄断地位,因此,各国反垄断法皆对合并作了较为严格的规定。

此外,由于特殊的历史原因,当前我国经济生活中形形色色的限制竞争主要不是来自经济力量,而是来自旧体制下的行政权力。因此,行政性的限制竞争行为也构成我国反垄断法的一项重要内容。

二、我国反垄断立法的状况

1980 年 10 月,国务院发布的《关于开展和保护社会主义竞争的暂行规定》首次提出了反垄断,特别是反对行政垄断。此后,政府又以不同形式颁布了一系列反垄断法规。2007 年 8 月 30 日,第十届全国人民代表大会常务委员会第二十九次会议通过了《反垄断法》,自 2008 年 8 月 1 日起施行。2012 年 1 月 30 日,最高人民法院审判委员会第 1539 次会议通过了《关于审理因垄断行为引发的民事纠纷案件应用法律若干问题的规定》,自 2012 年 6 月 1 日起施行。

《反垄断法》包括总则、垄断协议、滥用市场支配地位、经营者集中、滥用行政权力排除与限制竞争、对涉嫌垄断行为的调查、法律责任和附则。《反垄断法》明确规定,禁止大型国企借控制地位损害消费者利益,国有经济占控制地位的关系国民经济命脉和国家安全的行业以及依法实行专营专卖的行业,国家对经营者的经营行为及其商品和服务的价格依法实施监管和调控,维护消费者利益。

三、反垄断法的适用范围

(一)反垄断法适用的地域范围

在反垄断法适用的地域范围方面,"属地原则加效果原则"被当今世界各国反垄断法广泛采用,我国也不例外。传统上,作为公法的反垄断法是纯粹的国内法,不具有域外效力,但在经济全球化的背景下,越来越多的国家依据效果原则,规定本国的反垄断法对发生在本国境外的垄断行为同样具有管辖权。所谓效果原则,是指只要发生在国外的垄断行为对国内市场竞争产生了影响,就可以对该垄断行为适用本国的反垄断法。我国《反垄断法》第二条规定,中华人民共和国境内经济活动中的垄断行为,适用本法;中华人民共和国境外的垄断行为,对境内市场竞争产生排除、限制影响的,适用本法。可见,对于反垄断法适用的地域范围,我国采用的就是属地原则与效果原则相结合。

(二)我国《反垄断法》适用的主体与行为类型

根据反垄断法的通例,我国《反垄断法》第三条对以"经营者"为主体的下列垄断行为予以规制:

(1)经营者达成垄断协议;

(2)经营者滥用市场支配地位;

(3)具有或者可能具有排除、限制竞争效果的经营者集中。

对这三种行为的规制制度是反垄断法实体规范的主体,通常被称作"反垄断法的三大支柱"。

(三)主管机构、经营者与相关市场界定

《反垄断法》第九条规定,国务院设立反垄断委员会,负责组织、协调、指导反垄断工作,履行以下职责:①研究拟订有关竞争政策;②组织调查、评估市场总体竞争状况,发布评估报告;③制定、发布反垄断指南;④协调反垄断行政执法工作;⑤国务院规定的其他职责。

根据《反垄断法》第十二条的规定,《反垄断法》中所称的经营者,是指从事商品生产、经营或者提供服务的自然人、法人和其他组织。《反垄断法》中所称的相关市场,是指经营者在

一定时期内就特定商品或者服务(以下统称商品)进行竞争的商品范围和地域范围。

四、垄断协议

根据《反垄断法》第十三条的规定,垄断协议是指排除、限制竞争的协议、决定或者其他协同行为。

(一)《反垄断法》禁止的横向垄断协议

横向垄断协议,也称卡特尔。《反垄断法》禁止具有竞争关系的经营者达成下列垄断协议:

(1)固定或者变更商品价格(也称价格卡特尔);

(2)限制商品的生产数量或者销售数量(可统称为限制数量协议);

(3)分割销售市场或者原材料采购市场(也称划分市场协议);

(4)限制购买新技术、新设备或者限制开发新技术、新产品(也称限制创新的垄断协议);

(5)联合抵制交易;

(6)国务院反垄断执法机构认定的其他垄断协议。

(二)《反垄断法》禁止的纵向垄断协议

与横向垄断协议发生在处于生产或销售链条中的同一环节的经营者之间不同,纵向垄断协议发生在不同的生产经营阶段或环节的经营者之间,即上下游经营者之间。《反垄断法》将其表述为"经营者与交易相对人"达成的垄断协议。

根据《反垄断法》第十四条的规定,禁止经营者与交易相对人达成下列垄断协议:

(1)固定向第三人转售商品的价格;

(2)限定向第三人转售商品的最低价格;

(3)国务院反垄断执法机构认定的其他垄断协议。

(三)垄断协议的豁免

经营者(特别是具有竞争关系的经营者)之间的联合,乃反垄断法之大忌。但是,在有些情况下,经营者之间的联合有利于防止竞争过度和无效,有利于技术进步和效率的提高,从而符合社会公共利益,故而豁免。

根据《反垄断法》第十五条的规定,经营者能够证明所达成的协议属于下列情形之一的,不适用上述禁止性规定:

(1)为改进技术、研究开发新产品的;

(2)为提高产品质量、降低成本、增进效率,统一产品规格、标准或者实行专业化分工的;

(3)为提高中小经营者经营效率,增强中小经营者竞争力的;

(4)为实现节约能源、保护环境、救灾救助等社会公共利益的;

(5)因经济不景气,为缓解销售量严重下降或者生产明显过剩的;

(6)为保障对外贸易和对外经济合作中的正当利益的;

(7)法律和国务院规定的其他情形。

五、滥用市场支配地位

市场支配地位,也称市场优势地位,是指经营者在相关市场内具有能够控制商品价格、数量或者其他交易条件，或者能够阻碍、影响其他经营者进入相关市场的能力的市场地位。

根据《反垄断法》第十七条的规定，禁止具有市场支配地位的经营者从事下列滥用市场支配地位的行为：

（1）以不公平的高价销售商品或者以不公平的低价购买商品；

（2）没有正当理由，以低于成本的价格销售商品；

（3）没有正当理由，拒绝与交易相对人进行交易；

（4）没有正当理由，限定交易相对人只能与其进行交易或者只能与其指定的经营者进行交易；

（5）没有正当理由搭售商品，或者在交易时附加其他不合理的交易条件；

（6）没有正当理由，对条件相同的交易相对人在交易价格等交易条件上实行差别待遇；

（7）国务院反垄断执法机构认定的其他滥用市场支配地位的行为。

经营者具有市场支配地位的认定，根据《反垄断法》第十八条的规定，应当依据下列因素：

（1）该经营者在相关市场的市场份额，以及相关市场的竞争状况；

（2）该经营者控制销售市场或者原材料采购市场的能力；

（3）该经营者的财力和技术条件；

（4）其他经营者对该经营者在交易上的依赖程度；

（5）其他经营者进入相关市场的难易程度；

（6）与认定该经营者市场支配地位有关的其他因素。

此外，有下列情形之一的，可以推定经营者具有市场支配地位：

（1）一个经营者在相关市场的市场份额达到二分之一的；

（2）两个经营者在相关市场的市场份额合计达到三分之二的；

（3）三个经营者在相关市场的市场份额合计达到四分之三的。

其中，有前款第（2）项、第（3）项规定的情形，其中有的经营者市场份额不足十分之一的，不应当推定该经营者具有市场支配地位。

被推定具有市场支配地位的经营者，有证据证明不具有市场支配地位的，不应当认定其具有市场支配地位。

六、经营者集中

（一）经营者集中的概念

所谓经营者集中，是指经营者之间通过合并、取得股份或者资产、委托经营或者联营以及人事兼任等方式形成的控制与被控制状态。由于一定规模的经营者集中可能改变市场结构，并进而可能妨碍市场竞争，损害消费者福利，因此，反垄断法将其纳入调整视野。

经营者集中是指下列三种情形：

（1）经营者合并；

（2）经营者通过取得股权或者资产的方式取得对其他经营者的控制权；

（3）经营者通过合同等方式取得对其他经营者的控制权或者能够对其他经营者施加决定性影响。

（二）经营者集中的申报

经营者集中达到国务院规定的申报标准的,经营者应当事先向国务院反垄断执法机构申报,未申报的不得实施集中。

经营者集中有下列情形之一的,可以不向国务院反垄断执法机构申报:

(1)参与集中的一个经营者拥有其他每个经营者百分之五十以上有表决权的股份或者资产的;

(2)参与集中的每个经营者百分之五十以上有表决权的股份或者资产被同一个未参与集中的经营者拥有的。

经营者向国务院反垄断执法机构申报集中,应当提交以下文件、资料:申报书;集中对相关市场竞争状况影响的说明;集中协议;参与集中的经营者经会计师事务所审计的上一会计年度财务会计报告;国务院反垄断执法机构规定的其他文件、资料。

申报书应当载明参与集中的经营者的名称、住所、经营范围、预定实施集中的日期和国务院反垄断执法机构规定的其他事项。

经营者提交的文件、资料不完备的,应当在国务院反垄断执法机构规定的期限内补交文件、资料。经营者逾期未补交文件、资料的,视为未申报。

（三）经营者集中审查程序

根据《反垄断法》,执法机构对经营者集中实施两阶段审查制。

第一阶段为初步审查。国务院反垄断执法机构应当自收到经营者提交的符合规定的文件、资料之日起三十日内,对申报的经营者集中进行初步审查,作出是否实施进一步审查的决定,并书面通知经营者。国务院反垄断执法机构作出决定前,经营者不得实施集中。

国务院反垄断执法机构作出不实施进一步审查的决定或者逾期未作出决定的,经营者可以实施集中。

如果国务院反垄断执法机构决定实施进一步审查,则进入第二阶段审查。第二阶段审查应当自执法机构作出进一步审查决定之日起九十日内审查完毕,作出是否禁止经营者集中的决定,并书面通知经营者。作出禁止经营者集中的决定,应当说明理由。审查期间,经营者不得实施集中。

有以下情形之一的,国务院反垄断执法机构经书面通知经营者,可以延长前款规定的审查期限,但最长不得超过六十日:①经营者同意延长审查期限的;②经营者提交的文件、资料不准确,需要进一步核实的;③经营者申报后有关情况发生重大变化的。国务院反垄断执法机构逾期未作出决定的,经营者可以实施集中。

（四）经营者集中审查标准

审查经营者集中,应当考虑下列因素:

(1)参与集中的经营者在相关市场的市场份额及其对市场的控制力;

(2)相关市场的市场集中度;

(3)经营者集中对市场进入、技术进步的影响;

(4)经营者集中对消费者和其他有关经营者的影响;

(5)经营者集中对国民经济发展的影响;

(6)国务院反垄断执法机构认为应当考虑的影响市场竞争的其他因素。

(五)经营者集中审查决定

经营者集中具有或者可能具有排除、限制竞争效果的,国务院反垄断执法机构应当作出禁止经营者集中的决定。但是,经营者能够证明该集中对竞争产生的有利影响明显大于不利影响,或者符合社会公共利益的,国务院反垄断执法机构可以作出对经营者集中不予禁止的决定。

对不予禁止的经营者集中,国务院反垄断执法机构可以决定附加减少集中对竞争产生不利影响的限制性条件。

国务院反垄断执法机构应当将禁止经营者集中的决定或者对经营者集中附加限制性条件的决定,及时向社会公布。

对外资并购境内企业或者以其他方式参与经营者集中,涉及国家安全的,除依照《反垄断法》的规定进行经营者集中审查外,还应当按照国家有关规定进行国家安全审查。

七、滥用行政权力排除、限制竞争

滥用行政权力排除、限制竞争,即通常所谓的"行政性垄断",是指行政机关和法律、法规授权的具有管理公共事务职能的组织滥用行政权力排除、限制竞争的行为。

行政性垄断是我国体制转轨过程中备受诟病的一大社会现象。行政性垄断出现和长期存在的原因比较复杂:一是政府职能转变不到位;二是利益驱动,这是直接动因;三是观念原因,如一些地方、部门负责人的全局意识、法律意识和市场意识不强,不能正确处理局部利益与整体利益、当前利益与长远利益的关系;四是制度原因,我国行政权力的具体边界不清是一个重要因素。

《反垄断法》禁止的滥用行政权力排除、限制竞争行为,主要有以下几种。

(一)强制交易

《反垄断法》第三十二条规定,行政机关和法律、法规授权的具有管理公共事务职能的组织不得滥用行政权力,限定或者变相限定单位或者个人经营、购买、使用其指定的经营者提供的商品。

(二)地区封锁

《反垄断法》第三十三条规定,行政机关和法律、法规授权的具有管理公共事务职能的组织不得滥用行政权力,实施下列行为,妨碍商品在地区之间的自由流通:

(1)对外地商品设定歧视性收费项目、实行歧视性收费标准,或者规定歧视性价格;

(2)对外地商品规定与本地同类商品不同的技术要求、检验标准,或者对外地商品采取重复检验、重复认证等歧视性技术措施,限制外地商品进入本地市场;

(3)采取专门针对外地商品的行政许可,限制外地商品进入本地市场;

(4)设置关卡或者采取其他手段,阻碍外地商品进入或者本地商品运出;

(5)妨碍商品在地区之间自由流通的其他行为。

(三)排斥或限制外地经营者参加本地招标投标

《反垄断法》第三十四条规定,行政机关和法律、法规授权的具有管理公共事务职能的组织不得滥用行政权力,以设定歧视性资质要求、评审标准或者不依法发布信息等方式,排斥或者限制外地经营者参加本地的招标投标活动。

（四）排斥或者限制外地经营者在本地投资或者设立分支机构，或者妨碍外地经营者在本地的正常经营活动

《反垄断法》第三十五条规定，行政机关和法律、法规授权的具有管理公共事务职能的组织不得滥用行政权力，采取与本地经营者不平等待遇等方式，排斥或者限制外地经营者在本地投资或者设立分支机构。

（五）强制经营者从事垄断行为

《反垄断法》第三十六条规定，行政机关和法律、法规授权的具有管理公共事务职能的组织不得滥用行政权力，强制经营者从事《反垄断法》规定的垄断行为。

（六）抽象行政性垄断行为

《反垄断法》第三十七条规定，行政机关不得滥用行政权力，制定含有排除、限制竞争内容的规定。

八、法律责任

经营者违反《反垄断法》规定，达成并实施垄断协议的，由反垄断执法机构责令停止违法行为，没收违法所得，并处上一年度销售额百分之一以上百分之十以下的罚款；尚未实施所达成的垄断协议的，可以处五十万元以下的罚款。

经营者主动向反垄断执法机构报告达成垄断协议的有关情况并提供重要证据的，反垄断执法机构可以酌情减轻或者免除对该经营者的处罚。

行业协会违反《反垄断法》规定，组织本行业的经营者达成垄断协议的，反垄断执法机构可以处五十万元以下的罚款；情节严重的，社会团体登记管理机关可以依法撤销登记。

经营者违反规定，滥用市场支配地位的，由反垄断执法机构责令停止违法行为，没收违法所得，并处上一年度销售额百分之一以上百分之十以下的罚款。

经营者违反《反垄断法》规定实施集中的，由国务院反垄断执法机构责令停止实施集中、限期处分股份或者资产、限期转让营业以及采取其他必要措施恢复到集中前的状态，可以处五十万元以下的罚款。

经营者实施垄断行为，给他人造成损失的，依法承担民事责任。

行政机关和法律、法规授权的具有管理公共事务职能的组织滥用行政权力，实施排除、限制竞争行为的，由上级机关责令改正；对直接负责的主管人员和其他直接责任人员依法给予处分。反垄断执法机构可以向有关上级机关提出依法处理的建议。

法律、行政法规对行政机关和法律、法规授权的具有管理公共事务职能的组织滥用行政权力实施排除、限制竞争行为的处理另有规定的，依照其规定。

对反垄断执法机构依法实施的审查和调查，拒绝提供有关材料、信息，或者提供虚假材料、信息，或者隐匿、销毁、转移证据，或者有其他拒绝、阻碍调查行为的，由反垄断执法机构责令改正，对个人可以处两万元以下的罚款，对单位可以处二十万元以下的罚款；情节严重的，对个人处两万元以上十万元以下的罚款，对单位处二十万元以上一百万元以下的罚款；构成犯罪的，依法追究刑事责任。

对反垄断执法机构依据《反垄断法》第二十八条、第二十九条作出的决定不服的，可以先依法申请行政复议；对行政复议决定不服的，可以依法提起行政诉讼。

对反垄断执法机构作出的前款规定以外的决定不服的,可以依法申请行政复议或者提起行政诉讼。

【例6-9:"世纪末的审判"——美国政府诉微软垄断案】①

1975年,微软公司创立。1980年,微软公司被选择为国际商业机器公司(IBM)的个人电脑设计操作系统,逐渐占据了全球磁盘操作和视窗操作软件制造领域的优势地位。1990年,微软公司与IBM公司就PC(个人计算机)操作系统发生争议,美国联邦贸易委员会就微软是否把MS-DOS与应用软件捆绑在一起销售展开调查,指控微软在其操作系统中故意设置隐瞒代码,妨碍竞争对手应用程序的运行。1993年,联邦贸易委员会两次调查受挫,司法部接管调查。这一时期正值微软开发"视窗"(Windows)操作系统之际,许多软件厂商认为该软件将使微软具有更加不公平的竞争优势。在这种情况下,司法部把调查重点放在了视窗系统上。1994年7月,司法部第一次对微软提起反托拉斯诉讼,称微软与原始设备制造商(OEM)签订排他性和反竞争性的授权协议,阻止OEM使用微软竞争对手的操作系统。经过法院审理和双方协商,微软公司与司法部达成和解协议,法院据此作出同意令(Consent Decree),微软同意修改与个人电脑生产商的软件使用合约,允许其他软件生产商与其进行正当竞争,从而结束了长达一年多的调查。同意令1995年生效。根据这项协议,微软公司在向个人电脑制造商发放"视窗95"(Windows 95)使用许可证时不能附加其他条件,但这并不阻止微软开发集成产品(integrated products)。1996年9月,司法部反托拉斯司着手对Windows 95整合软件IE浏览器的销售方式进行调查。这一时期,全球因特网服务领域崛起包括网景公司、太阳微系统公司在内的优秀企业。这些公司的迅速发展使微软很快意识到自己的失误,于是微软在所有操作系统中加入因特网浏览功能,将IE浏览器软件免费提供给电脑制造商。这一做法使网景公司的市场份额迅速从80%降到62%,微软的份额则从0猛增至36%,因此招致网景等公司的极大不满,也引起司法部的注意。

1997年10月,美国司法部向哥伦比亚联邦法院提出申请,称微软公司将安装IE浏览器作为电脑制造商申请Windows 95使用许可条件的做法严重违反了1995年签订的协议,要求法院判决微软遵守1995年生效的同意令。微软认为,IE浏览器不仅是Windows 95上运行的应用软件,而且是属于操作系统的整合部件,IE浏览器扩展了Windows 95的现有部件,不能简单卸载。12月,杰克逊法官作出初审判决,认为同意令没有就"整合产品"给予明确定义和限定范围,司法部没有充分的证据证明微软违反了同意令中的禁止规定,于是驳回司法部的请求。但是,法官宣布了另一项临时裁定(Preliminary Injunction),在法院作出进一步判决之前,禁止微软把安装IE浏览器作为电脑制造商申请其操作系统使用许可的条件,迫使微软公司暂时停止捆绑销售计划。1998年5月18日,美国司法部部长和20个州的总检察官对微软提出反垄断诉讼,开始了"世纪末的审判"。司法部对微软提出6项指控:引诱网景公司不与其竞争;与因特网服务商和在线服务商签订排他性协议;与因特网内容服务商签订排他性协议;在合同中限制电脑制造商修改和自定义电脑启动顺序和电脑屏幕;与Windows 95捆绑销售因特网浏览器软件;与Windows 98捆绑销售因特网浏览器软件。从1998年10月19日开始至1999年6月24日,在长达8个多月的时间里,美国政府和微软公

① 周浩.世纪末的审判:美国政府诉微软垄断案[EB/OL].(2008-09-09)[2018-10-10].http://bjgy.chinacourt.org/article/detail/2008/09/id/864849.shtml.

司分别指派证人出庭就双方的指控或者辩护作证。在此期间,美国在线公司宣布与网景公司合并,在此计划宣布后,南卡罗来纳州推出了诉讼联盟。1999 年 11 月 5 日,杰克逊法官作出事实认定书,也称初步判决书,认为:微软非法利用了自己在操作系统市场上的垄断力量来排挤竞争对手,排除自己面临的潜在危险以继续维持自己的垄断。

2000 年 4 月 3 日,微软被判违反《谢尔曼法》。4 月 28 日,美国司法部和 17 个州要求杰克逊将微软分割为两家公司。6 月 7 日,杰克逊法官作出裁决,要求微软必须拆分为两个公司,一家经营 Windows 个人电脑操作系统,另一家经营 Office 等应用软件和包括 IE 浏览器在内的网络业务。2001 年 6 月,哥伦比亚特区联邦上诉法院驳回了杰克逊分割微软的判决,但维持了微软是一家违法垄断公司的判决。8 月,杰克逊法官因违反司法程序、向媒体泄漏案件审理内情而被解职,科林·科拉尔·科特琳被任命接替杰克逊,全权负责对微软反垄断案的审理。9 月 6 日,司法部宣布不再寻求通过分割的方式来处罚微软,并且撤销了有关微软非法将其网络浏览器和"视窗"操作系统捆绑在一起的指控。11 月上旬,微软和美国司法部达成妥协,条件是:微软同意电脑制造商可以自由选择视窗桌面,微软公开视窗软件部分源代码,使微软的竞争者能够在操作系统上编写应用程序。2002 年 11 月,科特琳宣布,同意微软和司法部达成的反托拉斯和解协议的绝大部分内容。和解协议内容包括:阻止微软参与可能损及竞争对手的排他性交易;要求电脑制造商使用统一的合同条款;允许制造商和客户去除标志一些微软特征的图符;要求微软公布部分技术数据,使软件开发商编写的 Windows 应用程序能够具有与微软产品相当的性能。2003 年 10 月,微软声称同意支付约 2 亿美元作为对 5 个州及哥伦比亚特区的消费者集体诉讼的和解费用。此前,微软已就 10 个州的集体诉讼达成了和解,和解费用总计为 15.5 亿美元。

【例 6-10:北京首起反垄断诉讼案——"人人诉百度"案】①

原告唐山人人公司诉称,由于其降低了对百度搜索竞价排名的投入,被告即对全民医药网在自然排名结果中进行了全面屏蔽,从而导致了全民医药网访问量的大幅度降低。而被告这种利用中国搜索引擎市场的支配地位对原告的网站进行屏蔽的行为,违反了我国《反垄断法》的规定,构成滥用市场支配地位强迫原告进行竞价排名交易的行为,故请求法院判令被告赔偿原告经济损失 1106000 元,解除对全民医药网的屏蔽并恢复全面收录。

被告百度公司辩称,被告确实对原告所拥有的全民医药网采取了减少收录的措施,实施该措施的原因首先是原告的网站设置了大量垃圾外链,搜索引擎自动对其进行了作弊处罚。但是,该项处罚措施针对的仅仅是百度搜索中的自然排名结果,与原告所称的竞价排名的投入毫无关系,亦不会影响原告竞价排名的结果。其次,原告称被告具有《反垄断法》所称的市场支配地位缺乏事实依据。被告提供的搜索引擎服务对于广大网民来说是免费的,故与搜索引擎有关的服务不能构成《反垄断法》所称的相关市场。因此,请求人民法院判决驳回原告的诉讼请求。

法院经审理认为,首先,认定经营者是否具有市场支配地位,原则上应当根据《反垄断法》第十八条所规定的市场份额、竞争状况、控制销售市场和原材料市场的能力等因素进行判断。当然,在经营者的市场份额能够予以准确确定的情况下,也可以根据《反垄断法》第十

① 百度公司被诉滥用市场支配地位一案之评析[EB/OL].(2010-05-22)[2018-10-10].http://china.findlaw.cn/jingjifa/fldf/zhipei/052211635.html#p1.

九条的规定进行市场支配地位的推定。但当反垄断民事诉讼中的原告选择适用上述推定条款来证明被告具有市场支配地位时，应当就其对被告市场份额的计算或者证明方式提供充分的证据予以支持。本案中的相关市场是中国搜索引擎服务市场，原告仅提交了两篇有关被告市场地位的新闻报道，未提供具体的计算方式、方法及有关基础性数据的证据以使本院确信该市场份额的确定源于科学、客观的分析，因此原告未能举证证明被告在中国搜索引擎服务市场中占据了支配地位。

其次，《反垄断法》并不禁止企业通过自身的发展形成规模经济，从而占据一定的市场支配地位，《反垄断法》禁止的是占据市场支配地位的企业所实施的能够影响市场结构、破坏市场竞争秩序的行为和措施。如果经营者所实施的行为具有正当理由，也没有产生破坏市场竞争秩序的后果，即不构成《反垄断法》所禁止的滥用行为。本案中，被告虽然对全民医药网的自然排名结果实施了减少收录数量的技术措施，但其行为是对全民医药网存在垃圾外链行为进行的处罚。被告在其网站的相关页面上向社会公众公布了百度搜索引擎的算法规则及针对作弊行为的处罚方式，原告完全有途径了解百度搜索反对网站设置"垃圾外链"的行为，并会对这种行为实施处罚。而且，其处罚措施针对的是所有设置了"垃圾外链"的被搜索网站而非单独指向全民医药网。庭审过程中，原告也承认其经营的全民医药网确实存在"垃圾外链"。上述反作弊机制的实施是为了使搜索结果更为真实和可靠，从而保证广大搜索引擎用户的利益，同时，现有证据亦无法证明被告采取的上述措施对原告而言存在歧视性或者胁迫性，故被告基于全民医药网存在大量"垃圾外链"的事实而对其实施了减少自然排名部分收录数量的技术措施是正当的，不构成滥用市场支配地位的行为。

综上，原告既未能举证证明被告在中国搜索引擎服务市场中占据了支配地位，也未能证明被告存在滥用市场支配地位的行为，其诉讼请求缺乏事实与法律依据，我院依据《民事诉讼法》第六十四条、《反垄断法》第十七条第（四）项及第五十条之规定，判决驳回了原告的全部诉讼请求。

分析：自《反垄断法》于2008年8月1日生效实施起，若干反垄断民事诉讼纷纷诉至法院。比如，2009年10月23日，上海市第一中级人民法院一审判决，由于无法认定盛大旗下的起点中文网利用其市场支配地位胁迫其他网络写手，法院驳回了原告北京书生公司的所有诉讼请求。又如，2009年10月26日，中国移动被诉滥用市场支配地位一案在法院的支持下获得和解：在中国移动同意原告携号转为不收取"月租费"的移动通信服务用户，并以"奖励"名义支付原告1000元补偿后，原告进行了撤诉。

本案百度公司被诉滥用市场支配地位与上述民事案件的不同之处在于：

（1）法院第一次对以下问题进行了具体分析：相关市场的界定、市场支配地位的推定及认定、滥用市场支配地位行为之认定及其正当性之分析；

（2）对被告百度公司的行为采取了商业和经济分析的方法，而不是基于空泛的"公共利益"及"保护消费者利益"之概念；

（3）针对《反垄断法》项下的民事诉讼，法院设定了较高标准的举证责任。

总之，随着《反垄断法》的不断完善，以及相关司法解释的陆续出台，中国的反垄断民事诉讼将面临重大的发展，在某一市场具有较大市场份额（如超过50%）的公司有必要做好应对的准备。

【例 6-11：广西部分地区米粉串通涨价案】①

2009 年 11 月 1 日，南宁市鲜一阁食品厂负责人阙之和召集南宁市 17 家米粉厂召开会议，提出通过承包、联营、入股及分红等方式整合南宁市米粉生产行业的方案和米粉涨价的设想。经过协商，最终有 9 家米粉生产企业与阙之和签订了承包合同，有 1 家与之签订了联营协议。2009 年 12 月 16 日，包括鲜一阁在内的南宁市 16 家米粉厂再次召开会议，商讨涨价事宜并达成共识。涨价前夕，18 家米粉厂还采用打电话的形式进行联系与沟通，交换联合涨价的意见。2010 年 1 月 1 日起，上述 18 家米粉厂联合涨价，其余米粉生产厂家跟风涨价。

南宁市米粉涨价后，柳州市部分米粉生产厂家负责人主动与阙之和联系，商讨米粉涨价问题。2010 年 1 月上、中旬，柳州市 15 家米粉厂负责人先后召开 3 次会议，商讨与阙之和合作经营和统一涨价问题。同时，阙之和与柳州兄弟等米粉厂负责人通过利诱、胁迫等手段，向柳州市各米粉生产厂家施加压力。最终协商决定自 1 月 21 日起，各米粉生产厂家统一提高出厂价格，并与阙之和签订了合作利润分成协议。

案情查清后，价格主管部门按照区别情况、分类处理的原则，依法对涉案的 33 家米粉生产厂实施了行政处罚。其中，对南宁市鲜一阁食品厂和柳州市兄弟、永财米粉生产厂等 3 家涨价组织者分别处以 10 万元罚款；对参与串通涨价的 18 家米粉厂根据情节轻重，分别处以 3 万～8 万元罚款；对主动配合价格主管部门查处案件、提供重大线索并主动改正错误的 12 家米粉厂给予警告，免于经济处罚。此外，对少数跟风涨价的米粉生产厂下发了提醒告诫书，要求进一步加强价格自律，自觉维护良好的市场秩序。

【例 6-12：可口可乐收购汇源的几个经典时刻】②

2008 年 9 月 3 日，可口可乐公司宣布，计划以 24 亿美元收购在香港上市的汇源公司。

2008 年 9 月 4 日，有调查显示，在参与投票的 4 万余人中，对可口可乐收购汇源公司持不赞同意见的比例高达 82.3%。

2008 年 11 月 3 日，汇源发布声明称，可口可乐并购汇源案目前已正式送交商务部审批，预计审批结果在年底前出台。

2008 年 12 月 4 日，商务部首次公开表态，已对可口可乐并购汇源申请进行立案受理。立案后，商务部对此项申报依法进行了审查，对申报材料进行了认真核实，对此项申报涉及的重要问题进行了深入分析，并通过书面征求意见、论证会、座谈会、听证会、实地调查、委托调查以及约谈当事人等方式，先后征求了相关政府部门、相关行业协会、果汁饮料企业、上游果汁浓缩汁供应商、下游果汁饮料销售商、集中交易双方、可口可乐公司中方合作伙伴以及相关法律、经济和农业专家等方面意见。经问题评估，确认经营者集中将产生以下不利影响。

(1)集中完成后，可口可乐公司有能力将其在碳酸软饮料市场上的支配地位传导到果汁饮料市场，对现有果汁饮料企业产生排除、限制竞争效果，进而损害饮料消费者的合法权益。

(2)品牌是影响饮料市场有效竞争的关键因素，集中完成后，可口可乐公司通过控制"美

---

① 发改委通报广西部分米粉厂家串通涨价案处理情况［EB/OL］.（2010-03-30）［2018-10-10］. http://www.china.com.cn/economic/txt/2010-03/30/content_19716458.htm.

② 商务部禁止可口可乐收购汇源［EB/OL］.［2018-10-10］. http://finance.sina.com.cn/review/observe/20090319/05145995704.shtml.

汁源"和"汇源"两个知名果汁品牌,对果汁市场的控制力将明显增强,加之其在碳酸饮料市场已有的支配地位以及相应的传导效应,集中将使潜在竞争对手进入果汁饮料市场的门槛明显提高。

为了减少审查中发现的不利影响,商务部与可口可乐公司就附加限制性条件进行了商谈。商谈中,商务部就审查中发现的问题,要求可口可乐公司提出可行的解决方案。可口可乐公司对商务部提出的问题表述自己的看法,并先后提出了初步解决方案及其修改方案。经过评估,商务部认为可口可乐公司针对影响竞争问题提出的救济方案仍不能有效减少此项集中产生的不利影响。

2009年3月5日,汇源董事长朱新礼表示,可口可乐董事会内部反对并购汇源的声音越来越多。但随后,在香港上市的汇源果汁连夜发布澄清公告。

2009年3月10日,商务部部长陈德铭表示,商务部正在根据《反垄断法》依法审核可口可乐收购汇源案,不会受任何外部因素的影响。

2009年3月18日,商务部正式宣布,根据中国《反垄断法》禁止可口可乐收购汇源。审查决定内容如下:根据《反垄断法》第二十八条和第二十九条,商务部认为,此项经营者集中具有排除、限制竞争效果,将对中国果汁饮料市场有效竞争和果汁产业健康发展产生不利影响。鉴于参与集中的经营者没有提供充足的证据证明集中对竞争产生的有利影响明显大于不利影响或者符合社会公共利益,在规定的时间内,可口可乐公司也没有提出可行的减少不利影响的解决方案,因此,决定禁止此项经营者集中。

【例 6-13:高通 9.75 亿美元和解反垄断案】①

2015年2月10日消息称,高通于周一收盘后公布了其与中国国家发展和改革委员会就反垄断调查所达成的和解方案。

中国国家发改委经调查发现,高通违反了中国反垄断法。高通已决定不再继续通过法律途径为裁决结果辩护,公司同意实施整改方案,并更正其在中国的业务方式,以完全满足中国国家发改委提出的要求。

以下为高通整改方案的核心内容。

高通将会为旗下 3G 和 4G 基础专利提供不捆绑其他专利的独立授权选择,同时在专利授权谈判时,公司将会提供一份详细的专利清单。如果高通寻求与中国某被许可方进行交叉授权谈判,公司将会在谈判中保证诚信和提供公平权益。

对于获得高通 3G 和 4G 基础专利授权并只销往中国市场的品牌设备,高通授权费收取标准为:3G 设备 5%(包括 3G/4G 多模式设备),4G 设备 3.5%(包括 3 模式 LTE-TDD 设备),该标准不适用于 CDMA 或 WCDMA 技术,后两者的专利费标准起点为总设备销售额的 65%。

对于在 2015年1月1日前生产并面向中国市场的品牌设备,高通将为这些设备(专利许可方)提供一个选择执行新标准的机会。

高通将不会条件性区分基带芯片的销售属性——销售给签署了授权协议但被中国国家发改委认定为不合理的客户或签署了协议但并不被认为不合理的客户。不过,此项规定并

---

① 高通 9.75 亿美元和解反垄断案[EB/OL]. (2015-02-10)[2018-10-10]. http://tech. qq. com/p/topic/20150210013997/index. html.

不表明高通将向不获得授权的厂商出售芯片,也并不适用于任何拒绝根据授权协议向高通汇报设备销量的客户。

此外,国家发改委对高通开出的罚单为 60.88 亿元(约合 9.75 亿美元)。高通表示将不再对全额提出质疑,并将会在国家发改委规定的期限内全数付清。

第三节　产品质量法

一、产品质量法概述

(一)产品的概念

《中华人民共和国产品质量法》(以下简称《产品质量法》)第二条第二款规定,本法所称产品是指经过加工、制作,用于销售的产品。根据《产品质量法》条文释义第二条,这里所称的产品有两个特点:一是经过加工、制作,也就是通过工业加工、手工制作等生产方式所获得的具有特定使用性能的物品,未经加工的天然形成的产品以及初级农产品不适用于本法;二是用于出售,也就是进入市场用于交换的商品。《产品质量法》第二条第三款规定,建设工程不适用本法规定,但是,建设工程使用的建筑材料、建筑构配件和设备,属于前款规定的产品范围的,适用本法规定。另外,根据《产品质量法》第七十三条的规定,军工产品质量监督管理办法,由国务院、中央军事委员会另行制定。

(二)产品质量的概念

产品质量是指产品符合人们需要的内在素质与外观形态的各种特性的综合状况。作为法律概念的产品质量,是指由国家的法律、法规、质量标准等所确定的或当事人的合同所约定的有关产品适用、安全、外观等诸种特性的综合。国际标准化组织(ISO)颁布的 ISO 8402-86 标准,将质量的含义定为"产品或服务满足规定或潜在需要的特性和特征的总和"。

产品质量的内容随经济、科技的发展以及人们需要的变化不断丰富和发展。大体上说,产品质量包括使用价值和价值、适用性和安全性几个方面的内容。

(三)产品质量法的概念

产品质量法是指调整产品质量监督管理机构和生产者、销售者之间,生产者、销售者和用户、消费者之间因产品质量监督管理和侵权行为而发生的社会关系的法律规范的总称。产品质量法主要包括关于产品质量监督管理、产品质量责任、产品质量损害赔偿和处理产品质量争议等方面的法律规定。

1993 年 2 月 22 日,第七届全国人民代表大会常务委员会第三十次会议通过了《产品质量法》,该法自 1993 年 9 月 1 日开始实施。2000 年 7 月 8 日,第九届全国人民代表大会常务委员会第十六次会议通过了《关于修改〈中华人民共和国产品质量法〉的决定》,对《产品质量法》进行了全面修改。2009 年 8 月 27 日,第十一届全国人民代表大会常务委员会第十次会议通过了《关于修改部分法律的决定》,对《产品质量法》进行了第二次修正。

(四)产品质量法律制度体系

我国在原有的一大批产品质量监督管理规范的基础上,吸收了西方关于产品责任法的原则精神和具体内容,形成了以 1993 年颁布并实施的《产品质量法》为基本法,结合一切有关产品质量的法律、法规、规章、标准的具有中国特色的产品质量法律制度体系。我国的产品质量法是产品质量管理法和产品责任法的统一体,其具有治理综合化、管理系统化和功能社会化等特点。

我国的产品质量法律制度体系主要包括产品质量监督管理制度、生产者和销售者产品质量责任与义务制度以及产品质量责任制度等内容,主要以《产品质量法》《中华人民共和国计量法》(以下简称《计量法》)、《中华人民共和国标准化法》(以下简称《标准化法》)等法律和相关法规、规章为依据。其中产品质量监督管理制度又可细分为质量认证制度、生产许可证制度、计量制度、标准化制度和产品质量监督检查制度等。其中,计量制度是以《计量法》及其实施细则为核心的,调整国家对计量实行统一监督和管理而发生的社会关系的法律制度体系。《计量法》为确保计量的科学性、统一性和准确性,确立了统一的计量基准器具、计量标准器具以及计量检定的方法和程序,并明确规定了计量器具管理和计量监督制度。而标准化制度是以《标准化法》及其实施条例为核心的,调整国家对现代化生产进行科学管理的过程中,因制定、颁行、监督、实施标准而发生的社会关系的法律制度体系。《标准化法》主要包括标准的制定、标准的实施、标准的监督以及违反《标准化法》的法律责任,其中,标准的制定又明确规定了制定标准的范围、原则、部门和程序以及标准的类型、各类标准的适用范围。

二、产品质量监督管理制度

(一)企业质量体系认证制度

企业质量体系认证制度是指国务院产品质量监督管理部门或者由它授权的部门认可的认证机构,依据国际通用的"质量管理和质量保证"系列标准,对企业的质量管理体系和质量保证能力进行审核合格、确认、颁发认证证书,以证明企业质量体系和质量保证能力符合相应标准要求的制度。

企业质量体系认证制度主要包括以下内容。

(1)企业质量体系认证的依据为国际通用的"质量管理和质量保证"系列标准,即国际标准化组织于 1987 年 3 月正式发布的 ISO 9000 系列国际标准,我国采用的是已转化为我国国家标准的"质量管理和质量保证"系列标准。

(2)企业质量体系的认证原则为自愿申请原则,企业是否申请认证,由企业自主决定。

(3)企业质量体系认证的管理体制为国务院产品质量监督管理部门实行统一管理,被依法认可的认证机构负责质量体系认证工作的具体实施,县级以上地方人民政府管理产品质量监督工作。

(4)企业质量体系认证的对象是足以影响企业产品质量的各个环节、各种因素的统一体。

(二)产品质量认证制度

产品质量认证制度是依据产品标准和相应技术要求,经认证机构确认并通过颁发证书和产品质量认证标志,证明企业某一产品符合相应标准和相应技术要求的制度。

国家参照国际先进的产品标准和技术要求,推行产品质量认证制度。企业则根据自愿原则向有关部门申请产品质量认证,经认证合格的,由认证机构颁发产品质量认证证书,准许企业在产品或者其包装上使用产品质量认证标志。产品质量认证标志分为方圆标志、长城标志和 PRC 标志。方圆标志用于没有行业认证委员会的商品的合格认证或安全认证。长城标志为电工产品专用安全认证标志。PRC 标志为电子元器件专用合格认证标志。

在我国,产品质量认证分为安全认证和合格认证。

(1)凡根据安全标准进行认证或只对商品标准中有关安全的项目进行认证的,称为安全认证。它是对商品在生产、储运、使用过程中是否具备保证人身安全与避免环境遭受危害等基本性能的认证,属于强制性认证。实行安全认证的产品,必须符合《标准化法》中有关强制性标准的要求。

(2)合格认证是依据商品标准的要求,对商品的全部性能进行的综合性质量认证,一般属于自愿性认证。实行合格认证的产品,必须符合《标准化法》规定的国家标准或者行业标准的要求。

另外,2009 年 5 月 26 日,国家质量监督检验检疫总局局务会议审议通过了《强制性产品认证管理规定》,自 2009 年 9 月 1 日起施行。国家对涉及人类健康和安全、动植物生命和健康及环境保护和公共安全的产品实行强制性认证制度。列入《实施强制性产品认证的产品目录》的共有装饰装修材料、玩具、安全玻璃等 19 类 132 种产品。

【例 6-14】2014 年 3 月 7 日,杭州市萧山区市场监督管理局行政执法人员依法对杭州鸿荣机械有限公司进行检查。检查发现,该公司于 2014 年 2 月生产了型号为 Y71-4,功率为 0.37kW、绝缘等级为 B、电压为 380V、频率为 50Hz、转速为 1400r/min 的 7 台三相异步电动机。经查,该产品的国家强制性产品认证证书已于 2013 年 12 月 25 日暂停,该公司在强制性产品认证证书被暂停期间擅自出厂销售列入《实施强制性产品认证的产品目录》的产品。依据《强制性产品认证管理规定》第五十一条、《中华人民共和国认证认可条例》第六十七条的规定,责令改正,给予以下行政处罚:没收违法所得 132.8 元,处以罚款 50000 元,罚没合计 50132.8 元。

(三)产品质量监督检查制度

产品质量监督检查,从广义上讲,是指国家、社会、用户、消费者以及企业自身等对产品质量和产品质量认证体系所作的检验、检查、评价、措施等一系列活动的总称。

产品质量监督包括国家监督、行业监督和社会(群众)监督三种形式。

1.国家监督

国家监督的重要形式之一是国家监督抽查制度,该制度是国家对产品质量监管的基本制度之一。监督的主要方式是抽查,根据监督抽查的需要,可对产品进行检验。其中,抽查的重点包括以下内容。

(1)能危及人体健康或人身、财产安全的产品,如食品、药品、易燃易爆品、医疗器械、压力容器等。这也是实行生产许可证管理的产品。

(2)影响国计民生的重要工业品,如钢材、水泥、机电产品、农药、化肥等。

(3)社会反映有质量问题的产品。

同时,监督抽查的结果要公布,以表明产品质量监督检查的公正性,增加透明度,起到威慑作用。《产品质量法》第十条对此作了规定。

对抽查的要求,具体包括以下内容。

（1）为检验的公正,法律规定抽查的样品应当在待销产品中随机抽取。

（2）为防止增加企业的负担,不得向被检查人收取检验费用,抽取样品的数量也不得超过检验的合理需要。

（3）生产者、销售者对抽查结果有异议的,可以在规定的时间内向监督抽查部门或者上级产品质量监督部门申请复检。

（4）为避免重复抽查,国家监督抽查的产品,地方不得另行重复抽查;上级监督抽查的产品,下级不得另行重复抽查。

2.行业监督

行业监督是指产品的主管部门和企业的主管部门对本行业、本系统产品质量的监督,也是政府有关部门在各自的职责范围内进行的产品质量监督。行业监督与国家监督的主要区别是,行业监督的主管部门不能依照《产品质量法》的规定行使行政处罚权。

3.社会（群众）监督

根据《产品质量法》第二十二条及二十三条的规定,消费者有权就产品质量问题,向产品的生产者、销售者查询,向产品质量监督部门、工商行政管理部门及有关部门申诉,接受申诉的部门应当负责处理。同时,保护消费者权益的社会组织可以就消费者反映的产品质量问题建议有关部门负责处理、支持消费者对因产品质量造成的损害向人民法院起诉。

三、生产者、销售者的产品质量责任与义务

依据《产品质量法》及国家有关法律的规定,生产者、销售者不履行规定的义务,应承担相应的法律后果,即产品质量责任。生产者、销售者必须作出的行为或者不得作出的行为,即产品质量义务。

（一）生产者的产品质量责任与义务

1.生产者必须保证产品的内在质量

根据我国《产品质量法》第二十六条的规定,生产者生产的产品质量应符合下列要求。

（1）产品不存在危及人身、财产安全的不合理的危险,有保障人体健康和人身、财产安全的国家标准、行业标准的,应当符合该标准。这里主要强调的是产品的安全性,是生产者保证产品质量的首要义务。

（2）产品要具备产品应当具备的使用性能。这是《产品质量法》对生产者保证产品质量所规定的一项默示担保条件,主要有两方面内容:其一是在产品标准、合同、图样、技术要求或其他文件中明确规定的使用性能;其二是指用户、消费者对产品使用性能的期望或被社会公认的不言而喻的使用性能。

（3）产品质量应当符合在产品或者其包装上注明采用的产品标准,符合以产品说明、实物样品等方式表明的质量状况。

2.生产者必须保证产品或其包装上的标识符合法定要求

（1）要有产品质量检验合格证明,如检验标记、生产日期等。

（2）要有中文标明的产品名称、生产厂厂名和厂址。

（3）根据产品的特点和使用要求,需要标明产品规格、等级、主要成分的名称和含量的,用中文相应予以标明;需要事先让消费者知晓的,应当在外包装上标明,或者预先向消费者提供有关资料。

（4）限期使用的产品,应当在显著位置清晰地标明生产日期和安全使用期或者失效日期。

（5）凡使用不当会造成产品损坏或危及人身或财产安全的应标注警示标志或说明,如易燃、易爆、剧毒、危险、慎用等标志;裸装的食品和其他根据产品的特点难以附加标识的裸装产品,可以不附加产品标识。

（6）易碎、易燃、易爆、有毒、有腐蚀性、有放射性等危险物品以及储运中不能倒置和其他有特殊要求的产品,其包装质量必须符合相应要求,依照国家有关规定作出警示标志或者中文警示说明,标明储运注意事项。

3.对生产者的禁止性规定

（1）不得生产国家明令淘汰的产品;

（2）不得伪造产地,不得伪造或冒用他人的厂名、厂址;

（3）不得伪造或者冒用认证标志等质量标志;

（4）不得掺杂、掺假,不得以假充真、以次充好,不得以不合格产品冒充合格产品。

【例6-15】2014年4月,根据绍兴市质量技术监督局移送的案件线索,杭州市质量技术监督局对杭州萧山潼江华工厂生产的"精制氯化钾"产品进行抽样送检,经江苏省盐业质量监督检测站检验,该产品氯化钾含量为0.00/100g（未含氯化钾）、氯化钠含量为99.77 g/100g,属于以假充真行为。依据《产品质量法》第五十条规定,给予以下行政处罚:没收违法所得4000元,处罚款97920元,罚没款共计101920元。

（二）销售者的产品质量责任与义务

1.销售者的进货检验义务

销售者应当建立并执行进货检查验收制度,验明产品合格证明和其他标识。其目的在于防止不合格产品、假冒伪劣产品流入市场。若销售者不履行进货检验义务,一旦发生产品质量问题,销售者也要承担相应的民事赔偿责任。

2.销售者的产品保管义务

销售者应当采取措施,保持销售产品的质量,如采取防霉变、防污染、防雨、防晒等措施。否则,因产品保管不善发生产品质量问题,销售者也应当承担责任。

3.对销售者的禁止性规定

（1）不得销售国家明令淘汰并停止销售的产品和失效、变质的产品;

（2）不得销售产品标识不符合《产品质量法》规定的产品;

（3）不得伪造产地,不得伪造或者冒用他人的厂名、厂址;

（4）不得伪造或者冒用认证标志等质量标志;

（5）不得销售掺杂、掺假、以假充真、以次充好的产品,以不合格产品冒充合格产品。

四、产品质量责任制度

产品质量责任制度是指生产者、销售者以及对产品质量负有直接责任的责任者,因违反《产品质量法》所规定的产品质量义务所应承担的法律责任的制度。

产品质量责任是各种有关产品质量义务和责任的综合概念。它是一种综合责任,包括有关产品的民事责任、行政责任和刑事责任。民事责任又分为因产品瑕疵而发生的合同责任和因产品缺陷而发生的产品责任。

产品责任和产品质量责任是两个既有联系又不能等同的概念。产品责任包含在产品质量责任的概念中，是一个特定化了的法律概念，仅指因产品缺陷招致受害人人身、财产损害而发生的特殊侵权责任。

（一）产品质量民事责任

1. 产品瑕疵责任

（1）产品瑕疵的概念

产品瑕疵是指产品不具备应有的使用性能，不符合明示采用的产品质量标准，或不符合产品说明、实物样品等方式表明的质量状况。产品瑕疵包括以下三项内容：一是产品不具备产品应当具备的使用性能而事先未作说明的；二是产品不符合在产品或其包装上注明采用的产品标准的；三是产品不符合以产品说明、实物样品等方式表明的质量状况的。

（2）产品瑕疵的赔偿责任

根据《产品质量法》第四十条的规定，销售者应负产品瑕疵担保责任，其实质是一种契约责任，即在买卖契约中，卖方有对所售产品的质量担保义务，违反此义务，所售产品质量存在瑕疵，应承担相应的法定或约定的赔偿责任。具体责任形式有：负责修理、更换、退货；给购买产品的消费者造成损害的，负责赔偿。

2. 产品缺陷责任（产品责任）

（1）产品缺陷的概念

产品缺陷是指产品存在危及人身、他人财产安全的不合理的危险；产品有保障人体健康，人身、财产安全的国家标准、行业标准的，是指不符合该标准。

（2）产品缺陷的赔偿责任

产品缺陷责任（产品责任）一般包括财产损失责任和人身伤害责任两种形式，《产品质量法》第四十三条和第四十四条分别对产品存在缺陷造成财产损失及人身伤害的情况作出了赔偿责任的规定。

根据《产品质量法》第四十一条的规定，因产品存在缺陷造成人身、他人财产损害的，销售者应当承担赔偿责任。这里没有考虑生产者是否主观上有过错，可见，生产者的产品责任是一种严格责任，即不论生产者主观上是否有过错，其都必须承担因产品缺陷所致损害的赔偿责任。但也有适用例外：如果生产者能够证明，未将产品投入流通，或产品投入流通时引起损害的缺陷尚不存在，或将产品投入流通时的科技水平尚不能发现缺陷的存在，生产者可以不承担赔偿责任。另外，《产品质量法》第四十二条规定，由于销售者的过错使产品存在缺陷，造成人身、他人财产损害的，销售者应当承担赔偿责任。销售者不能指明缺陷产品的生产者也不能指明缺陷产品的供货者的，销售者也应当承担赔偿责任。

（二）产品质量行政责任

产品质量责任的主要行政处罚方式有：①责令停止生产和停止销售；②没收违法产品和违法所得；③罚款；④吊销营业执照；⑤责令公开更正、责令改正等。

需承担产品质量行政责任的主要违法行为有：①生产或销售不符合保障人体健康和人身财产安全的国家标准、行业标准的产品；②生产者、销售者在产品中掺杂、掺假，以假充真，以次充好，或者以不合格产品冒充合格产品；③生产或销售国家明令淘汰的或失效变质的产品;④生产者、销售者伪造产品产地,伪造或者冒用他人的厂名、厂址,伪造或者冒用认证标志;⑤伪造检验数据或者伪造检验结论等。

(三)产品质量刑事责任

依照《产品质量法》的有关规定,可以追究刑事责任的产品质量违法行为有:①生产不符合或者销售明知是不符合保障人体健康和人身、财产安全的国家标准、行业标准的产品,构成犯罪的;②生产者、销售者在产品中掺杂、掺假,以假充真,以次充好或者以不合格产品冒充合格产品,构成犯罪的;③销售失效、变质产品,构成犯罪的;④以行贿受贿或者其他非法手段推销、采购不合格或假冒伪劣产品等构成犯罪的;⑤伪造检验数据或伪造检验结论,构成犯罪的;⑥从事产品质量监督管理的国家工作人员滥用职权、玩忽职守、徇私舞弊,构成犯罪的;⑦各级人民政府工作人员和其他国家机关工作人员包庇、放纵、阻挠、干预执法或通风报信,帮助当事人逃避查处的;⑧知道或者应当知道属于《产品质量法》规定禁止生产、销售的产品而为其提供运输、保管、仓储等便利条件的,或者为以假充真的产品提供制假生产技术的。

以上刑事责任的大小,要视违法行为的情节严重程度及非法获利多少,根据《刑法》第一百四十条至第一百五十条对于"生产、销售伪劣商品罪"的规定来确定。

第四节　消费者权益保护法

一、消费者权益保护法概述

(一)消费者的概念

消费者是为了满足个人生活消费的需要而购买、使用商品或者接受服务的社会成员,是从事生活消费的主体。

(二)消费者权益保护法的概念

消费者权益保护法是确认和保护个体社会成员(消费者)为生活消费而购买和使用商品或接受服务所享有的正当权益的法律规范的总称。消费者权益保护法有广义、狭义之分。广义的消费者权益保护法是指所有关于保护消费者权益的法律、法规,实际上是指保护消费者权益的法律体系,包括消费者权益保护法的基本法、安全保障法、价格监督法、竞争监督法、消费合同法等。而狭义的消费者权益保护法则仅指消费者权益保护法的基本法,即形式上的消费者权益保护法,是为了保护消费者的合法权益、维护社会经济秩序稳定、促进社会主义市场经济健康发展而制定的一部法律。

《中华人民共和国消费者权益保护法》(以下简称《消费者权益保护法》)于 1993 年 10 月 31 日由第八届全国人民代表大会常务委员会第四次会议通过,自 1994 年 1 月 1 日起施行。2009 年 8 月 27 日,第十一届全国人民代表大会常务委员会进行第一次修正。2013 年 10 月 25 日,第十二届全国人民代表大会常务委员会进行第二次修正。2014 年 3 月 15 日,新修订的《消费者权益保护法》正式实施。2015 年 3 月 15 日起,一部保护消费者权益的法规——《侵害消费者权益行为处罚办法》正式实施。此法规将作为 2014 年开始实施的新《消费者权益保护法》的配套规章,为一些违规处罚提供依据。

(三)消费者权益保护法的宗旨

《消费者权益保护法》第一条规定,为保护消费者的合法权益,维护社会经济秩序,促进社会主义市场经济健康发展,制定本法。可见,消费者权益保护法的宗旨是:

(1)保护消费者合法权益。这是消费者权益保护法的中心宗旨。

(2)维护经济秩序。此点与上一点紧密相连,是一个问题的两个方面,前者更关注个人,关注微观,而后者更关注社会,关注宏观。

(3)促进社会主义市场经济发展。此项宗旨,充分体现了经济法的社会本位化,体现了经济法将个体利益和社会利益统一、协调的特征或者说取向。

(四)消费者权益保护法的调整范围

《消费者权益保护法》第二条规定,消费者为生活消费需要购买、使用商品或者接受服务,其权益受本法保护,可见《消费者权益保护法》的调整范围可概括为以下三方面。

1.主体

消费者构成消费者权益保护法所调整的法律关系中的主要主体。因未明确指出消费者为个人,所以,《消费者权益保护法》所指消费者主要指个人,但也包括购买生活消费品,以满足本单位成员消费需要的组织。此外,经营者和国家机关也是《消费者权益保护法》调整的法律关系中的主体。所谓经营者,通常是指以营利为目的,从事商品生产、销售和商业性服务的法人、其他经济组织和个人。经营者为消费者提供其生产、销售的商品或者提供服务,应当遵守该法。

2.客体

生活消费资料而非生产资料和生产消费资料构成消费者权益保护法的客体,但农民购买、使用直接用于农业生产的生产资料,仍属消费者权益保护法的客体范围。

3.关系

消费者权益保护法的调整对象是消费者购买、使用商品或接受服务的过程中所发生的经济关系,主要有国家机关与经营者之间、国家机关与消费者之间、消费者组织与经营者之间、消费者组织与消费者之间、经营者与消费者之间的关系等。既包括购买商品,也包括使用商品;既包括本人使用,也包括他人使用。因此,消费者权益保护法不仅保护与经营者存在合同关系的消费者,也保护与经营者不存在合同关系但受到经营者的商品侵害的其他有关消费者。

(五)消费者权益保护法的原则

消费者权益保护法的原则是有关消费者权益保护法的立法、执法和法学研究的指导思想,也是消费者权益保护法立法宗旨的集中化、具体化。一般认为消费者权益保护法的原则有以下几个。

1.国家对消费者特别保护原则

国家对消费者特别保护原则是指国家给予经济上处于弱势地位的消费者以特别保护的原则。《消费者权益保护法》特别设立了"国家对消费者合法权益的保护"一章,就保护措施作了明确、具体的规定,在我国目前市场秩序还比较混乱的情况下,国家对消费者的保护显得非常重要。消费者和经营者在法律地位上是平等的,在商品交易中也是平等主体,但两者

在经济上却是不平等的,前者相比于后者处于弱势地位,其原因在于:

(1)消费者大多是分散的、孤立的个人,与结构复杂、势力强大的企业经营者是无法抗衡的;

(2)消费者的经济实力也一般无法与企业经营者的经济实力相匹敌;

(3)消费者通常处于信息劣势地位,一般难以具有专业的识别商品的知识与手段和鉴别商品质量的技术,在对所购买商品的信息拥有方面处于绝对的弱势地位。

经济上的不平等是事实上的不平等,凭借公平、平等、诚实信用原则的传统民法原则难以有效地保护消费者和经营者的利益,而必须以新的法律原则和手段予以纠正和平衡,即对消费者予以特别保护。在《消费者权益保护法》中这一原则体现在以下方面:

(1)只规定消费者的权利,并同时只规定经营者的义务,权利与义务分离,以突出对消费者的特别保护;

(2)在归责原则上,采用严格责任原则,追究经营者的责任;

(3)举证责任倒置;

(4)一切组织和个人均可就消费者问题进行监督。

但是,应当注意的是对消费者权利的特别保护,实际上是对经营者的一种制约,是两者利益的平衡与配置,对消费者的特别保护应适度,否则,对弱者的特别保护会使弱者因此成为实际上的强者,并导致经营者的利益受到过度的损害,再次引起人为的利益不平衡和事实上的不平等。

2.实质公正原则

实质公正原则是指要求立法中的公正原则和规则要在社会现实中得到落实。《消费者权益保护法》第四条规定,经营者与消费者进行交易,应当遵循自愿、平等、公平、诚实信用的原则。

3.国家保护与社会监督相结合的原则

国家保护与社会监督相结合的原则是指国家支持、援助消费者与全社会共同保护监督的原则。根据《消费者权益保护法》第五条的规定,国家有义务保护消费者的合法权益不受侵害,并应采取措施,保障消费者依法行使权利,维护消费者的合法权益。《消费者权益保护法》第四章也对国家对消费者合法权益的保护作出了具体规定,主要体现在立法机关、行政机关、对违法犯罪行为有惩处权力的国家机关以及人民法院对消费者合法权益的保护。同时,《消费者权益保护法》第六条规定,保护消费者的合法权益是全社会的共同责任。国家鼓励、支持一切组织和个人对损害消费者合法权益的行为进行社会监督,大众传播媒介应当做好维护消费者合法权益的宣传,对损害消费者合法权益的行为进行舆论监督。可见,消费者以外的组织和个人有权利也有义务就消费者问题进行监督。

二、消费者的权利

(一)消费者权益的概念

消费者权益可理解为消费者权利和利益的合称。其中,利益是实质内容,权利是表现和存在形式。

消费者权利是指国家法律规定或确认的公民为生活消费而购买、使用商品或接受服务时享有的不可剥夺的权利。消费者权利的具体内容在不同的时期和不同的国家有所差异,但其基本内容和精神是一致的。总的发展趋势是，随着社会政治、经济的发展和进步以及法律制度的不断完善，各国法律和有关的国际规约对消费者权利的规定，越来越明确、具体和完善。

消费者权利的基本性质是人的基本生存权、发展权和其他基本人权，是包含财产权和人身权等多种民事经济权利在内的综合权利。在《消费者权益保护法》第二章中，规定了消费者的九项权利。

（二）消费者权利的具体内容

1. 安全权

安全权包括人身安全权和财产安全权。消费者在购买、使用商品和接受服务时享有人身、财产安全不受损害的权利。消费者有权要求经营者提供的商品和服务，符合保障人身、财产安全的要求。

2. 知情权

知情权即消费者在购买商品或接受服务时，享有知悉其购买、使用的商品或者接受的服务的真实情况的权利。这既是消费者据以作出自由选择并实现公平交易的前提，又是其正确与安全使用商品的保障。

3. 自主选择权

自主选择权即消费者作为交易的一方，享有自主选择商品或者服务的权利。消费者有权自主选择提供商品或者服务的经营者，自主选择商品品种或者服务方式，自主决定购买或者不购买任何一种商品、接受或者不接受任何一项服务。

4. 公平交易权

消费者在购买商品或者接受服务时，有权获得质量保障、价格合理、计量正确等的公平交易条件，有权拒绝经营者的强制交易行为。

5. 获得赔偿权

消费者因购买、使用商品或者接受服务受到人身、财产损害的，享有依法获得赔偿的权利。这项权利是消费者享有人身、财产安全不受损害的权利的应有之意与合理延伸，否则，消费者享有的安全权无以保障。《消费者权益保护法》中规定的此项权利具体包括赔偿权、索赔权和求偿权。赔偿的种类包括财产损害赔偿和人身损害赔偿，其中人身损害赔偿又包括健康、生命损害赔偿和精神损害赔偿。

6. 依法结社权

消费者享有依法成立维护自身合法权益的社会团体的权利，在我国保护消费者权益的社团主要是消费者协会。

7. 知识获取权

消费者享有获得有关消费和消费者权益保护方面知识的权利，这些知识主要包括关于商品和服务的基本知识、关于消费市场和经营者的知识、有关消费者权益保护的法律法规、有关消费者的权利和经营者的义务的知识、有关保护消费者的国家机关和社会团体、保护消费者权益的各种途径和程序等。获取知识的方式主要是接受教育和自我教育。

8. 维护尊严权

消费者在购买、使用商品和接受服务时享有其人格尊严、民族习惯得到尊重的权利，享有个人信息依法得到保护的权利。

9.监督批评权

消费者享有对商品和服务以及保护消费者权益工作进行监督的权利,监督的对象包括经营者和国家机关及其工作人员,监督的方式主要有检举、控告、批评以及建议等。

三、经营者的义务

(一)经营者义务的概念

经营者义务是指经营者依法必须为一定行为或不为一定行为,以满足和实现消费者的生活消费需要的责任。

经营者义务主要是经营者与消费者之间的一种平等主体间的义务,即主要是一种民事义务和民事责任,但也包含着经营者对国家、对社会承担的义务。

依照法律规定,经营者不履行或不完全履行法定或约定义务的,必须承担相应的法律责任。

(二)经营者义务的基本内容

1.依法或按照约定履行义务

经营者向消费者提供商品或者服务,应当依照《消费者权益保护法》和其他有关法律、法规的规定履行义务。经营者和消费者有约定的,应当按照约定履行义务,但双方的约定不得违背法律、法规的规定。经营者向消费者提供商品或者服务,应当恪守社会公德,诚信经营,保障消费者的合法权益;不得设定不公平、不合理的交易条件,不得强制交易。

2.听取意见和接受监督

经营者应当听取消费者对其提供的商品或者服务的意见,接受消费者的监督。

3.保证商品或者服务的安全

经营者应当保证其提供的商品或者服务符合保障人身、财产安全的要求。对可能危及人身、财产安全的商品和服务,应当向消费者作出真实的说明和明确的警示,并说明和标明正确使用商品或者接受服务的方法以及防止危害发生的方法。宾馆、商场、餐馆、银行、机场、车站、港口、影剧院等经营场所的经营者,应当对消费者尽到安全保障义务。

4.提供真实、全面的信息

经营者向消费者提供有关商品或者服务的质量、性能、用途、有效期限等信息,应当真实、全面,不得作虚假或者引人误解的宣传。经营者对消费者就其提供的商品或者服务的质量和使用方法等问题提出的询问,应当作出真实、明确的答复。经营者提供商品或者服务应当明码标价。

5.出具相应的凭证或单据

经营者提供商品或者服务,应当按照国家有关规定或者商业惯例向消费者出具发票等购货凭证或者服务单据;消费者索要发票等购货凭证或者服务单据的,经营者必须出具。

6.保证商品或者服务的质量

经营者应当保证在正常使用商品或者接受服务的情况下其提供的商品或者服务应当具有的质量、性能、用途和有效期限;但消费者在购买该商品或者接受该服务前已经知道其存在瑕疵,且存在该瑕疵不违反法律强制性规定的除外。

7.保证交易的公平性

经营者不得以格式条款、通知、声明、店堂告示等方式,作出排除或者限制消费者权利、减轻或者免除经营者责任、加重消费者责任等对消费者不公平、不合理的规定，不得利用格式条款并借助技术手段强制交易。格式条款、通知、声明、店堂告示等含有前款所列内容的，其内容无效。

8.维护消费者的人身权

经营者不得对消费者进行侮辱、诽谤，不得搜查消费者的身体及其携带的物品，不得侵犯消费者的人身自由。经营者及其工作人员对收集的消费者个人信息必须严格保密，不得泄露、出售或者非法向他人提供。经营者应当采取技术措施和其他必要措施，确保信息安全，防止消费者个人信息泄露、丢失。在发生或者可能发生信息泄露、丢失的情况时，应当立即采取补救措施。经营者未经消费者同意或者请求，或者消费者明确表示拒绝的，不得向其发送商业性信息。

【例6-16】温岭市工商局执法人员对某汽车服务有限公司进行现场检查时，发现该公司在部分保养、维修车辆的实际更换机油使用量不足整瓶的情况下，未告知客户真实情况，以整瓶结算费用，多余的机油则被回收、拼装成整瓶后按新品再次销售。

温岭市工商局对该公司作出警告、没收违法所得以及罚款110000元的处罚。

【例6-17】2013年2月，某企业在某商场搞促销活动。商场承诺，凡是在5月前100名购买空调的消费者将会得到商场赠送的价值200元的电饭煲一个。宋某在购买空调时得到了一个电饭煲。一个月后，宋某拿着电饭煲找到商场，声称电饭煲只用了不到一个月的时间就发生故障，要求商场进行免费修理或更换。商场则认为，电饭煲是无偿赠送的，商场不承担包修、包换的产品质量保证责任。双方为此发生争议，诉至法院。

【例6-17】分析

问：法院应如何处理此案？

【例6-18：浙江省首例违反新《消费者权益保护法》侵害个人信息案】

2014年3月17日，杭州市工商局执法人员在对杭州某家装公司经营场地进行现场检查时发现有部分楼盘业主名单，后经调查发现当事人为了推广业务，从市场圈内朋友处收集了已销售某楼盘部分业主名单，包括业主姓名、所买楼层号码、联系电话等信息，名单信息均未经业主同意或授权。

杭州市工商局认为，此行为侵害了个人信息，对该家装公司处以15000元的罚款。

四、2014年《消费者权益保护法》的几个亮点

（一）实行举证责任倒置

《消费者权益保护法》第二十三条第三款规定，经营者提供的机动车、计算机、电视机、电冰箱、空调器、洗衣机等耐用商品或者装饰装修等服务，消费者自接受商品或者服务之日起六个月内发现瑕疵，发生争议的，由经营者承担有关瑕疵的举证责任。

【例6-19】张先生在某商场促销活动中购买了一台迷你小冰箱，可使用两个月后，小冰箱内壁便出现了裂痕。张先生拿着发票找到商场，但商场认为小冰箱系张先生人为损坏，不同意帮张先生免费修理。张先生将商场告上了法庭，最终因拿不出证据证明所购小冰箱存在质量问题而被判败诉。

"谁主张，谁举证"是我国《民事诉讼法》规定的一般证据规则。消费者要想证明某个商

品是否存在瑕疵就必须拿出证据来,但因为不掌握相关技术等信息,消费者举证往往非常困难。2014年《消费者权益保护法》的修改,将消费者"拿证据维权"转换为经营者"自证清白",实行举证责任倒置,破解了消费者举证难问题。根据修改后的《消费者权益保护法》,上述案例中,冰箱有无质量问题,应由商家来举证。

需注意的是,该规则仅适用于机动车等耐用品和装饰装修等服务,且仅限于购买或者接受服务之日起六个月内,超过六个月后,不再适用。

(二)赋予消费者反悔权

《消费者权益保护法》第二十五条第一款、第二款规定,经营者采用网络、电视、电话、邮购等方式销售商品,消费者有权自收到商品之日起七日内退货,且无须说明理由,但下列商品除外:

(1)消费者定作的;

(2)鲜活易腐的;

(3)在线下载或者消费者拆封的音像制品、计算机软件等数字化商品;

(4)交付的报纸、期刊。

除前款所列商品外,其他根据商品性质并经消费者在购买时确认不宜退货的商品,不适用无理由退货。

【例6-20】"双十一"购物节时,王女士在某大型购物网站上看到一双高跟鞋,款式新颖,价格也很便宜,王某毫不犹豫点击了购买,并支付了货款。收到货后,王某觉得这双高跟鞋虽然新颖,但颜色跟网页上的图片出入很大,于是马上联系网店店主,要求退货,并愿意承担来回的运费,但遭到店主的拒绝。

问:店主有权拒绝吗?

近几年,网购等远程购物方式逐渐成为人们购物的主流方式之一。远程购物的"非现场性"导致消费者和商家的信息极不对称,因为商家可能隐瞒了商品的负面信息,但由于无法直接接触商品,消费者可能被蒙在鼓里而遭受损失。2014年修改的《消费者权益保护法》针对网购等远程购物方式赋予了消费者七天的反悔权,旨在促进买卖双方的平等地位。根据修改后的《消费者权益保护法》,上述案例中的王小姐有权要求退货。

反悔权仅适用于网购等远程购物方式,消费者直接到商店购买的物品,不适用该条规定。另外反悔权的期限是七日,且根据商品性质不宜退货的商品,不在此列。同时消费者退货的商品应当完好,退回商品的运费由消费者承担;经营者和消费者另有约定的,按照约定。

(三)定位网购平台责任

《消费者权益保护法》第四十四条规定,消费者通过网络交易平台购买商品或者接受服务,其合法权益受到损害的,可以向销售者或者服务者要求赔偿。网络交易平台提供者不能提供销售者或者服务者的真实名称、地址和有效联系方式的,消费者也可以向网络交易平台提供者要求赔偿。

【例6-21】吴女士在某大型网购平台上的一家手表网店中购买了一款某知名进口品牌手表。实际收到货后,吴女士发现自己购买的手表并非正品。于是便联系卖家退货,但通过网店中所留的电话、邮件等均无法联系上。吴女士向网购平台工作人员反映,他们在核实后表示,对方当时提供验证的身份证件是假的,目前他们做的只能是将这家网店关闭,吴女士所遭受的损失只能自己承担。

网上购物方式同普通的购物不同，对于商家是否具经营资质、信誉等情况，买家无从查证，这就需要网络交易平台加强审查和监管。但由于卖家众多，网购平台只是提供一个交易平台，买卖自由，双方自愿，要求网购平台进行直接监管也是不现实的。为此，2014 年修改的《消费者权益保护法》对网购平台的责任进行了清晰定位，即网购平台不能提供销售者或者服务者的真实名称、地址和有效联系方式的，承担赔偿责任。上述案例中，根据修改后的《消费者权益保护法》，吴女士有权要求网购平台承担赔偿责任。

网购平台承担责任有前提。只有在网购平台"不能提供销售者或者服务者的真实名称、地址和有效联系方式的"情况下，才承担赔偿责任。

(四)增加欺诈的惩罚性赔偿

《消费者权益保护法》第五十五条规定，经营者提供商品或者服务有欺诈行为的，应当按照消费者的要求增加赔偿其受到的损失，增加赔偿的金额为消费者购买商品的价款或者接受服务的费用的三倍；增加赔偿的金额不足五百元的，为五百元。法律另有规定的，依照其规定。

【例 6-22：花 24 万元买的新车现修复痕迹 成功退车并获赔 72 万元】

2015 年 7 月 21 日，李先生到武隆县一家汽车 4S 店（集整车销售、零配件、售后服务、信息反馈于一体的汽车销售企业）订购一辆四驱越野车。双方签订合同，约定裸车价格为240800 元，总价为 279000 元，包括代办上户手续费、购置税、保险费。李先生在 7 天内支付了全部购车款。

同年 9 月 1 日，李先生赶到销售商处将新车开走。几小时后，李先生无意中发现新车右前门漆面有修复痕迹，他马上将车开回销售商的店里讨说法。

销售商立即组织售后人员检测，确认车辆右前门确实存在漆面修复痕迹。由于没有得到满意答复，9 月 16 日，李先生向武隆县人民法院提起诉讼，请求依法判令销售公司退还购车款，三倍赔偿损失 722400 元。

法院经审理查明，李先生购的车型紧俏，重庆这家汽车销售公司没有存货，辗转联系到北京一家公司，北京这家公司联系到安徽合肥有一辆现车的某 4S 店，车被运送到重庆。

确认新车做过漆面修复后，重庆这家公司当即与北京公司联系，这才得知合肥某 4S 店将车交付给物流公司之前，做过漆面修复。由于重庆公司已经将车款支付给合肥某公司，李先生于是将合肥某公司一并告上法院。法院判经销商退一赔三。

据了解，PDI 检测是一项车辆售前检测证明，是新车在交车前必须通过的检查。法院调查发现，争议车辆于 2014 年 2 月 7 日经过 PDI 检测，当时没有漆面修复的记录。法院据此推断，漆面修复行为发生在李先生接车之前。此外，2014 年 8 月 26 日，合肥某公司在交付车辆时，没有按照规定流程履行相应的审查义务，存在故意规避行为。重庆公司和北京公司对此并不知情。

法院审理认为，被告合肥某公司作为 4S 店的经营者，有义务向消费者提供符合合同约定的无瑕疵车辆。根据 2014 年《消费者权益保护法》第五十五条的规定，经营者提供商品或者服务有欺诈行为的，应当按照消费者的要求增加赔偿其受到的损失，增加赔偿的金额为消费者购买商品价款或者接受服务的费用的三倍。

【例 6-23】孙女士在某超市购物时看到一款促销的泰国大米,原价为 10.5 元/千克,促销价为 6.2 元/千克。孙某觉得挺便宜,便买了 1 千克。后孙某又买了 1 千克苹果,苹果原价为 15.5 元/千克,促销价为 10.1 元/千克。结账回家后,孙某发现超市在结账时,均是按大米和苹果的原价进行结算的,于是她找到超市要求赔偿。

问:超市应该如何赔偿?

2014 年《消费者权益保护法》不仅将惩罚性赔偿的倍数由一倍变为三倍,而且还对赔偿的最低数额进行确定。上述案例中,超市的行为明显构成价格欺诈,根据修改后的《消费者权益保护法》,孙女士可能获得三倍赔偿,由于该数额低于五百元,因此孙女士可以获得五百元的赔偿。

此赔偿原则仅针对经营者存在欺诈消费者的行为。所谓欺诈消费者的行为,是指经营者在提供商品或者服务中,采取虚假或者其他不正当手段欺骗、误导消费者,使消费者的合法权益受到损害的行为。

(五)明确个人信息保护

《消费者权益保护法》第二十九条规定,经营者收集、使用消费者个人信息,应当遵循合法、正当、必要的原则,明示收集、使用信息的目的、方式和范围,并经消费者同意。经营者收集、使用消费者个人信息,应当公开其收集、使用规则,不得违反法律、法规的规定和双方的约定。经营者及其工作人员对收集的消费者个人信息必须严格保密,不得泄露、出售或者非法向他人提供。经营者应当采取技术措施和其他必要措施,确保信息安全,防止消费者个人信息泄露、丢失。在发生或者可能发生信息泄露、丢失的情况时,应当立即采取补救措施。

个人信息被随意泄露或买卖,消费者的正常生活会受到严重干扰。谁都知道是商家"出卖"了消费者的个人信息,但却没人管也没地方去投诉。2014 年《消费者权益保护法》首次将个人信息保护作为消费者权益确认下来,是消费者权益保护领域的一项重大突破。

(六)消费者协会可提起公益诉讼

《消费者权益保护法》第三十七条第一款规定,消费者协会履行下列公益性职责……(七)就损害消费者合法权益的行为,支持受损害的消费者提起诉讼或者依照本法提起诉讼。

近些年来,我国不断出现侵犯消费者权益的群体性消费事件,对于消费纠纷数额较小的事件,相当多的消费者衡量维权成本后,出于各种原因不愿意维权。在一些群体性消费事件中,消费者往往势单力薄,举证困难,消费维权常常陷入尴尬的境地。2014 年《消费者权益保护法》明确了消费者协会的诉讼主体地位,对于群体性消费事件,消费者可以请求消费者协会提起公益诉讼。当然,公益诉讼针对的是群体性消费事件,对于单一消费事件,消费者只能自行提起民事诉讼。

(七)精神损害赔偿入法

《消费者权益保护法》第五十一条规定,经营者有侮辱诽谤、搜查身体、侵犯人身自由等侵害消费者或者其他受害人人身权益的行为,造成严重精神损害的,受害人可以要求精神损害赔偿。

【例 6-24】某天,方女士到北京某大型超市购物,出来后被超市保安以偷窃为名强行拖回。保安用语言侮辱方女士,并要强行搜身,后经民警核实,方女士并未偷东西。然而,方女士的精神受到严重伤害,除了母亲梅女士外不敢接触任何人,被家人送到精神病院住院治疗,花费巨大。梅女士作为方女士的监护人起诉超市,要求超市对已经发生的费用作出赔偿。经鉴定,方女士的精神病与超市的搜身有因果关系。经法院调解达成协议,超市支付包括精神抚慰金在内的各项赔偿金共计 90 万元。

上述案例中,该超市的工作人员侮辱诽谤、搜查身体、侵犯方女士人身自由的行为严重侵害了方女士作为一个消费者的人身权益,对其造成了严重的精神损害。方女士可以根据《消费者权益保护法》第四十九条的规定要求赔偿医疗费、护理费、交通费等为治疗和康复支出的合理费用,以及因误工减少的收入;造成残疾的,还可要求赔偿残疾生活辅助具费和残疾赔偿金。同时,方女士还可以根据《消费者权益保护法》第五十一条的规定要求精神损害赔偿。超市的工作人员是履行超市的职务行为致使方女士受到伤害的,应由超市承担民事赔偿责任。

五、争议解决与法律责任

(一)争议解决

《消费者权益保护法》中所说的争议是指消费者和经营者之间因商品质量造成消费者人身、财产损失而引起的纠纷。

解决争议的方式有以下几个。

1.与经营者协商和解

与经营者协商解决,即协商和解,是消费者与经营者在平等自愿基础上,就有关争议进行协商,解决争议的方法。消费者可直接与经营者协商,也可委托消费者协会或其他人为代理人与经营者协商解决。此种方法具有简便、节约、及时等优点。

2.请求消费者协会或者依法成立的其他调解组织调解

调解是指由消费者协会或者依法成立的其他调解组织作为第三方,就有关争议对消费者与经营者进行协调,双方达成协议,解决争议的方式。在此种情形下,第三方而非消费者的代言人主持调解,应坚持自愿、合法的原则,依法公平调解。由消费者协会或者依法成立的其他调解组织作为中间协调人的调解是民间调解,属非权力机构调解。

3.向有关行政部门投诉

向有关行政部门申诉是指向工商行政管理机关、技术监督机关及各有关专业部门申诉。有关行政机关对消费者的申诉应予接受、及时答复和处理。

有关机关对消费者的申诉及其与经营者的争议,可依法律规定和自己的职权,作出相应的处理决定,也可依法进行调解,如进行调解,应坚持自愿、合法的原则。

4.根据仲裁协议提请仲裁

消费者在购买产品时与商家有纠纷,也可以通过申请仲裁机构进行仲裁处理消费争议,仲裁机构会根据纠纷的情况作出相应的判断。当事人根据他们之间订立的仲裁协议,自愿将其争议提交由非司法机构的仲裁员组成的仲裁庭进行裁判,并受该裁判约束。仲裁活动和法院的审判活动一样,关乎当事人的实体权益,是解决民事争议的方式之一。但与法院不同的是,仲裁机构通常是民间团体,其受理案件的管辖权来自双方协议,没有协议就无权受理。

5.向人民法院提起诉讼

消费者的合法权益受到侵害后,可以向人民法院提起诉讼,请求人民法院依照法定程序进行审判。消费者因其合法权益受到侵害而提起的诉讼属于民事诉讼范畴。

(二)法律责任

1.民事责任

经营者提供商品或者服务有以下情形之一的,除《消费者权益保护法》另有规定外,应当依照其他有关法律、法规的规定,承担赔偿、修理、重作、更换、退货、补足数量、退款等民事责任中的一种或数种:①商品或者服务存在缺陷的;②不具备商品应当具备的使用性能而出售时未作说明的;③不符合在商品或者其包装上注明采用的商品标准的;④不符合商品说明、实物样品等方式表明的质量状况的;⑤生产国家明令淘汰的商品或者销售失效、变质的商品的;⑥销售的商品数量不足的;⑦服务的内容和费用违反约定的;⑧对消费者提出的修理、重作、更换、退货、补足商品数量、退还货款和服务费用或者赔偿损失的要求,故意拖延或者无理拒绝的;⑨法律、法规规定的其他损害消费者权益的情形。

2.行政责任

经营者有以下情形之一,除承担相应的民事责任外,其他有关法律、法规对处罚机关和处罚方式有规定的,依照法律、法规的规定执行;法律、法规未作规定的,由工商行政管理部门或者其他有关行政部门责令改正,可以根据情节单处或者并处警告、没收违法所得、处以违法所得一倍以上十倍以下的罚款,没有违法所得的,处以五十万元以下的罚款;情节严重的,责令停业整顿、吊销营业执照:①提供的商品或者服务不符合保障人身、财产安全要求的;②在商品中掺杂、掺假,以假充真,以次充好,或者以不合格商品冒充合格商品的;③生产国家明令淘汰的商品或者销售失效、变质的商品的;④伪造商品的产地,伪造或者冒用他人的厂名、厂址,篡改生产日期,伪造或者冒用认证标志等质量标志的;⑤销售的商品应当检验、检疫而未检验、检疫或者伪造检验、检疫结果的;⑥对商品或者服务作虚假或者引人误解的宣传的;⑦拒绝或者拖延有关行政部门责令对缺陷商品或者服务采取停止销售、警示、召回、无害化处理、销毁、停止生产或者服务等措施的;⑧对消费者提出的修理、重作、更换、退货、补足商品数量、退还货款和服务费用或者赔偿损失的要求,故意拖延或者无理拒绝的;⑨侵害消费者人格尊严、侵犯消费者人身自由或者侵害消费者个人信息依法得到保护的权利的;⑩法律、法规规定的对损害消费者权益应当予以行政处罚的其他情形。

3.刑事责任

依据《消费者权益保护法》的相关规定,追究刑事责任的情况主要包括以下几种:①经营者违反《消费者权益保护法》的规定提供商品或者服务,侵害消费者合法权益,构成犯罪的,依法追究刑事责任。②以暴力、威胁等方法阻碍有关行政部门工作人员依法执行职务的,依法追究刑事责任;拒绝、阻碍有关行政部门工作人员依法执行职务,未使用暴力、威胁方法的,由公安机关依照《中华人民共和国治安管理处罚法》的规定处罚。③国家机关工作人员玩忽职守或者包庇经营者侵害消费者合法权益的行为的,由其所在单位或者上级机关给予行政处分;情节严重,构成犯罪的,依法追究刑事责任。

【讨论:消费者遇到霸王条款该怎么办?】

在《合同法》格式条款这一部分中,我们提到了消费者常常遇到"霸王条款"的问题,如商家规定"退、换商品包装或外观必须完好,否则不得退换"(加重了消费者责任);"本卡最终解释权归××公司所有"(排除了消费者解释格式条款的权利);"本公司有权随时修改使用须知或终止本卡效力"(排除了消费者依法变更或者解除合同的权利);"特价商品,概不退换"

"促销商品，售出不退""打折商品，不退不换"（免除了经营者对提供的商品或者服务依法应当承担的保证责任）；"本寄物柜仅作物品保管，如有遗失概不负责"（免除了经营者因故意或重大过失造成消费者财产损失的责任）；"超市购物付款后，出门须验票盖章，否则不予放行"（加重了消费者责任）；"持本超市收银条在超市自有停车场停车免费，车辆盗损责任自负"（免除了经营者因故意或重大过失造成消费者财产损失的责任）；"本店承接一切送洗衣物，但对洗熨结果，如褪色、缩小，本店不负赔偿责任"（免除了经营者因违约依法应当承担的违约责任）；"请客人在本单开出之日起一个月内来本店提取衣物，逾期本店有权自行处理"（排除了消费者的合法权利）；"在不减少景点的前提下，旅行社保留对行程进行调整的权利"（排除了消费者依法变更或者解除合同的权利）；"游客在游玩过程中造成个人伤亡的，自行承担相应责任"（免除了经营者造成消费者人身伤害的责任）；"旅游行程仅供参考，变更恕不通知"（排除了消费者依法变更或者解除合同的权利）；等等。

《消费者权益保护法》第九条规定，消费者享有自主选择商品或者服务的权利。第二十六条规定，经营者在经营活动中使用格式条款的，应当以显著方式提请消费者注意商品或者服务的数量和质量、价款或者费用、履行期限和方式、安全注意事项和风险警示、售后服务、民事责任等与消费者有重大利害关系的内容，并按照消费者的要求予以说明。经营者不得以格式条款、通知、声明、店堂告示等方式，作出排除或者限制消费者权利、减轻或者免除经营者责任、加重消费者责任等对消费者不公平、不合理的规定，不得利用格式条款并借助技术手段强制交易。

消费者遭遇"霸王条款"，可以采取以下做法。

第一，先与经营者协商解决。指出"霸王条款"的不合理之处，相互沟通，争取双方达成合意。

第二，若经营者拒不承认"霸王条款"或者明确拒绝取消"霸王条款"，可以向当地消费者协会投诉，寻求消费者协会出面调解。

第三，因"霸王条款"给消费者造成严重损害的，消费者可以向工商行政管理部门举报、投诉，工商行政管理部门依法对经营者进行行政处罚。

第四，依法提起诉讼，通过司法途径讨回公道，要求经营者赔偿损失、赔礼道歉等。

【思考题】

1.何为不正当竞争？不正当竞争行为包括哪些？

2.什么是垄断？什么是垄断协议？

3.《反垄断法》禁止的横向垄断协议主要有哪些？

4.《反垄断法》禁止的纵向垄断协议主要有哪些？

5.什么是市场支配地位？如何界定？滥用市场支配地位的行为有哪些？

6.什么是经营者集中？其主要包括哪三种情形？

7.《反垄断法》禁止的滥用行政权力排除、限制竞争的行为包括哪些？

8.我国《产品质量法》规定的生产者、销售者的产品质量责任与义务有哪些？

9.什么是产品缺陷？法律是如何规定产品缺陷赔偿责任的？

10.什么是消费者？《消费者权益保护法》规定的消费者权利有哪些？

11.《消费者权益保护法》规定的经营者的义务有哪些？

第七章　知识产权法

【**本章概要**】本章介绍了知识产权的概念和特征,商标的概念和种类,商标注册的申请和保护,驰名商标的保护,商标侵权和责任,专利的概念和种类,专利的申请和保护,专利侵权和责任,著作权的概念、内容和种类,著作权的取得和保护,著作权的侵权和责任等。

第一节　知识产权法概述

一、知识产权的概念与特征

(一)知识产权的概念

知识产权,英文为 intellectual property,其原意为知识(财产)所有权或者智慧(财产)所有权,也称为智力成果权,是指人们就其智力劳动成果所依法享有的专有权利,通常是国家赋予创造者对其智力成果在一定时期内享有的专有权或独占权,我们可简单地将知识产权理解为对智力成果和标记所拥有的权利的总称。

在我国,曾长期将知识产权分为两大类,一类是工业产权,一类是著作权。工业产权主要是指商标权和专利权,著作权又可以称为版权。《民法总则》第一百二十三条规定,知识产权是权利人依法就以下客体享有的专有的权利:①作品;②发明、实用新型、外观设计;③商标;④地理标志;⑤商业秘密;⑥集成电路布图设计;⑦植物新品种;⑧法律规定的其他客体。

为什么要保护知识产权? 或者说保护知识产权是保护谁的利益?

事实上,保护知识产权是保护我们大家的利益,因为正是有了知识产权的保护,发明人或创造人才能受到激励,从而促使更多的智力成果产生;但知识产权的保护也需有度,因为基于知识产权保护形成的垄断会降低社会的整体福利,保护知识产权的最终目的是鼓励知识的创造,让大家能够以合理的价格享用知识。

(二)知识产权的特征

1.无形性

无形性是指知识产权是一种无形财产。这种无形产权,看不到,也摸不着,只有通过一定的媒介才能体现出来。

2.专有性

专有性是指知识产权具有独占性或垄断性,除权利人同意或法律规定外,权利人以外的任何人不得享有或使用该项权利。这表明权利人独占或垄断的专有权利受严格保护,不受他人侵犯。

3.地域性

地域性是指知识产权只在所确认和保护的地域内有效,即除签有国际公约或双边互惠协定外,经一国法律所保护的某项权利只在该国范围内发生法律效力。

4.时间性

时间性是指法律对各项知识产权的保护有一定的有效期,各国法律保护知识产权期限的长短可能一致,也可能不完全相同,只有参加国际协定或进行国际申请时,才对某项权利有统一的保护期限。

二、我国的知识产权法及相关的国际公约

我国没有专门制定统一的知识产权法,而是制定了一些单行法,如下文将提及的《中华人民共和国专利法》《中华人民共和国商标法》《中华人民共和国著作权法》等。

另外,我国还加入了一系列国际公约,如《巴黎公约》《伯尔尼公约》《马德里协定》《与贸易相关的知识产权协定》(TRIPs)等重要的国际知识产权公约。

《保护工业产权巴黎公约》(Paris Convention on the Protection of Industrial Property)简称《巴黎公约》,于 1883 年 3 月 20 日在巴黎签订,1884 年 7 月 7 日起生效。《巴黎公约》的调整对象即保护范围是工业产权,包括发明专利、实用新型专利、工业品外观设计、商标权、服务标记、厂商名称、产地标记或原产地名称以及制止不正当竞争等。1985 年 3 月 19 日中国成为该公约成员。

《保护文学和艺术作品伯尔尼公约》(Berne Convention for the Protection of Literary and Artistic Works)简称《伯尔尼公约》,是关于著作权保护的国际条约,1886 年 9 月 9 日于瑞士伯尔尼制定。截至 2014 年 12 月 2 日,随着科威特的加入,该公约缔约方总数达到 168 个,1992 年 10 月 15 日中国成为该公约成员。

《商标国际注册马德里协定》(Madrid Agreement Concerning the International Registration of Marks),1967 年 7 月 14 日于斯德哥尔摩签订,1989 年 5 月 25 日起生效,是用于规范国际商标注册的国际公约。2017 年,该协定共有 98 个成员。

《与贸易有关的知识产权协定》(Agreement on Trade-Related Aspects of Intellectual Property Rights,简称 TRIPs)简称《知识产权协定》,是世界贸易组织管辖的一项多边贸易协定。《与贸易有关的知识产权协定》有七个部分,共 73 条。其中所说的"知识产权"包括:①著作权与邻接权;②商标权;③地理标志权;④工业品外观设计权;⑤专利权;⑥集成电路布线图设计权;⑦未披露的信息专有权。

第二节 商标法

一、商标的概念及历史

所谓商标,是指经营者在商品或服务项目上使用的将自己经营的商品或提供的服务与其他经营者的商品或提供的服务区别开来的一种识别性标志。简单地说,商标是识别商品或服务的标记,再简单一点说,商标是商品的牌子。

从商标的历史发展过程可知,商标是商品经济的产物,是随着商品生产的发展而发展起来的。

在自然经济初期,虽然在一些物品上出现了一些图案和标记,比如,在一些陶钵、瓷器的口沿、底座上,经常会有一些图案和记号,这些标志还不具备商标的基本特点,其作用主要是装饰或者表明私有权。

到了春秋战国时期,社会上出现了明显的分工,并逐渐形成了"国有六职、市有百工"的情形,这个时期商品上出现的标志,其主要作用还只有区别生产者的单一属性,还不能称之为商标。

到了唐朝,商品经济有了极大的发展,社会上形成了行铺、作坊,许多消费者也养成了认牌购货的习惯,开始逐渐形成了商标萌芽的条件。

到了宋朝,封建经济进一步得到极大的发展,开始出现真正意义上的商标。这里特别值得一提的是,公元960—1279年,在山东济南一带,有一家针铺,名叫"刘家功夫针铺",在针铺的门口,有一只石兔,针铺就以兔子的图形作为其产品的商标。这个被称为"白兔儿"的商标被刻在一块北宋年间的铜版上,上面写着"济南刘家功夫针铺"的字样,当中有"白兔捣药"的图案,左右两边注明"认门前白兔儿为记",下书"收买上等钢条,造功夫细针,不误宅院使用,转卖兴贩,别有加饶,请记白"(见图7-1)。当年这刘家针铺选择白兔捣药作为自己店铺的标记是颇有深意的,这只白兔应当是那只在月宫陪伴嫦娥的玉兔,它捣药使用铁杵可谓家喻户晓,图片还会让人联想到"只要功夫深,铁杵磨成针"的故事,这就使得这一标志的寓意更加深刻,从而博得买家的喜爱。这个商标,是目前发现的世界上最早的完整商标。这个商标的印制铜板,陈列在中国国家博物馆内,是世界商标史上最珍贵的文物之一。

图 7-1　刘家功夫针铺(白兔儿)商标图样

到了清光绪二十九年(1903年),清政府颁布了《商标注册试办章程》,这是中国历史上第一个商标法规,但这个商标法规并没有起到很好的作用,且由于对国外的商标一律核准,事实上以后的国民政府沿袭了清政府的传统,所颁布的商标法规,都是抄袭外国(尤其是日本)。

在中华人民共和国成立前,一些民族资本家通过自己的努力,也出了不少名商标,如"大前门"卷烟、"六必居"酱菜、"盛锡福"帽子、"张小泉"剪刀、"同仁堂"中药等。

但是,资本家为了牟取暴利,也常常乱用商标,最常见的是仿冒,如"美丽牌"卷烟(华成烟厂)被仿冒一案。

除了仿冒,有的企业不把商标当作企业标记来使用,反而用稀奇古怪、形形色色的花样来吸引顾客,如"钞票"牌牙粉、"狗吸烟"牌棉花、"舞女"牌香皂、"钢铁"牌毛巾等。

有的企业在商标使用上还进行垄断,自己不用的商标,也设法不让他人使用。如永安堂使用的是"虎"标（万金油），但其却将"猪""牛""羊""马""猫""兔""狗""熊""豹""狼"等14种动物都进行了注册。这样，别的企业用其他动物的形状模仿"虎"标也不可能了。

中华人民共和国成立后，1950年政务院颁布《商标注册暂行条例》，这是中华人民共和国的第一个商标法规。1963年国务院颁布《商标管理条例》，商标管理开始趋向规范化。但这部法颁布还不到三年，就遭受了极大的冲击。

1966—1976年，商标管理机构被撤销，一大批传统名牌商标被砸烂。如"王麻子""张小泉""同仁堂""雷允上""六必居""老大房""内联升""盛锡福"等，基本上都因被冠以"为资本家树碑立传"而砸掉了；甚至像"嫦娥奔月"、敦煌"飞天"等反映传统民间文化的商标，也被认为宣扬封建迷信或"色情"而被禁止使用。

结果我国当时的商标设计上出现了具有中国特色的"标准化""通用化"，市场上到处是"红旗""东风""跃进""工农兵"。即使这样，这些商标也不能乱用。商标专用权的概念更加淡化了，仿冒现象见怪不怪。中国的商标法制名存实亡。

1982年8月23日，第五届全国人民代表大会常务委员会第二十四次会议通过了《中华人民共和国商标法》（以下简称《商标法》），1993年、2001年、2013年和2019年进行了四次修订，形成了目前的商标法体系。

二、商标法及其修订

现行的《商标法》是1982年通过的，当时全国商标只有3万多件，截至2016年年底，我国商标有效注册量达到1237.6万件，每万户市场主体商标拥有量达1422件，[①]2017年更是达到了1520件，完成了"商标累计请求量、商标累计注册量、有效商标注册量"均超千万件[②]。2017年，国内商标申请量最多的前5个省（市）分别为：广东（1095053件）、浙江（546987件）、北京（490086件）、江苏（352736件）、上海（343879件）。[③]

2018年1月18日，国家工商行政管理总局公布2017年我国商标注册申请量突破500万件大关，达到574.8万件，比2016年增长55.7%，商标申请量和增速均创历史新高。

2019年，我国商标注册申请量为783.7万件。商标注册量为640.6万件。其中，国内商标注册617.8万件。截至2019年年底，有效商标注册量达2521.9万件，同比增长28.9%，连续19年位居世界第一。

我国商标品牌的世界影响力也同步增强。世界品牌实验室发布的2017年度"世界品牌500强"排行榜显示，中国入选品牌为37个，与2013年相比增长了1.5倍。中国商标品牌"走出去"步伐正不断加快。2017年，我国申请人提交马德里商标国际注册申请的商标达4810件，比2016年增长59.6%，在马德里联盟中排名第三。

商标知识产权保护力度进一步加大。2017年工商和市场监管部门以驰名商标、地理标

---

① 工商总局举行2016年全国市场主体发展等情况发布会［EB/OL］.（2017-01-18）［2018-10-10］. http://www.scio.gov.cn/xwfbh/gbwxwfbh/xwfbh/gszj/Document/1540521/1540521.htm.

② 我国商标注册申请量突破500万大关［EB/OL］.（2018-01-19）［2018-10-10］. http://www.gov.cn/xinwen/2018-01/19/content_5258335.htm.

③ 工商总局商标局公布2017年度商标申请与注册数量［EB/OL］.（2018-02-24）［2018-10-10］. http://www.ipraction.gov.cn/article/xxgk/gzdt/bmdt/201802/20180200175315.shtml.

志、涉外商标、老字号商标等为重点,强化商标专用权保护。全系统共查处商标违法案件 3 万件,比 2016 年下降 5.1%。其中,商标侵权假冒案件为 2.7 万件,比 2016 年下降 4.3%。[1]

　　商标法的发展大致经历了这样几个时间点:1982 年 8 月 23 日,《商标法》正式颁布;1993 年 2 月 22 日,《商标法》第一次修订;2001 年 10 月 27 日,《商标法》第二次修订;2013 年 8 月 30 日,第十二届全国人民代表大会常务委员会第四次会议表决通过了《关于修改〈中华人民共和国商标法〉的决定》,自 2014 年 5 月 1 日起施行,新修订的《中华人民共和国商标法实施条例》(以下简称《商标法实施条例》)也于同日起施行。2019 年 4 月 23 日第十三届全国人民代表大会常务委员会第十次会议通过了商标法的第四次修正。2019 年的第四次修正,强调了不以商业使用为目的的商标注册,既无助于商品和服务的市场营销,也无助于品牌建设。相对而言,2014 年的第三次修正幅度较大,2014 年 5 月 1 日实施的修订后的商标法,在以下几个方面作了较大的修改。

　　1.增加了诚实信用原则条款

　　《商标法》第七条规定,申请注册和使用商标,应当遵循诚实信用原则。将民事活动应遵循的基本原则明确写入《商标法》,目的在于倡导市场主体从事有关商标的活动时应诚实守信,同时对当前日益猖獗的商标抢注行为予以规制。

　　2.禁止抢注因业务往来等关系明知他人已经在先使用的商标

　　《商标法》第十五条增加第二款:"就同一种商品或者类似商品申请注册的商标与他人在先使用的未注册商标相同或者近似,申请人与该他人具有前款规定以外的合同、业务往来关系或者其他关系而明知该他人商标存在,该他人提出异议的,不予注册。"增加此条款的主要目的在于防止抢先注册他人在先使用的商标,此修改在原有规定基础之上进一步加大了对已使用但未注册商标的保护力度,能够在一定程度上更加有效地遏制频发的商标抢注现象。

　　3.增加惩罚性赔偿的规定,提高侵权赔偿额

　　《商标法》引入了惩罚性赔偿制度,规定对恶意侵犯商标专用权且情节严重的,可以在权利人因侵权受到的损失、侵权人因侵权获得的利益或者注册商标使用许可费的一到三倍的范围内确定赔偿数额。同时,还将在上述三种依据都无法查清的情况下法院可以酌情决定的法定赔偿额上限从五十万元提高到三百万元。

　　4.增加侵权人举证责任

　　《商标法》规定,在商标侵权诉讼中,人民法院为确定赔偿数额,在权利人已经尽力举证,而与侵权行为相关的账簿、资料主要由侵权人掌握的情况下,可以责令侵权人提供与侵权行为相关的账簿、资料,侵权人不提供或者提供虚假的账簿、资料的,人民法院可以参考权利人的主张和提供的证据判定侵权赔偿数额。此举大大减轻了商标权利人在主张侵权赔偿时的举证负担,使人民法院在确定赔偿数额时更有法可依,对打击商标侵权行为具有积极意义。

　　5.增加关于商标注册审查和案件审理时限的规定

　　《商标法》规定,对申请注册的商标,商标局应当自收到商标注册申请文件之日起九个月内审查完毕。而针对涉及单方当事人的商标确权案件,修订后的《商标法》增加了九个月的

① 我国商标注册申请量突破 500 万大关[EB/OL].(2018-01-19)[2018-10-10].http://www.gov.cn/xinwen/2018-01/19/content_5258335.htm.

审理时限；针对涉及双方当事人的确权案件，增加了十二个月的审理时限。有特殊情况需要延长的，"经国务院工商行政管理部门批准"，可以延长三个月或者六个月。上述新增内容对商标注册审查和案件审理时限进行了限制，有利于大大改善当前商标注册周期过长、影响当事人权利的情况，同时增强了商标获权时间的可预测性。

6. 加强对商标代理组织的规范

修订后的《商标法》增加了商标代理组织从事商标代理业务应当遵循诚实信用原则的内容，商标代理行业组织对违反行业自律规范的会员可实行惩戒并记入信用档案。另外，修订后的《商标法》还规定，商标代理组织或者商标代理人违反诚实信用原则，侵害委托人合法利益的，应当依法承担民事责任。近年来商标代理市场乱象丛生，饱受诟病，增加上述规定将有助于商标代理组织行业的自我规范和良性发展。日后当事人一旦发现商标代理组织或者商标代理人有任何不诚信、不正当手段，均可向工商行政部门或者商标代理行业组织投诉和反映，若因此遭受损失，还有权要求其赔偿。

7. 增加声音商标

《商标法》第八条规定，声音可作为商标申请注册。

8. 一标多类

《商标法》第二十二条第二款规定，商标注册申请人可以通过一份申请就多个类别的商品申请注册同一商标，即"一标多类"。"一标多类"是我国商标申请制度与国际接轨的一次重大变革。设置这一制度的出发点在于方便申请人针对同一商标在多个类别的注册申请，这对规模较大、跨类经营较多以及注重保护性商标注册的企业无疑是有利的。

9. 修改异议复审制度

《商标法》规定，商标局对商标异议进行审理后，对异议不成立、准予注册的商标，将直接发给注册证，异议人不服的只能向商标评审委员会请求宣告该注册商标无效，而对商标局裁定异议成立、不予注册的，被异议人可以向商标评审委员会申请复审。这一修改对原有的异议复审制度进行了部分调整，对于被异议人而言减少了商标确权过程的障碍，有利于被异议商标及时获权；而对于异议人来说，如果异议不成立将不再具有提出异议复审的权利。

10. 限定异议主体和理由

《商标法》第三十三条将有权依据相对理由提出异议的主体，由原来的"任何人"改为"认为这一商标注册申请侵犯了其在先权利的在先权利人或者利害关系人"。但针对违反禁用和禁注条款的商标，则继续保留了"任何人"可以提起异议的规定。该条款的修改能够在一定程度上杜绝部分恶意的异议申请，避免他人利用异议制度故意拖延商标注册的时间。

11. 增加禁止宣传和使用"驰名商标"的规定

《商标法》第十四条第五款规定，生产、经营者不得将"驰名商标"字样用于商品、商品包装或者容器上，或者用于广告宣传、展览以及其他商业活动中。违反此规定的，根据《商标法》第五十三条，由地方工商行政管理部门责令改正，处十万元罚款。"驰名商标"原本是加强对较高知名度商标保护的一种法律概念，但长期以来，市场经营者将"驰名商标"作为一种荣誉使用在产品上或宣传活动中。市场对驰名商标这种广告效应的旺盛需求，在一定程度上助长了饱受诟病的驰名商标制度异化问题。此次修订后的《商标法》增加对驰名商标宣传和使用行为的禁止性规定，旨在将驰名商标回归为一种法律符号。

12.商标侵权判定中引入"容易导致混淆"的判定要件

修订后的《商标法》第五十七条将原《商标法》第五十二条中"在同一种商品或者类似商品上使用与注册商标相同或者近似的商标"的侵权情形进行了细分,对于不属于在"同一种商品上使用相同商标"情形的侵权判定增加了"容易导致混淆"的判定要件。该条款的修改明确了对于"在同一种商品上使用与注册商标近似的商标""在类似商品上使用与注册商标相同的商标"以及"在类似商品上使用与注册商标近似的商标"三种商标使用行为是否构成侵权的判定,需要考虑是否满足"容易导致混淆"这一适用要件。因此,作为商标权利人,在今后的维权案件中,对于他人不属于在"同一种商品上使用相同商标"的商标使用行为,如果要想获得最终的侵权认定,需要注意在理由阐述及证据材料的组织上不能忽视对涉案商标的使用满足"容易导致混淆"这一要件的论述及证明。

三、商标的分类

根据《商标法》第八条的规定,任何能够将自然人、法人或者其他组织的商品与他人的商品区别开的标志,包括文字、图形、字母、数字、三维标志、颜色组合和声音等,以及上述要素的组合,均可以作为商标申请注册。根据不同的标准,可以将商标划分为若干类型。

(一)根据商标的构成要素分

根据商标的构成要素不同,商标可分为文字商标、图形商标、立体(三维标志)商标、组合商标、声音商标、气味商标。这是最常见的一种分类方法。

(1)文字商标,是指仅由文字构成的商标,包括中国汉字和少数民族字、外国文字和阿拉伯数字或以各种不同字组合的商标,如张小泉、同仁堂、白玉、黑妹的商标等。

(2)图形商标,是指仅由图形构成的商标,包括记号商标(用某种简单符号构成图案的商标)、几何图形商标(以较抽象的图形构成的商标)、自然图形商标等。图形商标的优点是不受各国语言文字的限制,缺点是不便于口头表达。

(3)三维标志商标,又称立体商标,是2001年《商标法》修订之后才开始注册的一种商标,是由具有长、宽、高三种度量的三维立体物标志构成的商标。它与我们通常所见的表现在一个平面上的商标图案不同,而是以立体物质形态出现,这种形态可以表现在商品的外形上,也可以表现在商品的容器上或其他地方。许多著名品牌的酒瓶、香水瓶甚至汽车的外形等,都可以作为立体商标申请注册。

(4)组合商标,又称复合商标,是指文字、图形等两种或两种以上成分相结合构成的商标,这是我国目前最常见的商标,如娃哈哈、西湖、红塔山、大红鹰等的商标。

(5)声音商标,又称音响商标,是指以音符编成的一组音乐或以某种特殊声音作为商品或服务的商标。

(6)气味商标,是指以某种特殊气味作为区别不同商品和不同服务项目的商标。目前,这种商标只在个别国家被承认,在我国尚不能被注册为商标。

(二)根据商标的法律属性分

根据商标的法律属性不同,商标可分为注册商标、未注册商标和驰名商标。

注册商标是指依法经国家商标管理机构核准注册并享有注册商标专用权的商标。未注册商标是指未经国家商标管理机构核准注册而拥有或正在使用的商标。除了国家另有规定的以外,未注册商标也可以使用。驰名商标是指在一定地域范围内,为公众广泛知晓、质量较好、销售量较大、使用时间较长的商品的商标。

(三)根据商标使用者分

根据商标使用者的不同,商标可分为生产商标、销售商标和集体商标。

生产商标是指商品生产者使用的商标。销售商标是指经销者出于扩大销售的目的而使用的商标,如北京的"六必居"的商标。销售商标可以说是商贸发展的产物,商品来源于不同渠道,以销售商标保证商品的质量。在我国,常见外贸单位使用销售商标。集体商标是指以团体、协会或者其他组织名义注册,供该组织成员在商事活动中使用,以表明使用者在该组织中的成员资格的标志。集体商标的使用者是多个属于同一集体的经营者。使用集体商标的企业,还有权使用由自己独占的其他商标。集体商标的注册和使用可以节约成本,获得规模效应。集体商标一般不允许转让。

(四)根据商标的使用对象分

根据商标的使用对象不同,商标可分为商品商标和服务商标。

商品商标是指在商品上使用的,用以识别不同商品的标记。服务商标是指为区别所提供的服务而使用的标志,用以区别自己所提供的服务与他人所提供的不相同或不类似,如中保的"PICC"服务商标、中航的"CAAC"服务商标以及中国银行、中国工商银行等的商标。由于服务商标的特殊性,各国多允许服务商标不同于商品商标的要求,可在服务商标中使用直接表示其功能、特征的词语。

(五)根据商标的使用目的分

根据商标的使用目的不同,商标可分为联合商标、防御商标和证明商标。

联合商标是指同一商标所有人将与其注册商标近似的若干商标予以注册,使用于同种或类似商品上,形成多个或系列商标的联合。其中,最先注册使用的商标为正商标,若干近似商标为联合商标。联合商标实际上给商标的近似划定了一定的范围,其他任何人都不得使用该联合商标于同种或类似商品上,否则即构成侵权,注册联合商标的目的在于防止他人"搭便车",突出其商标的显著性。

防御商标是指同一商标所有人在本商标所使用的商品以外的其他商品上注册的同一商标。根据《商标法》的规定,同一商标只能使用在相同或类似的商品上,这意味着同一商标在类似的商品上使用不构成侵权,如有西湖牌啤酒,又有西湖牌味精,它们分别属于不同的企业。这样的结果容易使商标被"淡化",尤其是驰名商标被"淡化"。防御商标的出现,可以防止驰名商标被"淡化",防御商标权利人一般自己不使用该防御商标,注册的目的是阻止他人在类似的商品上使用与其同样的商标,从而防止"淡化"其商标。

证明商标又称保证商标,指由对某种商品具有检测和监督能力的组织所控制,而由其以外的人使用,用以证明该商品的原产地、原料、制造方法、质量、精确度或其他特定品质的商标。经注册核准的原产地标记,即属于证明商标,其基本功能就在于证明商品的产地以及该产地的商品所具有的且已经被公认的品质和特点。纯羊毛标志是国际闻名的证明商标,已在全世界130多个国家和地区注册。我国申请注册的第一个证明商标是绿色食品标志,由农业部中国绿色食品发展中心统一管理。

四、商标与其他商业标志的区别

商标是最重要的商业标志。除商标以外,商号、原产地名称、商品装潢等也是重要的商业标志。商标与这些商业标志有很大的区别。

(一)商标与商号的区别

商号是指商事主体在营业活动中表彰自己的名称,又称为字号、商业名称、厂商名称、企业名称等。

商号与商标都是识别性商业标志,两者的区别在于:①商号是区别不同商事主体的标记,而商标是区别不同商品或服务的标记,但商事主体可以将自己商号的特定部分作为商标申请注册,从而获得商标与商号的一体化保护。我国的"雅戈尔""海尔"等许多商标就既是商号又是商标。②在法律调整上,商标受《商标法》的调整,而商号则通过企业名称登记的法律和《反不正当竞争法》来调整。③商号必须注册登记,一个企业只能有一个商业名称,但可以有多件商标。而商标则主要采取自愿注册的原则,一个企业可以拥有多个注册商标,而有的企业则可能没有一个注册商标。④商号通常由文字构成,而商标可以由文字、图形、三维造型、色彩的组合等要素构成。⑤商标由国家工商总局商标局统一注册保护,注册商标在全国范围内在注册指定的商品和服务项目上具有排他性的专用权,商号由企业登记地的登记机关核准登记后在登记机关管辖范围内、在同行业内具有排他性的专用权。

(二)商标与商品名称的区别

商品名称就是商品本身的通用名称。商品在市场上的普通名称、学名和消费者惯用的别称,都是商品的通用名称。注册商标不允许使用商品的通用名称。长期使用的注册商标有可能演化为商品的通用名称。

(三)商标与原产地名称的区别

原产地名称是标示某商品来源于某地区,该商品的特定质量、信誉或者其他特征,主要是由该地区的自然因素或人文因素所决定的标志。如果商品的质量和特点是由地理环境,即气候、土质、水质等自然条件或当地传统技术等人文因素决定的,那么,出产该商品的国家、地区或地方的地理名称就是原产地名称。如中国杭州茶叶中的"龙井"就是著名原产地名称。原产地名称原则上禁止作为商标使用,以防止对该地域其他企业利益的损害,当然出于善意并经过长期使用的原产地名称商标则允许继续使用,如中国的"金华火腿"商标。

商标与原产地名称的区别在于:①商标所标示的是特定商品或服务的特定的生产者或经营者,原产地名称所标示的是商品的出产地域,不能表明具体的生产者或经营者;②商标可由文字、图形等构成,而原产地名称通常是由文字构成的;③商标权与原产地名称权有许多区别。如商标权可以转让,原产地名称权不能转让;商标权专属于特定企业享有,原产地名称可由该地域内符合一定条件的企业共同使用,不专属于特定的个别企业。

(四)商标与外观设计的区别

外观设计是指对产品的形状、图案、色彩或者其组合所作出的富有美感并适用于工业应用的新设计。某一产品的外观图案,使用人可以专利法申请外观设计专利,也可以申请注册商标,但两者在法律意义上是截然不同的。外观设计追求的是产品外观的美感,其用途和作用近似于商品装潢,但需要法律予以确认。外观设计具有一定的保护期,过了期限,就不再保护；商标的保护期可以通过续展而不断延长。

但两者并非截然不可转化。一个很好的例子就是可口可乐的独具特色的瓶子。可口可乐的瓶子有一个很大的特点：瓶子的中部自然地凹陷进去，非常利于用手握。但可口可乐公司原先对这个瓶子申请的是外观设计专利。在美国，这个外观设计专利只能续展一次，每次的有效期是五年，也就是说，美国可口可乐公司最多只能拥有这个外观设计专利十年时间，十年之后这个专利就会成为社会公共产品，任何人都可以免费使用。但可口可乐公司想了一个办法，将该造型申请了一个立体商标。商标与专利不同，只要通过合法程序续展，原则上可以长久地拥有它。

（五）商标与商品装潢的区别

商品装潢是指商品包装上的装饰，一般由线条、图案、美术字体及其组合构成，功能是美化和宣传商品，刺激消费者的购买欲。商品装潢不同于商标：①商品装潢不发生注册登记，取得像商标一样的独占权的效果，厂家在一定情况下可申请工业品外观设计专利，受到《中华人民共和国专利法》的保护。具有独创性的装潢可以享有著作权，我国《反不正当竞争法》第五条规定，擅自使用知名商品的特有包装、装潢，或者使用与知名商品近似的包装、装潢，造成和他人知名商品相混淆，使购买者误认为是该知名商品的，为不正当竞争行为，应受法律制裁。②商品装潢可使用直接表明商品主要原料、功能等特点的各种素材，而这些都是《商标法》规定商标所禁止使用的范围。③商标的目的是区别商品，商品装潢的目的在于美化商品。

（六）商标与网络域名的区别

网络域名是指网络用户互相联系的且可由电脑识别的一系列符号，域名要求用字母（A—Z）、数字或连接符号等组成，不允许用汉字作域名，作用是确定网络地址，便于用户间的信息传递，实现电脑的综合商誉。网络域名在使用过程中，本身不体现经济价值，不会给用户带来直接的经济效益。网络域名不同于商标。但是网络域名的注册要受到一定的限制，即不得将他人已经注册的商标，尤其是驰名商标注册为域名。我国颁布的《中国互联网络域名注册暂行管理办法》第十一条规定了域名命名的限制原则，共有六项，其中第五项规定，不得使用他人已在中国注册过的企业名称或者商标名称。

【例7-1：两"蒙牛"顶牛——商标与商号冲突】

同城之内，竟有两家叫作"蒙牛"的企业，而且老板都姓牛，不知就里的人很自然就将两家企业想到了一起。

蒙牛乳业是内蒙古的风云企业，1999年1月注册成立并向国家工商总局商标局申请注册"蒙牛"商标，2000年5月28日被核准注册。2000年8月6日，"蒙牛"商标被内蒙古自治区工商局认定为自治区第一批著名商标。短短几年，蒙牛乳业经过了令人咋舌的高速增长，1999年销售收入在全国行业排名第119位，2004年则已经排在了第二位。

2002年2月，"蒙牛"商标被国家工商总局认定为"中国驰名商标"，并先后在内地及港澳台地区的1至45类产品与服务上全部注册，同时在世界上60多个国家与地区进行了注册。

而就在这期间，内蒙古的另一家企业——蒙牛酒业也悄然面市。该公司资料显示，这家创建于2001年7月的民营企业，集开发、科研、生产、营销为一体，2003年二期工程投产后，年产奶酒6万吨，是中国乃至亚洲当时最大的奶酒生产基地。

蒙牛酒业是在内蒙古呼和浩特一个经济开发区工商分局注册的，蒙牛乳业公司事先并不知情,2002 年才知道有这么一个公司。随后,他们向当地工商行政管理部门反映,要求撤销蒙牛酒业公司的"蒙牛"商号,但没有结果。

蒙牛乳业的商标是 2000 年注册的,2002 年被评为中国驰名商标(此前只是著名商标)。普通商标只在同一类别中享受保护,国家驰名商标才享受跨类别的所有类别保护。而蒙牛酒业 2001 年注册成立,是在蒙牛乳业被评为中国驰名商标以前,因此不能按国家驰名商标保护规定来处理。

当时的合作方及不少股东都提出了蒙牛酒业对蒙牛乳业这个知名品牌潜在的威胁。但 2004 年以前,蒙牛乳业公司开始准备香港上市事宜,这一问题被暂时搁置下来。

问题再次被提起源自一起投诉。2004 年 8 月,浙江义乌一位叫项羽忠的经销商打电话向蒙牛乳业公司投诉,说蒙牛酒业昂格丽玛江浙沪销售总公司在招商中存在欺骗行为。他说他交了 10 万元保证金,并一次性购买了 30 万元的产品,花十来万元租了店面,结果该公司在中央电视台投入 8000 万元广告等承诺却没有兑现,致使产品无法销售。

项羽忠的投诉让蒙牛乳业大吃一惊。因为项羽忠在解释他为什么找蒙牛乳业投诉时说,他当时就是冲着蒙牛乳业这个全国知名企业去的,而蒙牛酒业昂格丽玛江浙沪销售中心的有关人员也解释说蒙牛酒业就是蒙牛乳业的下属公司。随之而来的上海、江苏等地的投诉也证明了项羽忠的说法。

根据投诉,2005 年年初,呼和浩特市工商局专门到江浙沪地区进行了调查,通过走访经销商,发现反映上当受骗的经销商大多是冲着蒙牛乳业这个国家知名品牌来的,反映上当受骗的理由也大致相同,涉及的金额少的有几万元,多的达几百万元。

分析:我国工商管理制度中,国家工商总局商标局是授予注册商标证的唯一机构,各地工商局下属的商标管理部门承担的任务是对商标的正常使用秩序进行管理,无权批准或授予商标。而各地工商行政管理部门根据法律法规的规定,可以对本辖区内的企业名称进行登记和管理,即企业名称在县级以上工商局登记后即可取得一定地域范围内的企业名称权。在两"蒙牛"顶牛这一案例中我们不能仅仅指责企业不法,还应该回过头来审视法律制度,包括一系列工商行政管理规范。

原先我国的《商标法》中没有设置商标和企业名称冲突的解决条款,在《商标法实施条例》中虽然有相关规定,但保护的对象仅限于驰名商标。由于企业名称注册是区域性登记,商标注册是全国性登记,两种注册制度的差异给了不法分子可乘之机,将他人享有知名度的商标作为企业字号使用的不正当竞争行为越来越突出,在类似冲突案件中给予商标权利人充分的法律保护成为业界的共识。2014 年 5 月 1 日起施行的新《商标法》,终于设置了解决关于商标企业名称冲突的条款。

新《商标法》第五十八条规定,将他人注册商标、未注册驰名商标作为企业名称中的字号使用,误导公众,构成不正当竞争行为的,依照《反不正当竞争法》处理。

该条规定保护的对象包括所有的注册商标权利人以及未注册的驰名商标所有人,保护的对象是比较广泛的,但此条款不能简单地理解为不能将他人的注册商标作为企业字号。原先法律对商标权利人给予保护的要件是引起"他人对市场主体及其商品或者服务的来源产生混淆(包括混淆的可能性)",而新法的构成要件是"误导公众",这使商标权利人要求制止侵权时提交的证据要求不一样,前者需证明有客观事实或可能,后者则需要证明有主观故意,两者是有差异的。

五、商标权的三要素

商标权的三要素是指商标权的主体、客体与内容。

（一）商标权的主体

商标权的主体是指可以申请商标注册并享有商标专用权的人，包括申请商标注册并取得商标专用权的人和依合同或继承程序取得注册商标专用权的人。《商标法》第四条规定，自然人、法人或者其他组织在生产经营活动中，对其商品或者服务需要取得商标专用权的，应当向商标局申请商标注册。《商标法》第五条规定，两个以上的自然人、法人或者其他组织可以共同向商标局申请注册同一商标，共同享有和行使该商标专用权。《商标法》第十七条规定，外国人或者外国企业在中国申请商标注册的，应当按其所属国和中华人民共和国签订的协议或者共同参加的国际条约办理，或者按对等原则办理。因此，我国商标权的主体主要是取得商标权的自然人、法人或者其他组织；取得商标权的外国人或者外国企业；共有商标权人。另外还包括依合同或继承程序取得注册商标专用权的人。

（二）商标权的客体

商标权的客体是《商标法》所保护的对象，也就是商标法律关系中商标权人所享有的权利指向的对象。商标权的客体主要是指经过国家商标主管机关核准注册的商标。根据国际惯例和多数国家的商标法律，同时也应包括未经注册的驰名商标。我国《商标法》规定，申请注册的商标应当有显著特征，便于识别。《商标法》明确规定了一些不能作为商标使用、更不能作为商标注册的标记，这类标记被称为禁用性标记，不属于商标权的客体。

《商标法》第十条规定，下列标志不得作为商标使用，如果使用则不能成为商标权的客体：

（1）同中华人民共和国的国家名称、国旗、国徽、军旗、勋章相同或者近似的，以及同中央国家机关所在地特定地点的名称或者标志性建筑物的名称、图形相同的；

（2）同外国的国家名称、国旗、国徽、军旗相同或者近似的，但该国政府同意的除外；

（3）同政府间国际组织的名称、旗帜、徽记相同或者近似的，但经该组织同意或者不易误导公众的除外；

（4）与表明实施控制、予以保证的官方标志、检验印记相同或者近似的，但经授权的除外；

（5）同"红十字""红新月"的名称、标志相同或者近似的；

（6）带有民族歧视性的；

（7）夸大宣传并带有欺骗性，容易使公众对商品的质量等特点或者产地产生误认的；

（8）有害于社会主义道德风尚或者有其他不良影响的。

县级以上行政区划的地名或者公众知晓的外国地名，不得作为商标。但是，地名具有其他含义或者作为集体商标、证明商标组成部分的除外；已经注册的使用地名的商标继续有效。

此外，《商标法》第十一条又规定，下列标志不得作为商标注册：

（1）仅有本商品的通用名称、图形、型号的；

（2）仅直接表示商品的质量、主要原料、功能、用途、重量、数量及其他特点的；

（3）其他缺乏显著特征的。

前款所列标志经过使用取得显著特征,并便于识别的,可以作为商标注册。

《商标法》第十二条规定,以三维标志申请注册商标的,仅由商品自身的性质产生的形状、为获得技术效果而需有的商品形状或者使商品具有实质性价值的形状,不得注册。注意这条规定的三项限制条件:

(1)仅由商品自身的性质产生的形状,不得注册为商标。如食品中的元宵、麻花等。

(2)为获得技术效果而需有的商品形状,不得注册为商标。如电动剃须刀刀片的形状,是为达到一定的技术效果设计的,而不是为了与其他剃须刀相区别,不具有商标的功能,如果允许将这种刀片的形状注册为剃须刀的商标,并独占使用,将有碍此项技术的推广与应用。

(3)使商品具有实质性价值的形状,不得注册为商标。如钻石特有的切割面造型,是钻石具有实质性价值必须有的形状,这个事实对任何钻石生产经营者来讲都是不可改变的。如果允许将钻石特有的切割面造型注册为钻石的商标,并独占使用,对其他钻石生产经营者是不公平的。

【例7-2:"太和"商标异议案】

1992年5月5日,西安市新城区卫生工作者协会姚树峰中医内科诊所向国家工商总局商标局申请注册"太和"商标。经商标局审查,初步审定"太和"商标,并在第422期《商标公告》上发布初步审定公告。在该商标异议期间,异议人陆某对该"太和"商标提出了异议,被异议人按期进行了答辩。

异议人理由:被异议商标"太和"为安徽省一县名,故不能作为商标注册。

被异议人答辩理由:"太和医室"为河北武安三街姚氏于咸丰末年所创。"太和"意为愿普天下的人平和安舒、健康长寿。自初创后,历代传人秉承家技,弘扬发展,成就斐然。"太和医室"在西安等地颇有影响,并有专题报道,其"太和"的含义已大于作为行政区划的"太和"县名,故请求给予该商标核准注册。

异议裁定:根据当事人陈述的事实和理由以及提供的证据,商标局进行了裁定。商标局认为,"太和"一词在《辞海》中有多种解释,其中第一个解释为"中国哲学术语",原出自《易·乾·象辞》中的"保合太和,及利贞",即愿普天下之人平和安舒,被异议商标"太和"正取自此意。"太和"商标的上述含义已强于作为行政区划的"太和"县名。根据《商标法》第八条第二款中"地名具有其他含义的除外"的规定,故异议不能成立,根据《商标法》第十九条的规定,经初步审定的第676984号"太和"商标予以核准注册。

(三)商标权的内容

商标权的内容即商标权人的权利和义务。

1.商标权人的权利

(1)专用权,是指对其商标的独占、排他的使用权,禁止他人未经许可使用其注册商标。这是商标权人最基本、最重要的权利。

(2)使用许可权,是指商标权人依法与他人签订商标使用许可合同,允许他人使用其注册商标并因此而收取商标使用费的权利。许可人应当监督被许可人使用其注册商标的商品质量,被许可人应当保证使用该注册商标的商品质量。经许可使用他人注册商标的,必须在使用该注册商标的商品上标明被许可人的名称和商品产地。商标使用许可合同应当报商标局备案。

(3)转让权,是指商标权人依法将其注册商标专用权转让给他人并获得相应利益的权利。《商标法》规定,转让注册商标的,转让人和受让人应当订立书面的商标转让合同,并且共同向商标局提出申请。转让注册商标经核准后,予以公告。受让人应当保证使用该注册商标的商品质量。转让注册商标时,商标注册人对其在同一种或者类似商品上注册的相同或者近似的商标,应当一并转让;未一并转让的,由商标局通知其限期改正;期满不改正的,视为放弃转让该注册商标的申请,商标局应当书面通知申请人。对可能产生误认、混淆或者其他不良影响的转让注册商标申请,商标局不予核准,书面通知申请人并说明理由。

注册商标专用权因转让以外的其他事由发生移转的,接受该注册商标专用权移转的当事人应当凭有关证明文件或者法律文书到商标局办理注册商标专用权移转手续。注册商标专用权移转的,注册商标专用权人在同一种或者类似商品上注册的相同或者近似的商标,应当一并移转;未一并移转的,由商标局通知其限期改正;期满不改正的,视为放弃该移转注册商标的申请,商标局应当书面通知申请人。

(4)投资权,注册商标作为一种无形资产也可作价投资。投资作价既可以由商标权人和对方协商议定,也可以由相应的评估机构进行评估。

(5)续展权。注册商标的有效期为十年,自核准注册之日起计算。注册商标有效期满,需要继续使用的,应当在期满前十二个月内申请续展注册;在此期间未能提出申请的,可以给予六个月的宽展期。宽展期满仍未提出申请的,注销其注册商标。每次续展注册的有效期为十年。续展注册经核准后,予以公告。续展注册商标有效期自该商标上一届有效期满次日起计算。

(6)使用注册标记权。商标的使用,包括将商标用于商品、商品包装或者容器以及商品交易文书上,或者将商标用于广告宣传、展览以及其他商业活动中。商标注册人有权标明"注册商标"字样或者注册标记。使用注册商标,可以在商品、商品包装、说明书或者其他附着物上标明"注册商标"或者注册标记。注册标记包括⊤和®。

"TM"是"商标"的英文"trademark"的缩写,"®"是"注册"的英文"register"的缩写。"TM"和"®"都起提示性作用,通常它们都出现在一些标志的右上角或右下角,"TM"表明该标志是作为商标使用的,而"®"则表明该标志已经是注册商标,享有商标专用权。例如沧州广龙实业汽车冷暖设备有限公司的商标(见图7-2),总体为广龙的第一个拼音字母G,伸入字母C中的形状类似一个龙头,该商标在右上角注明"®"字样,说明这是一个注册商标。

图 7-2 沧州广龙实业汽车冷暖设备有限公司的商标图样

2.商标权人的义务

(1)依法使用注册商标的义务。商标权人不得自行改变注册商标的图样;不得连续三年停止使用其注册商标,否则可撤销其注册商标。此外,商标权人应在商品上标明"注册商标"字样或者标明注册标记。

(2)保证商品质量的义务。保证商品的一贯质量是商标权人的一项重要义务。

(3)缴纳年费的义务。

六、商标注册

(一)商标注册的概念

商标注册是指商标使用人依照《商标法》规定的条件和程序向商标局提出注册申请,经审查核准而取得商标专用权的行为。商标注册是取得商标权的法定途径。

（二）商标注册的条件

《商标法》第九条规定，申请注册的商标，应当有显著特征，便于识别，并不得与他人在先取得的合法权利相冲突。申请注册的商标必须具备以下条件。

（1）具有显著特征。商标的显著特征可分为固有的显著特征和通过使用获得的显著特征。固有的显著特征是指商标的构成要素立意新颖、独具特色。一般认为本商品的通用名称、图形、型号以及直接表示商品的质量、主要原料、功能、用途、重量、数量及其他特点的标志不具备固有的显著特征，公众知晓的地理名称，单纯的数字、字母、颜色、化学元素，简单的文字、符号及宣传商品或服务的常用词汇均不具备固有的显著特征。缺乏固有的显著特征的标志通过长期使用，消费者已经将该标志视为特定商品、服务的商标，即将该商标与特定的经营者或商品、服务的特定质量、特点相联系，即应当认为该标志已经获得了显著性，因而应当准予注册。我国《商标法》第十一条规定，缺乏显著特征的标志经过使用取得显著特征，并便于识别的，可以作为商标注册。

（2）不侵犯他人在先取得的合法权利。注册商标不得侵犯他人的在先权利包括：①不得与已注册或申请在先的商标相抵触。②不得与已经使用并有一定影响的未注册商标相抵触。③不得与其他在先民事权利相抵触。其他在先民事权利主要是指他人依法享有的外观设计专利权、著作权、姓名权、肖像权、商号权、域名权、植物新品种权、特殊标志权以及依照《反不正当竞争法》享有的对于知名商品特有名称、包装、装潢等的权利。《商标法》第三十二条规定，申请商标注册不得损害他人现有的在先权利，也不得以不正当手段抢先注册他人已经使用并有一定影响的商标。

（3）不得使用禁止用作商标的标志（如前述）。

（4）不能使用其他不能作为商标注册的标志。我国《商标法》规定，以三维标志申请注册商标的，仅由商品自身的性质产生的形状、为获得技术效果而需有的商品形状或者使商品具有实质性价值的形状，不得注册；就相同或者类似商品申请注册的商标是复制、模仿或者翻译他人未在中国注册的驰名商标，容易导致混淆的，或者就不相同或者不相类似商品申请注册的商标是复制、模仿或者翻译他人已经在中国注册的驰名商标，误导公众，致使该驰名商标注册人的利益可能受到损害的，不予注册并禁止使用；未经授权，代理人或者代表人以自己的名义将被代理人或者被代表人的商标进行注册，被代理人或者被代表人提出异议的，不予注册并禁止使用；商标中有商品的地理标志，而该商品并非来源于该标志所标示的地区，误导公众的，不予注册并禁止使用，但是，已经善意取得注册的继续有效。

【例7-3】依照我国《商标法》的规定，下列商标中不违反法律禁止性规定的是（　　　）。

【例7-3】分析

   A."风帆"牌蓄电池　　　B."红牛"牌汽油　　　C."防潮"牌油毡

   D."耐用"牌防盗门　　　E."明亮"牌灯泡　　　F."暖和"牌棉裤

   G."粮食"牌白酒　　　H."甜蜜"牌衬衣　　　I."温暖"牌毛衣

（三）商标注册的原则

商标注册的原则是指只有依法注册的商标，才能取得商标专用权，未注册商标可以使用，但没有专用权，不能有效排除他人在相同和类似商品上的使用。

1. 自愿注册原则

自愿注册原则是指经营者是否进行商标注册由自己决定，经营者可以根据需要，选择注册商标，也可以选择不注册，甚至可以不使用商标。但国家规定必须使用注册商标的商品，必须申请商标注册，未经核准注册的不得在市场销售。国家规定必须使用注册商标的商品一是人用药品，包括中成药（含药酒）、化学原料药及其制剂、抗生素、生化药品、血疫苗、血液制品和诊断药品等，但中药材和中药饮片除外；二是烟草制品，包括卷烟、雪茄烟和有包装的烟丝。这种制度又称为强制注册制度。

2. 先申请原则

两个或者两个以上的商标注册申请人，在同一种商品或者类似商品上，以相同或者近似的商标申请注册的，初步审定并公告申请在先的商标；同一天申请的，初步审定并公告使用在先的商标，驳回其他人的申请，不予公告。

3. 国民待遇原则

外国人或者外国企业在中国申请商标注册的，应当按其所属国和中华人民共和国签订的协议或者共同参加的国际条约办理，或者按对等原则办理。

4. 优先权原则

《商标法》第二十五条规定，商标注册申请人自其商标在外国第一次提出商标注册申请之日起六个月内，又在中国就相同商品以同一商标提出商标注册申请的，依照该外国同中国签订的协议或者共同参加的国际条约，或者按照相互承认优先权的原则，可以享有优先权。

依照前款要求优先权的，应当在提出商标注册申请的时候提出书面声明，并且在三个月内提交第一次提出的商标注册申请文件的副本；未提出书面声明或者逾期未提交商标注册申请文件副本的，视为未要求优先权。

《商标法》第二十六条又规定，商标在中国政府主办的或者承认的国际展览会展出的商品上首次使用的，自该商品展出之日起六个月内，该商标的注册申请人可以享有优先权。

依照前款要求优先权的，应当在提出商标注册申请的时候提出书面声明，并且在三个月内提交展出其商品的展览会名称、在展出商品上使用该商标的证据、展出日期等证明文件；未提出书面声明或者逾期未提交证明文件的，视为未要求优先权。

（四）商标注册的申请

1. 申请人的范围

我国《商标法》规定申请人的范围包括任何对其生产、制造、加工、拣选或者经销的商品需要取得商标专用权的自然人、法人或者其他组织；对其提供的服务项目需要取得商标专用权的自然人、法人或者其他组织。但申请商标注册的人必须是从事一定生产经营活动的自然人、法人或其他组织，不从事生产经营活动的个人和组织不能申请商标注册。

2. 申请文件及申请程序

根据 2014 年 5 月 1 日起施行的修订后的《商标法实施条例》，申请商标注册，应当按照公布的商品和服务分类表填报。每一件商标注册申请应当向商标局提交《商标注册申请书》1 份、商标图样 1 份；以颜色组合或者着色图样申请商标注册的，应当提交着色图样，并提交黑白稿 1 份；不指定颜色的，应当提交黑白图样。商标图样应当清晰，便于粘贴，用光洁耐用的纸张印制或者用照片代替，长和宽应当不大于 10 厘米，不小于 5 厘米。

以三维标志申请商标注册的，应当在申请书中予以声明，说明商标的使用方式，并提交能够确定三维形状的图样,提交的商标图样应当至少包含三面视图。

以颜色组合申请商标注册的,应当在申请书中予以声明,说明商标的使用方式。

以声音标志申请商标注册的,应当在申请书中予以声明,提交符合要求的声音样本,对申请注册的声音商标进行描述,说明商标的使用方式。对声音商标进行描述,应当以五线谱或者简谱对申请用作商标的声音加以描述并附加文字说明;无法以五线谱或者简谱描述的,应当以文字加以描述;商标描述与声音样本应当一致。

申请注册集体商标、证明商标的,应当在申请书中予以声明,并提交主体资格证明文件和使用管理规则。

商标为外文或者包含外文的,应当说明含义。

两个或者两个以上的申请人,在同一种商品或者类似商品上,分别以相同或者近似的商标在同一天申请注册的,各申请人应当自收到商标局通知之日起三十日内提交其申请注册前在先使用该商标的证据。同日使用或者均未使用的,各申请人可以自收到商标局通知之日起三十日内自行协商,并将书面协议报送商标局;不愿协商或者协商不成的,商标局通知各申请人以抽签的方式确定一个申请人,驳回其他人的注册申请。商标局已经通知但申请人未参加抽签的,视为放弃申请,商标局应当书面通知未参加抽签的申请人。

(五)商标注册审查

商标注册机关对商标注册申请从形式和实质两个方面进行审查。

1.形式审查

形式审查是指对商标注册申请是否具备形式条件的审查。审查的主要内容是:申请人是否具备申请商标注册的主体资格;申请文件是否齐备,填写的内容是否符合要求,有关手续是否完备;提交的商标图样在数量和规格上是否符合规定的标准;是否按规定缴纳了费用;等等。

2.实质审查

实质审查是指对商标注册申请是否符合《商标法》规定的商标注册的实质条件的审查。实质审查的内容主要是:商标构成要素是否符合《商标法》的规定;是否属于《商标法》规定的不能作为商标使用的标志;是否具备显著特征;是否与他人在同类商品或服务上已经注册或在先申请的商标相同或近似;是否侵犯他人的在先权利;是否与驰名商标的规定相冲突;等等。

(六)初步审定或驳回申请

1.初步审定

申请注册的商标,凡符合《商标法》有关规定的,由商标局初步审定,予以公告。

2.驳回申请

申请注册的商标,凡不符合《商标法》有关规定或者同他人在同一种商品或者类似商品上已经注册的或者初步审定的商标相同或者近似的,由商标局驳回申请,不予公告。对驳回申请、不予公告的商标,商标局应当书面通知商标注册申请人。商标注册申请人不服的,可以自收到通知之日起十五日内向商标评审委员会申请复审。商标评审委员会应当自收到申请之日起九个月内作出决定,并书面通知申请人。有特殊情况需要延长的,经国务院工商行政管理部门批准,可以延长三个月。当事人对商标评审委员会的决定不服的,可以自收到通知之日起三十日内向人民法院起诉。

（七）异议、申请宣告无效、裁定、复审

对初步审定公告的商标,自公告之日起三个月内,认为这一商标注册申请侵犯了其在先权利的在先权利人或者利害关系人,或者任何人认为其违反了禁用和禁注条款规定的,可以向商标局提出异议。公告期满无异议的,予以核准注册,发给商标注册证,并予公告。此外,自商标注册之日起五年内,在先权利人或者利害关系人可以请求商标评审委员会宣告该注册商标无效。对恶意注册的,驰名商标所有人不受五年的时间限制。

对初步审定公告的商标提出异议的,商标局应当听取异议人和被异议人陈述事实和理由,经调查核实后,自公告期满之日起十二个月内作出是否准予注册的决定,并书面通知异议人和被异议人。有特殊情况需要延长的,经国务院工商行政管理部门批准,可以延长六个月。

商标局作出准予注册决定的,发给商标注册证,并予公告。异议人不服的,可以依法向商标评审委员会请求宣告该注册商标无效。

商标局作出不予注册决定,被异议人不服的,可以自收到通知之日起十五日内向商标评审委员会申请复审。商标评审委员会应当自收到申请之日起十二个月内作出复审决定,并书面通知异议人和被异议人。有特殊情况需要延长的,经国务院工商行政管理部门批准,可以延长六个月。被异议人对商标评审委员会的决定不服的,可以自收到通知之日起三十日内向人民法院起诉。人民法院应当通知异议人作为第三人参加诉讼。

法定期限届满,当事人对商标局作出的驳回申请决定、不予注册决定不申请复审或者对商标评审委员会作出的复审决定不向人民法院起诉的,驳回申请决定、不予注册决定或者复审决定生效。

经审查异议不成立而准予注册的商标,商标注册申请人取得商标专用权的时间自初步审定公告三个月期满之日起计算。自该商标公告期满之日起至准予注册决定作出前,对他人在同一种或者类似商品上使用与该商标相同或者近似的标志的行为不具有追溯力;但是,因该使用人的恶意给商标注册人造成的损失,应当给予赔偿。

（八）核准注册

对初步审定的商标,在规定的异议期限内无人提出异议的,商标局予以核准注册,发给商标注册证,并予公告;对初步审定的商标提出异议的,经裁定异议不能成立的,予以核准注册,发给商标注册证,并予公告。

七、驰名商标的保护

驰名商标是指在一定地域范围内,某商标为公众广泛知晓,使用该商标的商品质量较好,销售量较大,使用时间较长的商标。驰名商标可分为国际驰名商标、国内驰名商标、地方驰名商标,也可分为一般驰名商标和高度驰名商标。

《商标法》第十三条、第十四条对驰名商标的认定标准和保护范围作出了明确具体的规定,该规定与 TRIPs 的要求完全一致。

《商标法》第十三条规定,为相关公众所熟知的商标,持有人认为其权利受到侵害时,可以依照本法规定请求驰名商标保护。《商标法》第十四条规定,认定驰名商标应当考虑下列因素:

（1）相关公众对该商标的知晓程度；

（2）该商标使用的持续时间；

（3）该商标的任何宣传工作的持续时间、程度和地理范围；

（4）该商标作为驰名商标受保护的记录；

（5）该商标驰名的其他因素。

《商标法》第十三条根据驰名商标是否已经在我国注册，规定了不同的保护范围。

对未在我国注册的驰名商标，《商标法》第十三条第一款规定，就相同或者类似商品申请注册的商标是复制、模仿或者翻译他人未在中国注册的驰名商标，容易导致混淆的，不予注册并禁止使用。

对已在我国注册的驰名商标，《商标法》第十三条第二款规定，就不相同或者不相类似商品申请注册的商标是复制、模仿或者翻译他人已经在中国注册的驰名商标，误导公众，致使该驰名商标注册人的利益可能受到损害的，不予注册并禁止使用。

2014年修订的《商标法》第十四条第五款规定，生产、经营者不得将"驰名商标"字样用于商品、商品包装或者容器上，或者用于广告宣传、展览以及其他商业活动中。违反此规定的，根据《商标法》第五十三条，由地方工商行政管理部门责令改正，处十万元罚款。"驰名商标"原本是加强对较高知名度商标保护的一种法律概念，但长期以来，市场经营者将"驰名商标"作为一种荣誉使用在产品上或宣传活动中，扭曲了驰名商标制度的设置初衷。此外，不少企业为使其商标"驰名"，在无法通过驰名商标的行政认定、获得国家工商总局认定的驰名商标的情况下，不惜代价甚至铤而走险，通过虚假的司法诉讼，利用驰名商标的司法认定途径获得商标的"驰名"，大大助长了驰名商标的制度异化，也使驰名商标制度饱受诟病。

另外，修订后的《商标法》规定只有在审理涉及驰名的注册商标跨类保护、请求停止侵害驰名的未注册商标以及有关企业名称与驰名商标冲突的侵犯商标权和不正当竞争民事纠纷案件中，才可以认定驰名商标。

根据最高人民法院《关于审理涉及驰名商标保护的民事纠纷案件应用法律若干问题的解释》第三条第一款第（一）项的规定，被诉侵犯商标权或者不正当竞争行为的成立不以商标驰名为事实根据。比如，即使不属驰名商标，也可以主张被诉企业名称的使用行为构成不正当竞争。在这些情况下，被诉侵犯商标权的成立不以商标驰名为事实根据，即使不审查和认定原告主张保护的商标是否驰名，也不影响对原告权利的保护。第（二）项规定的"被诉侵犯商标权或者不正当竞争行为因不具备法律规定的其他要件而不成立的"，是指商标驰名虽系被诉侵犯商标权或者不正当竞争行为成立的要件事实之一，但因不具有其他法律要件事实，该被诉侵权行为不成立，故无须审查商标是否驰名。

另外，该解释第十三条规定，在涉及驰名商标保护的民事纠纷案件中，人民法院对驰名商标的认定，仅作为案件事实和判决理由，不写入判决主文；以调解方式审结的，在调解书中对商标驰名的事实不予认定。这里的"判决主文"是指法院裁判文书中的判项，即裁判文书中"判决或者裁定如下"的部分。

根据2009年1月5日最高人民法院发布的《关于涉及驰名商标认定的民事纠纷案件管辖问题的通知》，涉及驰名商标认定的民事纠纷案件，由省、自治区人民政府所在地的市、计划单列市中级人民法院以及直辖市辖区内的中级人民法院管辖。其他中级人民法院管辖此类民事纠纷案件，需报经最高人民法院批准；未经批准的中级人民法院不再受理此类案件。

因此,修订后的《商标法》规定不得将驰名商标字样用于商品、商品包装或容器上,或用于广告宣传、展览及其他商业活动中,本质上使驰名商标回归了其法律符号的本义。

八、注册商标专用权的保护

注册商标专用权,以核准注册的商标和核定使用的商品为限。根据《商标法》第五十七条,有下列行为之一的,均属侵犯注册商标专用权:

(1)未经商标注册人的许可,在同一种商品上使用与其注册商标相同的商标的;

(2)未经商标注册人的许可,在同一种商品上使用与其注册商标近似的商标,或者在类似商品上使用与其注册商标相同或者近似的商标,容易导致混淆的;

(3)销售侵犯注册商标专用权的商品的;

(4)伪造、擅自制造他人注册商标标识或者销售伪造、擅自制造的注册商标标识的;

(5)未经商标注册人同意,更换其注册商标并将该更换商标的商品又投入市场的;

(6)故意为侵犯他人商标专用权行为提供便利条件,帮助他人实施侵犯商标专用权行为的;

(7)给他人的注册商标专用权造成其他损害的。

《商标法》第五十八条规定,将他人注册商标、未注册的驰名商标作为企业名称中的字号使用,误导公众,构成不正当竞争行为的,依照《反不正当竞争法》处理。

注册商标中含有的本商品的通用名称、图形、型号,或者直接表示商品的质量、主要原料、功能、用途、重量、数量及其他特点,或者含有的地名,注册商标专用权人无权禁止他人正当使用。

三维标志注册商标中含有的商品自身的性质产生的形状、为获得技术效果而需有的商品形状或者使商品具有实质性价值的形状,注册商标专用权人无权禁止他人正当使用。

商标注册人申请商标注册前,他人已经在同一种商品或者类似商品上先于商标注册人使用与注册商标相同或者近似并有一定影响的商标的,注册商标专用权人无权禁止该使用人在原使用范围内继续使用该商标,但可以要求其附加适当区别标识。

侵犯注册商标专用权引起纠纷的,由当事人协商解决;不愿协商或者协商不成的,商标注册人或者利害关系人可以向人民法院起诉,也可以请求工商行政管理部门处理。

工商行政管理部门处理时,认定侵权行为成立的,责令立即停止侵权行为,没收、销毁侵权商品和主要用于制造侵权商品、伪造注册商标标识的工具。违法经营额五万元以上的,可以处违法经营额五倍以下的罚款;没有违法经营额或者违法经营额不足五万元的,可以处二十五万元以下的罚款。对五年内实施两次以上商标侵权行为或者有其他严重情节的,应当从重处罚。销售不知道是侵犯注册商标专用权的商品,能证明该商品是自己合法取得并说明提供者的,由工商行政管理部门责令停止销售。

对侵犯商标专用权的赔偿数额的争议,当事人可以请求进行处理的工商行政管理部门调解,也可以依照《民事诉讼法》向人民法院起诉。经工商行政管理部门调解,当事人未达成协议或者调解书生效后不履行的,当事人可以依照《民事诉讼法》向人民法院起诉。

侵犯商标专用权的赔偿数额,按照权利人因被侵权所受到的实际损失确定;实际损失难以确定的,可以按照侵权人因侵权所获得的利益确定;权利人的损失或者侵权人获得的利益难以确定的,参照该商标许可使用费的倍数合理确定。对恶意侵犯商标专用权,情节严重的,可以在按照上述方法确定数额的一倍以上三倍以下确定赔偿数额。赔偿数额应当包括权利人为制止侵权行为所支付的合理开支。

人民法院为确定赔偿数额,在权利人已经尽力举证,而与侵权行为相关的账簿、资料主要由侵权人掌握的情况下,可以责令侵权人提供与侵权行为相关的账簿、资料;侵权人不提供或者提供虚假的账簿、资料的,人民法院可以参考权利人的主张和提供的证据判定赔偿数额。

权利人因被侵权所受到的实际损失、侵权人因侵权所获得的利益、注册商标许可使用费难以确定的,由人民法院根据侵权行为的情节判决给予三百万元以下的赔偿。

【例7-4:"狗不理"包子商标争议】

"狗不理"创始于1858年。1980年在国家刚刚恢复对商标的管理工作之初,狗不理即完成了商品商标注册,1992年狗不理服务商标成为国家首批注册的服务商标。目前狗不理商品商标已在11项国际分类中注册,服务商标于1999年被国家工商行政管理总局商标局认定为"中国驰名商标",狗不理商标具有极高的商业价值和发展潜力。

原告:天津狗不理包子饮食(集团)公司

被告:哈尔滨市天龙阁饭店

被告:高渊,男,35岁,天津市公交三厂工人,住天津市锦州道77号

1980年7月,天津狗不理包子饮食(集团)公司(以下简称狗不理包子饮食公司)取得中华人民共和国工商行政管理总局第138850号狗不理牌商标注册证。1991年1月7日,被告高渊的委托代理人董凤利与被告哈尔滨市天龙阁饭店(以下简称天龙阁饭店)法定代表人陶德签订合作协议一份,建立以经营天津正宗狗不理包子为主的餐馆,由陶德负责提供经营场所、营业执照及全部流动资金,高渊负责提供并传授技术,同时负责正宗天津狗不理包子名称宣传。1991年3月,天龙阁饭店开业,陶德为经理,高渊为面案厨师,并在店门上方悬挂由高渊制作的写有"正宗天津狗不理包子第四代传人高耀林、第五代传人高渊"字样的牌匾一块。

审判:哈尔滨市香坊区人民法院经审理认为,两被告制作、悬挂该牌匾和签订合作协议的行为,是为了宣传"狗不理"创始人高贵友的第四代、第五代传人的个人身份,均不是在包子或者类似商品上使用与原告注册商标相同或者近似的商标、商品名称或商品装潢,故原告认为两被告商标侵权,证据不足。该院于1993年8月20日判决:驳回原告诉讼请求。

原告不服,向哈尔滨市中级人民法院提起上诉。

哈尔滨市中级人民法院查明的事实与一审认定的事实相同,依据《民事诉讼法》第一百五十三条第一款第(　)项,于1993年12月8日判决:驳回上诉,维持原判。

二审判决后,狗不理包子饮食公司仍不服,向黑龙江省高级人民法院申请再审。

1994年12月14日,黑龙江省高级人民法院决定对该案进行提审。再审查明,原判认定的事实基本清楚。另查明以下有关事实:①天龙阁饭店店门上方悬挂的牌匾,中间为大字"天津狗不理包子",上为小字"正宗",下为小字"第四代传人高耀林、第五代传人高渊";未悬挂天龙阁饭店牌匾。②天龙阁饭店经营期间赢利44800元。③狗不理包子饮食公司的"狗不理"牌注册商标,于1993年3月1日又获续展10年。再审期间,经委托国家工商总局商标局鉴定,认为两被告签订协议和制作、悬挂前述牌匾,已构成商标侵权行为。

黑龙江省高级人民法院再审认为:"狗不理"牌商标是狗不理包子饮食公司在国家工商

总局注册的有效商标,依法享有专用权,并受法律保护。高渊虽系狗不理包子创始人的后代,但其不享有"狗不理"商标的使用权,亦无权与天龙阁饭店签订有关"狗不理"商标使用方面的协议。两被告制作并悬挂牌匾,是为了经营饭店,不是为了宣传"狗不理"包子的传人,其未经狗不理包子饮食公司的许可,擅自制作并使用"狗不理"商标,属于《商标法》第三十八条第(一)项所述的商标侵权行为,构成对原告商标专用权的侵害。判决如下:

(1)撤销一审、二审法院民事判决;

(2)天龙阁饭店和高渊停止对狗不理包子饮食公司注册商标的侵权行为,自判决生效之日立即摘掉悬挂于天龙阁饭店店门上方的牌匾,并予以销毁;

(3)天龙阁饭店和高渊于本判决生效之日起 30 日内,在哈尔滨市级以上报纸上刊登声明,向狗不理包子饮食公司公开赔礼道歉,声明的内容由法院审定,其费用由天龙阁饭店和高渊负担;

(4)天龙阁饭店和高渊赔偿狗不理包子饮食公司因商标专用权被侵害造成的经济损失 44800 元,并相互承担连带赔偿责任,于判决生效 10 日内偿付,逾期按《民事诉讼法》第二百三十二条执行。

第三节 专利法

美国专利局的大门上,刻着一行字"The patent system added the fuel of interest to the fire of genius. —Lincoln"(专利制度是给天才之火浇上利益之油——林肯)。在 100 多年前,林肯就预见到了专利的重要性。事实上,专利制度在 16 世纪的英国就已经开始,但美国是第一个把专利权写入宪法的国家——用国家的根本大法来保护人们的专利权,极大地激发了人们发明创造的动力。二战以后,美国经济增长中有四分之三的比例都应该归功于技术创新和专利的产生。专利从美国建国起就被写入了宪法,也就意味着美国的建国者们认为,一个国家的发展应该建立在科学技术之上,而科学技术则得益于专利的保护。在今天的商业竞争中,能否获得专利不仅关系到公司的成败、未来的发展,也影响着国家的经济发展。美国专利商标局(PTO)资料表明,发达国家每年只要向发展中国家多转让 1 亿美元的专利技术,就能多销售大约 50 亿美元的成套设备及其他附属产品,由此足见专利技术贸易的力量。[①]

近年来,全球对于专利的关注更加火热。电子行业中竞争激烈的苹果、三星、HTC 等公司就屡次为侵犯专利问题互相起诉,可见专利权的重要性越来越明显。

当然,申请专利并不是每个公司都要走的成功路。美国历史上一些非常重要的产品恰恰没有申请专利,比如可口可乐的配方、肯德基的配方都没有申请专利,而是属于所谓的商业机密,因为一旦申请了专利,配方就需要公之于众。这些公司希望能够继续保持自己的商业秘密。

不论是专利还是商业机密,都是一种无形的资产。从另一个角度看,专利制度也引发了

---

① 美国专利申请制度保障了竞争力[EB/OL].(2012-03-29)[2018-10-10].http://www.0579tm.net/items/5/78.html.

另一种担心:严格的专利也降低了可获得性,比如广为人诟病的美国医药业的专利,一剂可以对抗病毒的制剂,包括治疗艾滋病等病症的医药,由于过高的专利价格,剥夺了普通人康复乃至生存的权利。因此,专利作为一种垄断产品,其合理定价也是诸多法经济学学者研究的主题。

令人欣喜的是,近些年,中国的专利申请数量呈快速增长态势,专利申请量和授权量均领跑全球。2020 年,我国发明专利授权 53.0 万件。截至 2020 年年底,我国国内(不含港澳台)发明专利有效量 221.3 万件。每万人口发明专利拥有量达到 15.8 件,超额完成国家"十三五"规划纲要预期的 12 件目标。受理 PCT 国际专利申请 7.2 万件,其中国内申请人提交 6.7 万件。我国实用新型专利授权 237.7 万件,外观设计专利授权 73.2 万件。专利复审结案 4.8 万件,同比增长 28.9%,无效宣告结案 0.7 万件,同比增长 34.1%。[①] 其中,华为、阿里巴巴、联想集团等企业在海外专利申请量位居前列;中国制药领域专利数量增速最快,但该领域知识产权质量有待提高。报告显示,在生物碱/植物提取物领域的专利中,中国约占 80% 的全球份额;在药物活性的一般专利领域,中国约占 60% 的全球份额。但是,这些专利申请并非像美国那样来自高等院校或企业,而是主要来自众多个体发明人,其知识产权的质量很可能并不稳定。[②]

一、专利权的概念及立法

专利权是指由国家专利机关授予发明人、设计人或所属单位等专利权人在一定期限内对其发明创造享有的专有权利。

"专利"一词通常有三种意思:一是指专利局授予申请人的专利权;二是指受专利法保护的专利技术;三是指专利局颁发的专利证书。在法律上,"专利"一般是指专利权,即专利机关依法授予专利申请人在法定期限内对其发明创造享有的专有权。

《中华人民共和国专利法》(以下简称《专利法》)规定了三种专利,即发明专利、实用新型专利和外观设计专利。

1984 年 3 月 12 日,第六届全国人民代表大会常务委员会第四次会议通过了《专利法》,自 1985 年 4 月 1 日起施行。1985 年 1 月 19 日,国务院批准国家专利局发布《中华人民共和国专利法实施细则》(以下简称《专利法实施细则》)。1992 年 9 月 4 日进行了第一次修订。2000 年 8 月 25 日第二次修订。2008 年 12 月 27 日第三次修订。2020 年 10 月 17 日,第十三届全国人民代表大会常务委员会第二十二次会议通过第四次修订,自 2021 年 6 月 1 日起施行。第四次修订在专利申请、专利实施与许可以及专利保护等几个方面进行了较大的修订。

修订后的《专利法》有以下变化。

---

① 2020 年我国发明专利授权同比增长 17.1%(2021-01-29)[2021-09-15]. http://www.xinhuanet.com/politics/2021/01/29/c_1127039159.htm.

② 马丽. 国际机构评价:中国成为无可争议的专利领跑者[EB/OL]. (2014-10-30)[2018-10-10]. http://ip.people.com.cn/n/2014/1030/c136655-25936913.html.

(一)专利申请

1.专利权保护客体的变化

首先,修订后的《专利法》对外观设计专利保护的客体进行了很大突破,引入了局部外观设计的概念,从而使得与产品不可分割或者不能独立销售的局部外观有了申请专利保护的可能。

将产品局部纳入外观设计专利保护极具必要。相比整体外观设计而言,局部外观设计在授权、确权以及侵权判定方面的规则都有比较大的不同,而目前我国外观设计的法制体系基本都是围绕产品整体外观设计构建的,能否适用于局部外观设计值得探讨。

其次,将原子核变换方法排除在专利授权客体之外。

2.优先权规则

修订后的《专利法》增加了外观设计的国内优先权,这样三种专利都能主张国外或者国内优先权。另外,《专利法》第三十条还调整了三种类型专利申请提交优先权文件的期限。

修订前发明专利、实用新型专利要求优先权的期限为首次申请之日起十二个月内。修订后的《专利法》第三十条实际上放宽了优先权文件的提交期限,因为即便在截止日期主张优先权,申请人仍然有四个月的时间准备优先权文件,比修订前的第三十条增加了一个月的期限。外观设计的优先权文件的提交期限仍然是提出书面声明之日起三个月,并且适用于新增加的外观设计的国内优先权。

3.不破坏新颖性的宽限期

修订后的《专利法》第二十四条新增了一项不丧失新颖性的情形,即在国家出现紧急状态或者非常情况时,为了公共利益目的而首次公开发明创造,而后在六个月之内申请专利的,该专利申请不因所述早期公开而丧失新颖性。新专利法鼓励发明人在国家紧急状态下,为了公益目的,在申请专利之前公开发明创造,不论公开方式如何,都可以享受六个月的宽限期。

4.专利期限调整

修订后的《专利法》增加了外观设计专利权的保护期限,将外观设计专利权的期限增加到十五年。另外,修订后的《专利法》还新增了发明专利期限补偿制度。

修订后的《专利法》第四十二条第二款、第三款分别规定了在申请过程中非因申请人引起的不合理延迟而对发明专利期限进行补偿,以及因新药上市审批所占用的时间而对药品发明专利进行期限补偿的制度。

5.诚实信用原则

修订后的《专利法》新增了专利申请以及专利权行使过程中的诚实信用原则。不得滥用专利权损害公共利益或者他人合法权益,滥用专利权排除或者限制竞争还有可能涉及反垄断。该条规定比较概括。专利权滥用的情况在实践中偶有出现,恶意提起专利侵权之诉已经明确列入民事案由。滥用专利权构成反垄断的亦在《中华人民共和国反垄断法》第五十五条提及。

(二)专利实施与运用

1.职务发明创造的实施和运用

根据修订后的《专利法》第六条的规定,执行本单位的任务或者主要是利用本单位的物质技术条件所完成的发明创造为职务发明创造。职务发明创造申请专利的权利属于该单位,申请被批准后,该单位为专利权人。该单位可以依法处置其职务发明创造申请专利的权利和专利权,促进相关发明创造的实施和运用。此修改简化了单位对实施和运用职务发明创造的决策过程,赋予了单位在专利的实施和运用方面的自主权,有利于促进企业在专利商业化方面的努力。

2.职务发明创造的发明人的灵活奖酬机制

实践中,很多企业,尤其是中小企业没有与发明人的奖酬约定。如果根据《专利法实施细则》的要求向发明人支付硬性的奖酬,对于企业而言可能是一笔不小的负担。修订后的《专利法》第十五条鼓励多元化的奖酬方式,有利于减轻中小企业,尤其是初创企业在专利实施以及运用初期的负担。该条款虽然不是强制性规定,但是立法导向很明确。

3.新增专利开放实施许可制度

修订后的《专利法》第五十条至五十二条创设了专利权人自愿许可声明制度,由专利权人自愿向国务院专利行政部门声明其许可意愿以及许可费的支付方式与标准。

有意愿实施某项专利许可的单位或者个人,只需要书面通知作出自愿许可声明的专利权人,然后按照公告的要求支付许可费,即可获得专利实施许可权,从而极大降低了专利实施许可的交易成本。国家鼓励专利权人作出自愿实施许可,开放许可实施期间,对专利权人缴纳专利年费相应给予减免。

4.国务院专利行政部门应积极推动专利许可与运用

首先,修订后的《专利法》第四十八条明确规定,国务院专利行政部门、地方人民政府管理专利工作的部门应当会同同级相关部门采取措施,加强专利公共服务,促进专利实施和运用。

其次,修订后的《专利法》第四十九条规定,国有企业事业单位的发明专利,对国家利益或者公共利益具有重大意义的,国务院有关主管部门和省、自治区、直辖市人民政府报经国务院批准,可以决定在批准的范围内推广应用,允许指定的单位实施,由实施单位按照国家规定向专利权人支付使用费。

(三)专利保护

1.行政途径保护

修订后的《专利法》第六十九条明确了行政机关在调处专利侵权纠纷时具有调查取证的权力。第七十条第一款新增了国务院专利行政部门(目前是国家知识产权局)处理在全国有重大影响的专利侵权纠纷方面的职能。第七十条第二款新增了地方知识产权局对于同一行政区域内多个案件的合并处理以及对于跨区域侵权案件的处理。

2.司法途径保护

(1)损害赔偿

关于损害赔偿数额的计算方式,修订后的《专利法》第七十一条第一款将权利人的实际损失以及侵权人的侵权获益作为损害赔偿额的并列优选计算方式。专利权人可以选择基于其自身的实际损失或者侵权人的侵权获益来计算损害赔偿额。权利人的实际损失与侵权人的侵权获益之间并无绝对的高低之分,有时候权利人有实际损失,但是侵权人并无获益,有时候权利人没有损失,但是侵权人获益很高。除了损害赔偿额的高低,另外一方面还会从举证难度来考虑。一般而言,权利人实际损失的证据主要由其自身掌握,而侵权人侵权获益的证据主要由侵权人掌握。理论上讲，如果企业财务管理规范的话，实际损失的证据可能相对容易举证，因为毕竟权利人自己掌握。故意侵权，情节严重的，可以在如上方式确定的赔偿数额的一倍以上五倍以下确定赔偿数额。

关于法定赔偿的额度，上下限分别提高到五百万元和三万元。

在合理开支方面，此前，合理开支出现在《专利法》第六十五条第一款的尾端，既基于当事人举证来确定的损害赔偿数额之后。这样容易让人理解为，合理开支仅在按照证据确定的损害赔偿数额的情况下才能支持。修订后的《专利法》调整了合理开支条款的位置，将其独立成段，作为第七十一条的第三款。由此，可以理解为，无论以何种方式确定损害赔偿，都应当对权利人合理开支的请求进行单独考虑与裁判。

另外，还规定了损害赔偿额的举证责任倒置。修订后的《专利法》第七十一条第四款规定，为了确定赔偿数额，在权利人已经尽力举证，但是与侵权行为相关的账簿、资料主要由侵权人掌握的情况下，人民法院可以责令侵权人举证；如果不举证的，人民法院可以参考权利人的主张和提供的证据判定赔偿数额。

毫无疑问，举证责任倒置降低了权利人对于损害赔偿计算的举证难度。但是举证责任倒置的适用前提是"权利人已经尽力举证"。所以，如何理解"尽力举证"可能成为在实践中能否正确适用本条的关键。

3. 诉讼保全

（1）财产保全与行为保全

修订后的《专利法》第七十二条，将财产保全与行为保全合并，增加了财产保全以及行为保全的适用情形，不仅适用于他人正在实施或者即将实施侵犯专利权行为的情况，还适用于"妨碍其实现权利的行为"的情况。此处，"妨碍其实现权利的行为"可谓"字少事大"。以后凡是有可能妨碍权利人"实现其权利"的，都有了适用行为保全或者财产保全的可能。

另外，申请人可以请求法院作出的行为保全的内容也不限于停止专利侵权，而是"一定行为"。换言之，能够制止侵权或者妨碍权利人实现权利的任何必要行为都有可能成为落入行为保全的范畴。

（2）证据保全

修订后的《专利法》第七十三条是证据保全的条款，删除了权利人提供担保的要求。第七十三条还删除了法院作出保全裁定的时限要求以及解除证据保全的法定情形。新规定无疑将更多地调动权利人提起诉讼保全的积极性，同时也赋予了法院在裁定诉讼保全的问题上更多的裁量权。不过，新《专利法》同时新增了"依法"二字，防止权利人滥用诉讼保全，损害被申请人的合法权益。

（3）诉讼时效延长、放宽

按照修订后的《专利法》第七十四条的规定，专利侵权的诉讼时效增加至三年，并且起算日期的门槛提高，不仅要求专利权人或者利害关系人知道或者应当知道侵权行为，而且还应当知道侵权人之日起，诉讼时效才开始计算。另外，要求支付发明专利申请公布后的临时使用费的诉讼时效也同样增加至三年，起算日期不变。

4. 药品专利纠纷的早期解决机制

修订后的《专利法》第七十六条概括规定了药品专利纠纷的早期解决机制，即药品上市审批过程中发生的专利权纠纷，相关当事人可以请求人民法院对是否落入相关专利权保护范围作出判决,也可以请求行政裁决专利权纠纷。不过,此条并未规定药品上市许可申请人对于专利相关问题进行声明的义务,也未规定其就药品上市申请向专利权人进行通知的义务,字面上只涉及了当事人请求人民法院对药品是否落入相关专利权保护范围的判断,并不涉及相关专利权效力的判断。而且该条也没有规定相关当事人提请司法或者行政裁决的时限,亦没有规定纠纷解决期间,药品上市审批的"中止"制度。

(四)其他修改

实用新型或者外观设计专利侵权纠纷过程中,案件当事人可以主动出具专利权评价报告。删除了对侵夺或者侵占非职务发明创造专利申请权的行政处分。另外,修订后的《专利法》全文删除了所有"专利复审委员会"的表述,只保留了国务院专利行政部门。

二、专利权的主体与客体

(一)专利权的主体

专利权的主体是指可以申请并取得专利以及承担相应义务的单位和个人。享有专利权的单位和个人统称为专利权人。

1.发明人或设计人

发明人或设计人是指对发明创造的实质性特点作出创造性贡献的人,又可分为:①职务发明人;②非职务发明人;③共同发明人,指共同研制成同一发明的两个或两个以上的人,仅提供辅助性协作的人除外。

根据我国《专利法》的规定,非职务发明创造,申请专利的权利属于发明人或设计人,申请被批准后,该发明人或设计人即成为专利权人。职务发明创造,即执行本单位的任务或者主要是利用本单位的物质条件所完成的发明创造,申请专利的权利属于该单位,申请被批准后,该单位即成为专利权人;该单位可以依法处置其职务发明创造申请专利的权利和专利权,促进相关发明创造的实施和运用。单位与发明人或设计人订有合同,对申请专利的权利和专利权的归属作出约定的,从其约定。两个以上的公民或单位合作完成的发明创造,由合作单位或公民共同提出申请,申请被批准的,专利权即归申请人共有。

2.依照法律规定或通过委托合同等取得专利权的单位或自然人

依照法律规定或通过委托合同等取得专利权的单位或自然人主要是指依据职务发明创造取得专利申请权和专利权的单位,通过委托合同的约定对研究开发方完成的发明创造取得专利申请权和专利权的单位和个人,以及通过接受赠与、遗赠、转让、继承取得专利权的单位和个人。

专利申请权是指公民、法人或其他组织依据法律规定或者合同约定享有的就发明创造向专利行政部门提出专利申请的权利。公民、法人或者其他组织依法享有的专利申请权受法律保护,专利申请权是一项独立的财产权,可以被继承、赠与或转让。专利申请权的转让可能发生在两个时间:一是在专利申请人向专利行政部门提出申请以前,二是在专利申请人向专利行政部门提出申请之后、授予专利之前。不论专利申请权在何时转让,原专利申请权人不再享有专利申请权,受让人获得相应的专利申请权。

(二)专利权的客体

专利权的客体是指专利权所指向的对象,即依法可以取得专利权的发明创造。专利权的客体有发明、实用新型和外观设计。

1. 发明

《专利法》所称的发明是指对产品、方法或其改进所提出的新的技术方案。专利法意义上的发明有两种，即产品发明和方法发明。产品发明是人们通过研究开发出来的关于各种新产品、新材料、新物质等的技术方案。方法发明则是人们为制造产品或者解决某个技术课题而研究开发出来的操作方法、制造方法以及工艺流程等技术方案。而所谓改进，其本身并不是一种独立种类的发明，它或者是产品发明，或者是方法发明。

2. 实用新型

实用新型又称小发明，是指对产品的形状、构造或其组合所提出的实用的新的技术方案。所谓产品的形状，是指产品的外部立体表现形式，且具有相当的体积。所谓产品的构造，是指产品的部件或者零件的有机结合或者联结。

3. 外观设计

外观设计是指对产品的整体或者局部的形状、图案或者其结合以及色彩与形状、图案的结合所作出的富有美感并适于工业应用的新设计。图7-3为汽车冷媒（氟利昂）产品外观设计专利（专利人：沧州广龙实业汽车冷暖设备有限公司张银刚，专利号：ZL201230507000.2）。

图 7-3 汽车冷媒（氟利昂）产品外观设计专利

此外，《专利法》第二十五条规定，对以下各项，不授予专利权：①科学发现；②智力活动的规则和方法；③疾病的诊断和治疗方法；④动物和植物品种；⑤原子核变换方法以及用原子核变换方法获得的物质；⑥对平面印刷品的图案、色彩或者两者的结合作出的主要起标识作用的设计。对第④项所列产品的生产方法，可以依照本法规定授予专利权。

三、专利权人的权利与义务

（一）专利权人的权利

专利权人的权利是一项兼有财产权和人身权属性的独占权以及由此衍生出来的处分权。具体地说，专利权人的权利包括精神和物质两个方面。

1. 专利权人在精神方面的权利

专利权人在精神方面的权利主要有署名权和标记权。

按照《专利法》的规定，发明人或设计人有在专利文件中写明自己是发明人或设计人的权利，此即为发明人或设计人的署名权。而所谓标记权，是指专利权人在其专利产品及其包装上标明专利标记和专利号的权利。标记权随着专利权的存在而存在，随着专利权的终止而终止，在专利权终止后，原权利人如果仍在其原专利产品上或者该产品的包装上标注专利标记和专利号，便属一种冒充专利的行为。

2. 专利权人在物质方面的权利

专利权人在物质方面的权利主要有独占实施权、控制进口权、许可权、转让权和放弃权。

（1）独占实施权

专利权被授予后，除法律另有规定外，任何单位和个人未经专利权人的许可，不得为生产经营目的制造、使用、销售其专利产品，或使用其专利方法以及使用、销售依照该专利方法直接获得的产品。专利权人享有制造、使用、销售其专利产品或者使用其专利方法以及使用、销售依照其专利方法直接获得的产品的专有权利,此即为专利权人的独占实施权。独占实施权是专利权人的一项最基本的权利,它包括对专利产品的独占制造权、独占使用权和独占销售权,对专利方法的独占使用权以及对依照该专利方法直接获得的产品的独占使用权和独占销售权。

（2）控制进口权

控制进口权是指专利权人在专利权的有效期限内依法享有的禁止他人未经许可或者授权,以经营为目的进口专利产品的权利。根据《专利法》的规定,专利权被授予后,专利权人有权阻止他人未经专利权人许可为生产经营目的和用途而进口其专利产品或依照其专利方法直接获得的产品。国务院 1995 年发布的《中华人民共和国知识产权海关保护条例》第三条规定,凡侵犯受中华人民共和国法律、行政法规保护的知识产权的货物,禁止其进口。为了获得知识产权的海关保护,专利权人必须向海关总署提交书面申请。

（3）许可权

许可权是指专利权人依法订立实施许可合同,许可他人实施其专利并收取专利使用费的权利。根据《专利法》的规定,专利权人有权许可他人实施其专利并收取使用费,但应订立许可合同,被许可人无权允许合同规定以外的任何单位和个人实施该专利。许可有独占许可、独家许可、普通许可和分许可等形式。所谓独占许可,是指专利权人许可被许可方在合同约定的时间和地域内,以合同约定的使用方式对专利进行独占性实施的许可方式。在独占许可方式下,不仅专利权人不能再许可第三人以同样的使用方式实施该专利,而且专利权人自己在约定的时间和地域范围内也不得实施。所谓独家许可,也称排他许可,是指专利权人许可被许可方在合同约定的时间和地域范围内享有以合同约定的方式对专利的排他实施权。在独家许可方式下,在合同约定的时间和地域内,专利权人不得再许可任何第三人以相同的使用方式实施该专利,但是专利权人自己可以实施。所谓普通许可,是指专利权人许可被许可方在合同约定的时间和地域内,以合同约定的方式使用专利,而专利权人在合同的时间和地域内,不仅自己可以以相同的使用方式实施该专利,而且可以再许可第三人实施该专利。所谓分许可,是指专利权人许可被许可方在合同约定的时间和地域内实施专利,而且许可被许可方在合同约定的时间和地域内再许可他人实施该项专利。

（4）转让权

转让权是指专利权人有权将其获得的专利权转让给他人。专利申请权和专利权可以转让,中国的单位或者个人向外国人转让专利申请权或者专利权的,必须经国务院有关主管部门批准。转让专利申请权或者专利权的,当事人应当订立书面合同,并向国务院专利行政部门登记,由国务院专利行政部门予以公告。专利申请权或者专利权的转让自登记之日起生效。

（5）放弃权

放弃权是指专利权人有权在专利保护期满前的任何时候,以书面声明或者不交年费的方式放弃其专利权。根据《专利法》的规定,专利权人以书面形式声明放弃其专利权的,专利权在保护期满前终止。专利权人行使放弃权,以书面声明的方式提出放弃专利权的,一经专利行政部门登记和公告,其专利权即可终止,其发明创造便进入公共领域,成为公有技术,任何人都可以不经许可自由使用,并无须向其支付报酬。但需注意的是,专利权人如果已经和他人签订了专利实施许可合同，其放弃专利权时应经被许可人的同意或者赔偿由此给被许可人造成的损失。

（二）专利权人的义务

（1）实施专利的义务。专利权人负有自己在中国制造其专利产品、使用其专利方法或许可他人在中国制造其专利产品、使用其专利方法的义务。

（2）缴纳年费（也称专利维持费）的义务。缴纳各项专利费用是专利申请人及专利权人应尽的义务，没有按照规定缴纳年费将使专利权在保护期满前终止。为了平衡专利权人所获得的独占权与社会公众之间的利益，促使专利权人将其专利产品或专利方法付诸实施，也为了缩短经济价值较低的专利权的有效期，专利年费采用累进制，专利权人所缴纳的年费是逐年增加的。专利权人应缴纳的第一次年费，应当在收到专利行政部门的授权通知之日起两个月内办理登记手续时缴纳，专利权人应同时缴纳专利登记费和专利证书印花税。

（3）被授予专利权的单位应当对职务发明创造的发明人或者设计人给予奖励；发明创造专利实施后，根据其推广应用的范围和取得的经济效益，对发明人或者设计人给予合理的报酬。国家鼓励被授予专利权的单位实行产权激励，采取股权、期权、分红等方式，使发明人或者设计人合理分享创新收益。

四、专利的申请与审批

（一）专利的申请

1.申请专利的文件
申请发明和实用新型专利应提交下列文件。

（1）请求书。请求书是指专利申请人向专利行政部门提交的请求授予其发明或者实用新型以专利权的一种书面文件。专利申请请求书应当使用由中国专利行政部门规定的表格，并且只能用中文填写。请求书的主要内容包括发明或实用新型的名称、发明人或设计人的姓名、申请人的姓名或名称及地址等。

（2）说明书。说明书是发明或实用新型专利申请人必须提交的基本文件，是对发明或者实用新型的技术内容进行具体说明的陈述性书面文件。说明书应对发明或实用新型作出清楚、完整的说明，以所属技术领域的普通技术人员能够实施为准，必要时应有附图。说明书的主要内容包括技术领域、背景技术、发明内容、附图说明以及具体实施方式等。

（3）说明书摘要。说明书摘要是说明书公开内容的概述，它仅是一种技术情报，不具有法律效力。其内容不属于发明或者实用新型原始公开的内容，不能作为以后修改说明书或者权利要求书的依据，也不能用来解释权利保护的范围。说明书摘要应当写明发明或者实用新型专利申请所公开内容的概要，即写明发明或者实用新型的名称和所属技术领域，并清楚地反映所要解决的技术问题、解决该问题的技术方案的要点以及主要用途。

（4）权利要求书。权利要求书是专利申请人向专利行政部门提交的用以确定专利保护范围的书面文件。权利要求书应当以说明书为依据，说明要求保护的范围。权利要求书是判定他人是否侵权的依据，是具有法律效力的独立文件。一份权利要求书中至少应包括一项独立权利要求，还可以包括从属权利要求。

申请外观设计专利应提交的文件包括请求书、该外观设计的图片或照片、使用该外观设计的产品名称及其所属的类别。请求书的主要内容包括使用外观设计的产品名称、设计人以及申请人等。申请外观设计专利的,必要时应当提交对外观设计的简要说明,外观设计的简要说明应当写明使用该外观设计的产品的设计要点、请求保护色彩、省略视图等情况。简要说明不得使用商业性宣传用语,也不能用来说明产品的性能。

2.申请专利的原则

(1)书面原则。书面原则是指专利申请人及其代理人在办理各种手续时都应当采用书面形式。专利申请必须以书面形式提交国务院专利行政部门,而且整个审批程序中的各种手续都必须以书面形式办理,不得使用口头形式,也不得使用电报、电传、电话、胶片等形式代替书面形式,而且专利申请人或者代理人提交的书面文件必须使用专利行政部门指定的格式,并由申请人签名或者盖章。

(2)先申请原则。先申请原则又称申请在先原则,是指两个以上的申请人分别就同样的发明创造申请专利的,专利权授予最先申请的人。两个以上的申请人在同一日分别就同样的发明创造申请专利的,自行协商确定申请人。申请日是我国判断一项专利申请的内容是否具有新颖性和创造性的基准日。一般而言,申请日为国务院专利行政部门收到专利申请文件之日,如申请文件为邮寄的,则寄出的邮戳日为申请日。专利申请人享有优先权的,以优先权日为申请日。

(3)单一性原则。单一性原则又称一项发明一件专利原则,是指每一项专利权只保护一项具体的发明创造。按照《专利法》的规定,一件发明或实用新型专利申请应限于一项发明或实用新型。属于一个总的发明构思的两项以上的发明或实用新型,可以作为一件申请提出。一件外观设计专利申请应限于一种产品所使用的一项外观设计。用于同一类别并且成套出售或使用的产品的两项以上的外观设计,可以作为一件申请提出。《专利法实施细则》第三十五条对单一性作了进一步的说明,即属于一个总的发明构思的两项以上的发明或实用新型,应当在技术上相互关联,包含一个或者多个相同或者相应的特定技术特征,其中特定技术特征是指每一项发明或者实用新型作为整体,对现有技术作出贡献的技术特征。

(4)优先权原则。优先权原则是指专利申请人就其发明创造自第一次提出专利申请后,在法定期限内,又就相同主题的发明创造提出专利申请的,依据有关法律的规定,可以享有优先权,即其在后的申请以其首次申请的日期作为申请日。专利申请人依法享有的权利,即为优先权。优先权可分为国际优先权和国内优先权(本国优先权)。

根据我国《专利法》的规定,申请人自发明或者实用新型在外国第一次提出专利申请之日起十二个月内,或者自外观设计在外国第一次提出专利申请之日起六个月内,又在中国就相同主题提出专利申请的,依照该外国同中国签订的协议或者共同参加的国际条约,或者依照相互承认优先权的原则,可以享有优先权,即将其首次申请日当作其后续申请的申请日。此即为国际优先权。申请人自发明或者实用新型在中国第一次提出专利申请之日起十二个月内,或者自外观设计在中国第一次提出专利申请之日起六个月内,又向国务院专利行政部门就相同主题提出专利申请的,可享有优先权。此即为国内优先权。

申请人要求发明、实用新型专利优先权的,应当在申请的时候提出书面声明,并且在第一次提出申请之日起十六个月内,提交第一次提出的专利申请文件的副本。申请人要求外观设计专利优先权的,应当在申请的时候提出书面声明,并且在三个月内提交第一次提出的专利申请文件的副本;未提出书面声明或者逾期未提交专利申请文件副本的,视为未要求优先权。

【例 7-5：优先权是怎么回事？】

a 于 2013 年 10 月 2 日就某发明创造向 A 国提出专利申请。2014 年 9 月 1 日,他又向 B 国就同一个发明创造提出了专利申请。另外,在这之前 (2014 年 7 月 1 日),B 国人 b 也就同样一个发明创造向 B 国提出了专利申请。则:

(1)若 a 没有向 B 国申请优先权,则该专利将授予 b,因为 b 先申请;

(2)若 a 向 B 国申请了优先权(假设 A、B 两国之间订有优先权协定),则将会把 2013 年 10 月 2 日视为 a 第一次向 B 国申请的日期,这样,该专利将授予 a。

(二)专利的审批

1.对发明专利的审批

我国对发明专利申请采用早期公开、延迟审查的制度。

(1)初步审查。初步审查又称形式审查,是指国务院专利行政部门收到发明专利申请后,对专利申请的形式条件进行的审查,其主要任务是:①审查申请人提交的申请文件是否符合规定;②审查申请人在提出专利申请时或者随后提交的与专利申请有关的文件是否符合规定。发现存在可以补正的缺陷时,及时通知申请人补正,发现不可克服的缺陷时,作出审查意见书,驳回申请,尽早结束审批程序。对于专利行政部门提出的缺陷,申请人应当在法律规定的期限内或者在专利行政部门指定的期限内补正,期限届满,申请人未作出答复的,其专利申请被视为撤回。申请人陈述意见或补正后,国务院专利行政部门仍然认为不符合要求的,应驳回其申请。

(2)公布申请。国务院专利行政部门经过初步审查,认为申请符合《专利法》要求的,自申请日起满十八个月,即行公布。国务院专利行政部门也可根据专利申请人的要求早日公布其申请。在专利申请被公布后,专利申请人便享有了临时保护权。

(3)实质审查。实质审查是指国务院专利行政部门依法对申请专利的发明是否具有新颖性、创造性和实用性等实质条件进行的审查。发明专利申请人自申请日起三年内,可以随时提出申请,国务院专利行政部门根据其要求进行实质审查。申请人无正当理由逾期不提出实质审查的申请的,该专利申请即被视为撤回。国务院专利行政部门认为必要时,也可自行对发明专利申请进行实质审查。申请人在请求实质审查时,应当提交在申请以前与其发明有关的参考资料。已经在国外提出过专利申请的,还应当提交该国为审查其专利申请进行检索的资料或者审查结果的资料。无正当理由不提交的,该申请被视为撤回。

国务院专利行政部门对发明专利申请进行实质审查后,认为不符合《专利法》的规定的,应通知申请人,要求其在指定的期限内陈述意见,或对其申请进行修改。逾期无正当理由不答复的,该申请即被视为撤回。

(4)授权与驳回。发明专利申请经实质审查没有发现驳回理由的,国务院专利行政部门应作出授予发明专利权的决定,发给发明专利证书,并予以登记和公告。发明专利权自公告之日起生效。发明专利申请经申请人陈述意见或进行修改后,国务院专利行政部门仍然认为不符合《专利法》规定的,应予以驳回。

2.对实用新型与外观设计专利申请的审批

根据我国《专利法》的规定,对实用新型与外观设计的专利申请只进行初步审查,不进行实质审查。实用新型与外观设计专利申请经初步审查没有发现驳回理由的,国务院专利行政部门应作出授予专利权的决定,发给相应的证书,并予以登记和公告。实用新型专利权与外观设计专利权自公告之日起生效。

对实用新型与外观设计专利申请的初步审查包括形式审查、合法性审查以及明显实质性缺陷审查。其具体审查内容主要包括:①该实用新型是否属于《专利法》第五条和第二十五条规定的不授予专利权的对象,该外观设计是否明显属于《专利法》第五条规定的不得授予专利权的对象;②实用新型或外观设计专利申请人是否符合《专利法》及其实施细则的有关规定;③专利申请文件以及与专利申请有关的其他文件是否符合《专利法》及其实施细则的有关规定。

3.救济程序

国务院专利行政部门设立专利复审委员会。专利申请人对国务院专利行政部门驳回申请的决定不服的,可以自收到通知之日起三个月内,向专利复审委员会请求复审。专利复审委员会复审后,作出决定,并通知专利申请人。专利申请人对专利复审委员会的复审决定不服的,可以自收到通知之日起三个月内向人民法院起诉。

(三)授予专利权的条件

1.授予专利权的积极条件

授予专利权的发明和实用新型,应具备新颖性、创造性和实用性。这"三性"即为一项发明或实用新型获得专利权的积极条件,又称实质条件。

(1)新颖性

所谓新颖性,是指申请专利的发明或者实用新型不属于现有技术,即在申请日前没有同样的发明或实用新型在国内外出版物上公开发表过、在国内公开使用过或以其他方式为公众所知,也没有同样的发明或实用新型由他人向国务院专利行政部门提出过申请并记载在申请日以后公布的专利申请文件中。专利制度中的现有技术是指在专利申请以前已经以某种方式在一定的地域范围内公开的技术。公开的方式包括出版物公开、使用公开以及以其他方式使发明或者实用新型的技术内容为公众所知。

申请专利的发明创造在申请日以前六个月内,有以下情形之一的,虽已公开,但不丧失新颖性:①在国家出现紧急状态或者非常情况时,为公共利益目的首次公开的;②在中国政府主办或承认的国际展览会上首次展出的;③在规定的学术会议或技术会议上首次发表的;④他人未经申请人同意而泄露其内容的。

(2)创造性

所谓创造性,是指同申请日以前已有的技术相比,该发明有突出的实质性特点和显著进步,该实用新型有实质性特点和进步。所谓"发明有突出的实质性特点",是指该发明与现有的技术相比,具有明显不同的技术特征。凡发明所属之技术领域的普通技术人员不能直接从现有技术中得出构成该发明必要的全部技术特征的,都被认为具有"突出的实质性特点"。所谓"显著进步",是指该发明与最接近的技术相比,具有长足的进步。

(3)实用性

所谓实用性,是指该发明或实用新型能够制造或使用,并且能够产生积极的效果。积极的效果包括积极的社会效果、积极的技术效果以及积极的经济效果。

根据我国《专利法》的规定,一项外观设计获得专利权的实质条件是新颖性。所谓新颖性,是指授予专利权的外观设计应当同申请日以前在国内外出版物上公开发表过或者国内公开使用过的外观设计不相同和不相近似，并不得与他人在先取得的合法权利相冲突。

2.授予专利权的消极（禁止）条件

根据《专利法》的规定，只有符合法定条件的发明创造，才可能被授予专利权。不属于《专利法》规定的保护对象或者不符合《专利法》规定条件的对象，就不能被授予专利权。

《专利法》第五条规定，对违反国家法律、社会公德或者妨害公共利益的发明创造，不授予专利权。因此，对于违法或违反公序良俗的发明创造，尽管其可能具备新颖性、创造性和实用性，也不能被授予专利权。

此外，《专利法》第二十五条还规定了不适用《专利法》的对象，包括：

（1）科学发现。所谓科学发现，是指人们通过自己的智力活动对客观世界已经存在但未被揭示出来的规律、性质和现象等的认识。

（2）智力活动的规则和方法。所谓智力活动的规则和方法，是指人们进行推理、分析、判断、运算、处理、记忆等思维活动的规则和方法。智力活动的规则和方法虽然不能获得专利权，但是，用于智力活动的设备或者根据智力活动的规则和方法设计、制造的用具和仪器等，只要符合获得专利权的条件，可以被授予专利权。

（3）疾病的诊断和治疗方法，其方法本身虽然不是适用《专利法》的对象，但是用于疾病诊断和治疗的仪器、设备等，只要具备授予专利权的条件，可以获得专利权。

（4）动物和植物品种，包括天然生长和人工培养的两类。

（5）原子核变换方法以及用原子核变换方法获得的物质，它是指用核裂变和核聚变的方法获得的单质或化合物。

但对第（4）项所列产品的生产方法，可以依照《专利法》的规定授予专利权。

（四）专利权的期限、终止与无效

1.专利权的期限

专利权是一种具有时间性的专有权，一旦超过法律规定的保护期限，就不再受保护。根据我国《专利法》的规定，发明专利权的期限为二十年，实用新型专利权的期限为十年，外观设计专利权的期限为十五年，均自申请日起计算。有优先权的，自优先权日起计算。

自发明专利申请日起满四年，且自实质审查请求之日起满三年后授予发明专利权的，国务院专利行政部门应专利权人的请求，就发明专利在授权过程中的不合理延迟给予专利权期限补偿，但由申请人引起的不合理延迟除外。

为补偿新药上市审评审批占用的时间，对在中国获得上市许可的新药相关发明专利，国务院专利行政部门应专利权人的请求给予专利权期限补偿。补偿期限不超过五年，新药批准上市后总有效专利权期限不超过十四年。

2.专利权的终止

专利权的终止是指因某种法律事实的发生而导致专利权的效力趋于消灭的情形。专利权的终止有广义和狭义之分。广义的专利权终止除了包括上述因某种法律事实导致专利权效力的消灭，即狭义的专利权终止，还包括专利权因宣告无效而自始不存在的情形，以及因专利权的转让导致原专利权人丧失专利权的情形。

本书中专利权的终止仅指狭义的专利权终止。根据《专利法》的规定，以下法律事实导致专利权的终止，其中第（2）项、第（3）项导致专利权在期限届满前终止。

（1）专利权的保护期限届满。

（2）没有按照规定缴纳年费的。《专利法实施细则》第九十八条规定,专利权人未按时缴纳授予专利权当年以后的年费或者缴纳的数额不足的,国务院专利行政部门应当通知专利权人自应当缴纳年费期满之日起六个月内补缴,同时缴纳滞纳金;滞纳金的金额按照每超过规定的缴费时间一个月,加收当年全额年费的百分之五计算;期满未缴纳的,专利权自应当缴纳年费期满之日起终止。

（3）专利权人以书面声明放弃其专利权的。专利权人主动放弃其专利权的,应当使用专利行政部门统一制定的表格,提出书面声明。专利权人放弃专利权时,只能放弃一件专利权的全部,而不能只放弃其中的部分权利。若一项专利权为两个以上的专利权人所共有,那么放弃专利权的声明必须得到全体专利权人的同意,部分专利权人的放弃声明,不能导致专利权的终止,只能导致作出放弃声明的专利权人所享有的部分权利的丧失。

专利权的终止,由国务院专利行政部门登记和公告。

3.专利权的无效

《专利法》设立无效宣告程序,是为了纠正专利行政部门给不符合《专利法》规定条件的发明创造授予专利权的情形,让公众或者利害关系人通过这一救济程序请求专利复审委员会宣告该专利无效,从而保证《专利法》的正确执行,维护社会公共利益或者他人的合法权益。

专利权的无效宣告程序是指自国务院专利行政部门公告授予专利权之日起,任何单位或个人认为该专利权的授予不符合《专利法》的有关规定,都可以请求专利复审委员会宣告该专利权无效。专利复审委员会对该请求应当及时进行审查和作出决定,并通知请求人和专利权人。宣告专利权无效的决定,由国务院专利行政部门登记和公告。

在专利权无效宣告中,专利复审委员会作出的决定有三种:宣告专利权无效、维持专利权有效以及宣告专利权部分无效。对专利复审委员会宣告专利权无效或者维持专利权的决定不服的,可以自收到通知之日起三个月内向人民法院起诉。人民法院应当通知无效宣告请求程序的对方当事人作为第三人参加诉讼。

请求宣告专利权无效或者部分无效的,应当向专利复审委员会提交专利权无效宣告请求书和必要的证据一式两份。无效宣告请求书应当结合提交的所有证据,具体说明无效宣告请求的理由,并指明每项理由所依据的证据。根据《专利法实施细则》第六十五条第二款的规定,请求宣告专利权无效的理由主要包括:

（1）申请专利的发明和实用新型不符合《专利法》规定的实质条件,即新颖性、创造性以及实用性,申请专利的外观设计不符合《专利法》规定的新颖性的条件;

（2）申请专利的发明、实用新型和外观设计不符合《专利法实施细则》第二条的规定;

（3）专利权的授予不符合单一性原则（一项发明一件专利）或先申请原则;

（4）申请专利的说明书或权利要求书的格式和内容不符合《专利法》及其实施细则的规定;

（5）申请专利的发明创造属于《专利法》规定不授予专利的情形或者属于《专利法》规定不适用《专利法》的对象;

（6）对发明和实用新型专利申请文件的修改超出了原说明书和权利要求书记载的范围,对外观设计专利申请文件的修改超出了原图片或者照片表示的范围。

宣告无效的专利权被视为自始即不存在。宣告专利权无效的决定,对在宣告专利权无效前人民法院作出并已执行的专利侵权的判决、裁定,已经履行或者强制执行的专利侵权纠纷处理决定,以及已经履行的专利实施许可合同和专利权转让合同,不具有追溯力。但是因专利权人的恶意给他人造成的损失,应当给予赔偿。如果依照法律规定,专利权人或者专利权转让人不向被许可实施专利人或者专利权受让人返还专利使用费或者专利权转让费,明显违反公平原则,专利权人或者专利权转让人应当向被许可实施专利人或者专利权受让人返还全部或者部分专利使用费或者专利权转让费。

五、专利权的保护

(一)专利权保护的范围

专利权的保护范围,是指发明创造专利权的法律效力所及的范围。根据《专利法》的规定,发明或者实用新型专利权的保护范围以其权利要求书的内容为准,说明书及附图可以用于解释权利要求。外观设计专利权的保护范围以表示在图片或者照片中的该外观设计专利产品为准。

产品发明专利的保护范围,及于一切具有相同特征、相同结构和相同性能的产品,而不问该产品是以什么方式制造的。方法发明专利的保护范围,及于一切具有相同特征、相同参数和相同效果的方法。在方法的实施过程中所使用设备、工具、仪器、装备等,不应限制方法专利的保护范围。

(二)侵权纠纷及其处理

在专利权的有效期内,任何单位和个人未经专利权人许可,实施其专利,触犯其专利权保护范围的,即侵犯其专利权,引起纠纷的,由当事人协商解决。不愿协商或者协商不成的,专利权人或者利害关系人可以向人民法院起诉,也可以请求管理专利工作的部门处理。管理专利工作的部门处理时,认定侵权行为成立的,可以责令侵权人立即停止侵权行为,当事人不服的,可以自收到处理通知之日起十五日内依照《行政诉讼法》向人民法院起诉;侵权人期满不起诉又不停止侵权行为的,管理专利工作的部门可以申请人民法院强制执行。进行处理的管理专利工作的部门应当事人的请求,可以就侵犯专利权的赔偿数额进行调解;调解不成的,当事人可以依照《民事诉讼法》向人民法院起诉。

专利侵权纠纷涉及新产品制造方法的发明专利的,制造同样产品的单位或者个人应当提供其产品制造方法不同于专利方法的证明;涉及实用新型专利的,人民法院或者管理专利工作的部门可以要求专利权人出具由国务院专利行政部门作出的检索报告。

(三)赔偿数额的计算

侵犯专利权的赔偿数额,按照权利人因被侵权所受到的损失或者侵权人因侵权所获得的利益确定;被侵权人的损失或者侵权人获得的利益难以确定的,参照该专利许可使用费的倍数合理确定。

(四)诉讼保全措施

专利权人或者利害关系人有证据证明他人正在实施或者即将实施侵犯其专利权的行为,如不及时制止将会使其合法权益受到难以弥补的损害的,可以在起诉前向人民法院申请采取责令停止有关行为和财产保全的措施。

（五）专利侵权的诉讼时效

侵犯专利权的诉讼时效为三年，自专利权人或者利害关系人得知或者应当得知侵权行为之日起计算。发明专利申请公布后至专利权授予前使用该发明未支付适当使用费的，专利权人要求支付使用费的诉讼时效为三年，自专利权人得知或者应当得知他人使用其发明之日起计算，但是，专利权人于专利权授予之日前即已得知或者应当得知的，自专利权授予之日起计算。

（六）专利侵权行为

1.专利侵权行为的概念与构成要件

专利侵权行为是指在专利权的有效期限内，任何他人在未经专利权人许可，也没有其他法定事由的情况下，擅自以营利为目的实施专利的行为。

根据我国《专利法》的规定，构成《专利法》所规范的专利侵权行为应当具备以下要件：

（1）实施的发明创造必须是被授予专利的发明、实用新型或外观设计；

（2）实施获得专利的发明创造未经专利权人许可；

（3）实施专利系出于生产经营目的；

（4）不属于法律另有规定的例外情形。

2.专利侵权行为的种类

根据《专利法》第十一条以及第六十三条的规定，专利侵权行为包括以下七种类型：

（1）未经许可制造专利产品的行为，专利产品包括专利权人在发明或者实用新型的权利要求书中所描述的产品或者在外观设计专利申请文件中写明的使用该外观设计的产品；

（2）未经许可使用、许诺销售发明或实用新型专利产品的行为；

（3）未经许可销售专利产品的行为；

（4）未经许可使用专利方法以及使用、许诺销售、销售依照专利方法直接获得的产品的行为；

（5）未经许可进口专利产品或者进口依照专利方法直接获得的产品的行为；

（6）假冒他人专利的行为；

（7）冒充专利的行为；

3.假冒他人专利的行为

下列行为属于假冒他人专利的行为：

（1）未经许可，在其制造或者销售的产品、产品的包装上标注他人的专利号；

（2）未经许可，在广告或者其他宣传材料中使用他人的专利号，使人将所涉及的技术误认为是他人的专利技术；

（3）未经许可，在合同中使用他人的专利号，使人将合同涉及的技术误认为是他人的专利技术；

（4）伪造或者变造他人的专利证书、专利文件或者专利申请文件。

假冒他人专利的行为，除依法承担民事责任外，由管理专利工作的部门责令改正并予公告，没收违法所得，可以并处违法所得四倍以下的罚款，没有违法所得的，可以处二十万元以下的罚款；构成犯罪的，依法追究刑事责任。

（七）专利权保护的例外

有下列情形之一的，不视为侵犯专利权：

（1）专利产品或者依照专利方法直接获得的产品，由专利权人或者经其许可的单位、个人售出后，使用、许诺销售、销售、进口该产品的；

（2）在专利申请日前已经制造相同产品、使用相同方法或者已经作好制造、使用的必要准备，并且仅在原有范围内继续制造、使用的；

（3）临时通过中国领陆、领水、领空的外国运输工具，依照其所属国同中国签订的协议或者共同参加的国际条约，或者依照互惠原则，为运输工具自身需要而在其装置和设备中使用有关专利的；

（4）专为科学研究和实验而使用有关专利的；

（5）为提供行政审批所需要的信息，制造、使用、进口专利药品或者专利医疗器械的，以及专门为其制造、进口专利药品或者专利医疗器械的。

为生产经营目的使用、许诺销售或者销售不知道是未经专利权人许可而制造并售出的专利侵权产品，能证明该产品合法来源的，不承担赔偿责任。

（八）专利实施的强制许可

当出现下列情况时，国务院专利行政部门可以给予实施强制许可的决定，并予以登记和公告：

（1）具备实施条件的单位以合理的条件请求专利权人许可实施其专利，而未在合理的时间内获得这种许可，国务院专利行政部门根据该单位的申请，可以给予实施该专利的强制许可；

（2）在国家出现紧急状态或非常情况时，或为了公共利益的目的，国务院专利行政部门可以给予实施专利的强制许可；

（3）一项取得专利权的发明或者实用新型比以前已经取得专利权的发明或者实用新型具有显著经济意义的重大技术进步，其实施又有赖于前一发明或者实用新型的实施的，国务院专利行政部门根据后一专利权人的申请，可以给予实施前一发明或者实用新型的强制许可。同时，也可根据前一专利人的申请，给予实施后一项专利的强制许可。

取得实施强制许可的单位或个人不享有独占的实施权，并无权允许他人实施。同时，该单位和个人应付给专利权人合理的使用费，其数额由双方商定，协商不成的，则由国务院专利行政部门裁决。

专利权人对国务院专利行政部门关于实施强制许可的决定不服的，专利权人和取得实施强制许可的单位或者个人对国务院专利行政部门关于实施强制许可的使用费的裁决不服的，可以自收到通知之日起三个月内向人民法院起诉。

【例7-6：一个关于强制许可的小例子】

甲曾获一汽车节油装置的专利权，后乙对此种装置作了改进并获得了国家专利，但乙专利的实施又必须借助于甲专利的实施，此种情况属于（　　）。

A. 可以申请强制许可的范围

B. 交叉强制许可

C. 甲可以申请强制实施乙的专利

D. 乙可以申请强制实施甲的专利

【例7-6】分析

第四节　著作权法

一、著作权法概述

(一)著作权

著作权也称版权,是指作者及其他权利人对文学、艺术和科学作品享有的人身权和财产权的总称。著作权过去称为版权。版权最初的含义是 copyright("版"和"权"),也就是复制权。过去印刷术不普及,当时社会认为附随于著作物最重要之权利莫过于将之印刷出版之权,故有此称呼。不过随着时代演进及科技的进步,著作的种类逐渐增加。世界上第一部版权法英国《安娜法令》开始保护作者的权利,而不仅仅是出版者的权利。1791 年,法国颁布了《表演权法》,开始重视保护作者的表演权利。1793 年,法国又颁布了《作者权法》,作者的精神权利得到了进一步的重视。

随着著作权内容的进一步扩展,版权一词已渐渐不能包含所有著作物相关之权利内容。19 世纪后半叶,日本融合大陆法系的著作权法中的作者权以及英美法系中的版权,制定了《日本著作权法》,采用了"著作权"的称呼。

中文最早使用"著作权"一词,始于中国第一部著作权法律《大清著作权律》。清政府解释为:"有法律不称为版权律而名之曰著作权律者,盖版权多于特许,且所保护者在出版,而不及于出版物创作人;又多指书籍图画,而不是以赅刻模型等美术物,故自以著作权名之适当也。"此后中国著作权法律都沿用这个称呼。

那么,著作权何时开始享有? 是作品发表之日、出版之日、获得授权之日,还是完成作品之日?

在中华人民共和国境内,凡是中国公民、法人或者非法人组织的作品,不论是否发表,都享有著作权;外国人的作品首先在中国境内发表的,也依《中华人民共和国著作权法》享有著作权;外国人在中国境外发表的作品,根据其所属国与中国签订的协议或者共同参加的国际条约享有著作权。这里所说的是否发表,是指无论在国内发表还是在国外发表,或者不发表,都享有著作权。

至于外国人、无国籍人的作品,则区分以下三种情形:

(1)外国人、无国籍人的作品首先在中国境内出版的,依照《中华人民共和国著作权法》享有著作权。这里所称的出版指作品的复制、发行。

(2)未与中国签订协议或者共同参加国际条约的国家的作者以及无国籍人的作品首次在中国参加的国际条约的成员国出版的,或者在成员国和非成员国同时出版的,受《中华人民共和国著作权法》保护。

(3)外国人、无国籍人的作品根据其作者所属国或者经常居住地国同中国签订的协议或者共同参加的国际条约享有的著作权,受《中华人民共和国著作权法》保护。

我国在知识产权立法中,著作权(即版权)与专利、商标相比,是较晚立法的,但和知识产权其他范畴一样,著作权的立法也是多层次多方面的。其中最主要的是《中华人民共和国著作权法》(以下简称《著作权法》)和《中华人民共和国著作权法实施细则》(以下简称《著作权法实施细则》),还有国家新闻出版广电总局、文化部等部门发布的众多部颁规章等。

1990 年 9 月 7 日，第七届全国人民代表大会常务委员会第十五次会议通过了《著作权法》，2001 年 10 月 27 日，第九届全国人民代表大会常务委员会第二十四次会议通过了《关于修改〈中华人民共和国著作权法〉的决定》，对《著作权法》进行了第一次修改，2010 年 2 月 26 日，第十一届全国人民代表大会常务委员会第十三次会议通过了《关于修改〈中华人民共和国著作权法〉的决定》，对《著作权法》进行了第二次修改。2020 年 11 月 11 日第十三届全国人民代表大会常务委员会第二十三次会议通过了《著作权法》的第三次修改，自 2021 年 6 月 1 日起施行。

（二）第三次修改的《著作权法》的亮点

1. 增加惩罚性赔偿制度

《著作权法》第五十四条规定，侵犯著作权或者与著作权有关的权利的，侵权人应当按照权利人因此受到的实际损失或者侵权人的违法所得给予赔偿；权利人的实际损失或者侵权人的违法所得难以计算的，可以参照该权利使用费给予赔偿。对故意侵犯著作权或者与著作权有关的权利，情节严重的，可以在按照上述方法确定数额的一倍以上五倍以下给予赔偿。权利人的实际损失、侵权人的违法所得、权利使用费难以计算的，由人民法院根据侵权行为的情节，判决给予五百元以上五百万元以下的赔偿。《著作权法》中增加惩罚性赔偿制度意味着，在知识产权领域惩罚性赔偿制度已经较为全面的建立。这一规定与《民法典》第一千一百八十五条规定的知识产权惩罚性赔偿一脉相承，与《商标法》第六十三条、《专利法》第七十一条、《反不正当竞争法》第十七条基本一致。现阶段，知识产权案件适用惩罚性赔偿的比例不高，知识产权案件中著作权纠纷案件占比较大。

那么，惩罚性赔偿制度在著作权案件中应当如何适用？根据最高人民法院出版的《中华人民共和国民法典侵权责任编理解与适用》（第 191 至 201 页）的理解，知识产权侵权赔偿仍要坚持"以补偿救济为原则，以惩罚性赔偿为补充"。惩罚性赔偿是高压线，防止司法不当干预市场经济活动。司法实践中，应当在当事人主张适用的前提下，根据惩罚性赔偿适用的构成要件进行适用、论证。同时，此次将法定赔偿上限提高到五百万元，对著作权侵权案件适用酌定赔偿、法定赔偿提供了新动力。但值得注意的是，法定赔偿限额提升后，与惩罚性赔偿的适用可能存在制度供给上的竞争，使得当事人或法院急于精细化地处理案件，径行适用法定赔偿。此外，法定赔偿数额的下限为五百元的规定也引人瞩目。作出著作权侵权赔偿下限规定，彰显对侵犯著作权行为的加大惩治，利于遏制现阶段图片、字体等类型纠纷频发但赔偿金额少的侵权现象，推动社会形成尊重版权、尊重创新创造的氛围。

2. 规定视听作品，将类电作品改为视听作品

"电影作品、电视剧作品及其他视听作品""电影作品和以类似摄制电影的方法创作的作品"在这次《著作权法》修改中，统一改称为视听作品。这种变化反映了产业界迅速发展对著作权带来的挑战，比如近些年兴起并且已经发展成数千亿市场规模的网络游戏，网络游戏直播如何定性、网络游戏画面如何定性等；再比如，音乐喷泉、灯光秀、烟花秀等如何归类定性。这些问题的出现，催生了视听作品的立法。

但是，关于视听作品的定义及构成要件没有作出规定。电影作品、电视剧作品与视听作品之间区别是什么？目前还没有答案。对该问题的解决还需要实践中具体案例裁判出可操作的要点，逐渐达成共识。同时，要防止视听作品作为单独客体类型后的泛化适用，判断时应当在符合作品要件的前提下，进一步判断是否符合视听作品的构成要件。

3. 对广播权进行合理扩张

《著作权法》第十条第十一项规定,广播权,即以有线或者无线方式公开传播或者转播作品,以及通过扩音器或者其他传送符号、声音、图像的类似工具向公众传播广播的作品的权利,但不包括本款第十二项规定的权利;第十二项规定,信息网络传播权,即以有线或者无线方式向公众提供,使公众可以在其选定的时间和地点获得作品的权利。

信息网络传播权和广播权的修改,回应了当前较为突出的网络直播著作权侵权问题,以后网络主播未经许可翻唱、挂播他人作品,将落入权利人广播权的规制范围。法院进行审理网络直播、挂播等非交互式著作权侵权纠纷案件,将不再用原来的兜底条款予以救济,信息网络传播权和广播权的衔接将更严密,法律适用也更为清晰明确。

4. 修改作品定义,作品客体类型开放

《著作权法》此次修改,对作品定义和作品类型作了修改。作品,是指文学、艺术和科学领域内具有独创性并能以一定形式表现的智力成果。符合作品特征的其他智力成果同样是作品。

对作品定义的修改,这应当是《著作权法》修改中最为根基的问题,也是源头问题。作品的定义虽然采用的是概括式概念描述的方法,但并未封闭,对作品的把握依然是判断作品的要件,即是不是在文学、艺术、科学领域,有没有独创性,能不能以一定形式表现。摒弃了原来实际上并无法律、行政法规规定的其他作品的兜底规定。这将为司法实践腾出可适用的空间,贯彻知识产权法定主义的原则。

5. 合作作品的著作权归属

《著作权法》修改对合作作品的规定汲取了《中华人民共和国著作权法实施条例》的规定,并对公报案例的裁判要点予以采纳(《最高人民法院公报》2012年第9期)。修改规定为"两人以上合作创作的作品,著作权由合作作者共同享有,通过协商一致行使;不能协商一致,又无正当理由的,任何一方不得阻止他方行使除转让、许可他人专有使用、出质以外的其他权利,但是所得收益应当合理分配给所有合作作者。没有参加创作的人,不能成为合作作者"。

合作作品突出强调有共同创作的主观意图,创作者有实质性的创作行为,如果仅仅是对原作品做一些简单的辅助性工作,不能认定为参与创作,不能认定为合作作者。这样规定,一方面尊重当事人意思自治,有协商约定的从其约定;无法协商约定的,无正当理由不得妨碍作品的正常传播,所得收益归所有的合作作者。这样既保障了作者的经济收益,又不妨碍作品的正常传播流通。

6. 规定演员职务表演权利归属

《著作权法》修改增加了演员职务表演,即演员为完成本演出单位的演出任务进行的表演为职务表演,演员享有表明身份和保护表演形象不受歪曲的权利,其他权利归属由当事人约定。当事人没有约定或者约定不明确的,职务表演的权利由演出单位享有。

相较于演出单位,演员一般较为弱势,从立法上对演员的权利予以强化,突出表演者表演作品的人身属性。同时,明确演员除表明身份和保护表演形象不受歪曲权利外,其他权利也可以进行约定,并非职务表演当然归演出单位享有。尽管立法上作了有利于保障演员权益的倾斜,但站在演员或演出单位的不同立场,对权利的维护,对风险的规避,答案截然不同,能否真正得到保障可能还有待实践检验。

7.明确著作权集体管理组织是非营利法人，规范管理，信息公开

依法设立的著作权集体管理组织是非营利法人，被授权后可以以自己的名义为著作权人和与著作权有关的权利人主张权利，并可以作为当事人进行涉及著作权或者与著作权有关的权利的诉讼、仲裁活动。

著作权集体管理组织根据授权向使用者收取使用费。使用费收取标准由著作权集体管理组织和使用者代表协商确定，协商不成的，可以向国家著作权主管部门申请裁决，对裁决不服的，可以向人民法院提起诉讼；当事人也可以直接向人民法院提起诉讼。

著作权集体管理组织应当将使用费收取和转付、管理费提取和使用、使用费未分配部分等情况定期向社会公布，并应当建立权利信息查询系统，供权利人和使用者查询。国家著作权主管部门应当依法对著作权集体管理组织进行监督管理。

新增的规定，对著作权集体管理组织提出了更高的要求，在定性上其属于非营利法人，不得以营利为目的进行著作权的管理，收费标准以协商为主，协商不成的可以申请裁决或诉讼。著作权集体管理组织需要加快建立权利信息查询系统，完善我国著作权许可交易的短板，同时，信息透明公开，接受公众监督。

8.凸显对阅读障碍者的关爱

《著作权法》修改中，增加"以阅读障碍者能够感知的方式向其提供已经发表的作品"为合理使用的法定情形，凸显对残障人士的关爱，体现著作权修法的人文关怀和温暖。2019年，上海市政协委员、协力律师事务所创始人游闽键律师领衔的知识产权事务中心的几位同事共同撰写了《关于支持发展无障碍电影的建议》的政协委员提案，建议为视障人士观看电影提供便利，作品类型仅仅限于文字作品远远不能满足残障人士的精神文化需要，同时，盲人这一主体限定过于严苛，生活中也存在不少其他类型视力障碍患者。

此次《著作权法》的修改，将盲人改为阅读障碍者，并且不再限制作品类型，以阅读障碍者能感知的方式使用作品，这是《著作权法》修改中的很大进步，让残障人士在立法上得到更多的关爱，有更多的机会享受多姿多彩的文化，丰富内心精神世界。立法的善良会带动社会的善良，将来会有更多的专业机构为残障人士服务，让他们以自己能感知的方式感知到不同类别的作品。

二、作品的定义

《著作权法》所保护的客体是作品，所谓作品，是指文学、艺术和科学领域内具有独创性并能以一定形式表现的智力成果。

具体来说，作品包括以下形式创作的文学、艺术和自然科学、社会科学、工程技术等作品：

(1)文字作品；

(2)口述作品；

(3)音乐、戏剧、曲艺、舞蹈、杂技艺术作品；

(4)美术、建筑作品；

(5)摄影作品；

(6)视听作品；

(7)工程设计图、产品设计图、地图、示意图等图形作品和模型作品；

（8）计算机软件；

（9）符合作品特征的其他智力成果。

著作权人和与著作权有关的权利人行使权权，不得违反宪法和法律，不得损害公共利益。国家对作品的出版、传播依法进行监督管理。

需要注意的是，虽然也是《著作权法》所称的作品，但明显带有社会性、公益性的作品则不适用《著作权法》。这些作品包括：

（1）法律、法规，国家机关的决议、决定、命令和其他具有立法、行政、司法性质的文件及其官方正式译文；

（2）单纯事实消息；

（3）历法、通用数表、通用表格和公式。

三、著作权的内容

《著作权法》所称的著作权人包括：①作者；②其他依照《著作权法》享有著作权的公民、法人或者非法人组织。

著作权通常有狭义和广义之分。狭义的著作权是指作者依法享有的权利，包括著作人身权和著作财产权；广义的著作权除包含上述内容之外，还包括著作邻接权等权利。

（一）著作人身权

著作人身权又称著作精神权利，是指作者对其作品所享有的各种与人身相联系或者密不可分而又无直接财产内容的权利。著作人身权是指作者通过创作表现个人风格的作品而依法享有的获得名誉、声望和维护作品完整性的权利。该权利由作者终身享有，不可转让、剥夺和限制。作者死后，一般由其继承人或者法定机构予以保护。

著作人身权具有以下四个特征：①著作人身权整体的不可转让性；②著作人身权不可剥夺性；③著作人身权个别权能的可继承性（如发表权）；④著作人身权的永久性。

根据我国《著作权法》的规定，著作人身权的内容具体包括：①发表权；②署名权；③修改权；④保护作品完整权。

（二）著作财产权

著作财产权是指作者对其作品的自行使用和被他人使用所享有的以物质利益为内容的权利。著作财产权的内容具体包括复制权、发行权、出租权、展览权、表演权、放映权、广播权、信息网络传播权、摄制权、改编权、翻译权、汇编权、追续权以及应当由著作权人享有的其他权利。

（三）邻接权

邻接权是指作品传播者对在传播作品过程中产生的劳动成果依法享有的专有权利，又称为作品传播者权或与著作权有关的权益。广义的著作权可以包括邻接权。狭义的著作权与邻接权的关系极为密切。没有作品，就谈不上作品的传播，因而邻接权以著作权为基础；对于著作权合理使用的限制，同样适用于对邻接权的限制；邻接权的保护期为五十年。

邻接权与著作权的主要区别是：邻接权的主体多为法人或其他组织，著作权的主体多为自然人；邻接权的客体是传播作品过程中产生的成果，而著作权的客体是作品本身；邻接权中除表演者权外一般不涉及人身权，而著作权包括人身权和财产权两方面的内容。

根据《著作权法》第十条的规定,著作权包括下列人身权和财产权:

(1)发表权,即决定作品是否公之于众的权利;

(2)署名权,即表明作者身份,在作品上署名的权利;

(3)修改权,即修改或者授权他人修改作品的权利;

(4)保护作品完整权,即保护作品不受歪曲、篡改的权利;

(5)复制权,即以印刷、复印、拓印、录音、录像、翻录、翻拍等方式将作品制作一份或者多份的权利;

(6)发行权,即以出售或者赠与方式向公众提供作品的原件或者复制件的权利;

(7)出租权,即有偿许可他人临时使用视听作品、计算机软件的原件或者复制件的权利,计算机软件不是出租的主要标的的除外;

(8)展览权,即公开陈列美术作品、摄影作品的原件或者复制件的权利;

(9)表演权,即公开表演作品,以及用各种手段公开播送作品的表演的权利;

(10)放映权,即通过放映机、幻灯机等技术设备公开再现美术、摄影、视听作品等的权利;

(11)广播权,即以有线或者无线方式公开广播或者传播作品,以及通过扩音器或者其他传送符号、声音、图像的类似工具向公众传播广播的作品的权利,但不包括本款第十二项规定的权利;

(12)信息网络传播权,即以有线或者无线方式向公众提供作品,使公众可以在其个人选定的时间和地点获得作品的权利;

(13)摄制权,即以摄制视听作品的方法将作品固定在载体上的权利;

(14)改编权,即改变作品,创作出具有独创性的新作品的权利;

(15)翻译权,即将作品从一种语言文字转换成另一种语言文字的权利;

(16)汇编权,即将作品或者作品的片段通过选择或者编排,汇集成新作品的权利;

(17)应当由著作权人享有的其他权利。

著作权人可以许可他人行使第(5)项至第(17)项规定的权利,并依照约定或者《著作权法》有关规定获得报酬。

著作权人可以全部或者部分转让第(5)项至第(17)项规定的权利,并依照约定或者《著作权法》有关规定获得报酬。

四、著作权的归属

(一)一般原则

《著作权法》第十一条规定,著作权属于作者(包括自然人、法人或者非法人组织),本法另有规定的除外。创作作品的公民是作者。由法人或者非法人组织主持,代表法人或者非法人组织意志创作,并由法人或者非法人组织承担责任的作品,法人或者非法人组织视为作者。如无相反证明,在作品上署名的公民、法人或者非法人组织为作者。

(二)演绎作品

改编、翻译、注释、整理已有作品而产生的作品,称为演绎作品,根据《著作权法》,其著作权由改编、翻译、注释、整理人享有,但行使著作权时不得侵犯原作品的著作权。

(三)合作作品

合作作品的著作权由合作作者通过协商一致行使;不能协商一致,又无正当理由的,任何一方不得阻止他方行使除转让、许可他人专有使用、出质以外的其他权利,但是所得收益应当合理分配给所有合作作者。

(四)汇编作品

汇编若干作品、作品的片段或者不构成作品的数据或者其他材料,对其内容的选择或者编排体现独创性的作品,为汇编作品,其著作权由汇编人享有,但行使著作权时,不得侵犯原作品的著作权。使用改编、翻译、注释、整理、汇编已有作品而产生的作品进行出版、演出和制作录音录像制品,应当取得该作品的著作权人和原作品的著作权人许可,并支付报酬。

(五)视听作品

视听作品中的电影作品、电视剧作品的著作权由制作者享有,但编剧、导演、摄影、作词、作曲等作者享有署名权,并有权按照与制作者签订的合同获得报酬。上述规定以外的视听作品的著作权归属由当事人约定;没有约定或者约定不明确的,由制作者享有,但作者享有署名权和获得报酬的权利。视听作品中的剧本、音乐等可以单独使用的作品的作者有权单独行使其著作权。

(六)职务作品

自然人为完成法人或者非法人组织工作任务所创作的作品是职务作品,除《著作权法》第十八条第二款的规定以外,著作权由作者享有,但法人或者非法人组织有权在其业务范围内优先使用。作品完成两年内,未经单位同意,作者不得许可第三人以与单位使用的相同方式使用该作品。有下列情形之一的职务作品,作者享有署名权,著作权的其他权利由法人或者非法人组织享有,法人或者非法人组织可以给予作者奖励:

(1)主要是利用法人或者非法人组织的物质技术条件创作,并由法人或者非法人组织承担责任的工程设计图、产品设计图、地图、计算机软件等职务作品;

(2)报社、期刊社、通讯社、广播电台、电视台的工作人员创作的职务作品;

(3)法律、行政法规规定或者合同约定著作权由法人或者非法人组织享有的职务作品。

(七)委托作品

受委托创作的作品,著作权的归属由委托人和受托人通过合同约定。合同未作明确约定或者没有订立合同的,著作权属于受托人。

(八)美术作品与摄影作品

美术、摄影等作品原件所有权的转移,不改变作品著作权的归属,但美术、摄影作品原件的展览权由原件所有人享有。作者将未发表的美术、摄影作品的原件所有权转让给他人,受让人展览该原件不构成对作者发表权的侵犯。

著作权属于自然人的,自然人死亡后,其著作财产权在《著作权法》规定的保护期内,依照《中华人民共和国继承法》的规定转移。

著作权属于法人或者非法人组织的,法人或者非法人组织变更、终止后,其著作财产权在《著作权法》规定的保护期内,由承受其权利义务的法人或者非法人组织享有;没有承受其权利义务的法人或者非法人组织的,由国家享有。

五、著作权的保护期限

著作人身权中作者的署名权、修改权、保护作品完整权的保护期不受限制。

公民的作品，其发表权及著作财产权的保护期为作者终生及其死亡后五十年，截止于作者死亡后第五十年的 12 月 31 日；如果是合作作品，截止于最后死亡的作者死亡后第五十年的 12 月 31 日。

法人或者非法人组织的作品、著作权（署名权除外）由法人或者非法人组织享有的职务作品，其发表权的保护期为五十年，截止于作品创作完成后第五十年的 12 月 31 日，但作品自创作完成后五十年内未发表的，《著作权法》不再保护。

视听作品，其发表权的保护期为五十年，截止于作品创作完成后第五十年的 12 月 31 日，但作品自创作完成后五十年内未发表的，《著作权法》不再保护。

六、权利的限制

根据《著作权法》的规定，在下列情况下使用作品，可以不经著作权人许可，不向其支付报酬，但应当指明作者姓名、作品名称，并且不得侵犯著作权人依照《著作权法》享有的其他权利：

（1）为个人学习、研究或者欣赏，使用他人已经发表的作品；

（2）为介绍、评论某一作品或者说明某一问题，在作品中适当引用他人已经发表的作品；

（3）为报道时事新闻，在报纸、期刊、广播电台、电视台等媒体中不可避免地再现或者引用已经发表的作品；

（4）报纸、期刊、广播电台、电视台等媒体刊登或者播放其他报纸、期刊、广播电台、电视台等媒体已经发表的关于政治、经济、宗教问题的时事性文章，但著作权人声明不许刊登、播放的除外；

（5）报纸、期刊、广播电台、电视台等媒体刊登或者播放在公众集会上发表的讲话，但作者声明不许刊登、播放的除外；

（6）为学校课堂教学或者科学研究，改编、汇编、播放或者少量复制已经发表的作品，供教学或者科研人员使用，但不得出版发行；

（7）国家机关为执行公务在合理范围内使用已经发表的作品；

（8）图书馆、档案馆、纪念馆、博物馆、美术馆等为陈列或者保存版本的需要，复制本馆收藏的作品；

（9）免费表演已经发表的作品，该表演未向公众收取费用，也未向表演者支付报酬且不以营利为目的；

（10）对设置或者陈列在公共场所的艺术作品进行临摹、绘画、摄影、录像；

（11）将中国公民、法人或者非法人组织已经发表的以国家通用汉语言文字创作的作品翻译成少数民族语言文字作品在国内出版发行；

（12）以阅读障碍者能够感知的无障碍方式向其提供已经发表的作品。

（13）法律、行政法规规定的其他情形。

上述规定适用于对与著作权有关的权利的限制。

为实施义务教育和国家教育规划而编写出版教科书，可以不经著作权人许可，在教科书中汇编已经发表的作品片段或者短小的文字作品、音乐作品或者单幅的美术作品、摄影作品、图形作品,但应当按照规定向著作权人支付报酬,指明作者姓名或者名称、作品名称,并且不得侵犯著作权人依照《著作权法》享有的其他权利。

上述规定适用于对与著作权有关的权利的限制。

【例7-7:请分析以下例子中的哪些行为是侵犯著作权的行为】

1.某大学中文系英籍留学生马克用汉语创作了一篇小说,发表在《文学新星》杂志上,发表时未作任何声明。以下哪些行为侵犯了马克的著作权?(　　　)

A.甲未经马克同意将该小说翻译成英文在中国发表

B.乙未经马克同意也未向其支付报酬将该小说翻译成藏语在中国出版发行

C.丙未经马克同意也未向其支付报酬将该小说改编成盲文出版

D.丁未经马克同意也未向其支付报酬将该小说收录进某网站供人点击阅读

2.陈某为撰写学术论文须引用资料,为避免引发纠纷,陈某就有关问题向赵律师咨询。赵律师的下列意见中哪些是可以采纳的?(　　　)

A.既可引用发表的作品,也可引用未发表的作品

B.只能限于介绍、评论或为了说明某问题而引用作品

C.只要不构成自己作品的主要部分,可将资料全文引用

D.应当向原作者支付合理的报酬

【例7-7】分析

七、著作权许可使用和转让合同

根据《著作权法》的规定,使用他人作品应当同著作权人订立许可使用合同,《著作权法》规定可以不经许可的除外。

许可使用合同包括下列主要内容:

(1)许可使用的权利种类;

(2)许可使用的权利是专有使用权或者非专有使用权;

(3)许可使用的地域范围、期间;

(4)付酬标准和办法;

(5)违约责任;

(6)双方认为需要约定的其他内容。

根据《著作权法》第二十七条的规定,转让著作权中的财产权利,应当订立书面合同。权利转让合同包括下列主要内容:

(1)作品的名称;

(2)转让的权利种类、地域范围;

(3)转让价金;

(4)交付转让价金的日期和方式;

(5)违约责任;

(6)双方认为需要约定的其他内容。

以著作权中的财产权出质的,由出质人和质权人依法向国家著作权主管部门办理出质登记。

许可使用合同和转让合同中著作权人未明确许可、转让的权利,未经著作权人同意,另

一方当事人不得行使。

使用作品的付酬标准可以由当事人约定，也可以按照国家著作权主管部门会同有关部门制定的付酬标准支付报酬。当事人约定不明确的，按照国家著作权主管部门会同有关部门制定的付酬标准支付报酬。

出版者、表演者、录音录像制作者、广播电台、电视台等依照《著作权法》有关规定使用他人作品的，不得侵犯作者的署名权、修改权、保护作品完整权和获得报酬的权利。

八、出版者的权利与义务

(一)出版者的权利

1.版式设计专有权

版式设计是指出版者对其出版的图书、期刊的版面和外观装饰所作的设计。版式设计是出版者，包括图书出版者(如出版社)和期刊出版者(如杂志社、报社)的创造性智力成果，出版者依法享有专有使用权，即有权许可或者禁止他人使用其出版的图书、期刊的版式设计。

2.专有出版权

图书出版者对著作权人交付出版的作品，按照双方订立的出版合同的约定享有专有出版权。其他出版者未经许可不得出版同一作品，著作权人也不得将出版者享有专有出版权的作品一稿多投。图书出版合同中约定图书出版者享有专有出版权但没有明确具体内容的，视为图书出版者享有在合同有效期内和在合同约定的地域范围内以同种文字的原版、修订版出版图书的专有权利。专有出版权是依出版合同产生的权利而非法定权利，因而严格意义上讲它不属于邻接权范畴。报纸、杂志社对著作权人的投稿作品在一定期限内享有先载权。但著作权人自稿件发出之日起十五日内未收到报社通知决定刊登的，或者自稿件发出之日起在三十日内未收到期刊社通知决定刊登的，可以将同一作品向其他报社、期刊社投稿。双方另有约定的除外。

(二)出版者的主要义务

(1)按照合同约定或国家规定向著作权人支付报酬；

(2)按照合同约定的出版质量、期限出版图书；

(3)重印、再版作品的，应当通知著作权人，并支付报酬；

(4)出版改编、翻译、注释、整理、汇编已有作品而产生的作品，应当取得改编、翻译、注释、整理、汇编作品的著作权人和原作品的著作权人许可，并支付报酬；

(5)对出版行为的授权、稿件来源和署名、所编辑出版物的内容等尽合理的注意义务，避免出版行为侵犯他人的著作权等民事权利。

九、表演者的权利与义务

表演者权的主体是指表演者，包括演员、演出单位或者其他表演文学、艺术作品的人。表演者权利的客体是指表演活动，即通过演员的声音、表情、动作公开再现作品或演奏作品。

(一)表演者的权利

表演者对其表演享有下列权利：

(1)表明表演者身份;

(2)保护表演形象不受歪曲;

(3)许可他人从现场直播和公开传送其现场表演,并获得报酬;

(4)许可他人录音录像,并获得报酬;

(5)许可他人复制、发行录有其表演的录音录像制品,并获得报酬;

(6)许可他人通过信息网络向公众传播其表演,并获得报酬。

(二)表演者的主要义务

表演者使用他人的作品演出,应当征得著作权人许可,并支付报酬;使用改编、翻译、注释、整理已有作品而产生的作品演出,应当征得演绎作品著作权人和原作品著作权人许可,并支付报酬。

十、录制者的权利与义务

录制者权的主体是录制者,包括录音制作者和录像制作者。录制者权的客体是录制品,包括录音制品和录像制品。录音制品是指任何声音的原始录制品;录像制品是指视听作品以外的任何有伴音或无伴音的连续相关形象的原始录制品,包括表演的原始录制品和非表演的原始录制品。

录制者对其制作的录音录像制品,享有许可他人复制、发行、出租、通过信息网络向公众传播并获得报酬的权利。录制者使用他人作品制作录音录像制品,应当取得著作权人许可,并支付报酬;使用演绎作品制作录制品的,应当征得演绎作品著作权人和原作品著作权人的许可,并支付报酬;录制表演活动的,应当同表演者订立合同,并支付报酬。

十一、播放者的权利与义务

播放者权的主体是广播电视组织,包括广播电台和电视台。播放者权的客体是播放的广播或电视而非广播、电视节目。广播、电视是指广播电台、电视台通过载有声音、图像的信号播放的集成品、制品或其他材料的合成品。

播放者有权禁止未经许可的以下行为:将其播放的广播、电视转播;将其播放的广播、电视录制在音像载体上以及复制音像载体。播放者应当履行以下义务:播放他人未发表的作品,应当取得著作权人的许可,并支付报酬;播放已发表的作品或已出版的录音录像制品,可以不经著作权人许可,但应按规定支付报酬。

十二、法律责任与执法措施

根据《著作权法》的规定,有下列侵权行为的,应当根据情况,承担停止侵害、消除影响、赔礼道歉、赔偿损失等民事责任:

(1)未经著作权人许可,发表其作品的;

(2)未经合作作者许可,将与他人合作创作的作品当作自己单独创作的作品发表的;

(3)没有参加创作,为谋取个人名利,在他人作品上署名的;

(4)歪曲、篡改他人作品的;

(5)剽窃他人作品的;

(6)未经著作权人许可,以展览、摄制视听作品的方法使用作品,或者以改编、翻译、注释

等方式使用作品的,《著作权法》另有规定的除外;

（7）使用他人作品,应当支付报酬而未支付的;

（8）未经视听作品、计算机软件、录音录像制品的著作权人、表演者或者录音录像制作者许可,出租其作品或者录音录像制品的原件或者复制件的,《著作权法》另有规定的除外;

（9）未经出版者许可,使用其出版的图书、期刊的版式设计的;

（10）未经表演者许可,从现场直播或者公开传送其现场表演,或者录制其表演的;

（11）其他侵犯著作权以及与著作权有关的权益的行为。

有下列侵权行为的,应当根据情况,承担停止侵害、消除影响、赔礼道歉、赔偿损失等民事责任;同时损害公共利益的,可以由著作权行政管理部门责令停止侵权行为,没收违法所得,没收、销毁侵权复制品,并可处以罚款;情节严重的,著作权行政管理部门还可以没收主要用于制作侵权复制品的材料、工具、设备等;构成犯罪的,依法追究刑事责任:

（1）未经著作权人许可,复制、发行、表演、放映、广播、汇编、通过信息网络向公众传播其作品的,《著作权法》另有规定的除外;

（2）出版他人享有专有出版权的图书的;

（3）未经表演者许可,复制、发行录有其表演的录音录像制品,或者通过信息网络向公众传播其表演的,《著作权法》另有规定的除外;

（4）未经录音录像制作者许可,复制、发行、通过信息网络向公众传播其制作的录音录像制品的,《著作权法》另有规定的除外;

（5）未经许可,播放、复制或者通过信息网络向公众传播广播、电视的,《著作权法》另有规定的除外;

（6）未经著作权人或者与著作权有关的权利人许可,故意避开或者破坏技术措施的,故意制造、进口或者向他人提供主要用于避开、破坏技术措施的装置或者部件的,或者故意为他人避开或者破坏技术措施提供技术服务的,法律、行政法规另有规定的除外;

（7）未经著作权人或者与著作权有关的权利人许可,故意删除或者改变作品、版式设计、表演、录音录像制品或者广播、电视上的权利管理信息的,知道或者应当知道作品、版式设计、表演、录音录像制品或者广播、电视上的权利管理信息未经许可被删除或者改变,仍然向公众提供的,法律、行政法规另有规定的除外;

（8）制作、出售假冒他人署名的作品的。

根据《著作权法》第五十四条的规定,侵犯著作权或者与著作权有关的权利的,侵权人应当按照权利人因此受到的实际损失或者侵权人的违法所得给予赔偿;权利人的实际损失或者侵权人的违法所得难以计算的,可以参照该权利使用费给予赔偿。对故意侵犯著作权或者与著作权有关的权利,情节严重的,可以在按照上述方法确定数额的一倍以上五倍以下给予赔偿。

权利人的实际损失、侵权人的违法所得、权利使用费难以计算的,由人民法院根据侵权行为的情节,判决给予五百元以上五百万元以下的赔偿。

赔偿数额还应当包括权利人为制止侵权行为所支付的合理开支。

人民法院为确定赔偿数额,在权利人已经尽了必要举证责任,而与侵权行为相关的账簿、资料等主要由侵权人掌握的,可以责令侵权人提供与侵权行为相关的账簿、资料等;侵权人不提供,或者提供虚假的账簿、资料等的,人民法院可以参考权利人的主张和提供的证据确定赔偿数额。

人民法院审理著作权纠纷案件,应权利人请求,对侵权复制品,除特殊情况外,责令销毁;对主要用于制造侵权复制品的材料、工具、设备等,责令销毁,且不予补偿;或者在特殊情况下,责令禁止前述材料、工具、设备等进入商业渠道,且不予补偿。

人民法院审理案件,对于侵犯著作权或者与著作权有关的权利的,可以没收违法所得、侵权复制品以及进行违法活动的财物。

复制品的出版者、制作者不能证明其出版、制作有合法授权的,复制品的发行者或者视听作品、计算机软件、录音录像制品的复制品的出租者不能证明其发行、出租的复制品有合法来源的,应当承担法律责任。

著作权纠纷可以调解,也可以根据当事人达成的书面仲裁协议或者著作权合同中的仲裁条款,向仲裁机构申请仲裁。

当事人没有书面仲裁协议,也没有在著作权合同中订立仲裁条款的,可以直接向人民法院起诉。

当事人对行政处罚不服的,可以自收到行政处罚决定书之日起三个月内向人民法院起诉,期满不起诉又不履行的,著作权行政管理部门可以申请人民法院执行。

【例7-8】2003年12月,某大学出版社出版某图书,该书中有插图3000多幅,署名"插图绘制　赵军、赵义"。出版社按每张插图12元支付报酬。2004年1月,美术编辑周楠向版权管理机关申诉,诉称他曾为该图书绘制插图800余幅,要求与赵军、赵义分享版权。而赵军答辩称:当初周楠是自愿帮忙,说好不署名,稿酬从优。因此他不享有署名权。

经查,该图书的插图系赵军、赵义、周楠等依据美国某出版社1996年出版的原版书插图临摹复制而成,非他们的独创作品。试讨论:

【例7-8】分析

1. 共同创作者放弃署名权,《著作权法》是否允许?

2. 本案中赵军和赵义对插图是否有著作权?

3. 出版社应如何处理本案?

【例7-9】著名国画大师沈某创作的一幅题为《风雨情》的国画,20世纪90年代初被美术馆收藏。当时曾达成协议,美术馆付给沈某15000元,该幅国画为美术馆永久收藏。2001年,沈某去世。2007年,美术出版社出版了一套以国画为主的画册,极为畅销,其中一幅即为《风雨情》。美术馆因此获利40多万元。沈某的子女认为,美术馆未经国画《风雨情》著作权人的同意,擅自将其提供给某出版社印制画册,属于侵权行为。他们作为沈某的继承人,要求美术馆承担侵权民事责任。美术馆则认为,沈某的国画《风雨情》早就被其收购,就像其他买卖一样,美术馆有权处分。试讨论:

1. 著作权能否继承?

2. 作者以外的其他人能否通过合同等方式成为继受著作权的主体?

【例7-9】分析

3. 本案中成立的《风雨情》买卖合同是否转移了该国画的著作权?为什么?

4. 本案应如何处理?

【思考题】

1.什么是知识产权？知识产权有哪些特征？

2.什么是商标？商标的种类有哪些？

3.哪些标志可以作为商标？哪些标志不可作为商标的标志？

4.注册商标权人有哪些权利与义务？

5.什么是驰名商标？驰名商标如何认定？

6.侵犯注册商标权行为要承担什么法律责任？

7.什么是专利？专利的种类有哪些？

8.职务发明与非职务发明有什么区别？

9.授予发明专利与授予实用新型专利的条件有何不同？

10.法律是如何规定专利保护期限的？什么情况下专利失效？

11.什么条件下可以对专利权人的专利实施强制许可？

12.侵犯专利权行为有哪些具体表现？应承担什么法律责任？

13.什么是著作权？著作权的内容有哪些？

14.著作人身权包括哪些内容？其有何特征？

15.法律是怎么规定著作权保护期限的？

16.著作权的权利限制有哪些？

第八章　金融法

【本章概要】本章主要介绍银行法、证券法和票据法。其中银行法除了介绍相关的法律法规内容之外，还结合作者担任银行法律顾问以来的一些案件实例，分析银行不良资产清收处置法律问题、银行经营活动中的法律风险防范等内容，以实务印证理论；证券法主要介绍了证券的概念与特征、证券的种类、证券交易所、证券公司及其业务范围、证券的发行条件和程序、证券上市的条件与程序、证券交易中禁止的行为等；票据法着重介绍了票据关系、票据行为及其效力、票据权利的内容、票据的抗辩等。

第一节　中国人民银行法

一、中国人民银行的概念与特点

中国人民银行是中华人民共和国的中央银行，是根据中国人民银行法和相关法律规定的职权，依法制定和执行国家货币信用政策，调节和控制货币流通、信用活动，维护金融稳定，提供金融服务，管理金融业的特殊国家机关。中央银行是发行的银行、政府的银行、银行的银行，在一国是具有排他性、唯一性的特殊金融机构。中国人民银行是中华人民共和国国务院的组成机构之一。中国人民银行在国务院的领导下依法独立执行货币政策，履行职责，开展业务，不受地方政府、各级政府部门、社会团体和个人的干涉。

中国人民银行作为中央银行，与商业银行相比，具有下列特点：

(1)不经营一般商业银行业务，不办理对企业和个人的货币信用业务。

(2)不以营利为目的。中央银行的根本任务是执行国家的经济政策，维护正常的金融活动，对经济进行宏观调节，实现既定的宏观经济目标，赢利与否无关紧要。

(3)资产应具有较大的流动性。中央银行对金融的调节，主要是通过货币政策工具进行的，无论使用哪种货币政策工具(存款准备金率、贴现率或公开市场业务)，其最终结果必然是由中央银行资产的变动引起社会货币供应量的变动，以达到所要求的政策效果。如果中央银行资产变现能力差，货币政策工具就不能及时顺利地发挥作用。因此中央银行所掌握的资产应有较大的流动性。

(4)对存款不付利息。中央银行的存款，一是来自财政存款，二是来自银行及其他金融机构缴纳的存款准备金。财政存款是中央银行经理国家金库的结果，纯属保管性质。存款准备金和往来存款户的存款，是中央银行集中存款储备和为票据清算服务的结果，属于调节性质和服务性质。因为中央银行不以营利为目的，按国际惯例，中央银行对存款一般不付利息。而商业银行对存款一般均应付利息。

（5）中央银行不在国外设立分支机构。中央银行作为一国政府在金融方面的代表，无权在他国干涉他国金融业务，所以中央银行不能像商业银行那样在国外设立分支行，而只能设置代理处。

二、中央银行的法律地位

中央银行的产生有着深刻的社会经济根源，它随着商品经济和金融业的发展而发展，经历了二三百年的历史。目前，世界各国几乎都设有中央银行，它虽然在职能和具体职责上有所不同，性质也有区别，如有的国家中央银行为国家机关，有的则为股份有限公司，但是都有一个共同点，即中央银行在一国金融体系中都居于主导地位，是现代金融体制的核心。

世界上最早成立的中央银行是 1694 年在英国成立的英格兰银行，它是第一个真正的资本主义股份制银行。英格兰银行在 1844 年基本垄断英国的货币发行权，英国的银行法规定其他商业银行要在英格兰银行存款，需要银行券的必须到英格兰银行领取。从 1872 年开始，英格兰银行对其他有困难的商业银行提供最后贷款支持。后来各国都成立了自己的中央银行。法国的法兰西银行于 1848 年垄断了法国的货币发行权。德国于 1875 年将普鲁士银行改组成国家银行。1887 年，瑞典国家银行在成立 20 年后，独揽了国家货币发行权，其他商业银行再也不能发行银行券，这标志着中央银行发行货币的功能的出现。美国于 1914 年建立了美国联邦储备系统。至第一次世界大战前，约有 30 个国家建立了中央银行。经过了20 世纪 30 年代的经济大危机后，中央银行的职能愈加明确，即中央银行是发行的银行、银行的银行。

中国人民银行现在是主管我国金融市场的政府部门，是我国的中央银行。它成立于1948 年 12 月 1 日，是在华北银行、北海银行、西北农民银行合并的基础之上在石家庄组建的。成立时它承担着我国货币发行的职责，此后逐步形成了高度集中的银行体制。1983 年9 月国务院作出《关于中国人民银行专门行使中央银行职能的决定》，标志着我国的金融体制从组织上确立了中央银行制度。这彻底改变了中国人民银行具有中央银行和商业银行双重职能的局面，建立了以中国人民银行为核心，各专业银行为主体，多家金融机构并存的金融体系。

三、银行法与中央银行法

银行法是调整银行和非银行金融机构在进行组织管理和开展业务活动中产生的各种社会关系的法律规范的总称。银行法一般都由中央银行法、普通银行法、非银行金融机构法和涉外银行法组成。

我国现行的银行法体系主要包括《中华人民共和国中国人民银行法》《中华人民共和国商业银行法》《中华人民共和国银行管理暂行条例》《金融机构管理规定》等。中央银行法是银行法的组成部分之一，是确立中央银行的性质和职能、法律地位、权力范围，中央银行与政府、财政部门的关系，中央银行与其他银行的关系等有关内容的法律。我国的中央银行法就是《中华人民共和国中国人民银行法》（以下简称《中国人民银行法》）。

四、中央银行的性质

(一)中央银行是发行的银行

发行纸币已成为各国中央银行的特权。中央银行垄断货币发行权有利于管理和调节货币流通,稳定货币,满足经济发展的资金需要,也有利于政府分享利润;同时,政府作为中央银行的后盾,有利于提高货币信誉。

(二)中央银行是银行的银行

作为银行的银行,中央银行的职能主要表现在以下几个方面:①银行存款保证金的保管者。中央银行根据银行法的规定,要求商业银行等金融机构将其存款按一定比例无息存入"准备金账户",由中央银行集中保存,并根据扩张和紧缩银根的需要,通过对存款准备金率提高或降低的幅度缩减或扩大自己的信贷规模,影响商业银行等金融机构的投资和贷款。②银行的最后贷款者。在商业银行或其他金融机构发生资金短缺时,可以将持有的票据向中央银行进行再贴现或要求抵押贷款,得到自己所需的资金。有时为了配合政府财政政策,中央银行主动降低再贴现率,向商业银行提供优惠利率贷款。从这个意义上讲,中央银行在资金上是一般银行或金融机构的"最后融通者"。③全国金融业的票据清算中心。各金融机构在中央银行开立账户进行结算,中央银行组织、监督管理清算系统,提供票据清算工具,制定有关清算纪律和清算的收费标准,执行清算中心的职能。④对银行进行监测和调控。作为金融活动的监测者和调控者,中央银行有权对整个金融市场,包括对各银行和金融机构的业务活动进行监测,并依法进行调控。

(三)中央银行是政府的银行

中央银行作为政府的银行,主要通过履行以下几大方面的职责体现出来:①充当政府的财政金融顾问。中央银行协助政府制定经济政策,并担负着执行金融政策的任务;同时,代表政府参加国际金融组织、签订国际金融协定以及从事国际金融活动、与外国中央银行进行交易。②中央银行服务于国家财政,经理国库。中央银行为政府开立账户,并代理政府发行公债和还本付息事宜。③直接对政府贷款。中央银行与政府关系密切,对财政一般有支持义务,直接向政府提供无息或低息贷款。提供信贷的方式主要是中央银行直接向政府提供短期贷款(或者政府用国库券贴现,或者以有价证券为抵押品的短期贷款)。④政府证券的代理机构。中央银行一般都是政府各项债券的代理机构,代理政府发行债券和还本付息事宜。⑤代理政府进行黄金与外汇的交易,并负责管理国家外汇、黄金储备。

五、中国人民银行的职能与职责

(一)中国人民银行的职能

《中国人民银行法》于1995年3月18日颁布实施,2003年12月27日进行了一些修订,自2004年2月1日起施行。修订后的《中国人民银行法》与修订前的《中国人民银行法》相比,法条从51条增加至53条,对25处进行了修改。

修订后的《中国人民银行法》对中国人民银行职能的规定作了重大的修改,概括地说,新《中国人民银行法》将中国人民银行的基本职能调整为制定和执行货币政策、维护金融稳定和提供金融服务三个方面,即三大职能,淡化了它的金融监管的职能,强化了货币与稳定职能。

1.货币职能

制定和执行货币政策,运用自己所拥有的经济手段,对货币与信用进行调节和控制,影响和干预整个社会经济进程,实现预期的货币政策目标,进而促进整个国民经济的协调发展,是中国人民银行最重要的职能。

2.稳定职能

防范金融风险,维护金融安全,是中国人民银行最重要的职能之一。新修订的《中国人民银行法》,强化了中国人民银行维护金融稳定的职能。

3.服务职能

服务职能是中央银行向政府和银行及其他金融机构提供资金融通、划拨清算、代理业务等方面的金融服务。如为政府服务,主要体现在:①经理国库;②持有、管理、经营国家外汇储备、黄金储备;③作为国家的中央银行,从事有关的国际金融活动;④政府的金融顾问和参谋。为银行与非银行金融机构服务,主要体现在:①维护支付、清算系统的正常运行;②办理再贴现业务;③成为银行的最后贷款者。

中国人民银行的上述三大基本职能是相互依存、相互补充的。

(二)中国人民银行的职责

2004年修订的《中国人民银行法》强化了人民银行制定和执行货币政策的有关职责,将中国人民银行的职责由原来的十一项调整为十三项,分别为:①发布与履行其职责有关的命令和规章;②依法制定和执行货币政策;③发行人民币,管理人民币流通;④监督管理银行间同业拆借市场和银行间债券市场;⑤实施外汇管理,监督管理银行间外汇市场;⑥监督管理黄金市场;⑦持有、管理、经营国家外汇储备、黄金储备;⑧经理国库;⑨维护支付、清算系统的正常运行;⑩指导、部署金融业反洗钱工作,负责反洗钱的资金监测;⑪负责金融业的统计、调查、分析和预测;⑫作为国家的中央银行,从事有关的国际金融活动;⑬国务院规定的其他职责。

六、中国人民银行的组织机构

(一)中国人民银行的领导体制与管理体制

1.中国人民银行实行总分行体制

中国人民银行实行"单一制—元式"领导管理体制,由总行、大区分行、中心支行和支行组成。也就是说,中国人民银行实行总分行体制。

中国人民银行总行是国家机关法人。它根据履行职责的需要设立分支机构,对分支机构实行集中统一领导和管理。

2.中国人民银行实行行长负责制

中国人民银行设行长一人,副行长若干人。其中,行长由国务院总理提名,由全国人民代表大会决定,在全国人民代表大会闭会期间,行长由全国人民代表大会常务委员会决定,由中华人民共和国主席任免;副行长由国务院总理任免。总行行长在国务院领导下主持中央银行的工作。副行长协助行长工作。

3.中国人民银行内部机构设置

中国人民银行内设机构主要有:办公厅、条法司、调查统计司、金融市场司、金融稳定局、征信管理局、反洗钱局、科技司、国际司、货币金银局、会计财务司、国库局、人事司等内部机构。另外,中国人民银行主管国家外汇管理局。

4.中国人民银行分支机构

分支机构是人民银行总行的派出机构,无法人资格,不享有独立的权力,在总行的授权下开展业务。总行对其实行统一领导和管理,在行政隶属、业务经营上与地方政府不发生直接关系。

(二)货币政策委员会

货币政策委员会是由中国人民银行设立的常设决策机构,具有独立的决策权,由行长直接领导。货币政策委员会的任务在于及时调整货币政策,具体表现在以下方面:制定和调整货币政策;指导和监督中国人民银行实施货币政策;决定货币供应量及其年度增长规模;定期分析货币及经济形势;决定中国人民银行贷款的分配原则及其他有关货币政策的事项。《中国人民银行法》规定货币政策委员会的组成等由国务院规定。一般情况是:中央银行行长为货币政策委员会主席,副主席一人,由中央银行副行长担任;其他成员包括政府综合经济管理部门的代表以及省级分行行长的代表。货币政策委员会会议每月至少召开一次,三分之二委员到会时,决议就有效。会议表决形式采取一人一票制,到会委员过半数同意即可形成决议。另外,货币政策委员会还应定期向全国人大或全国人大常委会报告制定和执行货币政策的情况。

七、中国人民银行的货币政策

(一)货币政策的概念与种类

货币政策又称金融政策,是中央银行为实现其特定的经济目标而采用的各种控制和调节货币供应量或信用量的方针和措施的总称。

中央银行的货币政策一般由政策工具、中介目标、政策目标三部分组成。政策工具是指货币当局在调节方向、调节力度和调节重点确定后,可据以实施操作的手段。传统的政策工具有法定存款准备金、再贴现、公开市场业务等。中介目标是指货币当局为实现政策目标运用政策工具所欲达到的直接调节目的,如市场利率水平或货币存量增长率等。政策目标是一国中央银行或货币当局采取的货币政策希望达到的最终目的,包括经济增长、价格水平稳定、充分就业、利率稳定、汇率稳定、国际收支平衡。

按实施的时间的不同,货币政策可分为长期性货币政策、中期性货币政策、短期性货币政策;按内容和调控措施的不同,货币政策可分为信贷政策、利率政策、外汇政策;按在宏观经济中发挥的作用不同,货币政策可分为紧缩性货币政策、扩张性货币政策、中性货币政策。货币政策的构成要素可分为货币政策目标、实现货币政策的工具、货币政策的传导与监控机制。

(二)货币政策目标

货币政策目标一般包括两大部分:一是中介目标;二是终极目标。

1.货币政策的中介目标

中央银行要实现战略目标须有中间过程,也就是应当由若干个短期目标构成一个长远的战略目标,这些短期目标就是货币政策的中介目标。中介目标主要有利率、汇率和货币供应量三个指标，中央银行通过调控利率、汇率和经济中的货币供应量来影响各种生产经营活动。

2.货币政策的终极目标

货币政策的终极目标是指货币政策最终要达到的目标。

西方中央银行的政策目标是指其货币政策最终达到的目的，一般有四大方面，分别是充分就业、经济增长、物价稳定和国际收支平衡。

《中国人民银行法》第三条规定了我国的货币政策目标。依据该条的规定，我国的货币政策目标是：保持货币币值的稳定，并以此促进经济的增长。这是一个典型的一元目标，它与西方社会的四元目标和我国以前的二元目标有着本质的不同。近年来我国金融改革中的众多调整、充实措施，实际上也是为了保持人民币币值稳定，从而推动经济发展和社会进步。

（三）货币政策工具

《中国人民银行法》总结了十几年来金融实践的得失，对货币政策工具作了明确的规定。货币政策工具具体包括：①存款准备金政策；②再贴现政策；③公开市场业务；④再贷款政策；⑤中央银行基准利率政策；⑥其他货币政策工具。

存款准备金是金融机构为应付客户提取存款和资金清偿而准备的货币资金。存款准备金率的提高或降低，可直接影响商业银行的信用规模，进而影响社会经济。存款准备金政策是指中央银行在法律所赋予的权力范围内，通过规定或调整商业银行缴存中央银行的存款准备金比率，控制商业银行的信用创造能力，间接地控制社会货币供应量的活动。各国银行法都规定，各类金融机构应按一定比率从存款中提取一定的准备金，因而调整法定存款准备金率就逐渐成为中央银行控制信用与货币供应量的一种重要工具，其政策效果表现在以下几个方面：①可以起到放松或紧缩银根的作用，刺激经济增长或抑制经济过热。即使中央银行对存款准备金率调整很小的幅度，都会引起货币供应量的巨大波动。下调存款准备金率，就意味着扩大货币供应量，增加社会需求，刺激经济增长；反之，则可起到抑制经济过热的作用。②可以限制商业银行创造信用的能力。因为提高存款准备金率，实际上就冻结了商业银行的一部分存款和超额准备金。因此，即使法定存款准备金率发生最微小的变化，也会对商业银行的信贷发生强烈的影响。

贴现是以未到期票据向银行融通资金，银行扣除从提款日到票据到期日的利息后，以票据余额付给持票人资金的票据转让。再贴现是金融机构以未到期但已贴现的票据再向中央银行贴现。再贴现政策是中央银行通过制定再贴现条件或调整再贴现利率来干预和影响市场利率及货币市场的供应和需求，从而调节市场货币供应量的一种金融政策。它包括两方面的内容：一是再贴现利率的调整；二是规定何种票据具有向中央银行申请再贴现的资格。中央银行通过调整再贴现率起到紧缩信用或扩大信用的作用。中央银行提高再贴现率，就意味着商业银行向中央银行再融资的成本提高了，因此它们必然调高对企业贷款的利率，从而带动整个市场利率上涨，这样借款人就会减少，起到紧缩信用的作用。反之，如果中央银行降低再贴现率，就可以起到扩大信用的作用。

公开市场业务是指中央银行在金融市场（债券市场）上公开买卖有价证券（主要是国债、其他政府债券和金融债券及外汇）和银行承兑票据等，从而起调节信用与货币供给作用的一种业务活动。公开市场业务可分为进攻型和防御型两种。进攻型的公开市场业务一般是指中央银行为维持金融环境的稳定而预先控制商业银行超额准备金和市场利率，积极地在公开市场上买入和卖出有价证券。防御型的公开市场业务是指中央银行为消除或缓和季节性或偶然性因素给商业银行准备金和市场利率的不利影响而消极地在公开市场上买入或卖出有价证券。公开市场业务的主要对象是商业银行和社会公众。公开市场业务的工具主要是国债、其他政府债券、金融债券和外汇。在我国,中央银行的公开市场业务是指中国人民银行在公开市场上买卖国债和其他政府债券及外汇。也就是说,中国人民银行不得在公开市场上买卖股票、企业债券等有价证券。另外,根据《中国人民银行法》的规定,中国人民银行不得对政府财政透支,不得直接认购、包销国债和其他政府债券。随着市场经济的发展,公开市场业务将成为我国最重要、最经常的货币政策工具。通过公开市场业务,中央银行可以发挥收缩或扩张信用的作用。中央银行在公开市场上出售债券,收回货币,就可以收缩银根;反之,如果中央银行认为有放松银根的必要,则在公开市场上购入证券,向市场投放货币。中央银行在出售证券时,购买者无论是金融机构还是企业厂商或居民个人,经过票据交换清算后,必然导致银行体系储备的减少,从而收缩信贷和货币供应;反之,中央银行在购入证券后,也必然会导致银行体系储备的增加,进而扩张信用。

再贷款是指中央银行对商业银行提供的贷款。我国的再贷款是目前中央银行运用基础货币向商业银行融通资金的最主要的渠道。再贷款在整个银行贷款中处于总闸门的地位。中央银行通过发放和收回对商业银行的贷款,吞吐基础货币,直接影响金融机构信用资金增加或减少,从而控制信贷总规模。它是目前中央银行最行之有效的间接调控手段。再贷款的发放与回收主要应根据对贷款和货币供应总量控制的需要来确定,这就决定了再贷款不能按贷款性质来划分种类。目前按期限不同,我国再贷款分为 20 天期、3 个月期、6 个月期、1 年期四类。中央银行一般根据调控的需要向商业银行发放再贷款。

基准利率是指中央银行对金融机构的存、贷款利率。它是整个社会利率体系中处于最低水平的利率。基准利率水平的确定和变动,对整个利率体系中各项利率具有引导作用。基准利率的核心是贷款利率。中央银行存贷款利率——基准利率的确定一般遵循两个原则:一是贷款利率高于金融机构向社会筹集资金的成本,以利于抑制向中央银行的借款;二是存款利率要高于金融机构吸收存款的平均利率,低于其向中央银行借款平均利率,使金融机构在中央银行的存款利率处于盈利临界点的水平上。中央银行通过提高或降低贷款利率影响商业银行借入中央银行资金成本,以满足抑制或刺激对信贷资金的需要,实现信贷总量的收缩或扩张。

除上述货币政策工具外,中国人民银行还可根据货币政策的需要,依法运用优惠利率政策、专项信贷政策、贷款限额政策、利率管理政策和窗口指导、道义劝告等货币政策工具,以实现稳定币值、促进经济发展的货币政策目标。

八、中国人民银行的货币发行

人民币是我国的法定货币。人民币具有三大法律特征:唯一合法性、发行垄断性和无限清偿性。

人民币的唯一合法性是指人民币作为我国的法定货币,是唯一能在国内市场上自由流通的货币,任何外币都必须兑换成人民币才能流通。

人民币的发行垄断性是指人民币由中国人民银行垄断发行,其他任何机构都无权发行货币。

人民币的无限清偿性是指人们以人民币支付中国境内的一切公共和私人的债务,任何单位与个人都不得拒收。此外,还需了解一下人民币的法偿性问题。货币的法偿性是一个古老的概念。它是指在贵金属(如黄金)支持下发行的纸币,可以在一定条件下兑换回贵金属(黄金)。国家法律保证纸币的这种兑换性,或者说纸币具有法偿性。当1972年黄金与纸币脱钩以后,法偿性就成为政府保证纸币支付债务的法定承诺。法偿性的承诺有两种表示方式,一种是在货币的表面用文字直接表示出来,大部分国家的货币都采用这种方式,另一种是由法律来加以规定和保障,如人民币。

人民币的发行是指中国人民银行向流通流域投放现金的行为。这是一种狭义的货币发行。

依据货币发行的性质,货币发行可以分为经济发行(信用发行)和财政发行。依据发行主体对货币发行权是否享有独占性,货币发行可以分为集中发行和分散发行。

人民币的发行,应遵循以下三项原则。

第一,经济发行原则。所谓经济发行原则,又称为信用发行原则,是指国家应当根据市场经济发展的需要和货币流通规律的要求发行货币。

第二,计划发行原则。所谓计划发行原则,是指应当根据国民经济和社会发展计划来发行货币。尽管在市场经济条件下,市场必须发挥重要的作用,但计划在货币发行中的作用仍然是不能替代的。

第三,集中发行原则。所谓集中发行原则,是指货币的发行权集中在中央银行,禁止其他单位和个人擅自发行货币。

我国的货币发行权属于国务院。人民币的发行计划、发行数额、人民币纸钞和铸币的种类、面额、图案、规格和式样,均由国务院批准决定。人民币的发行机关是中国人民银行。人民币由中国人民银行统一印制、发行,任何单位和个人不得印制、发售代币券,以代替人民币在市场上流通。中国人民银行享有人民币发行的独占权。人民币发行设立四级发行库:总库、分库、中心支库、支库。发行流程为:出库(发行库至业务库)→现金投放(业务库投放给机构和个人)→现金回笼(从机构和个人处收回至业务库)→入库(从业务库收回至发行库)。

九、中国人民银行的业务

中国人民银行的主要业务包括十大类:①发行人民币;②经理国库;③为金融机构开立账户,吸纳金融机构存款,集中金融机构的存款准备金;④办理再贴现;⑤提供再贷款;⑥买卖国债和其他政府债券及外汇;⑦持有、管理、经营国家外汇、黄金储备;⑧代理国务院财政部门向金融机构组织发行、兑付国债和其他政府债券;⑨提供清算服务;⑩从事国际金融业务。

依据《中国人民银行法》的规定,中国人民银行不得开展以下业务:①不得对政府财政透支;②不得直接认购、包销国债和其他政府债券;③不得向地方政府、各级政府部门提供贷款;④不得向非银行金融机构以及其他单位和个人提供贷款;⑤不得对金融机构的账户透支;⑥不得向任何单位和个人提供再担保。

第二节　商业银行法

一、商业银行概述

(一)商业银行的概念

《中华人民共和国商业银行法》(以下简称《商业银行法》)第二条规定,本法所称的商业银行是指依照本法和《公司法》设立的吸收公众存款、发放贷款、办理结算等业务的企业法人。

(二)商业银行的性质

商业银行具有以下性质。

1. 商业银行是企业

商业银行具有企业的基本特征,包括:必须具备业务经营所需的自有资本,并达到管理部门所规定的最低资本要求;必须照章纳税;实行自主经营、自担风险、自负盈亏、自我约束;以获取利润为经营目的和发展动力。

2. 商业银行是金融企业

商业银行的经营对象不是普通商品,而是货币、资金,商业银行业务活动的范围不是生产流通领域,而是货币信用领域,商业银行不是直接从事商品生产和流通的企业,而是为从事商品生产和流通的企业提供金融服务的企业。

3. 商业银行是特殊的金融企业

商业银行是特殊的金融企业,在经营性质和经营目标上,商业银行与中央银行和政策性金融机构不同。商业银行以营利为目的,在经营过程中讲求营利性、安全性和流动性原则,不受政府行政干预。

4. 商业银行的法律形式是特许成立的企业法人

商业银行具有企业性质,拥有法人地位,以营利为目的。企业法人是从事生产、经营,以创造社会财富、扩大社会积累为目的,实行经济核算制的法人。因此,商业银行的设立不仅要符合《商业银行法》的规定,同时其组织形式和机构设置也应符合《公司法》的规定。因此,中国商业银行的法律性质是特许成立的企业法人。

(三)中国商业银行体系

1. 国有商业银行

我国的国有商业银行包括中国工商银行、中国农业银行、中国银行、中国建设银行、交通银行、中国邮政储蓄银行。

2. 新型的全国性商业银行

新型的全国商业银行具体包括中信银行、中国光大银行、中国民生银行、招商银行、深圳发展银行、广东发展银行、兴业银行、上海浦东发展银行、华夏银行、恒丰银行、浙商银行、渤海银行等。其中,2005 年 12 月 31 日成立的渤海银行是 1996 年以来获中国政府批准设立的第一家全国性股份制商业银行,是第一家在发起设立阶段就引入境外战略投资者的中资商业银行[注册资金为 50 亿元,第一大股东天津泰达投资控股有限公司拥有 25％的股权,第二大股东渣打银行(香港)有限公司拥有 19.99％的股权],也是第一家总行设在天津市的全国性股份制商业银行。

中国商业银行体系还包括城市和农村商业银行、农村合作银行、村镇银行、外资商业银行等。

(四)商业银行法

《商业银行法》于 1995 年 5 月 10 日由第八届全国人民代表大会常务委员会第十三次会议通过,于 2003 年 12 月 27 日与 2015 年 8 月 29 日修订。

二、商业银行的设立

(一)商业银行设立的条件

根据《商业银行法》第十二条第一款的规定,设立商业银行,应当具备下列条件:

(1)有符合本法和《公司法》规定的章程。

(2)有符合本法规定的注册资本最低限额。

《商业银行法》第十三条规定,设立全国性商业银行的注册资本最低限额为十亿元人民币,设立城市商业银行的注册资本最低限额为一亿元人民币,设立农村商业银行的注册资本最低限额为五千万元人民币。注册资本应当是实缴资本。

国务院银行业监督管理机构根据审慎监管的要求可以调整注册资本最低限额,但不得少于前款规定的限额。

(3)有具备任职专业知识和业务工作经验的董事、高级管理人员。

(4)有健全的组织机构和管理制度。

(5)有符合要求的营业场所、安全防范措施和与业务有关的其他设施。

(二)商业银行的组织形式

《商业银行法》第十七条规定,商业银行的组织形式、组织机构适用《公司法》的规定。《公司法》第二条规定,本法所称公司是指依照本法在中国境内设立的有限责任公司和股份有限公司。

基于此,商业银行的组织机构也与《公司法》的规定一致,分别由股东会(股东大会)、董事会、监事会和行长(总经理)组成。

商业银行作为特殊的公司,其公司治理结构颇受各方关注,国际金融监管机构巴塞尔委员会对此尤为重视。特别是东南亚金融危机以后,巴塞尔委员会进行了一系列案例研究,得出结论:商业银行薄弱的管理和治理结构会引发储蓄和信贷危机,从而给政府造成巨大成本;良好的管理和治理结构则会给银行良好的回报。

三、商业银行的分支机构

《商业银行法》第二十二条规定,商业银行对其分支机构实行全行统一核算,统一调度资金,分级管理的财务制度。商业银行分支机构不具有法人资格,在总行授权范围内依法开展业务,其民事责任由总行承担。

商业银行根据业务需要可以在中华人民共和国境内外设立分支机构。设立分支机构必须经国务院银行业监督管理机构审查批准。在中华人民共和国境内的分支机构,不按行政区划设立。

商业银行在中华人民共和国境内设立分支机构,应当按照规定拨付与其经营规模相适应的营运资金额。拨付各分支机构营运资金额的总和,不得超过总行资本金总额的百分之六十。

四、商业银行的授权与授信

中国人民银行于 1996 年 11 月 11 日发布了《商业银行授权、授信管理暂行办法》,对商业银行的授权和授信作了规定。

(一)授权

《商业银行授权、授信管理暂行办法》第五条规定,本办法所称授权,是指商业银行对其所属业务职能部门、分支机构和关键业务岗位开展业务权限的具体规定。第七条规定,本办法所称授权人为商业银行总行。受权人为商业银行业务职能部门和商业银行分支机构。第十一条规定,商业银行授权、授信分为基本授权、授信和特别授权、授信两种方式。基本授权是指对法定经营范围内的常规业务经营所规定的权限。特别授权是指对法定经营范围内的特殊业务,包括创新业务、特殊融资项目以及超过基本授权范围的业务所规定的权限。第十二条规定,商业银行的授权分为直接授权和转授权两个层次。直接授权是指商业银行总行对总行有关业务职能部门和管辖分行的授权。转授权是指管辖分行在总行授权权限内对本行有关业务职能处室(部门)和所辖分支行的授权。

(二)授信

授信是指商业银行向非金融机构客户直接提供资金支持或对客户在经济活动中的信用向第三方作出保证的行为。具体范围包括贷款、贴现、承兑和担保。

《商业银行授权、授信管理暂行办法》第八条规定,本办法所称授信人为商业银行业务职能部门及分支机构。受信人为商业银行业务职能部门和分支机构所辖服务区及其客户。第十八条规定,商业银行业务职能部门和各级分支机构与客户签订业务合同时,须向其出示授权书或授信书,双方应按授权书和授信书规定的授权、授信范围签订合同。

五、商业银行的内部控制

《商业银行法》第五十九条规定,商业银行应当按照有关规定,制定本行的业务规则,建立、健全本行的风险管理和内部控制制度。2002 年 9 月 7 日,中国人民银行发布了《商业银行内部控制指引》。2014 年 9 月 12 日,中国银监会印发了修订后的《商业银行内部控制指引》(银监发〔2014〕40 号)。该《指引》分总则、内部控制职责、内部控制措施、内部控制保障、内部控制评价、内部控制监督、附则等七章,共五十一条,自印发之日起施行。该指引第三条规定,内部控制是商业银行董事会、监事会、高级管理层和全体员工参与的,通过制定和实施系统化的制度、流程和方法,实现控制目标的动态过程和机制。该指引第四条规定,商业银行内部控制的目标是:①保证国家有关法律法规及规章的贯彻执行;②保证商业银行发展战略和经营目标的实现;③保证商业银行风险管理的有效性;④保证商业银行业务记录、会计信息、财务信息和其他管理信息的真实、准确、完整及时。该指引第五条规定,商业银行内部控制应当遵循以下基本原则:①全覆盖原则。商业银行内部控制应当贯穿决策、执行和监督全过程,覆盖各项业务流程和管理活动,覆盖所有的部门、岗位和人员。②制衡性原则。商业银行内部控制应当在治理结构、机构设置及权责分配、业务流程等方面形成相互制约、相互监督的机制。③审慎性原则。商业银行内部控制应当坚持风险为本、审慎经营的理念,设立机构或开办业务均应坚持内控优先。④相匹配原则。商业银行内部控制应当与管理模式、业务规模、产品复杂程度、风险状况等相适应,并根据情况变化及时进行调整。

【例 8-1:中国银行开平之劫】

2001 年 10 月 12 日,作为全行加强管理的重大技术举措之一,中国银行正在将过去全国多达 1040 处的电脑中心统一成一套系统,集中设置在 33 个中心。令人难以置信的事情发生了:这一天中国银行正在集中的各分支机构的电脑中心反映出来的账目中出现了 4.83 亿美元的亏空!

因为数字过于巨大,工作人员最初以为是电脑系统出现了技术故障。然而几番复算之后,结论是:中国银行发生了新中国成立以来规模最大的银行资金盗用案!

随后,案发范围逐渐缩小,先集中于广东省,又锁定开平市。10 月 15 日,时任中国银行广东省分行财会处处长的许超凡突然失踪。同时失踪的还有该分行的两名支行行长余振东和许国俊。许超凡、余振东、许国俊,恰恰在 20 世纪 90 年代以来先后担任过开中国银行开平支行的行长,许国俊正是现任行长。

在中国银行内部,这起案件有两种提法:一是"10·12 案",指案件发现日;一是"10·15 案","10·15"指当事人潜逃日。

开平支行是中国银行广东省分行下属二级机构中的四大支行之一,其余三个是顺德支行、南海支行和虎门支行。这四家支行的资产规模甚至可以比肩内地的一个省级分行。即使如此,开平支行的资产规模也不超过 100 亿元。

开平是个只有 70 万人口的县级市,经济规模有限。直到 2001 年,这个小城市利用外资才使经济规模首次超过 1 亿美元,这愈发显出被盗的 4.83 亿美元数额何等巨大。事实上,根据 2002 年开平市政府工作报告里的数字,开平市 10 年的财政收入总和还不到 4 亿美元。

被窃事件暴露后的第三天,10 月 17 日,开平所有的中国银行网点前都出现了长长的挤提队伍。

2018 年 7 月 11 日,在中央反腐败协调小组国际追逃追赃工作办公室的统筹协调下,在中美两国执法等部门的通力合作下,外逃美国 17 年之久的职务犯罪嫌疑人许超凡被强制遣返回国。

许超凡案开创了我国反腐败追逃追赃工作的多个"第一":它是国家监察委员会成立后从境外遣返外逃腐败分子的第一起案例,也是我国在发达国家实现异地追诉、异地服刑后强制遣返重要职务犯逃犯的第一起成功案例,还是第一次依据中美刑事司法协助协定开展合作、第一次组织中方证人通过远程视频向美国法院作证的案例。

许超凡案的另一个重大突破意义是,不仅追回了外逃 17 年的犯罪嫌疑人,还通过执法合作、国际民事诉讼等方式,成功从境内外追回赃款 20 多亿元,最大限度挽回了经济损失,是我国运用法治思维开展国际反腐败合作的成功案例。

六、商业银行的业务

(一)商业银行业务的分类

按资金来源和用途不同,商业银行的业务可分为负债业务、资产业务和中间业务。

1.负债业务

负债业务是商业银行通过一定的形式组织资金来源的业务,其主要方式是吸收存款、发行金融债券、借款等。存款业务是商业银行的主要负债业务。

2.资产业务

资产业务是商业银行运用资金的业务,包括发放贷款、进行投资、租赁业务、票据贴现等,是商业银行取得收益的主要途径。其中最主要的是贷款业务。

3.中间业务

中间业务是指不构成商业银行表内资产、表内负债,形成银行非利息收入的业务。

(二)商业银行可以经营的业务

商业银行可以经营下列部分或者全部业务:

(1)吸收公众存款;

(2)发放短期、中期和长期贷款;

(3)办理国内外结算;

(4)办理票据承兑与贴现;

(5)发行金融债券;

(6)代理发行、代理兑付、承销政府债券;

(7)买卖政府债券、金融债券;

(8)从事同业拆借;

(9)买卖、代理买卖外汇;

(10)从事银行卡业务;

(11)提供信用证服务及担保;

(12)代理收付款项及代理保险业务;

(13)提供保管箱服务;

(14)经国务院银行业监督管理机构批准的其他业务。

(三)商业银行禁止经营的业务

《商业银行法》第四十三条规定,商业银行在中华人民共和国境内不得从事信托投资和证券经营业务,不得向非自用不动产投资或者向非银行金融机构和企业投资,但国家另有规定的除外。

具体来说,商业银行禁止经营的业务包括:①信托投资业务;②证券经营业务;③投资于非自用不动产;④向非银行金融机构投资;⑤向企业投资。

(四)商业银行业务的基本规定

1.商业银行存款业务的基本规定

(1)对个人储蓄存款的法律保护

商业银行办理个人储蓄存款业务,应当遵循存款自愿、取款自由、存款有息、为存款人保密的原则。

（2）对单位存款的法律保护

对于单位存款,商业银行有权拒绝任何单位或者个人查询,但法律、行政法规另有规定的除外;有权拒绝任何单位或者个人冻结、扣划,但法律另有规定的除外。

（3）对存款利率实行法律管制

《商业银行法》第三十一条规定,商业银行应当按照中国人民银行规定的存款利率的上下限,确定存款利率,并予以公告。

（4）实行存款准备金与备付金制度

《商业银行法》第三十二条规定,商业银行应当按照中国人民银行的规定,向中国人民银行交存存款准备金,留足备付金。

（5）无条件支付存款本息

《商业银行法》第三十三条规定,商业银行应当保证存款本金和利息的支付,不得拖延、拒绝支付存款本金和利息。

2.发行金融债券或者到境外借款业务

《商业银行法》第四十五条规定,商业银行发行金融债券或者到境外借款,应当依照法律、行政法规的规定报经批准。

3.同业拆借业务

同业拆借是指经中国人民银行批准进入全国银行间同业拆借市场的金融机构之间,通过全国统一的同业拆借网络进行的无担保资金融通行为。

以下金融机构可以向中国人民银行申请进入同业拆借市场:①政策性银行;②中资商业银行;③外商独资银行、中外合资银行;④城市信用合作社;⑤农村信用合作社县级联合社;⑥企业集团财务公司;⑦信托公司;⑧金融资产管理公司;⑨金融租赁公司;⑩汽车金融公司;⑪证券公司;⑫保险公司;⑬保险资产管理公司;⑭中资商业银行(不包括城市商业银行、农村商业银行和农村合作银行)授权的一级分支机构;⑮外国银行分行;⑯中国人民银行确定的其他机构。

同业拆借的期限在符合以下规定的前提下,由交易双方自行商定:①政策性银行、中资商业银行、中资商业银行授权的一级分支机构、外商独资银行、中外合资银行、外国银行分行、城市信用合作社、农村信用合作社县级联合社拆入资金的最长期限为一年;②金融资产管理公司、金融租赁公司、汽车金融公司、保险公司拆入资金的最长期限为三个月;③企业集团财务公司、信托公司、证券公司、保险资产管理公司拆入资金的最长期限为七天;④金融机构拆出资金的最长期限不得超过对手方由中国人民银行规定的拆入资金最长期限。

同业拆借到期后不得展期。同业拆借利率由交易双方自行商定。

《商业银行法》第四十六条规定,同业拆借,应当遵守中国人民银行的规定。禁止利用拆入资金发放固定资产贷款或者用于投资。拆出资金限于交足存款准备金、留足备付金和归还中国人民银行到期贷款之后的闲置资金。拆入资金用于弥补票据结算、联行汇差头寸的不足和解决临时性周转资金的需要。

4.商业银行贷款业务的基本规定

（1）贯彻国家产业政策规则

《商业银行法》第三十四条规定,商业银行根据国民经济和社会发展的需要,在国家产业政策指导下开展贷款业务。

（2）严格贷款审查规则

《商业银行法》第三十五条规定，商业银行贷款，应当对借款人的借款用途、偿还能力、还款方式等情况进行严格审查。商业银行贷款，应当实行审贷分离、分级审批的制度。

（3）贷款担保规则

《商业银行法》第三十六条规定，商业银行贷款，借款人应当提供担保。商业银行应当对保证人的偿还能力，抵押物、质物的权属和价值以及实现抵押权、质权的可行性进行严格审查。经商业银行审查、评估，确认借款人资信良好，确能偿还贷款的，可以不提供担保。

（4）借款合同规则

《商业银行法》第三十七条规定，商业银行贷款，应当与借款人订立书面合同。合同应当约定贷款种类、借款用途、金额、利率、还款期限、还款方式、违约责任和双方认为需要约定的其他事项。

（5）执行利率政策规则

《商业银行法》第三十八条规定，商业银行应当按照中国人民银行规定的贷款利率的上下限，确定贷款利率。

（6）资产负债比例管理规则

《商业银行法》第三十九条规定，商业银行贷款，应当遵守以下资产负债比例管理的规定：①资本充足率不得低于百分之八（资本充足率是指商业银行持有的、符合《商业银行资本管理办法》规定的资本与商业银行风险加权资产之间的比率）；②流动性资产余额与流动性负债余额的比例不得低于百分之二十五；③对同一借款人的贷款余额与商业银行资本余额的比例不得超过百分之十；④国务院银行业监督管理机构对资产负债比例管理的其他规定。

（7）关系人贷款规则

《商业银行法》第四十条规定，商业银行不得向关系人发放信用贷款；向关系人发放担保贷款的条件不得优于其他借款人同类贷款的条件。前款所称关系人是指：①商业银行的董事、监事、管理人员、信贷业务人员及其近亲属；②前项所列人员投资或者担任高级管理职务的公司、企业和其他经济组织。

（8）自主贷款、担保规则

《商业银行法》第四十一条规定，任何单位和个人不得强令商业银行发放贷款或者提供担保。商业银行有权拒绝任何单位和个人强令要求其发放贷款或者提供担保。

（9）依法贷款规则

《商业银行法》第四十二条规定，借款人应当按期归还贷款的本金和利息。借款人到期不归还担保贷款的，商业银行依法享有要求保证人归还贷款本金和利息或者就该担保物优先受偿的权利。商业银行因行使抵押权、质权而取得的不动产或者股权，应当自取得之日起两年内予以处分。借款人到期不归还信用贷款的，应当按照合同约定承担责任。

5.商业银行业务的其他规定

（1）结算业务规则

商业银行办理票据承兑、汇兑、委托收款等结算业务，应当按照规定的期限兑现、收付入账，不得压单、压票或者违反规定退票。有关兑现、收付入账期限的规定应当公布。

（2）竞争规则

商业银行不得违反规定提高或者降低利率以及采用其他不正当手段吸收存款，发放贷款。

（3）开立基本账户的规则

企业事业单位可以自主选择一家商业银行的营业场所开立一个办理日常转账结算和现金收付业务的基本账户，不得开立两个以上基本账户。

任何单位和个人不得将单位的资金以个人名义开立账户存储。

（4）营业时间公告规则

商业银行的营业时间应当方便客户，并予以公告。商业银行应当在公告的营业时间内营业，不得擅自停止营业或者缩短营业时间。

（5）金融服务收费规则

商业银行办理业务，提供服务，按照中国人民银行的规定收取手续费。

（6）保存财会资料规则

商业银行应当按照国家有关规定保存财务会计报表、业务合同以及其他资料。

《中华人民共和国反洗钱法》第十九条规定，金融机构应当按照规定建立客户身份资料和交易记录保存制度。在业务关系存续期间，客户身份资料发生变更的，应当及时更新客户身份资料。客户身份资料在业务关系结束后、客户交易信息在交易结束后，应当至少保存五年。

七、商业银行的接管

（一）接管的概念与目的

商业银行的接管是指监管机关通过一定的接管组织，依据法定的条件和程序全面控制被接管商业银行的业务活动。

被接管的商业银行的债权债务关系不因接管而变化。

商业银行接管的目的是对被接管的商业银行采取必要措施，以保护存款人的利益，恢复商业银行的正常经营能力。

（二）接管的条件

《商业银行法》第六十四条第一款规定，商业银行已经或者可能发生信用危机，严重影响存款人的利益时，国务院银行业监督管理机构可以对该银行实行接管。

（三）接管的程序

1.作出接管决定

《商业银行法》第六十五条规定，接管由国务院银行业监督管理机构决定，并组织实施。国务院银行业监督管理机构的接管决定应当载明以下内容：①被接管的商业银行名称；②接管理由；③接管组织；④接管期限。

接管决定由国务院银行业监督管理机构予以公告。

2.接管的执行

《商业银行法》第六十六条规定，接管自接管决定实施之日起开始。自接管开始之日起，由接管组织行使商业银行的经营管理权力。

第六十七条规定，接管期限届满，国务院银行业监督管理机构可以决定延期，但接管期限最长不得超过两年。

3.接管的终止

《商业银行法》第六十八条规定,有下列情形之一的,接管终止:

(1)接管决定规定的期限届满或者国务院银行业监督管理机构决定的接管延期届满;

(2)接管期限届满前,该商业银行已恢复正常经营能力;

(3)接管期限届满前,该商业银行被合并或者被依法宣告破产。

监管机关接管商业银行虽然法律上可行,但实际上很难操作。在实践中,只发生了一次接管的案例。1995年10月中国人民银行接管了中银信托投资公司,但这是一个失败的接管,最后不得不由广东发展银行将其兼并。

在实践中,仅仅靠接管并不能解决问题,实践中常采用收购、兼并的方式。

八、商业银行的终止

终止是指商业银行因出现解散、被撤销和被宣告破产等法律规定的情形,消灭主体资格的法律行为。

《商业银行法》第七十二条规定,商业银行因解散、被撤销和被宣告破产而终止。

(一)商业银行的解散

解散是指使商业银行丧失法人资格的法定原因已经产生,而应逐渐终止商业银行权利义务的行为。

商业银行因分立、合并或者出现公司章程规定的解散事由需要解散的,应当向国务院银行业监督管理机构提出申请,并附解散的理由和支付存款的本金、利息等债务清偿计划,经国务院银行业监督管理机构批准后解散。

《商业银行法》第六十九条第二款规定,商业银行解散的,应当依法成立清算组,进行清算,按照清偿计划及时偿还存款本金和利息等债务。国务院银行业监督管理机构监督清算过程。

(二)商业银行的撤销

撤销是指国务院银行业监督管理机构对经其批准设立的具有法人资格的金融机构依法采取行政强制措施,终止其经营活动,并予以解散。

《商业银行法》第七十条规定,商业银行因吊销经营许可证被撤销的,国务院银行业监督管理机构应当依法及时组织成立清算组,进行清算,按照清偿计划及时偿还存款本金和利息等债务。

撤销的情形主要包括两种,分别是:①因违法经营被吊销经营许可证;②因经营管理不善,不予撤销将严重危害金融秩序、损害公众利益。

(三)商业银行的破产

商业银行的破产是指商业银行不能清偿到期债务,为保护多数人利益,使之需要得到公平的满足而设置的一种程序。

《商业银行法》第七十一条规定,商业银行不能支付到期债务,经国务院银行业监督管理机构同意,由人民法院依法宣告其破产。

商业银行被宣告破产的,由人民法院组织国务院银行业监督管理机构等有关部门和有关人员成立清算组,进行清算。

第三节　银行不良资产清收处置
及业务经营中的法律风险防范

2017 年 7 月 14—15 日，全国金融工作会议在北京召开，国家主席习近平在会议中强调了三点：第一，金融是国家重要的核心竞争力；第二，金融安全是国家安全的重要组成部分；第三，金融制度是经济社会发展中重要的基础性制度。

会议明确了三项任务：①让金融业更好地服务实体经济；②防控金融风险；③深化金融改革。

全国金融工作会议自 1997 年第一次召开以来，每五年召开一次，为中国将来的金融改革和方向"定调"，并推出金融改革及相应的机构改革等重大举措。

之后，党的十九大对金融行业和金融工作者提出了具体的要求：金融业应助力社会主义现代化强国目标的实现。同时提出了三点：①金融业应以新发展理念促进现代化经济体系建设；②金融业应助力国家保障体系的完善、服务国家战略；③金融业要守住不发生系统性金融风险底线。

因此，对于金融业而言，注重自身风险管控，守住不发生系统性金融风险，也是业务发展和创新的底线。

2017 年 11 月，我国承诺扩大开放的时间表和路线图，将大幅度放宽金融业，包括银行业、证券基金业和保险业的市场准入。我国大幅度放宽金融业的市场准入是大势所趋。

2018 年 4 月，在海南博鳌论坛上，我国承诺将大幅放宽金融业市场准入。

《巴塞尔新资本协议》是在过去 10 多年国际银行业的竞争规则——旧《巴塞尔协议》基础上修订而成的。该协议将国际银行业的风险监控范围由单一的信用风险扩大到市场风险、操作风险和利率风险，并提出"三个支柱"（最低资本规定、监管当局的监督检查和市场纪律/信息披露）。其中，最低资本规定即核心资本充足率不低于百分之四，资本（包括核心资本和附属资本）充足率不低于百分之八。

中国银保监会迄今所作的大部分努力都是为了能达到最低资本规定。《巴塞尔新资本协议》的重大突破是：首次将法律风险纳入了国际银行资本充足率监管框架，要求国际活跃银行采用规定的方法计量法律风险，并以此为基础确定其资本标准。银行法律风险主要是指银行因经营活动不符合法律规定或外部法律事件而导致风险敞口的可能性。如果银行自身的操作风险控制体系不充分或无效，未能对法律问题作出反应，就会引发法律风险。换言之，银行法律风险主要是银行的经营活动及银行人员违反法律规定而承担的法律责任的可能性。

根据《巴塞尔新资本协议》和其他有关文件以及我国法律、法规的规定，银行可能承担的操作性法律风险主要表现为：

（1）不良贷款无法顺利清收处置；

（2）合同可能被依法变更、撤销或者确认无效，结果不利于银行；

（3）因违约、侵权或者其他事由被提起诉讼或者申请仲裁，依法可能承担赔偿责任；

（4）业务活动违反法律、法规等的规定，依法可能承担行政责任或者刑事责任。

一、银行不良资产清收处置现状、金融资产管理公司(AMC)及不良资产处置行业格局

(一)贷款的五级分类

1998年4月,中国人民银行参照国际惯例,结合中国国情,制定了《贷款风险分类指导原则》(试行),要求商业银行依据借款人的实际还款能力进行贷款质量的五级分类,即按风险程度将贷款划分为五类:正常、关注、次级、可疑、损失,后三种为不良贷款。

(1)正常:借款人能够履行合同,一直能正常还本付息,不存在任何影响贷款本息及时全额偿还的消极因素,银行对借款人按时足额偿还贷款本息有充分把握。贷款损失的概率为0。

(2)关注:尽管借款人目前有能力偿还贷款本息,但存在一些可能对偿还产生不利影响的因素,比如关联企业出问题了、担保人出问题了等。如这些因素继续下去,借款人的偿还能力受到影响,贷款损失的概率不会超过5%。

(3)次级:完全依靠其正常营业收入无法足额偿还贷款本息,需要通过处分资产或对外融资乃至执行抵押担保来还款付息。即使执行担保,也可能会造成一定损失。贷款损失的概率为30%~50%。

(4)可疑:借款人无法足额偿还贷款本息,即使执行担保,也肯定要造成较大损失,只是因为存在借款人重组、兼并、合并、抵押物处理和未决诉讼等待定因素,损失金额的多少还不能确定,贷款损失的概率为50%~75%。

(5)损失:在采取所有可能的措施或一切必要的法律程序之后,本息仍然无法收回,或只能收回极少部分。也就是说,借款人已无偿还本息的可能,无论采取什么措施和履行什么程序,贷款都注定要损失了,或者虽然能收回极少部分,但其价值也是微乎其微,从银行的角度看,也没有意义和必要再将其作为银行资产在账目上保留下来。对于这类贷款,在履行了必要的法律程序之后应立即予以注销,其贷款损失的概率为75%~100%。

(二)银行不良资产案件的特点

银行不良资产案件具有以下特点:

(1)借贷纠纷成为银行诉讼纠纷的主要类型,可以占到金融执行案件总数的95%以上。

(2)多数借款合同、担保合同法律关系简单、明晰,因此在诉讼过程中,诉讼双方当事人对基本问题争议均不大或没有争议。这是因为银行内部都有关于办理借贷业务的规范流程,业务员必须按照此流程才能将资金贷出。

(3)法院在认定银行业不良资产的案件时,不存在太大的疑问,银行作为债权人的胜诉率极高。

(4)得到执行的比率低。胜诉率高并不意味着银行能够成功收回自己贷出的资金。中国建设银行统计数据显示,不良资产案件的胜诉率达到了97%,但其中只有30%得到了执行。[①]

---

① 卢继娟.银行不良资产的执行问题研究[J].中国经贸,2015(15):147-149.

（三）金融资产管理公司（AMC）及不良资产处置行业格局

金融资产管理公司（Asset Management Company，简称 AMC）通常是指专业从事不良资产经营管理的公司。我国的 AMC 行业主要由四大金融资产管理公司、地方资产管理公司、民营资产管理公司、银行系债转股公司组成。

美国在 20 世纪 80 年代至 90 年代初，曾经发生过一场影响很大的银行业危机。当时，美国约有 1600 多家银行、1300 家储蓄和贷款机构陷入了困境。为了化解危机，联邦存款保险公司、联邦储蓄信贷保险公司竭尽全力进行了援助，美国政府也采取了一系列措施，设立了重组信托公司（Resolution Trust Corporation，简称 RTC）对储贷机构的不良资产进行处置。1989—1994，RTC 在化解金融风险、推进金融创新等方面多有建树，被公认为世界上处置金融机构不良资产的成功典范。在某种意义上可以说，正是自 RTC 开始，组建金融资产管理公司成了各国化解金融风险、处置不良资产的通行做法。

我国金融资产管理公司是经国务院决定设立的收购国有独资商业银行不良贷款，管理和处置因收购国有独资商业银行不良贷款形成的资产的国有独资非银行金融机构。金融资产管理公司以最大限度保全资产、减少损失为主要经营目标，依法独立承担民事责任。我国有四大金融资产管理公司，即中国华融资产管理公司（CHAMC）、中国长城资产管理公司（GWAMC）、中国东方资产管理公司（COAMC）、中国信达资产管理公司（CINDAMC），分别接收从中国工商银行、中国农业银行、中国银行、中国建设银行剥离出来的不良资产。中国信达资产管理公司于 1999 年 4 月成立，其他三家于 1999 年 10 月分别成立。自 2007 年，四大金融资产管理公司开始商业化运作，不再局限于只对应收购上述几家银行的不良资产。

四大金融资产管理公司的产生源于 1997 年爆发的亚洲金融危机。在这场危机中，沧海横流，似乎唯独我国经济屹然不动。确实，我国的稳定极大地遏制了金融风暴的蔓延，为亚洲经济乃至世界经济的复苏创造了契机，我国的贡献或曰牺牲赢得了各国政府以及世界银行、亚洲开发银行等国际金融组织的高度评价。然而，作为中国金融业根基的国有银行业，存在着大量不良贷款，当时中国人民银行的一项统计表明，国有商业银行不良资产总额大约为 22898 亿元，约占贷款总额的 25.37%。巨额的不良资产，对银行自身的稳健与安全将产生直接损害。为了化解由此可能导致的金融风险，我国于 1999 年相继设立了四大金融资产管理公司。[①]

在浙江，存在三家地方性的 AMC，分别是：浙江省浙商资产管理有限公司（浙江省国际贸易集团 100% 出资）；光大金瓯资产管理有限公司（光大集团出资 20%，光大投资管理有限责任公司出资 35%，温州金融投资集团出资 35%，温州工业投资集团出资 10%）；宁波资产管理股份有限公司（宁波金控集团出资 40%，邦信资产管理有限公司出资 34%，宁波开发投资集团出资 13%，昆仑信托有限责任公司出资 13%）。

未持牌 AMC 主要承接四大 AMC 及地方 AMC 处置效率较低的不良资产包。未持牌 AMC 只能从事 10 户以下不良资产的组包转让，但其从事的地域范围并没有限制。

不良资产出售，主要通过以下两种方式。

一是竞价拍卖，主要是以资抵债的资产，在中介机构进行评估论证的基础上，委托拍卖

---

① 段静静.地方资产管理公司的源起与展望[J].现代国企研究，2014(10)：50-51.

行进行公开拍卖。

二是打包出售，损失资产以及额度小、处置成本高的呆滞贷款，在政策允许的情况下，可以打包捆绑出售。2001 年 11 月，华融资产管理公司将一笔总额为 108 亿元的不良资产拍卖，最终摩根士丹利牵头，由雷曼兄弟、KTH 资本管理公司以及国际金融公司组成的联合投标团竞标成功，开创了我国不良资产打包处置市场化的先河。

二、银行不良资产清收处置的模式

银行不良资产处置的传统模式主要包括债务清收模式、打包出售、内部分账经营、坏账核销、发放贷款增量稀释、债务延期或重整、招标拍卖、债转股、实物资产再利用等方式。

银行不良资产处置的创新模式主要包括银行与资产管理公司合作模式；银行与信托公司合作模式；放宽民营资本进入不良资产领域限制；银行表外理财模式（银行先卖出不良资产包，和买方签订回购协议或者通过收益互换收回不良资产的受益权，交易结构为：银行通过设立券商定向资管计划，对接其理财资金，银行向资产管理公司出售不良资产包，资产管理公司再将不良资产包的受益权受让给券商定向资管计划，银行和券商定向资管计划签订收益互换协议，将不良资产的受益权收回）；资产证券化模式（由于不良资产的现金流量具有不确定性和不稳定性，以此为支撑的资产，其证券的定价和市场接受程度会受到影响，从而增加出售和变现退出的难度，因此，可以考虑将银行的部分正常贷款搭配组成资金池并证券化出售，以提高其对投资者的吸引力）。

三、银行不良贷款清收的前期风险防范

（一）借款人主体审查

借款人主体审查主要是指对借款人主体资格及还贷能力的审查。个人借款主体需提供的资料包括但不限于身份证明、工作情况证明、收入财产证明尤其是房产等证明。

企业主体应确保营业执照、机构代码证、税务登记证、法人身份证明、开户许可证、验资报告等基础资料真实并年检。

在诉讼中，个体工商户以营业执照上登记的业主为当事人。

（二）担保人主体资格审查

有的金融机构偏重对贷款方资信的书面调查，忽视实地考察，没有对保证人以及担保物作深入的细致审查，造成虽有信贷担保存在，但起不到担保应有的作用，有的则存在领导指令、未审先批现象，担保方根本不具备担保资格或不符合担保条件，给缺乏资信者可乘之机。这类案件一旦发生，往往贷款回收困难，法院执行也难奏效。

【例 8-2】2015 年 3 月 20 日，甲银行向乙公司提供 1000 万元的信用贷款，贷款到期日为 2015 年 6 月 1 日。

在贷款即将到期时，乙公司又与甲银行协商再贷 1500 万元，用以归还上述借款。同年 5 月 23 日，甲银行与乙公司、丙营业部签订了一份保证借款合同，约定：甲银行贷给乙公司 1500 万元，借款期限自 2015 年 6 月 1 日至 2016 年 5 月 31 日；丙营业部作为保证人，承担连带保证责任。合同签订次日，甲银行将 500 万元划入乙公司账户，1000 万元作为还款，清偿了第一笔借款。

贷款到期后,甲银行多次向乙公司和丙营业部发出催款通知书,但均未获偿还(另查:丙营业部于2014年5月领取非企业法人营业执照,系隶属丁公司的非企业法人分支机构)。甲银行遂于2016年8月19日提起诉讼,请求乙公司、丙营业部、丁公司偿还借款本息及由此造成的一切损失。庭审中,丙营业部、丁公司抗辩称丙作为非企业法人分支机构,不具有保证人主体资格,其签订的保证合同无效。

问:丙营业部作为非企业法人分支机构,是否具有保证人的主体资格? 保证合同的效力如何?

分析:

(1)保证人主体资格

本案的发生时间在《民法典》实施之前,依据当时尚处于有效期的《担保法》第十条规定,企业法人的分支机构、职能部门不得为保证人。企业法人的分支机构有法人书面授权的,可以在授权范围内提供保证。

《担保法》第二十九条规定,企业法人的分支机构未经法人书面授权或者超出授权范围与债权人订立保证合同的,该合同无效或者超出授权范围的部分无效。

所以,丙营业部不具有保证人的主体资格,其签订的保证合同无效。

(2)保证责任的承担

《担保法》第五条规定,担保合同被确认无效后,债务人、担保人、债权人有过错的,应当根据其过错各自承担相应的民事责任。第七条规定,主合同有效而担保合同无效,债权人无过错的,担保人与债务人对主合同债权人的经济损失,承担连带赔偿责任;债权人、担保人有过错的,担保人承担民事责任的部分,不应超过债务人不能清偿部分的二分之一。

那么,本案中丙营业部是不是要对不能清偿部分,即1500万元贷款的二分之一承担责任呢?

根据最高人民法院《关于适用〈中华人民共和国担保法〉若干问题的解释》的规定,主合同当事人双方协议以新贷偿还旧贷,除保证人知道或者应当知道的外,保证人不承担民事责任。新贷与旧贷系同一保证人的,不适用。所以,本案中丙营业部只对乙公司不能清偿的500万元承担不超过二分之一的责任。

那么,我们关心的另一个问题是:怎么才能让"贷新还旧"的担保人对"还旧"部分的款项也承担担保责任呢?

注意:如果保证人在保证合同中承诺对借款人转移贷款用途等违反合同的行为承担连带责任,并实际履行了部分主债务,就可以认定保证人知道或者应当知道主债务人系以新贷还旧贷。

在此情形下,保证人以上述规定为由,主张不承担民事责任的,人民法院不予支持。

【例8-3】A公司、B药业及C银行三方签订保证担保借款合同,约定A公司向C银行借款1200万元,B药业为上述贷款提供保证担保,并且上述合同第四条规定:"B药业自愿作为借款方按期偿还本合同中借款本息的保证人,对借款方转移贷款用途等违反本合同的行为,承担连带责任。"陈达彬系A公司持有50%股份的股东及A公司的监事,也是B药业的法定代表人。贷款发放后,B药业及其关联公司代A公司支付利息至2015年12月31日,时间长达5年,其间,C银行三次向A公司及B药业发出逾期贷款催收通知书。

法院判决如下:

本案中 B 药业承诺对 A 公司转移贷款用途等行为承担连带责任, B 药业应当预见到 A 公司转移贷款用途带来的各种担保风险。以贷还贷也属于转移贷款用途的一种, 即使本案存在以贷还贷的情形, 因 B 药业承诺在先, 且 B 药业及其关联公司代 A 公司偿还贷款利息（即实际履行了部分债务）, B 药业亦应当知晓贷款的实际用途, 依据当时的最高人民法院《关于适用〈中华人民共和国担保法〉若干问题的解释》第三十九条的规定, B 药业仍应当承担担保责任。

(三)担保物实地调查的重要性

银行放款前一定要对担保人提供的担保物进行实地考察, 考虑其变现能力, 并对其权属状况进行严格审查。抵押物的瑕疵体现为分割不能、使用不能、变现不能。

【例 8-4】2013 年 8 月 8 日, 某银行与甲公司签订了一份借款合同, 约定: 某银行向甲公司提供贷款 350 万元, 期限为 1 年, 担保方式如下:

(1)甲公司法定代表人承担连带保证责任;

(2)乙公司以其拥有使用权的土地作抵押, 该土地评估价值为 500 万元, 抵押率为 70%, 抵押价值为 350 万元。

贷款到期后, 甲公司无力偿还贷款, 银行多次催讨后, 仍未能偿还, 银行将甲公司告上法庭, 要求其偿还本金 325 万元及利息、罚息等, 并要求甲公司法定代表人及乙公司承担担保责任。

然而, 庭审时, 法院查明, 用来抵押的土地尚未缴纳土地出让金, 即当地政府为招商引资的需要, 在该土地未足额缴纳土地出让金时即为抵押人办理了土地使用权证。

银行要求法院对抵押物进行处理。法院在评估后以 500 万元起价对该土地进行拍卖, 但因该土地周边配套设施不完善, 无人举牌。经多次拍卖后, 该抵押物最终拍卖成功, 但在缴纳各种费用、土地出让金等后, 银行能优先受偿的部分只有几万元。

该笔业务给银行造成了很大的损失。

(四)半成品、应收账款质押问题(浮动抵押)

银行的基础法律关系其实是比较简单的,《民法典》实施之前, 主要涉及三部法, 分别是《合同法》《物权法》《担保法》, 当然包括这三部法所有的司法解释。而银行的基本法律关系就是借贷关系, 而借贷关系就是合同关系, 当然除了借贷以外, 还有一些票据、信用证等法律关系, 我们将其统称为合同法律关系(主债权法律关系)。除此之外, 还有抵押关系、质押关系、保证关系, 这是与《物权法》《担保法》有关。《民法典》实施后, 一部《民法典》全部涵盖之。这里再强调一下质押风险。

1.半成品质押

半成品质押, 其首要风险是监管成本非常高。

【例 8-5:质押人瞒天过海,银行是否应该担责?】

本案主要为了强调:金融机构对担保物真实性的审查为法定义务,不能通过协议转移。

裁判要旨:金融机构对借款人的资信, 保证人的偿还能力, 抵押物、质物的权属和价值以及实现抵押权、质权的可行性承担的审查义务属于法定义务, 不能通过协议全部转移给他人。金融机构违反该义务导致借款不能收回的, 应承担相应责任。

案情简介：

2004 年 4 月 27 日,招商银行 A 支行与 H 公司签订质押合同,约定：H 公司以自有的热卷钢材为质物为其债务提供质押担保。招商银行 A 支行、H 公司、招商物流公司三方签订质物监管协议一份。三方声明自出质通知送达招商物流公司时,视为质物由招商银行 A 支行占有;招商物流公司声明,承兑协议项下的质物已验收完毕。

2014 年 8 月 31 日,质物实际存放单位宝铁公司仓库清盘,发现仓库的热卷钢材的库存量为零。

2004 年 9 月 15 日,招商银行 A 支行曾以 H 公司未能清偿债务、质物灭失等为由,提起诉讼。此案经一审、二审,一直诉至最高人民法院,最高人民法院最终判决：招商银行 A 支行应自行承担部分责任,第三方监管公司仅需承担 70% 赔偿责任。

本案中招商银行 A 支行的败诉原因在于其不能通过协议的方式转移法定的审查贷款担保物真实存在与否的义务。招商银行 A 支行所采用的担保方式为动产质押担保,根据《民法典》第四百二十五条的规定,动产质押以实际交付质物为质权成立的前提条件。故只有当招商银行 A 支行直接占有或者控制质物时,质押才能成立。但一般银行并无存放大型质物的条件,故招商银行 A 支行委托第三方监管质物,招商银行 A 支行并未直接实际核验过质物是否真实存在。招商银行 A 支行不仅通过协议委托第三方监管质物,还通过该协议将保证并核验质物真实存在的义务转移给了作为监管方的招商物流公司。质物的实际存放单位宝铁公司开具的仓单是在未经真实核验的基础上开具的,最后证实质物自始即存在严重短缺。最高人民法院认为,招商银行 A 支行负有《商业银行法》规定的对质物权属真实性进行核查的法定义务,该义务不能通过协议的方式转移给第三方。故认定招商银行 A 支行对于质物实际不存在有一定的过错,应自行承担相应的责任。招商银行 A 支行因此败诉。

招商银行 A 支行败诉的教训、经验总结如下：

第一,银行作为专业的金融机构,在从事信贷业务时负有比一般民事主体更多的注意义务和审查核验义务。《商业银行法》第三十六条规定,商业银行贷款,借款人应当提供担保。商业银行应当对保证人的偿还能力,抵押物、质物的权属和价值以及实现抵押权、质权的可行性进行严格审查。该项义务是《商业银行法》对银行规定的法定义务。如果银行在贷款过程中未履行相应义务导致相应损失,应自行承担部分责任。同时由于该项审查义务的法定性,银行不能通过协议等方式将该项义务转移给第三方。银行也不能因为第三方未履行审查义务导致相应损失而主张自己无须承担任何责任。

第二,对于大型的动产质押,一般的商业银行不具有直接保管质物的条件,而且直接保管质物的成本往往较高。因此,银行为节约成本往往会通过质物监管协议的方式委托第三方对质物进行监管。但这样的监管委托并非一劳永逸,银行应随时通过包括但不限于实体查看的方式关注质物的真实状况及其变化,防范并及时处理可能出现的风险。这不仅是银行降低信贷风险的有效措施,更是银行的法定义务。银行对质物权属真实性进行核查的法定义务,不能通过协议的方式转移给第三方。

第三,虽然《民法典》第四百二十五条规定,动产质押以实际交付质物为质权成立的前提条件,但此处的交付并不以实际交付为限。质押人不仅可以通过直接占有质物的方式取得质权,而且可以通过委托第三人占有的方式取得质权。此处的第三方只能是出质人以外的人而不能为出质人本人。

相关法律规定如下：

《民法典》第四百二十五条规定，为担保债务的履行，债务人或者第三人将其动产出质给债权人占有的，债务人不履行到期债务或者发生当事人约定的实现质权的情形，债权人有权就该动产优先受偿。前款规定的债务人或者第三人为出质人，债权人为质权人，交付的动产为质押财产。

《商业银行法》第三十五条规定，商业银行贷款，应当对借款人的借款用途、偿还能力、还款方式等情况进行严格审查。商业银行贷款，应当实行审贷分离、分级审批的制度。

《商业银行法》第三十六条规定，商业银行贷款，借款人应当提供担保。商业银行应当对保证人的偿还能力，抵押物、质物的权属和价值以及实现抵押权、质权的可行性进行严格审查。经商业银行审查、评估，确认借款人资信良好，确能偿还贷款的，可以不提供担保。

2.应收账款质押

现在应收账款质押可以在银行征信系统中备案，但这只是表面的手续，真正操作起来，漏洞很多。应收账款质押的风险是非常大的，这类业务银行如果要做，那么"核实"这个工作就非常重要。而且，银行进行备案、走走表面的程序是没用的，必须要去征得应收账款付款义务人的确认。到底有没有这么多钱，必须是确认无误的。且还要审核有没有质量纠纷，查实应收账款所涉的履约纠纷。

四、执行程序中银行的应对

(一)贷款发放中，借款企业因诉讼被执行，法院裁定划扣贷款

【例8-6】2018年4月17日，笔者遇到这样一个案例：某邮政储蓄银行审核通过一笔3000万元的贷款，贷款刚到贷款账户，银行发现借款企业因诉讼被执行，法院来函要求划扣该笔贷款。

【例8-6】分析

银行随即提出执行异议，认为法院无权划扣这笔贷款。随后，银行立即启动清收，将该笔贷款转入清收账户。法院马上发来《责令追回被转移款项通知书》，要求银行转回这笔款项。

讨论：银行应该如何处理？

【例8-7】某房地产开发商为了规避日后有可能出现的法院查封的风险，要求银行将发放的每一笔住房按揭贷款都打到自己指定的另一个公司的账户。

【例8-7】分析

讨论：是否可以这样操作？

(提示：注意受托支付的条件)

(二)不动产租赁权与银行抵押权的冲突

一些基层人民法院反映：现在每一处房屋的拍卖，几乎都有案外人出来主张租赁权。仅是五大国有商业银行在浙江的分支机构，每年遇到贷款时房屋抵押人承诺不存在租赁情况，但处置时案外人却出来主张租赁权的案件每年可达100多件。

银行作为申请执行人，往往认为被执行人与案外人恶意串通虚构租赁关系来规避执行，要求法院不予采信。

但目前现实情况是，只有少量的虚假租赁能够被执行机构调查揭穿。大量的租赁关系虽

然存疑，但法院囿于力量和手段，难以彻底查处，也无法从证据、法律上作出否定，只得"带租拍卖"，从而很大程度上影响成交率和成交价格，不利于债权人银行合法权益的及时有效实现。

究其原因，我认为主要有以下四点：

一是诚信缺失。法院拍卖的不少房产属于银行享有抵押权的抵押物，债务人抵押给银行时已作出不存在租赁情况的书面承诺，事后却仍然虚构租赁关系。

二是无视司法权威。对于法院查封的房产，被执行人也不顾后果敢于虚构租赁关系，并据此提出异议，甚至提起异议之诉。

三是法无明文规定。我国现行法律对租赁权获得物权化保护的条件（公示方式）尚没有作出相关明确规定。《中华人民共和国城市房地产管理法》虽确立了房屋租赁登记备案制度，但究其立法初衷和目的，系作为一种行政管理手段而非公示方式加以规定。

四是现金交易缺乏规制。我国目前对现金交易还未有具体明确的规制，也为被执行人和案外人虚构支付租金事实提供了串通的方便。

【例 8-8：不动产租赁权与银行抵押权在执行程序中的冲突】

申请执行人：中国民生银行股份有限公司浙江分行

被执行人：某 A

2010 年 2 月 10 日，申请执行人与被执行人签订个人购房抵押借款合同（以下简称合同），被执行人向申请执行人借款 992 万元，借款期限为 2010 年 2 月 1 日至 2040 年 2 月 1 日，用于购买某房屋（以下简称异议房屋）。约定，将被执行人的异议房屋抵押给申请执行人，且于 2010 年 8 月 10 日办理了抵押登记。此外，被执行人在合同中明确表明异议房屋未出租。

随后在合同履行过程中，由于被执行人自 2013 年 2 月开始不再履行还款义务，且未经申请执行人的同意再次将异议房屋二次抵押于他人，申请执行人于 2013 年 3 月 12 日向杭州市西湖区人民法院提起诉讼，要求某 A 归还借款本金、利息、罚息，被执行人不履行生效判决确定的义务时要求对抵押物进行处置而行使优先受偿权。

申请执行人于 2013 年 3 月 26 日申请对异议房屋进行保全。2013 年 4 月 1 日，法院对异议房屋进行了查封。因被执行人不履行调解书，2013 年 7 月 26 日，申请执行人向法院申请强制执行。2014 年 1 月 6 日，申请执行人向法院申请评估、拍卖此房屋，且对拍卖所得价款优先受偿。

2015 年 5 月 9 日，法院发布公告，责令被执行人于 2015 年 6 月 10 日前履行生效判决确定的义务，逾期不履行，法院将拍卖或变卖查封财产，占有房屋的案外人应自公告之日起十五日内迁出该房屋。

案外人应某随即向法院提起执行异议，请求确认其享有合法租赁权，系合法占有。

案外人主张：2012 年 9 月 7 日，其与被执行人签订了房屋租赁合同（以下简称租赁合同），承租异议房屋，租赁期为 20 年，于签订合同当日指示××物资有限公司一次性向××贸易商行付清租金 100 万元。该租赁合同已于 2013 年 3 月 7 日登记备案。案外人应某于 2012 年 9 月 7 日已实际占有异议房屋，且享有转租权。应某认为租赁时间和占有房屋时间均发生在法院查封之前，其对房屋享有合法租赁权，系合法占有。

分析：本案中，抵押登记先于租赁关系设立，根据《民法典》第四百零五条（抵押权设立前，抵押财产已经出租并转移占有的，原租赁关系不受该抵押权的影响。抵押权设立后抵押财产出租的,该租赁关系不得对抗已登记的抵押权),只要抵押权设立于租赁关系前,案外的承租人不得依据"买卖不破租赁"而要求对异议房屋负担租赁予以拍卖或处置。2010年8月10日异议房屋就办理了抵押登记,早于租赁合同签订时间及承租人实际占有时间,因此,案外人对异议房屋不享有足以排除强制执行的权益。

若租赁关系先于抵押登记,是否就必然排除银行抵押权呢?

事实上,大多数租赁权与抵押权冲突的案件都比上述案件复杂,且案外人据以提出异议的"租赁关系"大多具有以下特点:

(1)租赁合同落款日期在设定抵押或法院查封之前;

(2)未办理租赁登记备案手续;

(3)约定长租期(往往都是15~20年);

(4)声称租金已一次性付清;

(5)出租人和承租人关系特殊等。

我们来看另一个案例。

【例8-9:租赁关系先于银行抵押登记,是否必然排除银行抵押权?】

2011年8月,张某与某银行签订借款合同,贷款200万元,以房产担保。之后银行向张某发放了贷款,并于2011年11月办理了抵押登记手续,抵押权人为银行。2012年10月,张某违反约定未按期还付本息,银行遂向法院请求实现其抵押权。在执行阶段,法院依法拟对抵押房屋予以拍卖。此时,第三人李某向法院主张租赁权,声称其系该房屋的承租人,并向法院出具了一份租赁合同。该合同显示:承租人李某于2011年8月与张某签订了房屋租赁合同,租期为20年,租金为120万元。李某还一并出具了收据,证明已一次性付清全部租金。因银行之前并未发现该房产有出租情况,更无装修或经营的痕迹,怀疑此租赁合同虚假,但苦无证据,执行因此陷入僵局。

分析:本案中,租赁权早于抵押权设立。对于在先成立的租赁权,法律通过确立"买卖不破租赁"原则来保护居于弱势地位的承租人,避免其处于不安的状态,以维护社会的稳定。同时法律赋予承租人"优先购买权"也是解决这一权利冲突的路径,优先购买权也有利于减少房屋上权利人的数量,利于产权的明晰。

需注意的是:最高人民法院《关于审理城镇房屋租赁合同纠纷案件具体应用法律若干问题的解释》第六条规定了确定"一房数租"情况下占有人优先的原则,人民法院按照占有、登记备案、合同成立在先的顺序确定优先履行的承租人,强调"占有"对于租赁权的认定具有重要参照价值,因此把承租人占有房屋的"占有时"作为租赁权产生对抗效力的时间点。

我国采取占有公示主义。这是因为租赁权实质上仍然属于债权,债权的成立应该基于双方当事人的合意,采用登记对抗主义将增加交易环节的成本,不利于物流转的效率;把"占有"作为认定租赁权对抗效力产生的要件,有利于防止抵押人与承租人恶意串通,虚构租赁合同,逃避执行。

最高人民法院的上述司法解释中的"占有",应作广义的理解,指承租人对房屋已经用于生产生活、经营、装修等处分利用的情形都应该被认定为"占有",其租赁权具有对抗效力。且开始占有的时间节点必须是在案涉房屋抵押、查封前,而且必须至今占有,也即必须是在法院执行时仍然占有。

《民法典》第四百零五条规定,抵押权设立前,抵押财产已经出租并转移占有的,原租赁关系不受该抵押权的影响。该条规定明确将租赁权对抗抵押权的时间节点由"抵押权设立前"修改为"抵押权设立前＋转移占有"。

《民法典》的该条规定，较原《物权法》第一百九十条的规定增加了"转移占有"这一条件，在授信阶段，可以降低银行尽职调查难度，银行实地查看抵押物时，只要未发现他人占有抵押物，可以认为抵押物不存在租赁关系。对于抵押物恶意利用抵押不破租赁的法律规则逃废债的，因增加了转移占用这一显性条件，可以阻却相当部分的虚假租赁。但是，这也不能从根本上排查虚构租赁逃避债务的行为。

本案中案外人只有租赁合同，但没有实际占有的证据，不能单纯只依靠租赁合同就可对抗银行的抵押权；故根据最高人民法院《关于民事执行中拍卖、变卖财产的规定》第三十一条第二款的规定"拍卖财产上原有的租赁权及其他的用益物权不因拍卖而消灭，但该权利继续存在于拍卖财产上，对在先的担保物权或者其他优先受偿权的实现有影响的，人民法院应当依法将其除去后进行拍卖"，法院可以涤除租赁后进行拍卖，案外人李某则可依据合同要求出租人张某承担违约责任。

那么，是不是满足了租赁关系早于抵押登记，已经支付了租金，并且实际使用了租赁物这些条件，租赁关系就必然排除抵押权呢？我们来看下面的案例。

【例 8-10：执行程序中不动产租赁权保护的认定标准】

甲银行与 A 借款合同纠纷一案，法院审理后作出判决：A 应偿还甲银行借款本金 300 万元及利息，甲银行就该笔借款对 A 名下的某处房产享有优先受偿权。因 A 未履行生效判决确定的义务，甲银行向法院申请强制执行，执行法院于 2016 年 5 月查封了前述房产，并准备进行评估拍卖。

此时，案外人丁某向法院提出执行异议，主张其系该房屋承租人，而且租赁关系形成于房产抵押之前，要求法院带租拍卖。

经查明，A 名下的该房产在 2015 年 3 月办理抵押登记，2014 年 2 月，被执行人与异议人丁某签订了一份租赁合同，约定租期为 20 年，每年租金为 3 万元，租金一次性支付。合同签订当天，丁某通过银行转账方式支付给柳某 60 万元。丁某在租赁合同签订后，并未实际居住过该房屋，而是以每年 6 万元的租金标准，将该房屋转租给案外人乙公司作为办公场所使用至 2016 年 5 月。

本案争议焦点如下：

最高人民法院《关于人民法院办理执行异议和复议案件若干问题的规定》第三十一条规定，承租人请求在租赁期内阻止向受让人移交占有被执行的不动产，在人民法院查封之前已签订合法有效的书面租赁合同并占有使用该不动产的，人民法院应予支持。

浙江省高级人民法院《关于执行非住宅房屋时案外人主张租赁权的若干问题解答(2014)》(该解答只针对非住宅房屋)第四项规定，有以下情形之一的，可以认定案外人在抵押、查封前已经占有且至今占有案涉房屋：①案外人在抵押、查封前已经在且至今仍在案涉房屋内生产经营；②案外人在抵押、查封前已经领取以案涉房屋作为住所地的营业执照且至今未变更住所地的；③案外人在抵押、查封前已经由其且至今仍由其支付案涉房屋水电、物业管理等费用的；④案外人在抵押、查封前已经对案涉房屋根据租赁用途进行装修的；⑤案外人提供其他确切证据证明其已在抵押、查封前直接占有案涉房屋的。

特别值得一提的是，江苏省高级人民法院《关于执行不动产时承租人主张租赁权的若干问题解答》对这类问题作了更为细致的规定,该解答第三项规定,承租人占有使用不动产主要是指承租人(包括次承租人)已支付租金且对该不动产已经用于生活、生产、经营、装修等情形;承租人以已向被执行人支付全部租金、以该不动产使用权抵债、已向房产管理部门登记备案、以在该不动产所在地为新设公司营业地址为由主张租赁权,请求法院带租拍卖或拍卖后阻止向受让人移交占有的,而该不动产仍为被执行人或其他人占有使用的,不属于承租人占有使用的情形。

也就是说,如承租人并非直接占有房屋,又非用于解决生存居住问题而使用,原本被认为是关涉承租人生存利益的租赁权已经异化为谋取经济利益的工具,意味着该租赁权又回归到纯粹债权的本来面目,如仍赋予其对抗效力,对已进入执行程序的其他债权来说无疑是不公平的,也与"买卖不破租赁"规则的立法政策南辕北辙。

因此,本案在执行程序中,承租人主张不动产上的租赁关系对司法拍卖的买受人继续发生效力的,必须证明四点:第一,租赁关系形成于抵押、查封之前;第二,自己实际交付了租金;第三,自己基于租赁合同保持对不动产的直接占有;第四,自己租赁该不动产的用途是日常居住、家庭生活等,与生存利益相关。以上四点认定标准,对于本案而言,不仅符合"买卖不破租赁"规则的立法政策,也符合物权公示原则的要求。

因此,本案中的异议人不能主张带租拍卖,其只能基于租赁合同向被执行人主张违约责任。

针对上述抵押权与租赁权冲突的问题,银行作为抵押权人,应做好以下防范工作。

(1)发放贷款之前对拟抵押房产的实际使用情况、是否存在租赁关系等事实进行实地考察,做好相关的调查笔录,逐个摸清租赁事实,并通过收集照片、租赁合同复印件、水电费凭证、营业执照等方式固定证据,厘清抵押物现有的租赁关系和事实,防止案外人(第三人)恶意串通虚构租赁关系、阻碍司法拍卖程序。办理抵押登记时抵押物上无租赁关系的,由抵押人向银行出具关于抵押物不存在租赁关系的书面声明,并要求抵押人承担虚假承诺的法律责任,为将来实施防范风险措施、追究法律责任准备证据。

(2)办理抵押登记时抵押物上已存在租赁关系的,由抵押人将租赁合同提交银行备案,同时由抵押人(出租人)、承租人向银行出具书面的租赁关系声明及承诺函,对租赁期限、租金标准及支付方式等租赁合同的主要条款进行确认,同时承诺未经银行同意不得变更;在租赁合同到期后,承租人如仍需要租赁的应当重新签订租赁合同,并可要求出租人将租金收入存入债权银行的指定账户进行监管,以此防范承租人与抵押人潜在的恶意串通的风险。对于已合法转租的,除原租赁双方的书面声明及承诺外,要求转租出租人(原承租人)与转租承租人参照上述格式另行出具书面声明及承诺。

(3)加强对抵押物的贷后管理,及时掌握抵押物的使用状况及其变化,并保留相关证据。应经常进行贷后巡查,及时发现抵押物经营状况的变化(如实际使用情况、使用人等的变化),如发现贷后租赁,应尽快书面告知承租人其资产抵押情况、抵押物租赁的合同效力以及违约后果,为将来行使抵押权扫清障碍。

(4)对于恶意延长租赁期限或恶意变更租赁期限的,应收集证人证言及视听资料,揭露真相,确定实际承租的时间,起诉至法院确认其合同无效;抵押人与承租人合谋逃债的,应向案外人告知以虚构租赁关系对抗执行的法律后果,一经查实,要依据《民事诉讼法》第一百一十一条的规定进行罚款、拘留,构成贷款诈骗、骗取贷款等犯罪的,依法追究刑事责任。

【例 8-11："借新还旧"贷款——抵押权与租赁权冲突中的风险】

案件简介：

2012 年 12 月 25 日，甲公司因资金紧张，以购原材料为由向 A 农商银行申请贷款 7000 万元，以公司所有的一栋大楼作抵押，于 12 月 30 日到房管部门办理了抵押登记手续。

2013 年 8 月，甲公司将该栋大楼整体出租给第三方乙公司经营。

2013 年 12 月，甲公司与 A 农商银行再次签订金额为 7000 万元的抵押借款合同，贷款用途为"借新还旧"，双方于 2013 年 12 月 28 日办理了抵押权注销登记并在该房产上重新办理了抵押权登记。

2015 年 2 月，因甲公司逾期未还款，A 农商银行诉至法院请求实现抵押权，并于 2015 年 6 月委托法院进行拍卖。

丙公司在强制拍卖中竞得该处房产，随后通知乙公司搬出。乙公司拒绝，并称其租赁在先，银行抵押在后，租赁合同应继续履行。协商未果后，丙公司将乙公司诉至法院。

一审法院经审理认为，A 农商银行与甲公司 2013 年 12 月的贷款与 2012 年的贷款具有牵连性，且抵押物相同，抵押时间亦未中断，抵押权的效力应连续计算。A 农商银行的抵押权自 2012 年 12 月设立，先于乙公司的租赁行为。故判决：乙公司于本判决生效后 30 天内搬出。乙公司对此不服，提起上诉。

二审法院经审理认为，A 农商银行于 2012 年 12 月向甲公司发放贷款 7000 万元并作了抵押权登记，该笔债权所附的抵押权自 2012 年 12 月设立。2013 年 12 月，A 农银商行与甲公司重新签订借款合同，甲公司以"借新还旧"的方式归还了上一笔贷款，应认为原债权及其所附抵押权消灭，自 2013 年 12 月 28 日重新登记时起成立新的抵押权。该抵押权晚于乙公司的租赁行为，根据《民法典》第四百零五条的规定，乙公司上诉有理。故判决撤销原判，驳回丙公司的诉讼请求。

案件焦点：

本案审查的焦点实际上是抵押在先还是租赁在先的问题。乙公司于 2013 年 8 月租赁了涉案大楼，这是确定的。关键在于"借新还旧"贷款抵押权的设立时间问题。

从上述分析中看出，2013 年 12 月的贷款乃属"借新还旧"用途，是在旧贷款尚未清偿的情况下再次签订贷款合同，以新贷出的款项清偿旧的贷款。"借新还旧"贷款是以新债偿还旧债，应当认为原贷款已经归还，先期的借款合同履行完毕。随着主债务的履行完毕，相应的抵押权也一并消灭。新贷款所附的抵押权，应属重新设立，自重新办理登记时起生效。因此，本案中 A 农商银行对涉案贷款的抵押权，应当于 2013 年 12 月 28 日生效，晚于乙公司的租赁行为。

"借新还旧"的本质是以新债偿还旧债，旧的债权消灭，新的债权产生。在担保方面，尽管抵押物可能还是原有的物，但是一般会在登记部门办理抵押权注销登记，同时重新办理抵押权的设立登记。无论注销和重新设立抵押权是否在同一天，其在法律上仍是两种独立的法律行为，即原抵押权消灭和新抵押权设立是两种行为。本案中 2013 年 12 月 28 日办理了抵押权注销登记并重新设立了抵押权，晚于租赁。因此，乙公司上诉有理。故判决撤销原判，驳回丙公司的诉讼请求。

五、银行不良贷款清收处置中支付令的运用

支付令是指人民法院根据债权人的申请,向债务人发出的限期履行给付金钱或有价证券义务的法律文书,是《民事诉讼法》规定的督促程序。

(一)申请支付令的条件

(1)贷款已经到期或根据合同约定已经提前到期;

(2)当事行与债务人没有其他债务纠纷;

(3)当事行能够向法院提供用于送达支付令的债务人准确住址。

(二)支付令的优点与缺点

(1)支付令成本低(费用只有财产案件受理费标准的三分之一);

(2)债务人收到支付令后的十五日内既不主动履行债务又不提出异议,支付令发生法律效力,生效的支付令与生效的法院判决具有同等法律效力,当事行可以向法院申请强制执行。

支付令一个最大的缺点是:一旦债务人提出异议,支付令就自动失效。当事行应及时采取其他处理措施。

(三)银行申请支付令应注意的法律问题

(1)债务人对支付令的异议应当针对债务本身,并以书面方式提出,口头异议或仅表示缺乏清偿能力,不影响支付令的效力。

(2)申请支付令催讨债务能够导致债务的诉讼时效中断,但是,连带责任保证情况下保证债务诉讼时效除外。因此,银行在申请支付令的同时,对保证人的正常催收工作仍要继续进行,否则容易造成超过担保期限丧失对担保人追索的权利。

(3)当事行应当结合支付令的申请条件和当地法院对支付令的认可程度,综合评估贷款逾期时间、还款意愿、法律成本、可能达到的效果等多种因素后决定是否采用申请支付令的形式处置不良贷款清收。

(4)当事行已向人民法院申请诉前保全的,不宜再申请支付令。

六、抵押物优先受偿权与查封优先处置权冲突问题

对于涉案财产的执行处置权,法院通行做法是由第一个查封该财产的法院行使。如果诉讼过程中抵押物被其他债权人先行申请查封,就会产生抵押物优先受偿权与查封优先处置权分离问题,银行作为抵押权人仅能享有优先受偿权,而不能享有优先处置权。部分先行查封的法院或查封申请人怠于行使其权利,或基于其他因素迟迟不肯启动司法处置程序,也不同意由抵押权人进行处置,会导致案件久拖不决,大大拖延债权银行的受偿时间,增加诉讼成本。因此业务部门与客户经理要转变不良贷款"先形成后起诉"的思维模式,将诉讼风险关口前移,在抵押类贷款出现不良苗头时及时采取保全措施,对抵押物进行查封,以解决抵押物优先受偿权与查封优先处置权冲突问题。

2015 年 12 月 16 日,最高人民法院审判委员会第 1672 次会议通过了最高人民法院《关于首先查封法院与优先债权执行法院处分查封财产有关问题的批复》,自 2016 年 4 月 14 日起施行。该批复的核心内容如下。

该批复明确指出,执行过程中,应当由首先查封、扣押、冻结(以下简称查封)法院负责处分查封财产,但已进入其他法院执行程序的债权对查封财产有顺位在先的担保物权、优先权(该债权以下简称优先债权),自首先查封之日起已超过六十日,且首先查封法院尚未就该查封财产发布拍卖公告或者进入变卖程序的,优先债权执行法院可以要求将该查封财产移送执行。

该批复的出台对于银行的不良贷款清收工作来说是利好消息,因此,其获得了实务界的一片叫好。但是,存在以下操作性问题。

(1)以首封法院是否发布拍卖公告或进入变卖程序作为移送查封财产处置权的标准之一,可能使该批复的目的落空。

该批复第一条规定优先债权执行法院可以要求查封法院移交处置权的条件之一是"首先查封法院就该查封财产尚未发布拍卖公告或者进入变卖程序的",那么如果首封法院已经发布了拍卖公告之后又怠于处置,迟迟不对查封财产通过拍卖或变卖进行变现,按照该批复的规定,优先债权法院就不能要求首封法院移交处置权。

(2)第二顺位及其以后顺位的优先债权执行法院仍然可能无法索要到处置权。

该批复暗含了一个条件,即优先债权执行法院的债权必须优先于首封法院的债权,才可以向首封法院发商请移送执行函。那么第二顺位及其以后顺位的优先债权执行法院仍然可能无法索要到处置权,可能造成法律适用真空。

(3)如果首封法院既怠于处置查封财产,又拒绝移交处置权,造成优先债权人的损失扩大(主要是利息损失),优先债权人往往没有好的救济途径。

【例8-12:抵押权预告登记的权利人可不可以直接主张优先受偿权?】

2007年8月29日,原告光大银行与两被告陈某、东鹤公司签订个人贷款合同(抵押、保证)1份,约定:陈某向光大银行借款37万元,用于购买东鹤公司房屋,被告东鹤公司承担阶段性连带保证责任。陈某以该房屋作为抵押物提供担保,光大银行和陈某办理了抵押物预告登记手续。

合同签订后,原告按约发放贷款。后两被告之间的房屋买卖合同被确认无效,陈某应偿还光大银行本金354852.26元。

光大银行向上海市青浦区人民法院起诉,请求判令其在抵押物处分时享有优先受偿权。该案经二审,上海市第三中级人民法院驳回了光大银行关于对抵押物享有优先受偿权的诉请。后该案刊登于《中华人民共和国最高人民法院公报》2014年第9期(总第215期)。

败诉原因:

本案中光大银行的诉请之一是主张对案涉房屋即抵押物享有优先受偿权,但上海市第三中级人民法院认为,根据原《物权法》第二十条的规定,抵押权预告登记所登记的并非现实的抵押权,而是将来发生抵押权变动的请求权。也即,虽然光大银行已经取得了对抵押物的抵押权预告登记,但该登记并非抵押权登记本身,光大银行不能基于抵押权预告登记主张对抵押物享有抵押权,进而主张对抵押物享有优先受偿权。光大银行因此败诉。

因此,需注意的是:预售商品房抵押贷款中,虽然银行与借款人(购房人)对预售商品房作了抵押权预告登记,但该预告登记并未使银行获得现实的抵押权,而是待房屋建成交付借款人后银行就该房屋设立抵押权的一种预先的排他性保全。如果房屋建成后的产权未登记至借款人名下,则抵押权设立登记无法完成,银行不能对该预售商品房行使抵押权。

为避免未来发生类似败诉,提以下建议:

(1)预告登记不同于本登记,并不能使登记权利人取得物权。本案中,光大银行对案涉的抵押物仅作了抵押权预告登记,而未作抵押权登记。所谓的预告登记,根据原《物权法》第二十条的规定,是指"当事人签订买卖房屋或者其他不动产物权的协议,为保障将来实现物权"而作的一种登记。从这一规定可以看出,预告登记是为"保障将来实现物权"而作的一种登记,因此预告登记的权利人对于登记物不享有物权,而仅享有未来取得物权的请求权。

(2)预告登记的权利人虽然对于登记物不享有物权,但是进行预告登记以后,权利人请求将来变动物权的债权请求权却因为预告登记的存在具有了对抗第三人的效力。也即,权利人通过预告登记,增强了债权请求权的效力,将原本仅对双方当事人具有约束力的债权请求权转变为对所有人都具有对抗效力的请求权,能够最大限度地保障债权人实现债权的可能性。因此,在进行不动产交易时,如果不动产尚不具备及时变动物权的可能性,如存在在先顺位的物权、房屋尚未建成或未完成初始登记等,权利人都可以约定先行对不动产进行预告登记,最大限度地保障将来债权的实现。

(3)鉴于预告登记的权利人对于登记物并不享有物权,在登记物满足不动产物权登记的条件时,应及时办理物权的本登记,以最终确定无疑地取得物权,防止发生不测。另外,为有效督促义务人及时促成进行不动产预告登记的条件,也可在合同中约定相应的违约责任条款。本案中,光大银行败诉的原因就在于其仅办理了抵押权预告登记,而没有办理抵押权登记。虽然抵押权预告登记强化了光大银行的权利,但仍未使其取得抵押权,导致其最终不能对抵押物主张行使抵押权。

相关法律规定如下:

《民法典》第二百二十一条规定,当事人签订买卖房屋的协议或者签订其他不动产物权的协议,为保障将来实现物权,按照约定可以向登记机构申请预告登记。预告登记后,未经预告登记的权利人同意,处分该不动产的,不发生物权效力。

预告登记后,债权消灭或者自能够进行不动产登记之日起九十日内未申请登记的,预告登记失效。

这样看来,银行直接主张优先受偿权会以失败告终,但是,这引申出一个问题:银行可以向法院提出对被执行人购买的办理了商品房预告登记的房屋进行预查封吗?

【例 8-13:银行对办理了商品房预告登记但尚未办理产权过户手续的房屋可以申请预查封吗?】

2015 年唐某夫妇与中国银行湘潭支行签订了借款合同,用于购买商品房二套,并以上述案涉房产办理了抵押权预告登记。

之后由于唐某夫妇拖欠还款,银行向法院申请对唐某夫妇的案涉房产进行保全,湘潭中院作出民事裁定,查封了案涉房屋。

唐某夫妇提出异议,称预告登记的房屋不能查封。此案经过一审、二审,均认定法院对抵押权预告登记的房产进行预查封并无不当。

本案裁判要点及思路如下:

《关于依法规范人民法院执行和国土资源房产管理部门协助执行若干问题的通知》规定,人民法院对被执行人购买的办理了商品房预告登记但尚未办理产权过户手续的房屋可以预查封。

如前所述，抵押权预告登记的并非物权或优先受偿权，而是享有优先顺位的债权。在期房取得产权证书后，抵押权预告登记的权利人需要向登记部门申请转为正式登记，办理转换登记。此时，向法院申请查封并执行，银行就可以获得优先受偿权。

七、几个相关的刑事责任罪名辨析

（一）妨害作证罪

根据《刑法》第三百零七条第一款的规定，以暴力、威胁、贿买等方法阻止证人作证或者指使他人作伪证的，处三年以下有期徒刑或者拘役；情节严重的，处三年以上七年以下有期徒刑。

（二）帮助当事人毁灭、仿造证据罪

根据《刑法》第三百零七条第二款的规定，帮助当事人毁灭、伪造证据罪，情节严重的，处三年以下有期徒刑或者拘役。该条第三款还规定，司法工作人员犯该罪的，从重处罚。

（三）骗取贷款罪、贷款诈骗罪与合同诈骗罪

《中华人民共和国刑法修正案（六）》新设骗取贷款罪，规定以欺骗手段取得银行或者其他金融机构贷款，给银行或者其他金融机构造成重大损失或者有其他严重情节的，处三年以下有期徒刑或者拘役，并处或者单处罚金；给银行或者其他金融机构造成特别重大损失或者有其他特别严重情节的，处三年以上七年以下有期徒刑，并处罚金。单位犯前款罪的，对单位判处罚金，并对其直接负责的主管人员和其他直接责任人员，依照前款的规定处罚。需注意的是，骗取贷款罪不以非法占有为目的。

骗取贷款罪的构成要件如下。

第一，本罪侵犯的客体是我国金融管理秩序和金融机构财产的使用权。设立骗取贷款罪，是为了保护我国金融机构贷款的安全，弥补我国《刑法》对严重贷款欺诈行为打击不力的先天不足。这使得一些采用欺诈手段获取贷款，给金融机构造成重大损失，但没有非法占有的主观故意，或者非法占有的主观故意不明显或证据不足的行为，也被纳入刑事制裁的范围。

第二，客观方面表现为行为人采用虚构事实、隐瞒真相的方法骗取银行或者其他金融机构的贷款，并给银行或者其他金融机构造成重大损失等严重后果。

第三，犯罪主体是一般主体，即达到刑事责任年龄、具有刑事责任能力的自然人以及单位。

第四，主观方面是行为人明知自己的行为违反国家法律和有关行政法规，仍故意实施并希望自己的欺诈行为能够取得贷款。

《刑法》第一百九十三条规定，有以下情形之一，以非法占有为目的，诈骗银行或者其他金融机构的贷款，数额较大的，处五年以下有期徒刑或者拘役，并处两万元以上二十万元以下罚金；数额巨大或者有其他严重情节的，处五年以上十年以下有期徒刑，并处五万元以上五十万元以下罚金；数额特别巨大或者有其他特别严重情节的，处十年以上有期徒刑或者无期徒刑，并处五万元以上五十万元以下罚金或者没收财产：①编造引进资金、项目等虚假理由的；②使用虚假的经济合同的；③使用虚假的证明文件的；④使用虚假的产权证明作担保或者超出抵押物价值重复担保的；⑤以其他方法诈骗贷款的。

贷款诈骗罪的构成要件如下。

第一,本罪侵犯的客体是我国金融管理秩序和金融机构财产的所有权。

第二,客观方面表现为行为人采用编造虚假项目、理由、合同、文件等诈骗手段,骗取银行或者其他金融机构的贷款,数额较大。

第三,犯罪主体是达到刑事责任年龄、具有刑事责任能力的自然人,不包括单位。

第四,主观方面是行为人以非法占有为目的,明知自己的行为违反国家法律和有关行政法规,仍故意实施并希望自己的欺诈行为能够取得贷款。

根据我国《刑法》的规定,贷款诈骗罪只能由自然人构成,单位不能构成贷款诈骗罪。

贷款诈骗罪和合同诈骗罪都以非法占有为目的,都包括侵犯了财产所有权、骗取对方财物的欺诈性犯罪,但两者之间有着本质上的区别:贷款诈骗罪发生在行为人向银行或其他金融机构贷款的过程中,而合同诈骗罪发生在签订、履行合同的过程中。贷款诈骗罪侵害的对象是银行或者其他金融机构的贷款;而合同诈骗罪直接侵害的对象是对方当事人的财物。由于贷款合同相对于一般合同是特殊合同,所以使用虚假的经济合同诈骗银行或其他金融机构的贷款诈骗罪,相对于合同诈骗罪是专门的罪名,法条竞合时,优先适用贷款诈骗罪。

2001年1月21日《全国法院审理金融犯罪案件工作座谈会纪要》规定,在司法实践中,对于单位十分明显地以非法占有为目的,利用签订、履行借款合同骗取银行或者其他金融机构贷款,符合《刑法》第二百二十四条规定的合同诈骗罪的构成要件的,应当以合同诈骗罪定罪处罚。

可见,骗取贷款罪、贷款诈骗罪与合同诈骗罪在客观行为上是极为相似的,行为人都使用欺骗手段从银行或金融机构获得贷款,其本质区别在于主观故意。

贷款诈骗罪与合同诈骗罪要求行为人具有非法占有的目的,获得贷款往往用于个人还债、挥霍等;而骗取贷款罪中,行为人主观上并不具有非法占有的目的,获得贷款往往用于生产经营、改善公司福利待遇等。正因为主观故意的恶性程度不同,《刑法》对骗取贷款罪、贷款诈骗罪与合同诈骗罪的入罪门槛和法定刑设置上也作了不同规定。贷款诈骗罪和合同诈骗罪只要实施欺骗手段,数额较大就构成犯罪,最高法定刑为无期徒刑;而骗取贷款罪必须是给银行或者金融机构造成重大损失或具有其他严重情节,最高法定刑为七年有期徒刑。

司法实践中,"单位骗贷"以合同诈骗罪追究责任。

由于《刑法》没有规定单位可以成为贷款诈骗罪的主体,因而,当前刑法理论和实务界对于单位骗贷案件中,单位主管人员或者其他直接负责的人员是否应单独对"单位骗贷"行为承担责任以及承担什么样的责任存在分歧。

(四)高利转贷罪

《刑法》第一百七十五条规定,以转贷牟利为目的,套取金融机构信贷资金高利转贷他人,违法所得数额较大的,处三年以下有期徒刑或者拘役,并处违法所得一倍以上五倍以下罚金;数额巨大的,处三年以上七年以下有期徒刑,并处违法所得一倍以上五倍以下罚金。

高利转贷罪所侵犯的直接客体是国家对信贷资金的发放及利率管理秩序。

本罪在客观上表现为以转贷牟利为目的,套取金融机构信贷资金高利转贷他人,违法所得数额较大的行为。

需注意的是,高利转贷罪是结果罪,行为人违法所得数额较大是法定构成要件(获利十万元以上）。行为人只有通过套取信贷资金高利转贷行为形成了数额较大的获利结果才构成犯罪。

（五）违法发放贷款罪与违法向关系人发放贷款罪

违法发放贷款罪是指银行或其他金融机构的工作人员违反法律、行政法规规定，向关系人以外的其他人发放贷款，造成重大损失的，处五年以下有期徒刑或者拘役，并处一万元以上十万元以下罚金；造成特别重大损失的，处五年以上有期徒刑，并处两万元以上二十万元以下罚金。单位违反的，对单位判处罚金，并对其直接负责的主管人员和其他直接责任人处罚。

本罪属于结果罪，只有在行为人因违法发放贷款造成重大损失时，才能以犯罪论处。根据规定，个人违法发放贷款造成直接经济损失在五十万元以上的，应予追诉。在这一点上，本罪与违法向关系人发放贷款罪不同，违法向关系人发放贷款罪造成较大损失即构成犯罪。

违法向关系人发放贷款罪，其规定的"关系人"不是泛指与银行或者其他金融机构的工作人员有关系的人员，它是一个法定的概念，是指：

（1）商业银行的董事、监事、管理人员、信贷业务人员及其近亲属；

（2）前项所列人员投资或者担任高级管理职务的公司、企业和其他经济组织。

造成十万至三十万元损失的，可以认定为"造成较大损失"；造成五十万至一百万元损失的，可以认定为"造成重大损失"。

自然人犯非法向关系人发放贷款罪的，处五年以下有期徒刑或者拘役，并处一万元以上十万元以下罚金；造成重大损失的，处五年以上有期徒刑，并处两万元以上二十万元以下罚金。

单位犯本罪的，对单位判处罚金，并对直接负责的主管人员和其他直接责任人员，依照上述对个人犯罪的规定处罚。

常见的可能构成违法发放贷款罪的行为，主要表现形式如下：

（1）采取化整为零的手段，违反大额贷款应当抵押担保和大额贷款审批权限的规定，将大额贷款分解成多个小额信誉贷款，由大额贷款客户收集小额信誉贷款客户信息，编造小额信誉贷款申请书、贷款调查报告，虚拟贷款资料，发放贷款（注：以农村信用社最为常见，因此，信用社信贷人员应当高度重视）。

（2）未依法对借款人身份条件进行严格审查，明知借款人和实际用款人不一致的情况下，发放冒名贷款。

（3）明知用款人提供虚假贷款资料，未按规定对借款人借款用途、还款能力等情况进行严格审查，违反贷款发放流程，发放贷款。

（4）在信贷受理、发放业务过程中未认真履行工作职责，在担保人未到场的情况下办理贷款手续，未对担保人身份进行调查核实，违规发放贷款。

（5）未严格审查核实抵押房产、土地、车辆权属、重复担保情况等资料，及未对担保人的担保能力、资信情况开展实质调查的情况下，发放贷款。

（6）未对借款人资产情况、运营情况、财务资料、股东变更情况进行严格核查，杜撰与事实明显不符的授信报告，发放贷款。

（7）受单位领导安排或要求，不作贷前调查，违规审批发放，贷后对其贷款用途也不作检查,致使贷款逾期未收回。

(8)在发放贷款之前没有对借款人的贷款信息进行实地核查,贷前调查,贷中审查、评估,没有认真履行自己的工作职责,未与借款人订立书面合同,导致贷款逾期无法收回。

(9)在办理项目按揭贷款过程中,违反《商业银行法》相关规定,在未审核贷款申请资料中收入证明真实性,违规出具贷款人信用报告,发放银行贷款,致使贷款逾期未收回。

(10)违反国家及该行流动资金贷款实施办法的相关规定,指导借款人虚构交易关系,伪造购货合同,虚构贷款用途,违规发放贷款。

(11)为完成上级下达的收贷收息任务,通过以新贷还旧贷、以贷收息的方式为逾期还不上贷款本息的客户办理贷款,由贷款人本人在贷款凭证上签字、按手印,所贷款项不发放给贷款人本人,只是走个形式,最终使贷款无法收回。

(12)在保理贷款业务中未严格调查核实卖方的生产经营情况、行业经验、过往贸易记录等买卖双方之间的真实贸易往来情况及相关资料的真实性;应收账款数额未达到保理贷款要求,伪造应收账款转让询证函,虚构应收账款数额,违规发放贷款。

(13)不认真审查借款人资格、贷款用途、还款能力,未入户调查,代替第二调查人签字,向虚假联保、编造贷款理由、改变贷款用途的借款户发放贷款,致使贷款逾期不能归还。

(14)对交易关系及背景不核实,利用职务便利,擅自更改银行信贷系统内借款人承兑汇票的保证金数额,虚增借款人授信额度,导致银行以承兑方式发放的贷款无法收回。

针对上述行为,应如何预防呢?

根据《商业银行法》及《贷款通则》,银行每次贷款给借款人均需对借款人、担保人、担保物是否符合贷款条件进行审查。具体是形式审查还是实质审查,说法不一。有律师曾提出从事贷款审查工作的人员完成形式审查义务即可,但此种观点均为法院否定,因此,信贷人员对借款人的相关贷款材料均应进行实质审查,认真核实材料的真实性、合法性。

金融系统的部分刚入职员工,在业务操作方面,往往需要老员工指导,若将前辈奉为权威,疏于学习行内操作规则,则往往易步入歧途。因此,信贷人员应当认真学习银行内部操作规章制度,熟悉贷款流程及审查规则,严格按照规则进行操作。

同时,信贷人员往往囿于领导权威,应单位领导安排或要求,不作贷前调查,违规审批发放,致使贷款逾期或造成银行损失,最终酿成大错。因此,对于上级领导的不合理、不合规的要求,信贷人员应予以拒绝,严格按照银行内部贷款指引、操作办法等审查贷款材料。

第四节　证券法

一、证券与证券法概述

(一)证券的概念与法律特征

企业发展需要资金,资金就如同企业的血液。但企业依赖自身留存利润获得的资金毕竟有限,多数企业要想发展壮大,都需要从企业外部吸收资金,即外部融资。与此同时,社会上的闲散资金也寻求更有效的利用。但受制于信息不对称问题,两者直接对接的直接融资困难重重。证券市场应运而生。

证券是指各类财产所有权或债权的书面凭证,实质上是具有财产属性的民事权利。证券这个词在狭义和广义上有不同的含义。广义的证券包括证据证券和有价证券。证据证券是起违约证据作用的证券,比如收据、借据、保险单等,但是通常我们所说的证券都不包括这些证据证券,而仅仅包括有价证券。有价证券又分为三种:第一种是货币证券,如汇票、本票、支票等;第二种是货物证券,如提单、货运凭证等;第三种是资本证券,如股票、债券等。狭义的证券仅指资本证券,《证券法》所指的证券即狭义的证券。本节所说的证券也仅指资本证券,即股票和债券。

证券具有以下法律特征。

1.证券是资本性权利凭证

证券作为权利凭证,发挥着资本信用的职能,属于资本信用范畴。证券是借助于市场经济和社会信用的发达而进行资本聚集的产物。证券作为权利凭证,并非真实的资本,所以也被称之为虚拟资本。

2.证券具有要式性

证券是具有严格格式要求的权利凭证。首先,证券是书面权利凭证,不能采取口头形式;其次,证券的书面形式具有法定格式要求,是一种规范化的书面凭证。

3.证券是占有性权利凭证

行使证券权利须占有证券,移转证券权利须交付证券,证券的占有与证券权利的享有具有密切关系。一般情况下,证券的占有者可以推定为证券权利的享有者。

4.证券是流通性权利凭证

证券可迅速变现为货币以避免风险,这一性能是通过证券的转让来实现的,多次转让就构成了流通。证券的活力就在于证券的流通性,证券的流通性保证了证券制度的顺利发展,当然,证券的流通须依法定要求进行才有效力。

5.证券是收益性权利凭证

证券的最后目的是权利人获得收益,一方面,证券持有人持有证券就可获得收益,如果是股票,持有人可取得红利和股息收入,如果是债券,持有人可取得利息收入;另一方面,证券持有人通过转让证券获得收益,即行使处分权换取对价。

(二)证券的种类

我国《证券法》所涉及的证券包括股票、公司债券和国务院依法认定的其他证券。以下我们着重介绍股票和债券。

1.股票

股票是指股份有限公司依法发行的,表明股东所持股份数额并依此享有权益和承担义务的一种有价证券。

根据股东所享有权利的不同,股票也可以分为普通股和优先股。持有普通股的股东对公司的管理和收益享有平等权利,在公司中的法律地位一律平等。普通股的分红多少随经营效益而定,承担的风险比较大。持有优先股的股东对公司资产、利润分配等享有比普通股优先的权利。优先权包括:优先取得股息的权利;当公司解散而清算时,优先分配公司剩余资产的权利。但是优先股分红的多少,是预先设定好的,承担的风险虽小,享有很大收益的可能性也不大。

此外,按照投资主体及资金来源的不同,股票可分为国有股、法人股、社会公众股。按照投资对象及定价币种的不同,股票可以分为人民币普通股(A 股或内资股)、境内上市外资股(B 股)和境外上市外资股。

2.债券

债券是指政府、金融机构以及公司或企业依法定程序向投资者发行的,在一定期限内按约定的条件履行还本付息义务的一种有价证券。

债券包括国债、地方债、金融债和企业债。按照是否设置担保,债券可以分为信用债券和担保债券;按照偿还期限的不同,债券可以分为短期债券、中期债券和长期债券;按照付息方式的不同,债券可以分为普通债券、付息债权和贴现债权。

(三)证券法的概念与原则

现代证券法以美国 1933 年《证券法》起点,遵循强制信息披露义务,同时通过专门针对证券欺诈的法律责任制度,打击虚假陈述、内部交易和操纵市场等证券欺诈活动,保证信息的真实性和获得信息的机会平等。

1993 年 4 月 22 日,国务院发布《股票发行与交易暂行条例》,这是新中国第一部关于证券市场的行政法规,启动了资本市场法治化进程。1998 年 12 月 29 日,第九届全国人民代表大会常务委员会第六次会议通过了《证券法》,自 1999 年 7 月 1 日起施行。《证券法》是证券市场的基本法,该法与其他法律中关于证券管理的规定、国务院和政府有关部门发布的有关证券方面的法规、规章以及规范性文件,共同构成了我国的证券法律体系。2004 年 8 月 28 日、2005 年 10 月 27 日、2013 年 6 月 29 日、2014 年 8 月 31 日、2019 年 12 月 28 日分别予以多次修订和修正。2019 年 12 月 28 日,第十三届全国人大常委会第十五次会议审议通过了修订后的《证券法》,已于 2020 年 3 月 1 日起施行。本次《证券法》修订,按照顶层制度设计要求,进一步完善了证券市场基础制度,体现了市场化、法治化、国际化方向,为证券市场全面深化改革落实落地,有效防控市场风险,提高上市公司质量,切实维护投资者合法权益,促进证券市场服务实体经济功能发挥,打造一个规范、透明、开放、有活力、有韧性的资本市场,提供了坚强的法治保障,具有非常重要而深远的意义。

本次《证券法》修订,总结了多年来我国证券市场改革发展、监管执法、风险防控的实践经验,在分析证券市场运行规律和发展阶段性特点的基础上,作出了一系列新的制度改革完善。

一是全面推行证券发行注册制度。在总结上海证券交易所设立科创板并试点注册制的经验基础上,按照全面推行注册制的基本定位,对证券发行制度作了系统的修改和完善,充分体现了注册制改革的决心与方向。同时,考虑到注册制改单是一个渐进的过程,也授权国务院对证券发行注册制的具体范围、实施步骤进行规定,为有关板块和证券品种分步实施注册制留出了必要的法律空间。

二是显著提高证券违法违规成本,大幅提高对证券违法行为的处罚力度。如对于欺诈发行行为,从原来最高可处募集资金百分之五的罚款,提高至募集资金的一倍;对于上市公司信息披露违法行为,从原来最高可处以六十万元罚款,提高至一千万元;对于发行人的控股股东、实际控制人组织、指使从事虚假陈述行为,或者隐瞒相关事项导致虚假陈述的,规定最高可处以一千万元罚款等。同时,对证券违法民事赔偿责任也作了完善,如规定了发行人等不履行公开承诺的民事赔偿责任,明确了发行人的控股股东、实际控制人在欺诈发行、信息披露违法中的过错推定、连带赔偿责任等。

三是完善投资者保护制度。设专章规定投资者保护制度，作出了许多颇有亮点的安排。包括区分普通投资者和专业投资者，有针对性的作出投资者权益保护安排；建立上市公司股东权利代为行使征集制度；规定债券持有人会议和债券受托管理人制度；建立普通投资者与证券公司纠纷的强制调解制度；完善上市公司现金分红制度。

尤其值得关注的是，为适应证券发行注册制改革的需要，修订后的《证券法》探索了适应我国国情的证券民事诉讼制度，规定投资者保护机构可以作为诉讼代表人，按照"明示退出""默示加入"的诉讼原则，依法为受害投资者提起民事损害赔偿诉讼。

四是进一步强化信息披露要求。《证券法》设专章规定信息披露制度，系统完善了信息披露制度。包括扩大信息披露义务人的范围；完善信息披露的内容；强调应当充分披露投资者作出价值判断和投资决策所必需的信息；规范信息披露义务人的自愿披露行为；明确上市公司收购人应当披露增持股份的资金来源；确立发行人及其控股股东、实际控制人、董事、监事、高级管理人员公开承诺的信息披露制度等。

五是完善证券交易制度。优化有关上市条件和退市情形的规定；完善有关内幕交易、操纵市场、利用未公开信息的法律禁止性规定；强化证券交易实名制要求，任何单位和个人不得违反规定，出借证券账户或者借用他人证券账户从事证券交易；完善上市公司股东减持制度；规定证券交易停复牌制度和程序化交易制度；完善证券交易所防控市场风险、维护交易秩序的手段措施等。

六是落实"放管服"要求，取消相关行政许可。包括取消证券公司董事、监事、高级管理人员任职资格核准；调整会计师事务所等证券服务机构从事证券业务的监管方式，将资格审批改为备案；将协议收购下的要约收购义务豁免由经证监会免除，调整为按照证监会的规定免除发出要约等。

七是压实中介机构市场"看门人"法律职责。规定证券公司不得允许他人以其名义直接参与证券的集中交易；明确保荐人、承销的证券公司及其直接责任人员未履行职责时对受害投资者所应承担的过错推定、连带赔偿责任；提高证券服务机构未履行勤勉尽责义务的违法处罚幅度，由原来最高可处以业务收入五倍的罚款，提高到十倍，情节严重的，并处暂停或者禁止从事证券服务业务等。

八是建立健全多层次资本市场体系。将证券交易场所划分为证券交易所、国务院批准的其他全国性证券交易场所、按照国务院规定设立的区域性股权市场等三个层次；规定证券交易所、国务院批准的其他全国性证券交易场所可以依法设立不同的市场层次；明确非公开发行的证券，可以在上述证券交易场所转让；授权国务院制定有关全国性证券交易场所、区域性股权市场的管理办法等。

九是强化监管执法和风险防控。明确了证监会依法监测并防范、处置证券市场风险的职责；延长了证监会在执法中对违法资金、证券的冻结、查封期限；规定了证监会为防范市场风险、维护市场秩序，采取监管措施的制度；增加了行政和解制度、证券市场诚信档案制度；完善了证券市场禁入制度，规定被市场禁入的主体，在一定期限内不得从事证券交易等。

十是扩大证券法的适用范围。将存托凭证明确规定为法定证券；将资产支持证券和资产管理产品写入《证券法》，授权国务院按照《证券法》的原则规定资产支持证券和资产管理产品的发行、交易管理办法。同时，考虑到证券领域跨境监管的现实需要，明确在我国境外的证券发行和交易活动，扰乱我国境内市场秩序，损害境内投资者合法权益的，依照《证券

《法》追究法律责任等。

此外,此次《证券法》修订还对上市公司收购制度、证券公司业务管理制度、证券登记结算制度、跨境监管协作制度等作了完善。

我国《证券法》总则从第三条至第八条规定了证券市场活动须遵守的六项基本原则。这六项基本原则是:①"三公原则",即证券的发行、交易活动,必须遵循公开、公平、公正的原则;②自愿、有偿、诚实信用原则;③"三禁原则",即"禁止欺诈、内幕交易和操纵证券市场的行为"的原则;④证券业和银行业、信托业、保险业实行分业经营、分业管理的原则;⑤集中统一监督管理的原则;⑥国家审计监督的原则。

上述《证券法》的基本原则中,公开、公平、公正的原则是公认的最重要的原则。

1.公开原则

公开原则亦称为信息公开制度,它是指证券发行者在证券发行前或发行后根据法定的要求和程序向证券监督管理机构和证券投资者提供规定的能够影响证券价格的信息资料。公开原则一般包括两个阶段的信息公开。第一,证券发行的信息公开,也叫作"信息的初始披露"。它要求发行人在首次发行证券时,应当向投资者披露与证券发行人及其所发行的证券有关的所有重要信息,并且保证所公开的信息真实、准确和完整。第二,证券发行后的信息披露,也称作"信息的持续披露"。

2.公平原则

公平原则是指证券法律关系主体在证券募集、发行、交易、服务活动中应当公平合理,照顾各方的权利和利益。其具体含义包括:证券商事关系主体参加证券市场活动的机会均等;证券商事关系主体在商事权利的享有和义务的承担上对等;证券商事关系主体承担的商事责任合理;在仲裁、司法工作中,仲裁人员、司法人员应当实事求是,秉公办案,合情合理地处理商事纠纷。

3.公正原则

公正原则是针对证券市场的监管者提出来的,它是指证券监督管理机构及其他组织和人员应充分运用法律,采取有效措施,对证券市场的违法犯罪活动进行制止和查处,以确保投资者得到公正的对待。证券市场的监管者包括立法者、司法者和政府管理者,还包括自律性的管理机构。

二、证券市场主体

(一)证券监督管理机构

我国《证券法》第七条规定,国务院证券监督管理机构依法对全国证券市场实行集中统一监督管理。目前国务院授权中国证券监督委员会(以下简称中国证监会)负责正确监督管理工作。

中国证监会对地方证券监管部门实行集中统一领导,同时根据各地区证券业发展的实际情况,在部分中心城市设立证监会派出机构,以有效防范和化解风险,逐步建立与社会主义市场经济相适应的证券监管体制。

我国《证券法》对国务院证券监督管理机构在证券市场实施监督管理的职责作了如下规定:①依法制定有关证券市场监督管理的规章、规则,并依法行使审批或者核准权。②依法对证券的发行、交易、登记、托管、结算进行监督管理。③依法对证券发行人、上市公司、证券交易所、证券公司、证券登记结算机构、证券投资基金管理机构、证券投资咨询机构、资信评估机构以及从事证券业务的律师事务所、会计师事务所、资产评估机构的证券业务活动进行监督管理。④依法制定从事证券业务的人员的资格标准和行为准则，并监督实施。⑤依法监督检查证券发行和交易的信息公开情况。⑥依法对证券业协会的活动进行指导和监督。⑦依法对违反证券市场监督管理法律、行政法规的行为进行查处。⑧法律行政法规规定的其他职责。

（二）证券交易所

证券交易所，也称为场内交易所，是专门从事有价证券交易的场所，是买卖股票、公债、公司债券等有价证券的有组织、有固定场所的交易市场，是证券流通市场的中心。目前，我国的证券交易所共有两家：一是上海证券交易所，二是深圳证券交易所。

1. 证券交易所的组织机构

（1）会员大会

证券交易所采用会员制，因此会员大会是证券交易所的最高权力机构。根据《证券交易所管理办法》的规定，会员大会具有以下的职权：①制定和修改证券交易所章程；②选举和罢免会员理事；③审议和通过理事会、总经理的工作报告；④审议和通过证券交易所的财务预算、决算报告；⑤决定证券交易所的其他重要事项。

会员大会以决议的形式行使职权，分为年度会议和临时会议两种。

（2）理事会

根据《证券法》的规定，证券交易所应当设立理事会，理事会应当由会员大会选举产生，理事会是证券交易所的决策机构。理事会应当由七至十三人组成，这里所说的人是指自然人而不包括法人。理事分为会员理事和非会员理事两种。会员理事须经会员推荐并由会员大会选举产生，而非会员理事则由证券监管机关委派产生。理事任期三年，连任不得超过两届。理事会设理事长一名，副理事长一至两名，均由会员大会选举产生。

（3）经理

证券交易所应当设立经理人员，其中总经理一名，副总经理一至三名。总经理是证券交易所日常业务的管理者和对外的代表者，副总经理协助总经理工作。

2. 证券交易所的业务规则

（1）进入证券交易所参与集中竞价交易的公司必须是具有证券交易资格的证券公司。

（2）投资者应当在证券公司开立证券交易账户，以书面、电话以及其他方式委托为其开户的证券公司代其买卖证券。投资者通过其开户的证券公司买卖证券的，应当采用市价委托或者限价委托的方式。

（3）证券公司根据投资者的委托，按照时间优先的规则提出交易申报，参与证券交易所场内的集中竞价交易；证券登记结算机构根据成交结果，按照清算交割规则，进行证券和资金的清算交割，办理证券的登记过户手续。

（4）证券公司接受委托或者自营，当日买入的证券，不得在当日再行卖出。

（5）证券交易所应当为组织公平的集中竞价交易提供保障，即时公布证券交易行情，并按交易日制作证券市场行情表，予以公布。

（三）证券公司

证券公司是指依照《公司法》和《证券法》的规定，经证券监督管理机构批准设立的从事证券经营业务的有限责任公司或者股份有限公司。证券公司必须在其名称中标明"证券有限责任公司"或者"证券股份有限公司"字样。

1.证券公司设立的条件

按照《证券法》第一百一十八条的规定，设立证券公司，应当具备以下条件，并经国务院证券监督管理机构批准：①有符合法律、行政法规规定的公司章程；②主要股东及公司的实际控制人具有良好的财务状况和诚信记录，最近三年无重大违法违规记录；③有符合本法规定的公司注册资本；④董事、监事、高级管理人员、从业人员符合本法规定的条件；⑤有完善的风险管理与内部控制制度；⑥有合格的经营场所、业务设施和信息技术系统；⑦法律、行政法规和经国务院批准的国务院证券监督管理机构规定的其他条件。

2.证券公司的业务内容

根据《证券法》第一百二十条的规定，经国务院证券监督管理机构批准，取得经营证券业务许可证，证券公司可以经营以下部分或者全部业务：①证券经纪；②证券投资咨询；③与证券交易、证券投资活动有关的财务顾问；④证券承销与保荐；⑤证券融资融券；⑥证券做市交易；⑦证券自营；⑧其他证券业务。

国务院证券监督管理机构应当自受理前款规定事项申请之日起三个月内，依照法定条件和程序进行审查，作出核准或者不予核准的决定，并通知申请人；不予核准的，应当说明理由。

证券公司经营证券资产管理业务的，应当符合《中华人民共和国证券投资基金法》等法律、行政法规的规定。

除证券公司外，任何单位和个人不得从事证券承销、证券保荐、证券经纪和证券融资融券业务。

证券公司经营上述第①项至第③项业务的，注册资本最低限额为人民币五千万元；经营第④项至第⑧项业务之一的，注册资本最低限额为人民币一亿元，经营第④项至第⑧项业务中两项以上的，注册资本最低限额为人民币五亿元。证券公司的注册资本应当是实缴资本。

国务院证券监督管理机构根据审慎监管原则和各项业务的风险程度，可以调整证券公司注册资本最低限额，但不得少于前款规定的限额。

（四）证券登记结算机构

1.证券登记结算机构及其设立

证券登记结算机构是指为证券交易提供集中的登记托管与结算服务，不以营利为目的的法人。它具有非营利性和专业服务性的特点。

设立证券登记结算机构必须经国务院证券监督管理机构批准，并应当具备以下条件：①自有资金不少于人民币两亿元；②具有证券登记、托管和结算服务所必需的场所和设施；③主要管理人员和业务人员必须具有证券从业资格；④国务院证券监督管理机构规定的其他条件；⑤证券登记结算机构的名称中应当标明"证券登记结算"字样。

2.证券登记结算机构的职能

证券登记结算机构具有以下职能：①证券账户、结算账户的设立；②证券的托管和过户；③证券持有人名册登记；④证券交易所上市证券交易的清算和交收；⑤受发行人的委托派发证券权益；⑥办理与上述业务有关的查询；⑦国务院证券监督管理机构批准的其他业务。

3.证券登记结算机构的业务规则

(1)在运营方式上,证券登记结算机构采取全国集中统一的运营方式。证券登记结算机构章程、业务规则应当依法制定,并须经国务院证券监督管理机构批准。

(2)妥善保管的义务。证券登记结算机构不得将客户的证券用于质押或者出借给他人。

(3)证券登记结算机构应当向证券发行人提供证券持有人名册及其有关资料;根据证券登记结算的结果,确认证券持有人持有证券的事实,提供证券持有人登记资料;保证证券持有人名册和登记过户记录真实、准确、完整,不得伪造、篡改、毁坏。

(4)证券登记结算机构应当采取必要的措施以保证业务的正常进行。这些措施包括:第一,具有必备的服务设备和完善的数据安全保护措施;第二,建立健全的业务、财务和安全防范等管理制度;第三,建立完善的风险管理系统。

(5)证券登记结算机构应当妥善保存登记、托管和结算的原始凭证。重要的原始凭证的保存期不少于二十年。

(6)证券登记结算机构结算风险基金,并存入指定银行的专门账户。结算风险基金用于因技术故障、操作失误、不可抗力造成的证券登记结算机构的损失。证券登记结算机构以风险基金赔偿损失后,应当向有关责任人追偿。

(五)证券交易服务机构

证券交易服务机构是指不直接参与证券的发行和交易,而是专门从事投资证券的资信评级以及会计审计和法律业务,为证券交易提供各种服务的机构。

《证券法》规定,根据投资业务的需要,可以设立专业的证券投资咨询机构、资信评估机构。这些机构的业务人员,必须具备证券专业知识、良好的职业道德和从事证券业务两年以上经验。

证券投资咨询机构的主要服务形式包括:举办讲座、报告会、分析会,在报刊上发表文章、评论,通过电信设备提供服务,等等。但是,根据《证券法》第一百七十一条的规定,证券投资咨询机构的从业人员不得有以下行为:①代理委托人从事证券投资;②与委托人约定分享证券投资收益或者分担证券投资损失;③买卖本咨询机构提供服务的上市公司股票;④利用传播媒介或者通过其他方式提供、传播虚假或者误导投资方的信息;⑤法律、行政法规禁止的其他行为。

为证券的发行、上市或者证券交易活动出具审计报告、资产评估报告或者法律意见书等文件的专业机构和人员,必须按照执业规则规定的工作程序出具报告,对其所出具报告内容的真实性、准确性和完整性进行核查和验证,并就其负有责任的部分承担连带责任。

专业的证券投资咨询机构和资信评估机构,应当按照国务院有关管理部门规定的标准或者收费办法收取服务费用。

(六)中国证券业协会

中国证券业协会是1991年8月经中国人民银行批准,由中国证监会予以资格认定并经民政部核准登记的全国性自律管理组织,其会员是各类证券经营机构。会员大会是其最高权力机关,决定协会的重大事项。

《证券法》第一百六十六条规定,中国证券业协会的职责主要是:①教育和组织会员及其从业人员遵守证券法律、行政法规,组织开展证券行业诚信建设,督促证券行业履行社会责任;②依法维护会员的合法权益,向证券监督管理机构反映会员的建议和要求;③督促会员开展投资者教育和保护活动,维护投资者合法权益;④制定和实施证券行业自律规则,监督、检查会员及其从业人员行为,对违反法律、行政法规、自律规则或者协会章程的,按照规定给予纪律处分或者实施其他自律管理措施;⑤制定证券行业业务规范,组织从业人员的业务培训;⑥组织会员就证券行业的发展、运作及有关内容进行研究,收集整理、发布证券相关信息,提供会员服务,组织行业交流,引导行业创新发展;⑦对会员之间、会员与客户之间发生的证券业务纠纷进行调解;⑧证券业协会章程规定的其他职责。

三、证券发行

(一)证券发行的概念

证券发行是指证券的发行者为筹集资金或者调整股权结构,依法向投资者以同一条件出售股票、公司债券以及其他证券并将其交付相对人的活动,也是进入证券市场的第一步。

发行证券是向社会公开和直接融资的金融活动。根据《证券法》第十条的规定,公开发行证券,必须符合法律、行政法规规定的条件,并依法报经国务院证券监督管理机构或者国务院授权的部门核准或者审批;未经依法核准或者审批,任何单位和个人不得向社会公开发行证券。

有下列情形之一的,为公开发行证券:

(1)向不特定对象发行证券的;

(2)向特定对象发行证券累计超过二百人的;

(3)法律、行政法规规定的其他发行行为。

非公开发行证券,不得采用广告、公开劝诱和变相公开方式。

(二)股票的发行

1.股票发行的条件

发行人申请公开发行股票、可转换为股票的公司债券,依法采取承销方式的,或者公开发行法律、行政法规规定实行保荐制度的其他证券的,应当聘请具有保荐资格的机构担任保荐人。保荐人应当遵守业务规则和行业规范,诚实守信,勤勉尽责,对发行人的申请文件和信息披露资料进行审慎核查,督导发行人规范运作。

2.股票发行的程序

公开发行证券,除必须符合法定条件以外,还应符合一定的程序。

(1)申请

设立股份有限公司公开发行股票,应当符合《公司法》规定的条件和经国务院批准的国务院证券监督管理机构规定的其他条件,向国务院证券监督管理机构报送募股申请和以下文件:①公司章程;②发起人协议;③发起人姓名或者名称,发起人认购的股份数、出资种类及验资证明;④招股说明书;⑤代收股款银行的名称及地址;⑥承销机构名称及有关的协议。

(2)审批

根据《证券法》的要求,国务院证券监督管理机构或者国务院授权的部门应当自受理证券发行申请文件之日起三个月内,依照法定条件和法定程序作出予以注册或者不予注册的决定,发行人根据要求补充、修改发行申请文件的时间不计算在内。不予注册的,应当说明理由。国务院证券监督管理机构或者国务院授权的部门对已作出的证券发行注册的决定，发现不符合法定条件或者法定程序，尚未发行证券的，应当予以撤销，停止发行。已经发行尚未上市的，撤销发行注册决定，发行人应当按照发行价并加算银行同期存款利息返还证券持有人；发行人的控股股东、实际控制人以及保荐人，应当与发行人承担连带责任，但是能够证明自己没有过错的除外。

（3）发行

证券发行申请经注册后，发行人应当依照法律、行政法规的规定，在证券公开发行前公告公开发行募集文件，并将该文件置备于指定场所供公众查阅。发行证券的信息依法公开前，任何知情人不得公开或者泄露该信息。发行人不得在公告公开发行募集文件之前发行证券。股票依法发行后，发行人经营与收益的变化，由发行人自行负责；由此变化引致的投资风险，由投资者自行负责。上市公司发行新股，根据《公司法》发行新股的条件，可以向社会公开募集，也可以向原股东配售。上市公司对发行股票所募资金，必须按招股说明书所列资金用途使用，改变招股说明书所列资金用途，必须经股东大会批准。擅自改变用途而未作纠正的，或者未经股东大会认可的，不得发行新股。

（4）承销

我国股票的发行实行承销的方式。按照《证券法》第二十八条的规定，发行人向不特定对象发行的证券，法律、行政法规规定应当由证券公司承销的，发行人应当同证券公司签订承销协议。证券承销业务采取代销或者包销方式。

证券代销是指证券公司代发行人发售证券，在承销期结束时，将未出售的证券全部退还给发行人的承销方式。

证券包销是指证券公司将发行人的证券按照协议全部购入或者在承销期结束时将售后剩余证券全部自行购入的承销方式。实践中包销的方式用得比较多。

公开发行证券的发行人有权自主选择承销的证券公司。证券公司不得以不正当竞争手段招揽证券承销业务。

证券公司承销证券，应当同发行人签订代销或者包销协议，并载明以下事项：①当事人的名称、住所及法定代表人姓名；②代销、包销证券的种类、数量、金额及发行价格；③代销、包销的期限以及起止日期；④代销、包销的付款方式及日期；⑤代销、包销的费用和结算办法；⑥违约责任；⑦国务院证券监督管理机构规定的其他事项。

证券公司承销证券，应当对公开发行募集文件的真实性、准确性、完整性进行核查；发现有虚假记载、误导性陈述或者重大遗漏的，不得进行销售活动；已经销售的，必须立即停止销售活动，并采取纠正措施。

向不特定对象发行证券聘请承销团承销的，承销团应当由主承销和参与承销的证券公司组成。

证券的代销、包销期限最长不得超过九十日。

证券公司在代销、包销期内，对所代销、包销的证券应当保证先行出售给认购人，证券公司不得为本公司预留所代销的证券和预先购入并留存所包销的证券。

股票发行采取溢价发行的，其发行价格由发行人与承销的证券公司协商确定。

股票发行采用代销方式，代销期限届满，向投资者出售的股票数量未达到拟公开发行股票数量百分之七十的，为发行失败。发行人应当按照发行价并加算银行同期存款利息返还给股票认购人。

公开发行股票,代销、包销期限届满,发行人应当在规定的期限内将股票发行情况报国务院证券监督管理机构备案。

(三)债券的发行

债券发行是发行人以借贷资金为目的,依照法律规定的程序向投资人要约发行,代表一定债权和兑付条件的债券的法律行为。债券发行是证券发行的重要形式之一。债券发行是以债券形式筹措资金的行为过程。通过这一过程,发行者以最终债务人的身份将债券转移到它的最初投资者手中。

公开发行公司债券筹集的资金,必须用于核准的用途,不得用于弥补亏损和非生产性支出。上市公司发行可转换为股票的公司债券,除应当符合上述规定的条件外,还应当符合《证券法》关于公开发行股票的条件,并报国务院证券监督管理机构核准。

根据《证券法》第十六条的规定,申请公开发行公司债券,应当向国务院授权的部门或者国务院证券监督管理机构报送下列文件:

(1)公司营业执照;

(2)公司章程;

(3)公司债券募集办法;

(4)国务院授权的部门或者国务院证券监督管理机构规定的其他文件。

依照《证券法》规定聘请保荐人的,还应当报送保荐人出具的发行保荐书。

此外,根据《证券法》第十七条的规定,有下列情形之一的,不得再次公开发行公司债券:

(1)对已公开发行的公司债券或者其他债务有违约或者延迟支付本息的事实,仍处于继续状态;

(2)违反《证券法》规定,改变公开发行公司债券所募资金的用途。

四、证券交易

证券交易是指依照交易规则对已经依法发行并经投资者认购的证券进行买卖的行为。

(一)证券交易的原则

经依法批准上市交易的股票、依法核准上市的公司债券,应当在证券交易所挂牌交易。挂牌交易,应当采用公开的集中竞价交易的方式。在证券交易中,交易双方通过竞争形成交易价格,交易双方在遵守公开、公平、公正这三项证券法律基本原则的情况下,还应遵守以下原则。

1. 价格优先

价格优先是指同时有两个买(卖)方进行买卖同种证券时,作为买方给的价格高时,应处在优先购买地位;作为卖方给的价格低时,应处在优先卖出的地位。

2. 时间优先原则

时间优先原则在价格优先原则下执行,即在交易过程中,同一证券出现相同的报价时,以先行报价的一方优先成交。在计算机终端报价时,除前所述的优先原则外,市场买卖优先满足限价买卖。成交时的时间优先顺序,按照计算机主机接收的时间顺序确定,证券商更改申报的,其原申报的时间顺序自然撤销,以更改后报出的时间为准。

3.数量优先原则

数量优先原则在价格优先原则和时间优先原则下执行,即在交易过程中,对同一证券同一时间出现相同的报价时,以委托交易额较大的一方优先成交。

(二)证券交易的种类

可根据不同的标准对证券交易进行分类,根据成交时间和交割时间不同,证券交易主要可以分为:现货交易和期货交易;足额保证金交易和信用交易。

1.现货交易和期货交易

现货交易是最普通的交易,是指证券交易双方在成交后及时交割清算证券的交易方式。即证券买方将现金或者票据交给卖方,卖方将证券交付给买方的交易方式。在实际的操作中,证券成交与交割一般都有一定的时间间隔。所谓的"一定的时间间隔"一般较短,最多一日或两日。我国实行的是 T+1 制度,也就是说证券经纪机构与投资者之间在成交之后的下一个营业日办理完毕交割事宜。

期货交易是指以将来的特定人作为清算交割人,在现时点卖出或者买入证券的交易方式。期货交易的双方一般是买卖一种标准的证券期货合约。当事人就某种证券的数量和价格达成协议,根据协议,双方在将来规定的时间交割,即在特定的交割日,交易双方必须按照事先约定的价格,购进或者售出一定数量的证券而不论这一证券的现时价格。这种交易一般不必以现货实际交割为条件,大部分期货合约在交割前,就通过对冲买卖了结了交易,双方到期只是结算差额。

2.足额保证金交易和信用交易

足额保证金交易是指要求客户在进行证券买卖前必须交存足额的保证金,证券商不代为垫款的交易方式。信用交易则是指客户按照法律规定,在买卖证券时只向证券商交付一定的保证金,由证券商提供融资或融券进行交易。

五、证券上市

证券上市部分是 2019 年《证券法》修订删除、合并最多的章节,从旧法共 15 个条文变成新法仅有 4 个条文。主要是因为新法第四十七条授权交易所规定证券上市的条件,相应就删除了旧法第四十九条至五十四条以及第五十七条至五十九条关于上市保荐人、股票上市申请条件及申报文件与公告事项、债券上市条件及报送文件与公告文件。同时,因为新法第四十八条授权交易所决定证券退市,相应就删除了旧法第五十六条股票终止上市与第六十一条债券终止上市的相关内容。另外,因为新法取消了暂停上市制度,相应就删除了旧法第五十五条股票暂停上市和第六十条债券暂停上市的相关内容。

《证券法》规定申请证券上市交易,应当向证券交易所提出申请,由证券交易所依法审核同意,并由双方签订上市协议。证券交易所根据国务院授权的部门的决定安排政府债券上市交易。

《证券法》第四十七条规定,申请证券上市交易,应当符合证券交易所上市规则规定的上市条件。证券交易所上市规则规定的上市条件,应当对发行人的经营年限、财务状况、最低公开发行比例和公司治理、诚信记录等提出要求。本条为 2019 年修订后新增条款,是根据注册制改革的精神,把上市条件的规定权赋予了交易所,同时也对上市条文的内容做出原则性要求。主要内容包括两个方面:其一,删除了旧法对于上市申请条件的具体规定;其二,授权证券交易所规定上市条件,证券交易所上市规则规定的上市条件应当包括"经营年限、财务状况、最低公开发行比例和公司治理、诚信记录等"。

《证券法》第四十八条规定,上市交易的证券,有证券交易所规定的终止上市情形的,由证券交易所按照业务规则终止其上市交易。证券交易所决定终止证券上市交易的,应当及时公告,并报国务院证券监督管理机构备案。第四十八条是对终止上市的规定。内容主要是授权证券交易所有权终止证券上市,包括制定业务规则规定终止上市的情形,按照业务规则决定终止上市。因此,新法删除了旧法第五十六条股票的终止上市情形和第六十一条债券的终止上市情形。上海证券交易所在 2020 年 2 月 28 日发布的《关于认真贯彻执行新〈证券法〉做好上市公司信息披露相关工作的通知》中指出,新《证券法》第四十七条、第四十八条明确由证券交易所对证券上市条件和终止上市情形作出具体规定。在本所对上市和退市相关业务规则予以修订前,公司申请股票及可转换公司债券在本所上市以及本所上市公司股票及可转换公司债券的暂停上市、恢复上市和终止上市等事宜,仍按照现行《上海证券交易所股票上市规则》等有关规定执行。上市公司发行可转换公司债券所募集的资金,虽未按照核准用途使用但符合新《证券法》第十五条第二款规定的,本所不暂停其可转换公司债券上市交易。科创板证券的上市、终止上市等事宜,适用《上海证券交易所科创板股票上市规则》的有关规定。

六、禁止的交易行为

(一)禁止内幕交易

内幕交易是指内幕信息的知情人员,利用其所知道的内幕信息进行的证券交易,其目的在于获取利益或者减少损失。根据《证券法》第五十条规定,禁止证券交易内幕信息的知情人和非法获取内幕信息的人利用内幕信息从事证券交易活动。

根据《证券法》第五十一条的规定,证券交易内幕信息的知情人包括:

(1)发行人及其董事、监事、高级管理人员;

(2)持有公司百分之五以上股份的股东及其董事、监事、高级管理人员,公司的实际控制人及其董事、监事、高级管理人员;

(3)发行人控股或者实际控制的公司及其董事、监事、高级管理人员;

(4)由于所任公司职务或者因与公司业务往来可以获取公司有关内幕信息的人员;

(5)上市公司收购人或者重大资产交易方及其控股股东、实际控制人、董事、监事和高级管理人员;

(6)因职务、工作可以获取内幕信息的证券交易场所、证券公司、证券登记结算机构、证券服务机构的有关人员;

(7)因职责、工作可以获取内幕信息的证券监督管理机构工作人员;

(8)因法定职责对证券的发行、交易或者对上市公司及其收购、重大资产交易进行管理可以获取内幕信息的有关主管部门、监管机构的工作人员;

(9)国务院证券监督管理机构规定的可以获取内幕信息的其他人员。

所谓内幕信息,是指在证券交易活动中,涉及发行人的经营、财务或者对发行人证券的市场价格有重大影响的尚未公开的信息。《证券法》第五十三条规定,证券交易内幕信息的知情人和非法获取内幕信息的人,在内幕信息公开前,不得买卖该公司的证券,或者泄露该信息,或者建议他人买卖该证券。持有或者通过协议、其他安排与他人共同持有公司百分之五以上股份的自然人、法人、非法人组织收购上市公司的股份,《证券法》另有规定的,适用其规定。内幕交易行为给投资者造成损失的,应当依法承担赔偿责任。

(二)禁止操纵证券市场行为

《证券法》第五十五条规定,禁止任何人以下列手段操纵证券市场,影响或者意图影响证券交易价格或者证券交易量:

(1)单独或者通过合谋,集中资金优势、持股优势或者利用信息优势联合或者连续买卖;

(2)与他人串通,以事先约定的时间、价格和方式相互进行证券交易;

(3)在自己实际控制的账户之间进行证券交易;

(4)不以成交为目的,频繁或者大量申报并撤销申报;

(5)利用虚假或者不确定的重大信息,诱导投资者进行证券交易;

(6)对证券、发行人公开作出评价、预测或者投资建议,并进行反向证券交易;

(7)利用在其他相关市场的活动操纵证券市场;

(8)操纵证券市场的其他手段。

操纵证券市场行为给投资者造成损失的,应当依法承担赔偿责任。

(三)禁止欺诈行为

欺诈行为是指行为人利用与证券投资人进行交易的机会或者利用其受托人、管理人或者代理人的地位,在证券发行和交易中为获取不正当利益,欺骗客户的行为。根据《证券法》第五十七条的规定,禁止证券公司及其从业人员从事下列损害客户利益的行为:①违背客户的委托为其买卖证券;②不在规定时间内向客户提供交易的确认文件;③未经客户的委托,擅自为客户买卖证券,或者假借客户的名义买卖证券;④为牟取佣金收入,诱使客户进行不必要的证券买卖;⑤其他违背客户真实意思表示,损害客户利益的行为。违反前款规定给客户造成损失的,应当依法承担赔偿责任。

(四)禁止编造和传播虚假信息

编造和传播虚假信息是指没有某种情况而进行制造,并通过他人或者机构将其进行传播的情形,或者是单独制造、传播的情形。这种行为与信息公开原则相悖,致使投资者在不了解事实真相的情况下作出证券投资决定。

《证券法》第五十六条规定,禁止任何单位和个人编造、传播虚假信息或者误导性信息,扰乱证券市场。

禁止证券交易场所、证券公司、证券登记结算机构、证券服务机构及其从业人员,证券业协会、证券监督管理机构及其工作人员,在证券交易活动中作出虚假陈述或者信息误导。

各种传播媒介传播证券市场信息必须真实、客观,禁止误导。传播媒介及其从事证券市场信息报道的工作人员不得从事与其工作职责发生利益冲突的证券买卖。

编造、传播虚假信息或者误导性信息,扰乱证券市场,给投资者造成损失的,应当依法承担赔偿责任。

七、上市公司收购

(一)上市公司收购的概念

上市公司收购是指投资者公开收购股份有限公司已经依法发行、上市的股份,已达到对该股份有限公司控股或者兼并目的的行为。

(二)上市公司收购程序

按照《证券法》的规定,投资者可以采取要约收购、协议收购及其他合法方式收购上市公司。

1. 要约收购的程序

(1)作出报告、公告。通过证券交易所的证券交易,投资者持有或者通过协议、其他安排与他人共同持有一个上市公司已发行的有表决权股份达到百分之五时,应当在该事实发生之日起三日内,向国务院证券监督管理机构、证券交易所作出书面报告,通知该上市公司,并予公告,在上述期限内不得再行买卖该上市公司的股票,但国务院证券监督管理机构规定的情形除外。投资者持有或者通过协议、其他安排与他人共同持有一个上市公司已发行的有表决权股份达到百分之五后,其所持该上市公司已发行的有表决权股份比例每增加或者减少百分之五,应当依照前款规定进行报告和公告,在该事实发生之日起至公告后三日内,不得再行买卖该上市公司的股票,但国务院证券监督管理机构规定的情形除外。

投资者持有或者通过协议、其他安排与他人共同持有一个上市公司已发行的有表决权股份达到百分之五后,其所持该上市公司已发行的有表决权股份比例每增加或者减少百分之一,应当在该事实发生的次日通知该上市公司,并予公告。

违反第一款、第二款规定买入上市公司有表决权的股份的,在买入后的三十六个月内,对该超过规定比例部分的股份不得行使表决权。

(2)发出收购要约并公告。通过证券交易所的证券交易,投资者持有或者通过协议、其他安排与他人共同持有一个上市公司已发行的有表决权股份达到百分之三十时,继续进行收购的,应当依法向该上市公司所有股东发出收购上市公司全部或者部分股份的要约。

收购上市公司部分股份的要约应当约定,被收购公司股东承诺出售的股份数额超过预定收购的股份数额的,收购人按比例进行收购。

收购要约约定的收购期限不得少于三十日,并不得超过六十日。在收购要约确定的承诺期限内,收购人不得撤销其收购要约。

(3)预受与收购。收购要约发出后,被收购的上市公司的所有股票持有人可以在收购要约的有效期限内对收购要约进行预受;然后,收购要约人要在有效期内,按照收购要约中规定的条件对受要约人的股份进行实际的收购行为。收购要约提出的各项收购条件,适用于被收购公司的所有股东。上市公司发行不同种类股份的,收购人可以针对不同种类股份提出不同的收购条件。

采取要约收购方式的,收购人在收购期限内,不得卖出被收购公司的股票,也不得采取要约规定以外的形式和超出要约的条件买入被收购公司的股票。

(4)终止上市交易。收购期限届满,被收购公司股权分布不符合证券交易所规定的上市交易要求的,该上市公司的股票应当由证券交易所依法终止上市交易;其余仍持有被收购公司股票的股东,有权向收购人以收购要约的同等条件出售其股票,收购人应当收购。收购行为完成后,被收购公司不再具备股份有限公司条件的,应当依法变更企业形式。

（5）报告与公告。在上市公司收购中,收购人持有的被收购的上市公司的股票,在收购行为完成后的十八个月内不得转让。收购行为完成后,收购人与被收购公司合并,并将该公司解散的,被解散公司的原有股票由收购人依法更换。收购行为完成后,收购人应当在十五日内将收购情况报告国务院证券监督管理机构和证券交易所,并予公告。

2. 协议收购的程序

采取协议收购方式的,收购人可以依照法律、行政法规的规定同被收购公司的股东以协议方式进行股份转让。以协议方式收购上市公司时,达成协议后,收购人必须在三日内将该收购协议向国务院证券监督管理机构及证券交易所作出书面报告,并予公告。在公告前不得履行收购协议。

采取协议收购方式的,协议双方可以临时委托证券登记结算机构保管协议转让的股票,并将资金存放于指定的银行。采取协议收购方式的,收购人收购或者通过协议、其他安排与他人共同收购一个上市公司已发行的有表决权股份达到百分之三十时,继续进行收购的,应当依法向该上市公司所有股东发出收购上市公司全部或者部分股份的要约。但是,按照国务院证券监督管理机构的规定免除发出要约的除外。

第五节　票据法

一、票据

(一)票据的概念与特征

票据是出票人依法签发的约定由自己或指定他人在一定时间、一定地点,按票面所载文义无条件支付一定金额的有价证券。广义上的票据,泛指商业的凭证,如钞票、发票、提单、股票、国库券等。狭义的票据仅指票据法所规定的票据。《中华人民共和国票据法》(以下简称《票据法》)第二条规定,本法所称票据,是指汇票、本票和支票。票据具有以下特征。

1. 票据是设权证券

所谓设权证券,是指票据权利的发生,必须以作成票据为前提,票据所代表的财产权利,即一定金额的给付请求权,完全由发票行为——票据的作成而创设。没有票据行为,便没有票据上的权利,因而,票据的作成,并非用来证明已存在的权利,而是创设一种新的权利。

2. 票据是无因证券

所谓无因证券,是指证券上的权利之存在只依证券上的文义确定,持票人行使权利只需对票据债务人提示票据即可,无须说明票据取得的原因及票据行为赖以发生的原因。票据权利义务关系产生的原因是否有效,不影响票据的有效性。正是票据无因性的特征,为票据的流通与转让提供了安全保障。

3. 票据是文义证券

所谓文义证券,是指票据上的一切权利义务均以票据上记载的文字为准,不受票据上所载文字以外的事由的影响。票据作成后,因可以背书转让而具有流通性,为保证流通信用和交易安全,即使票据上记载的文义有错误,也不得用票据以外的证据、方法予以变更或补充,以保护流通过程中善意持票人的权利。

4.票据是要式证券

所谓要式证券,是指票据的作成必须具备法定要件,即票据的作成格式和记载事项必须遵照法定方式,才能产生票据的效力。

5.票据是流通证券

所谓流通证券,是指票据权利可以通过背书或交付转让。

6.票据是返还证券

所谓返还证券,是指票据债权人实现了自己的权利即受领了票据上的金额之后,应将票据归还给付款人。付款人是主债务人时,付款后票据关系消灭;付款人为次债务人时,付款后可向其前手追索。

另外,票据具有汇兑功能、支付功能、信用功能、结算功能和融资功能。

《票据法》于1995年5月10日第八届全国人民代表大会常务委员会第十三次会议通过,自1996年1月1日起施行。2004年8月28日,第十届全国人民代表大会常务委员会第十一次会议予以修正。

(二)票据关系与非票据关系

票据关系是指基于票据行为所产生的债权债务关系,可分为以下几种:①票据的签发交付关系;②票据的背书转让关系;③票据的承兑、付款关系;④票据的参加、保证关系;⑤票据的追索关系。

非票据关系是相对于票据关系而言的一种法律关系,这类关系虽不是基于票据本身而发生的,但却与票据有密切联系。根据产生的法律基础不同,非票据关系又分为票据法上的非票据关系与票据基础关系。

1.票据法上的非票据关系

票据法上的非票据关系是由票据法直接规定的,与票据行为相联系但又不是由票据行为本身所产生的权利义务关系,主要有以下几种:①票据返还关系。票据返还关系主要有两种。一种是在票据为非法取得的情况下,票据的正当权利人与因盗窃、拾得或因恶意重大过失而取得票据的持票人之间发生的票据返还关系;另一种是在票据已获付款的情况下,付款人、保证人或参加付款人与持票人之间发生的票据返还关系。②利益返还关系。票据权利人由于一定的原因不能实现票据债权时,通过票据交换得到的利益或对价也应返还,因此发生利益返还关系,例如因时效期满或因手续欠缺而丧失票据债权时,持票人与出票人之间产生的利益返还关系。

2.票据基础关系

票据基础关系又称民法上的非票据关系,大体可分为三种:票据原因关系、票据预约关系、票据资金关系。

(1)票据原因关系。在现实经济生活中,出票人签发票据、受票人取得票据必有一定的理由,这种理由就是票据原因。常见的票据原因有买卖、借贷、赠予、设定担保或委托等。

(2)票据预约关系。仅有票据原因,票据行为的内容尚不能确定,无法发生票据关系,因此还须就票据上所记载的事项如票据种类、票据金额、票据的到期日、是否记名、付款地等事项达成合意,进行约定,称为票据预约合同,由此而产生的法律关系为票据预约关系。

（3）票据资金关系。汇票、支票均为委托付款，付款人之所以替出票人付款，是因为出票人与付款人之间存在资金关系。票据资金关系主要有：①出票人在付款人处存储资金，约定由付款人以该项资金代为支付票据金额，这在支票中最为常见；②出票人与付款人之间有信用合同，付款人承诺以自有资金为出票人垫付票面金额；③付款人欠出票人债务，约定以支付票据金额作为偿还债务的替代方式；④出票人与付款人之间有相互往来合同，约定以支付票据金额作为相互往来中的结算方式；等等。

（三）票据行为

票据行为仅指承担票据债务的要式法律行为，包括出票、背书、承兑、保付四种，我国的票据行为包括出票、背书、承兑、保证、付款、追索。

票据行为又可再分为基本票据行为和附属票据行为两类。基本票据行为仅指出票行为，又称主票据行为，是创造票据的基本行为。票据是设权证券，票据上的权利义务是通过出票行为创设的，票据的有效无效、票据权利内容等，都须依据出票行为来确定，其他票据行为都建立在出票行为的基础上，并在出票行为之后才能进行。如果出票行为无效，票据即为无效，而且绝对、当然无效，其他票据行为也随之无效。附属票据行为，又称从票据行为，是指以出票行为为前提，在出票行为完成之后所进行的行为，是除出票行为以外的其他票据行为。

票据行为是一种特定的民事法律行为，主要有要式性、抽象性、文义性、独立性四项特征。

1. 票据行为的要式性

票据为要式证券，因此，票据行为属于民事法律中的要式行为。《票据法》对各种票据行为均规定了一定的行为方式，票据行为必须以法定方式进行，这种性质即为票据行为的要式性。要式性的内容主要有三项：①签名。各种票据行为的行为人必须签名，以确定票据债务的主体，否则，不生效力。②书面。每一种票据行为的意思表示必须记载于书面之上，书写行为必须在票据的一定地方进行，例如背书应在票据背面进行书写。③款式。票据应记载的内容和书写格式合称为票据款式，票据行为应依法定款式进行，不依法定款式进行票据行为的情形一般有三种，一是欠缺法定应记载事项，二是增加了法定应记载事项以外的内容，三是非依法书写方式进行。

2. 票据行为的抽象性

票据行为只要具备法定形式要件即可生效，不论其实质关系如何，这种性质称为票据行为的抽象性，也称为票据行为的"中性"或"无因性"等。票据行为的抽象性主要表现在：除票据接受的直接当事人之间和出于恶意而取得票据的持票人外，不能以原因关系为理由抗辩票据债务的承担。

3. 票据行为的文义性

票据行为的意思表示以票据上记载的文字意义而确定，即使该文字记载与事实不符，仍以票据文义来认定意思表示，不允许当事人以票据以外的证明、方法对票据文义予以更正或补充，这种性质称为票据行为的文义性。票据行为的文义性产生两种法律效果：①当事人不得以票据没有记载的内容主张权利或抗辩票据权利；②限制了以票据以外的其他事实或证明来证明当事人意思表示是否真实。

4.票据行为的独立性

由于票据具有流通性,所以票据上的票据行为大多是两个以上的票据行为。如在最简单的汇票关系中,也必须有出票和承兑行为。但在同一张有效票据上进行的各个票据行为都独立产生效力,不受其他票据行为的影响,这种性质称为票据行为的独立性,主要体现在四个方面:①无行为能力人或限制行为能力人在票据上签名,不影响其他签名的效力。②票据的伪造或票据上签名的伪造,不影响真正签名的效力。③票据被保证人的债务即使无效,保证人对票据的保证行为仍然有效。④无权代理的代理人在票据上签名的,自负票据责任;越权代理的代理人在票据上签名的,对代理权之外的部分应自负责任。

(四)票据的更改、伪造与变造

1.票据更改

票据更改是指享有变更权的人更改票据所记载的事项的行为。票据上记载的事项予以变更时,必须符合以下法定条件:①更改人必须是有权更改的人,只限定为原记载人;②更改的内容必须符合法律规定;③更改票据必须符合一定的时间条件;④更改的票据应符合法律规定的形式。

我国《票据法》第九条规定了不能更改的记载事项和可以更改记载的事项。票据金额、日期、收款人名称不得更改,更改的票据无效。对于票据上的其他记载事项,原记载人可以更改,更改时应当由原记载人签章证明。

2.票据伪造

票据伪造是指假冒他人名义而为票据行为的行为,一般又分为票据本身的伪造与票据签名的伪造。

(1)票据本身的伪造。票据本身的伪造是指假冒他人名义而为出票行为的行为。

(2)票据签名的伪造。票据签名的伪造是指假冒他人的名义而为出票以外的票据行为,如假冒他人名义的背书、保证或承兑的行为。

票据伪造的效力,对不同的票据当事人是不同的,具体如下所述。

(1)对被伪造人的效力。由于被伪造人自己并未在票据上签名,因而不负任何票据责任。被伪造人可以对抗一切持票人,包括取得票据时无恶意或有重大过失的善意持票人。但是,票据的伪造行为归责于被伪造人的过错时,如被伪造人将自己的印章由伪造人保管或伪造人是被伪造人的雇员、经理人员时,被伪造人不得以票据伪造为由对抗善意持票人。

(2)对伪造人的效力。由于伪造人是假冒他人名义而为票据行为,他并未将自己的真实姓名签在票据上,因而不负票据责任,但这并非是说伪造者没有责任,根据我国《票据法》第十四条的规定,伪造者应当承担法律责任,这是指伪造者应当承担刑事责任和民事责任。

(3)对其他真正签名人的效力。票据的伪造行为不影响真正签名人所为的票据行为的效力。

(4)对付款人的效力。持票人持伪造的票据向付款人提示付款时,付款人如发现票据属伪造,有权拒绝承兑或者拒付。若付款人对票据上的伪造签名没有辨认出来而付款,付款人应自负责任。

3.票据变造

无权变更票据文义权利的人,就票据所记载的事项加以变更的行为,称为票据变造。票据变造应具备以下几个要件:①须为无权变更。我国《票据法》第九条第二款规定,任何人无权更改票据金额、日期、收款人名称，更改了就属变造票据。②仅限于签名以外的票据所记载事项的变造。③仅限于对已成立的合法票据的变更。尚未依法成立的票据不发生变造问题。④必须以行使票据权利为目的。

票据变造的效力具体体现在以下几个方面。

（1）对变造人的效力。对变造人的效力分两种情况：①变造人在票据上签章了，就应对其签章时票据上的文义负责；②变造人没有在票据上签章，则变造人不承担票据上的责任，但可依刑法或民法追究其相应的刑事责任和民事责任。

（2）对变造前签章人的效力。票据当事人应对其签章时票据上的记载事项负责，而不能对其签章以后变造票据所记载的事项负责。

（3）对变造后签章人的效力。票据变造后的真实签章人，对其签章的内容要承担其签章时票据所记载的事项的票据责任。

（4）不能辨别签章在票据变造之前或者之后的效力。我国《票据法》第十四条规定，不能辨别签章在票据变造之前或者之后的，视同签章在变造之前。

（五）票据丧失与票据时效

1．票据丧失的概念

票据的持票人或票据权利人并非出于本人的意愿而丧失对票据的占有，称为票据丧失。依票据是否还现实存在，票据丧失可以分为两类：绝对丧失和相对丧失。

2．票据丧失的补救方式

（1）挂失止付。挂失止付是指失票人将票据丧失的事实通知票据付款人，并指示付款人停止支付款项的一种补救办法。关于挂失止付在操作上应注意以下几点：①有权通知停止付款的人必须是失票人，失票人是票据权利人。②申请挂失止付应当及时。③申请挂失止付的通知方式愈明愈好，大多采用书面形式。④挂失止付通知时应告知付款人失票的基本情况。⑤丧失的票据必须是有效票据。我国《票据法》第二十二条、第八十五条规定，对没有记载付款人名称的汇票与支票的挂失止付无效。故未记载付款人或者无法确定付款人及其代理付款人的票据，不得申请挂失止付。此外，被司法机关扣押、没收或判决归他人的票据，原票据权利人不得申请挂失止付。⑥付款人收到挂失止付通知后，应当立即查明该挂失票据的基本情况，在没有被冒领的情况下应立即停止支付该票据款项。付款人或代理付款人自收到挂失止付通知之日起十二日内没有收到人民法院的止付通知书的，自第十三日起，持票人提示付款并依法向持票人付款的，付款人不再承担责任。如果付款人与取款人恶意申通，或由于付款人的过失，在申请挂失止付后付款人支付该票据款项，付款人应对此承担责任，并继续承担对失票人的付款责任。根据最高人民法院《关于审理票据纠纷案件若干问题的规定》第二十八条、第三十一条的规定，代理付款人在人民法院公示催告公告发布以前按照规定程序善意付款后，承兑人或者付款人以已经公示催告为由拒付代理付款人已经垫付的款项的，人民法院不予支持。付款人或者代理付款人收到人民法院发出的止付通知书后，应当立即停止支付，直至公示催告程序终结。非经发出止付通知书的人民法院许可擅自解付的，不得免除票据责任。公示催告期间，转让票据权利的行为无效。⑦申请挂失止付后三日内，应当向人民法院申请公示催告或向人民法院提起诉讼。

（2）公示催告。公示催告是人民法院根据失票人的申请，以公告的方式，告知并催促利害关系人在指定期限内向法院申报权利，如不申报权利，法院依法作出宣告票据无效的程序。公示催告的程序为:①失票人向法院提出申请,这里所称的失票人既包括最后持票人,也包括票据在开出后、交付前丢失票据的出票人。②法院对申请进行调查。③法院发出公告催促利害关系人申报权利。④法院根据公告期满后是否有权利申报人而作出除权判决与驳回除权判决的申请。公告期满后若无人申报权利,法院应根据公示催告人的再次申请,作出除权判决,除去丧失的票据上的权利,丧失票据的人可凭法院的除权判决行使票据权利。

公示催告的效力为:①对票据付款人的效力。在公示催告期间,法院可依失票人的申请,向付款人发布禁止支付的命令。失票人凭法院的除权判决向付款人请求付款时,付款人不得以已支付持票人为由对抗失票人。②对票据善意受让人的效力。当票据处于相对丧失状态时,票据难免为善意的并给付了对价的受让人占有,此时,失票人不得对善意受让人主张权利。③对请求支付或提存的效力。在公示催告期间内,若失票人因商业或其他方面的需要,请求支付票面金额时,对于到期的票据,可由申请人提供担保。申请人不能提供担保的,可以申请将票据金额依法提存。

(3)提起诉讼。提起诉讼是对公示催告制度的完善和补充。由于票据流通范围很广,企业和银行不能及时得知收受的票据是否已被公示催告,从而承担较大风险,而且公示催告的停止支付通知书难以送达每一个不确定的付款银行,因此,为了保障票据权利人的利益,减少风险,我国《票据法》规定了失票人可以向法院提起诉讼,但失票人应举证证明自己对票据有所有权,证明票据的内容与丧失票据的事实,并向对票据应负责任的任何当事人请求补偿,法院可以要求原告提供相应的担保,使被告不至于因票据上的其他权利主张而遭受损失。

3.票据时效

我国《票据法》第十七条规定了票据的消灭时效。建立票据消灭时效制度的目的是促使票据权利人在规定期间内及时行使票据权利,以避免票据债务人长期处于可能随时被人请求支付票据金额的状态。

票据时效具体包括以下内容。

(1)关于票据付款请求权的消灭时效。①持票人对于所持的定日付款、出票后定期付款和见票后定期付款的汇票,从该票到期日开始,如果两年之内一直未主张付款请求权,则其票据权利丧失,不得再以该汇票要求票据债务人承担票据责任。②持票人对于所持的见票即付汇票、本票,如果在出票日起两年之内一直未向汇票、本票的出票人或付款人行使其权利,则丧失票据权利。见票即付的汇票或本票都没有确定的远期到期日,因此,其消灭时效不得按到期日计算,而是按出票日来计算。③支票的持有人对于所持支票,如果在出票日起六个月内持续地不向出票人行使,也就是不向支票出票人的开户银行请求支付票款,则丧失票据权利。

(2)关于票据追索权的消灭时效。追索权行使的前提是票据被拒绝承兑或到期被拒绝付款。我国《票据法》第十七条第三、四款有如下规定:①票据背书转让的最后的持票人,在不能获得承兑或付款时应从被拒绝承兑或被拒绝付款之日起六个月内,行使其追索权;②被追索人清偿票据债务后,取代持票人自清偿日起或者因清偿纠纷被提起诉讼之日起三个月内向其前手行使再追索权。

(六)利益偿还请求权

所谓利益偿还请求权,是指据上的权利因时效或手续欠缺而消灭时,持票人在出票人或承兑人所得利益的限度内,请求其偿还利益的权利。

票据的时效期间较短,持票人与普通债权人相比更容易因时效而丧失票据权利。我国《票据法》第十八条规定了补救制度,以保护持票人的合法权益。利益偿还请求权的成立要件如下。

(1)只有持票人有权行使利益偿还请求权。行使利益偿还请求权的人仅限于持票人,此处的持票人并不以最终持票人为限,还包括因被追索或主动履行了票据债务后取得票据的背书人或履行了票据债务的保证人。

(2)票据上的权利应曾经合法有效。行使利益偿还请求权的人必须是曾经有过票据权利,后又因某种原因丧失了票据权利的人。

(3)票据权利必须是因超过时效或者因票据记载事项欠缺而丧失的。利益偿还请求权不能用于因其他原因而丧失票据权利,如因恶意或者重大过失而不得享有票据权利的情形。

(4)出票人和承兑人得到了额外利益。如果出票人或承兑人没有得到相应的利益,则不承担利益偿还请求的责任,并且出票人和承兑人仅以其所得利益为限进行偿还。

行使利益偿还请求权也有一定的时效限制,依据我国《民法通则》的规定,向人民法院请示保护民事权利的诉讼时效为两年。

(七)票据抗辩

票据抗辩是指票据债务人以一定的合法的事由拒绝履行票据义务的行为。票据抗辩所根据的合法事由,称为抗辩原因。票据债务人依法享有的这种基于抗辩原因拒绝向债权人履行债务的权利,称为抗辩权。票据抗辩权是票据债务人的权利。

根据抗辩所依据的原因不同,可将票据抗辩分为物的抗辩和人的抗辩两种。

1.物的抗辩

物的抗辩是指票据债务人可以对一切票据债权人行使的抗辩。物的抗辩的特点在于可以对抗一切债权人,所以又称为绝对抗辩。因其基于票据本身的性质或票据上记载的事项发生,所以又称为客观的抗辩。

一切票据债务人可以向一切票据债权人行使的物的抗辩包括以下几种情形:①因票据不具备法定形式而使票据无效的抗辩。票据上欠缺记载事项或在票据上记载了不应记载的事项,如票据上未记载票据金额或出票人未在票据上签章等,便会使票据不发生效力,在此情形下任何一个票据债务人都可以向持票人进行抗辩。②依据票据上的记载不能提出请求的抗辩。如因票据上记载的到期日未到或票据上记载的付款地与持票人请求付款地不相符等而提出的抗辩。③票据债权已消灭或票已失效的抗辩。

特定票据债务人可以向一切票据债权人行使的物的抗辩包括以下几种情形:①欠缺票据行为能力的抗辩。无行为能力人或限制行为能力人为票据行为,该行为人或其法定代理人可以主张其所为的票据行为无效,即可向一切票据债权人抗辩。②对无权代理的抗辩。被代理人未授权代理人为票据行为,被代理人不承担票据责任。如果票据债权人向被代理人主张权利,被代理人可对其进行抗辩。③票据伪造或变造的抗辩。在票据被伪造时,由于被伪造人未亲自于票据上签名,所以不负票据责任,当票据债权人向其主张权利时,被伪造人可行使抗辩权。④保全手续欠缺的抗辩。持票人应按法定期限行使和保全票据权利,否则汇票的出票人、背书人及他们的保证人、本票的背书人及其保证人等均可以票据手续欠缺为由对抗持票人,但票据主债务人不得行使此类抗辩权,因为他们负的是付款责任,票据的保全手续是否欠缺，对此并无影响。⑤依票据上记载而提出的抗辩。如票据上记明"禁止转让"的字样时，前转让人可以对后取得票据的人提出的抗辩。⑥因时效消灭的抗辩。票据权利可因时效而消灭。《票据法》对于不同的债务人所规定的消灭时效也不同。如对出票人和背书人分别规定了不同的消灭时效，出票人和背书人可分别就法律对自己规定的消灭时效主张抗辩事由。

2.人的抗辩

票据债务人仅能对特定票据债权人提出的抗辩，称为人的抗辩。因这种抗辩仅能向特定票据债权人提出，所以又称为相对抗辩；又因这种抗辩关系发生于特定人之间，所以又称为主观抗辩。人的抗辩仅限于对特定的债权人提出，一旦因票据的流转而使债务人面对的是其他债权人，则该对特定债权人的抗辩理由便不得用于对抗其他债权人，抗辩便被切断，这在票据法理论上被称为抗辩的切断。

依抗辩人的不同，人的抗辩又分为以下两种。

（1）一切票据债务人均可向特定票据债权人行使的抗辩。这种抗辩多产生于票据债权人丧失受领能力的情形，主要有两种情形：①对票据债权人实质上已失去受领能力的抗辩。如票据债权人系以恶意或重大过失而取得票据。②对票据债权人形式上无受领能力的抗辩。如在记名的票据上，背书必须连续，只有持票人是最后一项背书中的被背书人，才有形式上的受领能力，否则，任何票据债务人都可对之进行抗辩。

（2）特定票据债务人向特定票据债权人行使的抗辩。这种抗辩多发生于原因关系中的直接当事人之间，主要有以下几种情形：①缺乏原因关系或非法原因关系的抗辩。②欠缺对价关系，票据授受的直接当事人之间以对价为签发票据的条件者，若票据债权人未支付对价，票据债务人得以此为由对之进行抗辩。③基于当事人之间特别约定的抗辩。当事人之间在授受票据时有特别约定，票据权利人违背此约定的，票据债务人可以此为由，对持票人进行抗辩。

对票据抗辩的限制，仅限于以下情形：①票据债务人不得以自己与出票人之间所存在的抗辩事由对抗持票人。这是票据关系与非票据关系相脱离的必然结果。②票据债务人不得以自己与持票人前手之间存在的抗辩事由对抗持票人。

票据抗辩限制的例外主要是指对恶意取得票据以及无对价或不以相当对价取得票据的人，不适用关于票据抗辩限制的规定：①对恶意取得票据的持票人的抗辩。所谓恶意，是指持票人在取得票据时，明知债务人与出票人之间或与持票人的前手之间存在抗辩事由而取得票据，即明知对债务人有害而取得票据并行使权利的情形。②对无对价或不以相当对价取得票据之持票人的抗辩。无对价或不以相当对价取得票据的人，不能享有优于前手的权利，所以在抗辩的问题上，也不能享有优于其前手的权利，因此，票据债务人对持票人前手的抗辩，也可对持票人行使。

二、汇票

（一）汇票概述

《票据法》第十九条规定，汇票是出票人签发的，委托付款人在见票时或指定日期无条件支付确定的金额给收款人或持票人的票据。在汇票关系中最基本的有三方当事人：①出票人，即签发汇票给相对方的人；②收款人，也叫受款人，是持有汇票并可以请求付款的人；

③付款人，即受出票人委托，向持票人进行票据金额支付的人。

我国《票据法》第十九条第二款规定，汇票分为银行汇票和商业汇票。银行签发的汇票称为银行汇票，银行以外的法人、其他经济组织等签发的汇票称为商业汇票。

(二)汇票的出票

汇票的出票是出票人签发票据并将票据交付给收款人的票据行为。汇票签发是指出票人委托付款人向受款人支付一定金额的行为。票据权利因出票而产生，因而出票是基本票据行为。

汇票上记载的事项分为绝对应记载事项与相对应记载事项。

(1)绝对应记载事项。我国《票据法》第二十二条规定了以下绝对应记载事项：①票据文句。票据文句是表明票据为汇票的文字，目的是与其他票据区别。②一定金额。作为金钱证券的汇票，必须记载一定的金额。③支付文句。汇票上必须记载"无条件支付委托"字样，其称为支付文句。在我国常用"凭票支付"或"请予到期日无条件支付"等类似文字。④出票日期。汇票出票日期仅符合形式上的要求即可，至于与实际日期是否相符，对出票行为的效力无任何影响。⑤收款人或其指定人的姓名。汇票上必须记载收款人或其指定的人。收款人是最初的权利人，而指定人一般是指票据受让人，该受让人的姓名也必须被记在汇票上。⑥出票人签名。出票人于汇票上签名意味着出票人对汇票文义所记载的内容负责。两个以上的出票人在票据上签名时，一般认为，出票人应对全部汇票义务负连带责任，因此，持票人可以对其中一人，或以顺序对其全体请求支付票据金额。如果一人作了清偿，其他出票人的责任即可免除。⑦付款人姓名。汇票的付款人可以是法人，也可以是自然人，付款人对汇票承兑后，就成为汇票的第一债务人，到期必须无条件付款。

(2)相对应记载事项。相对应记载事项包括：①付款日期。付款日期又称到期日，是汇票债权人行使权利和债务人履行义务的日期，因而付款日期关系重大，是汇票要件之一。但我国《票据法》规定，未记载付款日期的，视为见票即付。②付款地。付款地是汇票上记载的支付票据金额的地方，也是拒绝付款时持票人请求作成拒绝证书地。付款地的记载必须单一，如果同时记载两个或两个以上地点，则记载无效。付款地、出票地可以为同一地。我国《票据法》第二十三条规定，汇票上未记载付款地的，付款人的营业场所、住所或者经常居住地为付款地。③出票地。出票地是票据上记载的出票人签发汇票的地点。我国《票据法》要求出票地的记载仅符合形式要件即可。汇票上所记载的出票地与出票人实际签发票据地点不一致的，也不影响汇票的效力，均以汇票上所记载的出票地为准。

汇票的出票行为为单方法律行为，出票人作成票据并交付他人，便发生票据所载的权利义务关系，不以得到其他人的同意或允许为必要。

汇票出票对各个基本当事人产生的效力如下：

(1)对出票人的效力。出票人既然委托付款人向收款人付款，他便应该及时供给付款人资金，或与付款人之间有其他资金关系，便于付款人及时承兑，予以付款，以便这种委托得以实现。

票据出票人担保承兑与付款，收款人的请求被付款人拒绝时，可向出票人主张权利。但收款人应先向付款人主张，只有权利未得到满足时，才能向出票人主张权利。所以，出票人是第二债务人。

(2)对付款人的效力。出票人的委托付款行为是单方法律行为，因而付款人并没有义务对持票人的提示进行承兑或付款,持票人不得强求付款人对其汇票进行承兑,如遇拒绝承兑,持票人也不得以此为其提起诉讼,而只能向第二债务人主张权利。但付款人一旦承兑,便负有付款的义务和责任。

(3)对收款人的效力。收款人取得出票人的汇票后,即取得了票据上的权利。

(三)汇票的背书

背书是以转让票据权利或者将一定的票据权利授予他人行使为目的,在票据背面或者粘单上记载有关事项并签章的票据行为。它有以下特征:①背书为附属的票据行为。当出票行为无效而使票据无效时,背书行为也归于无效。②背书是以转让票据权利或将一定的票据权利授予他人行使为主要目的的行为。③背书是持票人所为的票据行为。④背书是一种要式行为,背书时应在票据背面或者粘单上记载有关事项并签章,以区别出票人的出票行为及付款人的承兑行为。⑤背书的不可分性。这是指背书转让的权利必须是票据上的全部权利。⑥背书的无条件性。无条件性是指背书时必须是无条件的。背书人在背书时附有条件的,其所附条件不具有票据法上的效力,视为无记载。

1. 禁止背书

我国《票据法》第二十七条规定,出票人在汇票上记载不得"转让字样"的,汇票不得转让。出票人禁止背书往往有以下原因:①防止抗辩被切断;②为防止与收款人以外的人发生票据关系。

2. 转让背书

按背书的记载事项是否完全,转让背书可分为完全背书和空白背书。我国《票据法》只对完全背书作了规定。完全背书,又称正式背书或记名背书,是指背书人在转让汇票时同时记载自己和被背书人的姓名以及背书日期,以明确付款人向何人或何人的指定人付款的行为。转让背书的法律意义在于:①背书的时间顺序有利于确定背书的连续状况,有利于确认持票人的债权。②背书日期可以决定背书人背书时的行为能力。如对于未记载日期的背书,我国《票据法》从保护持票人的利益出发,规定将其推定为汇票到期日期前背书。

背书应当连续。背书连续是指汇票上所记载的背书,从最初的收款人至最后的持票人,在形式上具有连续不间断性,即除第一次背书的背书人为收款人外,第二次背书的背书人均为前一次背书的被背书人,依次前后衔接,一直到最后的持票人。持票人所持汇票上的背书,只要符合连续性的要求,法律就推定他为正当的票据权利人。仅凭背书的连续,持票人就可行使票据权利,这是汇票背书转让的权利证明效力,又称为资格授予效力。

背书人在背书后对其后手(被背书人)实现票据权利负有担保责任。当持票人的权利(包括请求承兑和请求付款的权利)遭拒绝时,就可向背书人行使追索权。背书人的这种担保责任,不仅限于其直接后手,对所有后手均得负责。但如果背书人作了"背书禁止"的记载,则不在此限。对背书人来说,负担责任并非其作背书的本意,而是票据法规定的一种法定责任。我国《票据法》规定,它是一种无法免除的绝对责任。

3. 非转让背书

非转让背书是不以转让票据权利为目的的背书。这类背书主要有两种,一种是委托背书,另一种是设质背书。

(1)委托背书

委托背书,又称委托收款背书,是指背书人授权被背书人代理自己行使票据权利的背书。委托背书的背书人有时也授权被背书人代行收款以外的权利。背书人在作成委托背书并交予被背书人时，并不发生票据权利转移的效力，被背书人并不取得票据权利，票据权利人仍是背书人。这便是委托背书与转让背书不同的地方。委托背书的款式，除了必须记载文句外，其他应记载事项与转让背书相同，也分为完全背书与空白背书两种。委托背书通常用"托收""代理"等表示。

我国《票据法》第三十五条规定，背书记载"委托收款"字样的，被背书人有权代背书人行使被委托的票据权利，但是，被背书人不得再以背书转让票据权利。

委托背书不是权利转让背书，所以委托背书的效力与转让背书不同。委托背书的效力如下：①代理权授予效力。委托背书不发生权利转移的效力，仅使被背书人获得代理权。代理权的范围是行使票据上的一切权利。②权利证明效力。委托背书也有权利证明效力，只不过所证明的不是票据权利，而是代理权。经委托背书而取得汇票的持票人仅凭背书的连续就可证明自己有代理权，而不必另行举出证明。

（2）设质背书

设质背书是指持票人在汇票上背书，将该票据作为质押权的标的，交付质押权人，由该质押权人（也就是设质背书的被背书人）取得该票据。设质背书的格式与转让背书相同，可以是完全背书，也可以是空白背书，但必须记载"设质文句"，设质文句常用"因担保""设质"等字样。

设质背书具有以下效力：①设定质权效力。被背书人因设质背书而取得质权，作为债权的担保，被背书人（质权人）可以用票据金额优先偿还自己的被担保债权。因而被背书人可以以自己的名义行使汇票上的一切权利，包括提出汇票请求付款、受领票款、行使追索权等。②权利证明效力。被背书人可以背书连续证明自己是合法质权人，不需要另行提出实质上的证据。

（四）汇票的承兑

承兑是汇票付款人明确表示于到期日支付汇票金额的一种票据行为。出票人签发票据时，虽然记载了委托付款人无条件支付确定的金额给收款人或持票人，但受委托的付款人在承兑之前，并非当然的汇票债务人，只有经其承兑，表示愿意支付汇票金额，其才变为承兑人，成为汇票的主债务人，对持票人负绝对的付款责任。

承兑有以下效力：①付款人承兑后即成为承兑人，负有于到期日绝对付款的责任。承兑人的这种义务为法定义务，因而承兑人即使未收到资金，也不得以此对抗被承兑人。②对持票人来讲，汇票一经承兑，其票据权利便由承兑前的期待权变为现实权，于到期日，向承兑人请求付款。承兑人到期不付款，持票人即使是原出票人，也可就票面金额、利息和其他支出款项直接向承兑人进行追索。③对出票人和背书人而言，汇票经过付款人承兑后，出票人和汇票上所有背书人均免受期前追索。

承兑的程序主要包括持票人提示承兑和付款人承兑。

第一，承兑的提示。承兑的提示是汇票的持票人在承兑的期限内，以确定和保全其票据权利为目的，向付款人出示票据，请求予以承兑的行为。提示承兑不是票据行为，而是承兑这一票据行为的前提。除了见票即付的汇票无须承兑外，应承兑的汇票与可以承兑的汇票的请求承兑有一定的期限，这种期限称为承兑提示期间。我国《票据法》对见票后定期付款的汇票，规定持票人应当自出票日起一个月内向付款人提示承兑。汇票未按照规定期限提示承兑的,持票人丧失对其前手的追索权。

第二,付款人的承兑。持票人向付款人提示承兑后,付款人应尽快决定承兑或拒绝承兑。我国《票据法》规定,付款人对向其提示承兑的汇票,应当自收到提示承兑的汇票之日起三日内承兑或拒绝承兑。承兑人在承兑时应在汇票上记载"承兑"或其他同义文句并由其签名,对于见票后定期付款的汇票或指定请求承兑期限的汇票,还应记载承兑日期。

(五)汇票的保证

票据保证就是票据债务人以外的人,为担保票据债务的履行,以负责某一内容的票据债务为目的所为的一种附属的票据行为。

凡汇票上的债务人都可以充当被保证人,汇票上的承兑人、出票人、背书人都可以是被保证人。但无担保背书的背书人、未承兑的付款人,事实上不可能成为被保证人。保证人可以是票据债务人以外的任何第三人,自然人与法人均可。

票据保证应在汇票上或其粘单上为之。如果为承兑人作保证,则可记载于票据正面,如为背书人作保证,可记载于票据反面。票据保证应记载以下事项:①表明"保证"字样,"担保"亦可。②保证人的名称、地址。③保证日期。如果未记载日期,以出票日期为保证日期。④被保证人的名称。如果未记载被保证人名称,承兑人为被保证人,未经承兑的,出票人为被保证人。⑤保证人签章。保证不得附有条件,附有条件的,不影响对汇票的保证责任。

保证人责任的特点包括:①被保证的债务有效时,保证具有从属性,保证人与被保证人负同一责任。②保证人责任的独立性。只要被保证的债务在形式上有效成立,即使在实质上无效(如被保证人无行为能力或签名伪造),保证仍然有效,保证人不能因此免责。③保证人为两人以上的,应就被保证债务负连带责任,这种连带责任是法定的而非约定的。

票据保证人清偿了票据债务后,其保证责任消灭,被保证人的主债务也消灭,保证人同时取得持票人的资格,有权向票据上的有关债务人行使追索权,即可向被保证人及其前手行使追索权,受追索的对象不能以其与原持票人之间存在的抗辩事由对抗保证人。

持票人可以直接向保证人主张权利。票据保证行为本身并不免除任何票据债务人的票据责任,保证人向持票人履行了票据债务后,被保证人的后手即可免责,被保证人及其前手仍负有对保证人清偿的责任。由于保证人的票据权利是通过对原持票人的清偿所得的,并非从被保证人继受而来,因而"抗辩切断"对保证人仍应适用。所有前手均不得以其与被保证人或原持票人之间存在的抗辩事由对抗保证人。

(六)付款

广义的付款是指一切票据关系人,依票据文义向票据债权人支付票据所载金额的行为。狭义的付款则仅指付款人或担当付款人支付票据金额以消灭票据关系的行为。这里所讲的是狭义的付款。付款在程序上分为两大步骤:提示与付款。

1. 提示

提示是指持票人向付款人或担当付款人出示票据以请求付款的行为。提示是付款的前提。合法的提示对持票人及义务人发生以下效力:①对持票人来讲,提示产生保全追索权的效果。持票人如在法定期间内不作付款的提示,则对前手丧失追索权,如不在约定期间内提示付款,则对约定的前手丧失追索权。因而,提示是付款的必经程序。②付款人或担当付款人经提示后如不付款,即构成债务不履行,应负迟延责任。

提示期间因汇票种类不同而有差异：①见票即付的汇票之提示期间自出票日起计算，为一个月。②我国《票据法》第五十三条规定，定日付款，出票后定期付款或者见票后定期付款的汇票，自到期日起十日内向承兑人提示付款。

2. 付款

(1)付款时间。我国《票据法》第五十四条规定，持票人依照前条规定提示付款的，付款人在当日必须足额付款。可见，持票人一经提示，付款人应立即付款。

(2)付款的货币问题。我国《票据法》规定，汇票金额为外币的，按照付款日的市场汇价，以人民币支付。汇票当事人对汇票支付的货币种类另有约定的，从其约定。

(3)付款人的审查义务。付款人对于持票人的资格仅负形式上的审查义务，即对票据的格式是否合法、绝对应记载事项是否齐全、背书是否连续进行审查。至于背书人的签名是否真实、持票人是否为真正权利人等实质性问题，付款人无审查义务，但付款人在主观上负有注意的义务，即要求付款人在主观上必须没有恶意或重大过失。如果他明知持票人不是真正权利人或只要稍加注意便可查知持票人不是真正权利人，仍不能免负其责。

(4)付款人的特殊责任。《关于审理票据纠纷案件若干问题的决定》第五十三条、第五十四条规定，付款人或者代理付款人未能识别伪造、变造的票据或者身份证件而错误付款，属于《票据法》第五十七条规定的"重大过失"，给持票人造成损失的，应当承担民事责任。付款人或者代理付款人承担责任后有权向伪造者、变造者依法追偿。持票人有过错的，也应当承担相应的民事责任。付款人及代理付款人有以下情形之一的，应当自行承担责任：①未依照《票据法》第五十七条的规定对提示付款人的合法身份证明或者有效证件以及汇票背书的连续性履行审查义务而错误付款的；②公示催告期间对公示催告的票据付款的；③收到人民法院的止付通知后付款的；④其他以恶意或者重大过失付款的。

(5)付款人的权利。汇票付款人付款时必须要求持票人交出汇票并记载收清字样。持票人如不记载并交回票据，付款人可拒绝付款。汇票经全额付款后，汇票上的权利义务关系全部消灭，不仅付款人免除票据责任，在汇票上签名的所有票据债务人均因此而免责。

(七)追索权

追索权是指汇票到期不获付款或期前不获承兑，或有其他法定原因出现时，持票人在履行了保全手续后，向其前手请求偿还汇票金额、利息及费用的一种票据上的权利。追索权涉及追索权人和被追索人。

1. 追索权人

汇票上可行使追索权的人有以下两种：①持票人。持票人为最初追索权人，当所持汇票不获承兑或不获付款，或有其他法定原因无从请求承兑或付款时，持票人即可行使追索权。但持票人为出票人时，对其前手无追索权，持票人为背书人时，对其后手无追索权。②因清偿而取得票据的人。票据债务人（被追索人）清偿了其后手（包括原追索权人）的追索金额后，便取得了持票人的地位，可以向其前手行使追索权，即再追索权。再追索权人包括背书人、保证人和参加付款人。

2. 被追索人

被追索人即偿还义务人，包括：①出票人。出票人负有担保承兑和付款的责任，在汇票不获承兑或不获付款时，应负偿还票据金额的义务。②背书人。背书人也同样负有担保承兑和付款之责，也有偿还义务。③保证人。保证人与被保证人负同一责任，因而在追索过程中,也是被追索人。

行使追索权有实质要件和形式要件两方面的要求。

(1)行使追索权的实质要件。实质要件是指追索权发生的原因,分为两种:①不获承兑;②不获付款。不获付款既可以是付款人明确表示拒绝付款,也可以是付款人被宣告破产、解散、歇业或付款人死亡、逃避或其他原因使持票人无法得到款项。

(2)行使追索权的形式要件。追索原因出现后,持票人必须依法作出票据权利保全行为,才能行使追索权。保全是持票人行使追索权的前提,持票人不为保全手续,将发生丧失追索权的不利后果。持票人的保全手续之一是作成拒绝证书。持票人提示汇票承兑或付款遭拒绝后,如欲行使追索权,还必须请求拒绝人或有关机关作成拒绝证书。提示和作成拒绝证书共同构成一个完整的追索权保全行为,不做到这两点,追索权就无从谈起。

拒绝证书具有以下特征:①拒绝证书是要式公证书。拒绝证书是公证书,只能由特定的机关作成而不能由私人作成。同时,它又是一种要式证书,其记载事项必须严格依法律规定。②拒绝证书是用以证明持票人曾依法行使票据权利或无从行使票据权利的证书。持票人依法行使票据权利是指其在规定的期间内为承兑和付款提示等。持票人无从行使权利的情况主要是指付款人或承兑人死亡、逃避或被宣告破产、解散、歇业等。拒绝证书对上述行为或情形作出证明。③拒绝证书是证明持票人的权利未能实现的证书。只有当持票人行使票据权利遭到拒绝或根本无法行使权利时,为向其他票据债务人追索,才依法作成拒绝证书以证明其权利未能实现这一事实。

拒绝证书具有法定的证明效力,在法律不允许其他文件替代的情况下,它是唯一的证明持票人权利未能实行的文件。即便拒绝的内容确实有误,当事人也不能自行否定其效力,而只能提示强有力的证据,由法院根据当事人提出的证据对其真实性和效力加以认定。除非法院否定其效力,否则拒绝证书永久有效。

可以替代拒绝证书的文件有三种:略式拒绝证书、退票理由单、法律规定的法院或有关机关的文件。

持票人追索权的行使,始自提示和作成拒绝证书,终于领受追索金额并交回汇票,须经以下程序:①保全追索权。②通知拒绝事由。持票人作成拒绝证书后,应在法定期间内将自己被拒绝承兑或付款的事由通知其所要追索的对象,这称为"拒绝事由之通知"或"追索通知"。我国《票据法》规定,持票人应当自收到被拒绝承兑或者被拒绝付款的有关证明之日起三日内,将被拒绝事由书面通知其前手,其前手应当自收到通知之日起三日内书面通知其再前手。③债务人自动偿还。④确定追索对象。持票人依法发出追索通知后,如无人自动偿还,持票人便确定具体的追索对象,进行追索。汇票上的所有债务人对持票人均负有担保付款的责任,持票人可根据自身的情况,不受债务人承担债务先后顺序的限制,在债务人中任意选择追索对象,并且可以分别或同时就两个或两个以上债务人进行追索。⑤请求偿还。请求偿还的金额包括被拒绝付款的汇票金额;自到期日或者提示付款日起至清偿日止,按照中国人民银行规定的利率计算的利息;取得有关拒绝证明和发出通知书的费用。⑥受领和交回汇票。被追索人如为清偿,追索权人应受领并将汇票连同拒绝证书以及收款清单一并交给被追索人。被追索人可以按上述程序行使再追索权。

【例8-14:试讨论并比较下列案例】

1.甲国A公司将一张汇票签发给乙国B公司,B公司将汇票背书转让给丙国C公司,C

公司又将汇票转让给丁国 D 公司。后来 D 公司在提示承兑时被拒绝承兑。

问：持票人 D 公司可以向谁行使追索权？讨论之。

2. 甲签发给乙一张汇票，金额为 50 万元，乙将汇票金额变更为 70 万元后背书转让给丙。丙又将汇票背书转让给丁。丁为最后的持票人。

试分析该汇票对各当事人的法律效力。

3. A 公司因业务往来出具一张汇票给 B 公司，B 公司将此汇票背书转让给 C 公司，C 公司在票据到期日之前提示承兑后，在到期日提示付款时遭拒付。

问：

(1) C 公司遭拒付后，可向谁行使追索权？

(2) C 公司行使追索权时，应出示何种证据？

(3) 若 C 公司不能按规定提供合法证明，有什么法律后果？此时，承兑人是否还需承担责任？

4. A 公司与 B 公司签订过一份买卖合同，A 公司为付货款，向 B 公司签发了一张汇票，B 公司将此汇票背书转让给 C 公司，并注明"不可转让"字样。C 公司又将汇票背书转让给 D 公司，D 公司提示承兑时遭到拒付。D 公司向 A 公司和 C 公司追索。

问：

(1) 此汇票的几次转让是否有效？

(2) A 公司、B 公司、C 公司是否可以对 D 公司表示抗辩？为什么？

5. 甲签发了一张汇票给乙，乙背书转让给丙。丙向付款人丁提示承兑，丁作了承兑。在付款期届满时，丙向丁提示付款，遭拒付。

问：

(1) 在承兑后，谁是这张汇票的主债务人？

(2) 若此汇票没有被承兑，谁是主债务人？

(3) 除了主债务人，其他人需承担票据责任吗？

(4) 若丁在承兑时附了条件，丙应该怎么办？

【例 8-14】分析

(5) 若丙未按规定期限提示承兑，有何后果？

6. 甲以乙的名义签发了一张票据给丙，丙又将此票据背书转让给丁。丁为最后持票人。请分析该票据所涉各当事人的法律关系。

三、本票

(一)本票的概念

《票据法》第七十三条规定，本票是出票人签发的，承诺自己在见票时无条件支付确定的金额给收款人或者持票人的票据。本票是由出票人自己支付的票据，即自付证券，因此本票仅有两方当事人，即出票人与收款人，而没有独立的付款人。由于出票人承诺自己付款，所以本票的出票人、付款人集于一身，具有双重身份。另外，本票没有承兑制度，本票的出票人自始至终是票据的主债务人，承担着首要的、绝对的和最终的付款责任。我国《票据法》承认见票即付的、记名的银行本票。

（二）本票的格式

签发本票要依照《票据法》规定的格式,否则不发生本票效力。以下事项未记载的本票无效:①表明"本票"的字样。即本票文句,除了用"本票"二字外,用了同义文字如期票、信票等名称的,也可以认为是本票。②无条件支付的承诺。即支付文句。无条件支付为各种票据的共同属性,而在本票中则是由出票人表示承担无条件付款的责任。附有条件的支付承诺则导致本票无效。我国通常用"凭票支付"字样表示本票无条件支付的承诺。③确定金额。本票为金钱证券,没有确定金额便无法进行支付,所以必须写明具体金额。④收款人名称。收款人是本票的基本当事人之一,由于我国《票据法》不允许无记名票据,所以本票必须记载收款人名称。⑤出票日期。出票日期是指出票行为完成的日期。出票时间对票据来说十分重要,因为出票日是决定付款到期日、提示日、利息起算日及票据出票人有无行为能力等的重要依据。⑥出票人签章。出票人是创设票据权利的人,没有出票人的签章,出票的票据行为就不能成立。出票人签章包括出票人的签名、盖章或者签名加盖章。

以下事项未记载者,适用法律规定:①到期日。到期日是应该支付票据金额的时间,故又称付款日期。《票据法》规定,本票上未记载到期日的,视为见票即付。②付款地。付款地是本票债务人履行付款责任的地点,是本票收款人或持票人行使付款请示权的地点。《票据法》规定,本票上未记载付款地的,以出票人的营业场所为付款地。③出票地。出票地是出票行为完成的地点。《票据法》规定,以出票人的营业场所为出票地。

（三）本票的见票

见票是本票的持票人按照规定期限,向本票的出票人提示本票,由出票人在本票上记载"见票"字样、见票日期并签名,出票人支付票据金额的行为。

(1)提示见票的效力。由于我国《票据法》规定本票限于见票即付,持票人可以随时请示付款,提示见票日就是本票的到期日,所以出票人必须在持票人提示见票时承担付款的责任。

(2)提示见票的期限。由于见票即付的票据自出票日起随时可以请求付款,因此见票即付票据的付款提示期限自出票日起计算,我国《票据法》规定,本票付款期限最长不得超过两个月。

本票与汇票在性质上相同之处甚多,为了避免法律条文的重复和累赘,各国票据法均以汇票为主进行规定,对于本票,仅明确规定其与汇票不同的制度,凡是与汇票相同的,适用汇票的规定。我国《票据法》第八十条规定,关于本票的出票、转让、保证、付款、追索权的行使,适用汇票的有关规定。

四、支票

（一）支票的概念与特征

《票据法》第八十一条规定,支票是由出票人签发的、委托办理支票存款业务的银行或者其他金融机构于见票时无条件支付确定的金额给收款人或者持票人的票据。支票具有票据的一些共同特征。支票是委托证券,即出票人(委托人)委托付款人(受托人)按其指示支付确定金额给收款人或持票人,而有资格受托作为付款人的只能是特定的金融机构。在我国,支票的付款人仅限于经中国人民银行批准的办理支票存款业务的银行、城市信用合作社和农村信用合作社。支票的付款人具有严格的资格限制,这是支票区别于同为委托证券的汇票的特征之一。支票必须是见票时无条件支付,即见票即付,不许在出票日之外另有到期日存在,也不许附带其他任何条件。这一点与见票即付的银行本票相同。

(二)支票的种类

根据我国《票据法》的规定,按照支付方式、用途的不同,支票可以分为以下三种。

(1)普通支票。即不限定支付方式的支票。这种支票可以支取现金,也可以转账。用于转账时,应当在支票的正面注明,以示该支票只能转账付款。

(2)现金支票。即专门用于支取现金的支票。持票人持现金支票向票载付款人提示后,即可取得支票上所载数额的现金。

(3)转账支票。即专门用于转账的支票。收款人或持票人向付款人提示转账支票后,付款人不得以现金支付,而以记入收款人或持票人账户的方式支付,收款人或持票人再从自己账户提取现金。转账支票较现金支票优越之处在于安全性。

(三)空头支票

根据传统的理论,支票是支付证券,又是见票即付的证券,因此严格要求支票的签发人在付款银行或其他金融机构有相应的存款资金。支票的出票人通过支票合同形式委托付款银行或其他金融机构付款的,支票的出票人必须在付款人处有可以依法由其处置的资金。在支票关系中,法律要求票据关系与基础关系中的资金关系不能相分离,这是票据无因性的特殊例外。支票是见票即付的票据,没有承兑制度,因此持票人不可能知道所持支票能否兑付,所以必须要求支票的资金关系与支票的关系紧密,要求出票人应有得以处置的资金在付款人处。

依据我国《票据法》的规定,出票人签发的支票金额超过其付款时在付款人处实有的存款金额的为空头支票。我国《票据法》关于空头支票的定义是十分严格的,即要求在付款人处必须实有支票金额的存款,这就排除了预期或可能收到的存款,即排除了透支合同。

但是,现在许多国家包括我国都纷纷承认并允许采用"保付支票",即在出票人与付款人有明确约定时,即使支票的签发人在付款银行或其他金融机构没有相应的存款资金,也可以签发支票,付款人保证支付。保付支票,实际包含了融资关系,类似于汇票。

(四)支票的格式

支票为要式证券,出票人除了应在票面上签名或盖章以外,还必须依法在票面上记载法定必要事项。

未记载以下事项的支票无效:①表明"支票"的字样。支票上必须记载表明其性质的字样,如果没有记载,则不具有效力。②无条件支付的指示。即支付文句。支票属委托证券,出票人应在票面上记载委托支付文句,而且这种委托必须是无条件的。③付款人名称。支票的付款人仅限于办理支票存款业务的金融机构,在我国以经过中国人民银行批准办理支票存款业务的银行、城市信用合作社、农村信用合作社为限。④出票日期。支票上应当记载出票的年、月、日。出票日期是据以认定出票人是否具有票据能力并计算支票付款提示期及付款期的依据,对支票特别重要,因而属于绝对必要记载事项。但因支票为文义证券,因而其出票日期只要求有形式上记载,并不要求与实际出票日期一定相符。⑤出票人签章。签章可以是单纯的签名或单纯的盖章,也可以是签名加盖章。出票人所签印章,应当与银行预留的印鉴相一致,否则付款银行有权拒付。

支票中,若当事人不记载以下事项,则适用法律有关规定,不导致票据无效:①金额。支票为金钱证券,持票人或收款人享有的是支付一定数额货币的请求权。因而,支票上应当载明货币数量,而且票面金额应当确定。我国《票据法》规定,支票上的金额可以由出票人授权补记,未补记前的支票,不得使用。②收款人名称。支票的收款人资格不受限制,可以是任何人,收款人名称只是支票的相对记载事项。我国《票据法》规定,支票人未记载收款人名称的,经出票人授权,可以补记。出票人可以在支票上记载自己为收款人。③付款地。付款地为支付支票金额的处所,应当记载于支票上。付款地必须单一,不得记载数个付款地,因为付款地关系到持票人进行提示、请求付款以及拒绝证书作成等事项。我国《票据法》第八十六条第二款规定,支票上未记载付款地的,付款人的营业场所为付款地。④出票地。支票上未记载出票地的,出票人的营业场所、住所或经营居住地为出票地。

(五)支票出票的效力

支票出票的效力包括对出票人的效力、对付款人的效力和对收款人的效力三个方面。

1. 对出票人的效力

支票出票人应依支票文义承担担保付款的责任。支票出票人的担保付款责任是最终的、绝对的,这与汇票、本票的出票相同,但支票经付款人保付后,出票人的担保责任可免除。支票无承兑制度,因而出票人不承担承兑义务。支票出票对出票人的效力具体表现在:①法律允许发行空白支票,由出票人授权他人补记。所补记的支票金额与出票人和持票人之间的协议不相符合的,出票人不能因此对抗善意持票人,除非持票人取得该支票为恶意或有重大过失。②出票人签发支票时使用的印章应当与银行预留的印鉴相一致,但即使出现支票出票人印章与银行预留印鉴不同的,出票人仍须对该支票负责。③对于持票人在提示期限届满之后的提示付款,出票人仍须承担票据上的义务。但因持票人过失造成出票人损失的,持票人应予以赔偿,赔偿金额不得超过票面金额。④出票人在支票的法定付款提示期限内不得撤销付款委托,其撤销在付款委托期间不生效。除了上述票据上的责任,出票人若违反法律规定,签发空头支票,应承担相应的民事、行政、刑事责任。

2. 对付款人的效力

支票的出票行为是以委托付款为目的的票据行为,付款人因出票人的出票行为取得了按支票所载文义付款的权限,但付款人并不负有票据法上的付款义务。因为出票行为属单方行为,出票人可以为持票人创设权利但无权为付款人设定票据义务,付款人的付款权限是出票人基于与付款人的资金关系而授予的。因而付款人只在一定条件下对支票持票人承担付款的义务,即出票人在付款人处的存款足以支付支票金额,且付款人未收到出票人破产宣告通知的,应当足额付款。可见,支票付款人的付款义务是有条件的、相对的。对提示期限届满后提示付款的支票,付款人有权拒付,也可以予以付款。但若支票的出票人已发出付款委托撤销通知,或者支票发行已超过一年时间,付款人即不得付款,否则付款人应对出票人承担损害赔偿的责任。

3. 对收款人的效力

收款人依出票人的出票行为取得票据权利,即支付请求权和票款收领权,但由于支票付款人承担的是有条件的、相对的付款义务,因而收款人无以得知付款人是否付款,收款人持有支票只取得一种期待权,该权利只有在现实受领票款时,才成为现实权。此外,收款人享有支付请求权派生的权利——追索权,即收款人的支付请求遭拒付时,在法定期内作成拒绝证书,得向其前手追索。

另外,支票的保付行为不属付款人的义务,也非付款的必经程序,因而收款人不享有请求付款人实施保付行为的权利。

（六）支票付款的提示

支票的主要功能为支付一定的金额。而支票的付款,必须先由持票人向付款人作付款提示,而后付款人才予以付款。

支票提示的提示人是持票人。持票人委托其开户银行收款或向票据交换所提示,与向付款人提示有相同的法律效力。

支票的提示期较汇票短,这是由支票的性质决定的。另外,支票限于见票即付,无所谓到期日,持票人随时可以请求付款人付款,因而支票的出票日也就成了实质上的到期日。我国《票据法》第九十一条规定,支票的持票人应当自出票日起十日内提示付款;异地使用的支票,其提示付款的期限由中国人民银行另行规定。提示期限应当自出票日的第二日起算,出票日本身不计入,期限之最后一天若遇上法定休息日,应当顺延于休息日结束之后第一个工作日。另外,持票人若因遇到不可抗力不能作付款提示,应当于不可抗力结束后立即向有关付款人提示。

（七）支票的付款

付款人对于持票人在法定期限内所作的付款提示,应即付款。我国《票据法》规定,出票人在付款人处的存款足以支付支票金额时,付款人应当在当日足额付款。

支票付款人具备以下情形之一即可免除付款义务:①持票人未在法定提示期限内提示付款;②出票人撤回付款委托,且支票提示期限已届满;③支票自签发起已满一定期限,自行失效;④付款人已收到出票人破产宣告的通知。

支票的付款人还担负对提示付款的支票进行审查的义务。由于支票具备文义性特征,关于支票权利的内容均以支票上的文字记载为准,因而付款人的审查义务只是对持票人是否具备形式上的资格进行审查,而对持票人实际上是否是真正的权利人无审查的义务。付款人的审查义务主要有以下三个方面:①审查支票是否具备法定要件;②审查支票的背书是否连续;③审查支票上的签章与出票人在银行预留的印鉴是否相符。

（八）支票适用汇票的有关规定

关于支票的许多制度与汇票相同。我国《票据法》第九十三条规定,支票的背书、付款行为和追索权的行使,除本章规定外,适用本法第二章有关汇票的规定。支票的出票行为,除本章规定外,适用本法第二十四条、第二十六条关于汇票的规定。

【实务建议:企业业务往来中票据法律风险的防范建议】

在律师实务中,我们发现江浙一带最容易出问题的票据主要有两类:一类是商业汇票;一类是银行承兑汇票。这两类票据,往往比较多的是拿到西部的一些银行审核,在浙江贴现,然后通过再贴现,转到西部,最后在西部打官司,其中存在着非常大的风险。

票据民事纠纷的常见类型有:

(1)票据遗失或被盗,后被发现由他人持有或承兑;

(2)正常持有票据后,票据被公示催告或被除权;

（3）票据形式问题，如背书不连续、印章模糊等被拒绝兑付；

（4）票据流转过程中存在过错并因此丧失票据权利。

相关的一些票据违法犯罪行为主要有：票据诈骗罪、金融凭证诈骗罪、非法经营罪等。具体如下所述。

1.票据诈骗罪与金融凭证诈骗罪

《刑法》第一百九十四条规定，有以下情形之一，进行金融票据诈骗活动，数额较大的，处五年以下有期徒刑或者拘役，并处两万元以上二十万元以下罚金；数额巨大或者有其他严重情节的，处五年以上十年以下有期徒刑，并处五万元以上五十万元以下罚金；数额特别巨大或者有其他特别严重情节的，处十年以上有期徒刑或者无期徒刑，并处五万元以上五十万元以下罚金或者没收财产：

（1）明知是伪造、变造的汇票、本票、支票而使用的；

（2）明知是作废的汇票、本票、支票而使用的；

（3）冒用他人的汇票、本票、支票的；

（4）签发空头支票或者与其预留印鉴不符的支票，骗取财物的；

（5）汇票、本票的出票人签发无资金保证的汇票、本票或者在出票时作虚假记载，骗取财物的。

使用伪造、变造的委托收款凭证、汇款凭证、银行存单等其他银行结算凭证的，依照前款的规定处罚。

2.非法经营罪

《刑法》第二百二十五条规定，违反国家规定，有下列非法经营行为之一，扰乱市场秩序，情节严重的，处五年以下有期徒刑或者拘役，并处或者单处违法所得一倍以上五倍以下罚金；情节特别严重的，处五年以上有期徒刑，并处违法所得一倍以上五倍以下罚金或者没收财产：

（1）未经许可经营专营、专卖物品或其他限制买卖的物品；

（2）买卖进出口许可证、进出口原产地证明以及其他法律、行政法规规定的经营许可证或者批准文件；

（3）未经国家有关主管部门批准，非法经营证券、期货或者保险业务的；

（4）从事其他非法经营活动，扰乱市场秩序，情节严重的行为。

针对以上票据违法行为，特提出票据法律风险防范的四点建议。

（1）取得票据时，应当具备真实的交易背景，并应注意审查票据形式上是否完整，印鉴是否清晰，背书是否连续，是否注明"质押"或"不得转让"等字样；

（2）背书转让的，应避免在空白票据上加盖印鉴，在确定被背书人后，应当填写完整被背书人信息，方才加盖己方印鉴；

（3）票据遗失的，应当立即向法院申请公示催告；

（4）票据需要贴现的，应当到正规的银行业金融机构办理。

【思考题】

1.什么是证券？证券具有哪些特征？

2.证券法的基本原则有哪些？

3.发行公司债券的条件有哪些？

4.股份有限公司申请股票上市要符合什么条件？

5.《证券法》规定的内幕信息知情人员包括哪些人？哪些信息属于内幕信息？

6.《证券法》禁止的交易行为有哪些？

7.什么是票据？票据具有哪些特征？我国《票据法》规定的票据种类有哪些？

8.如何理解票据行为的独立性？

9.汇票承兑的法律效力表现在哪些方面？

第九章 税法

【本章概要】本章主要介绍税的概念与特征、税法收法律关系、税的构成要素,税的种类,重点介绍流转税中的增值税的概念及计算、所得税中的个人所得税的计算、税收法律责任等内容。

第一节　税法概述

一、税的概念与特征

(一)税的概念

所谓税或者税收,是指国家为了实现其职能,凭借政治权力,按照法定标准,强制地、无偿地取得财政收入的一种特定的分配形式。税收在我国具有组织财政收入、均衡分配、调节经济、强化监督等作用。它是国家财政收入的主要来源,是正确处理国家与企业、集体、个人分配关系的重要手段,也是国家进行宏观调控的一个重要手段。

(二)税的特征

与其他财政收入相比,税具有以下三个重要特征。

1. 强制性

税的征收是国家凭借其政治权力进行的,由特定的部门执行,无须取得纳税人的同意,且若纳税人不按规定纳税,将引发相应的法律责任甚至产生刑事责任。

2. 无偿性

税的征收是无偿的,纳税人不能对税收讨价还价,也不可要求对其纳税行为进行奖励。

3. 固定性

税的各个要素,包括税种、税率、税目等具有固定性,非经法定机构按照法定程序,不得随意变更。

二、税法的概念

税法是国家制定的调整在税收活动中发生的社会关系的法律规范的总称,是国家向社会组织和个人征税的法律依据,也是国家利用税收杠杆实施宏观调控的法律保障。同其调整对象相适应,税法也具有强制性、无偿性和固定性等特点。

根据法学理论,税法可分为形式意义上的税法和实质意义上的税法,形式意义上的税法是指各种关于税收的专门立法,如《中华人民共和国个人所得税法》及其实施细则、《中华人民共和国税收征收管理法》及其实施细则等。我国的税法包括全国人民代表大会及其常务委员会制定的税收法律、国务院制定的税收法规和财政部、海关总署制定的规章。而实质意义上的税法则是规定国家征税权和纳税人纳税义务的一切法律规范。从内容上划分,税法又可分为税收实体法和税收程序法,税收实体法规定税收的性质、种类以及税收关系中各主体的权利、义务和责任;而税收程序法则规定税收征收和管理的程序以及税收争议的处理。

三、税法制定与实施的原则

为了保障税法的正当性和合理性,保障税法的制定与执行符合社会公众的根本利益,税法的制定与实施应符合一定的原则。概括而言,税法制定与实施的原则主要有以下三个。

(一)税收法定原则

税收法定原则是指税的课赋和征收必须具有正当的法律依据,没有确定的正当的法律依据,国家无权对社会组织和个人征税。税收法定原则包括实体和程序两方面内容,即一方面,税的开征、减免,课税的要素、条件等实体权利、义务的内容必须有明确的法律规定;另一方面,税的征收和管理的程序必须有法可依并且有法必依。

(二)公平原则

公平原则是指所有纳税人的地位一律平等并且公平负担国家税收,禁止任何特权和歧视。税收公平包括横向公平和纵向公平,横向公平是指经济状况、纳税能力相同的同类纳税人,其税负应当相同,而纵向公平则是指经济状况、纳税能力不同的纳税人,在税收负担上应存在差异,应区别对待。

(三)效率原则

效率原则包括两层含义:一是税收要保持中立性,避免影响和干扰纳税人的生产经营和投资决策、储蓄和消费选择;二是国家征税除了使纳税人因纳税而损失或牺牲这笔资金外,最好不要再导致纳税人的其他经济损失,不应再产生额外负担。

四、税法的构成要素

要了解税法的内容,首先要搞清楚税法的构成要素。

(1)征税主体。征税主体是指国家的征税机关,如国家税务局、海关。

(2)纳税主体。纳税主体又称纳税义务人,是税法规定的直接负有纳税义务的社会组织和个人。纳税人按税种分别确定,法人、非法人的社会组织和个人都可以成为我国税法的纳税人。此外,为加强税源管理和简化征税手续,税法还规定了扣缴义务人和纳税代理人。扣缴义务人是指依法负有代扣代缴、代收代缴税款义务的单位和个人,而纳税代理人是指经纳税人、扣缴义务人委托代为缴纳税款的人。

(3)征税客体。征税客体也即征税对象,指的是征纳税主体权利义务所指向的对象,通俗地讲,是指"对什么征税"。征税对象是税法规定的作为征税标的的物、行为和事实。它体现着不同税种的基本界限,因而成为划分税种的依据。

(4)税种。税种即税收的种类,通俗地讲,是指"征的是什么税"。根据征税对象的不同,税种可划分为流转税、(收益)所得税、财产税、行为税和资源税五大类。

（5）税目。税目是指具体的征税项目，是税种的进一步细化。

（6）税率。税率是指应纳税额与征税对象之间的比例。税率是计算税额的法定尺度，同时也是国家进行宏观调控的重要工具。税率体现了税收的深度，是税收制度的核心要素。我国现行税率分为比例税率、累进税率和定额税率等。

（7）纳税环节。纳税环节是指征税对象在生产和流转过程中应交纳税款的环节。按纳税环节的多少，可将税收征收分为一次课征制和多次课征制两种。

（8）纳税期限。按照缴纳税款具体期限的不同，纳税可分为按期纳税和按次纳税。纳税期限包括纳税计算期和税款缴库期。税法规定，纳税人未能按期缴纳税款，从缴库期满后的次日起，按日加收一定比例的滞纳金。

（9）加成征收、税收的减免和豁免。这是根据国家政策，对某些纳税人给予限制、照顾和鼓励的特殊措施。加成征收是指按基本税率确定纳税人的税款后，另外加征一定比例税款的征税方式。而税收减免则是指已成立的纳税义务的部分或全部解除。税收豁免则是国家法律规定的对驻在该国的某些外交人员或进入该国的某些外国人、国际组织及其人员的免税。

税收的减免，涉及以下三个方面的内容。

①起征点。税法规定一个开始征税的界限，征税对象的数额低于该界限的，不征税。

②免征额。免征额是指按一定标准从征税对象中扣除的部分，对剩余部分征税。

③减免税。减免额是指对应纳税额少征一部分税款或者全部免征。

（10）法律责任。法律责任是税法规定的纳税人和征税工作人员违反税收法律规范应承担的法律后果，是对纳税人和征税工作人员违反税法的行为采取的惩罚措施。

（11）税务纠纷的解决。这是对征税过程中所发生的争议的处理程序，具体包括两种：一是行政复议程序，一是行政诉讼程序。

【专栏：我国的累进税率】

累进税率具体可分为全额累进税率、超额累进税率、超率累进税率和超倍累进税率。

全额累进税率：按课税对象数额的大小划分若干等级，并按其达到的等级不同规定不同等级的税率。课税对象的全额达到哪一个等级，即全部按照相应的税率征税。目前，我国已经不采用该种税率。

超额累进税率：将课税对象划分为不同的部分，对不同的部分规定不同的税率，对每个等级分别计算税额。

超率累进税率：按某种比例将课税对象划分为不同的部分，并规定相应的税率。我国的土地增值税就是采用这种税率。

我国目前没有超倍累进税率。

五、税的种类

按征税对象性质的不同，税可分为流转税、所得税、财产税、行为税和资源税。

（1）流转税，即对商品或劳务买卖的流转额所征收的税，包括增值税、消费税、营业税和关税等。

（2）所得税，又称收益税，这是以纳税人的纯收益为征税对象的税，包括企业所得税、个人所得税等。

（3）财产税，即对拥有应纳税财产的人征收的税，包括房产税、契税等。

（4）行为税，即对某些特定行为征收的税，包括固定资产投资方向调节税、印花税、车船使用税、城市维护建设税等。

（5）资源税，即对开发、使用我国资源的单位和个人，就各地的资源结构和开发、销售条件差别所形成的级差收入征收的税，目前包括资源税、耕地占用税、土地增值税、城镇土地使用税等。

按管理和使用权限的不同，税可分为中央税、地方税、中央地方共享税。

（1）中央税，即属于中央财政固定收入的税种。

（2）地方税，即属于地方财政固定收入的税种。

（3）中央地方共享税，即中央财政和地方财政按照一定比例分享收入的税种。

按计税依据的不同，税可分为从价税和从量税。

按税负能否转嫁，税可分为直接税和间接税，如所得税属于直接税，消费税属于间接税。

第二节 税收实体法

一、流转税法

流转税法是指调整以商品流转额或非商品流转额（劳动服务收益额）为征税对象的税收关系的法律、法规的总称。所谓流转额，是指商品流转中商品销售收入额或经营活动中所取得的劳务或业务收入额。流转税法主要包括增值税法、消费税法等。

（一）增值税法

1.增值税的概念

增值税于 1954 年起源于法国，它克服了重复征税的弊端，目前已经成为一个国际性的重要税种，有 100 多个国家和地区采用。

增值税是对在我国境内销售货物，提供加工、修理修配劳务及进口货物的单位和个人，以应税货物和应税劳务的增值额为计税依据征收的一种税。1993 年发布的《中华人民共和国增值税暂行条例》（以下简称《增值税暂行条例》）及其实施细则是我国增值税的主要规范性法律文件。2008 年 11 月 5 日，国务院第 34 次常务会议对该条例进行修订，自 2009 年 1 月 1 日起施行。相应的实施细则也予以修订，并根据 2011 年 10 月 28 日通过的《关于修改〈中华人民共和国增值税暂行条例实施细则〉和〈中华人民共和国营业税暂行条例实施细则〉的决定》再次进行修订。2016 年 1 月 13 日，国务院第 119 次常务会议通过了《关于修改部分行政法规的规定》，对《增值税暂行条例》进行修改，自 2016 年 2 月 6 日起施行。2017 年 10 月 30 日，国务院第 191 次常务会议通过了《关于废止〈中华人民共和国营业税暂行条例〉和修改〈中华人民共和国增值税暂行条例〉的决定》，再次对《增值税暂行条例》进行修改，自 2017 年 11 月 19 日起施行。

2.增值税的征税范围

增值税的征税范围包括：销售或者进口的货物；提供的加工、修理修配劳务。另外，对一些特殊项目和特殊行为也要征收增值税。特殊项目主要有以下几项：①货物期货；②银行销售金银的业务;③典当业销售的死当物品,寄售商店代销的寄售物品的业务;④集邮商品的生产、调拨,以及邮政部门以外的其他单位和个人销售的集邮商品。特殊行为主要有:①视同销售货物行为;②混合销售行为;③兼营非应税劳务行为。

3.增值税的纳税义务人

在中华人民共和国境内销售货物,提供加工、修理修配劳务及进口货物的单位和个人为增值税的纳税义务人,包括单位、个人、外商投资企业和外国企业、承租人和承包人以及扣缴义务人。

4.增值税的税率

从 2018 年 5 月 1 日起,我国将制造业等行业的增值税税率从 17% 降至 16%,将交通运输、建筑、基础电信服务等行业及农产品等货物的增值税税率从 11% 降至 10%。

此外,将工业企业小规模纳税人年销售额标准由 50 万元上调至 500 万元,将商业企业小规模纳税人年销售额标准由 80 万元上调至 500 万元,以统一增值税小规模纳税人标准,并在一定期限内允许已登记为一般纳税人的企业转登记为小规模纳税人。

对装备制造等先进制造业、研发等现代服务业符合条件的企业和电网企业在一定时期内未抵扣完的进项税额予以一次性退还。

增值税税率有四档,分别为 16%、10%、6%、0。销售或进口货物(除部分按 10% 的税率征收的货物外),提供加工、修理、修配劳务,提供有形动产租赁服务,增值税税率为 16%,这一税率就是通常所说的基本税率。提供交通运输、邮政、基础电信、建筑、不动产租赁服务,销售不动产,销售土地使用权,销售粮食、食用植物油,销售自来水、暖气、冷气、热水、煤气、石油液化气、天然气、沼气、居民用煤炭制品,销售图书、报纸、杂志,销售饲料、化肥、农药、农机、农膜、农业产品,销售国务院规定的其他货物,增值税税率为 10%,这一税率就是通常所说的低税率。纳税人出口货物,税率为 0;但是,国务院另有规定的除外。境内单位和个人跨境销售国务院规定范围内的服务、无形资产,税率为 0。除上述税率之外,纳税人提供其他应税行为适用 6% 的增值税税率。

纳税人兼营适用不同税率的货物或者应税劳务的,应当分别核算适用不同税率的货物或者应税劳务的销售额。未分别核算销售额的,从高适用税率。纳税人销售适用不同税率的货物或应税劳务,并兼营应属一并征收增值税的非应税劳务的,其非应税劳务应从高适用税率。

5.增值税征收率

增值税征收率是指特定的货物或特定的纳税人销售的货物、应税劳务在某一生产流通环节应纳税额与销售额的比率。

增值税征收率主要是针对小规模纳税人和一般纳税人适用或者选择采用简易计税方法计税的项目。目前增值税征收率为 3% 与 5%。采用征收率计税的,不得抵扣进项税额。

6.增值税应纳税额的计算

增值税实行价外计征的办法,凭专用发票注明税金抵扣,一般纳税人销售货物或者提供应税劳务,应纳税额为当期销项税额抵扣当期进项税额后的余额。应纳税额的计算公式为应纳税额＝当期销项税额－当期进项税额,不足抵扣的部分可结转下期继续抵扣。小规模纳税人销售货物或者应税劳务,按照 3% 或 5% 的征收率计算应纳税额,不得抵扣进项税额。应纳税额的计算公式为应纳税额＝销售额×征收率。

【例 9-1：增值税应纳税额的简单计算(1)】

某公司 9 月份购进一批货物,对方单位开具一张标明增值税税额为 15 万元的增值税专用发票。该公司当月将这批货物全部销售出去,销售额为 232 万元。

假设该单位为增值税一般纳税人。请计算该公司 9 月份销售该批货物应缴纳的增值税税额。

计算:应纳税额＝当期销项税额－当期进项税额

$$＝232÷(1＋16\%)×16\%－15$$
$$＝17(万元)$$

【例 9-2：增值税应纳税额的简单计算(2)】

某进出口公司 8 月份进口冰箱 100 台,关税完税价格为每台 1000 元,关税税率为 10％;进口摩托车 200 辆,每辆关税完税价格为 1200 元,关税税率为 8％,消费税税率为 10％。请计算该公司增值税应纳税额。

(1)进口冰箱应纳增值税＝1000×100×(1＋10％)×16％＝17600(元)

进口冰箱不纳消费税。

(2)进口摩托车应纳消费税＝200×1200×(1＋8％)÷(1－10％)×10％＝28800(元)

进口摩托车应纳增值税＝200×1200×(1＋8％)÷(1－10％)×16％＝46080(元)

或者:进口摩托车应纳增值税＝[200×1200×(1＋8％)＋消费税]×16％＝46080(元)

(注:增值税与消费税的计税依据是一样的)

【专栏:虚开增值税专用发票等相关问题实务探讨】

增值税的一个最大的特点是具有抵扣制度,涉的相关罪名有虚开增值税专用发票罪、用于骗取出口退税罪、抵扣税款发票罪等。

实务中,具有下列行为之一的,属于虚开增值税专用发票:

(1)没有货物购销或者没有提供或接受应税劳务而为他人、为自己、让他人为自己、介绍他人开具增值税专用发票;

(2)有货物购销或者提供或接受了应税劳务但为他人、为自己、让他人为自己、介绍他人开具数量或者金额不实的增值税专用发票;

(3)进行了实际经营活动,但让他人为自己代开增值税专用发票。

2010 年 3 月 7 日,最高人民检察院、公安部印发的《关于公安机关管辖的刑事案件立案追诉标准的规定(二)》[以下简称追诉标准(二)]第六十一条规定,虚开增值税专用发票,虚开的税额在一万元以上,情节严重的,应立案追诉。

虚开税款数额在一万元以上的或者虚开增值税专用发票致使国家税款被骗取五千元以上的,应当依法定罪处罚,判处三年以下有期徒刑或者拘役,并处两万至二十万元罚金。

税款数额较大或者有其他严重情节的,判处三至十年有期徒刑,并处五万至五十万元罚金。关于数额较大的认定,追诉标准(二)规定的是十万元以上。"有其他严重情节"是指:使国家税款被骗五万元以上的;曾经因为虚开发票受过刑事处罚的;具有其他严重情节的。

数额巨大或者有其他特别严重情节的,判处十年以上有期徒刑或者无期徒刑,并处五万至五十万元罚金或者没收财产。关于数额巨大的认定,追诉标准(二)规定的是五十万元以上。"情节特别严重"是指:使国家税款被骗三十万元以上;虚开数额接近巨大并有其他严重情节;有其他特别严重情节的。

　　数额特别巨大,情节特别严重,给国家利益造成特别重大损失的,判处无期徒刑或者死刑,并处没收财产。关于数额特别巨大的认定,追诉标准(二)规定的是一百万元以上(利用虚开的增值税专用发票实际抵扣税款或者骗取出口退税一百万元以上),造成国家税款损失五十万元以上,并在侦查终结前仍然无法追回的。

　　《中华人民共和国刑法修正案(八)》取消了虚开增值税专用发票罪最高刑为死刑的规定,目前该罪名最高刑为无期徒刑。另外,根据最高人民法院研究室对西藏自治区高级人民法院关于如何适用法发[1996]30号司法解释数额标准问题的电话答复:"西藏自治区高级人民法院:你院《关于如何适用法发[1996]30号司法解释数额标准问题的请示》(藏高法[2014]118号)收悉。经研究,电话答复如下:原则同意你院第二种意见,即为了贯彻罪刑相当原则,对虚开增值税专用发票案件的量刑数额标准,可以不再参照适用1996年最高人民法院发布的《关于适用〈全国人民代表大会常务委员会关于惩治虚开、伪造和非法出售增值税专用发票犯罪的决定〉的若干问题的解释》。在新的司法解释制定前,对于虚开增值税专用发票案件的定罪量刑标准,可以参照最高人民法院《关于审理骗取出口退税刑事案件具体应用法律若干问题的解释》的有关规定执行。"虚开增值税专用发票罪"虚开的税款数额较大或者有其他严重情节""虚开的税款数额巨大或者有其他特别严重情节"应分别参照骗取出口退税罪"数额巨大或者有其他严重情节""数额特别巨大或者有其他特别严重情节"的数额标准执行,即虚开的税款数额较大、数额巨大的标准分别为五十万元、二百五十万元。

　　需进一步说明的是,目前实务中虚开增值税专用发票罪的司法尺度把握不一,部分司法机关仍以传统的"三流一致"(即物流、票流、资金流)标准来判断是否属于"虚开",从而导致许多正常的有货交易行为被错误地认定为虚开增值税专用发票,对社会经济发展造成负面影响,亦不利于为企业家营造健康成长的环境。

　　针对生活中常见的"三流不一致"现象,司法相关应当区分不同情形,在判断是否属于"虚开"时,不仅要作形式审查,更应注重从实质层面把握罪名本质,准确定性。那么,常见的以"挂靠"方式真实销售货物并开具增值税专用发票的行为是否构成虚开增值税专用发票罪?

　　为什么会出现"挂靠"现象呢?我们知道,增值税纳税人可以分为一般纳税人和小规模纳税人,但只有一般纳税人可以开具增值税专用发票,小规模纳税人不能自行开具,只能通过国家税务局申请代开。《税务机关代开增值税专用发票管理办法(试行)》第五条、第六条规定,本办法所称增值税纳税人是指已办理税务登记的小规模纳税人(包括个体经营者)以及国家税务总局确定的其他可予代开增值税专用发票的纳税人;增值税纳税人发生增值税应税行为、需要开具专用发票时,可向其主管税务机关申请代开。

　　所以,小规模纳税人必须要先到国家税务局登记才能申请代开增值税专用发票。同时,由于税务机关代开的发票税率为3%,而在实际经营中,受票方可能需要不同税率的增值税专用发票(常见的是6%～16%)。如果因不具备自行开票的资格而无法向购货方提供合适的专票,则会直接丧失交易机会。在此情况下,迫于经营需要,部分小规模企业会以"挂靠"方式,以被挂靠企业的名义向购货方实际销售货物,由被挂靠企业开具增值税专用发票。

　　此时,就会出现"三流不一致"的情形。对于被挂靠方而言,可能涉嫌为他人虚开增值税专用发票,而对于挂靠方来说,则涉嫌让他人为自己虚开增值税专用发票。

个人认为，挂靠方以被挂靠方名义实际销售货物，由被挂靠方开具增值税专用发票的，不应认定为虚开增值税专用发票罪，原因在于以下三点：

（1）挂靠交易具有普遍性，相关法律没有明确禁止。

（2）挂靠交易开具增值税专用发票不具有行政违法性。

国家税务总局《关于纳税人对外开具增值税专用发票有关问题的公告》（国家税务总局公告 2014 年第 39 号）特别指出，挂靠方以被挂靠方名义，向受票方销售货物、提供增值税应税劳务或者服务，应以被挂靠方为纳税人。被挂靠方作为货物的销售方或者应税劳务、应税服务的提供方，按照相关规定向受票方开具增值税专用发票，不属于虚开。但挂靠方以自己名义向受票方销售货物等应税行为的，属于虚开。

（3）最高人民法院明确规定挂靠交易开具增值税专用发票行为不属于虚开。

最高人民法院研究室《〈关于如何认定以"挂靠"有关公司名义实施经营活动并让有关公司为自己虚开增值税专用发票行为的性质〉征求意见的复函》（法研〔2015〕58 号）（以下简称"挂靠"复函）进一步明确了挂靠方以挂靠形式向受票方实际销售货物，被挂靠方向受票方开具增值税专用发票的，不属于虚开增值税专用发票罪。但需要注意的是，这里的挂靠交易方式应属于追诉标准（二）中所述的第一种挂靠交易方式，以达到与国家税务总局作出的相关规定相一致。"挂靠"复函还进一步指出，行为人利用他人的名义从事经营活动，并以他人名义开具增值税专用发票的，即便行为人与该他人之间不存在挂靠关系，但如行为人进行了实际的经营活动，主观上并无骗取抵扣税款的故意，客观上也未造成国家增值税税款损失的，不宜认定为构成虚开增值税专用发票罪，但符合逃税罪等其他犯罪构成条件的，可以其他犯罪论处。

（二）消费税法

1. 消费税的概念

消费税是对在我国境内从事生产、委托加工和进口的应税消费品的单位和个人，按其应税消费品的销售额和规定税率或应税消费品的数量和规定的单位税额计算征收的一种税。1993 年发布的《中华人民共和国消费税暂行条例》及其实施细则是我国消费税的主要规范性法律文件。2008 年 11 月 5 日，《中华人民共和国消费税暂行条例实施细则》由国务院第 34 次常务会议修订通过，自 2009 年 1 月 1 日起施行。

2. 消费税的纳税主体和征税客体

根据消费税法的规定，在中华人民共和国境内生产、委托加工和进口《中华人民共和国消费税暂行条例》规定的消费品的单位和个人，为消费税的纳税义务人。消费税的征税对象是生产、委托加工和进口的应税消费品的流转额。其征税范围包括在我国境内生产、委托加工和进口的应税消费品，根据财政部、国家税务总局《关于调整消费税政策的通知》（财税〔2014〕93 号），财政部、国家税务总局《关于提高成品油消费税的通知》（财税〔2014〕94 号），财政部、国家税务总局《关于进一步提高成品油消费税的通知》（财税〔2014〕106 号）等有关文件，消费税税目与税率作了一些调整，调整后的消费税具体涉及烟、酒、高档化妆品、贵重首饰及珠宝玉石、鞭炮及焰火、成品油、摩托车、小汽车、高尔夫球及球具、高档手表、游艇、木制一次性筷子、实木地板、铅蓄电池、涂料等 15 类消费品（见表 9-1）。2015 年 12 月 31 日前对铅蓄电池续征消费税。自 2016 年 1 月 1 日起，对铅蓄电池按 4% 的税率征收消费税。

表 9-1 消费税税目税率表（2016 年）

税 目	税 率
一、烟	
1.卷烟	
(1)甲类卷烟〔调拨价 70 元(不含增值税)/条以上(含 70 元/条)〕	56％加 0.003 元/支
(2)乙类卷烟〔调拨价 70 元(不含增值税)/条以下〕	36％加 0.003 元/支
(3)商业批发	11％加 0.005 元/支
2.雪茄烟	36％
3.烟丝	30％
二、酒	
1.白酒	20％加 0.5 元/500 克(或者 500 毫升)
2.黄酒	240 元/吨
3.啤酒	
(1)甲类啤酒	250 元/吨
(2)乙类啤酒	220 元/吨
4.其他酒	10％
三、高档化妆品	15％
四、贵重首饰及珠宝玉石	
1.金银首饰、铂金首饰和钻石及钻石饰品	5％
2.其他贵重首饰和珠宝玉石	10％
五、鞭炮、焰火	15％
六、成品油	
1.汽油	
(1)含铅汽油	1.52 元/升
(2)无铅汽油	1.52 元/升
2.柴油	1.20 元/升
3.航空煤油	1.20 元/升
4.石脑油	1.52 元/升
5.溶剂油	1.52 元/升
6.润滑油	1.52 元/升
7.燃料油	1.20 元/升
七、摩托车	
1.气缸容量(排气量,下同)为 250 毫升的	3％
2.气缸容量在 250 毫升以上的	10％

税　目	税　率
八、小汽车	
1.乘用车	
(1)气缸容量(排气量,下同)在1.0升(含1.0升)以下的	1%
(2)气缸容量为1.0升至1.5升(含1.5升)的	3%
(3)气缸容量为1.5升至2.0升(含2.0升)的	5%
(4)气缸容量为2.0升至2.5升(含2.5升)的	9%
(5)气缸容量为2.5升至3.0升(含3.0升)的	12%
(6)气缸容量为3.0升至4.0升(含4.0升)的	25%
(7)气缸容量在4.0升以上的	40%
2.中轻型商用客车	5%
3.超豪华小汽车	按子税目1和子税目2的规定征收,零售环节税率为10%
九、高尔夫球及球具	10%
十、高档手表	20%
十一、游艇	10%
十二、木制一次性筷子	5%
十三、实木地板	5%
十四、铅蓄电池	4%
十五、涂料	4%

3.消费税的税率及应纳税额的计算

消费税的税率按产品设计,适用比例税率和定额税率两种性质的税率。其中黄酒、啤酒按吨规定定额税率,成品油按升规定定额税率,其他应税产品适用比例税率。税率的高低根据应税消费品的盈利水平而定。实行从价定率办法计算的应纳税额＝销售额×税率,实行从量定额办法计算的应纳税额＝销售数量×单位税额,销售额是纳税人销售应税消费品向购买方收取的全部价款和价外费用,包括消费税但不包括增值税。

自产自用应税消费品,凡是用于连续生产应税消费品的,不纳税;用于其他方面的,应纳税,计算公式为

组成计税价格＝(成本＋利润)÷(1－消费税税率)

应纳税额＝组成计税价格×消费税税率

进口应税消费品的,按照组成计税价格计算纳税,计算公式为

进口消费税应纳税额＝组成计税价格×税率

组成计税价格＝(关税完税价格＋关税)÷(1－消费税税率)

【例9-3:消费税应纳税额的简单计算】

甲公司生产烟丝6000箱,其中3000箱用于连续生产卷烟,其余送给×××(单位或个人)。烟丝成本为800元/箱,成本利润率为5%。请计算应纳消费税税额和增值税销项税额。

计算:组成计税价格＝(成本＋利润)÷(1－税率)

$$＝3000×800×(1＋5\%)÷(1－30\%)＝360(万元)$$

应纳消费税税额＝组成计税价格×税率

$$＝3000×800×(1＋5\%)÷(1－30\%)×30\%＝108(万元)$$

增值税销项税额＝$3000×800×(1＋5\%)÷(1－30\%)×16\%＝57.6(万元)$

二、所得税法

所得税是指以纳税人的所得或收益额为征税对象的一种税,而调整所得税税收关系的法律规范的总称即为所得税法。目前,我国制定的所得税法规主要有《中华人民共和国企业所得税法》《中华人民共和国个人所得税法》等。

(一)企业所得税法

1.企业所得税的概念

企业所得税是对我国境内的企业,就其生产经营所得和其他所得征收的一种税。在中华人民共和国境内,企业和其他取得收入的组织(以下统称企业)为企业所得税的纳税人,依照《中华人民共和国企业所得税法》的规定缴纳企业所得税。个人独资企业、合伙企业不适用《中华人民共和国企业所得税法》。当前企业所得税相关法律法规主要是 2008 年 1 月 1 日起施行的《中华人民共和国企业所得税法》(以下简称《企业所得税法》)与《中华人民共和国企业所得税法实施条例》。

2.企业所得税的纳税主体和征税客体

企业分为居民企业和非居民企业。居民企业是指依法在中国境内成立,或者依照外国(地区)法律成立但实际管理机构在中国境内的企业。非居民企业是指依照外国(地区)法律成立且实际管理机构不在中国境内,但在中国境内设立机构、场所的,或者在中国境内未设立机构、场所,但有来源于中国境内的所得的企业。居民企业应当就其来源于中国境内、境外的所得缴纳企业所得税。非居民企业在中国境内设立机构、场所的,应当就其所设机构、场所的来源于中国境内的所得,以及发生在中国境外但与其所设机构、场所有实际联系的所得,缴纳企业所得税。非居民企业在中国境内未设立机构、场所的,或者虽设立机构、场所但所得与其所设机构、场所没有实际联系的,应当就其来源于中国境内的所得缴纳企业所得税。

3.企业所得税的税率

企业所得税的税率为 25%。

非居民企业取得《企业所得税法》规定的所得,适用税率为 20%。

符合条件的小型微利企业,减按 20% 的税率征收企业所得税。

国家需要重点扶持的高新技术企业,减按 15% 的税率征收企业所得税。

4.应纳税所得额的计算

应纳税所得额是指纳税人每一纳税年度的收入总额减去准予扣除项目金额后的余额。它是计算所得税税额的依据,其计算公式为

应纳税所得额＝收入总额－准予扣除项目金额

收入总额包括生产经营收入、财产转让收入、利息收入、租赁收入、特许权使用费收入、股息收入和其他收入等。企业每一纳税年度的收入总额,减除不征税收入、免税收入、各项扣除以及允许弥补以前年度亏损后的余额,为应纳税所得额。企业实际发生的与取得收入有关的、合理的支出,包括成本、费用、税金、损失和其他支出,准予在计算应纳税所得额时扣除。

企业发生的公益性捐赠支出，在年度利润总额 12% 以内的部分，准予在计算应纳税所得额时扣除。

（二）个人所得税法

《中华人民共和国个人所得税法》（以下简称《个人所得税法》）自 1980 年颁布以来，历经七次修正，最近一次修正于 2018 年 6 月 19 日提请全国人大常委会审议，并于 2018 年 8 月 31 日由第十三届全国人民代表大会常务委员会第五次会议通过。这次修正涉及四个方面内容：起征点（实为基本减除费用标准，准确应称为免征额，由 3500 元提高到 5000 元）、综合征税、专项附加扣除和税率结构。其中，综合征税是将之前分类征收中的工资、薪金所得，劳务报酬所得，稿酬所得和特许权使用费所得等四项合并。对于有多处收入来源的群体来说，由于将多项收入合并，并且采用累进税率征收，这部分群体的税负可能是增加的。专项附加扣除在原来的基本费用扣除基础上，新增了子女教育、继续教育、大病医疗、住房贷款利息、住房租金和赡养老人等六项内容，照顾了中产阶层。税率结构调整，特别是扩大低税率的级距，降低了那些依然要纳税的群体的综合负担，对于月应纳税所得额在 3.5 万元以下的群体来说都是利好。

本次修正中，专项附加扣除的标准可以因城而异。众所周知，一线城市的教育支出、大病医疗支出以及住房支出都相对更多。未来的专项附加扣除，只要不是全国统一额度标准，不同城市就会根据实际的支出标准有所差异。以住房贷款利息为例，允许全额扣除的话，肯定能够缓解一线城市居民的生活压力；即使是采用一定的面积扣除标准，也能够体现出城市之间的生活成本的差异。

这次修正体现了家庭差异。此前的个税主要锚定收入端的差异，即收入越多缴税越多，忽视了支出端的差异。此次修正，将家庭的实际固定支出也纳入抵扣，这样的纳税基础，是将收入扣除社保费用、扣除 5000 元基本费用、再扣除三大类固定支出之后剩余的部分作为个税的征收对象。因此，一些高收入、高负担的家庭，也会因此项改革而获益，从而增加家庭的实际可支配收入。

此次修正还体现了个体差异。此前的个税是按照 11 类收入来源采取分类征收的模式征收的，不同收入来源的个税是分割的。这意味着两个总收入完全相同的个人，也会因为收入来源结构的不同，而承担不同个税负担。例如两人总收入均是 5 万元，一人的收入全部来自工资、薪金，另一个人的收入中有一部分来自劳务所得，前者的个税负担就会大于后者。反过来的情况同样成立，如果两人扣除社保后的总收入在 5000 元左右，则劳务所得的构成反而会增加税负。此次修正将工资、薪金所得，劳务报酬所得，稿酬所得，特许权使用费所得等四项劳动性所得统一并入工资、薪金的七级累进税率，在很大程度上体现出个税的累进性。其中，受影响较大的是在多处取得收入的群体。

这次修正产生的影响是：首先，个税纳税人数将大幅度减少。事实上，中国的个税纳税人数很少，2015 年的个税纳税人数大概是 3000 万人，考虑到近年来的通胀和征管双重因素，个税纳税人数应该在 5000 万人左右。这次的免征额上升 1500 元，提高到 5000 元，纳税人数下降应该非常明显。2011 年将个税起征点由 2000 元提高到 3500 元时，当时纳税人数就从 8400 万人下降到了 2400 万人。① 其次,个税的从属地位进一步弱化。在我国的所有税种中,个税排在增值税和企业所得税之后,其重要性程度相对较高。但是个税在全部税收收入中的占比是相对较低的,2017 年个税仅占全部税收收入的 8％②,个税减少对总体的税收收入的影响也就相对较小。预计这次调整后个税在全部税收收入中的占比将由 8％下降到 5％左右。如果这些得到印证的话,个税将成为和城建税、契税一样的小税种。再次,地区税收贡献差异进一步凸显。在现有的个税征收体系中,不同省份的差异非常明显。目前,上海、北京、江苏、广东的个税收入占全国个税总收入的一半以上,此次个税改革,会进一步拉大这种地区差异。试想一下,如果未来的个税收入主要来自少数几个省市,这种地区上的"极化"也会有损于个税的公平性。

1. 个人所得税的纳税主体

个人所得税是对在我国境内的个人所得和来源于我国的个人所得征收的一种税。根据《个人所得税法》第一条的规定,在中国境内有住所,或者无住所而一个纳税年度内在中国境内居住累计满 183 天的个人,为居民个人。居民个人从中国境内和境外取得的所得,依照本法规定缴纳个人所得税。

在中国境内无住所又不居住,或者无住所而一个纳税年度内在中国境内居住累计不满 183 天的个人,为非居民个人。非居民个人从中国境内取得的所得,依照本法规定缴纳个人所得税。

纳税年度,自公历 1 月 1 日起至 12 月 31 日止。

2. 个人所得说的征税客体

根据《个人所得税法》第二条的规定,以下各项个人所得,应当缴纳个人所得税:①工资、薪金所得;②劳务报酬所得;③稿酬所得;④特许权使用费所得;⑤经营所得;⑥利息、股息、红利所得;⑦财产租赁所得;⑧财产转让所得;⑨偶然所得。

居民个人取得第①项至第④项所得(以下简称综合所得),按纳税年度合并计算个人所得税;非居民个人取得第①项至第④项所得,按月或者按次分项计算个人所得税。纳税人取得第⑤项至第⑨项所得,依照本法规定分别计算个人所得税。

3. 个人所得税的税率

2018 年这次《个人所得税法》的修正,综合所得税税率以现行工资、薪金所得税率(3％至 45％的七级超额累进税率)为基础,将按月计算应纳税所得额调整为按年计算,并优化调整部分税率的级距。具体是:扩大 3％、10％、20％三档低税率的级距。3％税率的级距扩大一倍,现行税率为 10％的部分所得的税率降为 3％;大幅扩大 10％税率的级距,现行税率为 20％的所得以及现行税率为 25％的部分所得的税率降为 10％;现行税率为 25％的部分所得的税率降为 20％;相应缩小 25％税率的级距;30％、35％、45％这三档较高税率的级距保持不变。

此外,以现行个体工商户的生产、经营所得和对企事业单位的承包经营、承租经营所得

---

① 目前缴纳个税人数已达 1.87 亿　税改后将降至 6400 万[EB/OL]. (2018-09-06)[2018-10-10]. http://finance. sina. com. cn/china/gncj/2018-09-06/doc-ihitesuz1084971. shtml.

② 2017 年 8 月全国个人所得税分析:个税收入占比上涨至 8.1％[EB/OL]. (2017-09-14)[2018-10-10]. http://www. askci. com/news/finance/20170914/141238107714. shtml.

税率为基础,保持 5% 至 35% 的五级经营所得税税率不变,适当调整各档税率的级距,其中最高档税率级距下限从 10 万元提高至 50 万元。

修正之后的个人所得税税率如表 9-2、表 9-3 所示。

表 9-2　个人所得税税率表一（综合所得适用）

级　数	全年应纳税所得额	税　率
1	不超过 36000 元的	3%
2	超过 36000 元至 144000 元的部分	10%
3	超过 144000 元至 300000 元的部分	20%
4	超过 300000 元至 420000 元的部分	25%
5	超过 420000 元至 660000 元的部分	30%
6	超过 660000 元至 960000 元的部分	35%
7	超过 960000 元的部分	45%

注:①本表所称全年应纳税所得额是指依照《个人所得税法》第六条的规定,居民个人取得综合所得以每一纳税年度收入额减除费用 6 万元以及专项扣除、专项附加扣除和依法确定的其他扣除后的余额。

②非居民个人取得工资、薪金所得,劳务报酬所得,稿酬所得和特许权使用费所得,依照本表按月换算后计算应纳税额。

表 9-3　个人所得税税率表二（经营所得适用）

级　数	全年应纳税所得额	税　率
1	不超过 30000 元的	5%
2	超过 30000 元至 90000 元的部分	10%
3	超过 90000 元至 300000 元的部分	20%
4	超过 300000 元至 500000 元的部分	30%
5	超过 500000 元的部分	35%

注:本表所称全年应纳税所得额是指依照《个人所得税法》第六条的规定,以每一纳税年度的收入总额减除成本、费用以及损失后的余额。

利息、股息、红利所得,财产租赁所得,财产转让所得和偶然所得适用比例税率,税率为 20%。

4.个人所得税的减免

(1)以下各项减征个人所得税:①残疾、孤老人员和烈属的所得;②因严重自然灾害造成重大损失的。国务院可以规定其他减税情形,报全国人民代表大会常务委员会备案。

(2)以下各项免征个人所得税:①省级人民政府、国务院部委和中国人民解放军军以上单位,以及外国组织、国际组织颁发的科学、教育、技术、文化、卫生、体育、环境保护等方面的奖金;②国债和国家发行的金融债券利息;③按照国家统一规定的补贴、津贴;④福利费、抚恤金、救济金;⑤保险赔款;⑥军人的转业费、复员费;⑦按照国家统一规定发给干部、职工的安家费、退职费、退休工资、离休工资、离休生活补助;⑧依照我国有关法律规定应免税的各国驻华使馆、领事馆的外交代表、领事官员和其他人员的所得;⑨中国政府参加的国际公约、签订的协议中规定免税的所得;⑩经国务院财政部批准免税的所得。

另外,按照财政部、国家税务总局、民政部《关于公益性捐赠税前扣除有关问题的通知》(财税〔2008〕160 号)的规定,企业和个人可以享受税前扣除的捐赠支出必须是《中华人民共和国公益事业捐赠法》中规定的公益事业捐赠支出。具体捐赠范围包括:救助灾害、救济贫困、扶助残疾人等困难的社会群体和个人的活动,教育、科学、文化、卫生、体育事业,环境保护、社会公共设施建设,促进社会发展和进步的其他社会公共和福利事业。企业和个人发生的上述范围之外的捐赠支出均不属于公益性捐赠支出,不能享受公益性捐赠支出相应的优惠政策。个人和企业对上述公益事业的捐赠在所得税前扣除时有限额标准,其中,企业为年度利润总额12%以内的部分,个人为应纳税所得额30%以内的部分。

5.个人应纳所得税额的计算

根据《个人所得税法》第六条的规定,个人应纳所得税额的计算,应按照以下规定。

(1)居民个人的综合所得,以每一纳税年度的收入额减除费用6万元以及专项扣除、专项附加扣除和依法确定的其他扣除后的余额,为应纳税所得额。

(2)非居民个人的工资、薪金所得,以每月收入额减除费用5000元后的余额为应纳税所得额;劳务报酬所得、稿酬所得、特许权使用费所得,以每次收入额为应纳税所得额。

(3)经营所得,以每一纳税年度的收入总额减除成本、费用以及损失后的余额为应纳税所得额。

(4)财产租赁所得,每次收入不超过4000元的,减除费用800元;4000元以上的,减除20%的费用,其余额为应纳税所得额。

(5)财产转让所得,以转让财产的收入额减除财产原值和合理费用后的余额为应纳税所得额。

(6)利息、股息、红利所得和偶然所得,以每次收入额为应纳税所得额。劳务报酬所得、稿酬所得、特许权使用费所得以收入减除20%的费用后的余额为收入额。稿酬所得的收入额,在减除20%以后,再减按70%计算。

个人将其所得对教育、扶贫、济困等公益慈善事业进行捐赠,捐赠额未超过纳税人申报的应纳税所得额30%的部分,可以从其应纳税所得额中扣除;国务院规定对公益慈善事业捐赠实行全额税前扣除的,从其规定。《个人所得税法》第六条第一款第(一)项规定的专项扣除包括居民个人按照国家规定的范围和标准缴纳的基本养老保险、基本医疗保险、失业保险等社会保险费和住房公积金等;专项附加扣除包括子女教育、继续教育、大病医疗、住房贷款利息或者住房租金、赡养老人等支出,具体范围、标准和实施步骤由国务院确定,并报全国人民代表大会常务委员会备案。

居民个人从中国境外取得的收入,可以从其应纳税额中抵免已在境外缴纳的个人所得税税额,但抵免额不得超过该纳税人境外所得依照《个人所得税法》规定计算的应纳税额。

【例9-4:请计算以下个人所得税应纳税额】

2019年1月,徐老师取得工资10000元,劳务报酬所得2000元,稿酬所得5000元,个人负担"三险一金"4000元,专项附加扣除3000元,请计算徐老师需要缴纳的个人所得税。

【例9-4】分析

三、财产税法

(一)财产税概述

财产税是指以国家规定的纳税人的某些特定财产数量或价值额为征税对象的一类税,

如城市房地产税、遗产税和契税等。我国现行财产税法主要有《中华人民共和国房地产税暂行条例》和《中华人民共和国契税暂行条例》。

(二)财产税的特征

财产税是以财产为征税对象，并由对财产进行占有、使用或取得收益的主体缴纳的一类税。财产税的征税对象是财产。财产在广义上包括自然资源以及人类创造的各种物质财富和非物质财富。但作为财产税征税对象的财产并不是广义上的全部财产，而只能是某些特定的财产。同其他税种相比，财产税主要具有以下几个特点。

(1)征税对象是财产。

(2)属于直接税，税负不易转嫁。财产税由对财产进行占有、使用或取得收益的主体直接承担，并且，由于财产税主要是对使用、消费过程中的财产征收，而不是对生产、流通领域的财产征收，因而其税负很难转嫁。

(3)计税依据是占有、用益的财产额。

(4)财产税是辅助性税种。尽管财产税的历史十分悠久，但由于各国以商品税、所得税为主体税种，因而财产税在各国税制体系中多为辅助性税种，不占据重要地位，多被划为地方税，从而成为地方财政收入的主要来源。

四、行为税法

行为税是指以纳税人的特定行为或事实为征税对象的一类税，如印花税、固定资产投资方向调节税、车船使用税等。我国现行的行为税法规主要有《中华人民共和国印花税暂行条例》《中华人民共和国固定资产投资方向调节税暂行条例》《中华人民共和国车船税暂行条例》等。

五、资源税法

资源税是指以纳税人在我国境内开发、利用自然资源所形成的级差收入为征税对象的一类税，如土地使用税、矿产资源税、耕地占用税等。

资源税的纳税人是从事应税资源开采或生产而进行销售或自用的所有单位和个人。"单位"包括国有企业、集体企业、私有企业、股份企业、外商投资企业、外国企业；"个人"是指个体经营者和其他个人。

第三节　税收程序法

税收程序法是指规定国家税务机关进行征税管理和纳税人纳税程序方面的法律、法规的总称，其主要内容包括税务登记、纳税鉴定、纳税申报、账务和票证管理、税务检查等。我国现行的税收程序法主要有《中华人民共和国税收征收管理法》(以下简称《税收征管法》)、《中华人民共和国税收征收管理法实施细则》《中华人民共和国发票管理办法》《中华人民共和国发票管理办法实施细则》《中华人民共和国税务登记管理办法》等。

税收征收管理是指税务机关依据税法规定进行的有关税务登记、账簿和凭证管理、纳税申报、税款征收、税务检查等活动。它是国家行使征税权力，指导、监督纳税人正确履行纳税义务，对日常税收活动进行组织、管理、监督、检查的基本措施。

一、税务登记制度

税务登记，又称纳税登记，是纳税人在开业、变更、歇业时，在指定的期限内向所在地税务机关办理书面登记的一种制度。

根据《税收征管法》的规定，从事生产、经营的纳税人，自领取营业执照之日起三十日内，应持有关证件，向税务机关申报办理税务登记。税务机关审核后发给税务登记证件。税务登记内容发生变化的，应自有关部门批准或宣告之日起三十日内，持有关证件向税务机关办理变更登记、重新登记或注销登记。纳税人按照国务院税务主管部门的规定使用税务登记证件。税务登记证件不得转借、涂改、损毁、买卖或者伪造。

从事生产、经营的纳税人应当按照国家有关规定，持税务登记证件，在银行或者其他金融机构开立基本存款账户和其他存款账户，并将其全部账号向税务机关报告。银行和其他金融机构应当在从事生产、经营的纳税人的账户中登录税务登记证件号码，并在税务登记证件中登录从事生产、经营的纳税人的账户账号。税务机关依法查询从事生产、经营的纳税人开立账户的情况时，有关银行和其他金融机构应当予以协助。

二、账簿、凭证管理制度

账簿、凭证管理制度是税务机关对纳税人的账簿、记账凭证进行监督管理的制度。纳税人、扣缴义务人必须按照国家财务会计法规和税务机关的要求，建立健全财务会计制度，配备人员办理纳税事项，并按规定保存账簿、记账凭证、缴款书、完税凭证等纳税资料。发票由税务机关统一印制和管理，未经县级和县级以上的税务机关批准，任何单位、个人不得自行印制、出售或承印发票。

三、纳税申报制度

纳税申报制度是指纳税人、扣缴义务人根据税法的规定主动、及时、真实地向税务机关填报纳税报表及有关资料的一项制度。纳税申报是纳税人、扣缴义务人必须履行的义务，除非有正当理由并经税务机关核准可以延期申报，纳税申报必须在法定申报期限内进行，否则税务机关可对其课以罚款。

纳税申报的内容主要包括税种、税目、税率、计税依据和应纳税额等。纳税人在提交纳税申报表的同时，还应报送财务、会计报表和其他资料，扣缴义务人则必须报送代扣代缴、代收代缴税款报告表以及税务机关根据实际需要要求扣缴义务人报送的其他有关资料。纳税人、扣缴义务人应如实填报申报表并提供相关证件和材料，否则要承担相应的法律责任。

四、税款征收制度

税款征收制度是指税务机关按照税法的规定将应纳的税款及时、足额地收缴入库的制度。税务机关应依照法律、法规的规定征收税款，不得违反规定开征、停征、多征、少征、提前征收、延缓征收或者摊派税款。

除税务机关、税务人员以及经税务机关依照法律、行政法规委托的单位和人员外，任何单位和个人不得进行税款征收活动。扣缴义务人依照法律、行政法规的规定履行代扣、代收税款的义务。对法律、行政法规没有规定负有代扣、代收税款义务的单位和个人，税务机关不得要求其履行代扣、代收税款义务。扣缴义务人依法履行代扣、代收税款义务时，纳税人不得拒绝。纳税人拒绝的，扣缴义务人应当及时报告税务机关处理。

税款征收的法定方法主要有查账征收、查定征收、查验征收、定期定额征收以及代征、代扣、代缴等。为保证税款的及时、足额征收，《税收征管法》还规定了滞纳金、税收担保制度、税收保全制度和强制执行制度等。

（一）滞纳金

纳税人、扣缴义务人按照法律、行政法规的规定或者税务机关依照法律、行政法规的规定确定的期限缴纳或者解缴税款。税款缴纳期满，纳税人、扣缴义务人未能履行或未能完全履行缴纳和解缴税款义务时，税务机关有权责令其限期缴纳，并从滞纳税款之日起，按日加收滞纳税款的万分之五的滞纳金。

（二）税收保全措施

税务机关有证据认为纳税人有逃税行为的，可以在纳税期满前，责令纳税人限期缴纳应纳税款。如果发现纳税人有明显的转移、隐匿应纳税财产或收入的，税务机关可责令其提供纳税担保。不提供或不能提供担保的，经县以上税务局（分局）局长批准，税务机关可以采取下列税收保全措施。

（1）书面通知纳税人开户银行或者其他金融机构冻结纳税人的金额相当于应纳税款的存款；

（2）扣押、查封纳税人的价值相当于应纳税款的商品、货物或者其他财产。

限期期满仍未缴纳税款的，经县以上税务局（分局）局长批准，税务机关可以书面通知纳税人开户银行或者其他金融机构从其冻结的存款中扣缴税款，或者依法拍卖、变卖所扣押、查封的商品、货物或者其他财产，以拍卖、变卖所得抵缴税款。纳税人在限期内已缴纳税款的，税务机关未立即解除税收保全措施，使纳税人的合法利益遭受损失的，税务机关应当承担赔偿责任。个人及其所扶养家属维持生活必需的住房和用品，不在实施税收保全措施的范围之内。

（三）税款的强制征收

税款的强制征收是税务机关依照法定程序，用强制性方法使纳税人履行纳税义务，保证税收实现的行政措施，一般包括以下几种措施。

（1）书面通知其开户银行或其他金融机构从其存款中扣缴；

（2）扣押、查封、拍卖其价值相当于应纳税款的财产，以拍卖所得抵缴税款；

（3）对欠缴税款的纳税人在出境前未按照规定结清应纳税款或提供纳税担保的，税务机关可通知出入境机关阻止其出境，即所谓的"离境清税"。

从事生产、经营的纳税人、扣缴义务人未在规定的期限内缴纳或者解缴税款，纳税担保人未在规定的期限内缴纳所担保的税款的，由税务机关责令限期缴纳，逾期仍未缴纳的，经县以上税务局（分局）局长批准，税务机关可以采取上述强制执行措施。税务机关采取强制执行措施时，同时对纳税人、扣缴义务人、纳税担保人未缴纳的滞纳金强制执行。个人及其所扶养家属维持生活必需的住房和用品，不在强制执行措施的范围之内。

五、税务检查制度

税务检查制度是税务机关以国家税收政策、税收法规和征管制度为依据,对纳税人履行纳税义务和代征人履行代征、代扣、代缴义务的情况进行监督和检查的制度。税务机关有权进行下列税务检查。

(1)检查纳税人的账簿、记账凭证、报表和有关资料,检查扣缴义务人代扣代缴、代收代缴税款的账簿、记账凭证和有关资料。

(2)到纳税人的生产、经营场所和货物存放地检查纳税人应纳税的商品、货物或者其他财产,检查扣缴义务人与代扣代缴、代收代缴税款有关的经营情况。

(3)责成纳税人、扣缴义务人提供与纳税或者代扣代缴、代收代缴税款有关的文件、证明材料和有关资料。

(4)询问纳税人、扣缴义务人与纳税或者代扣代缴、代收代缴税款有关的问题和情况。

(5)到车站、码头、机场、邮政企业及其分支机构检查纳税人托运、邮寄应纳税商品、货物或者其他财产的有关单据、凭证和有关资料。

(6)经县以上税务局(分局)局长批准,凭全国统一格式的检查存款账户许可证明,查询从事生产、经营的纳税人、扣缴义务人在银行或者其他金融机构的存款账户。税务机关在调查税收违法案件时,经设区的市、自治州以上税务局(分局)局长批准,可以查询案件涉嫌人员的储蓄存款。税务机关查询所获得的资料,不得用于税收以外的用途。

纳税人和扣缴义务人必须接受税务机关依法进行的税务检查,如实报告情况和提供有关资料,并为检查提供方便,不得隐瞒、阻挠和刁难,有关单位和部门应予支持、协助。税务机关依法进行税务检查时,有权向有关单位和个人调查纳税人、扣缴义务人和其他当事人与纳税或者代扣代缴、代收代缴税款有关的情况,有关单位和个人有义务向税务机关如实提供有关资料及证明材料。税务机关调查税务违法案件时,对与案件有关的情况和资料,可以记录、录音、录像、照相和复制。

税务机关派出的人员进行税务检查时,应当出示税务检查证和税务检查通知书,并有责任为被检查人保守秘密;未出示税务检查证和税务检查通知书的,被检查人有权拒绝检查。

第四节　违反税法的法律责任

一、违反税法的法律责任概述

违反税法的法律责任包括民事责任、行政责任和刑事责任,主要有以下形式:限期缴纳、加收滞纳金、罚款、行政处分,情节严重,构成犯罪的,依法追究刑事责任。行政处分主要是针对违反税法的税务机关或有关机关的工作人员。

二、纳税人、扣缴义务人违反税法的法律责任

(一)纳税人、扣缴义务人违反税务登记规定的法律责任

纳税人有下列行为之一的,由税务机关责令限期改正,可以处两千元以下的罚款;情节

严重的，处两千元以上一万元以下的罚款。

（1）未按照规定的期限申报办理税务登记、变更或者注销登记的；

（2）未按照规定设置、保管账簿或者保管记账凭证和有关资料的；

（3）未按照规定将财务、会计制度或者财务、会计处理办法和会计核算软件报送税务机关备查的；

（4）未按照规定将其全部银行账号向税务机关报告的；

（5）未按照规定安装、使用税控装置，或者损毁或者擅自改动税控装置的。

纳税人不办理税务登记的，由税务机关责令限期改正；逾期不改正的，经税务机关提请，由工商行政管理机关吊销其营业执照。纳税人未按照规定使用税务登记证件，或者转借、涂改、损毁、买卖、伪造税务登记证件的，处两千元以上一万元以下的罚款；情节严重的，处一万元以上五万元以下的罚款。

扣缴义务人未按照规定设置、保管代扣代缴、代收代缴税款账簿或者保管代扣代缴、代收代缴税款记账凭证及有关资料的，由税务机关责令限期改正，可以处两千元以下的罚款；情节严重的，处两千元以上五千元以下的罚款。

（二）纳税人违反纳税申报规定的法律责任

纳税人未按照规定的期限办理纳税申报和报送纳税资料的，或者扣缴义务人未按照规定的期限向税务机关报送代扣代缴、代收代缴税款报告表和有关资料的，由税务机关责令限期改正，可以处两千元以下的罚款；情节严重的，可以处两千元以上一万元以下的罚款。

（三）纳税人、扣缴义务人偷税行为的法律责任

纳税人伪造、变造、隐匿、擅自销毁账簿、记账凭证，或者在账簿上多列支出或者不列、少列收入，或者经税务机关通知申报而拒不申报或者进行虚假的纳税申报，不缴或者少缴应纳税款的，是偷税。纳税人偷税的，由税务机关追缴其不缴或者少缴的税款、滞纳金，并处不缴或者少缴的税款百分之五十以上五倍以下的罚款；构成犯罪的，依法追究刑事责任。

扣缴义务人采取上述手段，不缴或者少缴已扣、已收税款，由税务机关追缴其不缴或者少缴的税款、滞纳金，并处不缴或者少缴的税款百分之五十以上五以下的罚款；构成犯罪的，依法追究刑事责任。

（四）纳税人编造计税依据、违规欠税行为的法律责任

（1）纳税人、扣缴义务人编造虚假计税依据的，由税务机关责令限期改正，并处五万元以下的罚款。

（2）纳税人不进行纳税申报，不缴或者少缴应纳税款的，由税务机关追缴其不缴或者少缴的税款、滞纳金，并处不缴或者少缴的税款百分之五十以上五倍以下的罚款。

（3）纳税人、扣缴义务人在规定期限内不缴或者少缴应纳或者应解缴的税款，经税务机关责令限期缴纳，逾期仍未缴纳的，税务机关可以处不缴或者少缴的税款百分之五十以上五倍以下的罚款。

（4）纳税人欠缴应纳税款，采取转移或者隐匿财产的手段，妨碍税务机关追缴欠缴的税款的，由税务机关追缴欠缴的税款、滞纳金，并处欠缴税款百分之五十以上五倍以下的罚款；构成犯罪的，依法追究刑事责任。

（5）扣缴义务人应扣未扣、应收而不收税款的，由税务机关向纳税人追缴税款，对扣缴义务人处应扣未扣、应收未收税款百分之五十以上三倍以下的罚款。

（五）纳税人骗税行为的法律责任

以假报出口或者其他欺骗手段骗取国家出口退税款的，由税务机关追缴其骗取的退税款，并处骗取税款一倍以上五倍以下的罚款；构成犯罪的，依法追究刑事责任。

（六）纳税人抗税行为的法律责任

以暴力、威胁方法拒不缴纳税款的，是抗税，除由税务机关追缴其拒缴的税款、滞纳金外，依法追究刑事责任。情节轻微，未构成犯罪的，由税务机关追缴其拒缴的税款、滞纳金，并处拒缴税款一倍以上五倍以下的罚款。

（七）纳税人、扣缴义务人违反税务检查规定的法律责任

纳税人、扣缴义务人逃避、拒绝或者以其他方式阻挠税务机关检查的，由税务机关责令改正，可以处一万元以下的罚款；情节严重的，处一万元以上五万元以下的罚款。

三、税务机关和税务人员违反税法的法律责任

（一）税务机关违反税法的法律责任

税务机关违反规定擅自改变税收征收管理范围和税款入库预算级次的，责令限期改正，对直接负责的主管人员和其他直接责任人员依法给予降级或者撤职的行政处分。

违反法律、行政法规的规定提前征收、延缓征收或者摊派税款的，由其上级机关或者行政监察机关责令改正，对直接负责的主管人员和其他直接责任人员依法给予行政处分。

违反法律、行政法规的规定，擅自作出税收的开征、停征或者减税、免税、退税、补税以及其他同税收法律、行政法规相抵触的决定的，撤销其擅自作出的决定，并补征应征未征税款，退还不应征收而征收的税款，并由上级机关追究直接负责的主管人员和其他直接责任人员的行政责任；构成犯罪的，依法追究刑事责任。

未按照《税收征管法》的规定为纳税人、扣缴义务人、检举人保密的，对直接负责的主管人员和其他直接责任人员，由所在单位或者有关单位依法给予行政处分。

税务人员在征收税款或者查处税收违法案件时，未按照规定进行回避的，对直接负责的主管人员和其他直接责任人员依法给予行政处分。

税务机关、税务人员查封、扣押纳税人个人及其所扶养家属维持生活必需的住房和用品的，责令退还，依法给予行政处分；构成犯罪的，依法追究刑事责任。

（二）税务人员违反税法的法律责任

税务人员徇私舞弊，对依法应当移交司法机关追究刑事责任的不移交，情节严重的，依法追究刑事责任。

税务人员与纳税人、扣缴义务人勾结，唆使或者协助纳税人、扣缴义务人采取偷税、骗税、抗税等行为，构成犯罪的，依法追究刑事责任；尚不构成犯罪的，依法给予行政处分。

税务人员利用职务上的便利，收受或者索取纳税人、扣缴义务人财物或者谋取其他不正当利益，构成犯罪的，依法追究刑事责任；尚不构成犯罪的，依法给予行政处分。

税务人员徇私舞弊或者玩忽职守，不征或者少征应征税款，致使国家税收遭受重大损失，构成犯罪的，依法追究刑事责任；尚不构成犯罪的，依法给予行政处分。

税务人员滥用职权，故意刁难纳税人、扣缴义务人的，调离税收工作岗位，并依法给予行政处分。

税务人员对控告、检举税收违法违纪行为的纳税人、扣缴义务人以及其他检举人进行打击报复的，依法给予行政处分；构成犯罪的，依法追究刑事责任。

税务人员违反法律、行政法规的规定，故意高估或者低估农业税计税产量，致使多征或者少征税款，侵犯农民合法权益或者损害国家利益，构成犯罪的，依法追究刑事责任；尚不构成犯罪的，依法给予行政处分。

四、其他主体违反税法的法律责任

（一）违反发票管理规定的法律责任

违反《税收征管法》的规定，非法印制发票的，由税务机关销毁非法印制的发票，没收违法所得和作案工具，并处一万元以上五万元以下的罚款；构成犯罪的，依法追究刑事责任。

（二）银行或金融机关违反税法的法律责任

纳税人、扣缴义务人的开户银行或者其他金融机构拒绝接受税务机关依法检查纳税人、扣缴义务人存款账户，或者拒绝执行税务机关作出的冻结存款或者扣缴税款的决定，或者在接到税务机关的书面通知后帮助纳税人、扣缴义务人转移存款，造成税款流失的，由税务机关处十万元以上五十万元以下的罚款，对直接负责的主管人员和其他直接责任人员处一千元以上一万元以下的罚款。

（三）其他

未经税务机关依法委托征收税款的，责令退还收取的财物，依法给予行政处分或者行政处罚；致使他人合法权益受到损失的，依法承担赔偿责任；构成犯罪的，依法追究刑事责任。

【思考题】

1.什么是税？税有哪些特征？

2.简述我国税的种类。

3.什么是增值税？增值税的征税范围是什么？

4.简述我国个人所得税的征税对象。

第十章 劳动法

本章导读

【本章概要】本章以《中华人民共和国劳动法》《中华人民共和国劳动合同法》以及相关的司法解释为基础,主要介绍劳动法律关系主体,劳动合同的订立、履行、变更以及解除,违反劳动合同的责任,集体合同,劳务派遣,工作时间与工资,劳动者的权利保障,劳动争议的处理等问题。

第一节 劳动法概述

一、劳动法的历史

从国际视野来看劳动法的历史,大体上可以将其分为三个阶段:①资本主义初期;②资本主义自由竞争时期;③近现代社会。这里并未将原始社会、奴隶社会和封建社会纳入其中,是因为原始社会中每个人都是为自己劳动的,即每个人既是劳动力所有者又是生产资料所有者,根据劳动关系的重要特征——两权分离来说,此时并不存在劳动关系,自然而然也没有劳动法生存的土壤。而奴隶社会与封建社会中,主要的劳动形式是奴隶或农民从事农业生产,此时的奴隶或农民实为奴隶主、地主的工具而非有血有肉的劳动者,所以也并不符合现代劳动法理论中的劳动者身份。所以,劳动法的历史从资本主义时期开始。

在资本主义初期,即14世纪至18世纪末,资本家为了加快其资本积累的速度,对工人进行残酷的剩余价值压榨,即对劳动者的工作时间进行相当无理的延长。这时第一个劳工法规由英皇爱德华三世颁布,但是其内容并非保护劳工,而是站在资本家的角度剥削工人,其中甚至规定了最低工作时间和最高工资,可以说这一时期的工人是真正的"不辞辛苦"。到了19世纪,资本家的物质基础积累已经达到了一定程度,资本家和劳动者之间的力量之悬殊使得资本家不需要政府出面就可以剥削和压榨工人。因此此时劳动者与资本家建立劳动关系完全基于契约的规定,历史上这一时期被称为"自由放任阶段"。虽然此时奉行"平等自由"的原则,但实际上劳动者的劳动状态并没有改善。

直到1802年,英国才出台了《学徒健康和道德法》,它虽然只保护了从救济院出来的贫苦儿童的身体健康,但却是立法中保护劳动者的第一次,具有里程碑式的意义。自此之后,劳动法越来越重视对劳动者的保护。这一点在《中华人民共和国劳动法》和《中华人民共和国劳动合同法》中体现得非常清楚:正是因为在实际生活中劳动者往往处于劣势,因此我国相关的劳动法条文基本都向劳动者倾斜。

二、劳动法的相关概念

以下分别对劳动、劳动法、劳动关系这三个劳动法的相关概念加以阐述。

（一）劳动

劳动在《现代汉语词典》（第7版）中的含义是人类创造物质精神财富的活动；专指体力劳动；进行体力劳动。但是在劳动法中，劳动的含义更为狭隘，其指劳动者基于法定或约定的义务所从事的一种职业性的有偿劳动。下文所说的所有劳动皆系后者，即法律中的劳动。

（二）劳动法

劳动法是调整劳动法律关系（简称劳动关系）以及与劳动关系密切联系的其他社会关系（简称劳动附随关系）的法律规范的总称。

劳动法调整的对象包括劳动关系以及劳动附随关系，其中以劳动关系为主。其他社会关系包括因管理社会劳动力、执行社会保险制度、组织工会和职工参与民主管理、监督劳动法规的执行、处理劳动争议等发生的社会关系。这些关系虽然本身不是劳动关系，但与劳动关系有密切联系，因此也是劳动法调整的对象。

目前我国调整劳动关系的劳动法律体系包括《中华人民共和国劳动法》《中华人民共和国劳动合同法》《中华人民共和国社会保险法》《中华人民共和国劳动争议调解仲裁法》《关于贯彻执行〈中华人民共和国劳动法〉若干问题的意见》、最高人民法院《关于审理劳动争议案件适用法律若干问题的解释》（一）至（四）、《企业职工患病或非因公负伤医疗期规定》《工资支付暂行规定》《女职工劳动保护特别规定》《企业职工带薪年休假实施办法》《工伤保险条例》《实施〈中华人民共和国社会保险法〉若干规定》等一系列劳动法律法规及部门规章。其中，较为重要的一次法规修订为2012年12月28日第十一届全国人民代表大会常务委员会第三十次会议通过了《关于修改〈中华人民共和国劳动合同法〉的决定》，修订后的《中华人民共和国劳动合同法》自2013年7月1日起施行。2020年12月25日，最高人民法院审判委员会第1825次会议通过了《最高人民法院关于审理劳动争议案件适用法律问题的解释（一）》，自2021年1月1日起施行。

（三）劳动关系

劳动关系是指用人单位招用劳动者为其成员，劳动者在用人单位的管理下提供有报酬的劳动而产生的权利义务关系。劳动关系的一般特征是：

（1）主体特定。当事人一方固定为劳动力所有者和支出者，即劳动者；另一方固定为生产资料占有者和劳动力使用者，即用人单位。

（2）两权分离。劳动力所有权以依法能够自由支配劳动力并能够获得劳动力再生产保障为标志，而使用权则只限于将劳动力与生产资料相结合。

（3）平等性、从属性兼容。在劳动合同订立过程中，劳动者与用人单位都是本着诚实信用等原则自愿来磋商、订立、延续、变更、解除劳动合同的，这体现了劳动关系的平等性质。但劳动关系一经建立，劳动者就必须接受用人单位的管理，用人单位与劳动者之间存在着指挥、命令与服从的关系。从属性是劳动关系中最本质的特征，是与其他社会关系相区别的重要性质。

而现实中，劳动关系和劳务关系特别相似，但从法律上来说两者具有截然不同的性质，因此需要注意区分。劳务关系是指两个或两个以上的平等主体之间就劳务事项订立合同，约定由劳动者向用工者提供一次性的或者是特定的劳动服务，用工者依约向劳动者支付劳务报酬的一种有偿服务的法律关系。两者的具体区别如下：

（1）适用法律不同。劳动关系受《中华人民共和国劳动法》（以下简称《劳动法》）和《中华人民共和国劳动合同法》（以下简称《劳动合同法》）调整，而劳务关系则主要适用《合同法》。

（2）主体不同。劳动关系的主体必须一方为用人单位，另一方为劳动者个人；劳务关系的双方当事人可以都是法人、组织、公民。

（3）客体不同。劳动关系的客体是劳动者提供的作为生产要素的劳动力；劳务关系的客体是作为产品的劳务，即运用劳动力等生产要素所生产的产品。

（4）有无从属关系方面不同。在劳动关系中，劳动者作为劳动组织成员而与用人单位有组织上的从属关系；而劳务关系的双方是平等的主体，并没有从属关系。

此外，两者的风险承担主体与报酬的确定规则也存在不同。

【专栏："三方协议"与劳动合同】

三方协议，只是一种简化的叫法，其法律上的名称叫"全国普通高等学校毕业生就业协议书"，一式三份，毕业生、用人单位和学校三方各持一份，因此得名"三方协议"。

这个协议书是1997年由教育部高校学生司统一制定的，在全国高校毕业生就业工作中统一使用。2009年，教育部将三方协议修订和完善的权力下放至省级教育主管部门，规定：省级高校毕业生就业工作主管部门牵头负责，以省（自治区、直辖市）为单位，对就业协议书的内容和形式进行修订和完善。

换句话说，1997年至2009年的三方协议格式和内容是全国统一的，2009年以后的则是每个省（自治区、直辖市）统一格式，且都采用了经过数据加密处理的专用条码防伪方式，每个毕业生有且仅有一份，一旦遗失，原则上不再补发。

三方协议是普通高等学校毕业生和用人单位在正式确立劳动人事关系前，经双向选择，在规定期限内就确立就业意向、明确双方权利和义务而达成的书面协议；是用人单位确认毕业生相关信息真实可靠以及接收毕业生的重要凭据；是高校进行毕业生就业管理、编制就业方案以及毕业生办理就业落户手续等有关事项的重要依据。用一句话总结三方协议的性质，那就是：在学校的见证下，毕业生与用人单位在建立正式劳动人事关系前对将来就业意向的初步约定。

毕业生签三方协议时要注意以下问题：

（1）全国普通高等学校毕业生就业协议书由学校、毕业生、用人单位三方共同签署后生效，是学校制订就业方案、用人单位申请用人指标的主要依据，对签约的三方都有约束力。

（2）签约是法律行为，因此签约前毕业生应详细了解用人单位的情况，一般包括用人单位的规模、效益、管理制度等。

（3）签约的一般程序为：毕业生在协议上签署意见后交给用人单位，用人单位签署意见后再交给学校，学校签字后协议书生效。注意：有些毕业生图方便，要求学校先在协议上签章，再交给用人单位，这种情况下用人单位容易写上有损毕业生权益的条款，产生不利后果。

（4）一般到用人单位报到后毕业生和用人单位要签订劳动合同，因此在签约前了解合同书的内容是十分必要的，如工资待遇、福利、保险、服务期等情况。

那么，毕业生与用人单位签订就业协议书后要承担什么责任？

三方协议明确规定了学校、用人单位及毕业生三方面的责任、权利与义务，协议书一经签订便视为生效合同，不能随意更改。所以，毕业生必须信守协议。

如果因特殊情况毕业生不得不解除协议，则必须在规定的时间内征得原签约单位的同意，经学校毕业生就业办公室批准，并按照有关规定缴纳一定的违约金后，方可另行择业。

需注意的是：三方协议仅仅是高校毕业生与用人单位在建立正式劳动人事关系前对将来就业意向的初步约定，并非正式的劳动合同。三方协议签订后，毕业生与用人单位建立的只是普通的民事法律关系，而要建立劳动关系，双方须正式签订劳动合同或者用人单位实际用工。在此之前，双方之间发生了纠纷，毕业生不可能主张用人单位赔偿经济补偿金、缴纳社会保险费和公积金等与劳动合同相关的权利，但是在三方协议有约定并且满足条件的情况下，可以按照约定要求用人单位承担违约责任。用人单位同样如此。

特别要注意的是三方协议中违约金的相关问题。

相当一部分毕业生存在这样的情况，那就是在与上一家用人单位签订了三方协议之后，发现另一家单位更符合自己的求职意向，于是就想解除三方协议。而用人单位为了防止毕业生随意毁约，避免浪费招聘资源，便在三方协议中约定了高额的违约金，一旦毕业生违约，便要求毕业生缴纳约定金额的违约金才予以配合办理转档、转户口等手续。

那按照法律的规定，毕业生是否在任何情况下都必须缴纳违约金？是否约定多少违约金就必须缴纳多少呢？

答案是：不一定。

首先，我们来分析什么情况下毕业生必须缴纳违约金。

三方协议作为一种民事合同，约束的是毕业生与用人单位在签订正式劳动合同之前的权利义务关系，那其效力自然仅及于劳动合同签订之前。自然，双方关于违约责任的约定时间也仅及于此时。

若毕业生在三方协议签订之后、劳动合同签订之前毁约，自然要承担违约责任。而若毕业生在劳动合同签订之后毁约，则此时双方的关系已演变为劳动合同关系，三方协议约定的双方的民事关系已经消灭，自然不用承担三方协议约定的违约责任，即使该违约责任的约束时间延伸至劳动合同签订以后，只要不是《劳动合同法》规定的劳动者承担违约责任的情形，毕业生也是可以免责的。

注意：三方协议中违约责任约定最多的情形就是要求毕业生在一定时间之内不得从用人单位离职。其实这样的约定在劳动合同签订之后就已经失去效力了，原因如下。

第一，《劳动合同法》第三十七条"劳动者提前三十日以书面形式通知用人单位，可以解除劳动合同。劳动者在试用期内提前三日通知用人单位，可以解除劳动合同"的规定赋予了劳动者对于劳动合同的任意解除权，三方协议约定的时间限制因违反了法律的强制性规定而无效。

第二，《劳动合同法》仅仅规定了劳动者承担违约责任的两种情形，即第二十二条关于违反服务期的约定及第二十三条关于违反竞业限制的约定，同时，《劳动合同法》第二十五条明确规定，除《劳动合同法》规定的上述两种情形外，用人单位不得与劳动者约定由劳动者承担违约金。

因此，即使用人单位将三方协议约定的违约金照搬到双方后续签订的劳动合同中，也同样因违反了法律的强制性规定而归于无效。

其次，我们来看违约金缴纳数额的问题。

三方协议既然属于民事合同，自然就受《合同法》的约束。《合同法》第一百一十四条第二款规定，约定的违约金低于造成的损失的，当事人可以请求人民法院或者仲裁机构予以增加；约定的违约金过分高于造成的损失的，当事人可以请求人民法院或者仲裁机构予以适当减少。

最高人民法院《关于适用〈中华人民共和国合同法〉若干问题的解释（二）》第二十八条规定，当事人依照《合同法》第一百一十四条第二款的规定，请求人民法院增加违约金的，增加后的违约金数额以不超过实际损失额为限。增加违约金以后，当事人又请求对方赔偿损失的，人民法院不予支持。第二十九条规定，当事人主张约定的违约金过高请求予以适当减少的，人民法院应当以实际损失为基础，兼顾合同的履行情况、当事人的过错程度以及预期利益等综合因素，根据公平原则和诚实信用原则予以衡量，并作出裁决。当事人约定的违约金超过造成损失的百分之三十的，一般可以认定为合同法第一百一十四条第二款规定的"过分高于造成的损失"。

因此，从上述规定来看，并非约定多少违约金就必须承担多大违约责任，裁判机构会以实际损失为基础，结合其他情形综合衡量，最后确定违约金数额。

第二节　劳动法主体

劳动法所涉及的两种主体为劳动者和用人单位。本节主要对这两种主体加以介绍。

一、劳动者的概念

劳动者是依据劳动法律和劳动合同规定，在用人单位从事体力或脑力劳动并获取劳动报酬的自然人。

自然人要成为劳动者，必须同时具有劳动权利能力和劳动行为能力。我国《劳动法》规定，凡年满十六周岁、有劳动能力的公民是具有劳动权利能力和劳动行为能力的人。对有可能危害未成年人健康、安全或道德的职业或工作，最低就业年龄不应低于十八周岁，用人单位不得招用已满十六周岁未满十八周岁的公民从事这类职业或工作。换言之，企业不得招聘未满十六周岁的公民，可以招聘十六至十八周岁的公民从事非过重、有毒、有害的劳动或者危险作业。

劳动者进行着各种各样的劳动，但并非所有干活的都是劳动法意义上的劳动者，如现役军人、保姆、公务员等。

二、劳动者的权利与义务

根据《劳动法》的规定，劳动者的权利主要有：①平等就业和选择职业的权利；②取得劳动报酬的权利；③休息休假的权利；④获得劳动安全卫生保护的权利；⑤接受职业培训的权利；⑥享受社会保险和福利的权利；⑦依法参加工会和职工民主管理的权利；⑧提请劳动争议处理的权利；⑨法律规定的其他劳动权利。

劳动者的义务主要有：劳动者应按时完成劳动者任务，提高职业技能，执行劳动安全卫生规程，遵守劳动纪律和职业道德，爱护和保卫公共财产，保守国家秘密和用人单位商业秘密等。

【例 10-1】 甲是某高校的大学生，2008 年 10 月 31 日在班级组织去某自闭症儿童教育机构做志愿者时从凳子上摔下来牙齿受伤，花费医药费用 5000 元左右，后续治疗费用还需 25000 元左右。

问：在这种情况下，甲能否以工伤为由向此教育机构提请赔偿？

【例 10-1】分析

三、用人单位的概念

用人单位，在很多国家被称为雇主或雇用人，我国考虑到"雇"这个词当时存在的阶级色彩，便使用"用人单位"这个词。所谓用人单位，是指具有用人权利能力和用人行为能力，使用一名以上职工并且向职工支付工资的单位。

根据《劳动合同法》第二条的规定，中华人民共和国境内的企业、个体经济组织、民办非企业单位等组织与劳动者建立劳动关系，订立、履行、变更、解除或者终止劳动合同，适用本法。

国家机关、事业组织、社会团体和与其建立劳动关系的劳动者，订立、履行、变更、解除或者终止劳动合同，依照本法执行。

(1)中华人民共和国境内的企业、个体经济组织、民办非企业单位等组织与劳动者建立劳动关系。这里的"企业"为我国境内的所有企业，包括国有企业、集体所有制企业、中外合资企业、中外合作企业、外商独资企业、股份制企业、混合型企业、港澳台企业、私营企业、联营企业、乡镇企业等。个体经济组织是指雇工在七人以下的个体工商户。民办非企业单位是指企业事业单位、社会团体和其他社会力量以及公民个人利用非国有资产举办的从事非营利性社会服务活动的社会组织，如民办学校、民办医院、民办图书馆、民办敬老院等。

(2)国家机关、事业组织、社会团体实行劳动合同制度的以及按规定实行劳动合同制度的工勤人员，其他通过劳动合同与国家机关、事业组织、社会团体建立劳动关系的劳动者，适用《劳动法》。

未建立劳动合同关系的非工勤人员与国家机关、事业组织、社会团体之间的关系，不适用《劳动法》。实行公务员制度的国家机关以及比照实行公务员制度的事业组织和社会团体与其工作人员，不适用《劳动法》而应适用《公务员法》。

(3)实行企业化管理的事业组织的人员，适用《劳动法》。实行企业化管理的事业组织是指国家不再核拨经费，实行独立核算、自负盈亏的事业组织。

国家机关、事业组织、社会团体在劳动关系中应被视为用人单位。劳动者在试用期内、退休后都受我国《劳动法》的调整。但是农村劳动者（乡镇企业职工和进城务工、经商的农民除外）、现役军人和家庭保姆、在中华人民共和国境内享有外交特权和豁免权的外国人等不适用我国《劳动法》。

四、用人单位的权利与义务

用人单位一般拥有五种权利：①录用职工方面的权利；②劳动组织方面的权利；③劳动报酬方面的权利，主要指用人单位有权确定员工的工资级别，并制定员工晋级增薪、降级减薪的方法；④劳动纪律方面的权利；⑤决定劳动关系存续方面的权利。

用人单位同时负有六种义务：①付酬义务；②安全卫生义务；③帮助义务，主要是指通过保险、福利等方式为职工及其亲属提供物质帮助；④使用义务；⑤培训义务；⑥制度保证义务。

第三节　劳动合同

一、劳动合同的概念与特点

劳动合同是劳动者与用人单位确立劳动关系、明确双方权利和义务的书面协议。劳动合同有以下几个特征。

(1)劳动合同主体具有特定性。即劳动合同的主体一方是劳动者，另一方是用人单位。

(2)劳动合同是劳动者与用人单位确立劳动关系的法律形式，其内容是明确劳动权利和劳动义务。

(3)劳动合同具有较强的法定性。即劳动合同内容等主要以劳动法律、法规为依据，且均有强制性规定，法律虽允许双方当事人协商签订劳动合同，但协商的内容不得违反或排斥强制性规范，否则无效。

(4)劳动合同的客体具有单一性。劳动合同的客体是劳动行为，双方当事人权利义务的指向对象是劳动行为。

二、劳动合同的种类

根据不同的分类标准，可对劳动合同作不同的分类。

(1)按劳动者人数的不同，劳动合同可分为个人劳动合同和集体劳动合同。

(2)按用人方式不同，劳动合同可分为录用合同、聘用合同和借调合同。

(3)按合同期限不同，劳动合同可分为有固定期限合同、无固定期限合同和以完成一定的工作为期限的劳动合同。这种分类也是《劳动合同法》采用的分类方式。

固定期限劳动合同又称定期劳动合同，是指用人单位与劳动者约定合同终止时间的劳动合同。劳动合同期满，劳动关系即告终止。

无固定期限劳动合同是指用人单位与劳动者约定无确定终止时间的劳动合同。

《劳动合同法》第十四条规定，用人单位与劳动者协商一致，可以订立无固定期限劳动合同。有以下情形之一，劳动者提出或者同意续订、订立劳动合同的，除劳动者提出订立固定期限劳动合同外，应当订立无固定期限劳动合同：①劳动者在该用人单位连续工作满十年的；②用人单位初次实行劳动合同制度或者国有企业改制重新订立劳动合同时，劳动者在该用人单位连续工作满十年且距法定退休年龄不足十年的；③连续订立两次固定期限劳动合同，且劳动者没有《劳动合同法》规定的用人单位可以解除合同的法定情形，续订劳动合同的。

用人单位自用工之日起满一年不与劳动者订立书面劳动合同的，视为用人单位与劳动者已订立无固定期限劳动合同。

此外，根据《劳动合同法》第八十二条的规定，用人单位自用工之日起超过一个月不满一年未与劳动者订立书面劳动合同的,应当向劳动者每月支付两倍的工资。[①]

用人单位违反本法规定不与劳动者订立无固定期限劳动合同的,自应当订立无固定期限劳动合同之日起向劳动者每月支付两倍的工资。

以完成一定的工作为期限的劳动合同是指用人单位与劳动者约定以某项工作的完成为合同期限的劳动合同。以下是订立此类合同的情况:①以完成单项工作任务为期限的劳动合同;②以项目承包方式完成承包任务的劳动合同;③因季节原因用工的劳动合同;④其他双方约定的以完成一定工作任务为期限的劳动合同。

【例 10-2】赵金明在太原市一家企业工作已有十二年,其间只签订过两次一年期限的聘用合同。2008 年 3 月,用人单位口头提出解除与他的劳动关系。赵金明不服,将争议诉至劳动争议仲裁委员会。随后,劳动争议仲裁委员会裁决用人单位与赵金明补签无固定期限劳动合同。

【例 10-2】分析

签了无固定期限劳动合同之后,赵金明认为自己端上了"铁饭碗"。那么是否此单位与赵金明的劳动关系就再也不能解除了呢?

三、劳动合同的订立

劳动合同的订立是劳动者与用人单位之间确立劳动关系、明确双方权利义务的法律行为。《劳动合同法》第十条规定,建立劳动关系,应当订立书面劳动合同。已建立劳动关系,未同时订立书面劳动合同的,应当自用工之日起一个月内订立书面劳动合同。用人单位与劳动者在用工前订立劳动合同的,劳动关系自用工之日起建立。

(一)订立劳动合同的原则

订立劳动合同应遵循合法、平等、自愿、协商一致原则。

1.合法原则

合法原则是指劳动合同必须依法订立,不得违反法律、行政法规的规定。合法原则的具体要求如下。

(1)劳动合同的主体合法

劳动合同的主体合法是指劳动合同的当事人必须具备合法资格,劳动者应是年满十六周岁、身体健康、具有劳动权利能力和劳动行为能力的公民,可以是中国人、外国人(包括无国籍人)。用人单位应是依法成立或核准登记的企业、个体经济组织、民办非企业单位、国家机关、事业组织、社会团体等组织,具有用人的权利能力和行为能力。

(2)劳动合同的内容合法

劳动合同的内容是对劳动合同双方当事人劳动权利义务的具体规定,包括法定必备条款和约定必备条款。《劳动合同法》第十七条规定,劳动合同应当具备以下条款:用人单位的名称、住所和法定代表人或者主要负责人;劳动者的姓名、住址和居民身份证或者其他有效身份证件号码;劳动合同期限;工作内容和工作地点;工作时间和休息休假;劳动报酬;社会

[①] 此处的工资根据 1990 年 1 月 1 日发布的《关于工资总额组成的规定》第四条的规定,应包括计时工资、计件工资、奖金、津贴和补贴、加班加点工资、特殊情况下支付的工资。简单来说,即下文提及的基本工资和辅助工资。

保险;劳动保护、劳动条件和职业危害防护;法律、法规规定应当纳入劳动合同的其他事项。

以上九项是法定必备条款,即每一个劳动合同都必须包含上述条款,但是除此以外,用人单位与劳动者还可以约定试用期、培训、保守秘密、补充保险和福利待遇等其他事项。对这些条款,我国有一些特殊规定。

【专栏:用人单位能多次"试用"同一劳动者吗? 试用期是否包含在劳动合同期限内?】

有的餐饮业单位好像永远在招聘,永远在试用劳动者,而且让人奇怪的是,招聘的人员竟有90%以上甚至100%不合格,有些则重复试用多次。这些用人单位似乎认为约定试用期、重复多次试用劳动者,可以让单位以低成本获得廉价劳动力。真的是这样吗?

《劳动合同法》第二十一条规定,在试用期中,除有证据证明劳动者不符合录用条件外,用人单位不得解除劳动合同。用人单位在试用期解除劳动合同的,应当向劳动者说明理由。

《劳动合同法》第四十八条规定,用人单位违反本法规定解除或者终止劳动合同,劳动者要求继续履行劳动合同的,用人单位应当继续履行;劳动者不要求继续履行劳动合同或者劳动合同已经不能继续履行的,用人单位应当依照本法第四十七条规定的经济补偿标准的两倍向劳动者支付赔偿金;用人单位支付赔偿金后,劳动合同解除或者终止。《劳动合同法》第十九条与第二十条规定,劳动合同期限三个月以上不满一年的,试用期不得超过一个月;劳动合同期限一年以上不满三年的,试用期不得超过两个月;三年以上固定期限和无固定期限的劳动合同,试用期不得超过六个月;同一用人单位与同一劳动者只能约定一次试用期;试用期的工资,不得低于本单位相同岗位最低档工资或者劳动合同约定工资的百分之八十,并不得低于用人单位所在地的最低工资标准。

《劳动合同法》第八十三条规定,用人单位违反本法规定与劳动者约定试用期的,由劳动行政部门责令改正;违法约定的试用期已经履行的,由用人单位以劳动者试用期满月工资为标准,按已经履行的超过法定试用期的期间向劳动者支付赔偿金。

试用期是否包含在劳动合同期限内?

试用期包含在劳动合同期限内。

劳动合同仅约定试用期的,试用期不成立,该期限为劳动合同期限。

现实生活中,有些用人单位往往不与试用期内的劳动者签订正式的劳动合同,而经常会等到劳动者"转正"以后,再签订劳动合同。

事实上,用人单位的这种做法是错误的。而且,即使在试用期内不签订劳动合同,试用期的期限仍然是计入劳动合同期限内的。

①试用期条款

试用期是指用人单位对新招收的员工的思想品德、身体状况、实际劳动能力等情况进行考察的期限。试用期的订立有以下四个要点需注意。

第一,以完成一定工作任务为期限或者劳动合同期限不满三个月的劳动合同,不得约定试用期。劳动合同期限三个月以上不满一年的,试用期不得超过一个月;劳动合同期限一年以上不满三年的,试用期不得超过两个月;三年以上固定期限和无固定期限的劳动合同,试用期不得超过六个月。

第二,试用期包含在劳动合同期限内。劳动合同仅约定试用期的,试用期不成立,该期限为劳动合同期限。即若劳动合同规定的劳动合同期限为六个月,试用期为一个月,则劳动者实际应提供劳动的时间就是六个月。

第三,劳动者在试用期的工资不得低于本单位相同岗位最低档工资或者劳动合同约定工资的百分之八十,并不得低于用人单位所在地的最低工资标准。

第四,同一个用人单位和同一劳动者只能约定一次试用期。此处须注意,用人单位变更名称、法定代表人、主要负责人或者投资人等事项,不影响劳动合同的履行,即仍然视其为同一用人单位。

②服务期条款

服务期是指当事人双方约定的,对劳动者有特殊约束力的,劳动者因获得特殊的劳动条件而应当与用人单位持续劳动关系的期限。《劳动合同法》第二十二条就约定出资培训服务期的前提条件、工资待遇和违约金等问题作出了规定。根据该条规定,用人单位为劳动者提供专项培训费用,对其进行专业技术培训的,可以与该劳动者订立协议,约定服务期。

劳动者违反服务期约定的,应当按照约定向用人单位支付违约金,违约金的数额不得超过用人单位提供的培训费用。用人单位要求劳动者支付的违约金不得超过服务期尚未履行部分所应分摊的培训费用。

用人单位与劳动者约定服务期的,不影响按照正常的工资调整机制提高劳动者在服务期期间的劳动报酬。

③竞业限制和保密条款

《劳动合同法》第二十三条规定,用人单位可以与劳动者在劳动合同中约定保守用人单位的商业秘密和与知识产权相关的保密事项。对负有保密义务的劳动者,用人单位可以在劳动合同或者保密协议中与劳动者约定竞业限制条款,并约定在解除或者终止劳动合同后,在竞业限制期限内按月给予劳动者经济补偿。劳动者违反竞业限制约定的,应当按照约定向用人单位支付违约金。除该规定的情形外,用人单位不得与劳动者约定由劳动者承担违约金。

《劳动合同法》第二十四条规定,竞业限制的人员限于用人单位的高级管理人员、高级技术人员和其他负有保密义务的人员。竞业限制的范围、地域、期限由用人单位与劳动者约定,竞业限制的约定不得违反法律、法规的规定。

在解除或者终止劳动合同后,上述规定的人员到与本单位生产或者经营同类产品、从事同类业务的有竞争关系的其他用人单位,或者自己开业生产或者经营同类产品、从事同类业务的竞业限制期限,不得超过两年。

④生死条款

生死条款就是用人单位对劳动者在劳动过程中发生的伤亡事故减轻甚至免于承担责任的条款。这样的条款很明显违反了用人单位保护劳动者安全、健康的法定义务。因此《中华人民共和国安全生产法》第四十四条规定,生产经营单位不得以任何形式与从业人员订立免除或者减轻其对从业人员因生产安全事故伤亡应承担的责任的协议。

（3）劳动合同订立的程序和方式合法

劳动合同订立的程序必须符合法律规定,未经双方协商一致、强迫订立的劳动合同无效。《劳动法》第十九条规定,劳动合同应当以书面形式订立。

2.平等、自愿、协商一致原则

平等是指在订立劳动合同的过程中,双方当事人的法律地位平等,不存在管理与服从的关系;自愿是指劳动合同的订立及合同内容的达成完全出于当事人自己的意志,是其真实意思的表示,任何一方不得将自己的意志强加于对方,也不允许第三者非法干预;协商一致是指双方当事人经过充分协商,达成一致意见,签订劳动合同。

【例 10-3:竞业限制的做法是否符合法律规定?】

胡菲与新单位签订了一份劳动合同,合同中有一项规定:如果胡菲跳槽或离职,三年内不得在杭州市同类行业就业。胡菲觉得这项规定对他来说不公平。那么,这类竞业限制条款有效吗?

单位与劳动者签订竞业限制协议以后,要求劳动者履行竞业限制方面的义务,因此,单位应对签订了竞业限制条款的劳动者给予一定的补偿。

根据《劳动合同法》第二十三条第二款的规定,单位与劳动者签订竞业限制条款的同时,要约定在解除或者终止劳动合同后,在竞业限制期限内按月给予劳动者经济补偿。补偿金的数额由双方约定。用人单位未按照约定在劳动合同解除后向劳动者支付竞业限制经济补偿的,竞业限制条款失效。

当事人在劳动合同或者保密协议中约定了竞业限制,但未约定解除或者终止劳动合同后给予劳动者经济补偿,劳动者履行了竞业限制义务,可以要求用人单位按照劳动者在劳动合同解除或者终止前十二个月平均工资的百分之三十按月支付经济补偿,月平均工资的百分之三十低于劳动合同履行地最低工资标准的,按照劳动合同履行地最低工资标准支付。

劳动者一旦违反竞业限制约定,应当按照约定向用人单位支付违约金。

《劳动合同法》第二十三条第二款规定,劳动者违反竞业限制约定的,应当按照约定向用人单位支付违约金。

根据《劳动合同法》的规定,竞业限制的义务主体只能是用人单位的高级管理人员、高级技术人员和其他负有保密义务的人员,用人单位不得与上述人员以外的其他劳动者约定竞业限制,否则该约定就是无效的。

在竞业限制协议中,竞业限制的范围、地域、期限由用人单位与劳动者约定,竞业限制的约定不得违反法律、法规的规定。

按照《劳动合同法》的规定,在解除或者终止劳动合同后,符合签订竞业限制协议条件的人员到与本单位生产或者经营同类产品、从事同类业务的有竞争关系的其他用人单位,或者自己开业生产或者经营同类产品、从事同类业务的竞业限制期限,最长不得超过两年。而且该期限应是连续计算的。

所以本案约定竞业限制的期限为三年,不符合规定。

【例 10-4:劳动者在哪些情况下需要承担违约责任? 航空公司飞行员被要求支付巨额违约金、赔偿金合理吗?】①

令某是某航空公司飞行员,感觉在单位不受重用,经常莫名被停飞,正好另一家航空公司正在高薪招聘飞行员,遂提出辞职。但用人单位声称离职必须要缴纳 500 万元违约金。令某认为单位的做法不符合《劳动法》的规定。

请问航空公司要求令某支付违约金合理吗?

---

① 这个岗位想辞职都难! 有公司要求赔 1200 万才给自由身[EB/OL]. (2008-05-01)[2018-10-10]. http://baijiahao. baidu. com/s? id=15992183781960248944&wfr=spider&for=pc.

分析：违约金作为承担违约责任的主要形式，一向是用人单位绑住劳动者的"紧箍咒"。

但按照《劳动合同法》的规定，在用人单位和劳动者的劳动合同约定中，严格限定了违约金的约定条件，规定单位只有在"培训服务期"和"竞业限制"这两种情形下，才能设定违约金。

也就是说，除非劳动者在约定的培训服务期满前离职或违反了保密协议、竞业限制的约定，否则劳动者无须向单位支付任何违约金。

因此，如果在不属于《劳动合同法》规定的需承担违约责任的两种情况下，劳动者提出辞职，是无须向用人单位支付违约金的。但由于航空公司培育一名飞行员往往要花费巨额费用，单位提出要求跳槽的飞行员支付违约金，有其合理性。

成都市双流区人民法院发布的《飞行员离职纠纷案件审判白皮书（2013.1—2017.12）》（以下简称白皮书）显示，该法院受理的飞行员离职纠纷案件中，航空公司要求离职飞行员支付的违约金和赔偿费通常为400万～700万元，其中单案主张金额最大的一起为1200万元。

这些案例也表明，飞行员似乎正成为"中国最难离职"的行业。《成都晚报》报道，这份白皮书显示，2013年1月1日至2017年12月31日，成都市双流区人民法院共受理飞行员离职纠纷案件192件，涉及6家航空公司159名飞行员，案件数量总体呈上升趋势，且在2017年大幅度增加。其中，航空公司作为原告的有97件，飞行员作为原告的有95件，同案中双方先后起诉、合并审理的情况较多。

"案件中，飞行员的主要诉求为请求确认与航空公司的劳动合同关系已解除，请求航空公司出具相关证明并办理劳动人事档案、社会保险关系等相关手续的转移。"该法院相关负责人介绍道。而航空公司则请求确认航空公司与飞行员的劳动关系并未解除，以及主张飞行员向航空公司赔偿巨额违约金和相关费用。因原被告双方诉求难以调和，此类案件多以判决结案为主，调撤率低且上诉率高。该法院相关负责人透露，目前调撤率约为15.1%，一审上诉率为91.4%。

四川在线此前报道，多种原因造成了飞行员离职诉讼的激增，很多新成立的航空公司为了能快速组建成熟的飞行员队伍，具备更强的市场竞争力，不惜重金"挖"其他公司具有多年飞行经验的飞行员。部分航空公司因体制原因，薪酬管理制度较为死板，晋升空间有限，导致飞行员在一些新成立的航空公司向其发出邀请之后纷纷向原公司提出离职申请。

为了限制飞行员流动比例，早在2014年11月，国内4大航空集团、38家航空公司和4名飞行员代表签署了《航空公司飞行员有序流动公约》，对参与联署的航空公司每年飞行员进出数量进行了限制。

各航空公司每年可流出的飞行员不得超过其前一年年底在册飞行员数的1%，航空公司收到赔偿后才允许飞行员离职，而新成立的航空公司每年可流入飞行员的数量也有严格限制。

飞行员从事着非常特殊的行业，从行业角度来看，其有序流动，也就是说，按照一定的比例排队流动，是生产管理的需要。如果飞行员有序流动，就不用打官司了。但真能如此吗？一位航空公司员工表示："在公司里，飞行员申请有序流动后，会被要求停飞，然后开始排队，至于排多久才能轮到，很难说，等一年的也有。等排到你了，还要和公司谈培训费，如果公司狮子大开口要500万元，最后还要采取法律手段，这一年时间就相当于白等了。所以很多飞行员干脆就只有打官司。"

飞行员提出离职,航空公司提出高额索赔背后,是飞行员巨大的培训成本。

公开资料显示,民航专业技术人才的培养需要一个较长期的过程,以飞行员为例,在进入航空公司之前飞行员一般需要在航校进行为期2~4年的理论学习和飞行训练;进入航空公司后,飞行员需要5年左右的时间才能升为机长。也就是说,一般需要7~9年时间才可以培养一名机长。而一般新设的民营航空公司没有自行培养机长的条件和能力,需要从已有的大型航空公司引进人才,这就造成了行业内飞行员持续不足的情况,尤其是技术熟练、经验丰富的飞行员和机长,短缺情况更为严重。

一般来说,飞行学员阶段是两年的培训时间,每人的培训费用就需要至少70万元,如果再加上工资、食宿、设备使用耗损等费用,培训费用则是一个庞大的数字。故飞行员离职时航空公司往往提出巨额索赔,法院在调解无效的情况下,也会根据实际情况作出判决。

(二)劳动合同的效力

1.劳动合同的订立

《劳动法》第十六条规定,劳动合同是劳动者与用人单位确立劳动关系、明确双方权利和义务的协议。建立劳动关系应当订立劳动合同。在应然情况下,劳动合同的订立之日不应该迟于劳动者实际提供劳动之日。

同时,《劳动合同法》第八十二条规定,用人单位自用工之日起超过一个月不满一年未与劳动者订立书面劳动合同的,应当向劳动者每月支付两倍的工资。可是现实中很多用人单位会选择不与劳动者签订书面的劳动合同,以此来否认自己和劳动者之间存在劳动关系。那么是不是不签订劳动合同,用人单位和劳动者之间就不存在劳动关系呢?

【例10-5】甲在一家劳务施工有限公司承包的工地上做木工工作。在工作的第八个月中,甲在工作中由于操作不慎,从脚手架上掉下,造成右手腕骨骨折,其主张公司支付误工费16000元、医疗费5200元、交通费500元、营养费500元、工伤赔偿28000元等共计50200元。但该劳务施工有限公司辩称甲某与本公司没有签订劳动合同,不是本单位职工,其打工行为是雇工行为,因此,甲摔伤与本公司无任何关联,甲要求本公司支付50200元的请求不能成立,公司不承担任何法律责任。问:该公司是否应承担赔偿责任?

分析:很多人都会认为没有签订劳动合同自然而然也就不存在劳动关系,但其实不然,《劳动合同法》第七条规定,用人单位自用工之日起即与劳动者建立劳动关系。用人单位应当建立职工名册备查。本条明确规定建立劳动关系的唯一标准是实际提供劳动,因此只要能证明甲在该公司提供了实际劳动,则劳动关系就存在,从而公司不仅应该支付这笔医药费,还应该额外支付八个月的工资。

【例10-6:用人单位不与劳动者签订合同有何惩罚措施?提前签订劳动合同,劳动关系从何时开始算?】

张四丰在单位工作一年有余,单位一直不与他签订劳动合同,他总觉得心里不踏实。于是向律师咨询单位这样做对不对。另外,他还提及他弟弟张五丰刚好与他相反,大学没毕业,用人单位就已经提前与其签了劳动合同,那么他弟弟的劳动关系从何时开始算?

对于第一个问题,《劳动合同法》第十条规定,建立劳动关系,应当订立书面劳动合同。

已建立劳动关系,未同时订立书面劳动合同的,应当自用工之日起一个月内订立书面劳动合同。

《劳动合同法》第八十二条规定，用人单位自用工之日起超过一个月不满一年未与劳动者订立书面劳动合同的，应当向劳动者每月支付两倍的工资。

对于第二个问题，根据《劳动合同法》第十条的规定，用人单位与劳动者在用工前订立劳动合同的，劳动关系自用工之日起建立。这种规定在一定程度上减少了现实生活中争议和纠纷的发生。

【例 10-6】分析

即将毕业的在校大学生毕业前与用人单位签订了劳动合同，其劳动关系也只能从其正式上班之日起计算。

2.劳动合同约定劳动标准不明的处理

虽然法律对劳动标准规定得很清楚，而且各行业都有劳动合同范本，可是因为用人单位偶尔操作不规范，劳动合同约定的劳动标准可能会不明确，此时应根据《劳动合同法》第十八条操作。该条规定，劳动合同对报酬和劳动条件等标准约定不明确，引发争议的，用人单位与劳动者可以重新协商；协商不成的，使用集体合同规定；没有集体合同或者集体合同未规定劳动报酬的，实行同工同酬；没有集体合同或者集体合同未规定劳动条件等标准的，使用国家有关规定。

3.劳动合同的无效

劳动合同的无效是指当事人违反法律、行政法规致使签订的劳动合同不具备法律效力。以下情况属于劳动合同无效：①主体不合法；②订立劳动合同的程序或形式不合法；③违反法律、行政法规的劳动合同；④采取欺诈、威胁等手段订立的劳动合同。

无效的劳动合同，从订立的时候起，就没有法律约束力。确认劳动合同部分无效的，如果不影响其余部分的效力，其余部分仍然有效。劳动合同的无效，由劳动争议仲裁委员会或者人民法院确认。

四、劳动合同的履行与变更

劳动合同的履行是指劳动合同双方当事人履行劳动合同所规定的义务，实现劳动过程和各自的合法权益的行为。履行时应当符合全面履行以及适当履行原则。

但在劳动合同订立之后，如果订立合同时所依据的情况发生了重大变化，致使原劳动合同无法履行，双方当事人可在遵循平等、自愿、协商一致的原则且不违反法律、法规的前提下变更劳动合同。根据我国劳动法规的规定，允许变更劳动合同的情形如下：

(1)当事人经协商达成变更的协议；

(2)订立劳动合同时所依据的法律、行政法规和规章已经修改或废止；

(3)劳动合同条款与集体合同规定不同；

(4)企业经上级主管部门批准或根据市场变化决定转产或调整生产任务；

(5)劳动合同订立时所依据的客观情况发生重大变化，致使劳动合同无法履行；

(6)企业严重亏损或因发生自然灾害，确实无法按照原约定的条件履行劳动合同；

(7)劳动者因健康状况而不能从事原工作；

(8)法律、法规允许的其他情况。

在劳动合同没有变更的情况下，用人单位不得安排职工从事合同规定以外的工作，但以下情况除外：①发生事故或遭遇灾害，需要及时抢修或救灾；②因工作需要而临时调动工作；③发生短期停工；④法律允许的其他情况。

五、劳动合同的解除

只要符合法定的条件和程序，劳动者、用人单位也可在劳动合同期满前终止劳动合同，即解除劳动合同。总的来说，劳动合同的解除可以分为协议解除与单方解除。

(一)协议解除

《劳动法》第二十四条规定，经劳动合同当事人协商一致，劳动合同可以解除。而且《劳动合同法》也规定，用人单位首先提出协议解除劳动合同的，须支付经济补偿金[①]；而劳动者首先提出协议解除的，用人单位可以不支付经济补偿金。

(二)单方解除

单方解除又可以分为劳动者单方解除和用人单位单方解除。

1.劳动者单方解除

(1)预告辞职

预告辞职是指劳动者提前三十日书面通知用人单位方可解除劳动合同。劳动者无须说明任何法定事由，只需提前预告用人单位即可解除劳动合同，超过三十日，劳动者可以向用人单位提出办理解除劳动合同的手续，用人单位应予办理。此时用人单位可以不支付经济赔偿金。

试用期内，劳动者预告辞职的预告期为三日，并且可以口头通知。

(2)即时辞职

即时辞职是指劳动者不需提前通知用人单位，只要具备法律规定的正当理由，劳动者可随时通知用人单位解除劳动合同，还应对用人单位的违约行为和侵权行为所造成的损失要求用人单位予以赔偿，并有权提请有关机关追究用人单位的行政责任、刑事责任。

根据《劳动合同法》第三十八条，用人单位有以下六种情形之一的，劳动者可以解除合同：①未按照劳动合同约定提供劳动保护或者劳动条件的；②未及时足额支付劳动报酬的；③未依法为劳动者缴纳社会保险费的；④规章制度违反法律、法规的规定，损害劳动者权益的；⑤以欺诈、胁迫的手段或乘人之危，使劳动者在违背真实意思的情况下订立或者变更劳动合同的；⑥法律法规规定的其他情形。

用人单位以暴力、威胁或者非法限制人身自由的手段强迫劳动者劳动的，或者用人单位违章指挥、强令冒险作业危及劳动者人身安全的，劳动者可以立即解除劳动合同，不需事先告知用人单位。

2.用人单位单方解除

(1)即时解除

即时解除是指用人单位无须以任何形式提前告知劳动者，可随时通知劳动者解除合同。根据《劳动合同法》第三十九条的规定，劳动者有以下情形之一的，用人单位可以解除劳动合同：①在试用期间被证明不符合录用条件的；②严重违反劳动纪律或者用人单位规章制度的；③严重失职，营私舞弊，对用人单位利益造成重大损害的；④被依法追究刑事责任的；⑤劳动者同时与其他用人单位建立劳动关系，对完成工作任务造成严重影响，或者经由用人单位提出，拒不改正的。这些情况下解除劳动合同用人单位可不支付经济补偿金。

---

① 此处所说的经济补偿金数额由《劳动合同法》第四十七条规定。

（2）需预告的解除

需预告的解除是指用人单位应当提前三十日以书面形式通知劳动者本人方可解除合同。根据《劳动法》第二十六条的规定，有以下情形之一的，用人单位可以预告解除劳动合同：①劳动者患病或者非因工负伤，医疗期满后，不能从事原工作也不能从事由用人单位另行安排的工作的；②劳动者不能胜任工作，经过培训或者调整工作岗位，仍不能胜任工作的；③劳动合同订立时所依据的客观情况发生重大变化，致使原劳动合同无法履行，经当事人协商不能就变更劳动合同达成协议的。

（3）裁员

《劳动法》第二十七条规定，用人单位濒临破产进行法定整顿期间或者生产经营状况发生严重困难，确需裁减人员的，应当提前三十日向工会或者全体职工说明情况，听取工会或者职工的意见，经向劳动行政部门报告后，可以裁减人员。用人单位依据本条规定裁减人员，在六个月内重新招用人员的，应当通知被裁减的人员，并在同等条件下优先招用被裁减的人员。

根据《劳动合同法》第四十一条的规定，有下列情形之一，需要裁减人员二十人以上或者裁减不足二十人但占企业职工总数百分之十以上的，用人单位应提前三十日向工会或者全体职工说明情况，听取工会或者职工的意见后，裁减人员方案经向劳动行政部门报告，可以裁减人员：

①依照《企业破产法》规定进行重整的；

②生产经营发生严重困难的；

③企业转产、重大技术革新或者经营方式调整，经变更劳动合同后，仍需裁减人员的；

④其他因劳动合同订立时所依据的客观经济情况发生重大变化，致使劳动合同无法履行的。

裁减人员时，应当优先留用下列人员：

①与本单位订立较长期限的固定期限劳动合同的；

②与本单位订立无固定期限劳动合同的；

③家庭无其他就业人员，有需要扶养的老人或者未成年人的。

根据《劳动合同法》第四十二条的规定，当劳动者处于下列特定情形时，用人单位不得以上述理由为依据，解除劳动合同。这些情形是：

①从事接触职业病危害作业的劳动者未进行离岗前职业健康检查，或者疑似职业病病人在诊断或者医学观察期间的；

②在本单位患职业病或者因工负伤并被确认丧失或者部分丧失劳动能力的；

③患病或者非因工负伤，在规定的医疗期内的；

④女职工在孕期、产期、哺乳期的；

⑤在本单位连续工作满十五年，且距法定退休年龄不足五年的；

⑥法律、行政法规规定的其他情形。

【例10-7】李某于2009年8月到苍山某单位工作，并与单位签订了为期一年的合同。合同约定如果职工提前解除劳动合同，需提前一个月通知单位，并向单位支付一个月的工资作为违约金。

2010年3月，因为单位待遇太差，李某提前一个月书面申请辞职，但是一个月后因李某不交违约金，该单位不给其办理离职手续。

【例10-7】分析

问：该单位的做法是否合法？

【**例 10-8**】2015 年 3 月 3 日,上诉人辽宁九洲龙跃医用科技股份有限公司因经济补偿金纠纷一案,不服辽宁省本溪市溪湖区人民法院(2014)溪民初字第 00749 号民事判决,向辽宁省本溪市中级人民法院提起上诉。

本案中,牛耸作为原审被告(乙方)与该有限公司(甲方)订立有劳动合同,其中第二十四条约定甲方违法解除或者终止本合同,乙方要求继续履行本合同的,甲方应当继续履行;乙方不要求继续履行本合同或者本合同已经不能继续履行的,甲方应当依法按照经济补偿金标准的两倍向乙方支付赔偿金;乙方违法解除劳动合同,给甲方造成损失的,应当承担赔偿责任。

二审时法院发现,牛耸在 2014 年 5 月 16 日 19 时 31 分与上诉人通过微信方式沟通,赵庆明(该有限公司法定代表人)提出:"周一你添个辞职报告吧,志不同不相为谋!"牛耸回答:"好的!祝您以后事业越来越好!"2014 年 5 月 29 日 9 时 25 分,牛耸询问:"我的最后工作日期写哪天?"赵庆明回答:"截至十六日"。

问:赵庆明以微信方式向牛耸提出解除劳动合同,合法吗? 本案如何处理?

法院判决如下:

法院确认了上述事实,并认定微信记录经过质证之后可以采信。且认为,法律保护和尊重劳动合同履行过程中双方的自由协商、意思自治,本案中赵庆明以微信方式向牛耸提出解除劳动合同,牛耸对解除劳动合同本身并未提出任何异议,仅对解除合同经济补偿事宜存在争议,故本案应适用《劳动合同法》第四十六条第一款第(二)项的规定,上诉人向被上诉人牛耸支付经济补偿金。判决上诉人给付被上诉人牛耸 2013 年 11 月 4 日至 2014 年 5 月 16 日解除劳动合同经济补偿金 8164.26 元。[①]

六、劳动合同的终止

根据《劳动合同法》第四十四条的规定,有下列情形之一的,劳动合同终止:

(1)劳动合同期满的;

(2)劳动者开始依法享受基本养老保险待遇的;

(3)劳动者死亡,或者被人民法院宣告死亡或者宣告失踪的;

(4)用人单位被依法宣告破产的;

(5)用人单位被吊销营业执照、责令关闭、撤销或者用人单位决定提前解散的;

(6)法律、行政法规规定的其他情形。

劳动合同期满,有《劳动合同法》第四十二条规定的用人单位不得解除劳动合同的情形之一的,劳动合同应当续延至相应的情形消失时终止。但是,在本单位患职业病或因工负伤并被确认丧失或者部分丧失劳动能力劳动者的劳动合同的终止,按照国家有关工伤保险的规定执行。

关于经济补偿的问题,根据《劳动合同法》第四十六条的规定,有下列情形之一的,用人单位应当向劳动者支付经济补偿:

---

① 辽宁九洲龙跃医用科技股份有限公司与牛耸经济补偿金纠纷二审民事判决书[EB/OL]. (2015-03-13)[2018-10-10]. http://wenshu. court. gov. cn/content/content? DocID＝09f0d684-922d-4760-862e-74c7b2296756&KeyWord＝%E7%89%9B%E8%80%B8.

（1）劳动者依照《劳动合同法》第三十八条规定解除劳动合同的；

（2）用人单位依照《劳动合同法》第三十六条规定向劳动者提出解除劳动合同并与劳动者协商一致解除劳动合同的；

（3）用人单位依照《劳动合同法》第四十条规定解除劳动合同的；

（4）用人单位依《企业破产法》规定进行重整解除劳动合同的；

（5）除用人单位维持或者提高劳动合同约定条件续订劳动合同，劳动者不同意续订的情形外，劳动合同期满，终止固定期限劳动合同的；

（6）用人单位被依法宣告破产，被吊销营业执照、责令关闭、撤销或者用人单位决定提前解散而终止劳动合同的；

（7）法律、行政法规规定的其他情形。

关于经济补偿的标准，根据《劳动合同法》第四十七条的规定，经济补偿按劳动者在本单位工作的年限，每满一年支付一个月工资的标准向劳动者支付。六个月以上不满一年的，按一年计算；不满六个月的，向劳动者支付半个月工资的经济补偿。

劳动者月工资高于用人单位所在直辖市、设区的市级人民政府公布的本地区上年度职工月平均工资三倍的，按职工月平均工资三倍的数额向其支付经济补偿，向其支付经济补偿的年限最高不超过十二年。

上文所称月工资是指劳动者在劳动合同解除或者终止前十二个月的平均工资。

用人单位违反《劳动合同法》规定解除或者终止劳动合同，劳动者要求继续履行劳动合同的，用人单位应当继续履行；劳动者不要求继续履行劳动合同或者劳动合同已经不能继续履行的，用人单位应当依照《劳动合同法》第八十七条的规定，按照规定的经济补偿标准的两倍向劳动者支付赔偿金。

用人单位应当在解除或者终止劳动合同时出具解除或者终止劳动合同的证明，并在十五日内为劳动者办理档案和社会保险关系转移手续。

劳动者应当按照双方约定，办理工作交接。用人单位依照《劳动合同法》有关规定应当向劳动者支付经济补偿的，在办结工作交接时支付。

用人单位对已经解除或者终止的劳动合同的文本，至少保存两年备查。

七、违反劳动合同的责任

劳动合同一经依法订立，双方当事人负有全面履行的义务。对不履行或者不适当履行合同义务的当事人应追究违约责任。

根据有关劳动法规的规定，用人单位违反规定或劳动合同的约定解除劳动合同，对劳动者造成损害的，应赔偿劳动者损失，即除补足或支付劳动者应得的待遇外，还应加付一定比例的赔偿费用。劳动者违反规定或劳动合同的约定解除劳动合同，对用人单位造成损失的，劳动者应赔偿用人单位以下损失：①用人单位招收录用其所支付的费用；②用人单位为其支付的培训费用，双方另有约定的按约定办理；③对生产、经营和工作造成的直接经济损失；④劳动合同约定的其他赔偿费用。劳动者违反劳动合同中约定的保密事项，对用人单位造成经济损失的，按《反不正当竞争法》的规定支付用人单位赔偿费用。

此外，《劳动法》第九十九条规定，用人单位招用尚未解除劳动合同的劳动者，对原用人单位造成经济损失的，该用人单位应当依法承担连带赔偿责任。赔偿损失的范围包括：①对原用人单位生产、经营和工作造成的直接经济损失;②因获取商业秘密给原用人单位造成的经济损失。

《劳动合同法》第二十二条规定,用人单位为劳动者提供专项培训费用,对其进行专业技术培训的,可以与该劳动者订立协议,约定服务期。劳动者违反服务期约定的,应当按照约定向用人单位支付违约金。违约金的数额不得超过用人单位提供的培训费用。用人单位要求劳动者支付的违约金不得超过服务期尚未履行部分所应分摊的培训费用。第二十三条规定,用人单位与劳动者可以在劳动合同中约定保守用人单位的商业秘密和与知识产权相关的保密事项。对负有保密义务的劳动者,用人单位可以在劳动合同或者保密协议中与劳动者约定竞业限制条款,并约定在解除或者终止劳动合同后,在竞业限制期限内按月给予劳动者经济补偿。劳动者违反竞业限制约定的,应当按照约定向用人单位支付违约金。

除上述规定的情形外,用人单位不得与劳动者约定由劳动者承担违约金。

八、集体合同

(一)集体合同概述

集体合同是集体协商双方代表根据法律、法规的规定就劳动报酬、工作时间、休息休假、劳动安全卫生、保险福利等事项在平等协商一致基础上签订的书面协议。集体合同和劳动合同有以下区别。

(1)当事人不同。劳动合同当事人为单个劳动者和用人单位;集体合同的主体一方是劳动者的团体组织,另一方是用人单位。

(2)目的不同。劳动合同是为了建立劳动关系;集体合同以集体劳动关系中全体劳动者最低劳动条件、劳动标准和全体职工的义务为主要内容,是为了协调用人单位内部劳动关系。

(3)形式不一。劳动合同在有些国家为要式合同,在有些国家可以是要式合同,也可以是非要式合同;集体合同是要式合同,报送劳动行政部门登记、审查、备案,方能发生法律效力。

(4)效力不同。集体合同的效力高于劳动合同的效力,其效力及于企业或事业组织及其工会和全体职工。

(二)集体合同的内容

《集体合同规定》列举了十五项集体合同可具备的条款,包括劳动报酬,工作时间,休息休假,劳动安全与卫生,补充保险和福利,女职工和未成年工特殊保护,职业技能培训,劳动合同管理,奖惩,裁员,集体合同期限,变更、解除集体合同的程序,履行集体合同时发生争议的协商处理办法,违反集体合同的责任,以及双方认为应当协商的其他内容。

(三)集体合同的协商机制

集体合同由企业工会或职工代表与相应的企业代表进行集体协商。集体协商代表每方为三至十人,双方人数对等,并各确定一名首席代表。工会一方首席代表不是工会主席的,应由工会主席书面委托。双方应另行指定一名记录员。

(四)集体合同的变更与解除

在集体合同期限内,由于签订集体合同的环境和条件发生变化,致使集体合同难以履行时,集体合同任何一方均可提出变更或解除集体合同的要求。签订集体合同的一方就集体合同的执行情况和变更提出商谈时,另一方应给予答复,并在七日内双方进行协商。集体合同双方协商一致,对原集体合同进行变更或修订后,应在七日内报送劳动行政部门审查。经集体合同双方协商一致,可以解除集体合同,但应在七日内向审查该集体合同的劳动行政部门提交书面说明。

(五)集体合同争议处理

1. 因签订集体合同发生争议的处理

因签订集体合同发生争议,双方应谋求协商解决,协商解决不成可由劳动行政部门协调处理。当事人一方或双方可向劳动行政部门的劳动争议协调处理机构提出协调处理的书面申请;未提出申请的,劳动行政部门认为必要时可视情况协调处理。

劳动行政部门处理因签订集体合同发生的争议,应自决定受理之日起三十日内结束。争议复杂或遇到影响处理的其他客观原因需要延期时,延期最长不得超过十五日。

2. 因履行集体合同发生争议的处理

因履行集体合同发生争议,可以通过协商、仲裁和诉讼解决。《劳动法》第八十四条第二款规定,因履行集体合同发生争议,当事人协商解决不成的,可以向劳动争议仲裁委员会申请仲裁;对仲裁裁决不服的,可以自收到仲裁裁决书之日起十五日内向人民法院提起诉讼。

【例10-9】2009年11月11日,甲到乙公司工作,岗位为质检员,月工资为1500元,双方未签订劳动合同。自2010年4月起,甲的月工资增至1700元。2010年10月26日,甲以工资太低为由申请离职,乙公司同意其离职。后甲向劳动争议仲裁委员会提出申诉,要求甲公司支付因未与其签订劳动合同的经济赔偿金18700元(双倍工资)。但此时乙公司辩称公司与工会签有集体劳动合同,该合同对公司和甲均具有约束力,因此并不需要向甲支付双倍工资18700元。

【例10-9】分析

问:乙公司真的不需要支付双倍工资吗?

九、劳务派遣

(一)劳务派遣的概念

劳务派遣又称人才派遣、人才租赁、劳动派遣、劳动力租赁、雇员租赁,是指由劳务派遣机构与派遣劳工订立劳动合同并支付报酬,把劳动者派向其他用工单位,再由其用工单位向派遣机构支付一笔服务费用的一种用工形式。

劳务派遣和一般劳动关系的区别在于招收和使用劳动者的单位是否同一,劳务派遣中用工单位是通过派遣单位招收劳动者的,这也使得劳动者的招收和使用发生了分离。

在这样一种劳动关系中,存在着三个主体:劳动者、用工单位、劳务派遣单位。其中用工单位是实际使用劳动者的单位,劳务派遣单位则是按照用工单位或者劳动力市场需要招收劳动者并与之订立劳动合同的组织。

(二)劳务派遣的岗位限制

《劳动合同法》第六十六条规定,劳务派遣一般是在临时性、辅助性或者替代性的工作岗位上实施。这一规定的出台背景是当时劳务派遣相当泛滥,劳务派遣单位与实际用工单位互相推诿、对被派遣劳动者合法权益造成侵害等负面问题屡见不鲜。《劳动合同法》第六十六条就是为了避免这种现象的出现,但是法条对"临时性、辅助性、替代性"的定义并不清晰。2007年12月26日,全国人大常务委员会法制工作委员会行政法室副主任张世诚透露,全国人大法工委已就劳务派遣疑问答复劳动部,明确劳务派遣期不得超过半年。张世诚称,全国人大法工委已向劳动部给出答复,答复确定了劳务派遣用工形式的三原则:临时性、辅助性和替代性。所谓辅助性,即可使用劳务派遣工的岗位须为企业非主营业务岗位;替代性,指正式员工临时离开无法工作时,才可由劳务派遣公司派遣一人临时替代;临时性,即劳务派遣期不得超过六个月,凡企业用工超过六个月的岗位须用本企业正式员工。①

(三)劳务派遣关系的内容

劳务派遣关系中的劳动者的义务与前文介绍的劳动者的义务类似,因此这里仅介绍劳务派遣关系中的劳动者的权利。劳务派遣关系中劳动者的权利包括:①平等待遇权,一指待遇适用用工单位所在地劳动标准,二指同工同酬;②团结权,这是指被派遣劳动者仍然可以在劳务派遣单位或者用工单位依法参加或者组织工会。

而对劳动者最重要的工资,应该由与劳动者签订劳动合同的劳务派遣单位支付(此处所说的工资并不包括应该由用工单位直接支付的加班费、绩效奖金等)。同时,用工单位也应该对在岗被派遣劳动者进行必要的培训。

(四)劳动派遣合同的解除

劳务派遣合同的解除具有特殊性。就劳动者单方面辞职而言,根据《劳动合同法》第六十五条的规定,被派遣劳动者可以协议解除和即时辞职。这并不意味着被派遣劳动者不可以预告辞职,只不过被派遣劳动者因为与派遣单位存在着劳动关系,因此被派遣劳动者预告辞职的对象应该是派遣单位。派遣单位在收到被派遣劳动者的预告辞职通知时,应将该辞职预告及时转告用工单位。

对被派遣劳动者进行辞退需要走辞退程序,当被派遣劳动者存在法定可辞退情形时,用工单位只能将劳动者退回派遣单位,并不能自行辞退劳动者。其原因在于,劳动关系的双方是派遣单位和被派遣劳动者。用工单位只是购买劳务服务的单位,并非用人单位,自然也就没有权利终止劳动关系。

【例10-10:曲明飞诉深圳东方汇佳劳务派遣有限公司等劳动争议案】

原告曲明飞诉称其与深圳汇佳劳务派遣有限公司(以下简称汇佳公司)签订劳动合同,被派遣至北京创锐文化传媒有限公司(以下简称创锐公司),请求法院判令汇佳公司与创锐公司支付:①2012年2月13日至2012年7月31日未签劳动合同的双倍工资差额20020元;②2012年2月13日至2014年4月29日的加班费13622元;③2012年5月至2013年1月的调拨工资5400元;④2012年6月至2013年1月的拣货工资4800元;⑤2013年及2014年未休年休假工资1680元;⑥2013年至2014年法定节假日加班费1680元;⑦2013年8月至2014年带新人的工资5000元;⑧2013年2月27日至2014年5月5日的盘点工资4536元;⑨解除劳动关系的经济补偿金7000元。

经审理查明:曲明飞于2012年2月13日入职汇佳公司,同日双方签订劳动合同,约定曲明飞被派遣至创锐公司工作,合同期限至2015年2月28日止,曲明飞离职前月平均工资

---

① 人大法工委规范劳务派遣用工形式 派遣期禁超半年[N].京华时报,2007-12-26(003).

为4126.1元。另曲明飞虽要求创锐公司支付其盘点工资、调拨工资、拣货工资及带新人工资,但未能就此举证。并且曲明飞虽主张在职期间存在延时加班、休息日加班及法定节假日加班,但未能举证证明加班事实。关于劳动关系的解除,曲明飞及创锐公司均认可创锐公司的仓库要搬迁,曲明飞因不愿搬迁而离职。

问:以上哪些赔偿可以得到支持?

分析:(1)被告深圳东方汇佳劳务派遣有限公司自本判决生效之日起十日内支付原告曲明飞解除劳动合同的经济补偿金7000元;被告北京创锐文化传媒有限公司对上述支付款项承担连带责任。

(2)被告北京创锐文化传媒有限公司自本判决生效之日起十日内支付原告曲明飞2013年未休年休假工资1517.65元;被告深圳东方汇佳劳务派遣有限公司对上述支付款项承担连带责任。

(3)驳回原告曲明飞的其他诉讼请求。

第四节 工作时间与工资

一、工作时间

(一)工作时间的概念与最高工时标准

工作时间,又称法定工作时间,是指劳动者为履行劳动义务,在法定期限内应当劳动或工作的时间。但在实际生活中,很多用人单位都会要求劳动者加班,最高工时标准的出台就是为了防止用人单位对劳动者的无限制剥削。

最高工时标准是指法律规定的在一定自然时间内工作时间的最长限度。根据我国现行立法的规定,日最长工时为八小时,周最长工时为四十小时。

(二)休假的概念与种类

休假是指劳动者可以免于上班劳动并且有工资保障的休息时间,其主要包括法定节假日、探亲假、年休假和其他假期。

(1)法定节假日。我国劳动法规定的法定节假日有新年、春节、清明节、劳动节、端午节、中秋节、国庆节以及法律、法规规定的其他休假节日。上述法定节假日中,凡属假日,如适逢星期六、星期日,应当在工作时间补假。

(2)探亲假。劳动者享有保留工资、工作岗位而同分居两地的父母或配偶团聚的假期。

(3)年休假。《劳动法》第四十五条规定,国家实行带薪年休假制度。劳动者连续工作一年以上的,享受带薪年休假。具体办法由国务院规定。

(三)加班加点的主要法律规定

加班是劳动者在法定节日或公休假日从事生产或工作。加点是劳动者在正常工作日以外继续从事生产或工作。加班加点又被统称为延长工作时间。但是加班也并非毫无限制,我国法律、法规为了保护劳动者,对加班加点有着相关限制。

1.人员范围限制

我国法律、法规规定,禁止安排未成年工、怀孕七个月以上的女工和哺乳未满周岁婴儿的女工加班。

2.程序要求

用人单位由于生产经营需要而安排延长工作时间的,应当事先与工会和劳动者协商。

3.时间限制

(1)一般情况下加班加点的规定。

《劳动法》第四十一条规定,用人单位由于生产经营需要,经与工会和劳动者协商后可以延长工作时间,一般每日不得超过一小时;因特殊原因需要延长工作时间的,在保障劳动者身体健康的条件下延长工作时间每日不得超过三小时,但是每月不得超过三十六小时。

(2)在以下特殊情况下,延长工作时间不受《劳动法》第四十一条的限制。

①发生自然灾害、事故或者因其他原因,威胁劳动者生命健康和财产安全,需要紧急处理的;

②生产设备、交通运输线路、公共设施发生故障,影响生产和公众利益,必须及时抢修的;

③在法定节日和公休假日内工作不能间断,必须连续生产、运输或营业的;

④必须利用法定节日或公休假日的停产期间进行设备检修、保养的;

⑤为了完成国防紧急生产任务,或者完成上级在国家计划外安排的其他紧急生产任务,以及商业、供销企业在旺季完成收购、运输、加工农副产品紧急任务的;

⑥法律、行政法规规定的其他情形。

(四)加班加点的工资标准

《劳动法》对加班加点的工资标准规定如下:

(1)安排劳动者延长工作时间的,支付不低于工资的百分之一百五十的工资报酬;

(2)休息日安排劳动者工作又不能安排补休的,支付不低于工资的百分之二百的工资报酬;

(3)法定休假日安排劳动者工作的,支付不低于工资的百分之三百的工资报酬。

【例 10-11:江苏省高级人民法院公布 2013 年劳动争议十大典型案例之一——刘某与某时装公司劳动纠纷案】

刘某自 2006 年 2 月起至某时装公司从事裁剪工作。2009 年 4 月 23 日至 2013 年 4 月 23 日,市人社部门应某时装公司申请许可其实行特殊工时工作制,其中综合计算工时制计算周期为年,岗位包括编织、缝合、包装等。刘某从事的裁剪岗位属于手缝部门。2010 年度特殊工时花名册载有"刘某、手工岗位、综合工作制"。2010 年度刘某加班时长累计 1167.5 小时,2011 年度刘某加班时长累计 1106.5 小时,2012 年 1 至 6 月刘某加班时长累计 459.5 小时。2011 年 6 月至 2012 年 5 月,刘某上班天数共计 306 天,平均每周工作近 6 天。2012 年 9 月 3 日,刘某以公司超时加班、未足额支付加班工资为由向公司提出解除劳动合同。后双方于 2012 年 9 月 10 日解除劳动关系。刘某诉至法院,请求判令该时装公司支付其加班工资。

问:该公司需要支付加班工资吗?

分析：法律规定企业因生产特点不能实行《劳动法》规定的标准工时制的，可以实行不定时工作制或综合计算工时制。实行综合计算工时制的，平均日工作时间和平均周工作时间应与法定标准工作时间基本相同。本案中，即使某时装公司已就刘某的工作岗位向劳动行政部门申请了实行综合计算工时制，但由于其在实施过程中未能严格按照该制度的条件和要求执行，使刘某一直处于超时加班状态，故仍被法院责令按标准工时制的计算标准向刘某支付加班工资。

二、工资

（一）工资的概念与特征

工资是指用人单位依据国家有关规定和集体合同、劳动合同约定的标准，根据劳动者提供劳动的数量和质量，以法定方式支付给劳动者的劳动报酬。

工资有以下几个特征：①工资是基于劳动关系支付给劳动者的劳动报酬；②工资是对付出的劳动所给予的物质补偿；③工资依据工资法规、工资政策、集体合同、劳动合同的规定确定；④工资以法定方式支付。

（二）工资的构成与形式

工资主要由基本工资和辅助工资构成。基本工资是指劳动者在法定工作时间内提供正常劳动所得到的报酬，它是劳动者工资的基本组成部分。辅助工资则主要包括奖金、津贴、加班加点工资等。

工资形式是指计量劳动和支付劳动报酬的方式。企业根据本单位的生产经营特点和经济效益，依法自主确定本单位的工资分配形式。工资形式主要有计时工资、计件工资、定额工资、浮动工资、奖金、津贴、特殊情况下的工资等。

（三）工资支付保障

工资支付保障是指为保障劳动者劳动报酬权的实现，防止用人单位滥用工资分配权而制定的有关工资支付的一系列规则。用人单位应严格执行工资支付办法，以货币形式按月向劳动者本人支付工资，严禁用人单位非法扣除工资。为保证用人单位足额支付劳动者工资，劳动法规作了如下限制性规定。

1.对代扣工资的限制

用人单位不得非法克扣劳动者工资，有以下情况之一的，用人单位可以代扣劳动者工资：①用人单位代扣代缴的个人所得税；②用人单位代扣代缴的应由劳动者个人负担的社会保险费用；③用人单位依审判机关判决、裁定扣除劳动者工资；④法律、法规规定可以从劳动者工资中扣除的其他费用。

2.对扣除工资金额的限制

(1)因劳动者本人原因给用人单位造成经济损失的，用人单位可以按照劳动合同的约定要求劳动者赔偿其经济损失。经济损失的赔偿，可从劳动者本人的工资中扣除。但每月扣除金额不得超过劳动者月工资的百分之二十，若扣除后的余额低于当地月最低工资标准的，则应按最低工资标准支付。

(2)用人单位对劳动者违纪罚款，一般不得超过本人月工资标准的百分之二十。

(四)最低工资

1. 最低工资的概念

所谓最低工资,是指劳动者在法定工作时间内提供了正常劳动的前提下,其所在用人单位应支付的最低劳动报酬。最低工资不包括以下各项:①加班加点工资;②中班、夜班、高温、低温、井下、有毒有害等特殊工作环境、条件下的津贴;③国家法律、法规和政策规定的劳动者保险、福利待遇;④用人单位通过补贴伙食、住房等支付给劳动者的非货币性收入。

2. 最低工资标准的确定与调整

《劳动法》第四十八条第一款规定,最低工资的具体标准由省、自治区、直辖市人民政府规定,报国务院备案。

最低工资标准应当高于当地的社会救济金和失业保险金标准,低于平均工资。最低工资标准发布实施后,如确定最低工资标准参考的因素发生变化或本地区职工生活费用价格指数累计变化较大,应当适当调整,但每年最多调整一次。

3. 最低工资的支付

《劳动法》明确规定,用人单位支付给劳动者的工资不得低于当地最低工资标准。最低工资应以法定货币支付。用人单位支付给劳动者的工资低于最低工资标准的,由当地人民政府劳动行政部门责令其限期改正,逾期未改的,由劳动行政部门对用人单位和责任者给予经济处罚,并视其欠付工资时间的长短向劳动者支付赔偿金。

【例 10-12:单位拖欠工资,劳动者可以解除劳动合同吗?】

左思明被单位拖欠工资两个月了,他找到王律师,咨询单位拖欠他的工资,他可不可以提出辞职,同时,他又希望能获得单位的经济补偿。

《劳动合同法》第三十八条规定,未及时足额支付劳动报酬的,劳动者可以解除劳动合同。单位拖欠劳动者的劳动报酬,有以下两种表现形式:

(1)未及时发放工资。所谓"及时",根据我国《工资支付暂行规定》,是指工资必须在用人单位与劳动者约定的日期支付。

(2)未足额发放工资。所谓"足额",是指严格按照双方在劳动合同中约定的工资报酬总额发放。

从法条的表述来看,《劳动合同法》第三十八条规定的"未及时足额支付劳动报酬"并无所谓恶意还是善意,只要拖欠工资超过一个合理的时间(一般为一个正常的周期,实践中法院一般以一个月作为衡量标准,比如《江苏省工资支付条例》规定,即便用人单位确有困难,迟延发放工资也应该履行法定程序,且延期最长不得超过三十日)。

【例 10-13:单位不缴纳社会保险费,劳动者可以解除劳动合同吗?员工主动申请不缴纳社会保险费,单位是否要承担责任?】

用人单位和劳动者必须依法参加社会保险。单位不为劳动者缴纳社会保险费,办理应有的社会保险,即侵害了劳动者的利益。一旦发生这种情况,劳动者就可以主动提出解除劳动合同。

此外,《劳动合同法》还将社会保险规定为劳动合同的必备条款,明确规定参加社会保险、缴纳社会保险费是用人单位与劳动者的法定义务,双方都必须履行。

但是,如果员工主动提出不缴纳社会保险费,事后又反过来要求单位赔偿,该如何处理呢?

例：2012 年 7 月 11 日，江小二入职惠州 SK 公司，劳动合同期限为三年。入职时，江小二出具申请书，表示自愿放弃缴纳社会保险费。

江小二因腰椎手术后复发入医院治疗，共花费医疗费 96448 元，该费用由江小二自行垫付。2014 年 7 月 1 日，其返回公司上班，因医疗费用支付、社会保险费缴纳的问题与公司发生争议，公司不同意支付，接下来就打官司了。

公司认为江小二在职时未能及时参保，是江小二主动申请的，所以不同意支付医疗费 56554.2 元。江小二认为公司未为其缴纳社会保险费的责任在公司，公司应当承担医疗费。

劳动争议仲裁委员会和一审法院认为公司未缴社会保险费导致江小二不能报销医疗费，公司需承担责任。判公司需支付江小二医疗费 56554.2 元。

公司不服，提起了上诉。

惠州市中级人民法院经审理认为，《劳动法》第七十二条规定，社会保险基金按照保险类型确定资金来源，逐步实行社会统筹。用人单位和劳动者必须依法参加社会保险，缴纳社会保险费。即用人单位一旦与劳动者建立劳动关系，用人单位就应依法为其缴纳社会保险费。

本案中，虽然江小二签了放弃缴纳社会保险费的申请书，但其放弃属于违反法律强制性规定的义务，应认定为无效。

公司觉得很冤，向广东省高级人民法院申请再审，广东省高级人民法院经审理认为，《劳动法》第七十二条规定，用人单位和劳动者必须依法参加社会保险，缴纳社会保险费。也就是说，用人单位一旦与劳动者建立劳动关系，就应依法为其缴纳社会保险费。江小二承诺放弃缴纳社会保险费是无效承诺，公司有法定的义务为江小二缴纳社会保险费。

公司未按规定缴纳社会保险费，致使江小二无法享受医保待遇，故未缴纳期间公司所属职工发生的医疗费用，应由公司按规定承担。

【例 10-14：单位与职工约定"业绩不好劳动合同就终止"，该约定有效吗？协商一致解除劳动合同，单位还支付经济补偿金吗？】

王佐红与单位签订的劳动合同中，单位对她的工作业绩作了严格的要求，其中特别规定"业绩不好劳动合同就终止"，这个规定像个紧箍咒，让她心惊肉跳。这个约定具有法律效力吗？

分析：根据《劳动合同法》的规定，只有在符合法律规定的条件下，劳动合同才可以终止，而不可以由双方自由约定劳动合同终止的条件。

虽然依据现在仍然有效的《劳动法》的规定，劳动合同双方当事人可以自行约定终止条件，但基于后法优于前法的原则，《劳动合同法》生效施行以后，《劳动法》的上述规定自动失效。

那么，来看另一个问题：员工不能完成工作定额，单位是不是可以炒人？炒人的话要给经济补偿吗？

如果员工不能完成月定额任务量，那企业要给他换岗、培训，换岗后仍然不能完成规定工作量的，才能解除劳动合同，而且要支付经济补偿金。需要注意的是，这里的"换岗"是不需劳动者同意的，而在实践中很多企业往往会滥用该条规定。

关键问题是，企业规定的工作定额标准是否合理。有的企业把最娴熟工人的速度规定为所有人要达到的标准，大部分员工都完不成，员工一旦完不成任务，企业就会以此为由与之解除劳动合同。

　　根据《劳动合同法》的规定,用人单位应当严格执行劳动定额标准,不得强迫或者变相强迫劳动者加班;此外,企业制定劳动定额的有关规章制度必须经职工代表大会或者全体职工讨论,提出方案和意见,与工会或者职工代表平等协商确定,通过这一法定程序制定的涉及劳动定额标准的规章制度,才是具有法律效力的规章制度。

　　那么,用人单位与劳动者协商一致解除劳动合同,用人单位还要支付经济补偿金吗?

　　根据《劳动合同法》的规定,用人单位与劳动者协商一致,用人单位向劳动者提出解除劳动合同的,用人单位应当向劳动者支付经济补偿金。

　　可见,即使在协商一致的情况下,用人单位提出解除劳动合同的,用人单位也应当支付经济补偿金;而劳动者提出解除劳动合同的,用人单位则可以不支付经济补偿金。

　　但是,在其他情况下,如果系由于用人单位的过错,劳动者被迫提出解除劳动合同的,用人单位仍应支付经济补偿金。

第五节　劳动法保障

一、社会保险的概念与特征

　　社会保险是指具有一定劳动关系的劳动者在暂时或永久性丧失劳动能力及失业时,获得国家、社会经济补偿和物质帮助的一种社会保障制度。《劳动法》规定,国家发展社会保险事业,建立社会保险制度,设立社会保险基金,使劳动者在年老、患病、工伤、失业、生育等情况下获得帮助和补偿。目前,我国社会保险仅限于职工社会保险,即劳动保险,尚未包括农民社会保险和其他劳动者保险。我国的社会保险项目有养老保险、失业保险、工伤保险、医疗保险和生育保险。

二、我国社会保险的结构

　　我国目前的社会保险由基本社会保险、用人单位补充保险、个人储蓄保险三个层次组成。

(一)基本社会保险

　　基本社会保险是由国家统一建立并强制实行的为劳动者平等地提供基本生活保障的社会保险。它是法定的强制保险,覆盖面广,在社会保险中,其属于基本组成部分,是第一层次的社会保险。基本社会保险基金一般由国家、用人单位、劳动者三方合理负担。

(二)用人单位补充保险

　　用人单位补充保险是指除了基本社会保险以外,用人单位根据自己的经济条件为劳动者投保的高于基本社会保险标准的补充保险。补充保险是第二层次的社会保险,以用人单位具有经济实力、能承受为前提。其由用人单位自愿投保,保险基金由用人单位负担。国家鼓励用人单位根据本单位实际情况为劳动者建立补充保险。

(三)个人储蓄保险

　　个人储蓄保险是指劳动者个人以储蓄形式参加的社会保险。它是第三层次的社会保险。劳动者根据自己的经济能力和意愿决定是否负担该保险。国家提倡劳动者个人进行储蓄性保险。

三、各项社会保险制度

(一)养老保险

养老保险,又称年金保险,是指劳动者在因年老或病残而丧失劳动能力的情况下,退出劳动领域,定期领取生活费用的一种社会保险制度。我国的养老保险实行国家、企业和个人三方共同负担,职工个人也缴纳一定费用的保险制度。其中,基本养老保险费用由企业和个人共同负担。它为实现劳动者老有所养提供物质保障。我国职工养老保险有三种形式。

(1)退休,即职工因年老或病残而完全丧失劳动能力,退出生产或工作岗位养老休息时获得一定物质帮助的制度。

(2)离休,即中华人民共和国成立前参加革命工作的老干部到达一定年龄后离职休养的制度。

(3)退职,即职工不符合退休条件但因完全丧失劳动能力而退出职务或工作岗位进行休养的制度。

现行的养老保险待遇的基本内容主要包括基本养老金(含离休金、退休金和退职生活费)、医疗待遇(含离休干部的公费医疗和保健医疗)、死亡待遇、异地安置费和其他待遇等。

(二)失业保险

失业保险,我国又称待业保险,是指劳动者在失业期间,由国家和社会给予一定物质帮助,以保障其基本生活并促进其再就业的一种社会保险制度。

1.失业保险待遇的范围

在我国现行法规中,失业保险待遇主要包括:

(1)失业救济金,即失业者在规定的失业期间领取的生活费;

(2)失业者在领取失业救济金期间的医疗费、丧葬补助费及其所供养亲属的抚恤金、救济费;

(3)参加由失业保险经办机构组织或扶持的转业训练和生产自救的费用。

2.享受失业保险待遇的条件

国家对享受失业保险待遇(尤其是领取失业救济金)所应具备的条件,作了严格规定。具备下列条件的失业人员,可以领取失业保险金:

(1)按照规定参加失业保险,所在单位和本人已按照规定履行缴费义务满一年的;

(2)失业者是非自愿失业的;

(3)已办理失业登记并有求职要求的。

3.失业保险待遇的停止

凡发生以下情形之一的,停止发放失业保险金,其他失业保险待遇同时停止:①重新就业的;②应征服兵役的;③移居境外的;④享受基本养老保险待遇的;⑤被判刑收监执行或者劳动教养的;⑥无正当理由,拒不接受当地人民政府指定的部门或者机构介绍的工作的;⑦有法律、行政法规规定的其他情形的。

(三)工伤保险

工伤保险,又称职业伤害赔偿保险,是指职工因工致伤、病、残、死亡,依法获得经济赔偿和物质帮助的一种社会保险制度。工伤保险费用由用人单位承担,劳动者不须缴纳任何费用。

1. 工伤保险的特征

工伤保险具有以下特征:①它是基于对工伤职工的赔偿责任而设立的;②它是由用人单位承担全部责任的;③其赔偿责任实行无过错责任原则;④其被保险人范围包括全体职工;⑤其目的不仅在于对受害者事后救济,而且还注重对职业伤害的预防。

2. 工伤的概念与范围

工伤,即因工负伤,是指职工在劳动过程中因执行职务(业务)而受到的急性伤害,包括工业事故造成的伤害和职业病造成的伤害。

3. 工伤保险待遇的范围

我国现行立法规定的工伤保险待遇主要包括:

(1)工伤医疗期待遇。工伤医疗期即职工因工负伤或患职业病而停工治疗并领取工伤津贴的期限。按照轻伤和重伤的不同情况工伤医疗期确定为一至二十四个月,严重工伤或职业病需要延长的,最长不超过三十六个月。

(2)工伤致残待遇。职工因工致残被鉴定为一至四级(即全残的),应当退出生产、工作岗位的,终止劳动关系,取得工伤致残抚恤证件。职工因工致残被鉴定为五至十级的,原则上由用人单位安排适当工作。

(3)因工死亡待遇。职工因工死亡,其遗属享受丧葬补助金、供养亲属抚恤金等工伤保险待遇。

(四)疾病、生育、死亡保险

(1)疾病保险。疾病保险又称病伤保险、健康保险,广义上其包括生育保险、死亡保险,狭义上其仅指保障劳动者及其亲属非因工病伤后在医疗和生活上获得物质帮助的一种社会保险制度。我国职工疾病保险待遇主要包括医疗待遇以及疾病、负伤、残废期间的生活待遇。

(2)生育保险。生育保险是指女职工因怀孕、分娩导致不能工作,收入暂时中断,国家和社会给予必要物质帮助的社会保险制度。根据《劳动法》《女职工劳动保护规定》和《企业女职工生育保险试行办法》的规定,女职工生育保险包括产假、医疗服务和产假期生育津贴三部分内容。

(3)死亡保险。死亡保险是指在劳动者死亡后,为解决其善后事宜及保障其生前所供养直系亲属的基本生活,按照法律规定给予物质帮助的社会保险制度。

【例10-15】黄某才是东莞一家音响公司的员工,2005年,黄某才以黄某亮的名义入职公司,公司用黄某亮的身份证信息缴纳工伤保险费时,发现黄某亮在其他公司已经缴纳了社会保险费,因此不能再为黄某亮缴纳工伤保险费。公司查问之下得知黄某才的真实身份,要求他更正身份,并协助公司缴纳社会保险费。黄某才称他的身份证丢失了,并表示不需要公司缴纳社会保险费,如果发生事故也不需要公司负责。

2007年6月5日10时,黄某才在工作时感觉不适,于是到附近一家药店治疗。输液用药后,黄某才呼吸心搏骤停,经抢救无效死亡。

问:黄某的事故属于工伤吗? 该音响公司需要承担责任吗?

分析:首先需要认清这算不算工伤。《工伤保险条例》第十五条规定,在工作时间和工作岗位,突发疾病死亡或者在四十八小时之内经抢救无效死亡的应当视同为工伤。因此,这仍然是工伤。

其次,虽然黄某才自行到没有行医资格的药店就医,但音响公司确实没有为黄某才缴纳工伤保险费,因此法院判决该音响公司需支付黄某才赔偿金近8万元,并按法定标准继续支付黄某才年迈父亲和年幼儿子的抚恤金直至供养条件消失之日止。

【专栏:参加单位组织的体育活动受伤能认定为工伤吗?】

员工在参加单位组织的体育活动中受伤,是否应当认定为工伤,实务中存在不同的观点,进而导致出现了不同的判例。

根据人力资源社会保障部《关于执行〈工伤保险条例〉若干问题的意见(二)》(人社部发〔2016〕29号)第四条的规定,职工在参加用人单位组织或者受用人单位指派参加其他单位组织的活动中受到事故伤害的,应当视为工作原因,但参加与工作无关的活动除外。

争议的焦点是:参加单位组织的体育活动,是否属于"参加与工作无关的活动"?法律没有作出进一步的明确规定。换一句话说,什么叫"与工作无关的活动",在法律上如何定义,没有司法解释或者规定。

个人认为,员工在参加单位组织的体育活动中受伤,应当认定为工伤,主要理由如下。

第一,依据《工伤保险条例》第十四条的规定,职工在工作时间和工作场所内,因工作原因受到事故伤害的,应当认定为工伤。根据国家劳动法律法规侧重于保护劳动者的立法宗旨和司法实践以及对工伤职工进行特殊保护的立法原意,在认定工作原因、工作时间和工作场所时,不能单独、机械、绝对地进行拆分理解,应当作广义和扩大的理解,即只要是用人单位从自身利益出发,给职工安排或组织的与工作或单位利益有关的各项任务、活动,包括外出旅游、集体聚餐、各项体育运动,都可以视为工作。因此,职工参加单位组织的各类体育活动(如篮球、足球、拔河、跑步等)中受伤,可以视同职工参加单位临时指派的一项工作而受伤,参加这类活动是职工工作的延伸,应视为因工作原因而受伤。

第二,用人单位组织员工参加体育活动,其目的是增强员工的凝聚力与归属感,锻炼和提升员工的体质,从而提高员工的工作积极性,这也有利于加强用人单位对集体活动的组织管理。

第三,根据最高人民法院《关于审理工伤保险行政案件若干问题的规定》(法释〔2014〕9号)第四条的规定,职工参加用人单位组织或者受用人单位指派参加其他单位组织的活动受到伤害的,应当认定为工伤。

【例10-16:下班骑车回女友家撞上电线杆身亡,是不是工伤?】

小徐是A公司员工。2014年5月8日18时10分许,小徐擅自提前下班,驾驶摩托车回女朋友家,途中遇小轿车失控,与路边的电线杆相撞,当场死亡。

5月23日,交警出具道路交通事故证明,不能确认小轿车与摩托车在事故时是否接触。经调解,小轿车司机自愿承担同等责任,并就赔偿与小徐家属达成协议,法院出具了民事调解书。

2015年10月13日,小徐父亲向成都市人力资源和社会保障局申请工伤认定。

12月9日,成都市人力资源和社会保障局作出工伤认定决定书,认为小徐下班后系返回经常居住地，认定小徐受到的事故伤害符合《工伤保险条例》第十四条第（六）项之规定，予以认定为工伤。

公司不服，起诉请求撤销成都市人力资源和社会保障局作出的认定工伤决定书，撤销四川省人力资源和社会保障厅作出的行政复议决定书。

公司意见：

公司认为小徐的死亡不是工伤，理由如下。

根据《工伤保险条例》第十四条第（六）项之规定，上下班途中遭受事故构成工伤具有两个前提：①在上下班途中；②非本人主要责任。

但小徐的事故并不符合这两个条件。

首先，小徐擅自提前下班，行动路线与其声称的返回地点不符，不是回自己的家。

其次，小徐交通事故责任划分没有有关机关出具的法律文书和生效裁决。

因此，小徐所受到的伤害不应当认定为工伤。

人力资源和社会保障局意见：

根据当事人提交的社区居民委员会证明等证据，可以得出小徐系下班返回经常居住地途中发生交通事故死亡；关于交通事故责任划分，根据法院民事调解书及情况说明等证据，小轿车司机与小徐家属达成同等责任一致意见。

法院判决：

一审法院经审理认为，第一，小徐从工作地前往女友家途中，是职工日常生活中合理的要求，且在合理时间内未改变以"上下班"为目的的合理路线，应当认定为"上下班途中"。

第二，小徐在此次事故中具有同等责任，属于受到非本人主要责任的交通事故伤害的情形，符合《工伤保险条例》第十四条第（六）项"在上下班途中，受到非本人主要责任的交通事故或者城市轨道交通、客运轮渡、火车事故伤害的"的规定，应认定为工伤。

另外，根据《工伤保险条例》第十九条第二款"职工或者近亲属认为是工伤，用人单位不认为是工伤的，由用人单位承担举证责任"的规定，成都市人力资源和社会保障局向公司送达的受理工伤认定申请告知书，已明确告知以上内容及后果，公司在工伤认定程序中，并未提交不是工伤的证据，因此导致的不利后果由公司承担。

综上，公司的诉讼请求，不能成立，依法应予驳回。

公司不服，向成都市中级人民法院提起上诉。成都市中级人民法院于 2017 年 2 月 15 日作出终审判决，驳回上诉，维持原判。

分析：

以下这些都不是工伤。

1. 在工作时间和工作场所内，非因工作原因受到伤害的

依据《工伤保险条例》第十四条第（一）项的规定，在工作时间和工作场所内，因工作原因受到事故伤害的应当认定为工伤，这就是所谓的"三工"。

"三工"中最核心的因素是"工作原因"，其是工伤的充分条件，"工作场所"和"工作时间"更多的是证明工作原因的辅助因素，同时也对工作原因起增强作用。根据最高人民法院《关于审理工伤保险行政案件若干问题的规定》，在工作时间和工作场所内受到伤害，用人单位或者社会保险行政部门没有证据证明是非工作原因导致的，则推定为工作原因，亦可认定为工伤。当然，如果用人单位有证据证明员工在工作时间和工作场所内受到伤害并非因工作

原因导致,则不能认定为工伤。

2.在工作时间和工作场所内,不是因履行工作职责受到暴力伤害的

《工伤保险条例》规定在工作时间和工作场所内"因履行工作职责受到暴力等意外伤害"可认定为工伤,这里的"伤害"包括两层含义,一层是指职工因履行工作职责,使某些人的不合理的或违法的目的没有达到,这些人出于报复而对该职工进行的暴力人身伤害;另一层是指在工作时间和工作场所内,职工因履行工作职责受到的意外伤害,诸如地震、厂区失火、车间房屋倒塌以及由于单位其他设施不安全而造成的伤害等。

"因履行工作职责受到暴力等意外伤害"强调的是受到的伤害与履行工作职责之间存在因果关系。

如果员工因个人利益、个人私怨等原因受到暴力伤害,显然无法认定为工伤。

3.因工外出期间从事个人活动受到伤害的

因工外出期间一般包括以下情形:①员工受用人单位指派或者因工作需要在工作场所以外从事与工作职责有关的活动期间;②员工受用人单位指派外出学习或者开会期间;③员工因工作需要的其他外出活动期间。

《工伤保险条例》规定职工因工外出期间,由于工作原因受到伤害或者发生事故下落不明的,应当认定为工伤,这里强调的是"工作原因"。

如果员工在因工外出期间从事个人活动,则不能认定为工伤。

最高人民法院在《关于审理工伤保险行政案件若干问题的规定》中对此亦进行了明确,"职工因工外出期间从事与工作或者受用人单位指派外出学习、开会无关的个人活动受到伤害,社会保险行政部门不认定为工伤的,人民法院应予支持"。

4.在上下班途中发生交通事故但本人负主要责任或全部责任的

上下班途中发生交通事故是工伤认定的常见类型,但并非所有的在上下班途中发生的交通事故都能认定为工伤,这里需考虑员工在交通事故中的责任大小。

《工伤保险条例》规定上下班途中受到"非本人主要责任的交通事故"可认定为工伤,"非本人主要责任"如何理解? 具体是指"无责任""次要责任""同等责任"。

如果交警部门出具的事故认定结论为员工个人承担事故的"主要责任"或"全部责任",则不能认定为工伤。

5.在工作时间和工作岗位,突发疾病抢救无效在四十八小时后死亡的

《工伤保险条例》规定"在工作时间和工作岗位,突发疾病死亡或者在四十八小时之内经抢救无效死亡的"视同工伤。"突发疾病"包括各类疾病,不要求与工作有关联。实务中较为常见的病是心脏病、脑出血、心肌梗死等突发性疾病。以医疗机构的初次诊断时间作为突发疾病的起算时间。

员工虽然是在工作时间和工作岗位突发疾病,但经过抢救无效四十八小时之后才死亡的,不属于视同工伤的情形。

6.非因工作原因对遇险者实施救助导致伤亡又未经有关部门认定为见义勇为的

《工伤保险条例》第十五条第一款第(二)项规定在抢险救灾等维护国家利益、公共利益活动中受到伤害的视同工伤,这里需注意司法实践中的做法。

最高人民法院在《关于非因工作原因对遇险者实施救助导致伤亡的情形是否认定工伤问题的答复》(【2014】行他字第 2 号)中对《关于张贤锋、王年姣诉信丰县人力资源和社会保

障局劳动与社会保障行政确认请示》的答复如下：非因工作原因对遇险者实施救助导致伤亡的，如未经有关部门认定为见义勇为，似不属于《工伤保险条例》第十五条第一款第（二）项规定的视同工伤情形。考虑到请示所涉案件中张诗春舍身救人的行为值得提倡，建议你院与下级法院协调当地有关部门，尽可能通过其他方式做好相关安抚工作，以妥善化解争议。

7. 故意犯罪导致伤亡的

依据《工伤保险条例》第十六条的规定，职工故意犯罪的，不得认定为工伤或者视同工伤。

明知自己的行为会发生危害社会的结果，并且希望或者放任这种结果发生，因而构成犯罪的，是故意犯罪。故意犯罪的社会影响恶劣，对国家、社会和公民的财产、利益等损害较大，本着引导公民遵纪守法的精神，对于故意犯罪的恶劣情形，法律设定了不利后果，将其排除在工伤保险制度之外，不予认定工伤。"故意犯罪"的认定，应当以刑事侦查机关、检察机关和审判机关的生效法律文书或者结论性意见为依据。需特别注意的是，过失犯罪导致的伤亡不影响工伤认定，比如交通肇事罪、重大责任事故罪。

8. 醉酒或者吸毒导致伤亡的

法律将因醉酒导致伤亡的情形排除在工伤认定的范围之外，主要是考虑国家的一些法律规定禁止醉酒后工作、醉酒后驾车等，因此，醉酒导致行为失去控制所引发的各种事故不能作为工伤处理，这样规定也是为了在一定程度上控制职工酒后工作，减少工伤事故的发生。关于醉酒标准，可以参照国家相关规定。

吸毒在医学上多称为药物依赖和药物滥用，吸毒对人的身体健康造成了严重损害，造成了社会财富的巨大损失和浪费，毒品交易活动加剧了各种违法犯罪活动，扰乱了社会治安，给社会稳定带来了巨大威胁。相比醉酒，在行为人的主观过错、社会危害性等方面吸毒有过之而无不及，借鉴国际公约相关规定，我国亦将吸毒排除在工伤认定范围之外。

9. 自残或者自杀的

自残是指通过各种手段和方式伤害自己的身体，并造成伤害结果的行为。自杀是指通过各种手段和方式结束自己生命的行为。有的自残或者自杀是员工精神状态导致的，但有的不能排除是为了获得工伤待遇导致的，自残或者自杀与工作没有必然联系，员工应对其主观故意承担责任，因此，不能认定工伤。

四. 女职工特殊劳动保护

女职工特殊劳动保护是指根据女职工生理特点和抚育子女的需要，对其在劳动过程中的安全健康所采取的有别于男子的特殊保护，主要包括禁止或限制女职工从事某些作业的规定、女职工"四期"保护等。

(一)女职工禁忌劳动范围

禁忌女职工从事以下繁重体力劳动的作业：①矿山井下作业；②森林业伐木、归楞及流放作业；③《体力劳动强度分级》标准中第四级体力劳动强度的作业；④建筑业脚手架的组装和拆除作业，以及电力、电信行业的高处架线作业；⑤连续负重（指每小时负重次数在六次以上）每次负重超过二十千克，间断负重每次超过二十五千克的作业；⑥已婚待孕女职工禁忌从事铅、汞、苯、镉等作业场所属于《有毒作业分级》标准中第三、四级的作业。

(二)女职工"四期"保护

(1)月经期保护。不得安排女职工在经期从事高处、高温、低温、冷水作业和国家规定的第三级体力劳动强度的劳动。

(2)怀孕期保护。不得安排怀孕期女职工延长工作时间和夜班劳动。

(3)生育期保护。女职工生育享受不少于九十天的产假。

(4)哺乳期保护。不得安排女职工在哺乳未满一周岁的婴儿期间从事国家规定的第三级体力劳动强度的劳动和哺乳期禁忌从事的其他劳动，不得安排其延长工作时间和夜班劳动。

五、未成年工特殊劳动保护

未成年工是指年满十六周岁未满十八周岁的劳动者。对未成年工进行特殊劳动保护的措施主要有以下几个。

(1)上岗前培训。未成年工上岗，用人单位应对其进行有关职业安全卫生的教育、培训。

(2)禁止安排未成年工从事有害健康的工作。用人单位不得安排未成年工从事矿山井下、有毒有害、国家规定的第四级体力劳动强度的劳动和其他禁忌从事的劳动。

(3)对未成年工定期进行健康检查。用人单位应按规定在以下时间对未成年工定期进行健康检查：①安排工作岗位之前；②工作满一年；③年满十八周岁，距前一次体检的时间已超过半年。

第六节　劳动争议处理

一、劳动争议的概念与种类

劳动争议又称劳动纠纷，是指劳动关系双方当事人因执行劳动法律、法规或履行劳动合同、集体劳动合同发生的争执。

根据劳动人数的不同，劳动争议可以分为个人争议、集体争议和团体争议。其中个人争议是劳动者个人与其所在单位发生的劳动争议；集体争议是劳动者在三人以上，并有共同理由的劳动争议；团体争议则是工会与用人单位之间因集体合同产生的争议。

根据劳动争议内容的不同，劳动争议可分为权利争议和利益争议。权利争议是指劳动者或用人单位并没有全面、适当地行使《劳动法》、劳动合同或者集体合同中规定的权利时引发的争议；利益争议是在劳动合同未确立的情况下，双方就各自的权利与义务发生的争议。

根据当事人国籍的不同，劳动争议可分为国内劳动争议和涉外劳动争议。国内劳动争议是指我国的用人单位与具有我国国籍的劳动者之间发生的劳动争议；涉外劳动争议是指具有涉外因素的劳动争议，包括我国在国外设立的机构与我国派往该机构工作的人员之间发生的劳动争议、外商投资企业的用人单位与劳动者之间发生的劳动争议。

二、劳动争议仲裁的概念与机构

劳动争议仲裁是指劳动争议仲裁机构对当事人请求解决的劳动争议依法公断的执法行为。这里有两点需注意：①我国的劳动争议处理机制中，劳动争议仲裁是诉讼前的法定必经程序;②劳动争议仲裁机构实际是半官方机构,并不是民间组织。

劳动争议仲裁机构分为劳动争议仲裁委员会、劳动争议仲裁委员会办事机构和劳动争议仲裁庭。其中劳动争议仲裁委员会最重要,它是经国家授权依法独立仲裁处理劳动争议案件的专门机构。它由劳动行政部门代表、工会代表和企业方面代表组成。其组成人员应当是单数,且三方代表人数相等。劳动争议仲裁委员会主任由同级劳动行政机关的负责人担任。

三、劳动争议处理程序

《劳动法》第七十七条规定,用人单位与劳动者发生劳动争议,当事人可以依法申请调解、仲裁、提起诉讼,也可以协商解决。调解原则适用于仲裁和诉讼程序。因此,劳动争议处理程序可分为协商、调解、仲裁、诉讼。

(一)协商

劳动争议发生后,当事人应协商解决,协商一致后,双方可达成和解协议,但和解协议无必须履行的法律效力,而是由双方当事人自觉履行。协商不是处理劳动争议的必经程序,当事人不愿协商或协商不成的,可以向本单位劳动争议调解委员会申请调解或向劳动争议仲裁委员会申请仲裁。

(二)调解

劳动争议发生后,当事人双方愿意调解的,可以书面或口头形式向劳动争议调解委员会申请调解。劳动争议调解委员会接到调解申请后,可依自愿、合法原则进行调解。劳动争议调解委员会调解劳动争议,应自当事人申请调解之日起三十日内结束;到期未结束的,视为调解不成,当事人可以向当地劳动争议仲裁委员会申请仲裁。经调解达成协议的,制作调解书,双方当事人自觉履行。

调解不是处理劳动争议的必经程序,调解协议也无必须履行的法律效力,当事人不愿调解或调解不成的,可直接向劳动争议仲裁委员会申请仲裁。

(三)仲裁

劳动争议发生后,当事人任何一方都可以直接向劳动争议仲裁委员会申请仲裁。劳动争议申请仲裁的时效期间为一年。仲裁时效期间从当事人知道或者应当知道其权利被侵害之日起计算。仲裁时效因当事人一方向对方主张权利,或者向有关部门请求权利救济,或者对方当事人同意履行义务而中断。从中断时起,仲裁时效期间重新计算。因不可抗力或者有其他正当理由,当事人不能在仲裁时效期间申请仲裁的,仲裁时效中止。从中止时效的原因消除之日起,仲裁时效期间继续计算。劳动关系存续期间因拖欠劳动报酬发生争议的,劳动者申请仲裁不受仲裁时效期间的限制;但是,劳动关系终止的,应当自劳动关系终止之日起一年内提出。

当事人对劳动争议仲裁委员会作出的仲裁裁决不服的,可在收到仲裁裁决书的十五日内向人民法院提起诉讼。逾期不起诉的,仲裁裁决发生法律效力,当事人必须自觉履行,一方当事人不履行的,另一方当事人可向人民法院申请强制执行。

职工一方在三十人以上的集体劳动争议适用特别程序。劳动争议仲裁委员会处理职工一方人数在三十人以上的具体劳动争议案件,应当组成特别仲裁庭进行仲裁。特别仲裁庭由三名以上（单数）仲裁员组成。

仲裁是处理劳动争议的必经程序。未经仲裁的劳动争议案件,当事人不得向人民法院起诉。

(四)诉讼

劳动争议当事人对仲裁裁决不服的,可以自收到仲裁裁决书之日起十五日内向人民法院提起诉讼。对经过仲裁裁决,当事人向法院起诉的劳动争议案件,人民法院必须受理。人民法院一审审理终结后,对一审判决不服的,当事人可在十五日内向上一级人民法院提起上诉;对一审裁定不服的,当事人可在十日向上一级人民法院提起上诉;经二审审理所作出的裁决是终审裁决,自送达之日起发生法律效力,当事人必须履行。

【例10-17】甲在乙公司工作,乙公司由于经营不善,资金周转不灵,拖欠甲工资2万元。甲遂即在2009年6月与乙公司即时解除劳动合同,并且在接下来的一年中多次要求乙公司偿还拖欠的2万元工资。乙公司最终保证,2010年7月肯定还钱。2010年10月,甲忍无可忍,于是申请仲裁。

【例10-17】分析

问:此案件中,仲裁申请时效已经超过了吗?

【思考题】

1.劳动合同的种类有哪些?

2.签订无固定期限劳动合同的法定情形有哪些?

3.试用期如何约定?

4.用人单位超过一个月未满一年不与劳动者签订书面劳动合同,会引起什么法律后果?

5.我国《劳动法》对竞业限制是如何规定的?

6.支付违约金的法定情形是什么?

7.劳动合同终止的法定情形有哪些?

8.在何种法定情形下,用人单位应当向劳动者支付经济补偿金?

9.《劳动法》对加班加点的工资标准是如何规定的?

10.工伤是怎么认定的? 哪些情况不认定为工伤?

11.女职工特殊劳动保护包括哪些内容?

第十一章 经济仲裁与经济诉讼

【本章概要】本章主要介绍经济仲裁的概念、特征、基本原则,仲裁协议的概念、种类、效力、内容、有效、无效,仲裁的基本程序,起诉的条件,开庭审理的程序,上诉的处理,民事起诉状的基本格式及范例。

第一节 经济仲裁概述

一、经济仲裁的概念与特征

在各种经济活动过程中,当事人就有关权利义务经常会与他人产生异议并引起争执,比如,经济合同纠纷、产品质量纠纷、所有权归属纠纷、侵权纠纷等。随着经济的不断发展、经济关系的日益复杂,经济纠纷的种类也会越来越多。解决经济纠纷,确定当事人之间的权利义务关系,消除当事人之间的争议就显得非常重要。

当前解决经济纠纷的方式主要有协商、调解、仲裁和诉讼等。协商是当事人之间自行进行的,调解则有第三人作为中间人参与。在协商、调解不成或当事人不愿协商、调解时,只能采取相对较为正式的方式,即仲裁或诉讼。

所谓经济仲裁,是指经济纠纷的当事人按照事先或事后达成的协议,自愿将有关争议提交仲裁机构,仲裁机构以第三者的身份对争议的事实和权利义务作出判断和裁决,以解决争议、维护当事人正当权益,是当事人必须履行仲裁裁决的一种制度。

仲裁属民间裁判行为,仲裁机构是民间组织,是由当事人以协议的方式自愿选定并授予仲裁管辖权的机构,但仲裁是一种法律制度,法律赋予仲裁机构的裁决具有强制执行的效力。1994年8月31日,第八届全国人民代表大会常务委员会第九次会议通过了《中华人民共和国仲裁法》(以下简称《仲裁法》),该法自1995年9月1日起施行。根据2009年8月27日第十一届全国人民代表大会常务委员会第十次会议通过的《关于修改部分法律的决定》第一次修正,根据2017年9月10日第十二届全国人民代表大会常务委员会第二十九次会议通过的《关于修改〈中华人民共和国法官法〉等八部法律的决定》第二次修正。

经济仲裁是解决经济纠纷的特定方式,它不同于人民法院通过审判解决争议的方式,也不同于第三人调解解决争议的方式,它具有以下几个特征。

(1)仲裁是一种灵活、便利的解决争议的方式。仲裁与解决经济纠纷的其他方式相比,具有极大的灵活性和便利性。在现代社会尤其是市场经济的发展过程中,经济领域的当事人一般都不愿在纠纷的解决上花费大量的时间和精力,希望能及时地、自由地解决纠纷。仲裁适应了这一要求，时间短、费用低，当事人有权选择仲裁员、仲裁程序和适用的法律，对仲裁具有一定的控制权，可以保证争议及时、快速、顺利地解决。

（2）仲裁以双方当事人自愿为前提。当事人对争议的事项是否以仲裁方式解决、在什么地点仲裁均可以自愿选择，选择的方式是当事人双方在争议发生前或发生后订立协议。如果没有这种事先或事后的选择仲裁的协议，一旦当事人之间发生经济纠纷，任何一方都无权申请仲裁机关仲裁，而只能采用其他方式解决纠纷。

（3）仲裁由具有相应专业知识的专家担任仲裁员，有利于纠纷的公正、妥善处理。经济纠纷中很多方面都涉及某些特殊的专业知识，由专家来判断比由当事人自己或者职业法官来判断更为妥当，专家的意见更易为当事人接受，有利于当事人接受仲裁裁决、自觉履行裁决。

（4）仲裁可以防止泄露当事人不愿公开的商业秘密。因为仲裁一般采取不公开开庭的原则，有利于保护当事人的合法权益。

（5）仲裁为一裁终局。当事人选择确定的仲裁机构解决经济纠纷，必须服从仲裁机构的裁决，仲裁裁决一经作出就发生法律效力，当事人不能上诉，非依法定程序也不能改变或撤销裁决。当事人必须履行仲裁裁决，如不履行另一方当事人可以申请人民法院强制执行。因此，仲裁既简便又有效。

另外，还要注意或裁或审制度。或裁或审制度是我国仲裁中的一项重要制度，是指争议发生前或发生后，当事人有权选择解决争议的途径，或者双方达成仲裁协议，将争议提交仲裁解决，或者争议发生后向人民法院提起诉讼，通过诉讼途径解决争议。

或裁或审制度是仲裁法基本制度之一，是指当事人选择解决争议途径时，在仲裁与审判中只能二者取其一的制度。当事人选择了以仲裁途径解决争议，就不可以再选择诉讼；当事人选择了诉讼就不可以同时选择仲裁。

仲裁实行或裁或审制度，当事人双方达成仲裁协议后，一方当事人不信守协议向法院起诉，另一方当事人在实质性答辩之前，可以向法院提出管辖权异议，只要仲裁协议合法有效，法院就会裁定驳回起诉，该争议仍应由仲裁解决。当然，如果当事人首次开庭前未提出管辖权异议的，那么就表示当事人已放弃仲裁协议，人民法院就可以继续审理。

二、仲裁的基本原则

我国《仲裁法》确定了仲裁的基本原则。

（一）平等原则

《仲裁法》第二条规定，平等主体的公民、法人和其他组织之间发生的合同纠纷和其他财产权益纠纷，可以仲裁。平等原则规定了任何一方当事人在仲裁活动中的地位是完全平等的，仲裁机关在进行仲裁时给予双方当事人的权利和义务也是平等的。

（二）自愿原则

《仲裁法》第四条规定，当事人采用仲裁方式解决纠纷，应当双方自愿，达成仲裁协议。没有仲裁协议，一方申请仲裁的，仲裁委员会不予受理。自愿原则体现了仲裁是双方当事人的选择，是当事人真实意思的表示。这意味着当事人有充分的选择解决纠纷的方式、适用的法律、程序等方面的权利，有利于稳定当事人之间的权利义务关系，也有利于纠纷的顺利解决。自愿原则是仲裁制度赖以存在和发展的基础,是仲裁制度生命力的保证。自愿原则主要包括以下几个方面的内容。

(1)当事人发生纠纷,是否通过仲裁方式解决,由当事人自愿决定并通过平等协商达成书面协议,任何一方不能将自己的意志强加于另一方。

(2)仲裁机构、仲裁地点由当事人协商选定,仲裁事项可由当事人双方自愿约定。

(3)仲裁庭的组成人员可由当事人自主选定或者委托仲裁机构主任指定,当事人还可以约定仲裁庭开庭的形式。

(三)根据事实,符合法律规定,公平合理解决纠纷的原则

《仲裁法》第七条规定的这一原则,实际是我国"以事实为根据,以法律为准绳""公民在法律面前一律平等"等法治原则在仲裁制度中的具体体现。

根据事实是指仲裁机构应当以客观事实为依据调解和裁决争议。为了查明案件事实,双方当事人必须提供相应的证据以支持自己的主张,仲裁机构必须在证据充分的基础上认定事实,为依法作出公正的裁决打好基础,也为当事人服从裁决、自觉履行裁决打下基础。

符合法律规定是指在查明案件事实的基础上,依照实体法和程序法判断当事人是否应承担责任,确认双方当事人的权利义务关系,作出公正的裁决。

公平合理解决纠纷是指仲裁机构处于公正的公断人地位,平等地保护双方当事人的合法权益,在仲裁中依据事实和法律作出裁决。在法律未明确规定的情况下,仲裁机构应参照经济活动中人们普遍接受的惯例作出合理的裁决。

(四)仲裁依法独立进行的原则

《仲裁法》第八条规定,仲裁依法独立进行,不受行政机关、社会团体和个人的干涉。这一原则体现在以下几个方面。

(1)仲裁机构本身是独立的,不隶属于行政机关。《仲裁法》第十四条规定,仲裁委员会独立于行政机关,与行政机关没有隶属关系,这一规定符合国际通常做法,符合市场经济的要求。仲裁机构的性质是民间机构,是以独立法人形式存在的民间裁判机构。根据《仲裁法》的规定,我国的仲裁委员会是按地域分别设置的,各个仲裁委员会之间不存在隶属关系,是完全独立的。各仲裁委员会组成自律性组织——仲裁协会,仲裁协会是社团法人,依法制定统一的仲裁规则,根据章程对仲裁委员会及其仲裁员的行为进行监督。仲裁协会与仲裁委员会之间不存在领导与被领导的关系,仲裁协会不得干预仲裁委员会的裁决。仲裁委员会受理仲裁案件后,由当事人选定的仲裁员组成仲裁庭审理案件,仲裁庭有独立的审理裁决权,仲裁委员会不能干预。

(2)仲裁机构仲裁案件依照法律进行。仲裁机构独立进行仲裁,受法律强制性规定的约束,包括实体法和程序法的约束,不能任意地裁决。

(3)仲裁不受行政机关、社会团体和个人的干预,以保证仲裁的公正性。

(五)一裁终局的原则

《仲裁法》规定,仲裁实行一裁终局制度。裁决作出后,当事人就同一纠纷再申请仲裁或者向人民法院起诉的,仲裁委员会或者人民法院不予受理。仲裁机构对仲裁案件作出裁决后即发生终局的法律效力,当事人之间的权利义务关系依裁决确定,当事人之间的争议得到解决。非依法定程序,当事人之间已确定的权利义务关系不得变更或撤销,也不能就原来的

权利义务再起争议。仲裁是当事人通过协议选择的解决纠纷的方式,双方达成协议,就意味着双方准备按裁决履行义务。如果允许在仲裁机构作出裁决后再通过其他方式否决裁决,会使仲裁裁决失去有效性、权威性。所以《仲裁法》规定仲裁实行一裁终局制度,仲裁裁决作出后即发生法律效力。当事人即使不服也必须履行,而不得再申请仲裁或者提起诉讼。这有利于及时解决纠纷,稳定社会经济关系。

三、仲裁范围

《仲裁法》第二条明确规定,平等主体的公民、法人和其他组织之间发生的合同纠纷和其他财产权益纠纷,可以仲裁。由此可见适用仲裁解决纠纷有两个限制条件:一是在平等主体之间的纠纷;二是合同纠纷和其他财产权益纠纷。

平等主体之间的纠纷的性质是民事的、经济的,而不能是其他性质的。合同纠纷主要是指经济合同纠纷、技术合同纠纷、劳动合同纠纷、农村承包合同纠纷、涉外经济合同纠纷以及其他民事经济合同纠纷。

《仲裁法》第三条又从另一个方面规定了仲裁的范围,规定两类纠纷不能用仲裁方式解决:一类是婚姻、收养、监护、抚养、继承纠纷,这类纠纷虽属平等主体之间的纠纷但涉及身份关系;另一类是依法应当由行政机关处理的行政争议,这类纠纷涉及不能由当事人自由处分的相关权利。

四、仲裁机构、仲裁协会与仲裁员

(一)仲裁机构

仲裁委员会和仲裁庭,称为仲裁机构。仲裁委员会是对仲裁的日常事务、仲裁工作、仲裁人员进行管理、组织和协调的仲裁管理机构;仲裁庭是临时组成的对当事人之间请求仲裁的争议进行审理和裁决的机构。

1.仲裁委员会

根据《仲裁法》的规定,仲裁委员会可以在直辖市和省、自治区人民政府所在地的市设立,也可以根据需要在其他设区的市设立,不按行政区划层层设立,与人民法院的建制不同。仲裁委员会由人民政府组织有关部门和商会统一组建,并经省、自治区、直辖市司法行政部门登记。但仲裁委员会独立于行政机关,与行政机关没有隶属关系,仲裁委员会之间也没有隶属关系。

仲裁委员会作为独立的事业单位法人,应具备法人成立的一般要求。根据《仲裁法》第十一条的规定,仲裁委员会应当具备以下条件。

(1)必须有自己的名称、住所和章程。仲裁委员会的名称一般为××(市)仲裁委员会。仲裁委员会的名称是其从事正常活动、承担相应民事责任的特定标志。仲裁委员会应有自己的住所,以便进行仲裁活动,住所应与其办事机构所在地一致。仲裁委员会根据《仲裁法》制定章程,规范其行为。

(2)必须有必要的财产。仲裁委员会拥有必要的财产,是其享有民事权利、承担民事义务的物质基础,也是其独立承担民事责任的财产保障。

(3)有该委员会的组成人员。根据《仲裁法》第十二条的规定,仲裁委员会由主任一人、副主任二至四人和委员七至十一人组成。仲裁委员会的主任、副主任和委员由法律、经济贸易专家和有实际工作经验的人员担任。仲裁委员会的组成人员中,法律、经济贸易专家不得少于三分之二。

(4)有聘任的仲裁员。仲裁委员会应当从公道正派的人员中聘任符合法定条件的仲裁员若干个。仲裁委员会应当设全体仲裁员名册,供当事人申请仲裁后选择指定仲裁员组成仲裁庭。

设立仲裁委员会除要符合上述法定条件外,还要履行一定的法定程序,进行申请和登记。仲裁委员会的登记机关是省、自治区、直辖市的司法行政部门。

2.仲裁庭

仲裁委员会受理仲裁申请后,并不直接审理和裁决案件,而是组成仲裁庭来行使审理和裁决权,仲裁庭的裁决权基于当事人双方的授权。仲裁庭采用公开或不公开的方式进行审理,也是根据当事人双方的自愿选择决定,充分体现了当事人双方自愿的原则。

仲裁庭采用独任制或合议制两种组成形式。独任制是由一名仲裁员组成仲裁庭,合议制是由三名仲裁员组成仲裁庭。《仲裁法》第三十条规定,仲裁庭可以由三名仲裁员或者一名仲裁员组成。由三名仲裁员组成的,设首席仲裁员。

(二)仲裁协会

中国仲裁协会是社会团体法人,仲裁委员会必须加入中国仲裁协会,成为其会员,接受其业务指导和管理。中国仲裁协会是仲裁委员会的自律性组织,根据会员大会制定的章程对仲裁委员会及其组成人员、仲裁员的违纪行为进行监督。中国仲裁协会根据《仲裁法》和《民事诉讼法》的有关规定制定仲裁规则。

(三)仲裁员

1.仲裁员的条件

仲裁员是直接组成仲裁庭的人员,直接参与仲裁案件的审理和裁决,所以仲裁员必须具备一定的业务素质和政治素质,以保证仲裁的质量。根据《仲裁法》第十三条的规定,仲裁委员会应当从公道正派的人员中聘任仲裁员,并且仲裁员应符合以下条件之一:①通过国家统一法律职业资格考试取得法律职业资格,从事仲裁工作满八年的;②从事律师工作满八年的;③曾任法官满八年的;④从事法律研究、教学工作并具有高级职称的;⑤具有法律知识、从事经济贸易等专业工作并具有高级职称或者具有同等专业水平的。

根据《仲裁法》第三十八条的规定,仲裁员有以下情形之一的,应依法承担法律责任,不能再担任仲裁员,仲裁委员会应将其除名:①私自会见当事人、代理人或者接受当事人、代理人的请客送礼,情节严重的;②在仲裁该案时有索贿受贿、徇私舞弊、枉法裁决行为的。

2.仲裁员名册制度

为了便于当事人选定仲裁员,提高仲裁委员会工作的透明度,仲裁委员会依法应当按照不同专业设仲裁员名册。建立仲裁员名册制度,有利于提高仲裁员的素质与仲裁工作的质量,有利于增强仲裁员的责任感和当事人对仲裁员的信赖感,有利于仲裁裁决的顺利执行。

五、仲裁协议

(一)仲裁协议的概念与种类

仲裁协议是指各方当事人根据意思自治的原则,表示愿意将他们之间已经发生或者可能发生的合同纠纷和其他财产权益纠纷提交仲裁机构,以仲裁的方法予以解决的意思表示。根据《仲裁法》的规定,仲裁协议必须采取书面形式,口头的仲裁协议无效。

书面仲裁协议分为仲裁条款和仲裁协议书两类。

仲裁条款是指当事人在合同中订立表示愿将他们之间可能发生的纠纷以仲裁方式解决的条款。当事人可以在合同中订立仲裁条款,也可以在订立合同后通过互换信函、电传、电报或有记录的其他通信方式达成同意提交仲裁的文字记录。

仲裁协议书是指双方当事人在主合同之外单独签订的约定发生纠纷请求仲裁的法律文件。

仲裁条款往往是在纠纷发生前就已经订立的,仲裁协议书可以在纠纷发生前订立,也可以在纠纷发生后订立。

仲裁协议具有独立性。无论是规定在合同中的仲裁条款,还是独立于主合同之外单独签订的仲裁协议,主合同的变更、解除、终止或者无效,均不影响仲裁协议的效力。

(二)仲裁协议的效力

仲裁协议的效力是指它的法律意义,表现在以下几个方面。

1.约束当事人各方的行为

仲裁协议是依法订立的,具有约束当事人行为的法律效力,当事人签订仲裁协议后,有权利将约定的争议事项提交仲裁机构裁决,且也有义务将约定的争议事项提交仲裁协议中约定的仲裁机构裁决,协议的任何一方当事人不得将该争议向人民法院提起诉讼。

2.授予仲裁机构管辖权

仲裁机构对仲裁案件行使的管辖权,来源于当事人双方以协议形式作出的授权,仲裁协议是仲裁机构受理争议案件的依据。

3.排除了人民法院对争议案件的管辖权

仲裁实行当事人双方自愿的原则,当事人之间订立了仲裁协议后,任何一方不得就已约定的仲裁事项向人民法院提起诉讼,人民法院也不受理这种起诉。

当事人一方向法院提起诉讼,法院受理立案后,另一方当事人可依据仲裁协议予以抗辩并请求法院撤销该案。但若双方当事人均故意隐瞒了存在仲裁协议的事实或双方在首次开庭前均未告知法院存在仲裁协议的事实,法院开庭后,当事人一方或双方再提出存在仲裁协议,法院将视为无仲裁协议而拥有管辖权。

根据仲裁协议将争议提交仲裁,仲裁机构的裁决是终局的,当事人即使不服该裁决也不得向人民法院再行起诉。

4.使仲裁裁决具有强制执行力

有效的仲裁协议是申请强制执行的前提条件。当仲裁机构作出裁决后,当事人双方应当自觉履行,一方当事人不履行的,另一方当事人有权向人民法院申请强制执行。当事人申请强制执行以存在有效的仲裁协议为条件,否则人民法院不予执行。

(三)仲裁协议的内容

根据《仲裁法》第十六条的规定,仲裁协议必须具备以下三项内容:

(1)请求仲裁的意思表示;

(2)仲裁事项;

(3)选定的仲裁委员会。

《仲裁法》第十八条规定,仲裁协议对仲裁事项或者仲裁委员会没有约定或者约定不明确的,当事人可以补充协议;达不成补充协议的,仲裁协议无效。

《仲裁法》第十九条规定,仲裁协议独立存在,合同的变更、解除、终止或者无效,不影响仲裁协议的效力。

(四)仲裁协议的有效

仲裁协议有效的条件主要有以下几个。

(1)仲裁协议具有书面形式;口头形式或者默示形式的仲裁协议无效。

(2)签订仲裁协议的当事人必须具有完全民事行为能力;意思表示必须真实、自愿。

(3)提交仲裁的事项属于仲裁范围,即属于法律规定的允许采用仲裁制度处理的事项。

(4)仲裁协议的内容完备。

仲裁协议符合以上四个条件是有效的,具有法律效力,是仲裁机构受理案件的依据和人民法院强制执行仲裁裁决的依据。

(五)仲裁协议的无效

根据《仲裁法》的规定,下列情况下仲裁协议无效:

(1)约定的仲裁事项超出仲裁范围;

(2)无民事行为能力或者限制民事行为能力的人订立的仲裁协议;

(3)一方采用胁迫手段,迫使对方订立的仲裁协议;

(4)仲裁协议对仲裁事项或者仲裁委员会没有约定或约定不明确,当事人之间没有达成补充协议的;

(5)仲裁协议没有采取书面形式。

仲裁协议无效,当事人可以根据具体情况决定重新订立有效的仲裁协议申请仲裁或者选择其他的方式解决纠纷。

有权确认仲裁协议无效的机构是仲裁机构和人民法院。当事人对仲裁协议有异议的,可以请求仲裁委员会作出决定,也可以请求人民法院作出裁定。一方请求仲裁委员会作出决定,另一方请求人民法院作出裁定的,由人民法院裁定。当事人对仲裁协议的效力有异议的,应当并且只能在仲裁庭首次开庭前提出,否则视为放弃提出异议的权利。

【例 11-1:仲裁协议的效力】

A 公司与 B 公司于 2014 年 11 月签订了一份某货物的购销合同。双方签订的合同中,除了列明各项条件之外,还约定了仲裁条款。该仲裁条款的内容为:"双方一致认定,因履行本合同所发生的任何争议,均应提交仲裁解决。"

合同签订后,在合同的履行中,双方产生了争议。A 公司向合同履行地的仲裁机构申请了仲裁,但 B 公司的律师提出,双方所签订的合同中的仲裁条款约定不明确,双方又无法达成补充协议,故应该以 B 公司所在地的法院作为本案的管辖法院。

【例 11-1】分析

问:B 公司律师的意见能否获得法律支持?

【例 11-2:仲裁还是诉讼?】

杭州某工程师邵工与湖州人王某、李某签订了一份投资入股协议,协议约定了各方的出资方式、出资份额及各方的权利义务。在争议解决条款中，邵工为了确保今后一旦发生争议能放在杭州处理，特地提出了一项仲裁条款，内容为："三方一致同意，今后在本协议的履行中所发生的任何争议，均应由浙江省仲裁委员会仲裁解决。"

　　在协议的履行中，三方产生了一系列纠纷，最终邵工打算通过仲裁来解决。但在操作中，邵工发现了一个尴尬的问题：仲裁机构不像法院，不是按照行政区划层层设立的，事实上，虽然确实存在杭州仲裁委员会，但却不存在浙江省仲裁委员会。也就是说，当初他们在协议中约定的仲裁机构根本就是一个子虚乌有的仲裁机构。

【例11-2】分析

　　问：邵工能否在杭州解决他的纠纷？

第二节　仲裁程序

一、申请与受理

　　仲裁申请是指平等主体的公民、法人和其他组织就他们之间发生的合同纠纷和其他财产权益纠纷，根据仲裁协议，请求仲裁委员会进行裁决的行为。

　　仲裁受理是指仲裁委员会在收到仲裁申请书以后，认为符合法定条件，予以接受仲裁的行为。当事人提出仲裁申请，仲裁委员会受理了仲裁申请，仲裁程序正式开始。

（一）申请仲裁的条件

　　根据《仲裁法》第二十一条的规定，当事人申请仲裁应符合三个方面的条件：①有仲裁协议；②有具体的仲裁请求和事实、理由；③属于仲裁委员会的受案范围。

（二）仲裁申请书的内容

　　《仲裁法》第二十二条规定，当事人申请仲裁应当向仲裁机构递交仲裁协议、仲裁申请书及副本。《仲裁法》第二十三条对仲裁申请书的具体内容作了规定，仲裁申请书应当包括以下内容：①仲裁当事人的基本情况，包括当事人的姓名或名称、住所、职业、法定代表人等；②仲裁请求和所根据的事实、理由；③证据和证据来源、证人姓名和住所。

（三）仲裁机构审查仲裁申请并作出受理或不受理的决定

　　当事人递交了仲裁申请书后，仲裁委员会自收到仲裁申请书之日起五日内，应当作出是否受理的决定，并将决定通知相关当事人。经审查认为符合受理条件的，仲裁委员会应当通知申请人，通知的方式可以是口头的，也可以是书面的。认为不符合仲裁受理的法定条件，不予受理的，必须采用书面形式通知当事人，并说明不受理的理由。

（四）仲裁机构受理仲裁申请后的准备工作

　　仲裁机构在决定受理仲裁申请后，进行必要的准备工作，才能进行审理并作出裁决。准备工作主要有：①在仲裁规则规定的期限内，将仲裁规则和仲裁员名册送达申请人。②将仲裁申请书副本和仲裁规则、仲裁员名册送达被申请人。③被申请人向仲裁机构提交答辩书。答辩书应在仲裁规则规定的时间内提交，不按期提交答辩书，不影响仲裁的进行。④仲裁机构收到答辩书后，在仲裁规则规定的期限内将答辩书副本送达申请人。

二、仲裁规则

仲裁规则是指在仲裁过程中应遵循和运用的规则,包括仲裁机构制定的仲裁规则和当事人自行拟定的仲裁规则。仲裁规则只有在当事人选定适用时,才产生相应的约束力。所以仲裁规则不同于《仲裁法》,《仲裁法》是国家为规范仲裁行为、调整仲裁中各方之间关系而制定的法律,具有强制性。仲裁规则不得违反《仲裁法》中对程序方面的强制性规定。我国国内的仲裁规则和涉外的仲裁规则按法律的规定,分别由中国仲裁协会和中国国际商会制定。

三、仲裁员的指定

仲裁机构受理当事人的仲裁申请后,应当组成仲裁庭对案件进行审理。仲裁庭由当事人或仲裁机构指定的仲裁员组成。根据《仲裁法》第三十一条、三十二条的规定,仲裁员的指定有当事人指定与仲裁机构指定两种形式。

(一)当事人指定

由三名仲裁员组成的仲裁庭,由当事人双方各选定一名仲裁员,然后双方当事人共同选出第三名仲裁员,第三名仲裁员为首席仲裁员。独任仲裁员组成仲裁庭的,由当事人共同选定。由当事人指定的仲裁员,除了当事人同意外,还必须得到被选仲裁员的同意。当事人有选择仲裁员的权利,仲裁员也有是否接受的权利。

(二)仲裁机构指定

当事人之间对独任仲裁员、第三名仲裁员的人选难以达成一致意见,需要仲裁机构指定的,由仲裁委员会主任指定。一般有两种情况:一是当事人各方委托或共同委托仲裁委员会主任指定;另一种是当事人在仲裁规则规定的期限内没有指定仲裁员的,由仲裁委员会主任指定仲裁员。

仲裁机构根据当事人的约定组成仲裁庭或者受当事人的委托指定仲裁员。仲裁庭组成后,将仲裁庭的组成情况书面告知当事人,询问当事人对仲裁员是否提出回避申请。仲裁员因回避等原因不能履行职责的,要重新选定或指定仲裁员。

四、开庭审理

开庭是指当事人和其他仲裁参与人在仲裁庭的主持卜,参加对案件进行仲裁的活动。仲裁以开庭审理为主,书面审理为辅。具体采用的方式,由当事人协商决定。

(一)开庭前的准备工作

首先由仲裁庭选择开庭的日期,并在仲裁规则规定的期限内将开庭日期告知双方当事人。如当事人有正当理由不能到庭,可在仲裁规则规定的期限内请求延期,是否延期由仲裁庭决定。申请人经书面通知,无正当理由不到庭或未经许可中途退庭的,可视为撤回仲裁申请。被申请人经书面通知,无正当理由不到庭的,可以缺席判决。

(二)开庭审理的一般顺序

《仲裁法》没有对仲裁开庭审理规定法定顺序。一般开庭审理的顺序是:①由首席仲裁员或独任仲裁员宣布开庭并宣读仲裁庭的组成情况;②由申请人陈述案情,讲明事实和理由，由被申请人答辩，陈述案情；③仲裁员就案情的主要事实、情节向双方当事人提问；④当事人在庭上出示新的证据，并对庭上出示的证据进行质证；⑤当事人双方经仲裁庭许可，对鉴定人、证人进行提问；⑥双方当事人进行辩论；⑦双方当事人陈述最后意见。开庭审理的情况应记录在案，开庭笔录在庭审后交双方当事人及其他仲裁参与人阅读，记录有遗漏或差错的，当事人可以申请补正，然后签名或盖章。

《仲裁法》对仲裁中的证据没有直接规定。参照《民事诉讼法》等法律的规定，仲裁中的证据应包括七类：①书证；②物证；③视听资料；④证人证言；⑤当事人的陈述；⑥鉴定结论；⑦勘验笔录。

根据《仲裁法》第四十三条的规定，当事人应当对自己的主张提供证据，当事人对自己提出的主张负有举证责任，即"谁主张，谁举证"。如对自己的主张不能证明，应当承担不利的后果。仲裁庭认为有必要收集的证据可以自行收集。当事人提供的证据，应当在开庭时出示，当事人进行质证。质证是指当事人及其代理人对某一证据进行质询和辩论，以确定证据的真伪和证明力的大小。为了防止证据灭失或以后难以取得，可以对证据采取保全措施。当事人提出证据保全申请，由仲裁庭转交人民法院，人民法院决定是否采取保全措施，仲裁机构无权采取保全措施。

五、仲裁案件的处理

(一)和解与调解

在仲裁中，当事人可以自行和解，仲裁庭也可以进行调解。和解是指双方当事人通过协商就争议自行达成解决的协议。这是当事人自由处分自己民事权利的体现。当事人可以请求仲裁庭根据和解协议作出裁决书，也可以撤回仲裁申请。当事人在撤回仲裁申请后，任何一方对和解协议后悔的，可根据原来的仲裁协议再次申请仲裁。

调解是指在仲裁庭的说服教育和劝导下，双方当事人就争议达成解决的协议。调解达成协议的，仲裁庭可以根据调解协议作出裁决书。调解不是仲裁的必经程序，调解必须在双方当事人自愿的基础上进行，而且必须在事实清楚的前提下进行。经过仲裁庭的调解，当事人不能达成解决争议的协议的，仲裁庭必须依仲裁程序进行裁决。

(二)裁决

作出裁决是仲裁审理的最后一个程序，标志着案件的终结。仲裁裁决是仲裁庭在按照仲裁规则审理案件的过程中或审理终结后，根据查明的事实和认定的证据，对当事人提交仲裁解决争议的请求事项作出予以支持或驳回的书面决定。

裁决一般以书面形式表现，称为裁决书。裁决书由仲裁员签名并加盖仲裁委员会的印章，具有法律效力。裁决书应当载明以下内容：仲裁请求、争议事实、裁决理由、裁决结果、仲裁费用的负担和裁决日期。仲裁裁决书一经送达当事人，即发生法律效力。当事人不得表示不服而再次申请仲裁，也不能就同一争议向人民法院起诉。

六、仲裁裁决的撤销

仲裁实行一裁终局制度。仲裁裁决作出后，具有终局的法律效力。既不允许当事人就同一纠纷再向仲裁委员会申请仲裁，也不允许当事人就同一纠纷向人民法院起诉。为了保证一裁终局的裁决的正确性和合法性,法律规定了监督机制和救济途径。

根据《仲裁法》的规定,具有以下情形之一的,当事人可以申请人民法院撤销仲裁裁决:

(1)没有仲裁协议,仲裁机构进行管辖而作出裁决的;

(2)裁决的事项不属于仲裁协议的范围或者不属于仲裁委员会仲裁管辖范围的;

(3)仲裁庭的组成或者仲裁的程序违反法定程序的;

(4)作出裁决依据的证据是伪造的;

(5)对方当事人隐瞒了足以影响公正裁决的证据的;

(6)仲裁员在仲裁案件时有索贿、受贿、徇私舞弊、枉法裁决行为的。

当事人提出证据证明仲裁具有上述情形之一的,由人民法院审查核实后,裁定撤销仲裁裁决。另外,人民法院认定该仲裁裁决违背社会公共利益的,也应当裁定撤销,这是为了维护社会公共利益。

当事人提出撤销仲裁裁决的申请,必须自收到仲裁裁决书之日起六个月内向仲裁委员会所在地的中级人民法院提出,是否准许由人民法院依法裁定。裁决被人民法院依法裁定撤销的,当事人可以就纠纷根据双方重新达成的仲裁协议申请仲裁,也可以向人民法院起诉。

七、仲裁裁决的执行及不予执行的法定情形

仲裁裁决一经作出即发生法律效力,对当事人及各个方面发生约束力、确定力和执行力,并依法具有保证实现的强制力。当事人应当按裁定书的规定,自觉履行裁定书所确定的义务。如一方在一定期限内不履行裁决,另一方当事人可以向人民法院申请强制执行。

仲裁裁决的执行只能通过人民法院进行,仲裁机构无权对仲裁裁决进行强制执行,这是由仲裁机构的性质决定的。人民法院对仲裁裁决进行强制执行,基于当事人的申请,没有当事人的申请人民法院不主动强制执行。

当事人申请执行是仲裁裁决执行程序开始的原因和前提。根据法律的规定,仲裁裁决享有权利的一方当事人,在对方当事人拒绝履行义务的情况下,有权向有管辖权的人民法院提出申请,请求人民法院强制执行。申请的方式应当是书面的,申请人应当向人民法院提交申请强制执行的申请书。当事人申请强制执行必须在法定的申请期限内提出。双方或一方当事人是公民的,申请执行期限为一年,双方当事人是法人或其他组织的,申请执行期限为六个月,从仲裁裁决书规定的履行期限届满之日起计算。

根据法律的规定,仲裁裁决具有某些法定的情形,被申请人提出证据证明并经人民法院组成合议庭审查核实的,裁定该仲裁裁决不予执行。这些法定情形主要有:

(1)当事人在合同中没有订立仲裁条款或者事后没有达成书面仲裁协议的;

(2)裁决的事项不属于仲裁协议的范围或者仲裁委员会无权仲裁的;

(3)仲裁庭的组成或者仲裁的程序违反法定程序的;

(4)认定事实的主要证据不足的;

(5)适用法律确有错误的;

(6)仲裁员在仲裁该案时有贪污受贿、徇私舞弊、枉法裁决行为的。

仲裁裁决被人民法院裁定不予执行,实际上已由法院确认仲裁裁决在合法性上发生问题,所以仲裁裁决被人民法院裁定不予执行,原仲裁裁决失效。当事人可以重新达成仲裁协

议申请仲裁，也可以向人民法院起诉。

【例 11-3】

原告：江苏省物资集团轻工纺织总公司

被告：（香港）裕亿集团有限公司

江苏省物资集团轻工纺织总公司（以下简称江苏轻纺公司）与（香港）裕亿集团有限公司（以下简称裕亿公司）签订销售合同，约定由裕亿公司销售 5000 吨普通旧电机给轻纺公司，每吨价格为 348.9 美元。合同第八条明确约定："凡因执行本合约所发生的或与本合约有关的一切争议，双方可以通过友好协商解决；如果协商不能解决，应提交中国国际经济贸易仲裁委员会，根据该会的仲裁规则进行仲裁。仲裁裁决是终局的，对双方均有约束力。"货物到港后，经商检查明："本批货物主要为各类废结构件、废钢管、废齿轮箱、废元钢等。"轻纺公司遂以裕亿公司侵权给其造成损失为由提起诉讼。裕亿公司在答辩期内提出管辖权异议称，本案当事人之间对合同纠纷已自愿达成仲裁协议，人民法院依法不应受理。

江苏省高级人民法院认为，本案是因欺诈引起的侵权损害赔偿纠纷。虽然原告轻纺公司和被告裕亿公司之间的买卖合同中订有仲裁条款，但由于被告是利用合同进行欺诈，已超出履行合同的范围，因此构成了侵权。双方当事人的纠纷已非合同权利义务的争议，而是侵权损害赔偿纠纷。轻纺公司有权向法院提起侵权之诉，而不受双方所订立的仲裁条款的约束。裁定：驳回裕亿公司对本案管辖权提出的异议。

第三节　经济诉讼

一、经济诉讼的概念

经济诉讼是指当事人依法请求人民法院运用审判权处理经济纠纷，解决当事人双方权利义务争议的一种方式。

二、经济诉讼的管辖

管辖是指法院系统内各级法院之间以及同级法院之间受理第一审案件的分工与权限，有级别管辖、地域管辖、移送管辖和指定管辖之分。

（一）级别管辖

级别管辖是指人民法院系统内上下级法院之间受理第一审案件的分工与权限。

根据《民事诉讼法》，除法律另有规定外，基层人民法院管辖第一审民事案件。中级人民法院管辖以下第一审民事案件：①重大涉外案件；②在本辖区有重大影响的案件；③最高人民法院确定由中级人民法院管辖的案件。最高人民法院管辖以下第一审民事案件：①在全国有重大影响的案件；②认为应当由本院审理的案件。

（二）地域管辖

地域管辖是指不同地区的法院之间受理第一审案件的权限划分，有一般地域管辖、特别地域管辖、协议管辖、专属管辖之分。

1. 一般地域管辖

一般地域管辖也叫普通地域管辖,是指根据当事人住所地确定行使管辖权的法院。地域管辖采取原告就被告原则,即原告到被告住所地起诉,此原则防止原告滥用诉权。

2. 特别地域管辖

特别地域管辖指根据诉讼标的或诉讼标的物所在地及被告住所地来确定管辖权,它与普通地域管辖相对称,例如,因合同纠纷提起的诉讼,由被告住所地或者合同履行地人民法院管辖。因保险合同纠纷提起的诉讼,由被告住所地或者保险标的物所在地人民法院管辖。因票据纠纷提起的诉讼,由票据支付地或者被告住所地人民法院管辖。因铁路、公路、水上、航空运输和联合运输合同纠纷提起的诉讼,由运输始发地、目的地或者被告住所地人民法院管辖。因侵权行为提起的诉讼,由侵权行为地或者被告住所地人民法院管辖。因铁路、公路、水上和航空事故请求损害赔偿提起的诉讼,由事故发生地或者车辆和船舶最先到达地、航空器最先降落地或者被告住所地人民法院管辖。因船舶碰撞或者其他海事损害事故请求损害赔偿提起的诉讼,由碰撞发生地、碰撞船舶最先到达地、加害船舶被扣留地或者被告住所地人民法院管辖。因海难救助费用提起的诉讼,由救助地或者被救助船舶最先到达地人民法院管辖。因共同海损提起的诉讼,由船舶最先到达地、共同海损理算地或者航程终止地人民法院管辖。

3. 协议管辖

协议管辖是指当事人可以在充分协商的基础上对第一审案件共同协议选择由哪个法院管辖。其旨在尊重当事人的自主选择,减少当事人对管辖的争议,克服地方保护主义,促使当事人对管辖法院信赖。目前我国的协议管辖只适用于合同纠纷案件。

根据法律的规定,合同的双方当事人可以在书面合同中协议选择经济诉讼由被告住所地、合同履行地、合同签订地、原告住所地、标的物所在地人民法院管辖,但不得违反法律对级别管辖和专属管辖的规定。

4. 专属管辖

专属管辖是指根据案件的特定性质,法律规定某类案件必须由一定地区的人民法院管辖,其他法院无权管辖。

根据法律的规定,以下案件适用专属管辖:①因不动产纠纷提起的诉讼,由不动产所在地人民法院管辖;②因港口作业中发生纠纷提起的诉讼,由港口所在地人民法院管辖;③因继承遗产纠纷提起的诉讼,由被继承人死亡时住所地或者主要遗产所在地人民法院管辖。

此外,两个以上人民法院都有管辖权的诉讼,原告可以向其中一个人民法院起诉;原告向两个以上有管辖权的人民法院起诉的,由最先立案的人民法院管辖。

(三)移送管辖

移送管辖是指地方人民法院受理某一案件后,发现对该案无管辖权,为保证该案件的审理,依照法律相关规定,将该案件移送给有管辖权的人民法院。移送管辖的实质是对案件进行移送,而不是对案件管辖权进行移送。它是对管辖发生的错误所采取的一种纠正措施。移送管辖通常发生在同级人民法院之间,但也不排除在上、下级人民法院之间移送。

(四)指定管辖

指定管辖是裁定管辖的一种。上级人民法院以裁定的方式将某一案件交由某一下级人民法院受理,目的在于防止和解决因管辖不明而发生的争议。产生指定管辖的情况有:管辖区域的界限不明或行政区划发生变动;由于事实或法律原因,有管辖权的人民法院不能受理,或审理某一特定案件将发生重大障碍;对管辖权的法律规定产生不同理解。在我国,有管辖权的人民法院由于特殊原因不能行使管辖权的,由上级人民法院指定管辖。管辖权发生争议,由双方协议解决,协商解决不成时,报其共同上级人民法院指定管辖。上级人民法院的指定管辖,下级人民法院必须执行。上级人民法院可以指定下级人民法院审判管辖不明的案件,也可指定其将案件移送其他人民法院审判。

三、诉讼当事人的权利

(一)申请回避的权利

当事人发现审判人员、书记员、翻译人员、鉴定人、勘验人有下列情形之一的,有权用口头或者书面方式申请他们回避:

(1)是本案当事人或者当事人、诉讼代理人的近亲属;

(2)与本案有利害关系;

(3)与本案当事人有其他关系,可能影响对案件的公正审理。

当事人提出回避申请,应当说明理由,在案件开始审理时提出;回避事由在案件审理开始后知道的,也可以在法庭辩论终结前提出。被申请回避的人员在人民法院作出是否回避的决定前,应当暂停参与本案的工作,但案件需要采取紧急措施的除外。人民法院对当事人提出的回避申请,应当在申请提出的三日内,以口头或者书面形式作出决定。申请人对决定不服的,可以在接到决定时申请复议一次。复议期间,被申请回避的人员不停止参与本案的工作。人民法院应当在三日内对复议申请作出决定,并一并通知复议申请人。

(二)请求财产保全的权利

财产保全是指当事人因另一方的行为或者其他原因如抽逃、转移、隐藏财产使判决不能执行或难以执行时,向法院提出财产保全的申请。当事人没有提出申请的,法院认为有必要的也可以裁定采取财产保全措施,以免使胜诉的判决书如废纸一张,无法确保债权人权益。

法院采取财产保全,可以责令申请人提供担保,申请人不提供担保的,法院将驳回申请。提供担保的主要目的是:如果申请人有错误并败诉,使被申请人因财产保全遭受损失,可用担保财产赔偿被申请人的损失。法院接受申请后,对情况紧急的,必须在四十八小时内作出裁定。裁定采取财产保全措施的,应立即开始执行。申请人在法院采取保全措施后十五日内必须起诉,如果十五日内不起诉,十五日过后,财产保全自动失效,法院将解除财产保全。

财产保全仅限于诉讼请求的范围,与债务额相当,不能与债务额过分悬殊,影响被申请人的正常生产经营活动。

财产保全采取查封、扣押、冻结或法律规定的其他方法。法院冻结财产后,应立即通知被冻结人。被申请人提供担保的,法院应当解除财产保全。此外,当事人应向财产所在地法院申请财产保全。

四、主要诉讼程序

(一)第一审程序

第一审程序包括普通程序、简易程序和特别程序。普通程序是《民事诉讼法》中规定的一种诉讼程序,在整个民事诉讼程序中具有广泛的适用性,审理第一审经济纠纷案件一般适用普通程序。简易程序是基层人民法院和它的派出法庭审理事实清楚、权利义务关系明确、争议不大的经济纠纷案件时适用的一种既独立又简便易行的诉讼程序。特别程序是法院审理某些特别的非民事权益争议案件所适用的程序,这些案件包括选民资格、宣告失踪或者宣告死亡案件,认定公民无民事行为能力或者限制民事行为能力案件和认定财产无主案件。

第一审普通程序包括起诉和受理、审理前的准备、开庭审理、诉讼中止和终结、判决和裁定等几个部分。

起诉的条件如下:

(1)原告是与本案有直接利害关系的公民、法人或其他经济组织;

(2)有明确的被告;

(3)有具体的诉讼请求和事实理由;

(4)属于人民法院受理的范围和受诉人民法院管辖。

法院收到诉状后应当在七日内决定是否立案,并通知当事人;对不予受理的裁定不服的,原告可以上诉。

开庭审理一般按照以下程序进行:

(1)宣布开庭;

(2)法庭调查;

(3)法庭辩论;

(4)法庭调解;

(5)合议庭评议;

(6)宣判。

(二)第二审程序

当事人不服第一审人民法院的判决和裁定的,有权向上级人民法院提起上诉。

当事人不服第一审人民法院的判决,在收到判决书的十五日内有权上诉;对裁定不服的,应在十日内提起上诉。逾期没有上诉的,第一审人民法院的判决和裁定发生法律效力。

第二审人民法院对上诉案件应当组成合议庭开庭审理,其程序与第一审程序大致相同。第二审不采用独任制,也没有陪审员参加合议庭。经过阅卷和调查及询问当事人,在事实核对清楚后,合议庭认为不需要开庭审理的,也可以径行判决、裁定。第二审人民法院应当对上诉请求的有关事实和适用法律进行审查。第二审人民法院审理上诉案件,可以在本院进行,也可以到案件发生地或者原审人民法院所在地进行。

第二审人民法院对上诉案件进行审理,按照以下情形,分别处理:①原判决认定事实清楚,适用法律正确的,判决驳回上诉,维持原判决;②原判决适用法律错误的,依法改判;③原判决认定事实错误,或者原判决认定事实不清,证据不足的,裁定撤销原判决,发回原审人民法院重审,或者查清事实后改判;④原判决违反法定程序,可能影响案件正确判决的,裁定撤销原判决,发回原审人民法院重审。当事人对重审案件的判决、裁定,可以上诉。

第二审人民法院对不服第一审人民法院裁定的上诉案件的处理,一律使用裁定。第二审人民法院的判决、裁定,是终审的判决、裁定。

(三)审判监督程序

审判监督程序是指对已经发生法律效力的判决、裁定,发现确有错误的,重新再审,以纠正错判。这是当事人最后一次申辩机会,也是司法审判中最后的修错和救济机制。

(1)提起审判监督的途径:①作出生效判决的法院院长提起,由本院审判委员会决定是否再审;②最高人民法院和上一级法院对下级法院作出的生效判决有权再审;③最高人民检察院和上一级检察院对下一级法院已作出的生效判决有权抗诉,引起再审;④当事人提起。

(2)提起再审的条件:①有新的证据,足以推翻原判决、裁定;②原判决、裁定认定事实的主要证据不足;③原审运用法律确有错误;④法院违反法定程序,可能影响案件正确判决;⑤审判人员在审理该案时贪污受贿、徇私舞弊、枉法裁判。

(四)督促程序

督促程序又叫支付令程序,是指法院根据债权人要求债务人给付金钱或有价证券的请求,不经过审判程序,直接向债务人发出支付令并要求其按期给付;否则,即根据债权人的申请和支付令予以强制执行。

支付令的申请条件如下:

(1)支付令仅适用于给付金钱和有价证券;

(2)债权人和债务人之间无其他债务纠纷,不存在抵销法律关系;

(3)支付令能够送达债务人,如债务人不在我国境内,或虽在境内但不能直接送达,则法院不予受理;

(4)支付令应向债务人主要办事机构地人民法院申请。

债务人自收到法院签发的支付令之日起十五日内应主动清偿债务,或向法院提出异议,如异议成立,法院裁定终结督促程序。债权人可以向法院起诉,以求解决纠纷。如果债务人十五日内既不偿债,又不提出异议,十五日后法院将强制债务人偿债。

(五)先予执行

先予执行是指法院受理经济案件后、作出判决前,根据当事人一方的申请,先行裁定另一方给付一定的财物,或先行裁定另一方作为或不作为的法律制度。

先予执行必须具备以下构成要件:①当事人之间权利义务关系明确。权利义务内容不需要经过查证便能够确定。②不先予执行将严重影响申请人的生活或者生产经营。如原材料缺乏,企业发不出工资甚至停产、停业。③被申请人有履行能力。如无实际给付能力,即使作出裁定也无法执行。④当事人提出申请。提出申请是先予执行的前提。有些个案中法院还会责令申请人提供担保,防止执行错误。如申请人不提供担保,法院将驳回申请。

实践中可以适用先予执行的情况主要有:①追索货款的,如生产方已按合同按期交付或经营方已按合同发运,义务人已如数验收,且在法定期间未提出质量异议的。②追偿赔偿费用的,如因环境污染、食品中毒、放射性污染等已经给部分公民或团体、集体组织造成经济损失、人身伤害,严重影响人们身体健康、影响生产和生活的。③追索交付生产、经营活动中急需的图纸、资料、设备部件的,如一方已经支付了合同约定的费用,而另一方却以价格低、汇款时间稍有误差等拒不交付图纸、资料、设备部件以致严重影响权利方的施工、生产的。④追索交付生产上急需的原材料、辅助材料的,如冶炼急需的原材料,纺织急需的棉花、棉纱,服装行业需要的棉布、布料等。⑤在原告为个体工商户、专业户等的经济纠纷案件中,必须先予执行才不致其生活严重困难的。⑥由于一方当事人违反合同,造成对方经济上的重大损失亟待赔偿,否则将严重影响其资金流转,甚至有可能造成生产经营活动停顿的。⑦其他需要先予执行的。经济越发展,经济法律关系越完备,经济审判的范围会越来越大,需要先予执行的案件范围也随之扩大。

先予执行与支付令的区别在于:先予执行必须起诉,是执行前的一种特殊执行手段;支付令不需经过诉讼程序,当事人直接请求法院强制执行,是一种非诉的执行手段。

(六)强制执行

强制执行是指法院依法定程序以国家强制力强制实现法律文书确定的权利义务关系的一种诉讼活动。

强制执行是指法律文书确定后在义务人拒不履行义务的情况下,强制实现法律文书所确定的内容。

(七)公示催告程序

公示催告程序是指人民法院根据可以背书转让的票据持有人的申请,以公示的方法,催告不明的票据利害关系人,在法院指定的期间内向法院申报票据权利,逾期无人申报,法院则作出宣告票据无效的判决的程序。票据被判无效,申请人获得票据权利,可持法院裁决书请求付款人付款。如有人出来申报票据权利,公示催告终结,申请人和申报人一起进行票据诉讼,进入诉讼程序,等待法院的确权判决。

票据丢失后,在报纸、电台、电视上作挂失声明是不具有法律效力的,因为其他任何人没有义务对报纸、电台、电视上的挂失声明尽注意义务。

公示催告程序应注意以下几个问题:

(1)公示催告中的票据仅指汇票、本票、支票。

(2)申请公示催告只能向票据支付地基层人民法院申请。

(3)票据一旦被公示催告,公示催告期间,即六十日内,票据转让无效,所以受让票据必须查明该票据是否已被公示催告,如果已被公示催告,这种票据的受让是有风险的。

(4)只有票据被盗、遗失和灭失且无明确的相对人时,才可申请公示催告,如果票据丢失,又知道票据相对人,就不必公示催告,而是直接起诉明确的相对人。

(5)法院决定受理公示催告申请后,将同时通知支付人停止支付。支付人收到法院止付通知,应当停止支付,至公示催告程序终结。但在收到停止支付通知前,支付人已支付的,支付人无过错。申请人只能与票据款项取得人进行票据诉讼。

【例11-4:一次意想不到的漫长追讨】

王某持龙卡去中国建设银行存款。当他将签名的回单交给银行柜台操作员时,操作员告诉他,他的签名与该信用卡的所有人不符。原来该卡的持有人并非王某。为什么自己钱包里的信用卡会变成别人的呢?王某仔细回忆,才想起从办公室抽屉拿信用卡时,可能错拿了别人的卡。但这张信用卡究竟是谁的,当王某询问银行时,银行声称这是客户个人资料,银行有义务为客户保密,因此拒绝提供。这样,王某将1.6万元存进了连他自己都不知道是谁的账户里。王某该怎么办?

在律师的建议下,王某以银行为被告,向当地法院提起了诉讼,要求法院撤销该次存钱行为。

法院受理了该案。在诉讼过程中,银行提供了该信用卡的持有人信息,原来该卡为厦门的邓某所有。法院将邓某列为不当得利的第三人。在无法通知邓某且邮寄送达不成功的情况下,法院进行了公告送达。公告之日起六十日后,视为送达,法院进行了缺席审理,最终作出了缺席判决。该判决撤销了该次存钱行为,第三人邓某作为不当得利人,应当将该笔存款返还给王某。判决后,鉴于邓某一直未能出现,法院将判决书予以公告送达。在公告满六十日后的十五日内,原被告均未上诉。在法院的协助下,王某持生效的判决书前往银行,由银行撤销了该次存钱行为。

几经周折,王某终于取回了因一时疏忽而打入别人账户的1.6万元。

【例11-5:起草一份民事起诉状】

苏某在×市×景点游玩过程中,因参加高空蹦极项目,在下跳过程中伤及脸部,在与经营该景点的××有限责任公司协商赔偿的过程中,产生了纠纷。苏某打算起诉该公司,并起草诉状一份。试讨论并动手起草一份诉状(民事起诉状范例如下所示)。

民事起诉状

原告:苏某,女,×年×月×日出生　身份证号码:×××　　住址:×××　　邮政编码:×××　联系电话:×××

被告:×市××有限责任公司　法定代表人:×××　　地址:×××　　邮政编码:×××
联系电话:×××

诉讼请求:

(1)支付原告医疗费等费用共计175452.87元;

(2)被告承担本案的诉讼费用。

事实与理由:

×年5月5日,原告到被告经营的×景点游玩,参加高空蹦极活动。原告在按照被告的工作人员要求办理报名、申请和其他事项之后,于11时左右,在教练的指导下按照操作要求跳下,随即发现左脸大量出血。事故发生后,原告被送往××医院治疗。因脸部伤口较深,治疗后,原告遵医嘱继续进行治疗和护理。从缝合至基本愈合,前后历时70天。

关于赔偿问题,在原被告的几次交涉中,被告只同意赔付原告15000元。该费用远远低于原告的实际损失。

因被告所提出的赔付金额过低,双方无法达成协议。原告特向法院提起诉讼,请求法院依法判令被告支付原告共计175452.87元(其中医疗费125206.20元、后续治疗费32000元、误工费8166.67元、护理费2480元、交通费600元、营养费2000元、精神损失费5000元),并判令被告承担本案的诉讼费用。

此致

×××人民法院

具状人:苏某
×年×月×日

附:本诉状副本一份,证据清单一份。

【思考题】

1.仲裁有哪些特点?

2.仲裁中为什么要采用双方自愿的原则?

3.与诉讼相比,仲裁有什么优点?

4.仲裁协议符合有效条件会产生什么法律后果？

5.在什么条件下仲裁裁决可以撤销？

6.起诉要具备什么条件？

7.第二审法院一般如何处理上诉案件？

8.诉讼当事人有哪些权利？

参考文献

[1] 程延园.劳动法与劳动争议处理[M].北京:中国人民大学出版社,2013.

[2] 崔健远.合同法[M].5版.北京:法律出版社,2010.

[3] 顾功耘.经济法教程[M].3版.上海:上海人民出版社,2013.

[4] 贾俊玲.劳动法学[M].2版.北京:北京大学出版社,2013.

[5] 江平.民法学[M].2版.北京:中国政法大学出版社,2011.

[6] 黎江虹.经济法通论[M].5版.北京:北京大学出版社,2015.

[7] 李昌麒.经济法学[M].2版.北京:法律出版社,2010.

[8] 李有星,吴勇敏.经济法教程[M].2版.杭州:浙江大学出版社,2006.

[9] 梁慧星.读条文学民法[M].北京:人民法院出版社,2014.

[10] 林嘉.劳动法和社会保障法[M].3版.北京:中国人民大学出版社,2014.

[11] 刘春田.知识产权法[M].4版.北京:中国人民大学出版社,2014.

[12] 刘天善,张力.经济法教程[M].2版.北京:北京交通大学出版社,2007.

[13] 罗燕,张咏莲.经济法教程[M].9版.广州:华南理工大学出版社,2012.

[14] 秦雷,陈东仿.经济法[M].大连:东北财经大学出版社,2014.

[15] 曲振涛.经济法教程[M].2版.北京:高等教育出版社,2010.

[16] 史际春.经济法[M].2版.北京:中国人民大学出版社,2010.

[17] 宋彪.经济法概论[M].4版.北京:中国人民大学出版社,2014.

[18] 王利明,房绍坤,王轶中.合同法[M].4版.北京:中国人民大学出版社,2013.

[19] 王利明.民法[M].5版.北京:中国人民大学出版社,2010.

[20] 王利明,杨立新,王轶,等.民法学[M].北京:法律出版社,2017.

[21] 王利明.中国民法案例与学理研究(物权篇)[M].北京:法律出版社,2003.

[22] 王利明.中国民法案例与学理研究(总则篇)[M].北京:法律出版社,2003.

[23] 王欣新.破产法[M].3版.北京:中国人民大学出版社,2011.

[24] 吴志攀.金融法概论[M].5版.北京:北京大学出版社,2011.

[25] 徐孟洲,徐阳光.税法[M].4版.北京:中国人民大学出版社,2012.

[26] 杨立新.合同法典型案例与法律适用[M].北京:中国法制出版社,2014.

[27] 杨紫煊.经济法[M].4版.北京:北京大学出版社,高等教育出版社,2010.

[28] 杨紫烜.经济法学[M].北京:北京大学出版社,2014.

[29] 约翰·H.威尔斯,约翰·A.威尔斯.国际商法[M].甘功仁,编审.金婧,肖敏,史苗苗,等译校.北京:中国人民大学出版社,2008.

［30］张华贵.劳动合同法:理论与案例［M］.北京:清华大学出版社,北京交通大学出版社,2011.

［31］张守文.经济法学［M］.北京:高等教育出版社,2016.

［32］赵威.经济法［M］.5版.北京:中国人民大学出版社,2014.

［33］中国注册会计师协会.经济法［M］.北京:中国财政经济出版社,2014.

［34］中国注册会计师协会.税法［M］.北京:中国财政经济出版社,2014.

后　记

在浙江大学开设"经济法通识"课程源于二十多年前卢建平老师的最初尝试。卢老师的"经济法"公选课开设之后广受欢迎。随后该课程由甘为民老师承继,口碑依然甚好。随着律师业务日渐繁忙,甘老师将该课程交由初来浙江大学的我试讲。一转眼,已二十多年矣!

二十多年来,"经济法"公选课逐渐演化为通识课,课堂规模也逐渐由四五十人扩容为近五百人。课程获得同学们广泛厚爱的同时,也让我对该课程倍加珍惜,但更多的是诚惶诚恐。因自知才疏学浅,在平时的教学或律师实务过程中,我不敢有丝毫懈怠。对于平时的实务心得与理论探索,我尽可能做到"小心整理,大胆分享"。对于办案心得、理论前沿、法律更新,我都尽量第一时间在课堂上分享,与学生们共同体会。

感谢浙江大学出版社的朱玲老师!朱玲老师对本书第一版和第二版的出版均给予了大力支持,同时对本书的每一个字句均进行了细心尽责的校对,在此谨表衷心感谢!

本书在撰写及资料搜集过程中,得到多位同学的帮助,他们是:施展、王宁昕、滕展强、付诗怡、李丹裕阳、方志娟、范婷贤、叶嘉茵、董屿辰、王嘉琦、王金子、陈彤艳、黄张莺。在此一并对他们表示感谢!

同时对在律师实务及司法实践中给予支持、帮助的浙江六和律师事务所程学满律师和浙江楷立律师事务所李晟律师表示感谢!

周黎明

2021 年 5 月